한 국 의
거버넌스

한국미래정부연구회 연구총서 ⑯

한국의 거버넌스

| 박재창 지음 |

HU:iNE

증보판 서문

정통 행정학의 시발점인 관리론에는 기관내부지향적인 폐쇄성이 내포되어 있다. 이에 대한 반발로 정책학이 등장했다면, 정책학이 품고 있는 계서형 일원주의 내지는 그로 인한 내부지향적 폐쇄성과 효율성 제일주의에 대한 반동으로 거버넌스가 등장했다고 해도 과언이 아니다. 이점에서 거버넌스는 관리론의 한계를 가장 멀리 극복한 것처럼 보인다. 그러나 거버넌스가 어떤 정책이 완결되도록 지원, 조장하려는 성질을 지녔다는 점에서 보면 거버넌스에는 관리론으로의 회귀 요소가 내포되어 있다. 거버넌스는 기본적으로 무엇이 되거나 이루어지도록 하려는 성향을 동반하기 때문이다. 그럼에도 거버넌스의 행정 관리 차원에 대한 논의는 매우 부진하다. 이는 거버넌스의 특징인 외부지향성 내지는 개방적 네트워크 체제에 주목한 나머지 발생하는 일종의 반동적 역기능 내지 의도하지 않은 부산물로 여겨진다.

초판이 출간된 후 만 8년이 지난 시점에서 책을 다시 찍는 이유 가운데 하나는 이렇듯 거버넌스의 행정 관리 차원에 대한 연구 부족을 지적하면서도 정작 전판에서는 이를 다루지 못했기 때문이다. 이점을 늘 아쉬워했다. 정부 거버넌스에 대한 연구 실태가 이런 만큼 그의 파트너인 NGO 거버넌스의 행정 관리 차원에 대한 연구

부진은 두말할 것도 없다. 거버넌스의 환류과정에 대한 논의가 턱없이 부족하다는 뜻이다. 거버넌스가 일국주의 내부 지향적이라는 점에서 보면 존재구속적인 현상처럼 여겨지기는 하지만, 지구차원의 과제도 잘 다루어지지 않고 있다. 지구화 시대에 이를 극복하는 일은 필수과제 쯤에 해당된다. 이런 반성이 지구차원에서 활동하는 INGO 거버넌스의 책무성 구현 문제를 성과평가의 관점에서 다루게 했다. 그 결과물을 제14장에 추가한다.

그 외에도 지난 8년 동안의 정치 사회 환경 변화를 반영하여 필요한 부분에는 수정, 보완하는 작업도 진행했다. 특히 박근혜 정권의 비극적인 몰락과정에서 드러난 "광장 민주주의"의 넘치는 참여 열망과 역동적인 에너지는 이를 국정운영과정에 체계적으로 반영하지 않고서는 더 이상 우리 사회를 제대로 조타하기 어려울 것이라는 점을 매우 강력하게 시사해 주었다. 더 이상 전문가 중심의 근대적 국정운영 패러다임에 매몰되어 있을 때가 아니라는 반성과 자책이 "한국의 거버넌스"를 다시 출간하게 하는 원동력이 되었다. "광장 민주주의" 이후 시대의 국정을 운영하는 데 있어 거버넌스를 대체할 만한 대안이 아직은 따로 없다는 생각이다. 적폐청산과 함께 한국사회를 새롭게 견인하는 대안정부를 거버넌스 체제에서 찾을 수 있게 되기를 소망한다.

거버넌스는 기존의 국정운영 시스템처럼 효율성과 민주성을 선택적, 대체적 관계에 선 것으로 다루지 않는다. 효율성과 민주성, 경제적 합리성과 정치적 합리성, 사실과 가치, 이성과 감성을 모두 수용하고 융합해 낼 수 있다는 믿음 위에 서 있다. 엘리티즘의 냉혹한 과학주의나 객관주의를 통해 세상을 일원적으로 제단하려 하지도 않는다. 서로에 대한 믿음으로 간 주관주의적 역동성을 통해 실존적 진리를 빚어나가려 한다는 점에서 매우 민주적이고, 창조적이며. 대중적이고, 보편적이다. 그렇다고 해서 포퓰리즘이나 우민정치의 소용돌이를 수용할 생각은 추호도 없다. 거버넌스가 빛나는 이유다. 다만 거버넌스의 요체라고 할 수 있는 대화와 숙의를 어떻게 제대로 담보할 수 있을 것인가는 앞으로 우리 모두가 함께 풀어나가야 할 이 시대의 숙제다.

출판을 맡아주신 도서출판 휴인의 관계자 여러분께 감사의 말씀을 드린다. 미래 정부를 여는 일에 작은 밀알이 되기를 소원한다. 많은 조언과 성원을 고대한다.

2018년 10월

새 시대의 작은 창가에 서서 저자

서문

행정학계에서는 흔히 행정학 교과서를 다시 써야한다는 말을 자주 듣는다. 이는 행정현상 분석에 있어 연구자의 패러다임 전환이 전반적으로 확산되지 않고, 분야별 지체가 거듭된다는 지적에 다름 아니다. 전(前)이론의 숙명을 지니고 태어나는 모든 이론은 새로운 이론에 의해 대체되기 마련이지만, 유독 행정학에서는 기존 이론이 교체되는 속도가 매우 더디게 진행된다. 이는 사회관계가 급변한다는 정보화 사회의 도래 이후에도 같다.

전통행정학이 의존해 온 「관료제의 종말」이 사실이라면, 그에 따라 행정학 전반에 걸쳐 관리론의 일대 수정이 뒤따랐어야 했다. 관료제와 반관료제 사이에서 대안을 찾지 못해 "작은 정부의 시대"를 연 것이라고 한다면, 작아진 정부와 커지는 시민 사이에서 빚어지는 행정작용은 또 얼마나, 어떻게 과거의 전통행정과 다른지를 단순히 정부와 시민 사이에서뿐만 아니라 정부 내부의 업무처리 과정에서도 확인했어야 한다.

이런 새로운 패러다임의 확산 지체로 인해 이론과 실제, 과학과 기예, 목표와 전략 사이에서 벌어지는 괴리가 응용과학으로서의 행정학이 지니는 효용성을 반감한지는 이미 오래 되었다. 행정학이 아무 것도 가르쳐 주지 않는다는 공직자, 개혁적 대안을 제안해 보려고 해도 적실성 높은 이론의 틀을 찾아보기 어렵다는 사회운동가, 무엇보다도 이미 철지난 이론을 들고 애써 태연함을 가장해야 하는 행정학 교·강사에게 있어 이런 행정학의 분야별 지체 현상은 참으로 곤혹스러운 일이 아닐 수 없다.

이는 기본적으로 행정과정의 핵심적인 좌표(locus)가 급진적인 이동과 변화를 거듭하고 있음에도 불구하고 주류 행정학의 주된 연구초점은 여전히 행정국가 내부의 관리기술적인 범주를 맴도는 데에서 비롯된다. 이 책은 우리 행정학계의 바로 이런 현실을 염두에 두고 기획되었다. 행정학의 주된 연구 초점을 이동함으로써 연구대상 범위를 확장하는 것은 물론이고 시대 환경의 변화에 따른 행정학의 적실성 정도를 높여 보자는 것이다.

이런 인식의 지평을 여는 이론의 하나로 거버넌스 개념이 국내에 소개 된지는 꽤 오래 되었다. 그러나 이를 토대로 행정과정 전반을 보다 체계적으로 점검해 보려는 노력은 그리 흔치 않았다. 거버넌스와 관련된 논의는 그런 접근시각 자체의 정당성 여부에 초점을 맞추는 것이 대부분이었으며, 이를 토대로 우리의 국정관리현상을 다차원에 걸쳐 입체적으로 조망해 보려는 작업은 그리 많지 않았다. 「한국의 거버넌스」를 종합적으로 검토해 보아야 하는 이유다.

그런데 거버넌스는 1990년대를 기점으로 정부 실패에 대한 반성과 시민사회의 성장에 대한 인식이 확산되면서 공공문제 해결에 대한 상향적 내지는 수평적 접근에 대한 수요가 폭증하자, 그에 대한 조응방식의 하나로 등장했다. 정부의 행정작용을 거번먼트(government)가 아니라 거버닝(governing)의 역동적 관점에서 이해하자는 것이다. 우리의 경우 이를 지칭하기 위해 '국정관리,' '국정운영,' '지배구조,' '협치(協治),' '공치(共治),' '망치(網治)' 등 실로 다양한 용어가 제안되었으나 새로운 개념에 내포되어 있는 의미를 정교하게 전달하는 용어로는 모두가 마땅치 않았다.

이런 가운데 거버넌스를 다시 '굿거버넌스(good governance)'와 '뉴거버넌스(new governance)'로 개념상 분화해 보려는 시도가 등장하면서 용어에 대한 인식상의 혼란은 가중되었다. 거버넌스가 상대적으로 중립적 개념이라면 굿거버넌스(good governance)와 뉴거버넌스(new governance)는 특정가치 -- 예컨대 민주주의, 시민사회, '작은 정부,' 효율성 등 -- 를 포함하기 때문에 가치지향적이라는 것이 일반적인 평가다(김선혁 외, 2006). 그러나 그 핵심가치가 무엇이냐에 대해서는 아직도 논쟁이 진행 중이다.

이런 점들을 고려하여 여기에서는 거버넌스가 이들 다양한 용어들이 함축하거나 부수적으로 동반하는 여러 의미들을 모두 포괄하는 가장 타당성 높은 용어라고 보고, 이를 통해 다양한 민간 주체들이 '참여'와 파트너십(partnership)을 통해 정부와 상호작용함으로서 국정운영의 방향을 조타해 나가는 현상 일체를 총칭하고자 한다. 이는 행정학계의 경우 거버넌스를 이미 폭넓게 채택해 쓰고 있다는 현실을 반영한 결과이기도 하다.

그런데 거버넌스를 국가-시장-시민사회 가운데 국가와 시민사회 사이의 대리인과 주인 간의 과제로 좁혀 이해하는 경우, 거기에는 당연히 행정적 대리인과 시민 간의 관계 외에도 정치적 대리인과 시민 간의 관계도 포함되어야 마땅한 일이다. 그러나 대부분의 거버넌스에 대한 논의는 행정적 대리인과 시민 간의 관계만을 다룰 뿐 정치적 대리인과 시민 간의 관계에 대해서는 이를 소홀히 취급해 왔다. 이는 마치 행정학이 분과과학으로 독립하는 과정에서 공적 유익의 증대를 위한 정부의 협동적 노력을 행정이라고 규정하면서도 그럴 경우 당연히 포함해야 할 입법부에 대한 연구를 등한시 했던 현상과 유사하다.

행정학의 행정부 편애 현상은 행정학 교과서의 편향성이 빚은 결과였다. 행정학 연구의 초창기에 발간된 대표적인 교과서로는 화이트(White, 1926)의 「행정연구입문(Introduction to the Study of Public Administration)」과 윌라비(Willoughby, 1927)의 「행정의 원리(Principles of Public Administration)」가 있었는데, 전자가 행정부만을 다룬 것인 데 반해 후자는 입법부까지를 연구대상으로 삼았다. 전자가 광범위하게 교과서로 채택되는 데 반해, 후자는 그렇지 않았던 것이 행정학 연구대상을 행정부로 한정하게 되는 한 원인이 되었다(Abbott, 1974: 49). 이점을 고려하여 이 책에서는 행정적 대리인과 시민 간의 관계는 물론이고 정치적 대리인과 시민과의 관계에 대해서도 함께 다루고자 한다.

무엇보다도 중요한 것은 전통적인 행정작용이 주로 행정부 중심의 노젓기(rowing) 형태로 나타나는 '일 처리' 작업을 일컫는 것인데 반해, 거버넌스가 정부와 시민이 함께 어우러져 국정방향을 조타하는 것이라고 한다면, 바로 그런 국정운영과정에서는 당연히 '일 처리'의 양식도 함께 바뀌어야 할 것이고, 그렇기 때문에 거버넌스 하에서의 행정관리과정을 재규정하는 작업이 전개되었어야 마땅하다는 점이다. 거버넌스에 대한 논의는 주로 거시적 관점에서 접근하는 것이 보통이며 미시적 관점에서 이를 다루려는 노력은 상대적으로 미진했다. 이의 시정이 필요할 것은 물론이다.

또한 거버넌스가 국가의 경계를 넘어 시민과 공동기획, 공동생산 하는 협력과 공생의 얼개라고 한다면, 이런 경계 넘기의 시대에는 단순히 한 나라의 시민사회뿐만 아니라 그 나라의 경계를 넘어 작동하는 지구차원의 여러 변수와 함께 그들 모두의 관계를 지배하는 가치체계 내지는 목표값 같은 것도 함께 영향을 미칠 것이다. 거버넌스에 대한 논의는 한 나라의 내적 변수 외에도 일국주의의 경계를 넘어 작동하는 외적 변수 내지는 지구시민사회에 대해서도 함께 유의해야 마땅한 일이다. 전통 행정 또는 행정학과의 관계에서 볼 때 가장 혁명적으로 연구관점의 변화를 요구하는 것 가운데 하나다.

거버넌스는 또 정책과정을 투입, 전환, 산출, 환류의 단계로 구분하는 경우 주로 투입단계에 주목한다는 편향성을 보여 왔다. 앞서 지적한 데로 투입단계의 협업양식이 바뀌는 경우 당연히 전환과정에도 영향을 미칠 것이고, 무엇보다도 환류과정에 변화를 초래하게 될 것은 자명한 이치다. 환류는 투입과 마찬가지로 시민사회를 토대로 이루어지는 또 다른 차원의 정책전환과정이기 때문이다. 환류가 투입의 또 다른 이름이라고 한다면 거버넌스에 대한 연구가 환류단계에도 비중을 두어야 할 것은 당연한 일이다.

이런 점을 고려하여 이 책은 거버넌스가 행정학에서 차지하는 학문적 좌표를 규명한 (제1편) 후, 이를 토대로 거버넌스의 논리적 토대와 구조(제2편)를 검토하고자 한다. 거버넌스에 대한 개념적 틀을 지구시민사회에까지 확장해서 이해하고자 할 것은 물론이다. 한국 사회에서의 국가와 시민사회 간의 관계를 규명하기 위해서는 우선 그런 관계가 형성되는 환경에 대한 이해(제3장)가 필요하다고 보고, 한국 정부의 구조적 특성을 소개하고자 한다. 나아가 행정적 대리인과 시민사이의 관계(제4편)는 물론이고 정치적 대리인과 시민사이의 관계(제5편)에 대해서도 이를 다루고자 한다. 환류단계의 거버넌스(제6편)로는 옴부즈만을 살펴보고자 한다.

이런 다면적인 요소에 대한 고려를 통해 책의 구성이 이루어졌음에도 불구하고, 이 책은 그런 기획의도를 가지고 처음부터 일관된 양식에 의해 저술된 것은 아니다. 다만 대의과정의 무력성에 대한 대안을 찾고자 하는 필자의 학문적 호기심이 협력적 거버넌스의 유용성에 눈뜨게 했고, 이런 관점과 시각에서 한국의 국정운영과정에 관심을 두고 연구해 온 결과물을 정리하는 과정에서 이런 구성의 필요성을 절감하게 되었다. 따라서 이 책은 다양한 시점에서 쓴 것들을 모아 놓은 것이기는 하지만, 시의성과 논리적인 일관성의 유지를 위해 필요하다고 판단되는 부분에 대해서는 대대적인 수정을 거쳤다.

따라서 기획의도와는 달리 아직 충분한 내용이 모두 포함되지 못했거나 보다 실증적인 검증을 필요로 하는 부분도 적지 않을 것이다. 앞으로의 숙제로 남겨두고자 한다. 다만 정치행정 일원론자나 상호작용론자에게 한국의 행정작용을 거버넌스의 관점에서 규명하려는 동기를 촉발하거나 관심을 유도할 수 있게만 된다면, 이

책은 기대 이상의 성과를 거두는 것이라고 자평하고자 한다. 끝으로 이 책의 정리 과정에서 수고를 아끼지 않은 한국미래정부연구회의 박은혜 연구원과 어려운 환경 속에서도 출판을 허락하신 도서출판 아르케의 편집진 여러분께도 감사의 말씀을 드린다.

2010년 원단(元旦),

분당 우거에서 박재창

참고문헌

김선혁·김병국·제고르즈 에키트·정원칠. (2006). 민주화와 시민사회의 대정부 항의: 비통상적 시민참여와 거버넌스. 「한국행정연구」, 15(3): 249-270.

Abbott, Worthley John. (1974). Public Administration and Legislatures: Examination and Exploration. a Doctoral Dissertation of the State University of New York at Albany.

White, Leonard D. (1926). *Introduction to the Study of Public Administration*. NY: Macmillan.

Willoughby, William F. (1927). *Principles of Public Administration*. Washington DC: Brookings.

목차

한 국 의
거버넌스

제1부

거버넌스의 학문적 좌표

제1장 |

행정학과 거버넌스

1. 서론

행정학은 분과과학으로서의 탄생 계기를 정치와 행정의 관계를 어떻게 보느냐에 두었다. 아니 정치와 행정의 관계를 이분법적으로 격리시켜 보기 시작함으로써 학문적 정체성을 찾기 시작한 것이 행정학이라고 해야 보다 더 정확한 설명이 된다. 그러나 정치와 행정이 실제로 이분법적으로 격리되어 있느냐에 대해서는 논자의 철학적 배경이나 시대 환경의 변화에 따라 실로 다양한 견해가 제시 되어 왔다. 그에 따라 행정학 연구의 정체성에 대한 평가가 부침을 거듭해왔을 것도 물론이다.

따라서 정치와 행정의 관계를 여하히 규정하느냐의 문제는 행정학의 학문적 성찰과 발전에 있어 핵심 과제에 속한다. 특히 지금과 같은 전환기 사회에서는 이에 대한 수요가 더 크고 결정적일 수밖에 없다. 사회 환경 변화는 정치와 행정의 관계를 변화시킬 뿐만 아니라 이를 보는 이의 관점과 시각을 바꾸는 데에도 결정적 요인으로 작용하기 때문이다. 그래서 그런지 정보사회의 도래와 더불어 행정학이 또 다시 학문적 위기에 처했다는 주장도 적지 않다.

그런데 지금까지 정치와 행정의 관계를 다루어 온 기존의 연구업적을 조감해 보면 거기에는 일정한 질서와 경향이 있어 어떤 경로를 중심으로 변화가 거듭되고 있음을 알 수 있다. 행정의 정치적 기능 내지는 정치의 행정적 기능을 얼마만큼 인정하느냐에 따라 정치행정 일원론을 한 축으로 하고 정치행정 이원론을 다른 한 축으로 하는 연속선(continuum)상에 다양한 관점과 논의가 정렬되어 있으며, 이를 기준으로 시대의 변화에 따라 주류 행정학의 좌표가 변화해 왔다.

그러나 최근의 변화 추세는 단순히 이런 대리인 간의 관계에 대한 인식을 기준으로만 주류 행정학의 좌표가 움직이는 것은 아니다. 주인의 국정참여 정도를 얼마만큼 인정할 것이냐를 놓고 주인과 대리인의 관계가 새롭게 규정되고 있으며, 그에 따라 실로 다양한 견해가 제시되고 있다. 그리고 이들은 모두가 행정의 주체와 객체를 철저히 이원론적으로 보려는 시각(principal-delegate theory)과 양자를 일원론적으로 보려는 시각을 양축으로 하는 일종의 연속선상에 정렬된다.

이는 매우 자연스런 결과로 여겨진다. 원래 행정을 행정관료가

"선출직 공무원의 주문에 순응하고, 전문가적인 일관성을 유지하며, 일반시민의 요구에 봉사하는(Svara, 2001: 176)" 과정에서 야기되는 협력과 갈등의 문제를 다루는 것이라고 한다면, 거기에는 단순히 선출직 공무원과 임명직 공무원 사이의 관계를 여하히 다룰 것이냐의 과제 외에도 공직자와 일반시민 간의 관계를 어떻게 설정할 것인가의 과제가 별도의 차원에서 제기되기 때문이다.

그런데 이런 주인과 대리인 내지는 시민사회와 국가 간의 관계를 재규정하려는 움직임은 정보사회의 도래와 더불어 새롭게 등장하는 현상 가운데 하나다. 기본적으로 과거 주인-대리인 이론이 당연시했던 정보의 비대칭성이나 물리적 한계가 사회관계의 정보화 탓에 무너지면서 새로운 질서의 구축이 진행되고 있기 때문이다.

이 장(章)은 이런 사회구조의 변화에 대한 인식을 토대로 정치와 행정의 관계를 어떻게 조망할 것인가의 문제를 기존의 연구업적에 대한 검토를 토대로 추적해보고자 하는 데에 일차적인 목적을 두고 있다. 그리하여 행정학이 독립분과과학으로서 지향해 나가야 할 좌표가 무엇인지를 추적하는 데 필요한 기초 정보를 정리해 보고자 한다. 이는 행정학 연구에서 가장 결정적인 결함으로 작용해 온 과제가 무엇인지를 일깨워 주는 출발점이 될 것이며, 그에 대한 응답 가운데 하나로 거번먼트(government) 대신 거버넌스(governance)에 주목해야 하는 원인과 그의 학문적 좌표를 규명하는 작업이 되기도 할 것이다.

2. 행정현상 연구의 양대 축

행정현상을 어떻게 볼 것인가에 대한 논의는 기본적으로 두 개의 축을 중심으로 전개되어 왔다. 행정기능과 행정주체가 그것이다. 먼저, 전통행정학의 일반적인 경향은 행정기능을 파악하는 데에 초점을 맞추는 것이 전부였다. 정치와 행정을 철저히 구분해서 이해하고자 하는 정치행정 이원론이 행정학의 학문적 독립을 정당화하는 출발점이었다고 한다면, 이는 행정기능이 무엇인가를 규명하는 과정에서 얻어진 결론에 다름 아니다. 그러나 행정기능이 무엇인가에 대한 논자들의 관점이 일정한 것은 아니어서 실로 다양한 견해가 제시되어 왔다. 특히 정치와의 관계에서 행정기능을 어떻게 규정할 것이냐의 문제는 행정학 연구의 정체성 확립에 있어 중요한 출발점이 되었다. 그런데 이렇게 정치와 행정의 관계에 대한 논자들의 시각이 상이한 이유 가운데 하나는 정치와 행정을 이해하는 차원 내지는 분석단위가 서로 달랐기 때문이며, 이는 또한 행정에 대한 신뢰의 정도가 서로 달랐기 때문이기도 했다.

우선, 정치행정 이원론자들은 대개 정치와 행정을 각기 입법부와 행정부로 등치하려는 경향이 있다. 대표적인 정치행정 이원론자인 웨버(Weber)에 의하면 정치는 여러 가치 준거 가운데 어떤 하나를 선택함으로써 규범적 목표를 설정하는 일과 연동되어 있다는 것이다. 어떤 가치가 보다 타당한 것인지에 대해서는 객관적 준거가 없는 만큼 다양한 이해관계가 충돌하는 현장에서 어떤 결론을 도출하는 데 필요한 절차적 장치를 마련하는 일이 필요해지는 데, 이를 담당하는 것이 정치라는 것이다. 반면에 행정은 모두가 사실과 관련된 것으로서 주어진 목표의 달성 그러니까 정해진 가치의 구현을 위해 필요한 최선의 방법이 무엇인지를 모색하는 일이라고 보았다(Jacobsen, 2001: 2-3). 정치가 법규에 내포된 가치나 목표를 구체화 하는 작업이라고 한다면, 행정은 이런 법규를 집행하는 일에 치중하는 과제라는 것이다. 그런데 분업적 질서에 기초한 국가구성의 원리에 따르면, 다양한 이해관계를 조정함으로서 어떤 규범적인 합의를 도출하고자 하는 장치가 입법부이며, 입법부에 의해 부여된 목표를 달성하기 위한 최선의 방안이 무엇인지를 모색하는 업무를 담당하는 기관이 행정부이다. 정치를 입법부의 활동으로 그리고 행정을 행정부의 활동으로 등치시켜 보게 되는 이유다.

그런데 주지하는 바와 같이 정치를 담당하는 입법부는 부패하였으므로 이로부터 행정을 담당하는 행정부를 격리시켜 행정과정의 합리성과 능률성을 담보해야 하겠다는 인식은 행정학의 학문적 독자성을 추구하는 결정적 계기가 되었다. 이는 입법부 내지는 정치에 대한 불신과 행정부 내지는 행정과정에 대한 신뢰를 반영하는 것에 다름 아니다. 그러나 이렇게 정치와 행정을 입법부와 행정부로 등치하는 경우에는 당연히 법적, 제도적 접근의 한계에 빠지면서 마치 양자가 실제로도 언제나 서로 격리되어 있는 것처럼 생각하게 되기 마련이다. 비록 이런 당위론적이고 규범론적인 한계에서 벗어나 현상을 보다 과학적으로 규명하려는 경우에도 정치와 행정을 입법부와 행정부로 등치하기 때문에 여전히 양자 사이에는 입법부와 행정부라는 국가기관 간의 관계에서처럼 일정한 양식의 경계가 설정되어 있는 것으로 파악하기 일쑤이다.

이런 인식상의 한계에 대한 반발은 정치와 행정을 정치인 내지는 선출직 공무원과 행정관료 내지는 임명직 공무원의 행태에 초점을 맞추어 이해하고 파악하려는 방법론상의 변화를 가져왔다. 행태론적인 측면에서 볼 때, 선출직 공무원인 정치인과 임명직 공무원인 행정관료는 자신에게 부여된 책무를 수행하는 과정에서 결코 서로 격리된 채 활동하는 것이 아니라 상호 협력하거나 또는 대립하고 있어 상호작용적이며 또 그렇기 때문에 상호의존적이라고 보게 된 것이다. 정치행정 이원론이 폐쇄체계론의 관점에서 접근하는 것이라고 한다면 정치행정 상호작용론은 일종의 개방체계론에 의존하기 시작한 셈이다. 이는 또한 행정과 정치를 준별하는 데 있어 절대적 척도가 아니라 상대적 준거를 토대로 접근해야 한다는 반성의 결과에 다름 아닌 일이기도 하다. 정치에 대한 절대적 불신을 철회하고 행정에 대한 절대적 신뢰에 대해서도 이를 회의하기 시작한 셈이다.

그런데 이렇게 정치와 행정을 개방체계론의 관점에서 이해하는 경우에는 양자 간의 경계개념이 증발하면서 무엇이 정치와 행정을 다르게 하는지를 규명해야 하는 과제에 봉착한다. 정치적이면서도 동시에 행정적이고 그렇기 때문에 매우 모호한 영역이 등장하기 때문이다. 이는 스바라(Svara, 1998, 1990)에 의해 보다 더 정치적이거나 또는 보다 덜 정치적인 과제로 구분되곤 했다. 바로 이런 한계를 극복하기 위한 것 가운데 하나가 접근시각상의 차이에 의한 구분이다. 정치가 권력론의 관점에서 접근한 결과물이라고 한다면 행정은 관리론의 관점에서 접근한 결과물이라는 것이다. 그러니까 정치와 행정이 서로 격리되어 있거나 또는 별개의 서로 구별되는 영역에서 발생하는 현상이 아니라 공적 부문의 어느 곳에서나 발생하고 또 그렇기 때문에 공적 부문 어느 곳에서나 포착되는 현상이기는 하지만 다만 이를 어떤 관점에서 보느냐에 따라 구분될 뿐이라는 것이다.

그러니까 후기 행태론 일반에 내포되어 있는 바와 같이 행태를 추동하는 동기가 무엇이라고 보느냐에 따라 현상의 성질과 내용이 달리 규정된다는 입장이다. 이는 관찰의 초점을 인간 내면의 세계에 맞춤으로써 생겨나는 매우 자연스러운 결과다. 정치가 권력을 추구하는 현상이라고 한다면 행정은 조직이나 기관운영상의 합리성이나 타당성을 추구하는 현상으로 여겨지게 된 것이다. 그런데 이렇게 정치와 행정이 그의 외형적 양식상의 차이가 아니라 내면의 동기에 따라 구분되는 것이라고 한다면, 정치와 행정은 본래 서로 다른 것이 아니라 본디 같은 영역의 것이며 그렇기 때문에 일체 동소의 것이라는 생각을 갖게 된다. 다만 양자가 서로 지향하는 목적가치가 다르다는 점에서 구분 가능하고 또 구분 가능해질 뿐이다.

이런 관점의 가장 대표적인 것으로는 사이몬(Simon, 1976)의 가치전제와 사실전제에 의한 구분을 들 수 있다. 가치가 한 사회의 공적 재화를 배분하는 과정에서 달성하고자 하는 정의를 일컫는 것이라고 한다면, 사실은 지향하는 목적가치를 구현하는 과정에서 당면하게 되는 조건이나 한계의 총화라고 보았다. 이점에서 가치가 정치와 연동한다면, 사실은 행정과 연동된다. 이를 다시 분석적 차원에서 접근하는 이들에 따르면, 정치는 한 사회의 구성원들이 누리는 총만족도의 중앙값을 지향하는 것, 즉 정치적 합리성(political rationality)의 극대화를 추구하는 작업인 데 반해, 행정은 공동의 목적을 달성하기 위해 여러 사람이 추구하는 합리적 협동, 즉 경제적 합리성(economic rationality) 내지는 과학적 합리성(scientific rationality) 또는 이를 구현하는 현실적 장치가 관료제로 인식되어 왔다는 점에서는 관료제적 합리성(bureaucratic rationality) 내지는 조직체적 합리성(organizational rationality)을 추구하는 작업이라고 할 수 있다.

그러나 이 문제를 심도 있게 다루어 온 사이몬(Simon, 1976: 45-60)조차도 의사결정 환경이 불확실할 경우 가치와 사실을 구분하는 일은 사실상 불가능한 과제라고 보았다. 어떤 사실적 수단을 선택하는 데에는 필연적으로 가치선택적인 요소가 동반하기 마련이라고 보았기 때문이다. 가치와 사실의 구분을 철저히 부정한 것은 아니지만 사이몬 스스로 어떤 경우에는 사실적이면서도 동시에 윤리적이기도 하다는 점을 인식한 것이다. 심지어 전적으로 사실적이고 전적으로 가치적인 것 사이에는 회색지대가 있어 어떤 의사결정이 궁극적으로 정치 영역에 속하는 것인지 또는 행정 영역에 속하는 것인지를 구분하기 어려운 사례가 적지 않다고 보았다. 정치행정 일원론에 도달한 것이다. 정치에 대한 불신을 철회하기 시작한 것이기도 하다.

이렇게 주어진 현상을 어떤 분석 단위에서 어떤 접근시각을 통해 조망하느냐에 따라 정치와 행정의 관계에 대한 인식의 결과가 달라지는 것과 같이, 행정 주체의 범위를 설정하는 데서도 유사한 메커니즘이 작용해 왔다. 정치와 행정의 문제를 입법부나 행정부와 등치해 온 전통 행정학자들은 행정을 당연히 정부가 주도하는 일이라고 보고 일반시민과는 전혀 상관이 없다고 보았다. 국가와 시민사회를 이분법적으로 본 것이다. 이런 접근시각은 특히 전문성의 원리에 기초하는 관료제 이론에 의해 정당화 되었다. 전문성의 축적 정도가 낮은 일반시민은 전문가의 식견과 판단에 따라 향도되어야 하고, 그렇기 때문에 정부는 전문가에 의한 자율적 결정에 따라 운영되어야 한다는 것이다. 일반시민에 대한 이런 불신은 국가와 시민사회는 서로 격리될수록 좋다고 생각하게 하는 주요 원인이 되었다. 이는 정치적 대리인의 경우에도 같다. 일반시민의 대표성을 위임받은 선출직 공무원은 그의 독립적인 판단과 철학적 원리에 따라 활동함으로써 공정하고 종합적인 차원에서 국정운영에 기여하며 또 그렇게 되어야 한다고 보았던 것이다. 정치적 대리인이 그의 유권자 내지는 지역사회의 할거주의적 이해관계에 포획되는 경우에는 부패하거나 사회전체의 이익을 추구하기 어려워지며 객관적이고 합리적인 판단을 그르칠 수도 있다고 본 것이다. 대표성에 대한 수탁자 이론(trustee theory of representation)이 이를 잘 나타내 준다. 따라서 이렇게 대리인과 일반시민을 격리하려 했던 전통 행정학은 기본적으로 시민에 대한 불신과 대리인에 대한 신뢰를 기초로 형성되었던 셈이다.

그러나 이런 제도론적인 관점에서 벗어나 국가와 시민사회 내지는 정부와 일반시민과의 관계를 행태론적인 관점에서 살펴보는 경우, 당연히 정부와 일반시민 사이에는 끊임없는 대화와 정보의 교류가 이루어진다고 보게 된다. 특히 정보사회의 도래 이후 행정관료의 전문가적인 우월성이나 정보자원의 독점적 지배가 더 이상 용인되지 않고 정부의 실패가 일반적 현상으로 인식되면서 정부운영과정에 대한 시민참여의 정당성 기반은 급진적으로 확대되기에 이르렀다. 이는 동서냉전이 끝나고 정치적 민주화가 범지구적으로 확산했다는 사실에 의해서도 힘입은 바 컸다. 과거 권위주의적인 정부가 지구촌 전역에서 활동하던 시기에는 국가가 지배하고 시민은 굴종한다는 것이 당연한 일로 여겨졌다. 그러나 정치의 민주화가 확산하면서 정부의 정책과정에 대한 시민의 참여가 단순한 수사의 단계를 넘어 경험적 실제로 자리 잡게 된 것이다. 이러한 현상은 정치와 행정의 관계를 대리인과 주인 사이에서 빚어지는 상호작용 내지는 상호의존적 관계로 보도록 하는 데 기여하는 바가 적지 않았다. 대리인에 대한 절대적인 신뢰를 철회하면서 일반시민에 대한 기댓값이 확장되기 시작한 셈이다. 거버넌스의 인식론적 토대가 마련된 것이다.

그러나 이런 시각도 여전히 국가 내지는 정부의 우월적 지위를 가상하는 가운데 일반시민의 참여를 이차적 또는 부가적 과제로 인식하려 한다는 문제점이 제기되면서 민주주의의 철학적 원리에 충실한 민주국가의 운영이 가능하려면 일반시민에 의한 자치적인 활동이 정치와 행정의 중추를 형성해야 한다는 생각을 하게 되었다. 행정관료가 기여하는 전문성과 정치인이 기여하는 대표성이 더 이상 순차적, 단계적으로 투입되는 것이 아니라 시민 자치의 현장에서 동시적으로 투입되고 작동해야 하며 또 그렇게 될 것이라고 보게 된 것이다. 더 이상 주인 대리인 관계에 의한 공적 업무의 위임이 아니라 시민의 자치에 의한 공적 과제의 해결이 가능하고 또 가능해야 한다고 보게 되었다. 국가와 시민사회의 일치 또는 공적 업무의 시민사회에 대한 환원 가능성을 당연시 하게 된 것이다. 바로 이점에서는 대리인에 대한 사회적 신뢰가 가장 왜소한 규모로 축소되고 있음을 알 수 있다.

지금까지의 논의를 종합해 보면 행정연구는 기본적으로 행정현상에 대한 신뢰의 정도에 따라 부침을 거듭해 왔으며, 이는 대체로 행정기능과 행정주체를 양축으로 하는 분석적 범주 내에서 전개되어 왔음도 알 수 있다. 그러니까 행정기능을 정치행정 이원론의 시각에서 파악하느냐 아니면 정치행정 일원론의 시각에서 보느냐의

〈표1-1〉 행정현상 분석의 유형

행정기능 / 행정주체	정치·행정 이원론	정치·행정 상호작용론	정치·행정 일원론
국가·시민사회 이원론	I. 기계론적 조직이론, 웨버리언 모델 (Weberian Model), 과학적 관리운동, NPM	II. 의회행정론, 혼합론	III. 신행정학, 위임입법, 준입법권, 선거구민 민원처리 (case work)
국가·시민사회 상호작용론	VI. 시민자원봉사론	V. 협력적 거버넌스, 옴부즈만	VI. 다원주의 이론, 대표관료제
국가·시민사회 일원론	VII. 민영화 이론, 서비스형 NGO 이론	VIII. 담론형 여론조사, 시민배심원제, 역동적 기획 샤레트	IX. 환원행정론 (auto-administration)

차원과 행정주체를 국가와 시민사회 이원론의 시각에서 보느냐와 국가와 시민사회 일원론의 시각에서 보느냐를 중심으로 하는 두 개의 연속선을 중심으로 전개되어 왔던 것이다. 따라서 이들 두 개의 연속선을 교차시키는 경우 위와 같은 유형화 작업이 가능하다.

3. 국가와 시민사회 이원론

국가와 시민사회가 철저히 격리되어 있다고 보고 주인-대리인 관계를 이분법적 시각에서 접근하는 경우, 국가를 행정의 주체로 시민사회를 행정의 객체로 양분해서 다루게 된다. 이 가운데 정부활동의 주요인자들이 어떤 관계를 구축한다고 보느냐에 따라 정치행정 이원론, 정치행정 상호작용론, 정치행정 일원론으로 대별해 볼 수 있다.

1) 정치행정 이원론(제I유형)

정치행정 이원론은 그것이 어떤 인식과정을 거쳐 구축된 결과냐에 따라 규범론과 경험론으로 대별해 볼 수 있다. 전자가 정치와 행정의 관계를 어떤 철학적 원리나 법규에 따라 당위적인 차원에서 규정하려는 것이라고 한다면, 후자는 경험적 실체에 대한 검증이나 인식의 결과물이다. 그런데 규범론의 가장 대표적인 주창자는 아무래도 웨버다. 웨버에 의하면 정치는 어떤 가치와 목표를 구체화 하는 과정인 데 반해, 행정은 법률과 규칙을 집행하는 과정이다(Mommsen, 1992). 정치가 규범과 논리의 문제를 다루는 장이라고 한다면 행정은 경험적 실체를 검증하는 곳이라고 보는 것이다. 따라서 전자가 열정과 투사의 정신을 필요로 한다면, 후자는 중립성과 불편부당성 내지는 몰가치성을 지향해야 한다.

이런 기계론적 접근시각은 정책의 결정과 집행을 근본적으로 상이한 성격의 과제라고 보고, 그렇기 때문에 서로 다른 영역에 속한다고 보았다. 윌슨(Wilson, 1887: 120)에 의하면 "행정은 정치의 영역 외부에 놓여 있다"는 것이다. 이는 기본적으로 정치와 행정을 각각 입법부와 행정부의 과제로 인식하는 데에서 연유하는 결과다. 그러니까 헌정질서에 따라 규정되어 있는 입법부와 행정부의 역할을 정치와 행정으로 등치해서 보았다는 의미다. 그렇기 때문에 과학적 검증의 결과가 아니라 규범적 당위의 결과인 것이다. 정치가 행정이 수행해야 할 과제가 무엇인지를 규정하는 작업이라고 한다면, 행정은 자신에게 부과된 과제를 전문지식을 동원해 해결해 나가야 하는 존재라고 보았던 것이다.

그런데 이렇게 정치와 행정이 유리된 채 서로 별개의 영역에서 활동하거나 그렇기 때문에 상호 독립성과 자율성을 유지하는 현상은 단순히 민주주의의 철학적 원리에 따라 유추하거나 당위적으로 요청하는 경우가 아니더라도 입법부와 행정부 간의 경험적 실제 속에서도 발견된다. 헌팅톤(Huntington, 1965: 18-19)에 의하면 미국의 경우 연방 의회의 조직구조 개편으로 말미암아 의회 내부의 권력이 분산 되었고, 그 결과 행정부에 대한 의회의 통제력이 상실 되었으며, 그 덕분에 의회 내부의 전문화 정도는 신장하였지만 대 행정부 통제력은 약화되었다는 것이다. 그 결과 행정부의 기관 독자성이 강화 되면서 의회와 일정한 거리를 두게 되었다고 한다. 니스케넌(Niskanen, 1971)에 의하면 현대사회에서는 입법부와 행정부 간의 정보 비대칭성 때문에 사실상 의회가 행정부를 통제하기 어렵고, 그 결과 행정부의 관료제가 자신의 후견인으로부터 지대를 추구하게 되었다(bureaucracy can extract rents from the sponsor)고 보았다.

그런데 이렇게 입법부가 행정부의 기관 독자성이나 자율성을 보장해 주고 그 결과 발생하는 행정과정에 대한 정치적 통제력이나 영향력의 축소를 감내하는 이유는 그렇게 하는 것이 입법부와 행정부 모두의 기관수요에 부응하기 때문이라는 것이다. 피터스(Peters, 1995: 177-8)에 의하면 행정실패에 대한 책임을 행정부에 돌리기 위한 의회의 음모론적 동기가 정치와 행정 간의 관계를 차단하고 상호 격리시키고 있다는 것이다. 반면에 밀러(Miller, 2000: 314-5)는 의회의 영향력을 차단하고 자신의 이익을 추구하기 위한 관료집단의 정략적 판단으로 인해 양자 간의 격리가 유도되고 있다고 보았다. 관료집단이 자신을 기술관료 개념으로 도장하고 이를 통해 독립성을 견지하려는 이유도 결국은 자신의 권력적 동기를 감추고자 하기 때문이라는 것이다(Newland, 1989).

같은 맥락에서 복스 외(Box et al, 2001)는 신공공관리론(New Public Management)도 정치와 행정의 이분법적 격리를 통해 결과적으로 정부의 자율적 의사결정 범위를 확장하기 위한 것이라고 보았다. 그리고 이런 이분법적 격리가 가능한 이유 가운데 하나는 일반시민이 행정과정의 통제에 필요한 지식이나 정치적 영향력을 결여하고 있기 때문이라는 것이다. 여기에 더해 이익집단에 의해 정보나 정책과정이 포획되고, 관료적 의사결정 양식에 내포되어 있는 관성의 법칙이 작용하고 있으며, 전문가 집단이 민주적 통제에 대해 저항하고자 하는 속성을 지녔다는 사실 등이 정치와 행정의 이분법적 격리를 촉진시킨다는 것이다(McSwire, 1997).

신공공관리론은 비록 비교적 최근에 제기된 것으로 평가되지만 실제로는 이미 지난 세기에 등장했던 다양한 양식의 관리개혁적인 요소를 승계한 것에 지나지 않는다(Box et al, 2001: 611). 지난 세기에 제기되었던 관리자형 시장제도, 후버 및 브라운로 위원회의 권고안, 목표관리제(management by objectives), PPBS(program, planning, and budgeting system) 등은 모두가 관리의 효율성, 효과성, 실적 개선 등을 중시한다는 점에서 신공공관리론과 기본적으로 크게 다를 것이 없다. 로젠블럼(Rosenbloom, 1993: 503)은 이를 정치행정 이원론에 투사되어 있는 "행정의 정통성(public administration orthodoxy)"이라고 보았다.

2) 정치행정 상호작용론(제II유형)

정치행정 상호작용론(complementary perspective)은 정치와 행정이 각각 서로 경계 개념으로 구별되는 별개의 것이기는 하지만, 자신들의 완성을 위해 서로 도와야 하는 상호의존적 관계에 있다고 본다. 쿡(Cook, 1996)에 의하면 정치와 행정은 서로 수단이며 동시에 기여자이기도 한 관계에서 상호 보완적 관계를 구성한다는 것이다. 서로 의존적(interdependence)이면서 동시에 호혜적(reciprocal)이라는 것이다. 선출직 공무원인 국회의원은 임명직 공무원인 행정관료를 구속하고 통제할 수 있으며 또 그렇게 해야 하지만, 선출직 공무원은 기본적으로 선거에 의해 선출되기 때문에 전문지식과 정보에 의해 구속되거나 제한되지 않을 수 없다. 반면에 행정관료는 자신의 전문성에 기초해서 독립적인 활동을 구상할 수 있고 또 그렇게 하도록 전문성의 보유 정도를 놓고 경쟁의 원리에 따라 충원되지만, 그런 구상이나 결정이 대 국민과의 관계에서 책임성을 확보하기 위해서는 결코 독립적일 수 없다. 부언하면 행정관료는 정책 고안 과정의 국회의원을 지원하고 이를 집행하는 과정에서 그의 내용이나 의미를 부여하는 역할을 수행함으로써 호혜적 관계를 구축한다. 반면에 국회의원은 행정관료에 의한 정책집행과정을 감독하고, 왜곡되거나 수준 낮은 집행결과가 있을 때에는 이를 시정하거나, 교정함으로써 일반시민의 요구에 부응하도록 관리한다. 따라서 민영화 조치는 바로 이런 국회의원과 행정관료 사이의 상호보완적 협력 관계를 무너뜨리는 행위로 간주된다.

그런데 이렇게 행정관료와 국회의원이 상호의존적이고 서로 영향을 주고받는 관계에 있다거나 또는 그렇게 되어야 한다는 주장 속에는 실로 적지 않은 모순적 관계가 형성되어 있다. 행정관료가 그의 존재적 당위를 전문가적 식견과 판단에 따라 주어진 과제를 처리하는 데 둔다면, 이를 위해서는 자율적 판단과 의사결정의 권한이 보장되어야 한다. 그런데 국회의원은 국민의 의사를 결집해서 정책 형태로 조정한 후 이를 토대로 행정관료를 통제하고 감독해야 하는 존재다. 행정관료의 독립적 의사결정권을 침해하게 되거나 침해해야 한다는 의미다. 이럴 경우 행정관료가 전문가적 식견과 판단에 따라 자율적인 의사결정을 할 수 없을 것이고 그렇기 때문에 행정관료를 대리인으로 두어야 하는 이유를 찾기 어렵게 된다. 그러나 그렇다고 해서 행정관료에 대한 외적 통제장치로서의 국회의원에 의한 지휘 감독을 배제하는 경우에는 행정관료의 자율권 남용이나 오용을 방치하는 결과가 된다. 무엇보다도 국민의 정책적 수요를 책임 있게 진단하고 이를 국정운영과정에 반영하는 과정이 외면된다는 문제가 있다. 그러나 그렇기 때문에 국회의원에 의한 행정관료의 통제와 감독을 정당화 하는 경우에는 국회의원 자체가 주어진 규범적 역할을 수행하기 보다는 지위를 이용한 지대추구에 빠질 위험이 있으며 그 결과 정치적 압력으로 인한 행정과정의 왜곡과 부패를 낳게 될 위험성이 있다.

그러니까 행정관료와 국회의원 간의 상호작용적 관계는 그 실제에서 규범적 차원이냐 또는 경험적 차원이냐에 따라 서로 매우 다르며, 그렇기 때문에 상충적인 요소가 적지 않다. 이렇게 놓고 볼 때 행정관료와 국회의원의 역할이 서로 중첩하는 경우에는 이들 사이의 관계가 그 운영 실제에서 상호 협력적인가 또는 갈등적인가를 준별해야 하는 과제가 제기된다. 이는 규범론과 경험론 모두에서 같다. 이와 관련하여 프리드리히(Friedrich, 1940)는 외제적 통제의 불가피성을 역설하고 있으며 파이너(Finer, 1941)는 내재적 통제의 중요성을 강조했다. 전자가 행정관료와 국회의원 간의 상호작용적 관계에 보다 강조점을 두는 입장이라고 한다면, 후자는 상대적으로 자율적 독립성을 강조한다. 그러나 그렇다고 하여 양자 간의 철저한 단절이나 격리를 주문하는 것은 아니다. 오히려 양자 간의 상호작용 속에서 어느 쪽에 보다 더 강조점을 두느냐의 차이로 이해된다. 이를 다른 각도에서 보면 법적, 제도적 차원의 관계냐 아니면 인식이나 학습차원의 관계냐의 차이가 있을 뿐이다.

그런데 이런 모순점을 감안한 혼합론적 접근시각은 정치와 행정의 관계를 행정관료와 국회의원이라는 활동자 수준에서 파악하는 것이 아니라 행정부와 입법부라는 기관 차원에서 이해하고자 한다. 그리고 이들을 분석적 차원에서 접근함으로써 행정부와 입법부 모두를 관리론과 권력론의 관점에서 이해하고자 한다. 그 결과 행정부가 주로 관리론에 의해 설명되는 요소를 많이 지니는 것은 사실이지만 그렇다고 해서 권력론적 요소가 전혀 없는 것은 아니라고 본다. 아니 행정부를 관리업무 수행 기관으로 보는 것은 단순히 관리론적 관점에 한정해서 행정부를 이해한 데에서 오는 결과일 뿐 그의 운영실제를 권력론적 관점에서 이해하는 경우에는 행정부를 당연히 정치 투쟁의 장으로 보게 된다는 것이다. 정치적 행정(political administration)의 개념이 그것이다. 행정기관 간의 로비활동이나 권력투쟁 내지는 기관 내부의 갈등 현상 등이 이런 관점에서 설명된다. 엘리슨(Allison, 1969)의 관료정치 모형(bureaucratic politics model)이 이를 잘 보여주고 있다.

사정은 입법부의 경우에도 같다. 입법부가 권력투쟁의 장인 것은 맞지만 그것은 입법부를 권력론적 관점에서 이해했기 때문이며,

이를 관리론적 관점에서 보는 경우에는 입법부도 관리 기관 가운데 하나라는 것이다. 이는 의회행정론이 상정하는 바 의회 관리, 선거 집행, 정당 조직화, 정책 심의 등에서 찾아 볼 수 있다. 그러니까 의회는 어떤 사회의 공동체적 질서를 축약한 결과물이기도 하지만 동시에 기관으로서 조직체이기도 한 이중적 성격을 지닌다는 것이다. 행정부가 하나의 기관으로서 거대한 조직으로 이해되면서도 동시에 정치과정으로 이해되어야 하는 것과 같다. 이는 히피(Heaphey, 1975)와 바아클리니(Baaklini, 1976) 등에 의해 강조되었다. 행정부를 상대로 개발된 관리이론을 입법부에 도입하여 의회 운영의 생산성 증대에 기여해 보자는 것이다. 이는 행정부 중심의 행정이론을 입법부라고 하는 국가의 다른 기관에 적용함으로서 기관종단적 비교연구(cross-institutional comparison)를 가능하게 하고, 그 결과 행정학 일반이론의 과학성 정도를 높여보자는 것이기도 하다.

이런 관점에서 보면 결국 행정부와 입법부 모두 관리적인 요소와 권력적인 요소를 내포하는 혼합적 기구로 인식된다. 이럴 경우 행정부와 입법부는 더 이상 어떤 경계에 의해 격리되는 존재가 아니며 다만 관리론과 권력론에 의해 재해석되고, 그에 따라 경계가 새롭게 설정되는 광대역 공적 영역으로 남게 된다. 그리고 그 공적 영역은 관리적인 요소와 권력적인 요소가 무수히 혼재해 있는 상태로 이해된다. 정치행정 일원론으로 이동하는 것이다.

3) 정치행정 일원론(제III유형)

정치행정 일원론은 기본적으로 행정부의 정책기능을 강조하는 데에서부터 비롯된다. 행정을 정책과정의 필수불가결적인 요소로 인식함으로써 행정관료의 자율권을 전문가적 판단을 위한 것이라기보다는 정책기능을 수행하기 위한 전제조건으로 본다. 시민의 요구에 조응하는 정책대안을 구현하려면 자의적 의사결정권이 전제되어 있어야 그에 따른 조정과 조율이 가능하다고 보는 것이다.

이런 시각은 위임입법을 통한 준입법권 개념에서 여실히 드러난다. 행정부도 입법부와 마찬가지로 정책기능을 수행하고 또 수행해야 한다고 본다는 점에서 위임입법론은 행정부의 정책기능을 규범론과 경험론 차원 모두에서 지향하는 셈이다. 그렇기 때문에 정부가 담당하는 역할을 행정기능과 정치기능으로 구분하지 않고 정책기능이라고 하는 다소 모호하거나 불명확한 개념으로 설명하고자 한다. 다만 위임입법이 입법부에 의해 정치적으로 해결되기 어렵거나 해결해서는 안 되는 것들을 행정부에 위임하고자 하는 것이라고 한다면, 같은 정책기능이라고 하더라도 행정부가 입법부보다는 더 전문가적인 판단과 식견에 따라 수행할 것이고 또 그렇게 해야 한다는 점을 전제하는 것이 사실이기는 하다.

행태주의 이론(behaviorism)도 정치행정 일원론에 서 있기는 마찬가지이다. 롱(Long, 1962: 72)은 실증 조사를 통해 선출직 공무원인 국회의원과 파당적인 의회의 무책임한 행태를 비난하면서 행정관료가 일반시민의 의사에 좀 더 조응적이라고 보았다. 쿡(Cook,

1996: 78)은 행정관료가 일반시민의 일반의지에 내포된 도덕적, 행태적 구성요소에 영향을 미친다고 보면서 그 과정에서 형성적 역할(constitutive role)과 수단적 역할(instrumental role)을 수행한다고 보았다. 전자가 정책의 형성과 조정 업무를 말하는 것이라고 한다면 후자는 전문가로서의 판단과 지원 업무를 말한다.

결국 행정관료를 매우 중요한 정치적 활동자 가운데 하나로 보는 것(Jacobsen, 2001: 2)인 데, 이는 모셔(Mosher, 1982)가 자원의 사회적 재배분 작업은 모두가 공적 의사결정이며 또 정치적이라고 하는 데에서도 드러난다. 이렇게 행정부가 정치적 활동을 하는 이유에 대해 맥큐빈과 슈바르츠(McCubbins & Schwarz, 1984: 175)는 의회가 합리적 판단을 내렸기 때문이라는 것이다. 행정부가 정책결정권을 독자적으로 행사하는 것은 의회가 그렇게 하도록 허용하기 때문인데, 그렇다고 해서 행정부의 독자적인 정책결정이 의회의 입법 의도를 벗어날 경우 일반시민이나 이익단체가 나서서 "화재 경보형 통제권(fire-alarm overight)"을 발동하게 된다고 보기 때문이라는 것이다. 그럴 경우 의회가 개입해서 시정할 수 있다는 것이다. 피오리나(Fiorina, 1986: 33-51)에 의하면 의회가 선거구민의 민원을 해결하기 위해서는 행정관료가 자의적으로 판단하고 재량권을 행사할 수 있다는 점이 필수적으로 전제되어야 하기 때문에 이를 확보하기 위해 의회는 일부러 행정관료에 대한 적극적인 통제권을 행사하지 않고 방임하게 되며, 그 결과 행정관료는 독자적인 자기 권한 행사를 할 수 있고 그렇기 때문에 시민의 개별적 요구에 대해 정치적 조응을 할 수 있게 된다는 것이다.

여하튼 정치행정 일원론의 입장에 서 있는 이들은 행정부 또는 행정관료의 정치적 기능을 강조함으로서 행정행위의 정치행정 합일적인 성격을 부각하고 있지만 그런 행위의 구체적인 성질이 무엇인지에 대해서는 더 이상 적극적으로 언급하거나 규명하려 하지 않는다는 데에 특징이 있다.

4. 국가와 시민사회 상호작용론

국가와 시민사회 상호작용론은 국가와 시민사회 또는 주인과 대리인은 그 운영 실제에서 결코 분리되어 있거나 또는 격리되어 있지 않으며, 오히려 서로 유기적인 상호작용 관계에 있을 때 본래적인 자기목적 달성에 유리하다는 관점에 서 있다. 그렇기 때문에 국가와 시민사회 또는 행정의 주체와 객체 사이에서는 지속적인 대화와 참여가 일어나며, 이를 통해 행정주체의 범위가 확장되는 반면 행정객체의 범위는 축소되거나 또는 그 반대의 관계에 있다고 본다. 이는 국가와 시민사회가 거버넌스 관계를 구축한다는 것과 다를 것이 없다. 거버넌스는 통상 국가와 시민사회 사이에서 대화와 소통을 통해 상호작용적 관계를 구성하는 데에서부터 출발하는 것으로 이해되기 때문이다.

1) 정치행정 이원론(제IV유형)

정부와 일반시민이 서로 협력적 관계를 구성한다고 보지만 정치와 행정을 이분법적으로 파악하려는 것이기 때문에 정부를 단지 정책의 집행단계에서만 주목한다. 전통 행정학에서 파악한 것과 같이 정부와 시민이 서로 격리된 채 행정관료는 서비스를 제공하고 일반시민은 그런 서비스를 제공받는 관계에 머무른다면 더 이상 효율적인 서비스의 제공이 불가능하다고 보기 시작한 것이다. 이는 기본적으로 공적 부문에 대한 불신에 기인한다. 정치는 부패했으며 관료는 자신의 이익을 먼저 추구하고 통치과정은 "공직자와 기업인 사이의 보이지 않는 거래와 타협으로 얼룩졌다(King & Stivers, 1998: 15)"는 것이다. 따라서 행정관료에게만 의지해서 공적과제를 해결하려 한다면 이는 매우 무모한 일이라고 보게 되었다. 특히 정보사회의 도래와 함께 사회구조가 급변하면서 다양하고 새로운 사회적인 욕구가 생겨나게 되었으며, 이에 대처하기 위해서는 기존의 행정관료만으로는 역부족이라는 생각을 하게 되었다. 예를 들자면 사회복지 서비스분야에서는 과제의 성질상 관료제적인 접근시각을 초월해서 서비스의 수혜자와 공감하고 감정이입할 수 있는 능력이 필요한 데, 이는 시민자원봉사자에 의해 보다 잘 수행될 수 있다는 것이다. 따라서 정부가 기획하거나 재정지원을 하더라도 서비스 전달 업무는 시민자원봉사자들에게 맡기거나 NGO를 통해 대집행하게 된다는 것이다. 이 경우, 정부와 NGO는 보완적 관계(supplementary relation)를 구축한다.

이런 시민자원봉사론에 의하면 시민에 의한 자원봉사활동은 일차적으로 개인이나 집단을 돕는 것이지만 이를 사회 전체적인 차원에서 보면 비공식적인 후원 네트워크나 공식적인 사회공동체가 감당하던 역할을 대신 수행함으로서 결과적으로는 사회적 약자의 사회적응을 돕고 사회로부터의 일탈을 막아 사회통합과 안정에 기여한다는 것이다. 그러니까 경직된 관료조직이 외면하거나 소홀히 하기 쉬운 과제를 담당하여 공공재의 생산과 전달과정에서 시너지 효과를 창출하자는 것인 데, 이는 바로 행정을 정책의 집행업무로만 이해한다는 점에서 정치행정 이원론적이다. 그러나 그렇다고 해서 정부 혼자 이를 담당하는 것이 아니라 시민과 정부가 협력적 내지는 보완적 관계를 구축해야 한다고 본다는 점에서는 국가와 시민사회를 상호작용적 관점에서 이해하는 것이고 나아가 거버넌스의 관계에 있다고 보는 것이다.

2) 정치행정 상호작용론(제V유형)

정보사회가 도래하면서 사회관계의 속도성, 복잡성, 다양성, 역동성 등이 제고되었다. 그런데 이런 사회관계의 변화 속도에 비추어 행정부에 의한 관료적 의사결정은 너무 느리게 진행된다는 것이다. 관료제 자체가 안정성과 자급자족성에 기초해 고안되었기 때문이다. 관료제는 조직의 모든 정보를 중앙에 집중시키며, 중앙에서 결정이 이루어진 후 그 결과가 변방으로 전달될 때까지 조직 구성원으로 하여금 아무런 행동도 취할 수 없게 한다. 이에 따라 이런 조직구조상의 단일중심성(monocentricity)(Ostrom, 1977)은 상대적으로 간단하고 덜 유동적인 산업사회의 생활양식에 적합할지는 몰라도 정보사회의 급진성에는 부적절한 문제해결 양식이라고 보게 되었다. 지나치게 많은 전환비용을 요구하는 까닭이다. 따라서 정부가 사회문제 해결에 보다 즉각적으로 조응할 수 있도록 하기 위해서는 의사결정의 중추를 보다 현장에 접근시켜 전환과정의 시간비용을 절약해야 한다고 생각하게 되었다. 이런 문제의식 하에 고안된 것 가운데 하나가 바로 협력적 거버넌스(collaborative governance)다.

여기에는 간접민주주의가 일반시민의 정치적 선호나 일반의지를 적시에 정교하게 포착하거나 전달해 주지 못한다는 인식이 작용했다. 시민의 정책과정에 대한 직접적인 참여가 바로 이런 대의제도의 한계를 극복하는 대안 가운데 하나라고 보기 시작한 것이다. 공적 과제의 해결과정에서 행정관료 내지는 정부가 누려왔던 독점적이고 우월적인 권위와 지위가 더 이상 용인되지 않게 되었다는 점도 중요 요인 가운데 하나다. 다양한 양식의 NGO가 발흥하면서 한 사회의 공익을 추구하는 일이 더 이상 정부 전유의 과제가 아님을 절감하기 시작한 것이다.

이렇게 정책과정에 대한 시민참여의 욕구가 증대하면서 국가와 시민사회 내지는 정부와 일반시민사이의 대화와 협력에 대한 수요가 폭발적으로 증대하게 되었다. 그런 점에서 거버넌스는 정부의 전문가적인 식견과 일반시민의 정치적 선호 사이에서 일종의 타협적 접점을 구하고자 하는 작업인 셈이다. 제II유형이 입법부와 행정부 사이에서 정치와 행정의 상호작용적 관계를 포착하고자 한 것이라고 한다면, 제V유형은 이렇게 정부와 일반시민사이에서 행정과 정치의 상호작용을 포착하고자 한 것이다. 그리고 이때의 시민은 과거와 같은 수동적 존재가 아니며 스스로 최소한의 정치적 요소를 내포하는 적극적 존재로 이해된다(Ringeling, 2001: 18). 무엇보다도 중요한 것은 과거와 같이 기존의 대의기구나 제도화된 정치과정에서는 오히려 소극적인 참여자로 변화하면서 스스로 자발적 참여를 통해 정부와의 공조체제를 구축하는 일에는 매우 적극적인 자세를 보여주게 되었다는 점이다. “적극적 사회(active society)”의 등장을 불러 온 것이다(Ringeling, 2001: 18-19).

따라서 프레드릭슨(Frederickson, 1997)이 「행정의 정신(The Spirit of Public Administration)」에서 적절히 지적한 바와 같이, 행정과 거버넌스는 결코 등가의 것이 아니며 세상에는 행정과정 이상의 것을 포괄하는 공적 통치과정이 형성되게 되었다. NGO나 시장과의 협력을 통한 공적 과제 해결의 양식이 이를 잘 보여준다. 여하튼 정부의 운영은 이제 더 이상 국가의 사무만을 뜻하는 것이 아니며 그 이상의 어떤 것과 융합되고 있음을 뜻한다(Hupe & Meys, 2000). 정부가 공공재의 생산과 공급과정에서 더 이상 배타적 독점권을 향유하지 않는다는 뜻이다. 이런 인식 속에는 정보사회로 인해 사회구조의 다양성 정도가 매우 높아졌다는 사실이 작용하는 바도 적지 않다. 정보사회에서는 매우 다양한 정책대안 제시자들이 경쟁적 관계를 형성한다. 인터넷을 비롯한 뉴미디어의 계몽과 대안제시 기능이 이런 현상의 중요인자로 작용하고 있음은 물론이다. 관료제가 지향하듯 범용대안(one-size-fits-all) 개발을 통해 모든 사회정책과제를 해결하려던 시대는 지났다. 정부의 일방적이고 일원적인 문제해결전략이 더 이상 호소력을 갖기 어려워진 것이다.

이런 맥락에서 정부 정책에 대한 정기적인 여론조사 실시, 주민투표제 도입, 입법예고제 제도화, 주민자치센터 운영, NGO 활성화, 옴부즈만 제도 강화 등이 시민참여의 기회를 확장하기 위한 제도적 장치로 주목받게 되었다. 이 가운데에서도 옴부즈만은 국가와 시민사회 사이에서 중립적 중개자로 활동함으로서 양자 간의 대화와 정보 공유를 촉진하는 역할을 수행한다는 점에서 새롭게 조명되고 있다(Kim, 2004: 6). 옴부즈만은 정책의 평가 및 환류단계에서 이루어지는 정부와 시민사이의 협력적 거버넌스 구현체인 셈이다. 와너(Warner, 2001: 404)가 지적하고 있는 바와 같이 행정은 더 이상 단순히 전문지식이나 기관계속성의 유지와 같은 기관형성적인 역할을 수행하는 데에만 머무는 것이 아니라 시민참여를 촉진함으로서 한 사회가 보다 민주적인 정체가 되도록 지원, 조장하는 역할도 수행하게 되었다.

3) 정치행정 일원론(제VI유형)

다원주의 이론에 의하면 정부는 다양한 이익집단이나 개인과 함께 이해관계의 중개자 내지는 조정자로 이해된다. 그러니까 정책과정에 참여하는 다양한 주체들이 자신의 사적 이익을 추구하는 과정에서 잠정적 합의에 도달한 결과가 공익이며, 이를 구체적으로 나타낸 것이 정책이라고 한다면, 정부는 이 과정에서 다른 정책과정 참여자로서의 시민사회구성원들과 상호작용한다. 이 과정에서 이익의 중개자 내지 중재자로 활동하는 것이기도 하다. 그렇기 때문에 이를 정치와 행정의 관계에서 본다면, 정부가 기능적으로 미분화 상태에 있다고 이해하는 것이기도 하다. 이는 박수영(Park, 2006: 130)에 의하여 잘 정리되고 있다. 그에 따르면 다원주의 이론(pluralism)은 사회중심부에 정부가 놓여 있다고 보기 때문에 정부에 의한 의사결정을 단지 이익집단이나 단체 간의 타협과 조정에 의해 압도된 결과로만 해석하려는 한계를 내포한다는 것이다. 그리고 이 이해관계의 조정과정에 참여하는 여러 단체들은 단지 정치적 선호 내지는 의지를 표명하는 존재로만 이해될 뿐 그들이 정치적 합리성을 우선할지 또는 경제적 합리성을 우선할지에 대해 미리 정해진 목표가 없다는 사실을 간과한다는 것이다. 그러니까 이 과정의 정부는 정치와 행정에 대한 구분 이전 단계에 있는 셈이다. 그러나 적어도 정부와 이익집단들이 상호 접촉하고 대화하는 가운데 정책의 산출물이 빚어진다고 본다는 점에서는 거버넌스의 시각을 배태하는 것이기도 하다.

대표관료제 이론도 정부의 행정을 대 국민과의 관계에서 정책을 형성하거나 집행하는 과정에서 국민 대표성을 발현하는 일이라고 본다는 점에서 정부와 시민 간의 상호작용을 상정하면서도 정치와 행정의 관계에 대해서는 이를 통합적으로 이해하는 입장에 서 있다고 하겠다. 대표관료제 이론이 말하는 수동적 대표성과 능동적 대표성은 모두가 행정관료의 역할을 정책기능의 차원에서 이해함으로서 정치와 행정이 혼합되어 있는 것으로 간주한다. 이런 관점에서 롱(Long, 1962)은 대표성이란 정치기관과 관료기관 모두에서 나타나는 현상이라고 보았다.

5. 국가와 시민사회 일원론

국가와 시민사회를 일원론적으로 본다는 것은 시민사회의 자치활동을 통해 어떤 사회의 공적과제가 해결된다는 것을 의미하기 때문에 주인-대리인 이론의 관점에서 보면 더 이상 대리인을 고용하지 않고 주인 스스로가 행정의 주체이자 객체이기도 한 이중적 관계에 선다는 의미다. 이는 또 그렇기 때문에 국가와 시민사회가 가치 융합적 자기 변화과정을 거처 성찰적 거버넌스 관계를 구축한다는 의미이기도 하다.

1) 정치행정 이원론(제VII유형)

정치행정 이원론은 행정을 오로지 주어진 과제의 단순 집행 과정으로만 보자는 것이다. 따라서 NGO가 주축이 되어 정부가 미처 다루지 못하거나 외면한 영역에서 사회의 공적 과제 해결을 위해 다양한 양식의 정책 집행 기능을 수행하는 경우가 여기에 해당된다. 이는 정부의 정책집행과정에 분업적 관점에서 협력하거나 상호작용하는 제IV유형과는 기본적으로 그의 성격을 달리 한다. 제VII유형은 정부와 NGO가 보충적 관계(complementary relation)를 구성한다고 보아지기 때문이다. 즉 제IV유형의 경우는 정부와 NGO가 일종의 분업적 관계를 형성하기 때문에 정부재정과 NGO의 재정 규모가 순비례적 관계를 구성하는 데 반해서, 제VII유형은 정부와 NGO가 보충적 관계를 형성함으로서 정부재정과 NGO의 공적 과제를 위한 재정지출 규모가 반비례적 관계를 구성한다. 정부가 수행하는 정책사업의 규모나 대상영역이 확장될수록 NGO가 대리 수행하는 행정업무의 대상영역과 과제는 줄어드는 까닭이다.

이는 기본적으로 정부의 정치적 기능이 실패한 데에서 비롯되는 결과다. 정부의 정치적 대표기능이 제대로 작동하지 못함으로서 정부 정책의 우선순위가 시민이 지향하는 정책적 수요와 우선순위를 반영하지 못하고, 그 결과 시민의 공적 수요와 국가의 대응 사이에 간극이 생기며, 이를 해소하기 위한 방안으로 시민의 자발적 공적과제 해소 노력이 발현되는 것이라고 해석되기 때문이다.

이런 정부의 정치적 기능 실패 원인으로는 흔히 국가와 시민사회 사이의 정보 비대칭성이나 정치적 대리인에 의한 지대추구 현상 등이 지목 된다. 그러나 NGO가 자신의 성찰을 통해 국가가 담당해야 할 공적 과제를 스스로 분담하고자 한다는 점에서 보면 시민사회의 자발성과 국가의 공공성이 일종의 가치융합에 이른 결과라고 할 수 있다. 거버넌스의 궁극적 목표 가운데 하나가 이미 성취되고 있는 셈이다.

2) 정치행정 상호작용론(제VIII유형)

정치와 행정을 분석적 차원에서 접근함으로서 정치적 합리성과 행정적 합리성이 상호작용하는 가운데 어떤 제3의 창조적 대안 개발에 이르는 과정이 공적 영역이라고 보고자 한다. 그리고 그런 상호작용이 시민사회 자체의 담론과정에 의해 구체화한다고 본다. 그러니까 과거 정치적 대리인과 행정적 대리인을 통해 순차적으로 처리되던 과제들이 정책수요가 유발하는 현장에서 거의 동시적으로 혼합되고 처리된다고 본다는 데에 특징이 있다. 그러나 그 결과물을 정부가 수용하여 집행하는 것을 전제한다는 점과 참여와 담론을 통해 자기 성찰적 가치전환을 시도한다는 점에서는 거버넌스의 한 유형이기도 한 셈이다.

대표적인 사례로는 담론형 여론연구소(Center for Deliberative Polling)의 담론형 여론조사(Deliberative Polling)를 들 수 있다. 이는 무작위로 추출한 시민, 분야별 전문가, 공무원 등이 2-3일에 걸쳐 대화를 나누는 가운데 정책의제를 선정하거나 대안을 개발함으로서 식견 있는 시민의 대표적인 의견이 정책과정에 반영되고, 그 결과 사회정책과제를 재규정해 나가게 되는 경우다. 이런 대화의 과정을 텔레비전으로 중계한 후 또는 그 이전에 여론조사 함으로써 그런 담론이 여론에 어떤 변화를 가져왔는지를 측정해 보기도 한다. 담론을 통해 시민들에게 보다 많은 정보를 제공하고 관련 주제에 대해 더욱더 유의하도록 유도한다는 전제하에, 여론의 변화는 결과적으로 시민이 궁극적으로 도달하려는 어떤 결론을 대변하는 것이라고 본다는 데에 특징이 있다. 이 과정에서 매우 중요한 것은 담론의 참가자들이 자신들의 상호작용을 전문가의 프레임에 맞춰 진행하는 소집단 대화에 실로 많은 시간을 투자한다는 점이다. 이 과정에서 문제의식이 생겨나거나 자신의 의견을 바꾸는 변화가 생겨나게 된다. 전문가의 식견과 일반시민의 선호가 담론을 통해 서로에게 영향을 미치면서 대화 참가자의 세계관 내지는 의견을 바꾸는 것이다. 대표적인 적용사례로는 "국민이 보는: 세계 속의 미국의 위상(By the People: America's Place in the World, 2003)", 호주의 "원주민과 화해하기 위한 담론형 여론조사(Australian Deliberative Poll on Aboriginal Reconciliation, 2001)", 미국 텍사스주의 "에너지에 관한 담론형 여론조사(Texas Deliberative Poll on Energy)", 미국 콘넥티커트주의 "대도시 세입 분담을 위한 담론형 여론조사(Connecticut Poll on Municipal Tax Revenue Sharing)", "전미 정책과제 박람회(U.S. National Issues Convention 1996)" 등이 있다.

제퍼슨 연구소(Jefferson Center)가 진행하는 시민배심원(Citizen Jury)제도도 시민사회 내부에서 정치와 행정이 분석적으로 어떻게 상호작용하는지를 보여주는 대표적인 사례 가운데 하나다. 무작위로 추출된 약 18명의 시민이 4-5일 동안 만나 사회적으로 비중이 높은 정책과제를 다뤄 일반시민의 소우주적 축약을 대신할 수 있도록 한다. 배심원은 다양한 전문가들로부터 의견을 청취하고 비공식적인 회합을 통해 배심원끼리 의견을 나누기도 한다. 사회자가 주제하는 마지막 날의 청문회에서 시민 배심원단은 자신들의 제안을 일반에게 공개한다. 대표적인 적용사례로는 "지구 기후변화에 관한 시민배심원(Citizen Jury on Global Climate Change, USEPA, 2002)", 펜실바니아주의 "미국 상원의원 선거(Penn. U. S. Senate Election, 1992)", "대통령선거 과제(Presidential Election Issues, 1976)" 등이 있다.

전국 샤레트 연구소(National Charrette Institute)의 역동적 기획 샤레트(Dynamic Planning Charrette)는 여러 날에 걸쳐 시민 워크숍과 기획팀 사이에서 환류과정을 반복하는 데에 특징이 있다. 범분과 과학적으로 구성된 기획팀은 일반시민의 반응을 토대로 새로운 대안을 개발하고 이를 시민 워크숍에 다시 보내 제안하는 일을 적어도 4일 이상 계속하면서 기획안이 보다 정련되고 발전되도록 한다. 그러니까 일반시민의 정책적 선호와 전문가의 판단이 혼합되는 과정을 반복하는 것이다. 일반적으로 지역이나 도시개발계획 안을 짜는 데 주로 활용되지만 그렇다고 해서 결코 어떤 특정 영역이나 과제에만 적용되는 것은 아니다. 대표적인 적용사례로는 "뉴욕 주 교통국을 위한 역동적 기획훈련(Dynamic Planning Trainings for the New York Dept. of Transportation)"과 "해군을 위한 역동적 기획훈련 ((Dynamic Planning Trainings for the Navy)" 등이 있다.

전국정책과제포럼연구소(National Issues Forums Institute)의 전국정책과제 포럼(National Issues Forum)은 중요한 전국차원의 정책과제를 놓고 전국에 걸쳐 구조화된 지역사회의 대화를 진행한다. 대화는 훈련된 전국정책포럼 운영자가 진행한다. 초당적 성격의 "정책백서"를 통해 배경정보를 제공하고 3개의 정책대안을 제공함으로서 토론의 프레임을 제시한다. 포럼의 결과는 전국과 지방의 지도자들에게 제공된다. 대표적인 적용사례로는 "테러리즘: 지금 우리는 무엇을 해야 하나?(Terrorism: What Should We Do Now? 2002)", "돈과 정치(Money and Politics, 2001)", "불분명한 임무: 미국의 범지구적 역할 재평가(Mission Uncertain: Reassessing America's Global Role, 1996)" 등이 있다.

3) 정치행정 일원론(제IX유형)

정치와 행정을 구체적으로 구분하지 않는 가운데 공적과제 처리를 위한 정책과정이 시민사회 내부에서 제기되고 또 처리된다고 본다. 그러니까 주인-대리인 이론에 의하면 더 이상 대리인을 필요로 하지 않는 상태로서 일반시민에 의한 자치정부가 여기에 속한다. 쿠이만(Kooiman, 1994: 46-47)에 의하면 정부와 시민사회를 구분해서 접근하는 경우 정보사회와 같이 사회관계의 밀도가 높아지면 그 구조의 복잡성으로 말미암아 인과관계의 추적이 지난하게 될 뿐만 아니라, 사회관계망으로부터 차단된 채 그의 외부에서 정부가 어찌 어찌하여 문제해결의 대안을 개발한다고 하더라도 이를 들고 다시 사회관계에 개입하여 문제해결에 나서고자 하면, 일종의 '간섭효과"가 발생하면서 문제의 성질 자체를 변화시키게 된다는 것이다. 따라서 정부가 제3의 평정자 내지는 권위적인 문제해결자로서 사회정책과제 해결에 전인적인 책임을 져야한다는 시각은 더 이상 호소력이 없다는 것이다. 그 대신 시민사회 스스로 자체적으로 사회정책과제를 해결해 나가야 한다고 보고자 한다. 그리고 이를 진정한 의미의 시민자치가 이루어지는 자치정부라고 규정한다. 따라서 시민사회의 자발성과 국가의 공공성이 화학적 융합을 통해 승화된 형태라고 하겠다. 바로 이점에서 볼 때, 이는 이미 거버넌스의 최종단계인 가치전환에 이르러 있는 셈이다.

맑스(Marx)가 상정하는 국가와 시민사회 간의 관계에 따르면, 프롤레타리아 계급혁명 이후 국가가 소멸단계에 이르면 그 동안 국가에 의해 다루어지던 공적 과제는 모두 시민사회로 환원되면서 사회공동체 구성원들의 자율적인 활동에 의해 소화되지 않으면 안 된다. 환원행정론(auto-administration)이 말하는 바 자율공동체는 이렇게 주인에 의한 자치를 말하는 것이며 그렇기 때문에 정치와 행정을 구분하지 않는다.

6. 결론

행정학에서의 정치와 행정에 대한 기존의 논의를 종합해 보면, 결국 주류 행정학은 제 I유형을 한 축으로 하고 제IX유형을 다른 한 축으로 하는 연속선상에 정렬되는 셈이다. 그런데 제I유형이 가장 철저히 행정의 독자성과 독립성을 강조하는 것이라고 한다면 제IX유형은 가장 철저히 행정의 독자성이나 독립성을 부정하는 것이 된다. 따라서 만일 주류 행정학이 제I유형으로부터 제IX유형을 향해 이동해 간다면, 이는 행정학이 자기 소진적 진화과정에 진입했음을 알리는 것이라고 할 수 있다. 그러나 이를 다른 한 편에서 보면, 주류 행정학의 학문적 포괄범위가 확장되면서 근접학문과의 융합을 매우 활발하게 전개함으로서 학문의 지속가능성과 환경적응성을 신장해 가는 것이라고 볼 수 있으며, 행정학의 정체성을 새롭게 수정, 진화해 나가는 과정이라고도 말할 수 있다.

이는 "정치의 전이(transference of politics)(Ringeling, 2001: 13)" 현상이 매우 활발하게 진행되고 있다는 사실에 의해 고무 되는 바 적지 않다. 정치적 의사결정이 과거 입법부라고 하는 한정된 기관을 중심으로 이루어졌다면 이제는 행정부로, 준정부조직으로, 시민사회로, 시민 개개인으로, 전이되어 나타나는 것이다. 더 이상 정치적 의사결정의 중심지가 따로 설정되어 있지 않으며 언제 어디서나 정치적 의사결정이 이루어지는 정치의 다변화, 다핵화, 다원화를 낳고 있다(Ringeling, 2001: 14). 선출직 공무원은 과거에 비해 가치충돌의 문제를 조정 통제하는 의사결정을 덜 수행하게 되었으며, 행정부의 정치적 기능 즉 공공재의 권위적 배분과 관련한 기능은 최근 급신장하는 추세에 있다. 작아지는 정부에 비해 시민의 주체적 의사결정권은 점점 커지는 추세에 있는 것도 중요한 변수다. 정치에 대한 불신이 줄어들고 있으며 국가에 대한 신뢰 대신 시민에 대한 신뢰가 크게 신장되고 있음을 뜻한다.

거버넌스는 바로 이런 국가행정작용에 대한 인식상의 변화과정에서 등장한다. 거버넌스가 국가와 시민사회 사이의 상호작용과 상호침투를 전제하는 것이라고 한다면, 거버넌스는 국가와 시민사회 상호작용론 이후의 단계에서나 성립 가능하다. 그러나 그것이 국가와 시민사회 간의 상호작용을 통해 궁극적으로는 국가가 지향하는 목적가치와 시민사회가 지향하는 목적가치상의 성찰적 융합과 가치전환을 겨냥하는 것이라는 점에서는 국가와 시민사회 일원론 속으로 수렴되는 성질을 지녔다. 따라서 거버넌스는 그 기능적 토대가 되는 정치와 행정이 상호 어떻게 융합하는 것인지에 대한 체계적인 설명을 내놓아야 한다는 숙제를 지녔다. 정치와 행정이 융합하여 하나가 된다는 것은 입법부나 행정부가 서로 병치되어 있다거나 행정관료와 정치인이 서로 상호작용적 관계에 있다는 것 이상을 설명할 수 있어야 한다. 그런 의미에서 국가와 시민사회의 상호작용적 관계나 국가와 시민사회 일원론을 분석적 차원에서 접근하고자 하는 시도는 시사하는 바가 적지 않다. 양자 간의 관계를 분석적 차원에서 접근할 때 비로소 융합의 논리적 공간이 생겨날 것이며 거버넌스의 실체를 규명하게 될 수 있을 것이기 때문이다. 그런 점에서 정치와 행정의 상호작용적 관계를 인식론적 학습과정으로 설명하려는 시도는 적지 않은 유용성을 지닐 것으로 여겨진다. 민주성과 경제성, 주관성과 객관성, 전략과 기술, 갈등조정과 서비스의 산출, 가치와 사실을 여하히 융합할 것인가의 과제는 당연히 인식상의 변환과정에서 포착되어야 하며, 그 변환과정은 일종의 학습과정으로 설명 가능할 것이기 때문이다. 이와 관련하여 정책상황의 사회적 의미를 재구성하고 이를 통해 문제해결에 대한 사회적 합의를 유도하고자 하는 프레이밍 이론, 학습이론, 성찰적 거버넌스 이론 등의 유용성은 적지 않다. 그러나 이는 융합의 메카니즘을 설명하는 데에는 유용할지 몰라도 융합의 실체가 무엇이냐에 대해서는 여전히 무력하다는 한계를 지녔다.

이때 제기되는 과제가 바로 과연 무엇이 정치이고 무엇이 행정인지를 선험적으로 규정할 수 있느냐의 문제다. 정치와 행정이 프레이밍을 통해 융합을 거듭하거나 성찰적 자기 변화의 과정을 밟게 된다면, 그 과정에서 이미 정치와 행정의 의미나 성격 자체가 거듭 변화하고 있을 것이기 때문이다. 무엇보다도 중요한 것은 그 융합이나 성찰적 변화의 현실적 주체인 인간을 어떻게 인식할 것인가의 문제다. 국가와 시민사회를 이분법적으로 보고 국가에 대한 신뢰와 함께 대리인 체제의 정당성을 강조하던 시대에는 그런 대리인의 합리성이나 이성에 대한 믿음이 있었다. 무엇보다도 그런 대리인을 선정하는 주인의 합리적 판단이나 이성적 선택능력에 대한 회의가 없었다.

그러나 국가와 시민사회가 상호작용하거나 일원론적 관계에 있다고 보게 되면서 정치는 "시민이 원하는 바"를 추구한다는 의미를 함축하게 되었다. 문제는 바로 이렇게 "시민이 원하는 바"를 추구하는 경우, 거기에는 필연적으로 인간의 정서적, 감성적 요소가 내포된다는 점이다. 이를 다른 측면에서 보면, "시민이 원하는 바"라는 말 속에는 인간의 정서적, 감성적 요소가 작용한다는 사실을 은폐하려는 의도가 숨겨져 있는 셈이다(Rosenberg, 2004: 7). 사실 인간이 언제나 논리적이고, 합리적이며, 이성적인 양식에 따라 활동하지 않는다는 사실을 증명해주는 연구결과는 수 없이 많다(Rosenberg, 2004: 4). 그러니까 거버넌스나 담론민주주의가 상정하는 것처럼 또는 시민배심원제도나 숙의형 여론조사가 상정하는 것처럼 대화를 통해 인식상의 변화가 일어나며, 그 인식상의 변화가 정치적 합리성과 과학적인 합리성을 이성적으로 융합한 결과일 것이라는 기대는 허구적일 수도 있다는 의미다.

이점에서 행정학 내지 거버넌스 연구는 이제 어디로 가야 하느냐의 문제에 봉착하게 된다. 감성적 요소를 포함하는 담론이 진행되는 것을 당연한 일로 받아들이되 그 담론의 결과가 정의나 공공선을 부정하는 것이어서는 안 된다고 보아지기 때문이다. 그런데 이런 조건이 충족되기 위해서는 자유로운 담론이 결과적으로 공동체 지향적이고 또 정의로운 것이어야 하므로 담론 참여자 내지는 사회 공동체 구성원에 대한 도덕적 훈련이 매우 중요한 요소로 대두된다. 국가가 바로 이런 역할을 수행해야 한다면 행정학은 앞으로 정치학이나 정책학뿐만 아니라 교육학, 언론정보학, 윤리학과의 융합도 고려해야 하는 것은 아닐까? 행정은 단순히 관리기술이나 권력 다툼의 문제가 아니라 설득과 이해의 과제 또는 가치관의 공유가 핵심이라고 생각하는 시대가 다가와야 하고 또 그렇게 되고 있다는 의미다.

문제 제기

1. 정치와 행정은 서로 어떤 관계에 있는가?
2. 행정학의 정체성은 무엇인가?
3. 거번먼트와 거버넌스는 서로 어떻게 다른가?
4. 행정에 대한 사회적인 신뢰는 어떻게 변화해 왔나?
5. 정치행정 이원론은 정치와 행정의 관계를 왜, 어떻게 보는가?
6. 정치행정 상호작용론 정치와 행정의 관계를 왜, 어떻게 보는가?
7. 정치행정 일원론 정치와 행정의 관계를 왜, 어떻게 보는가?
8. 사실전제와 가치전제는 서로 어떻게 다른가?
9. 정치적 합리성, 경제적 합리성. 과학적 합리성, 관료제적 합리성, 조직체적 합리성은 서로 어떻게 다른가 또는 같은가?
10. 국가-시민사회 이원론은 국가와 시민사회의 관계를 왜, 어떻게 보는가?
11. 국가-시민사회 상호작용론은 국가와 시민사회의 관계를 왜, 어떻게 보는가?
12. 국가-시민사회 일원론은 국가와 시민사회의 관계를 왜, 어떻게 보는가?
13. 외재적 통제와 내재적 통제는 서로 어떻게 다른가?
14. 정치의 전이 현상이 행정에 미치는 영향은 무엇인가?
15. 행정학 연구에 있어 거버넌스는 어떤 위치에 놓여 있는가?

참고문헌

Allison, Graham T. (1969). Conceptual Models and the Cuban Missile Crisis. *The American Political Science Review,* 63(3): 689-718.

Baaklini, Abdo I. and Heaohey, James J. (1976). *Legislative Institution Building: Brazil, Costa Rica, and Lebanon.* Beverly Hills, CA: Sage Publications.

Box, Richard C., Marshall, Gary S., Reed, B. J. and Reed, Christine M. (2001). New Public Management and Substantive Democracy. *Public Administration Review,* 61(5): 608-619. September/October.

Cook, B. (1996). *Bureaucracy and Self-Government: Reconsidering the Role of Public Administration in American Politics*. Baltimore, MD: Johns Hopkins University Press.

Demir, Tansu. (2007). Politics and Administration: A Review of Research and Some Suggestions. <http://www.fau.edu/caupa/spa/pdf/Demir_Politics_New_MS.pdf>

Heaphey, James J. (1975). A Symposium: Public Administration and Legislatures. *Public Administration Review,* September/October, 35(5): 478-508.

Finer, Herman. (1941). Administrative Responsibility in

Democratic Government. *Public Administration Review,* 1(4): 335-350.

Fiorina, M. (1986). Legislator Uncertainty, Legislative Control, and the Delegation of Legislative Power. *Journal of Law, Economics, and Organization,* 2: 33-51.

Frederickson, H. George. (1997). *The Spirit of Public Administration*. San Francisco, CA: Jossey-Bass.

Friedrich, C. J. (1940). Public Policy and the Nature of Administrative Responsibility. In C. J. Friedrich and E. S. Mason. (eds). *Public Policy*. Cambridge: Harvard University Press.

Huntington, S. (1965). Congressional Responses to the Twentieth Century. In David Truman. (ed). *The Congress and America's Future*. Englewood /Cliffs NJ, Prentice-Hall.

Hupe, P. L. and L. C. P. M. Meys. (2000). Hybrid Governance: the Impact of the Nonprofit Sector in the Netherlands. *Social and Cultural Planning Office*. The Hague.

Jacobsen, Dag Ingvar. (2001). Are the Relations Between Politicians and Administrators at the Local Level Determined by the Degree of Central Government Regulations? A Paper Presented at ECPR Joint Sessions of Workshops, Grenoble. April.

Kim, Kwang Jin. (2004). The Relationship between a

Government and Its Citizens. A Paper Delivered at the 8th Conference of the Asian Ombudsman Association.

King, Cheryl S. and Stivers, Camilla. (1998). *Government is Us: Public Administration in an Anti-Government Era.* Thousand Oaks, CA: Sage Publications.

Kooiman, J. (1994). Governance and Governability: Using Complexity, Dynamics, and Diversity. In J. Kooiman. (ed). *Modern Governance: New Government-Society Interaction.* London: Sage Publications. 35-48.

Long, N. (1962). *Polity.* Chicago, IL: Land McNally.

Miller, G. (2000). Above Politics: Credible Commitment and Efficiency in the Design of Public Agencies. *Journal of Public Administration Research and Theory,* 10(2): 289-327.

Mommsen, Wolfgang J. (1992). *The Political and Social Theory of Max Weber: Collected Essays.* MA: University of Chicago Press.

Mosher, F. C. (1982). *Democracy and Public Service.* NY: Oxford University Press.

McCubbins, M. and S., Thomas. (1984). Congressional Oversight Overlooked: Police Patrols versus Fire Alarms. *American Journal of Political Science,* 28: 165-179.

McSwire, O. C. (1997). Legitimacy in Public Administration: A Discourse Analysis. Thousand Oaks, CA: Sage Publications.

Newland, Chester A. (1989). The Future of Council-Manager Government. In George Frederickson. (ed). *Idea and Practice in City Management.* Washington DC: International City Management Association.

Niskanen, W. (1971). *Bureaucracy and Representative Government.* Chicago: Adline & Atrherton. Park, Soo-Young. (2006). Who Is the Master of the Bureaucracy? A Theoretical Review. *The Korean Journal of Policy Studies,* 21(1): 117-140.에서 재인용.

Ostrom, Vincent. (1977). Some Problems in Doing Political Theories: A Response to Golembiewski's 'Critique of Democratic Administration and Its Supporting Ideation by Robert T. Golembiewski. *The American Political Science Review,* 71(4): 1488-1531(Workshop Reprint Series: no. R77-16).

Park, Soo-Young. (2006). Who Is the Master of the Bureaucracy? A Theoretical Review. *The Korean Journal of Policy Studies,* 21(1): 117-140.

Peters, G. B. (1995). *The Politics of Bureaucracy.* NY: Longman.

Ringeling, Arthur. (2001). The Primacy of Politics? A Paper Presented at the Conference on "Ethics, Accountability, and Social Responsibility" of the Transatlantic Consortium for Public Policy Analysis and Education. Pittsburgh, PA.

September 20-22.

Rosenberg, Shawn W. (2004). Reconstructing the Concept of Democratic Deliberation. A Paper Posted at the eScholarship Repository, CA: University of California. Irvine.

Rosenbloom, David H. (1993). Editorial: Have an Administrative Rx? Don't Forget the Politics! *Public Administration Review,* 53(6): 503-506.

Simon, H. A. (1976). *Administrative Behavior*. NY: Free Press.

Svara, James H. (2001). The Myth of the Dichotomy: Complementary of Politics and Administration in the Past and Future of Public Administration. *Public Administration Review,* March/April. 61(2): 176-183.

_______. (1998). The Politics-Administration Dichotomy as Aberration. *Public Administration Review,* 58(1): 51-58.

_______. (1990). *Official Leadership in the city: Patterns of Conflict and Cooperation.* NY: Oxford University Press.

Warner, Beth E. (2001). John Stuart Mill's Theory of Bureaucracy within Representative Government: Balancing Competence and Participation. *Public Administration Review,* July/August. 61(4): 403-413.

Wilson, W. (1887). The Study of Administration. *Political Science Quarterly,* 2: 197-222.

제2부

거버넌스의 구조와 논리

제2장 |

지구 거버넌스의 모색

지구시민권을 통한 지구 민주주의 구현 문제는 이를 지나치게 낭만주의 시각에서 접근해서도 안 되지만, 그렇다고 해서 이를 우상화하는 일도 배척해야 마땅하다(Scholte, 2001: 23).

1. 서론

오늘날 우리는 지구화 시대에 산다. 이는 자본주의의 범지구적 확산, 생산양식의 국제화, 의사소통 양식 및 기술의 진보에 힘입은 바 크다. 이런 초국적 현상은 크게 보아 두 가지 서로 다른 차원에서 목격된다. 우선 물질의 범지구적인 이동이다. 정보, 여행, 생산, 교역, 금융, 조직, 법률, 갈등, 생태 등의 과제가 인류역사상 경험해 보지 못한 빈도와 강도로 초국적인 차원에서 교류되고 있다. 이는 사고의 틀에서도 같다. 의식, 상상, 개념, 사고 등이 초국적 차원에서 재해석되거나 확장되고 있다(Robertson, 1992). 이런 물질의 초국적 교류와 사고 변경의 초국적인 확장은 상호작용하는 가운데 우리의 일상을 보다 복잡하고 급진적인 양식으로 변모시킨다.

이렇게 복잡해지고 급진적인 양식으로 변모한 사회관계망이 범지구적으로 확장하자 당연히 사회관계의 갈등 요인 또한 초국적으로 확장하면서, 이에 조응하기 위한 제도적 장치 개발이 보다 시급하게 요청되고 있다. 이런 사회적 요구에 정치적으로 조응한 결과가 바로 지구 거버넌스의 등장이다. 따라서 지구 거버넌스는 당연히 규칙 제정과 그의 초국적 적용을 함축한다(Scholte, 2007: 4). 이는 초국적 교류가 안정성과 지속성을 유지하려면 그 교류를 규제, 관리하는 어떤 장치가 필요하기 때문이다. 지구 거버넌스는 이렇게 지구 차원의 사회관계망이 지속가능성을 담보하는 데 필요한 질서와 예정성을 동반하거나 내포하는 것으로 간주된다.

이점에서 지구 거버넌스는 일국 수준의 정부와 별로 다를 것이 없어 보인다. 다만 지구 거버넌스는 일국 수준의 정부보다는 보다 덜 중앙집권적 이며, 덜 공식적 이고, 더 유연하다는 평가를 받아왔다. 그러나 이는 단지 외피적인 관찰에 지나지 않을지도 모른다. 보다 심층적으로 분석해 보면, 지구화로 인해 국가 간의 경계를 초월하는 상호작용이 일상화 한다는 사실이 단순히 국가 간의 상호의존성이나 기존의 의사소통이 좀 더 심화한다는 사실만을 의미하는 것이 아니라, 그보다는 훨씬 더 본질적인 변화로서 국가 간의 관계가 이전과는 전혀 다른 성질의 것으로 변화하고 있음을 시사하는 것일 수도 있다(Gans, 2005: 1).

이런 정치사회관계의 본질적 변화 내지는 재구성 현상을 정치적 관점에서 접근하는 이들은 오늘날의 지구화 현상을 "웨스트팔리아 정치의 후기(post-Westohalian poliitcs)(Zacher, 1992:, Cox, 1996: 153-155)" 내지는 "신 중세(New Medievalism)(Bull, 1977: 264-76)"의 등장으로 묘사하는 데에 주저함이 없다(Amoore & Langley, 2005: 139). 지구 거버넌스가 일국 수준의 정부 운영 양식과는 달리 다층적일 뿐만 아니라 다양한 레짐을 내포하며 공사영역 모두를 포괄하기 때문에 그 개념적 실체가 마치 중세 이후의 혼란기를 시사할 만큼 정리되어 있지 않거나 전혀 새로운 성질의 것이라는 의미다.

일국주의에 기초한 전통적인 정부가 하나의 의사결정 중추를 상정하는 것인 데 반해, 지구 거버넌스는 의사결정 중추의 다핵화를 특징으로 한다(Scholte, 2001: 12). 공사영역을 모두 포괄하는 만큼 그 경계 범위가 상대적으로 불명한 것도 특징 가운데 하나다. 그 뿐만이 아니다. 지구 거버넌스는 일국 수준의 정부에 비해 정통성 기반이 취약한 것으로 알려져 있다. 지구 거버넌스로 인해 영향을 받는 정책고객과 거버넌스 간의 물리적, 정서적, 관념적, 문화적 거리가 상대적으로 멀기 때문이다.

이렇게 지구 거버넌스의 개념적 범주나 작동원리가 불명한 이유는 그 윤리적 토대가 되는 지구시민권 자체가 아직은 완벽한 것도 아니고, 그렇다고 해서 일반적이고 보편적인 지지를 받는 것도 아니며, 하나의 응집된 양식을 취하는 것도 아니기 때문이다(Williams, 2002: 11). 따라서 지구시민권 개념을 규정하는 작업은 아직 매우 어렵고 심지어 불가능한 일이라고까지 인식 된다(Williams, 2002: 11). 그렇지만 이렇게 지구시민권 개념을 규정하는 일이 쉽지 않다는 사실은 우리에게 양가적 의미를 시사한다. 긍정적으로는 지구 거버넌스가 보다 다양한 환경과 상황에 유연하게 조응하거나 대처할 수 있다는 것이다. 반면에 부정적인 면에서는 바로 그런 성질 탓에, 정책대안의 개발이 곤란을 겪거나 윤리적 평가 기준을 제시하기가 어렵다는 뜻이다(Williams, 2002: 12).

자연히 지구 거버넌스에는 실로 다양한 의미가 내포되며. 그렇기 때문에 이를 토대로 체계적인 논의를 전개하기가 어려울 정도다. 지구화에 따른 역기능을 극복하기 위한 사회정책망을 뜻하기도 하고, 이런 정책망의 관리적 요소를 강조하는 가운데 글로벌 거버넌스의 등장을 말하기도 하지만, 그 중에서도 NGO의 비중을 강조하고자 하는 이들은 초국적 시민네트워크로 이해하고자 하기도 한다. 그러나 이런 초국적 시민네트워크가 어떤 목적의식이나 가치관을 가졌다고 보는 경우에는 초국적 창도 네트워크로 개념화 되고 있다. 이런 초국적 창도 네트워크가 지속적 반복적으로 작용하는 가운데 새로운 문화적 질서가 확산되는 경우, 이를 지구시민사회의 등장으로 보기도 한다(박재창, 2006: 34-39).

따라서 이렇게 다양한 지구 거버넌스의 개념을 어떤 일정한 양식에 따라 정리하고 이를 토대로 각각의 유형이 지닌 의미를 살펴 그것이 동반하는 정치사회적 시사점과 과제가 무엇인지를 천착하는 일은 지구 거버넌스를 통한 지구 문제 해결에서 필수적 과제로 해석된다. 이런 문제의식과 현실인식을 토대로 이 장(章)에서는 지구 거버넌스의 실체를 그 핵심적 토대인 지구시민권에 대한 분석적 조명을 통해 보다 체계적으로 밝혀보고자 한다. 그런데 지구시민권은 시민권을 지구적 맥락에서 재규정하자는 것이므로 일국 수준에서 논의되어 온 시민권 개념과 그 맥락적 조건인 지구시민사회에 대한 성격규정을 양축으로 구성된다.

2. 국가중심주의와 공동체중심주의

시민권은 그 유용성이 커지면서 오히려 개념이 보다 더 불명해지는 변화를 겪어왔다. 사회구조나 정치의 규범적 좌표가 변하면서 그에 상응하는 가치적, 철학적, 개념적 틀의 수정이 요구된다는 점도 시민권 개념을 진화시키고, 그에 따라 개념의 불명성을 더하는 또 다른 요인이 되었다. 이런 개념의 다양성과 불명성 가운데에서도 시민권의 발양을 추동하는 기제가 무엇이냐를 놓고서는 대체로 두 개의 대립적인 시각이 경쟁을 벌여왔다. 시민권의 원류가 국가로부터 비롯된다는 시각과 공동체로부터 발현한다는 관점이 그것이다.

1) 국가중심주의

시민권에 대한 스미스(Smith, 1982)류의 역사법학적 시각에 의하면, 자연 상태에서 생활하던 인간은 수렵 시대를 거치면서 동족 간의 갈등 조정이나 재산 보호 등을 위해 사회적으로 제도화 된 장치를 고안할 필요가 생겼다. 그 결과물이 바로 국가다. 따라서 시민권은 바로 이런 국가에 의해 보호받기를 원하는 사회구성원에게 국가가 부여하는 일종의 배타적 특권으로 이해된다. 그렇기 때문에 시민권 형성에서 국가의 역할과 비중은 절대적 이다. 이는 항용 사회계약론자들이 주장하는 바와 같이 시민의 국가 권력에 대한 복종을 이상화하려는 것이 아니라, 실용주의적인 시각에서 해석하려 한 결과물로 볼 수 있다. 부언하면 시민이 국가권력에 복종하는 것은 그 필요에 의해 세워진 정부를 운영하는 과정에서 효율성을 높이려는 것이며, 그런 점에서 정부를 매개로 이뤄지는 시민상호 간의 의존성은 시민 개개인의 사회적 편익을 극대화하기 위한 것으로 해석된다(Moore, 2004: 16).

이렇게 시민권에 대한 자유주의적 관점은 시민권을 항용 전(前)정치 단계의 사적 공간(pre-political private domain)에서 포착한다(Delanty, 2002: 23). 이때의 시민권은 권리와 의무의 총체로 인식되는 것이 보통이기 때문에 국가와의 공식적인 관계 속에서 규정된다. 이렇게 국가중심주의적 시각(state centered approach)은 시민권을 공식적으로 법률이 규정하는 그 사회 구성원의 지위 또는 정체성으로 이해하고자 한다. 따라서 국가의 지리적인 경계 범위 내에서만 적용력을 지니며, 자국민 사이에서는 평등하게 작용하지만 타국민과의 관계에서는 차등적으로 적용된다. 바로 이점에서 맑스류의 전통을 추종하는 이들은 소수 엘리트에 의해 자본주의 체제의 불평등 구조를 영속화하려고 동원한 장치라고 비판하기도 한다. 그러나 기본적으로 국가 권력 의존적이라는 점에서 수동적 개념이며, 그런 만큼 국가권력 확대가 시민 개개인의 사회적 이익을 순증할 것이라고 기대하기도 한다.

그러나 크리지어(Krygier, 1996)는 시민권 발흥의 토대가 되는 시민사회 발전을 위해서는 국가권력이 비민주적일 때 이를 와해하거나 축소하는 일이 필수 과제라고 보았다. 국가 권력의 축소가 시민권 발홍의 전제조건이라는 것이다. 바로 이점에서 전통적인 국가중심주의적 시민권 사상과 배치되는 것처럼 보인다. 그렇지만 시민권 발홍이 국가 의존적이며 동시에 수동적이라고 본다는 점에서는 여전히 전통적인 자유주의 사상의 연장선에 있는 셈이다. 사회주의 국가권 붕괴 이후 동유럽에서 시민사회가 부활하는 과정을 추적해 보면, 소련 붕괴와 공산주의 정권 패퇴가 시민사회 등장의 전제조건으로 작용했다는 것이다. 그러나 이렇게 국가가 언제나 시민사회 나아가서 시민권과의 관계에서 부정적으로만 작용하는 것은 아니다(Muetzelfeldt & Smith, 2002: 58). 전제주의체제 하에서와 같이 국가가 시민사회에 침투해서 국가의 의사를 전국적으로 강제하는 경우 국가가 시민사회를 압도하면서 시민권의 발홍을 억제하게 되지만, 자유주의체제 하에서와 같이 국가 권력이 사회관계를 촉진하고 개발하는 근간으로 작용하는 경우에는 사회관계의 하부구조로 작용하면서 시민권 발홍에 필요한 자원, 능력, 권력 등을 제공하게 된다. 국가는 시민권과의 관계에서 가변적 상수인 셈이다.

이처럼 국가는 시민사회, 보다 구체적으로 말하자면 시민권과의 관계에서 결코 등질적일 수가 없다. 시장과 시민사회의 중간지대에 놓임으로써 스스로 모순적 성질을 갖기 때문이다. 때로는 시민권 발양에 긍정적이고 때로는 부정적이며, 때로는 강력한 영향력을 행사하지만 때로는 크게 영향력을 미치지 못하기도 한다. 국가가 동원하는 장치의 운영 양식에 따라 미치는 영향력의 크기가 다르고,

국가의 그런 작용에 의해 영향 받는 자가 누구냐에 따라 영향력의 실체가 다르기 때문이다. 따라서 시민권을 지원, 육성하기 위해서는 보다 강력하고 적극적인 정부가 등장해야 하는 데, 이런 강한 정부가 등장하기 위해서는 법률과 함께 법치주의가 정착되어야 하고, 포퓰리즘이 아닌 자유민주주의 정체가 유지되어야 하며, 국가와 시민 또는 시민 서로 간에 신뢰를 촉진하고 조장하는 제도적, 사회적, 문화적 기반이 확립되어야 한다(Muetzelfeldt & Smith, 2002: 59).

그런 점에서 시민권 발양의 조건론에 주목하지 않을 수 없다. 즉 국가권력이 시민권 제고에 능동적으로 작용하기 위해서는 민주적 사회 환경이 먼저 조성되어야 한다. 그런데 시민권이 제고된다는 것은 그 사회의 민주성이 강화된다는 의미이므로 조건론은 일종의 순환론적 자기모순을 내포한다. 이런 모순의 해결 전략으로는 흔히 "나선형 모델(Spiral Model)"(Risse & Sikkink, 1999: 1-38)이 제시된다. 국가가 시민권 발양의 주체라고 보는 시각이 그 전제조건으로 민주시민사회를 가상한다는 것은 국가만이 시민권 발양의 유일 최선의 변수는 아니며 이를 구현하기 위한 사회적 토대의 중요성도 인정한다는 의미다. 그런 점에서 조건론은 국가와 시민사회 사이에서 일종의 절충주의적 타협이 순환하고 있음을 시사한다. 이점에서 국가중심주의는 시민권과의 관계에서 국가의 역할을 배타적으로 보는 것이라기보다는 다만 국가의 중요성을 상대적으로 보다 더 강조하고자 것으로 이해된다(Kumar, 1994; Walzer, 1995).

2) 공동체중심주의

근대 유럽에서 시민권이 발흥하는 과정을 지켜보면, 시민권은 단순히 어떤 자애로운 권력자로부터 자동으로 부여되는 것이 아니라 시민 스스로 적극적으로 참여함으로써 쟁취해 온 것임을 알 수 있다. 자본과 노동의 투쟁 속에서 시민권은 그 실체적 공간을 넓혀왔다. 이점은 특히 시민권이 의무보다는 권리를 강조하는 경우 매우 명료하게 드러난다. 시민권은 시민이 사회적 관계에 적극적으로 참여(active participation)함으로써 구체화 되는 것이다(Delanty, 2002: 19). 이는 시민권을 자유주의 관점처럼 개인주의나 계약주의의 연장선상에서 이해하려는 것이 아니라 공동체를 통해 파악하고자 하기 때문이다. 시민권에 대한 공동체주의적인 접근(communitarian approach)은 국가중심주의적 시민권 개념이 지나치게 공식적이고 시민의 참여와 정체성에 따른 실체를 외면하는 결함을 지녔다고 본다. 시민과 사회를 연결시켜주는 실질적인 연결핀은 단순히 공식적으로 그렇다는 관계를 선언하는 데에 있는 것이 아니라 바로 그런 관계의 실질을 통해 빚어지는 것이라고 보기 때문이다.

따라서 공동체주의자들은 시민의 적극적 참여를 통해 구현되는 시민사회가 바로 시민권 발현의 보루이자 국가의 과도한 개입과 영향력으로부터 시민을 보호해주는 차양막이라고 본다(Mayo, 2005: 45). 시민권의 활발한 발양을 위해서는 시민사회의 활성화가 관건이라는 것이다. 이를 일국 수준에서 다룬 것 가운데 가장 대표적인 것으로는 퍼트남(Putnam, 1993)의 사회자본론을 들 수 있다. 그에 따르면 시민사회는 정치과정이나 국가와 관계없이 생성하고 발전하며, 한 사회의 정치적 질 그러니까 거버넌스의 내용을 결정짓는 핵심적 요소라는 것이다. 그리고 그 시민사회를 결정하는 주요인자 가운데 하나로 사회자본을 지목한다. 사회자본은 다시 신뢰, 규범, 네트워크 등과 같은 사회조직 구성의 핵심 요소에 의해 그 내용이 결정된다. 이런 요소들은 자발적이고 협동적인 사회관계를 촉진하는 주요 변수로 평가되기 때문이다. 시민사회가 그 구성원들 사이의 좋은 이웃관계, 사회적인 신뢰, 높은 참여율을 담보할 때 바로 이들이 시민권 발현의 긍정적 토대가 된다는 의미다.

같은 맥락에서 그람시(Gramsci, 1968)는 시민사회가 사회개혁 운동의 진지임을 강조한다. 국가와 시장의 독점성에 반발하면서 고안해 낸 "3면 사회(threefold society)"의 개념 속에는 당연히 국가와 시장으로부터 구별되는 사회공동체가 제시되어 있다. 이는 비민주적인 국가와 전체주의적인 시장으로 말미암아 야기되는 사회적 혼란을 극복하려면 사회의 지속성과 통합적 질서의 유지가 요청되는 데, 이를 담보하려면 문화적 요인이 중요하다고 보았다. 그러나 그의 시민사회 개념은 체계적으로 정리된 것이 아니어서 시민사회를 언제나 국가나 시장과 유리해서 이해하고자 한 것은 아니다. 오히려 이들 간의 상호작용과 의존성을 중시한 측면도 없지 않다. 심지어 국가에 시민사회가 내포되는 것으로 이해하기도 한다. 그러나 이때의 시민사회는 밑으로부터의 변화 욕구를 국가에 효과적으로 전달하기 위한 것이지 국가권력에 영합하기 위한 것은 아니다. 이런 그람시의 시민사회 개념을 승계해서 완성시킨 이가 슈타이너

(Steiner)이다(Lachman, 2007). 그런데 그에 따르면 문화가 사회공동체를 규정하는 가장 핵심적인 변수인 만큼 이를 독립변수로 다루어야 한다는 것이다. 그러니까 이들은 시민권이 발양하려면 한 사회가 공유하는 문화적 동질성 내지는 역사적 경험 공유 같은 사회환경적 조건 충족이 전제되어야 한다고 보는 셈이다.

3. 지구시민사회: 일원론과 이원론

지구시민권의 맥락적 조건에 해당하는 지구시민사회를 어떻게 이해하느냐의 문제는 지구시민권의 의미나 내용 내지는 그가 지구거버넌스에 미치는 영향을 규정하는 데 있어 핵심적 과제 가운데 하나다. 이를 두고 일원론은 일국 수준의 시민사회와 지구 차원의 시민사회가 그 본질에서 서로 다를 것이 없다고 본다. 그러니까 일국주의 시민사회를 배경으로 규정되는 시민권을 다만 그 환경적 조건을 지구라고 하는 맥락으로 확장함에 따라 지구 차원에서 재규정된 것이 바로 지구시민권이며, 그 지구시민권이 발현하는 정치사회적 공간이 지구시민사회라는 것이다. 따라서 국민국가 차원의 시민권에 내포된 논리나 인식 위에서 지구시민권과 지구시민사회를 이해하고자 하며, 양자는 단지 규모에서 차이가 있을 뿐 본질은 차이가 없기 때문에 동일한 연속선상에 정렬된다고 본다. 그러나 이원론은 양자가 근본적으로 다르다는 입자에 서 있다. 양자는 정도의 문제가 아니라 속성의 차이에 기인한다고 보기 때문이다. 따라서 일국주의 시민권과 지구시민권을 이분법적 시각에서 이해하고자 한다. 전자가 지구화를 기술결정론의 입장에서 이해하는 것이라고 한다면 후자는 구조결정론의 입장에서 이해하는 셈이다.[1]

1) 일원론

지구시민권을 이성, 신앙, 인본주의, 생태주권, 자유무역, 등의 관점에서 규범적으로 접근하는 이들은 인간이성의 보편성을 상정한다는 점에서 일원론적이다. 인간이성은 그것이 일국주의 사회환경 속에 있거나 지구 차원의 사회적 관계망 속에 있거나 보편적이고 일반적으로 작동하고 기능하다고 본다는 점에서 일국 차원의 사회와 지구 차원의 사회를 구분하지 않는다. 이런 관점에서 르네상스 시대의 철학자 그로치우스(Grotius, 2000)는 지구상의 모든 인간이 이성적이며 동시에 사회적이라고 보았다. 그렇기 때문에 모든 인간은 일국의 경계를 초월하는 도덕적 계율에 구속되어 마땅하다고 보고, 지구촌 최초로 국제법 기초를 세운 바 있다. 칸트(Kant)의 "영구평화론(perpetual peace)"이 지향하는 보편법에 기초한 평화주의도 오늘날의 세계시민주의(cosmopolitanism)가 추구하는 전형에 다름 아니다(McGill, 2003: 5). 일국의 구성원들이 지향하는 보편적 가치나 지구촌 주민 모두가 지향해야 하는 것 사이에는 별 다른 차이가 있을 수 없다고 본 것이다.

---

1) 지구화와 관련된 기술결정론과 구조결정론에 대해서는 박재창(2006: 7)을 참조하기 바란다.

신앙 차원에서 접근하는 이들도 일원론적이라고 볼 수 있다. 슈바이쩌(Schweitzer)가 보여준 인류보편의 희생정신과 인간애는 기독교 정신에 따른 것이지만, 이웃에 대한 사랑을 지구촌 전역에 걸쳐 실현하려고 했다는 점에서 그의 정신세계는 일원론적 이다. 카톨릭 구호 서비스(Catholic Relief Services)나 루터세계구호(Letheran World Relief) 단체 등과 같이 범지구적으로 활동하는 종교 인본주의 운동도 여기에 속한다. 지구 차원의 사회를 인본주의 관점에서 접근하는 국제적십자운동의 앙리 듀낭(Henri Durant)이나 폴 파머(Paul Farmer) 그리고 1948년의 UN 인권헌장 발표 후 발흥하기 시작한 국경없는 의사회, 엠네스티 인터네셔널 등과 같은 유형의 국제 인권운동 단체들도 인권의 보편성을 국가의 경계를 넘어 인식한다는 점에서 일원론적 이다.

환경주권론을 주창하는 환경론자들은 인간을 우주의 중심으로 보는 협소한 시각에서 벗어나 거대한 지구촌 생태망의 한 구성요소로 보면서 한 사회의 작은 결함이 범지구적인 재앙으로 발전할 수도 있다는 점을 경고한다. 바로 이점에서 지구시민사회에 대한 환경주권론적 접근시각도 일원론적 관점에 기초하는 셈이다. "샌디 카운디 편람(A Sand County Almanac)"을 저술한 레오폴드(Leopold, 1987)는 인간을 생태공동체의 구성원으로 바라봄으로서 인간과 생태를 연결하고 일국주의 경계를 초월했다. 스미스(Smith, 1982)같은 자유무역론자들이 주창해 온 "보이지 않는 손(invisible hands)"도 국가의 경계를 초월하는 시장 기능의 보편성을 상정한다는 점에서 일원론적 이다. 이런 시각의 연장선상에서 신자유주의론을 주창한

레이건(Ronald Reagan)이나 데처(Maregaret Thatcher)도 같은 입장에 서 있는 셈이다.

경험론적인 관점에서 접근하는 경우로는 아무어와 랭글리(Amoore & Langley, 2005: 139-150)를 들 수 있다. 이들에 의하면 지구 차원의 사회관계에 대한 기존의 논의는 대체로 4가지 구성요소에 기초해 있다. 공간 경계의 가정(bounded space assumption), 자발적 결사의 관행(voluntary association practice), 저항권 행사의 대행(agent of empowerment), 대안적 관점의 탐색(alternative perspective)이 그것이다. 그런데 이들은 일국 수준의 사회관계를 규명하는 데에서도 같다고 보았다.

먼저 공간 경계 개념은 지구시민사회가 일국 수준에서와 마찬가지로 국가와 시장 또는 정치와 경제에 이웃한 개별 공간으로 파악된다는 뜻이다. 시민사회에 대한 자유주의 개념(liberal conceptions of civil society)(Sekinelgin, 2002)에 따르면, 초기 자유주의 사상(Smith, 1982)에 나타나는 특정성(개인)과 보편성(국가) 간의 경계구분이 무너지면서 사적 영역으로부터 집합적 사회관계가 일탈하게 되는 데, 바로 이 경계 공간에서 자본주의와 근대성이 그 출발점을 찾았다는 것이다. 그람시가 말하는 바, 국가나 경제활동 영역과 구별되면서도 기왕의 사회 질서가 기초하고 있는 곳(Gramscian conception of civil society)도 결국은 공간 구획을 통해 소극적으로 시민사회를 규정하려는 노력의 결과물 가운데 하나다. 지구시민사회는 또 자발적 결사체(practices of voluntary associations)와 동의어로 이해될 만큼 초국적 결사체 활동(transnational associational life)(Pasha & Blaney, 1998)

에 주목한다. 시민사회조직(civil society organizations)에 기초한다는 점에서 일국수준의 것과 다를 것이 없다는 의미다. 자발적 결사는 좋은 것(good)이라는 인식이 지배적이라는 사실이나 국가와 자본의 나쁜 점과 시민사회의 좋은 점을 대비해 보려는 경향성(Keane, 2001: 30)에 있어서도 같다. 시민사회의 해방적 기능(emancipatory role)에 주목한다는 점에서도 지구시민사회와 일국 수준의 시민사회는 다를 것이 없어 보인다.

또한 저항권력의 대행자로 인식된다는 점도 같다. 지구시민사회는 "자율적이고 명료한 대리인(autonomous and unambiguous agent)"(Pasha and Blaney, 1998: 425) 역할을 수행하는 것으로 인식되는 데, 그 결과 지구 차원의 거버넌스를 정당화하거나 그에 권위를 부여하는 결과를 낳게 된다. 실제로는 그렇지 않으면서도 마치 그런 것 같이 착각하도록 유도하는 성질이 있다는 점에서도 같다. 현존하는 세계질서에 대한 저항의 토대를 제공한다거나 해방을 지향하는 변혁의 추동력으로 간주하는 이유가 바로 이런 데에 있다. 심지어는 지구자본에 종속되거나 영향을 받으면서도 마치 그렇지 않은 것처럼 행세하거나, 그렇기 때문에 문제의 소재를 흐리게 하는 경향이 있다는 점에서도 같다.

현재 국가와 시장이 장악하고 있는 영역에 대해 대안적인 이념과 장치를 공급하는 행동의 장(field of action)이 시민사회라고 보는 점에서도 일국 수준의 시민사회와 지구 수준의 시민사회 사이에는 다를 것이 없다(Falk, 1998: 100). 이는 근대화 과정에서 정립된 일국중심의 시민사회나 후기 근대과정에서 발생한 지구시민사회 사이에는 단지 영역의 범위나 규모에서 차이가 있을 뿐 그 본질적 속성은 다를 것이 없다고 보기 때문이다. 이런 경우 지구시민권은 시민사회단체의 회원권--책임과 의무--을 지구전체 차원으로 전환한 것에 지나지 않는다. 단지 그 책임의 단위를 마을이나 주변으로부터 지구 전체의 것으로 확장했을 뿐이다(McGill, 2003: 1).

2) 이원론

먼저 규범적 접근을 시도하는 이들에 의하면 시민권은 본디 그 기본 개념 자체가 지구화와 상합하지 않는다. 관념적으로 볼 때 시민권은 하나의 사회공동체를 전제하며, 국가들이 서로 권위를 인정하는 어떤 국가의 지리적 경계, 법적 구속력, 심지어는 물리적 강제력 따위의 범위 내에서만 성립되며 유지된다(Gans, 2005: 1). "배제적 정치 공간(exclusive political space)"(Goodhart, 2005: 16) 위에 정립되는 것이다. 그러나 지구화는 일국의 경계를 초월하는 정치, 경제, 사회, 문화, 기술 차원에서의 상호작용과 교류를 촉진하기 때문에 국가 간의 의존성과 연결성을 증대하며 그 결과 시민과 국가 간의 관계를 보다 복잡하고 다양하며 내포적인 것으로 바꾼다. 국가 간의 경계를 넘나드는 시민의 이동은 국가의 정체성 혼란과 함께 시민성에 대한 개념의 혼돈을 재촉하게 되는 것이다. 일국의 정체성을 초월하는 인종적, 성적, 문화적 결속이나 자기정체성 추구가 강화되고, 국가의 경계를 넘나드는 국제 방랑자가 늘게 되며, 이중 국적이나 다원적인 애국심을 추구하는 경향이 나타나게 된다. 특히 일부 엘리트 계층에서는 세계시민주의나 초국적 정체성을 일국중심주의에 우선하는 경향마저 띠게 된다(Huntington, 2004: 2495). 이런 변화는 시민권의 다층화 현상을 불러오게 되는 데, 이는 일국 수준의 시민권과 크게 다른 점이 아닐 수 없다.

이런 시민권의 다층화 현상은 국민주권을 초월하는 다양한 형태의 초국적, 다국적 조직이나 기관의 등장을 정당화 하게 된다. 그러나 이들의 등장은 국민국가 내부의 국가와 시민 사이에 설정되어 있던 기존의 관계양식을 변화시키고, 그 결과 그 관계 양식의 성질을 바꾸게 된다. 지구화가 기본적으로 국가의 경계를 초월한다는 점에서 자유주의 이념에 기초하는 것이라고 한다면, 국민국가는 국가의 경계 범위를 가정한다는 점에서 공동체주의에 기초하며, 지구화가 상대적으로 문화적, 경제적 결속과 연대를 강조한다면 국민국가는 정치 부문에서의 결속과 연대를 보다 더 강조하는 성질을 지녔기 때문이다. 따라서 지구화는 최소한 국민국가의 정체성을 부분적으로나마 훼손하게 된다고 보아야 한다(Bernard, 2003: 29). 지구화 자체가 국민국가의 성질을 변화시키면서 지구시민사회와 일국 수준의 시민사회를 그의 본질에 있어 서로 다른 성질의 것으로 만드는 셈이다.

따라서 지구시민권이 아직 형성 완료된 개념은 아니지만, 대체로 일국의 경계를 초월해서 의사소통, 상호존중과 가치의 공유, 경제 사회 환경 정책의 조율, 정치 캠페인이나 주의주창 운동 등을 추동하는 사회적 권능을 지칭하는 것이라고 한다면, 지구시민권이 마치 일국 수준의 시민권이 일국 차원의 시민사회 나아가서는 그 사회의

민주화에 기여하는 것과 같은 이치와 작동양식으로 지구 민주주의에도 기여하게 될 것이라는 기대는 잘못이다. 국민국가의 형성과정에서 생성된 민주주의 이론을 초국적 환경에 적용한다는 것은 발상의 차원이나 현실적인 문제 해결 능력 모두에서 타당성을 지니지 못하기 때문이다. 국민국가 차원에서 개발된 기존의 민주주의 이론을 지구 차원으로 확대 적용하면 된다는 생각 속에는 지구시민사회와 일국 차원의 시민사회가 단지 규모나 범위에서 차이가 날뿐 기본적으로는 동질적이라는 가정이 전제되어 있다. 그러나 지구시민사회와 일국 차원의 시민사회는 근본적으로 그의 성질을 달리하는 존재인 것이다(Goodhart, 2005: 2).

경험론적인 측면에서 보더라도, 일국 수준의 시민사회는 기본적으로 이웃하는 주민 사이의 뉴잉글랜드식 마을회의를 통해 자기의 사결정권을 행사하는 생활공간으로 이해된다. 그러나 지구화로 말미암아 사회공동체의 규모가 급격히 확장하면서, 이웃 간의 친숙성이 떨어지고 이격성이 증대하며, 특히 외국 이민자가 대량으로 유입하면서 비교적 동질적 성격을 유지해 온 사회공동체에 여러 종류의 문화, 관습, 언어가 혼재하는 결과를 낳고 있다. 초국적 매스코뮤니케이션의 등장은 시민과 언론 간의 관계를 유리시키고, 지역공동체의 경계를 무너뜨린다. 무엇보다도 지역공동체의 운영이 지역공동체의 핵심적 구성요소인 지역주민에 의해서가 아니라 외부의 이격장치에 의해 조정되거나 영향 받는 결과를 가져온다. 지역공동체의 관할 영역이 커지면서 대규모 조직이나 전국 단위의 활동양식이 자리 잡게 되고, 이에 대처하기 위해 전문가에게 공동체 관리 업무를 위임하면서 전문가 중심의 의사결정이 시민권의 권위와 영향력을 약화시키는 결과도 낳게 된다(Boyte & Skelton, 2008: 15-16). 이런 현상은 지역공동체에서의 자발적 참여나 기여가 전국 단위의 중앙정부 활동으로 대체되는 변화를 동반한다. 그러나 무엇보다도 중요한 것은 “기술관료 혁명”이 시민권으로부터 전문가의 수중으로 의사결정권의 중추를 이동시킨다는 점이다.

이런 현상은 지구화 과정에서도 나타나, 지구시민사회에서는 지구시민의 권리행사를 통해서가 아니라 지구 차원에서 활동하는 전문가 집단에 의해 의사결정권이 행사되는 정도가 보다 좀 더 심화된다. 따라서 일국 수준의 시민사회가 그 구성원의 시민권 행사를 통해 운영되는 것이라고 한다면, 지구 차원의 시민사회는 그 본질적 성격을 일국 수준의 시민사회와 달리 할 수밖에 없다. 그러니까 지구화는 시민사회의 수준이나 규모에 관계없이 그 구조적인 속성을 바꾸는 성질을 동반한다는 뜻이다.

바로 이런 구조적인 관점에서 볼 때, 지구화는 또 일국 수준의 시민권 행사 과정이 의존하던 의사결정체제 내부에 민주적 이격화(democratic disjuncture)를 낳는다. 기존의 일국주의 수준에서 작동하는 민주적 절차나 제도와 테러, 보건, 환경, 무역, 투자, 경제적 통합 등과 같이 지속적으로 초국적 성질을 강화해 나가는 지구화 시대의 사회정책과제들 사이에는 일종의 격리 현상 내지는 결속의 해체가 유발되는 것이다. 따라서 일국의 지리적 경계를 중심으로 구성되는 시민권 행사 장치를 통해 지구 차원의 과제를 다루는 일은 정합성을 잃기 마련이다. 지구화는 또 민주적 결손(democratic deficits)을 불러 오기도 한다. 지구화가 심화되면서 기존의 초국적 기구들이 투명성, 책임성, 대표성 등을 더 이상 유지하기가 어려워지기 때문이다(Scholte, 2001: 12-16). 지구화는 정책공동체의 규모를 혁신적으로 확대하면서 공동체 구성원으로 하여금 일국 수준에서와 같이 근접거리에서 필요한 정보를 수집하거나 관찰할 수 없게 만드는 까닭이다.

일국수준의 시민사회에서는 국가와 시민사회가 경계를 이웃하지만 지구 차원에서는 지구시민사회가 결코 지구 국가와 경계를 이웃하지 않는다. 지구 정부는 다양한 지구 거버넌스와 레짐을 통해 활동하기 때문에 어떤 일관된 국가의 경계나 범주가 존재한다고 말할 수 없다. 지구 차원에서는 하나의 공적 공동체가 존재한다고 할 수 없으며 다양한 양식의 지역공동체들이 공존한다. 국제기구들(IGO: International Government Organization)이 지구 차원의 국가와 유사한 기능을 수행하는 것이 사실이기는 하지만 "신중세주의"라고 할 만큼 실로 다양한 기구들이 기능적으로 중첩하거나 혼재하면서 영역별 경계를 명확히 하지 못하고 있다. 그러나 국민국가의 경우에는 모든 공적 영역을 관통하는 관할권이나 통합된 권위가 승인되어 있다. 그렇기 때문에 사실상 국민국가의 사회개혁을 실질적으로 주도해 온 것은 궁극적으로 국가였으며, NGO는 국가권력의 확대를 통한 진보적 변화를 강조해 왔을 뿐이라는 주장도 제기되어 있다. 지구시민사회에서는 주요 국정관리 기관들이 통합적으로 조정되거나 결속하지 않으며, 그런 점에서 민주적 목표를 달성하거나 유지하기가 쉽지 않게 되어 있다(Goodhart, 2005: 8).

이렇게 초국적 기구들이 활동하는 "신 정치 공간(new political sphere)"은 언제 어느 곳에서나 보편적으로 작동하는 것이 아니다. 그 공간의 구성원인 개개인이 언제나 동등한 평등권을 보장받는 것이 아니기 때문이다. WTO 회의가 미국의 시애틀에서 열릴 때는 다양한 초국적 NGO들이 모여들고 시위를 통해 그들의 의견을 전달할 수 있었지만, 이 회의가 도하에서 열리는 경우에는 사정이 사뭇 달랐다. 이렇게 지리적 공간에 따라 접근성이나 정치적 자율의 정도가 상이하다는 점은 초국적 시민사회가 결코 일국중심의 시민사회와 본질적 성격을 같이 할 수 없다는 점을 보여준다(Goodhart, 2005: 8). 왜냐하면 일국중심의 시민사회에서는 당연히 모든 구성원의 평등성이 전제되어야 할 것이기 때문이다,

4. 지구 거버넌스의 유형

지구시민권에 대한 기존의 논의는 시민권에 대한 국가중심주의와 공동체중심주의를 한 축으로 하고 일국 수준의 시민사회와 지구 차원의 시민사회 간의 관계에 대한 일원론과 이원론을 다른 한 축으로 하는 유형화 작업을 통해 4개의 모형으로 압축된다.

그런데 지구 거버넌스를 지구화 시대가 당면하는 공공의 문제를 해결하기 위한 정부와 민간 간의 협력적 기제라고 한다면, 지구 거버넌스는 당연히 누가 어떤 구조 속에서 협력하는가에 의해 규정된다. 그런데 지구시민권은 지구 거버넌스의 법제적 토대일 뿐만 아니

라, 시민권 발양의 주체와 그 시민권이 발양하는 사회구조적 특성에 따라 구체화 된다. 따라서 지구 거버넌스란 지구시민권의 발양 양태 내지는 결과적 현상의 총칭이라고 할 수 있으며, 지구시민권을 구성하는 시민권의 주체와 시민권이 발양하는 사회구조적 특성에 따라 규정된다고 할 수 있다. 따라서 지구시민권 유형을 지구 거버넌스 현상을 조망하기 위한 분석의 틀로 차용하는 경우, 보다 효율적으로 지구 거버넌스의 실체에 접근하게 된다. 지구 거버넌스는 지구시민권의 유형에 따라 그 구체화 양식이 구속되기 때문이다. 이를 토대로 지구 거버넌스의 구성 양식을 추적해 보면 다음과 같다.

〈표 2-1〉 지구 거버넌스의 구성 양식

지구시민사회 / 시민권	일원론	이원론
국가 중심주의	I	II
공동체 중심주의	III	IV

1) 국가중심의 지구 거버넌스

일국 수준의 국가가 그 나라의 거버넌스 구축에 독립변수로 작용하는 것과 같은 이치로 지구 차원에서도 국가 내지는 국가 유사 기구가 지구 거버넌스 형성의 핵심 기제로 작동한다고 보는 경우다. 이 경우 지구 차원에서는 아직 지구정부가 구성 전단계에 있으므로 국제기구나 지역 및 지구 차원의 다양한 레짐들이 이런 기능을 대행한다고 본다. 그리고 이런 현상이 구체화 하는 지구사회의 구조적 특성을 일국 사회의 연장선상에서 이해하느냐 아니면 양자를 이분법적 단절의 관점에서 보느냐에 따라 제I 유형과 제II 유형으로 구분해 볼 수 있다.

(1) 일원론(제I유형)

EU의 사회헌장(Social Charter)은 EU의 거버넌스 구축에 매우 핵심적이며 효과적인 기제로 작용했다는 평가를 받는다.[2] 그런데 EU의 사회헌장은 EU를 개별 EU 회원국 집합체 이상의 차원에서 별도로 구성되는 추가적인 정치공동체로 이해하기 보다는 EU 회원국 간의 경계가 확장된 결과물로 이해한다. 일국주의의 연장선상에서 EU를 이해하는 것이다. 이점에서 비록 EU가 아직 국제지역사회 차원의 완성된 국가라고 할 수는 없고, 또 EU가 지구 차원이 아니라 국제지역 차원의 공동체이기는 하지만, EU의 사회헌장을 제I 유형의 지구 거버넌스 구축 주체라고 하여도 무리가 없을 것이다. UN이 주관한 지구 차원의 여러 사회정책 과제에 대한 정상회의(summit)[3]도 유사한 평가를 받는다. UN에 의한 결정은 회원국가

2) EU를 중심으로 하는 거버넌스는 지구 차원의 거버넌스라고 할 수는 없지만 지역 차원에서 작용하는 양식이 지구차원의 그것과 다를 바가 없다는 점에서 지구 거버넌스의 사례로 다루었다.

3) UN은 1992년 이래로 거의 매년 주요 사회정책과제를 주제로 세계정상회의를 주관해 왔다. 예를 들자면 지구정상회(Earth Summit, 1992), 인권정상회의(Human Rights Summit, 1993), 인구정상회의(Population Summit, 1994), 사회개발정상회의(Social Summit, 1995), 여성정상회의(Women's Summit, 1995), 주거정상회의(Habitat II Summit, 1996), 세계식량정상회의(World Food Summit, 1996), 인종차별철폐정상회의(Summit Against Racism, 2001),지속가능한 발전 정상회의(Summit on Sustainable Development, 2002),

를 통해 그 나라의 국민에게 전달되는 과정을 가상하기 때문이다. 그러나 국제사회의 여러 기구가 모두 지구 거버넌스 구축에 긍정적인 평가만을 받는 것은 아니다. G7, UN 안전보장이사회(Security Council), NATO, ASEAN, IMF, EU의 정치 관련 기구 등은 그 작동양식이나 구성원리가 민주성을 결여하기 때문에 결과적으로 지구 거버넌스 구축에 역진적이라는 평가를 받아왔다(Muetzelfeldt & Smith, 2002: 66). 그러나 여전히 이들 국제기구도 지구 거버넌스 구축의 독립변수로 평가되고 있음은 틀림없다. 더욱더 중요한 것은 이들의 작동원리에서 지구차원의 대응을 위해 전통적인 국민국가 간의 협력과 연대라고 하는 국제질서 이상의 것을 새로 구상하거나 채용한 흔적을 찾을 수 없다는 점이다. 국제지역 사회나 지구 차원의 협력과 연대의 문제를 국민국가 간의 협력과 연대의 문제로 치환해서 이해하고 있다는 뜻이다. 일국의 사회구조와 지구차원의 사회구조를 구분하지 않고 그 연장선상에서 이해하고자 하기 때문이다.

그런데 이들 국제기구가 지구시민권에 대한 국가중심주의 관점에 서서 지구시민사회의 핵심 구성요소인 NGO와 적극적으로 협력하려 하지 않거나 일방적으로 NGO를 외면하는 경우, NGO는 저항운동에 나서게 된다. 1990년을 전후해서 출현한 뒤 급진적인 증가추세를 보이는 다양한 양식의 병행회의(parallels summit)[4]가 대

정보사회정상회의(Summit on Information Society, 2003/2005) 등이 있다.

4) 국제기구의 공식적 회의와 병행하여 NGO가 범지구적으로 조직하는 병행회의는 1990년을 기점으로 출현하기 시작하여 급진적인 증가 추세를 보이고 있다. 이와 관련해서는 Pianta et al(2005)를 참조하기 바란다.

표적인 사례다. 여러 정상회의가 지구 NGO의 의견 개진 기회를 봉쇄하거나 경청하려들지 않는다는 사실이 NGO의 이런 국제 회합을 촉발했으며, 그 결과 지구 차원에서 시민이 연대하거나 결속하면서 새로운 각성에 이르는 계기가 되었다. 이렇게 국제기구들의 왜곡된 권력 행사를 시정하거나 제거하려 할 때, 오히려 지구 차원의 시민사회가 활성화하는 역설적인 현상에 대해서는 그 설명의 원류를 "반(反)권위주의 모델(Anti-Authoritarian Model)"(Goodhart, 2005: 10)에서 찾을 수 있다.

반권위주의 모델에 의하면, 시민사회란 국가와의 격리 내지는 대칭적 관계를 유지하면서 시민성, 관용, 투명성, 인권 등의 원리를 관철하기 위해 개인이나 집단이 권위주의 정권에 저항하거나 반대하는 헌신 속에서 구현된다는 것이다. 그러니까 억압적 강제력을 행사하는 국가권력의 질식할 것 같은 질곡으로부터 일반시민을 해방하는 일이야말로 시민사회 구현의 첩경이자 전제 조건이라는 것이다. 이 경우 시민권은 마키아벨리식의 음모정치를 제거하거나 인권을 회복하는 과정 등에 내재되어 있는 반권위주의 내지는 반추종주의의 별명에 다름 아니다(Tismaneanu, 2001: 977). 이때 국가는 그가 지닌 물리적 강제력이나 시민사회 침투력 등을 동원하여 시민사회를 황폐화 시키거나 타락하게 하는 능력이나 가능성을 지닌 존재로 인식된다. 여하튼 국가를 시민권의 회복 내지는 발양 여부를 결정짓는 독립변수라고 본다는 점에서 국가중심주의인 것만은 틀림없다.

이를 지구 차원에서 살펴보면, 초국적 네트워크를 통해 지구 거버넌스가 정치적 지지나 압력을 동원함으로서 철의 장막 내외의 평화운동을 전개하거나 동유럽과 중남미 지역의 인권운동을 촉진시켰던 데에서 대표적인 사례를 찾아 볼 수 있다. 국가의 유형이나 인권에 대한 인식을 바꿔 평화나 인권 회복을 기도한 경우다. 그런데 이렇게 지구 거버넌스가 권위주의 정부를 상대로 시민권 회복운동을 전개하는 경우, 그런 거버넌스의 동력은 어디에서부터 비롯되는가가 당연한 의문 가운데 하나다. 이와 관련해서는 미약하나마 시민사회와 그 동력이 전제되어 있음을 알 수 있다.

그렇다면 상대적으로 취약한 시민사회의 동력을 기반으로 어떻게 강고한 권위주의 정부를 무너뜨리고 국가의 성격을 바꾸면서 사회구조의 변환을 가져 올 수 있는가가 다음의 물음이다. 그에 대해서는 앞에서 언급한 바와 같이 "나선형 모델"이 해답을 가지고 있다. 나선형 모델에 의하면 시민사회와 국가는 "상호 형성적 관계(mutually constitutive nature)"(Goodhart, 2005: 12)를 구축한다는 것이다. 이때 시민사회는 단순히 인권이나 민주주의에 대해 적극적이고 능동적인 양식으로만 기여하는 것이 아니라 정부의 실패를 지적하거나 신뢰를 떨어뜨리고 정통성 기반을 부정함으로서 정부의 역할이나 지향점을 바꾸기도 하는 것으로 인식된다. 바로 이점에서 보면, 나선형 모델은 시민권 발양의 일차적인 근거를 국가에 두고 이를 촉진하거나 추동하는 보조적 장치로 시민사회를 가상하는 셈이다. 부언하면 시민사회는 시민권 발양을 위해 국가권력으로부터의 자율적 독립 공간 창출을 도모하지만, 이를 어느 정도까지 허용할 것이냐의 문제는 여전히 국가의 의사결정권 범주 내에 머물러 있다는 의미다(Goodhart, 2005: 12).

이렇게 국가의 중요성을 강조하면서도 동시에 시민사회의 영향력에 주목하는 다른 사례로는 환경 레짐을 들 수 있다. 환경 레짐은 지구시민사회와 지구 거버넌스 간의 쌍방향적 교호작용을 강조한다. 영(Young, 1997)에 의하면 지구 거버넌스의 성공 여부는 활성적인 지구시민사회에 달려 있다는 것이다. 그렇지만 활성적인 지구시민사회야 말로 지구 거버넌스의 강력한 지원과 협력을 필요로 한다. 환경 문제의 해결을 위해서는 아무리 지구시민사회가 환경의 중요성을 강조하더라도 종국에는 개별 국가를 압박해서 환경기준을 준수하거나 환경평가에 기속되도록 강제하는 지구 거버넌스의 역할이 전제되어야 한다. 그 동안 국제 NGO는 멸종위기의 동식물을 보호하거나 지구 온난화 현상을 극복하려면 더욱 강력한 억제력을 갖는 지구 거버넌스 관련 기구의 창설이 필요하다고 주장해 왔다. 눈을 멀게 하는 레이저 무기나 무차별적인 지뢰 설치의 확산을 막기 위한 군비 통제 운동에서도 관련 거버넌스의 활성화가 절대적으로 필요하다고 보았다(Price, 1998). 같은 맥락에서 국제사법재판소의 관할권을 확장해야 한다는 주장이 NGO에 의해 제기되어 왔다(Chemillier-Gendreau, 1996). 이 경우 NGO는 자신들의 의견을 관철시키기 위해 개별 국가와 협력하거나 국가의 통제 하에 있는 기구들과 공동대처하고자 한다. 국가의 개입을 통해 개별국가 내부의 시민사회 건설에 필요한 사회하부구조를 강화하고 이를 통해 개별국가의 활동과 그의 시민에 영향력을 미치고자 하는 것이다. 그러나 이를 위해서는 지구 거버넌스의 보다 적극적인 역할이 요청된다고 보고 있다. 따라서 이들은 모두 지구 거버넌스를 일국 수준의 시민사회를 지구 수준으로 연장하는 가운데 그의 실체를 파악하고 있으며, 지구시민사회 건설의 핵심적 구성요소로 간주하는 셈이다.

(2) 이원론(제II유형)

국제기구들을 통해서 시민권의 발양과 지구 거버넌스의 형성을 겨냥하면서도 이를 단순히 국민국가 수준에서 작동하던 원리나 체제를 확장함으로서 성취하려는 것이 아니라 지구 차원의 새로운 문화나 가치 창출을 전제로 접근하려는 경우다. 대표적인 것으로는 UN과 NGO의 관계에서 그 사례를 찾아 볼 수 있다. UN은 NGO의 기능과 역할을 매우 제한적인 관점에서 이해하려는 경향을 보여 왔다. UN 헌장 제71조에 의하면 UN 경제사회이사회(ECOSOC)는 협의자 지위(consultative status)를 부여한 경우만 NGO로 간주한다. 일국 차원과는 달리 국제관계 하에서는 NGO의 선별적 정통성 부여가 NGO 활동을 촉진시킨다고 본 것이다. UN은 자신이 협의자 지위를 부여한 NGO만을 지구 거버넌스 차원의 정통성을 지닌 NGO로 승인하는 대신 그들로 하여금 UN이 지향하는 목적가치를 구현하는 지역현장의 선봉장이 되기를 기대했다. ECOSOC는 이를 통해 지구시민사회가 보다 질서정연하게 발전하기를 기대한 것이라고 하지만, 실제로는 공식적으로 재단된 일단의 NGO를 일정한 틀에 따라 정렬하는 결과를 가져왔을 뿐이다. 이는 당연히 UN과 NGO 간의 관계를 이분법적으로 구분하는 결과를 가져왔으며, 지구시민사회의 발전에 기여하기보다는 오히려 이를 제약하는 결과가 되었다. 따라서 지구 거버넌스가 NGO와 협력적, 담론적 관계를 구축하고자 한다면 그의 현실적인 경계영역은 어디까지인가를 질문케 하는 대표적인 사례라고 하겠다.

헬드(Held, 1995)가 주장하는 세계시민주의형 민주주의(cosmopolitan democracy)도 같은 부류에 속한다. 그에 의하면 지구화로 인해 국민국가의 규제 능력이 일국주의의 경계를 넘어 확산되면서 일종의 연쇄 반응을 일으키고 있으며, 그 결과 원격지에서 이루어진 의사결정이 다른 나라의 정책에 영향을 미치는 현상이 심화되고 있다는 것이다. 이로 인해 기존의 국민국가 내부에서 유지되어 오던 다양한 국정관리기구들의 대의기능이 심각한 도전에 직면하고 있어, 점진적으로 지구전체를 관장하는 범지구적인 정체를 구축해 나가는 일이 필수적 과제라고 보았다. 그리고 이를 위해서는 "세계시민주의적 민주주의 법(cosmopolitan democratic law)" 제정이 요청된다는 것이다. 다차원에서 이루어지는 의사결정체제에 인류 모두가 평등하게 참여할 기회와 권리를 보장하기 위해서는 "공동의 행동구조(common structure of action)"가 필요하고, 이는 민주주의를 지향하는 세계법의 제정이 전제되어야 가능하다고 보았다. 전후 정착되어 가고 있는 세계질서와 세계인권선언(the Universal Declaration of Human Rights) 같은 데서 그 단초를 찾아볼 수 있다. 바로 이런 변화의 연장선상에서 점차 세계정부를 구축해 나가자는 것이다.

그러니까 헬드는 일국 정부의 민주주의 관행을 범지구적으로 점차 확대해 나가면 지구 차원의 민주주의 구현이 가능해진다는 인식 위에 서 있다. 따라서 현존하는 UN을 개혁하는 일부터 시작하여 세계의회(Global Parliament) 같은 기구를 창설하게 되면, 지구차원의 연결망을 지닌 법률체계를 구축할 수 있다는 생각이다. 그리하여 지구 거버넌스에 의존하는 정도가 높아지면 기존의 국민국가가 견지하던 주권기능이 지구 거버넌스에 전이되면서 점차 국민국가는 소멸의 길(wither away)을 밟게 된다는 것이다(Held, 1995: 233). 그러니까 독자적인 정치문화를 누리던 개별국가의 정체성이 지구차원의 새로운 문화적 질서로 수렴된다고 보는 것이다. "문화적 혼합주의(cultural hybridization)(Delanty, 2002: 64))나 "지구문화의 창조(creolization of global culture)(Friedman, 1995)"가 일어나는 것이다. 이 점에서 헬드는 일국 차원의 시민사회와 지구 시민사회가 그 본질에 있어 서로 성격을 달리하는 것으로 인식한다.

2) 공동체중심의 지구 거버넌스

지구 거버넌스를 지구 차원의 시민사회 구성원들이 그 사회적 권리를 발현하는 한 양식으로 보려는 경우다. 그러나 그 지구 차원의 시민사회가 어떤 속성을 지니는 것으로 보느냐에 따라서는 서로 다른 시각이 공존하고 있다. 지구 차원의 시민사회와 일국 수준의 시민사회를 동일 연속선상에 정렬되는 것으로 보느냐 아니면 양자간의 이분법적 단절을 가상하느냐에 따라 다르기 때문이다. 이에 따라 제III 유형과 제IV 유형으로 구분된다.

(1) 일원론(제III유형)

사회운동을 공적 의사소통이나 문화적 정체성 및 사적인 네트워크와 연계해 다루는 신사회운동론(new social movement theory)은 주로 시민사회의 사회문화적 측면에 초점을 맞춘다는 점에서 공동체를 통해 시민권의 실체에 접근하고자 하는 셈이다(Diani, 1997). 그러나 이들이 파악하는 시민사회는 그 개념의 본질상 대체로 일국주의의 경계를 넘지 못한다. 지구화가 진행되더라도 보통의 사람들은 일상의 생활 속에서 국내 언론에 의해 묘사되거나 걸러지는 정치현상에 접하는 것이 보통인 데, 국내 언론은 일국주의의 시각과 관점에서 정보를 수집하고 배포하는 것이 상례이기 때문이다. 따라서 시민은 지구화 현상을 일국주의의 경계 내에서 이해하는 결과를 낳는다. 또한 어떤 나라의 역사, 문화, 언어 등은 기본적으로 그 나라의 일국주의 경계 내에서 생성, 소멸하는 성질을 지니고 있으며, 그 사회구성원의 가치관이나 정체성의 배면에 놓여 있는 의식의 세계를 지배한다. 따라서 사회문화론적 접근을 시도하는 신사회운동론은 비록 일국주의의 경계를 넘나드는 것이기는 하지만 지구화 현상을 일국주의의 창을 통해 이해하고자 하며, 그런 점에서 지구시민사회를 국민국가 차원의 시민사회와 동일시하는 경향이 있다.

지구시민사회를 "신 토크빌 모델(Neo Tocuevillian Model)"(Goodhart, 2005: 10)을 통해 설명하려는 경우도 마찬가지다. 지구차원의 시민사회는 그 운영실제에서 일국 수준의 시민사회와 여러 차원에서 다른 점이 없지 않다. 먼저 지구시민사회 자체가 결코 일국 수준의 시민사회처럼 민주적이라고 할 수 없다. 무엇보다도 구성원의 다양성과 이격성 및 차등성이 문제가 된다. 그러나 신 토크빌 모델은 이를 본질적 차이라기보다는 단순히 정도의 문제로 이해하고자 한다. 이는 원래 다원주의 이론이나 집단이론 자체가 그의 과정론적 성격이나 체계론적 요소로 인해 지구차원의 시민사회를 국민국가 시민사회와의 연속선상(continuum)에서 이해하려는 데에서 비롯되는 결과다. 일국 수준의 시민사회와 지구 차원의 시민사회를 등질적으로 다루고자 하는 이유다.

이런 신 토크빌 모델에 의존하는 이들은 지구시민사회가 지구 거버넌스에 정보, 물자, 조언, 아이디어 등을 제공함으로서 지구 거버넌스의 업무수행 능력을 제고하는 관계에 있다고 본다. 지구시민사회에 의한 주의주창 운동은 지구 거버넌스로 하여금 정책개발의 우선순위를 조정하거나 적실성 정도를 높이게 한다는 것이다. 지구시민사회에 의한 경고와 주문은 지구 거버넌스로 하여금 최신의 정보를 광범위하게 수집할 수 있게 해주기도 한다. 이럴 경우 정책의 적실성이나 정교성이 높아질 것은 물론이다. 지구 거버넌스에 직접 참여하거나 그의 업무를 부분적으로 위임 받거나 또는 부족한 영역을 보완함으로서 지구 거버넌스의 정당성 정도를 높이는 것으로도 이해된다. 이 과정에서 지구시민사회는 참여 시민에게 현장교육을 실시하는 셈이 되며, 미래의 정책과제에 대해 토론하도록 유도하게 되고, 시민을 직접 지구 거버넌스에 연결하며, 지구 거버넌스의 투명성, 개방성, 현시성 정도를 높이는 효과도 낳게 된다.

물론 지구시민사회가 지구 거버넌스의 정통성 기반을 강화하기만 하는 것은 아니다. 시민의 참여가 적거나 참여하더라도 책임 있는 자세로 임하지 않는 경우 지구 거버넌스의 정통성 기반을 약화시킬 수 있다. 그러니까 지구 거버넌스의 정통성과 관련하여 지구시민사회는 자동으로 긍정적 효과를 제공하는 것은 아니지만, 일종의 독립변수로 간주되고 있음이 틀림없다. 그러나 무엇보다도 중요한 것은 일국 수준의 시민사회가 지구시민사회와의 관계없이 직접 지구 거버넌스에 영향을 주고받는 관계에 있다고 본다는 점이다. 이점에서 일국 수준의 시민사회는 지구시민사회와 등질적일 뿐 아니라 그 일부를 구성하는 것으로 이해되고 있다.

하버마스(Habermas, 1998)의 "후기 민족주의 시민권(postnational citizenship)" 개념도 여기에 속한다. 그는 EU의 등장을 후기 민족주의의 관점에서 설명하고자 한다. 자유민주주의를 지향하는 국민국가의 역사를 점검해 보면 공화주의와 민족주의 간의 긴장으로 점철되어 왔다는 것이다. 부언하면 보편적 시민권과 이의 역사적, 문화적 토대가 되는 사회환경적 맥락 간의 긴장이다. 그에게 있어 시민권은 단순히 법적 권리만을 뜻하지 않는다. 거기에서 더 나아가 사회통합에 기여하는 정치문화적 토양을 제공하는 장치로 이해된다. 그러니까 어떤 지리적 경계를 뛰어 넘는 정치공동체의 민주적 통합이 가능하기 위해서는 그에 부합하는 공동체 정치문화가 개발되어 있어야 한다는 것이다. 물론 법 앞의 평등이라는 보편적인 원리가 지리적 경계를 넘어 유럽대륙 전체에 적용 가능한 것이기는 하지만, 그런 원리가 제대로 작동하기 위해서는 이를 지지하는 역사문화적 배경과 토대가 필요하다는 뜻이다. 단순하고 추상적인 어떤 원리에 대한 믿음 이상의 것으로서, 그 특정의 생활양식에 매료된다든가 또는 그 특정의 감성에 침잠하는 동기나 이해관계 따위의 구체적인 애착이 있어야 한다고 보았다. 그런 의미에서 볼 때, 유럽의 경우 그 동안 바로 이런 정서적 동질성을 공유할 수 있는 역사적 경험을 함께 나누어 왔다는 사실이 EU의 창설에 성공하게 되는 핵심적 요인 가운데 하나다. 따라서 EU 같은 국제지역 공동체가 생장하기 위해서는 단순한 법적, 제도적 결합 이상의 지역정치공동체 문화를 개발하는 것이 필수적 과제이며, 이는 시민이 그에 대해 열정이 있을 때 가능하다.

(2) 이원론(제IV유형)

지구 차원에서 수행하는 NGO의 역할을 확대해서 서술하려는 이들이 항용 이 범주에 속한다. 지구 차원의 시민사회와 지구 거버넌스 간의 상호작용을 분석하는 데 있어 의도적으로 지구시민사회의 비중을 강조해서 보고자 하는 전략적 접근을 취한 결과다. 주로 지구시민사회가 언제, 어디서, 어떻게 생성되는가를 낙관주의적 관점에서 예견하거나 평가하려 하기 때문에 지구문제 해결에 있어 일국 수준의 국가나 지구 차원의 국가가 수행하는 역할이나 비중을 의도적으로 약화시켜 평가하려는 경향이 있다. 그 결과 지구 거버넌스와 지구시민사회를 심각하게 구분해 보려하지 않는 경향성도 드러나 있다.

초국적 네트워크와 협력적 관계망을 갖춘 NGO가 국민국가나 정부 간 국제기구들이 풀지 못했던 지구 내지는 국제지역 차원의 과제들을 해결하는 데 보다 유용하다고 보는 시각(Florini, 2000; Willetts, 1996)이 여기에 해당 된다. 같은 관점에서 살라몬(Salamon, 1994)은 19세기 산업사회의 등장과정에서 국민국가가 수행했던 것만큼이나 비중 있는 역할을 오늘날의 제3섹타가 "결사체 혁명(associational revolution)을 통해 수행한다고 보았다. 헌터(Hunter, 1995)와 와프너(Wapner, 1995)는 지구시민사회를 초국적 과제에 대해 초국적 대안을 제시한 것이라고 보았다. 지구 차원에서 시민사회와 거버넌스가 쌍방향적으로 상승작용 하는 가운데 사회 문제 해결에 이른다는 것이다. 지구시민사회를 국가 권력의 폭력성에 대응하는 비폭력적, 규범적 도전으로 이해한 터너(Turner, 1998)도 여기에 속한다.

지구 네트워크 거버넌스 이론(theories of global network governance) (Lupel, 2003:21-29)도 유사한 관점을 지녔다. 이 이론은 국제관계나 지구정치에 대한 전통적인 국가중심주의를 부정하고 수평적 네트워크를 통한 의사결정권의 분산에 주목하고자 한다. 정보통신기술의 발전에 힘입은 탈영토적 현상은 영토적 경계 위에 조직되는 국민국가의 중심 패러다임을 근본부터 바꾸는 계기가 되었다고 본다. 그 결과 비정부기구가 거버넌스에 미치는 능력이 강화되고 있으며 그에 따라 정치적 권한도 확장되는 변화를 낳고 있다는 것이다. 초국적 규제의 중추가 분산되는 효과가 나타나게 될 것은 물론이다. 과거와는 달리 오늘날에는 실로 다양한 요소가 상호작용하는 가운데 지구 거버넌스의 실체가 구체화 된다는 것이다.

지구 수준에서 활동하는 다양한 양식의 초국적 NGO(TNGO:

Transnational NGO)와 국제 NGO(INGO: International NGO)가 급속히 확산 되고 있다는 사실은 지구 거버넌스의 민주화에 진전이 있음을 시사하는 것이며, 지구 거버넌스가 지구시민사회에 의존하는 정도가 커지고 있다는 의미로 해석된다.[5]

5. 지구 거버넌스의 평가

앞서 살펴 본 지구 거버넌스의 여러 유형은 자체의 논리적 모순이나 운영실제상의 문제로 인해 그것이 지구시민의 참여를 발양하거나 그런 참여를 토대로 지구 민주주의의 구현에 얼마나 기여할 것인지에 대해서는 획일적이고 보편적인 평가를 내리기가 쉽지 않다. 바로 이점이 지구 거버넌스에 대한 논의를 매우 혼란스럽게 만들어 온 주요 원인 가운데 하나이며, 지구 거버넌스를 통해 지구화 과정의 역기능을 해소하는 일이 순율적이지만은 않을 것이라는 점을 시사하는 이유이기도 하다.

먼저 제I유형과 제II유형은 지구 거버넌스의 권력적 정당성 근거를 국가에서 찾는 만큼 일반시민이 거버넌스 과정에 직접 참여하고 의견을 개진하며 정치적 판단에 나설 수 있는 정치 공간의 제공을 외면하거나 소극적으로만 수용하려는 한계를 지닌다. 이는 더 나아가 지구 차원의 국가, 보다 구체적으로는 국제기구나 지역정부

5) TNGO와 INGO에 대해서는 박재창(2006: 23)을 참조하기 바란다.

내지는 지구정부 구성에서 시민이 직접 자신의 대표를 선출하는 것이 아니라 일국 수준에서 시민들이 선출한 대리인들이 모여 대표를 뽑거나 법령과 규칙을 제정한다는 점에서 이중적인 대표성 왜곡 가능성을 내포한다. 민주주의 3차 혁명론 이래로 주인-대리인 관계에서 대리인이 주인의 진정한 대표자로 일하기보다는 자신의 지대추구에 열심이라는 사실은 이미 새로울 것도 없다. 그러나 그런 이들이 모여 다시 그들 사이의 대표를 뽑아 구성하는 것이 지구정부이거나 지역정부 또는 국제기구라고 한다면, 그 과정에서 발생하는 대표성의 왜곡 현상은 심각할 수밖에 없다.

또한 이런 기구들이 개별 국민국가의 대표들에 의해 구성된다는 점에서 볼 때 국민국가 중심의 자국이기주의의 경계를 벗어나기 어렵다. 지구 전체 차원의 공공성을 추구하기가 어렵게 되는 것이다. 실제로 UN은 그 태동기부터 기구 결성의 동기 자체를 의심받아 왔을 뿐만 아니라 오늘날 현실주의적 접근을 시도하는 이들은 누구도 이를 단순한 지구 차원의 도덕적, 윤리적 결정체라고 보지 않는다. 이런 상황 하에서는 국익추구라는 일국주의의 이해관계를 극복하기가 어렵기 때문에 쉽게 갈등관계에 빠지게 된다. 거버넌스 운영의 실질적인 주체가 국제기구나 지역정부 내지는 지구정부의 전문가 집단이라는 점에서는 관료적 병리현상을 노정하면서 거버넌스 운영상의 지체나 왜곡 및 그 과정의 권력 남용 등이 우려되기도 한다.

이렇게 지구 거버넌스의 관련 기관이나 공직자들이 NGO의 의견을 경청하거나 수용하려는 준비태세가 미처 갖추어져 있지 않을 경우 문제가 적지 않다. 적정한 시점에서 일반시민이나 NGO와 대화하거나 진지한 자세로 의견을 경청하려 하지 않고 일종의 홍보전략 차원에서 접촉하고자 할 때 참여의 진정한 의의가 살아나기 어려울 것은 물론이다. 시민 참여를 동원하려는 정략적 동기가 개입하는 경우 진정한 협조나 정치적 합의를 도출하기 어려울 것도 물론이다.

특히 제II유형은 인식론의 차원에서 제기되는 "일국주의의 오류(domestic fallacy)"(Goodhart, 2005: 15)에 빠지는 문제를 안고 있다. 지구 차원의 문제를 일국 수준의 인식론적 틀을 통해 바라보는 데에서 오는 잘못이다. 일국 차원의 민주주의 문제를 단순히 지구 차원으로 수렴하려는 데에서 비롯되는 과제다. 이와 연동되어 있는 인식상의 오류는 초국적 성질의 정치가 일국 수준의 정치와 기본적으로는 다를 것이 없을 것이라는 믿음이다. 이는 민주주의에 대한 인식상의 오류에서 비롯되는 결과다. 현대 민주주의가 한 나라의 지리적 경계 위에 구축된 이유는 단지 우연히 그렇게 된 것이 아니라 민주주의의 기초가 되는 민중(demos)이나 시민주권 자체가 어떤 지리적 경계 개념이 필요하기 때문이다. 민주정치는 그것이 시민권에 기초한다고 할 때, 단순히 시민 개개인의 이익을 대표한다는 점에서 정당성을 찾는 것이 아니라 역사적 진행 과정을 통해 이미 구축된 어떤 양식의 정치공동체가 전제되어 있고---지리적 경계를 동반하는---이를 대변한다는 의미가 공유될 때 정당성을 얻게 된다. 따라서 민주주의의 속성 자체를 바꾸지 않으면서 단순히 그의 지리적 경계만을 확장한다는 것은 처음부터 구현 가능한 일이 아니라는 결론에 이르게 된다(Goodhart, 2005: 16). 논리적 모순을 내포하는 유형인 셈이다.

제III유형과 제IV유형은 지구 거버넌스의 동력을 지구시민권에서 찾고, 지구시민권이 발현하기 위해서는 지구 차원에 지구시민으로서의 자기 정체성 정립에 필요한 문화적 동형화가 전제되어 있어야 한다고 보지만 현실적으로는 모든 지구촌 거주민이 자신의 정체성 내지는 시민권을 다른 정체의 것과 대비하거나 구분하는 데 필요한 윤리적, 정서적, 정치적 동기를 유발하기는 쉬운 일이 아니다. 지구촌 구성원들이 지니고 있는 실로 다양한 종교적, 인종적, 문화적 차이를 감안할 때, 지구민 전체가 공유하는 생활 양식상의 어떤 독특한 정서적 열망이나 문화적 충성심을 기대하는 일 자체가 비현실적 이다. 따라서 지구 차원에서 작동하는 가치의 재배분 체계를 기대한다는 것은 타당하지 않다.

이들 유형은 또 지구차원의 공동체를 통해 지구시민권을 구체화한다고 하지만, 그 과정은 지구시민사회의 핵심적 요소라고 할 수 있는 NGO 의존적이다. 그러나 경우에 따라서는 이들이 국제기구나 지역정부 내지는 지구정부 등과 "비판적 협력"이 아니라 참여를 가장한 결탁의 양식을 취할 수도 있는 법이다. 무엇보다도 지구 차원의 시민사회에서 활동하는 NGO가 대표성을 결여하기 십상이라는 데에 문제가 적지 않다. 이론적으로 보면 사회의 다양한 세력이나 집단들이 균형 있게 자신의 의견을 반영할 수 있어야 하지만 실제로는 정치적 동원능력이나 힘의 크기에 따라 자기 의견을 투입하게 되며, 그 결과 지구시민사회는 일종의 기득권 재생산 장치로 전락하면서 민주주의의 기본정신을 왜곡하게 된다. 이런 불균형적인 참여는 특히 문화적 편향성과 결합하면서 특정의 가치관이나 협소한 관점을 강조하는 오류에 빠질 수 있다. 내부민주주의의 결여가 지구시민사회단체의 자체 의견 수립과정에서 여론을 왜곡하거나 부가적 가치를 우선하여 추구하는 잘못으로 이어질 가능성도 있다. 따라서 지구시민사회가 "상향식 지구화(globalization from below)"를 통해 구체화 된다거나 지구 거버넌스가 "지구적 전환의 정치(global transformative politics)"를 통해 지구 차원의 정책과제를 해결할 것이라는 생각은 일부 사회운동가나 이론가의 희망 사항일 뿐 사실에 입각한 경험론적 서술은 아닌 셈이다(Goodhart, 2005: 13). 그러니까 지구 차원의 시민사회 구축을 통해 지구시민권을 구현하겠다는 전략은 그의 상향식 접근 양식으로 인해 매우 민주적인 것처럼 보이는 것이 사실이지만, 이는 지구 차원의 민주주의를 구현하는 데 있어 단지 부분 모형내지는 불완전 전략에 지나지 않는다.

특히 제III유형의 경우 일국 수준의 사회관계와 지구차원의 사회관계를 등질적 인 것으로 파악하기 때문에, 지구 차원에서도 일국 수준에서와 마찬가지로 NGO를 통한 지구 차원의 여러 국제기구나 지역정부 내지는 지구정부에 대한 압력의 행사나 통제가 가능하다는 점을 상정한다. 그러나 일국 수준의 국가와는 달리 지구 차원의 국제기구는 결코 지구시민사회의 압력에 잘 굴복하지 않는다. 왜냐하면 국제기구에게는 지구 차원에서 활동하는 NGO나 국가들이 연대해서 경제 제재 조치를 취하거나 외교적, 정치적 압력을 가한다고 하더라도 그것이 크게 압력원으로 작용하지 않기 때문이다. 이는 그런 압력이 국민국가 수준에서 개별 국가가 감당해야 하는 부담과는 전혀 다른 성질의 것이기 때문이다. 물론 국제기구에 대표를 파견하고 있는 개별 국가에게는 일종의 압력원으로 작용할 수도 있는 일이겠지만 국제기구는 기본적으로 정부 간 관계에 기초하는 것이기 때문에 이런 압력에 대해서도 피해 나갈 공간을 확보하고 있기 마련이다. 특히 국제기구는 기능적으로 매우 분화되어 있기 때문에 아무리 개별 회원국가에 압력을 가한다고 하더라도, 그것이 그 협소한 분야에 대한 압력원으로 작용하기란 쉽지 않은 일이다. 대부분의 국제기구가 미국과 같은 강대 열강에 의해 장악되고 그 나라 국민의 이익을 배타적으로 보장하는 데에 우선적인 초점을 맞추어 운영되고 있다는 저간의 사정을 감안해 보면, 지구 차원의 국제적 연대를 통해 이런 기구에 압력을 동원한다는 일이 과연 효과적일 수 있을까 하는 회의를 갖기에 충분하다. 단순히 지구 레짐에 저항하는 것만으로 지구 차원의 민주주의를 구현한다는 생각은 지구 거버넌스의 복잡성을 고려해 볼 때 너무나도 단순한 발상이라고 하지 않을 수 없다.

또한 일국 수준의 시민사회와 일원론적 관계에 있는 지구시민사회를 통해 지구 거버넌스를 활성화 해보겠다는 생각 속에는 방법론적인 한계도 내포되어 있다. 시민사회의 공고화를 통해 국가의 성격을 변화시키겠다는 상향식 압박 전략은 참되게 삶을 영위함으로서 정권의 성질을 바꾸거나 최소한 공적 의사결정의 자율성 정도를 높이겠다는 것에 불과하다. 그러나 이는 개인 단위의 삶의 양식이 시민사회의 내용을 바꾸고 시민사회의 변화가 국가의 변화로 이어진다는 논리에 기초한다. 그런데 개인의 단순 총합이 전체가 아니라는 인식론적 차원의 본질적 오류 문제는 이 경우에도 적용된다. 지구 차원의 시민사회는 일국 내부의 개인이 어떤 삶의 양식을 취하느냐에 따라 연동되는 정도가 작을 뿐만 아니라 그런 연동성을 인정하더라도 그것만이 지구시민사회의 성질을 결정하는 주요 변수는 아니다. 더욱이 지구 차원의 사회구조가 변한다고 하더라도 그런 변화가 지구 거버넌스에 미치는 영향은 상대적으로 작을 뿐만 아니라 그런 변화가 지구 거버넌스의 성질을 바꾸기 위한 필요충분조건은 아니다.

또한 일국 수준에서와 같이 지구 차원에서도 국가와 시민사회가 대칭적 관계를 구성한다고 보지만 이는 적어도 지구 차원에서는 사실이 아니다. 일국 수준에서 볼 때 이익 대표, 정책과정에의 참여, 여론 형성, 대칭적 이해관계의 조율 등은 모두 제도화된 선거과정을 통해 국가와 연계되어야 그 실효성을 담보할 수 있다. 그러나 이는 지구 차원의 경우 완벽하게 결여된다. 일국 수준의 시민사회에서는 시민권의 누적 현상이 투표로 계측되면서, 계측되는 만큼의 정치적 비중을 인정받게 된다. 그러나 지구 차원의 경우 이는 철저히 결여되어 있다. 시민권의 발현양식이 일국 수준과 지구 차원에서 서로 다르다는 점을 이 유형은 간과하는 문제점이 있다.

제IV유형의 경우는 지구 차원의 시민권 발현이 지구시민사회를 통해 이루어진다고 본다. 그러나 TNGO나 INGO처럼 지구시민사회에서 활동하는 의사결정권자들은 공식적으로 선출되는 것이 아니기 때문에 공적 정당성을 확보하지 못할 뿐만 아니라 정치적 책임의 추궁으로부터도 배제된다. 무엇보다도 지구 차원의 정치사회적 운명 공동체와 국제기구 사이에 설정된 비대칭성 때문에 민주적 담론의 정당성이 확보되지 못한다. 아무리 지구시민사회에서의 논의가 공개성, 포괄성, 접근성, 박애주의 등에 기초한다고 하더라도 공식적인 승인을 받지 않은 정치공동체에 의해 이루어지는 것이기 때문에 정통성을 누리기 어렵다. 지구 차원의 사회공동체가 이렇게 공적 논의나 의사결정의 결과를 법률이나 정책으로 치환할 수 있는 정치적 의사결정 기구를 결여한다면 지구 차원의 담론이 과연 무슨 소용이 있으며 또 소망스러운 것인가 하는 근본적인 물음에 직면할 것은 당연한 이치다. 지구 차원의 의사결정 결과가 어떤 특정의 국민국가가 추구하는 입장과 갈등을 빚을 경우 이는 또 어떻게 조정되어야 마땅한가의 문제가 제기될 수도 있다(Goodhart, 2005: 9).

또한 일국 수준의 시민사회에서는 시민사회와 국가가 상호 형성적 관계를 구성한다. 그러나 지구 차원의 시민사회 차원에서는 그렇지가 못하다. 일국 수준의 시민사회가 민주적으로 작동하기 위해서는 공개성, 자유, 평등, 참여 등과 같은 규범 외에도 법치주의, 법집행의 강제력, 이를 담당하는 기관 등이 추가로 전제되어 있어야 한다. 그러나 지구시민사회에는 이런 장치들이 마련되어 있지 않다. 지구시민사회 구성원들의 권리 행사를 통해 지구시민사회가 작동한다고 말할 수는 있겠지만, 이때의 시민권 행사를 실체적 차원에서 보면 이는 지구 차원의 것이 아니라 개별 구성원이 속해 있는 국민국가의 것이며 그렇기 때문에 그 내용에서 구성원마다 상이하고 편차도 크다. 지구 거버넌스는 외형상 일국 수준의 국가와 그 기능면에서 유사해 보이지만 사실은 누구의 시민권도 직접 보장해 주지 못하는 존재다. 지구정부가 존재하지 않는다는 사실은 그 빈자리를 다른 다양한 기구들이 대행하고 있다는 의미인 것이다. 일국 수준에서는 국가가 이런 기구들의 역할을 통제하거나 관리할 수 있지만 지구 차원에서는 그렇지가 못하다(Goodhart, 2005: 9-10).

그 결과 지구 차원의 사회관계에서는 국민국가 수준에서 목격하는 것과 같은 민주적 의사결집의 응집력 있는 구조를 결여하는 문제를 안게 된다. 민주적 결손(democratic deficit)의 문제에 직면하는 셈이다. 지구 거버넌스는 그것이 전달하는 이미지와는 달리 평등한 참정권을 보장하는 것이 아니라 상대적으로 강한 국가 또는 우월적인 사회세력의 이익을 우선적으로 대변하며 지구차원의 사회정의나 인간의 안전권 문제에 유의하는 정도도 상대적으로 낮아지는 성질을 지녔다. 차등 참여가 내재화 되어 있기 때문이다. 따라서 국민국가의 경계를 초월하는 정치 거버넌스의 구축은 이렇게 공동체적 체험을 공유하는 국제지역 차원까지만 가능하며, 이 경계를 넘는 지구 전체 차원에서는 지구 거버넌스 구축 자체가 불가능하다고 볼 수도 있다. 지구시민사회와 국민국가 차원의 시민사회는 그 본질이 서로 다르기 때문이다. 이점에서 하버마스의 관점을 정리해 보면 그는 국제지역(EU) 차원까지는 일원론의 입장을 취하는 반면 범지구 차원에 대해서는 이원론의 입장을 취하는 일종의 절충주의시각을 지녔다.

6. 결론

지구시민권이 지구시민사회, 지구 거버넌스 그리고 지구 민주주의에 이르기까지의 과정에서 어떤 양식을 취하며 또 어떤 역할을 수행하는지에 대해서는 실로 다양한 견해가 제시되어 왔다. 그러나 이를 종합해 보면 대체로 상향식 경로와 하향식 경로로 대별된다. 상향식 경로는 지구시민권이 지구시민사회의 발현에 독립변수로 작용하고, 지구시민사회는 다시 지구 거버넌스의 독립변수이며, 지구 거버넌스는 지구 민주주의의 발양에 대해 독립변수적 관계를 구축한다는 인식이다(Hunter, 1995). 반면에 하향식은 기본적으로 역순의 관계를 상정한다. 상향식이 대체로 시민권에 대해 공동체 중심주의적인 접근전략을 채택하는 이들에 의해 주장된다면, 하향식은 시민권을 국가중심주의적인 시각에서 접근하고자 하는 이들이 대종을 이룬다. 그러나 그렇다고 해서 이들 사이의 상호작용적 관계를 배제하는 것은 아니다(Kumar, 1994; Walzer, 1995). 오히려 다면적인 상호작용의 관계가 논자에 따라 실로 다양하게 제안되고 있는 것도 사실이다. 그러나 여기에서는 논의의 편의를 위해 주로 상향식과 하향식을 중심으로만 설명을 진행해 왔다. 이들이 기본 모형을 구성한다고 보았기 때문이다.

그런데 이 두 개의 모형이 상호작용한다는 사실은 지구시민권이 지구시민사회의 전제 조건이자 그 결과이기도 한 이중의 관계를 구축한다는 사실을 함축한다. 이는 지구시민사회와 지구 거버넌스의 관계에서도 같다. 지구시민사회는 지구 거버넌스의 독립변수이면서 동시에 종속변수이기도 한 복합적 관계를 구성한다(Muetzelfeldt & Smith, 2002: 56). 지구 거버넌스가 지구국가의 연장선상에서 이해되기도 하고 지구시민사회의 연장성산에서 이해되기도 하기 때문이다. 이런 복합 관계는 지구 거버넌스와 지구 민주주의의 관계에서도 같다. 지구 민주주의는 지구 거버넌스의 결과물이자 전제적 조건이기도 한 이중적 성격을 지닌다. 따라서 지구시민권, 지구시민사회, 지구 거버넌스, 지구 민주주의는 서로 독립변수이자 종속변수이기도 한 상호의존적 관계를 갖는다.

바로 이런 이중성 내지는 복합구조에 대한 인식은 이들 간의 관계를 절충주의적 관점에서 접근하거나 이해함으로서 외견상 어느 특정의 시각을 채택하는 데에서 오는 모순을 극복하는 것처럼 보인다. 그러나 실제로는 이런 절충주의적 시각이 기존의 복합구조에 새로운 복합성 유발 요인을 하나 더 추가함으로서, 오히려 혼란을 더 가중시키는 측면이 있다. 이런 추가적인 복잡성은 지구차원의 과제 해결을 위해 지구 차원뿐만 아니라 일국 차원의 접근전략도 모색해야 한다는 사실에 의해 보다 더 심화된다. 지구 거버넌스는 지구시민권(global citizenship)이나 지구시민사회와 직결되어 있지만, 국제지역 시민권(regional citizenship)이나 국제지역 시민사회와도 연동되어 있으며, 일국 수준의 시민권(national citizenship) 내지는 시민사회와도 연결되어 있다. 이런 거버넌스의 중층구조는 당위적인 것이지만 동시에 경험적 사실이기도 하다는 점에서 문제 인식의 복잡성을 더 한다.

이런 복잡성과 모순성은 방법론상의 혼란에 의해서도 가중된다.

미시적 접근과 거시적 접근을 연결하는 매개변수에 대한 설명 없이 양자를 등가적으로 연결하는 경우가 대종을 이루기 때문이다. 지구화 시대에 사는 개인 또는 그 가치관이나 행태에서부터 그들에 의해 구성되는 NGO, NGO를 기초로 형성되는 시민사회, 시민사회에 기초하는 거버넌스, 거버넌스에 의존하는 실체적 차원의 민주주의에 이르기까지 분석단위의 일관성을 유지하지 않은 채 편의적으로 접근하는 경우가 적지 않다. 이의 대표적인 사례로는 지구 거버넌스를 들 수 있다. 지구 거버넌스는 지구 레짐, 지구 정부, 지구시민사회, 국제기구, INGO, TNGO 등과 개념적으로 연동되거나 등가적인 것으로 처리되기도 한다. 따라서 그 조작적 경계를 구분하기가 쉽지 않다. 그뿐만이 아니다. 지구 거버넌스가 궁극적으로 추구하고자 하는 민주주의의 구체적인 내용이 무엇인지에 대해서도 명확한 개념을 제시하기가 쉽지 않다. 지구 민주주의가 지구촌 전체를 포괄하는 어떤 이념적 지표를 지향하는 것이라고 한다면, 지구촌과 같이 실로 다양한 이해관계와 이념적 스펙트럼이 작동하는 곳에서 과연 어떤 민주주의를 이념적 지표로 삼아야 하는 것인지를 규명하기란 쉽지 않은 일이다.

지구화 자체가 다양한 의미를 내포한다는 사실도 논의의 혼란을 한 층 더 가중시키는 요인이다. 지구화는 기존의 국민국가들 사이의 대외교류가 한층 더 심화된다는 의미에서의 국제화(internationalism), 비정부 단체들을 중심으로 범지구적으로 형성되는 자율적 정책결정의 네트워크가 확장된다는 점을 시사하는 범지구화(globalization), 일국적 시민권을 초월하는 세계시민주의 시각과 관계망의 구축을 암시하는 초국화(transnationalism), 그리고 지구화의 여파로 기존의 국민국가 내부에 새로운 구조가 자리 잡게 된다는 후기 민족주의화(post-nationalism) 현상 등을 내포한다(Delanty, 2002: 52). 그러나 이 가운데 국제화를 제외하고는 어느 경우도 지구 민주주의의 구현을 위한 하향식 전략과는 잘 상합하지 않는다. 그러니까 범지구화, 초국화, 후기 민족주의화 현상 속에서는 국가와 같이 강제적 통제권을 갖거나, 배타적 회원권을 부여하거나, 독자적인 정체성을 강화하는 등의 정치적 기제를 찾기 어렵다.

따라서 앞서 논의한 지구 거버넌스의 유형 가운데 어떤 유형이 더욱더 호소력이 있는가의 문제는 전적으로 맥락적 관점에서 평가하고 이해해야 할 과제로 여겨진다. 이는 선험적으로 어느 등식의 논리적 구성 양식이 더 호소력이 있다고 규정할 것이 아니라 구체적으로 시간과 공간의 구조적 특성이 한정되는 경우에만 비로소 이를 토대로 어느 유형의 지구 거버넌스가 더 소구력이 있는지 여부를 평가할 수 있을 것이기 때문이다. 이는 지구 거버넌스와 같이 실로 다층적이고 다원적인 의미를 동반하는 경우에는 더욱 그럴 수밖에 없는 일이기도 하다. 다만 제II 유형과 제III 유형은 그것 자체로서 자신의 논리적 일관성 유지가 어려운 것으로 파악된다. 따라서 제I 유형과 제IV 유형에 주목하게 되는 데, 이는 제I 유형이 일국주의의 경계 내에서나 정당성 근거가 확실한 민주적 시민권에 기초하는 것인 데 반해서 제IV 유형은 일국주의의 성격을 완전히 탈피하고 새롭게 구축되는 지구시민사회를 통해 지구적 과제를 해결하고자 한다는 점에서 공동체중심주의와 연동되기 때문일 것이다.

문제 제기

1. 시민권에 대한 국가중심주의 시각이 타당한 이유는 무엇인가?
2. 시민권에 대한 공동체중심주의 시각이 타당한 이유는 무엇인가?
3. 시민권이 발양하기 위한 환경적 조건에는 어떤 것들이 있는가?
4. 지구시민사회와 한 나라의 시민사회를 왜 일원론의 시각에서 보아야 하는가?
5. 지구시민사회와 한 나라의 시민사회를 왜 이원론의 시각에서 보아야 하는가?
6. 공동체중심 지구 거버넌스를 이원론의 시각에서 접근하는 이유는 무엇인가?
7. 공동체중심 지구 거버넌스를 일원론의 시각에서 접근하는 이유는 무엇인가?
8. 지구시민사회를 "반 권위주의 모형"은 어떻게 설명하고 있는가?
9. 지구시민사회를 "신 토크빌 모형"은 어떻게 설명하고 있는가?
10. 제I유형, 제II유형, 제III유형, 제IV유형에 각각 내포되어 있는 한계는 무엇인가?

참고문헌

박재창. (2006).「지구시민사회와 한국 NGO」. 서울: 도서출판 오름

Amoore, Louise and Langley, Paul. (2005). Global Civil Society and Global Governmentality. In Randall D. Germain and Michael Kenny. (eds). *The Idea of Global Civil Society: Politics and Ethics in Globalizing Era.* London, UK: Routledge.

Bernard, Yack. (2003). Nationalism, Popular Sovereignty, and the Liberal Democratic State. In T. V. Paul, G. John Ikenberry and John A. Hall. (eds). *The Nation State in Question.* Princeton, NJ: Princeton University Press.

Boyte, Harry & Skelton, Nan. (2008). *Reinventing Citizenship: The Practice of Public Work.* Center for Democracy and Citizenship. University of Minnnesota. BU-06586.

Bull, Headley. (1977). *The Anarchical Society: A Study of Order in World Politics.* NY: Columbia University Press.

Chemillier-Gendreau, M. (1996). The International Court of Justice between Politics and Law. *Le Monde Diplomatique.* November. <http://www.globalpolicy. org/wldcourt/icj.htm>

Cox, R. W. (1996). *Approaches to World Order*. Cambridge, MA: Cambridge University Press.

Delanty, Gerard. (2002). *Citizenship in a Global Age: Society, Culture, Politics*. Philadelphia, MA: Open University Press.

Diani, M. (1997). Social Movements and Social Capital: a Network Perspective on Movement Outcomes. *Mobilization,* 2: 25-36.

Edwards, Michael. (2000). Civil Society and Global Governance. A Paper Prepared for the Deliverance at the International Conference on the Threshold: The United Nations and Global Governance in the New Millennium. 19-21 Jan. United Nations University. Tokyo.

Falk, R. (1998). Global Civil Society: Perspectives, Initiatives, Movements. *Oxford Development Studies,* 26: 99-111.

Florini, A. (2000). *The Third Force: The Rise of Transnational Civil Society*. US: Carnegie Endowment for International Peace.

Frey, Bruno S. (2000). Citizenship in a Globalized World. A Paper Presented at ISNIE, T"ubingen, 7 September.

Friedman, J. (1995). Global System, Globalization and the Parameters of Modernity. In M. Featherstone, S. Lash and R. Robertson. (eds). *Global Modernities*. London, UK: Sage Publications.

Gamble, Andrew and Kenny, Michael. (2005). Ideological

Contestation, Transnational Civil Society and Global Politics. In Randall D. Germain and Michael Kenny. (eds). *The Idea of Global Civil Society: Politics and Ethics in a Global Era*. NY: Routledge.

Gans, Judith. (2005). Citizenship in the Context of Globalization. Udall Center for Studies in Public Policy. <http://udallcenter.arizona.edu/programs/immigration/publications/Citizenship%20and%20Globalization.pdf>

Germain, Randall D. and Kenny, Michael. (2005). *The Idea of Global Civil Society: Politics and Ethics in a Global Era*. NY: Routledge.

Goodhart, Michael. (2005). Civil Society and the Problem of Global Democracy. *Democratization*. February, 12(1): 1-21.

Gramsci, A. (1968). *The Modern Prince and Other Writings*. NY: International Publishers.

Grotius, Hugo. (2000). *The Freedom of the Seas*. Ontario, Canada: Batoche Books.

Habermas, J"urgen. (2002). The European Nation-State and the Pressures of Globalization. In P. D. Grief and C. Cronin. (eds). *Global Justice and Transnational Politics*. Cambridge, MA: The MIT Press.

_______. (1998). The Inclusion of the Other. In C. Cronin and P. De Greiff. (eds). *Studies in Political Theory*. Cambridge,

MA: The MIT Press.

Held, D. (1995). Democracy and the International Order. In D. Held (ed). *Cosmopolitan Democracy: An Agenda for New World Order*. Cambridge: Polity Press.

Hunter, A. (1995). Globalization from Below? Promises and Perils of the New Internationalism. *Social Policy,* 25: 6-13.

Huntington, Samuel. (2004). The Hispanic Challenge. Foreign Policy Magazine. March/April. <http:/www.foreignpolicy.com/cms.php?story-id=2495>

Hutchings, Kimberly. (2005). Subjects, Citizens or Pilgrims? Citizenship and Civil Society in a Global Context. In Randall D. Germain and Michael Kenny. (eds). *The Idea of Global Civil Society: Politics and Ethics in Globalizing Era*. London, UK: Routledge.

Keane, John. (2001). Global Civil Society. In Helmut Anhier, Maries Glasius and Mary Kaldor. (eds). *Global Civil Society 2001*. Oxford, UK: Oxford University Press. 23-50.

Kenny, Michael and Randall Germain. (2005). The Idea(l) of Global Civil Society. In Randall D. Germain and Michael Kenny. (eds). *The Idea of Global Civil Society: Politics and Ethics in Globalizing Era*. London, UK: Routledge.

Krygier, M. (1996). The Sources of Civil Society. *Quadrant,* 40: 12-22.

Kumar, K. (1994). Civil Society Again: a Reply to Christopher

Bryant's "Social Self Organization, Civility, and Sociology". *British Journal of Sociology,* 45: 127-131.

Lachman, Gary. (2007). *Rudolf Steiner: An Introduction to His Life and Work*. NY: Jeremy P. Tacher/Penguin.

Leopold, Aldo. (1987). *A Sand County Almanac: And Sketches Here and There*. NY: Oxford University Press.

Lupel, Adam. (2003). *Democratic Politics and Global Governance: Three Model. Prepared for the Work in Progress Seminar Series*. Department of Political Science. The Graduate Faculty. New School. NY.

Mayo, Marjorie. (2005). Global Citizens, Social Movements and the Challenges of Globalization. Toronto, Canada: Canadian Scholars' Press.

McGrew, Tony. (1999). Transnational Democracy: Theories and Prospects. In David Held, Anthony McGrew, David Goldblatt and Jonathan Perraton. *Global Transformations: Politics, Economics and Culture*. CA: Standford University Press.

McGill, Doug. (2003). Nine Paths to Global Citizenship. <http://www.mcgillreport. org/nine-paths.htm>

McIntyre-Mills, Janet J. (2000). *Global Citizenship and Social Movements: Creating Transcultural Webs of Meaning for the New Millennium*. Amsterdam, the Netherlands: Harwood Academic Publishers.

Moore, Nicola. (2004). An Inquiry into the Nature and Causes of Citizenship. *The Dualsit,* 11: 15-27. <http://www.stanford.edu/group/dualist/vol11/Moore.pdf>

Muetzelfeldt, Michael and Smith, Gary. (2002). Civil Society and Global Governance: The Possibilities for Global Citizenship. *Citizenship Studies,* 6(1):55-75. Taylor and Francis.

Pasha, M. K. & Blaney, D. L. (1998). Elusive Paradise: The Promise and Peril of Global Civil Society. *Alternatives,* 23(4): 417-450.

Pianta, Mario, Silva, Federio & Zola, Duccio. (2005). Global Civil Society Events: Parallel Summits, Social Fora, Global Days of Action. Centre for the Survey of Global Governance and Centre on Civil Society. London, UK: LSE. <http://www.lse.ac.uk/Depts/global/Publications/Yearbooks/2004/updateparallel summit2004.pdf>

Price, R. (1998). Reversing the Gunsights: Transnational Civil Society Targets Land Mines. *International Organization,* 32: 613-644.

Putnam, R. (1993). Bowling Alone: America's Declining Social Capital. *Journal of Democracy,* 6(1): 65-78.

Risse, Thomas and Sikkink, Kathryn. (1999). The Socialization of International Human Rights Norms into Domestic

Practices: Introductions. In Thomas Risse, Stephen C. Ropp and Kathryn Sikkink. (eds). *The Power of Human Rights: International Norms and Domestic Change*. Cambridge, MA: Cambridge University Press. 1-38.

Robertson, R. (1992). *Globalization: Social Theory and Global Culture*. London, UK: Sage.

Salamon, L. M. (1994). The Rise of Non-profit Sector. *Foreign Affairs,* 73: 108-122.

Scholte, Jan Aart. (2007). Civil Society and the Legitimation of Global Governance. CSGR Working Paper No. 223/07. Coventry, UK: University of Warwick.

_______. (2001). Civil Society and Democracy in Global Governance. CSGR Working Paper No. 65/01. Coventry: UK: University of Warwick.

Sekinelgin, Hakan. (2002). Civil Society as a Metaphor for Western Liberalism. Civil Society Working Paper 21. Centre for Civil Society. London School of Economic. January.

Smith, Adam. (1982). *Lectures on Jurisprudence*. Indianapolis, IN: Liberty Fund. Inc.

Tismaneanu, Vladimir. (2001). Civil Society, Pluralism, and the Future of East and Central Europe. *Social Research*. 68(4).

Turner, S. (1998). Global Civil Society, Anarchy and Governance: Assessing an Emerging Paradigm. *Journal of Peace*

Research, 35: 25-42.

Walzer, M. (1995). The Civil Society Argument. In R. Beiner. (ed). *Theorizing Citizenship*. Albany, NY: State University of New York Press.

Wapner, P. (1995). Politics Beyond the State: Environmental Activism and World Civic Politics. *World Politics,* 47: 311-340.

Williams, J. (2002). Good International Citizenship. In N. Dower and J. Williams. *Global Citizenship: A Critical Reader*. Edinburgh, UK: Edinburgh University Press.

Willetts, P. (1996). From Stockholm to Rio and Beyond: The Impact of the Environment Movement on the United Nations Consultative Arrangements for NGOs. *Review of International Studies,* 22: 57-80.

Young, O. R. (1997). Global Governance: Toward a Theory of Decentralized World Order. In O. R. Young. (ed). *Global Governance: Drawing Insights from the Environmental Experiences*. Cambridge, MA: MIT.

Zacher, M. W. (1992). The Decaying of the Westphalian Temple: Implications for International Order and Governance. In James N. Rosenau and Ernest Otto Czempiel. (eds). *Governance without Government: Order and Change in World Politics*. Cambridge, MA: Cambridge University Press.

제3장 |

거버넌스의 다면성과 다원성

1. 서론

기로에 섰다. 경제가 어렵고 정치는 퇴행을 거듭하고 있으며 시민사회는 위기에 처했다. 그렇다고 해서 미래가 밝아 보이는 것도 아니다. 보다 심각한 것은 이런 복합좌절의 시대가 올 것이라는 점을 아무도 예고해 주지 않았다는 데 있다. 현상의 진단에 무력했거나 태만했으니 미래를 향한 대안 개발이 쉬울 리 없다. 한국 사회만의 문제라면 다른 나라의 해법을 차용해 봄직도 하지만, 크게 보아 거의 모든 지구촌 국가들이 비슷한 몸살을 앓고 있다. 이점은 특히 당면과제의 해결이 간단하지 않을 것임을 강력히 시사한다.

이 불임의 시대는 어디에서부터 연유하는 것일까? 시대의 성격면에서 보면, 문화인류학적 진행과정의 지체가 빚어내는 부진이거나 또는 혼돈이다. 과거 산업사회적 생산양식에 기초한 사회관계가 정보사회의 도래와 함께 붕괴되면서 미처 새로운 사회관계를 규율하는 질서 내지는 패러다임을 아직은 개발하지 못한 데 따르는 결과다. 산업사회에서는 과학주의와 기술중심주의에 토대를 둔 이성과 합리가 지배했었다. 이런 합리성을 추구하는 이성적 판단은 세상을 이원론에 따라 규정하고 구분하는 속성을 지녔다(McIntyre-Mills, 2000: 8). 이성과 감성, 보수와 진보, 국가와 시장, 지도자와 추종자, 자유주의와 공동체주의 따위에서 보는 것처럼 사회현상을 경계개념을 통해 이분화 하는 데에 주저함이 없었다.

그러나 정보사회가 도래하면서 기존의 사회관계는 그 구성요소들 사이의 경계를 넘는 상호작용과 의사소통의 빈도, 밀도, 강도를 높이면서, 더 이상 경계를 통해 사회관계를 구분하거나 규정하려는 일을 허용하지 않게 되었다. 사회현상에 대한 인식론적 통섭과 융합이 필요한 이유다. 이분법적 시각이 아니라 총합적 시각에서 다시 보고 재규정해야 한다. 그러나 그렇다고 해서 총합적 시각에서 본 정보화 시대의 실체가 무엇인지에 대해 아직 대안적 패러다임이 제시되어 있는 것은 아니다. 아니 정보화 사회 자체가 아직은 진화과정의 가능태라고 해야 보다 정확한 설명이 된다. 바로 이 문명사적 전화기의 혼돈과 불명성이 이 시대의 문화적 코드이자 정체성인 셈이다.

그런데 이 혼돈과 불명성을 보다 구조적인 관점에서 조명해 보면, 이는 국가의 계서적 질서와 시장의 무정부주의적 역동성이 서로 유리된 채 작동하거나 국가의 사회공학적 개입과 선택이 사회구성원 개개인의 자율적 자기 조직화 내지는 진화과정과 대화 없이 충돌하면서 빚어내는 일종의 파열음이거나 또는 외마디에 다름 아니다. 국가는 더 이상 과거와 같이 압도적, 일방적 권위의 실체가 아니며 그 동안 취약세력 내지는 사회의 변방으로 밀려나 있던 사적 분야는 오히려 자기관리 능력을 갖추기 시작한 결과다. 따라서 국가-시장-시민사회 사이의 연성적 상호작용을 통해 이런 갈등과 대치를 순화하는 일은 이제 탈근대의 필수적 당면과제가 되었다.

국가는 통제의 이미지를 벗어나야 하며 시장은 경쟁의 냉혹성에서부터 깨어나야 하고 시민사회는 극단적 개인주의와 합리적 의사결정의 신화에서 비켜나야 한다. 사회생활양식에 변화를 가져와야 한다는 의미다. 그런데 기딘스(Giddens, 1986)는 그런 사회관계의 변화과정을 기관과 구조의 이중성을 통해 설명하면서, 하나의 사회구조는 사회구성원의 활동에 의해 재생산되고, 그 활동의 실체는 기실 정부의 기관에 의해 촉진되거나 제한되는 성질을 지녔다고 보았다. 그리고 이런 선순환 관계가 빈발하는 경우 사회구성원은 자신의 행동에 대해 자성적으로 주시하거나 그 영향에 대해 성찰적으로 평가하는 전기를 갖게 된다는 것이다. 그런 성찰의 결과는 자신의 행위양식을 바꾸게 하고, 행위양식의 변화는 사회구조의 변화나 수정을 낳고 이는 다시 정부의 기관 속성을 변화시킨다는 것이다.

바로 이런 공적 기관 혹은 설계와 사적 구조 혹은 역동성의 연성적 교합현상을 거버넌스라고 한다면, 거버넌스를 상호 호혜적 유형화 과정(Berger & Luckmann, 1966), 상호적응과정을 동반하는

(Lindblom, 1987) 동시 병발적 질서(sponteneous order)(Hayek, 1967) 내지는 진화(Axelord, 1984), 또는 자기조직화(slef-organization)(Kuppers, 1999) 과정 내지는 복잡하고 비순율적인 체제 역동성(complex, non-linear system of dynamics)(Czada et al, 1996)으로 이해하게 되는 것은 너무나도 당연한 일이다. 국가-시장-시민사회 간의 상호작용을 통해 통섭과 융합이 촉진되는 경우 사회의 제도화와 진화가 동시 병발적으로 나타나게 된다는 뜻이다.

그러나 한국 사회의 현실은 오히려 경계의 개념적 범주를 더 선명히 하면서 구시대의 위장막을 강화하고 진지와 대항진지 간의 대립과 갈등을 조장, 촉진하는 역진의 시대를 열고 있다. 이렇게 미래사회로의 진행을 외면한 채 역주행하는 현상은 지구화 시대에 일국주의의 폐쇄성을 강화하는 대외정책이나 통섭과 융합의 시대에 시장중심주의나 국가중심주의를 선택적으로 강조하는 데에서 확연히 드러난다. 미국산 쇠고기 수입문제를 두고 벌어진 촛불집회는 국가와 시민사회가 당면하고 있는 단절의 심연이 얼마나 깊은지를 보여주는 사례였으며, 대외관계를 다루는 우리의 정책시스템이 얼마나 일국주의의 협애한 시각에 갇혀있는지를 보여주는 대표적인 경우였다.

따라서 이 전환기 한국 사회의 실체가 무엇인지를 규명하고 그에 대한 대응전략을 개발하는 일은 이제 이 시대를 살아가는 우리 모두의 핵심적 책무가 되었다. 이 장(章)에서는 바로 이런 사회적 수요에 대응하기 위한 대안의 하나로 거버넌스를 들고, 거버넌스의 구조적 특성이 무엇인지를 체계적으로 조명해 보고자 한다.

2. 한국 시민사회의 위기와 대응과제

한국 사회의 경우, 신자유주의를 정부운영의 기본원리로 도입하고자 했을 때, 이미 정부는 자신의 실패를 자인했던 것과 같다. 여기에 더해 2008년 말 미국에서 시작된 범지구적인 경제위기는 지구화 시대의 시장주의가 얼마나 위험하고 또 그 폐해가 치명적인가를 여실히 보여 주었다. 시장을 통해 경쟁을 강화하고 그 성장의 과실이 보이지 않는 손을 통해 낮은 곳을 향해 배분될 것이라는 경로 설정은 그 구상만으로도 허망한 일이다. 시장주의는 인간의 속성을 이기적인 존재로 경도케 하고, 경쟁의 과실을 과장함으로서 공동체적 가치를 외면케 하는 문제점을 지녔다. 이기심은 협력을 어렵게 하고, 경쟁은 상호 신뢰하거나 이해할 수 있는 기회를 축소하는 속성을 지녔기 때문이다. 이점을 우려하여 국가는 일찍이 자신의 존재 이유를 시장을 관리하거나 조정하는 데 두었다. 따라서 그런 시장이 실패했다면 이는 당연히 국가의 실패를 뜻하는 것이기도 하다.

그러나 그렇다고 해서 시민사회가 대안으로 부상하는 것도 아니다. 한때 한국 사회에서는 정부실패와 시장실패에 대한 대안으로 시민사회를 지목하거나 지지하는 이가 적지 않았다. 가히 시민사회의 발흥이라고 할 만큼 시민사회의 사회적 비중이나 규모의 확장이 거듭됐었다. 그러나 오늘날 이런 시민사회가 위기에 처했다는 데에 이견을 제기하는 이는 거의 없게 되었다. 간혹 시민사회의 새로운 르네상스가 펼쳐지고 있다거나 시민사회의 미래를 낙관하는 이들도 만나게 되지만, 이들이 말하는 시민사회는 적어도 87년 체제 이후 사회적 신뢰의 상징이거나 시대의 향도세력으로 인식되던 시민사회를 지칭하는 것은 아니다. 오히려 그런 유형의 시민사회가 퇴조하는 일이야말로 새로운 시민사회의 등장을 촉진하는 전제조건이거나 선행적 지표라는 주장마저 제기되어 있다(윤정숙, 2009: 42)). 여하튼 87년 체제 이후 한때 한국 사회를 풍미했던 시민사회운동에는 이미 실패의 낙인이 찍혀 있는 셈이다.

그러면 그 기세 좋던 한국의 시민사회는 왜 대안세력으로서의 위상을 내놓고 실패한 것일까? 가장 큰 요인은 아무래도 통섭의 실패에 있었던 것 같다. 경계를 넘는 대화와 협력의 시대가 다가오고 있음에도 우리의 시민사회는 여전히 과거의 관성에 빠져 진지를 구축하거나 경계를 더 튼튼히 할뿐 경계를 뛰어넘는 이해와 관용의 에너지를 축적하지 못했다. 거버넌스 구축에 실패했던 것이다. 시대상황의 변화에 조응하여 민첩하게 대응하려는 노력이 부족했던 셈이다. 이는 존재구속적 자기 한계의 표출이기도 하다. 한국의 시민사회가 발흥할 수 있었던 것은 반독재 투쟁을 통해 축적된 저항의 에너지가 시민사회로 유입되었기 때문이었다. 그러나 바로 그런 역사성으로 인해 저항적 시민운동을 운동의 주된 양식으로 취하는 데 있어 아무런 문제의식이 없었으며, 이는 결과적으로 대화와 소통을 통한 거버넌스 구축보다는 이분법적 단절과 투쟁을 선호하거나 우선시하는 결과를 낳았다. 스스로 고립을 자초한 것이다.

이런 단절과 소통의 부재는 시민운동 진영 내부에서도 발견되는 일이었다. 운동의 지도층과 시민회원 사이에서 대화와 소통의 흔적을 찾기 어려웠다. 언필칭 운동의 엘리트화가 보통의 시민들과의 관계에서 문화적 단절을 불러오는 주요 요인으로 작용한 셈이다. 시민을 계몽의 대상으로 보거나 운동의 객체로 설정하는 시각은 국가의 운영원리가 전문가 중심주의에 빠지면서 시민을 향도의 대상으로 다루고자 했고, 그 결과 국가의 실패를 불러오게 되는 과정과 결코 다를 것이 없었다. 한국 사회는 그 동안 "행정적 권력"으로부터 "사회적 권력"으로 권력의 중추를 이동하는 데는 성공했지만, 그렇다고 해서 사회적 권력이 하버마스(Habermas, 1984)가 말하는 바 "의사소통적 권력"으로 치환되도록 하는 일에는 실패했던 것이다(김대영, 2004). 시민이 동원 대상화 하는 한, 적극적 시민의 등장을 기대하기는 어려운 일이다.

이 과정에서 보여준 시민사회운동단체 지도자들의 권력적 편향성은 이들의 객관성이나 불편부당성을 의심케 하는 빌미가 되었으며, 그 결과 운동의 순수성이나 진지성에 대해 회의의 눈으로 지켜보게 되었다. 사회적 신뢰가 감소하면서 시민사회 전체의 정통성 기반이 무너지는 한 이유가 되었다. 이점은 문민정부 출현이후 시작된 현상이지만, 특히 참여정부에서 두드러졌다. 참여정부의 권력적 중추와 일부 시민사회운동단체 지도자 사이에는 일종의 조합주의적 연대가 느슨하게나마 구축되었다(박재창, 2007). 개혁세력 연대론은 이런 유형의 현실참여를 정당화 하는 근거가 되었다(이종식, 2005: 138). 그러나 이는 일종의 부메랑으로 작용하면서 연대의 기반 자체를 붕괴시켰다. 이는 다시 시민사회지도층의 권력화 현상으로 인식되면서 시민사회의 순수성이 훼손되었다고 믿게 하는 계기가 되었다.

이런 한국 사회 특유의 역사적 유제 외에도, 정보사회의 도래에 따른 사회구조의 변화는 시민사회운동단체의 대리인 기능을 더 이상 허용하지 않게 되었다. 한국의 시민사회단체는 국가와 시민사회 사이에서 시민의 요구를 국가에 전달하거나 이를 의제해서 문제제기하는 가운데 자신의 존재 이유를 정당화해 왔다. 그러나 정보사회의 의사소통장치들이 개발, 확산되면서 시민 스스로 의견을 결집하거나 분야별 전문지식이나 정보를 획득하고 소화하는 일에 타인의 조력이 필요하지 않게 되었다(Park, 2004). 정보의 소화력이나 정보 유통상의 신속성 확보에 시민사회운동단체 같은 수문장(gate keeper)이나 중개자 내지는 향도자의 개입에 더 이상 의존해야 할 이유를 찾을 수 없게 된 것이다.

이는 또 시민의 직접참여에 대한 욕구를 증폭시키는 요인으로 작용했다. 시민은 이제 정부의 의사결정이 보다 전문가적 식견이나 합리성에 기초해서 이루어져야 한다는 점보다는 자신이 국정운영과정에 참여한다는 사실 자체에 더 큰 의의를 찾게 되었다(Coleman, 2005: 8). 이런 직접민주주의에 대한 욕구는 시민사회의 중간자적 역할을 우회하거나 부정하려는 욕구를 불러왔다. 시민사회운동단체가 설 자리를 잃게 된 것이다. 그러나 그렇다고 해서 시민의 정부과정에 대한 직접적인 참여의 통로가 확장되거나 개척되는 것은 아니어서 국가와 시민사회 사이에서 양자의 경계를 넘는 대화와 소통의 단절과 거기에서 비롯되는 좌절과 소외는 오히려 더 높아지게 되었다.

따라서 대화와 소통의 기회와 전략을 확대 개발하여 국가와 시민사회 간의 거버넌스 체제를 구축하고 활성화 하는 일은 이제 한국 사회가 복합좌절을 극복하는 데 있어 최우선적인 과제가 되었다. 그러나 한 사회는 국가-시장-시민사회에 의해 구성되기 때문에 복합좌절을 극복하려면 국가와 시민사회 사이뿐만 아니라 국가와 시장 내지는 시장과 시민사회 사이에서도 대화와 소통을 촉진하고 나아가 이들 사이를 구획하는 경계를 무력화 하거나 초월하여 기존의 질서를 재편하고 영역별 성찰과 변화를 촉진하는 일이 불가피한 과제로 제기되어 있다. 실제로 한국 사회의 갈등과 대치는 국가와 시민사회 외에도 국가와 시장, 시장과 시민사회 사이에서도 만연되어 있다. 국가-시장-시민사회의 전 영역에 걸쳐 다면적 소통 내지는 융합적 거버넌스의 구축이 시급히 요청되는 이유다.

3. 수평적 융합과 거버넌스의 다면성

국가-시장-시민사회 사이의 융합적 거버넌스 체제를 구축하려면 먼저 이들 사이에서 과연 어떤 유형의 거버넌스 형성이 가능한지를 점검해 보는 일이 우선적인 과제일 것이다. 그런데 국가-시장-시민사회 사이의 대화와 소통을 통해 거버넌스 체제를 구축하거나 이를 통해 스스로 연성화 하는 일은 이를 그 수평적 차원에서 파악하는 경우, 결국 서로 다른 영역의 특성을 나타내는 준거율이나 지향하고자 하는 목적가치를 자기 영역에 도입하여 자신의 정체성을 희석하거나 변화시켜 제3의 것으로 만들자는 것에 다름 아니다. 예컨대 국가의 공공성, 시장의 경제성, 시민사회의 자발성 따위를 서로의 영역에 도입해 각기 자기 영역의 성격과 의의를 개선해 보자는 것이다. 이에 따라 기존의 국가-시장-시민사회를 종속 변수로 하고 여기에 각각의 영역이 본래의 특성상 추구하고자 하는 목적가치 내지는 본질적 특성을 독립변수 삼아 통섭하거나 융합하는 경우, 다음과 같은 9가지 유형의 경우를 구분해 볼 수 있게 된다.

〈표3-1〉 국가-시장-시민사회 융합의 수평적 다원성

독립변수 / 종속변수	국가(공공성)	시장(경제성)	시민사회(자발성)
국가	I *	II	III
시장	IV	V *	VI
시민사회	VII	VIII	IX *

위의 표 가운데 제I유형, 제V유형, 제IX유형은 여기에서 주목하고자 하는 융합모형이 아니다. 이 경우는 국가, 시장, 시민사회가 각기 그것 자체로서 이미 국가(공공성), 시장(경제성), 시민사회(자발성)의 존재론적 목적가치를 지향하는 순수 모형이기 때문이다.

그러나 국가에 시장이 지향하는 경제성을 융합한 제II유형은 국가의 실패 이후 강조되기 시작한 신자유주의와 그에 철학적 원류를 둔 작은 정부론에서 구체적인 사례를 찾아볼 수 있다. 국가가 지향하는 공공성 보다는 시장의 원리인 경쟁성, 생산성, 능률성 따위를 강조하고 이를 국가운영원리로 확대 도입하는 것은 물론이고, 국가의 기능적 범주를 최소화함으로서 시장의 역할을 확대하고자 하기 때문이다. 신공공관리론(NPM), 민간위탁, 민영화, 성과평가제, 책임운영기관제, 성과계약제, 등은 모두 이런 부류의 국가경영원리에 속한다.

제III유형은 국가에 자발성을 도입하여 국가가 지니고 있는 경직성이나 전문가 중심의 대리인체제를 완화하자는 것으로 이해된다. 국가 구성의 원리인 전문가 중심주의와 그로 인한 심의기능 중심적인 시각에 시민사회가 지향하는 시민참여, 대표기능 등을 융합하자는 것이다. 따라서 행정적 거버넌스의 개념적 틀 하에서 모색되는 다양한 양식의 국정운영전략들이 여기에 해당된다. 예를 들자면, 사회복지 서비스분야에서는 서비스의 수혜자와 공감하고 감정이입할 수 있는 능력이 있어야 한다. 이는 임금계약자인 행정관료보다는 시민자원봉사자에 의해 보다 잘 수행될 수 있다. 따라서 정부가 기획하거나 재정지원 하더라도 서비스의 전달 업무는 시민자원봉사자에게 맡겨 대집행하자는 것이다. 이 경우 정부와 NGO는 보완적 관계(supplementary relation)를 구성한다.

또한 정부가 사회문제 해결에 보다 즉각적으로 조응할 수 있으려면 의사결정의 중추를 현장에 접근시켜, 전환과정의 시간비용을 절약해야 한다. 이런 문제의식 하에 고안된 것 가운데 하나가 협력적 거버넌스(collaborative governance)다. 여기에는 대리인 체제에 의존하는 기존의 간접민주주의가 시민의 정치적 선호나 일반의지를 적시에 정교하게 포착하거나 전달해 주지 못한다는 인식이 작용하고 있다. 시민의 정책과정에 대한 직접적인 참여가 바로 이런 대의제도의 한계를 극복하는 대안 가운데 하나라고 본다. 공적과제의 해결과정에서 행정관료 내지는 정부가 누려왔던 독점적이고 우월적인 권위와 지위가 더 이상 용인되지 않게 되는 것이다. 이런 맥락에서 정부정책에 대한 정기적인 여론조사 실시, 주민투표제 도입, 입법예고 제도화, 옴부즈만 제도 강화(Kim, 2004: 6) 등이 시민 조응형 행정을 확장하기 위한 전략으로 주목된다. 이슈네트워크 창출(Heclo, 1977), 정책 네크워크(Sabatier, 1999) 구축, 규제협상체제 도입과 대표정부론에 입각한 공청회, 각급 시민 참여형 위원회, 자치정부의 주민자치위원회(Cooper et al, 2006) 등도 여기에 해당된다.

제IV유형은 시장에 국가의 성격을 도입하자는 것이므로 기업의 사회공헌활동이 여기에 해당된다. 기업은 일차적으로 '이익'의 실현이라는 경제적 가치창출에 주목해야 하지만, 국가가 그런 것처럼 사회구성원이 누려야 할 '생활의 질 향상' 이라는 사회적 가치창출에도 유의해야 한다. 기업은 경제적 성과 외에도 사회적 성과를 지향해야 하기 때문이다. 기업은 경제적 가치창출 뿐만 아니라 사회적 가치창출에도 유의하여 효율성과 정당성을 균형 있게 확보해야만 지속적인 자기 성장을 담보할 수 있다. 항용 기업의 초기단계에서는 경제적 가치창출을 우선시하지만 경영규모가 증대하면 사회적 가치창출에 대한 사회적인 요구가 급증하게 된다. 왜냐하면 기업이 사회에 미치는 영향력이 커질수록, 스스로 자신의 사회적 영향력을 관리하여 사회에 유익한 존재로서의 정당성을 확보해야만 경영체로서의 기업이 지속적인 성장 발전 (going concern)을 보장받을 수 있기 때문이다(최종태, 2006).

이와 관련하여 G8 선진국 정상들이 2003년 공동선언을 통해 지속가능한 성장을 실현하기 위해서는 "책임시장경제(responsible market economy)"로의 전환이 필요하다고 선언한 바도 있다. 책임시장경제는 이윤추구를 무조건 정당화하는 비인간적인 시장도 아니고 반대로 기업에 일방적인 책임을 강제하는 규제경제도 아니다. 책임시장경제가 작동하기 위한 제일 조건은 시장이 자율적으로 기업의 책임을 유도할 능력이 있느냐의 여부에 달려있다. 그러나 사회적·환경적 문제 해결에 자발적으로 나서는 것이 기업의 책임이라면 이들 기업의 사회책임경영활동을 제대로 알아주고 평가해주는 것은 소비자의 몫이기도 하다(이정옥, 2008).

제VI유형은 시장에 시민사회적인 요소를 가미하자는 것인 만큼, 사회적 가치창출을 우선하기 때문에 공익성을 강조하는 기업조직인 사회적 기업이 여기에 해당된다. 시민사회의 공공성과 형평성을 시장의 효율성과 거래비용 개념에 접합함으로서 비영리 시장을 창출하고, 이를 통해 사회 서비스 제품을 효율적으로 생산하고 유통시키자는 것이다. 이는 지속적인 사회공헌을 위해 절실히 요청되는 과제다. 사회적 기업은 영리와 자선의 경계를 융합함으로서 비즈니스를 통해 자선을 베푸는 새로운 기업형태로 구체화 된다. 이를 제3의 자본주의 또는 "다른 경제(Caille, A., 2005)"의 등장으로 확대해석해서 의미를 부여하기도 한다. 이들은 이기적인 인간 본성과 자유 시장을 창조한 고전적 개인자본주의, 정부개입을 인정하고 복지를 중시하는 수정자본주의에 이어 새로 탄생한 제3의 자본주의라고 볼 수 있다. 이타적 동기와 이기적 동기를 동시에 추진 동력으로 삼아 자선과 비즈니스를 하나로 통합시킨 결과물인 셈이다. 따라서 사업대상도 빈곤·질병퇴치 등과 같이 인도주의적 성격이 강한 분야 외에도 교육, 보건, 환경 서비스 같은 생활정치영역에서 발견된다(최종태, 2006).

기업의 의사결정과정에 참여하여 사회적 책임을 강조하는 기업-NGO 사이의 거버넌스 체제 구축도 여기에 해당된다. 대표적으로는 소액주주운동을 들 수 있다.

제VII유형은 시민사회에 국가의 운영원리를 도입하자는 것이다. 과거 국가라는 대리인 체제에 의뢰하던 정책운용과제를 더 이상 대리인체제에 위임하지 말고 시민 스스로 해결하고자 한다는 점에서 환원행정론과 다양한 유형의 시민자결형 의사결정모형이 여기에 해당된다. 시민자결형 의사결정모형의 대표적 사례로는 담론형 여론연구소(Center for Deliberative Polling)의 담론형 여론조사(Deliberative Polling)를 들 수 있다. 이는 무작위로 추출한 시민, 분야별 전문가, 공무원 등이 2-3일에 걸쳐 대화를 나누는 가운데 정책의제를 선정하거나 대안을 개발함으로서 식견 있는 시민의 대표적인 의견이 무엇인지를 파악하고자 한다. 우리 예산, 우리 경제(Our Budget, Our Economy)는 미국 전역의 19개 컴뮤니티에 3,000 여명이 모여 미국 예산의 건전성 확보와 문제점 해결 방안이 무엇인지를 논의한다. 전국정책과제포럼연구소(National Issues Forums Institute)의 전국정책과제 포럼(National Issues Forum)은 중요한 전국차원의 정책과제를 놓고 전국에 걸쳐 구조화된 지역사회 대화를 전개한다(박재창, 2008: 110-111). 아메리카스픽스의 21세기 마을회의 제도도 이런 유형의 시민주도형 의사결정 양식 가운데 하나다. 포커스 구릅, 시나리오 워크숍,

등도 여기에 해당된다.

제VIII유형은 시민사회에 시장의 관점과 시각을 도입하자는 것이므로 시민사회를 시장의 관점에서 접근하면서 고용자, 생산자, 소비자로 인식하는 경우다. 사회적 일자리 만들기 운동, 공정무역운동, 생활협동조합운동, 윤리적 소비자 운동, 지속가능한 관광운동 등이 대표적인 사례다. 예컨대 공정무역운동은 소비자의 조직화와 각성을 통해 현지 생산자 조직을 재구성하거나, 재구성된 생산자 조직을 바탕으로 소비자를 설득하고 계몽하자는 것이다. 초기에는 인도주의적 동기에 기초하는 것이 대부분이었으나 이제는 경제사회 전체의 재구성에 초점을 맞춘다. 각성된 소비자와 조합원의 압력을 바탕으로 정부 조달제품 등에 인증제를 도입하도록 촉구하고, 이를 통해 기업의 윤리강령을 의무화하기도 한다. 이는 결국 소비자운동과도 연결되는 데, 기업의 사회적 책임운동을 전개하는 영미사회에서 그로 인해 발생하는 비용의 일부를 소비자가 분담하고자 한다든가, 이런 운동의 결과를 적극 홍보하여 사회적 경각심과 기업의 참여를 촉구하는 것 등도 여기에 해당된다(이정옥, 2008). 이는 또 소비자가 윤리적 사회활동을 잘하는 기업의 제품을 골라 구입하거나 잘못하는 기업의 제품은 사지 않는 등의 언필칭 '윤리적 소비주의(ethical consumerism)'운동과도 연결된다. 위의 여러 거버넌스 유형 가운데 어떤 것은 더 활성화 되어 있고 어떤 것은 아직 사회의 관심과 조명을 덜 받고 있다. 예컨대 국가의 실패 이후 시장과 시민사회의 역할에 대한 사회적인 수요가 높아지고 있음에도 이 분야에서의 거버넌스 구축에 대한 노력은 아직 미진한 상태에 있다. 따라서 앞으로의 시민운동이 바로 이 분야에서의 융합적 프로그램 개발에 더 유의해야 할 것은 물론이다. 그러나 더욱 중요한 것은 이들 다양한 거버넌스 유형 가운데 융합의 강도 내지는 시민참여의 정도 또는 연성화의 정도가 일정한 것은 아니어서 유형과 모델에 따라 편차가 심하다는 점이다. 따라서 거버넌스 구축과정에서의 소통 내지는 융합성 정도를 기준으로 그 수직적 정렬양식을 조명해 보는 일은 거버넌스에 대한 입체적 이해를 위해 필수적 과제가 아닐 수 없다.

4. 수직적 융합과 거버넌스의 다원성

다양한 거버넌스 유형 내지는 영역별 거버넌스 양식에 따라 거버넌스 구성인자 사이의 대화, 협력, 융합의 정도는 서로 상이하다. 이는 위에서 밝혀진 국가와 시장 사이에서 형성되는 제II유형과 제IV유형의 거버넌스, 국가와 시민사회 사이에서 형성되는 제III유형과 제VII유형의 거버넌스 그리고 시장과 시민사회 사이에서 형성되는 제VI유형과 제VIII유형의 거버넌스 등이 서로 다른 수준의 협력과 융합의 정도를 상정하는 것에서 확연히 드러난다.

따라서 그런 거버넌스의 실체에 접근하려면 국가-시장-시민사회 사이의 조합에 의한 거버넌스 유형 모두를 그의 수직적 단면을 중심으로 분석, 검토하는 것이 순리일 것이다. 그러나 아직 모든 유형별 거버넌스가 유사한 정도로 상호 융합적 대화나 통섭에 나서고 있는 것도 아니고, 또 그에 대한 논의가 같은 수준에서 전개되고 있는 것도 아니다. 더욱 중요한 것은 이 같이 거버넌스에 의한 거버넌스 참여자 간의 대화와 소통이나 융합의 정도에 주목하는 이유가 국가와 시장, 국가와 시민사회, 시장과 시민사회 사이에서 형성되는 서로 다른 유형별 거버넌스의 융합 정도를 비교 검토하자는 데에 있는 것이 아니라 국가와 시장, 국가와 시민사회, 시장과 시민사회 사이에서 형성되는 각각의 유형별 거버넌스 내부에서도 다양한 거버넌스 사례에 따라 실로 다양한 수준의 대화 내지는 융합이 이루어지고 있다는 사실을 밝혀보려는 데 있다는 점이다.

이는 국가와 시장, 국가와 시민사회, 시장과 시민사회 사이에서 형성되는 어떤 유형의 거버넌스를 점검해 보아도 확인 가능한 일일 것이다. 그러나 여기에서는 주로 국가와 시민사회 사이에서 형성되는 거버넌스를 중심으로 같은 국가와 시민사회 사이의 거버넌스라고 하더라도 실로 다양한 거버넌스 사례나 관점에 따라 얼마나 서로 다른 대화와 소통 또는 융합의 정도가 자리 잡게 되는지를 규명해 보고자 한다. 이렇게 국가와 시민사회 사이의 거버넌스를 검토의 대상으로 삼는 이유는 다른 영역에 비해 국가와 시민사회 사이에서 형성되는 거버넌스에 대한 논의와 수요가 상대적으로 크다고 판단되기 때문이다. 그런데 국가와 시민사회 사이의 거버넌스는 이를 사회구조적인 차원에서 거시적으로 파악할 수도 있고 또 그런 거시적인 상호작용의 한 단면을 미시적으로 분석해 볼 수도 있을 것이다. 여기에서는 거시적 차원과 미시적 차원 모두를 검토해 보고자 한다.

1) 거시적 관점

국가와 시민사회 사이의 거버넌스 관계를 거시적 관점에서 다룬 기존의 연구업적을 검토해 보면, 양자가 서로 얼마나 융합 또는 격리되어 있느냐에 따라 이원론적 접근시각을 한 축으로 하고 일원론적 접근시각을 다른 한 축으로 하는 연속선상에 대체로 3개의 접근시각이 공존해 왔음을 알 수 있다. 이는 국가와 시민사회가 얼마나 명료한 경계개념을 통해 서로 구획되어 있느냐에 따른 구분이기도 하고, 국가가 시민사회를 얼마나 구속하느냐 또는 시민사회가 국가로부터 얼마나 독립적이냐의 관점에 따른 분류이기도 하다. 그러나 더 분명한 것은 시민의 참정권이 얼마나 실체적으로 보장되느냐를 기준으로 구분한 결과다. 참여의 질적 수준을 기준으로 하는 분광적 구분(prismatic categorization)의 결과인 셈이다.

이에 따라 국가와 시민사회의 관계를 가장 멀리 격리시켜 보는 이원론적 접근시각으로는 국가중심주의를 들 수 있다. 홉스(Hobbes, 1997)류의 사회계약론에 따르면 국가는 사회 전체에 대해 배타적이고 독자적인 권력을 행사한다. 따라서 정책결정과정에 대한 권위적인 대리인의 배타적 우월성을 강조하면서 시민의 참여는 최소화 하고자 한다. 시민의 참정권은 여론조사나 투표행위를 통해 간헐적으로 또는 상징적 차원에서 발현될 뿐이며, 임명직 공무원인 관료나 선출직 공무원인 정치인에 의해 위임, 행사되는 것을 당연시한다. 국가사회주의체제나 발전국가론에서 가장 명료하게 드러난다. 극단적인 것으로는 나치즘이나 파시즘을 들 수 있으며, 흔히 목격하는 바와 같이 엘리티즘을 국정운영상의 전형으로 삼는다.

국가중심주의의 시각에서 보면 시민사회에서 생성 분출하는 세론은 불분명하고 가변적이며 사익추구의 함정에 빠질 위험성이 크기 때문에 잘 훈련된 전문가에게 맡겨야 한정된 자원을 보다 과학적으로 관리하여 합리적인 대안을 개발할 수 있고, 그 결과 사회구성원 모두의 이익을 극대화 하는 접점에서 정책결정이 가능해진다는 것이다. 전문성의 원리를 불가역적인 가치판단의 기준으로 삼는 것이다. 그러나 이런 시각은 당연히 개인의 다양한 가치나 선호를 국정운영과정에 반영하지 못한다는 한계를 지닌다. 무엇보다도 자유는 누구에 의해서도 강제될 수 없으며, 어떤 우월적 권위에 의해서도 향도될 수 있는 성질의 것이 아니라는 사실을 외면한다는 데에 문제가 있다.

또한 국가가 모든 일을 주도하기 위해서는 관료적 질서에 의존하지 않을 수 없는 데, 관료제는 대규모 조직을 관리하는 데 있어 경제성과 생산성을 진작하는 효과를 낳지만 바로 그런 특성으로 인해 비경제와 비효율을 낳는 이중성을 지녔다. 그 가운데에서도 관료에 의한 부패, 권한 남용, 시민에 대한 권위적 대응 등은 쉽게 극복하기 어려운 과제다. 정보화 사회로 들어서면서 사회구조의 역동성과 가변성이 커지자 관료적 질서의 경직성과 폐쇄성으로 인해 이런 사회구조의 변화에 효과적으로 조응하기가 어려워졌다는 점도 문제다.

정치적 대리인의 정당성 기반인 정치적 정통성은 선거를 통해 획득되는 데, 선거는 단순히 기표한 사람 간의 누적숫자만을 기준으로 대표성을 가늠하기 때문에 진정한 의미의 정치적 대표성을 발현하는 데에는 언제나 한계가 있기 마련이다. 비록 대표성이 확보된다고 하더라도 이는 대리인을 통해 전달되는 것이기 때문에 근본적으로 국가중심주의에 따른 독점성과 배타성으로 인해 불공정하거나 제한적일 수밖에 없다는 데에 또 다른 한계가 있다. 이런 국가중심주의적인 접근시각에 배태되어 있는 국가중심의 일원주의적인 관점과 유연성 부족 현상은 이익집단론 내지는 다원주의 접근시각의 등장을 불러 왔다. 국가와 시민사회 사이의 교호작용 내지는 협력과 공존이 불가피하다는 인식의 반영 결과다. 국가중심주의는 아직 거버넌스에 대한 개안 이전 단계에 있다는 인식의 반영 결과인 셈이다.

그러나 그렇다고 해서 다원주의 접근시각이 시민사회를 국가의 일원주의적 통제로부터 완전히 해방시키는 것은 아니다. 다원주의 접근시각은 국가와 시민사회의 경계를 초월하는 집단, 조직, 개인 간의 조정과 타협을 통해 이들 간의 실로 다양한 이해관계 조절이 가능하다고 본다. 이 경우 국가는 다양한 집단이나 조직 또는 개인과 함께 이해관계를 중개하거나 중재하는 여러 사회구성 요소 가운데 하나로 전환된다. 이 가운데 보다 규모가 큰 조직이나 국가가 이익결집체제를 압도하는 경우, 조합주의적 연대나 결속의 체제가 생성되는 것으로 이해하기도 한다. 그러나 다양한 이익집단 사이의 이해관계조정과정에서 최소한 결사와 참여의 개념을 도입하기 시작했기 때문에, 국가중심주의적 접근시각에 배태되어 있는 국가중심의 일원주의에 대해서는 이를 극복하기 시작했다고 보게 된다.

다원주의의 관점에서 보면 실로 다양한 개인이나 그들의 결사체인 이익집단들이 공정하고, 진지하며, 투명한 양식에 따라 이익 조정 및 타협에 나섬으로서, 당면과제를 상호호혜적이며 종합적인 시각에서 다룰 수 있게 된다는 것이다. 서로 이해관계를 다면적으로 검토하고 평가함으로서 보다 건설적이고 종합적인 대안을 제시하거나 수용할 수 있게 되는 것이기도 하다. 그러나 결사체는 조직의 양식을 취하는 순간 대표성의 원리에 의해 작동되지 않을 수 없는 요소를 동반하며, 그렇기 때문에 결사를 통해 보다 적극적으로 개인의 관점이나 이해관계가 반영되기 시작한다고 하더라도, 그것이 대리인을 통해 전달된다는 점에서는 여전히 국가중심주의적인 요소를 품게 되며, 그렇기 때문에 다양한 시각과 이해관계를 종합적으로 완전히 담보하기는 어렵다는 한계를 지니게 된다.

또한 개인이 단독으로 또는 결사체를 통해 정부의 정책과정에 참여하여 영향력을 행사한다고 보는 점에서는 국가와 시민사회 사이에서 일종의 공생적 관계가 구축되기 시작하는 것이라고 볼 수 있지만, 그렇다고 해서 그런 참여가 이견 사이의 학습과정을 촉발하면서 참여자의 인식을 바꾸게 된다는 의미는 아니다. 다원적인 참여는 다양한 이견의 보다 폭넓은 공존을 의미하는 것 이상도 이하도 아니다. 이해관계에 따른 연대나 결속은 있을지 몰라도 마음에서부터 우러나오는 승복이나 자기 성찰 그리고 그에 따른 자기수정 따위는 상정하지 않는다. 그러나 그렇다고 해서 국가와 시민사회를 격리해서 보는 것은 아니어서 국가를 다양한 개인이나 결사체의 연합이나 연대에 의해 구성되는 어떤 구조물로 이해한다는 특성을 지녔다.

이런 다원주의 접근시각의 한계에 대한 반동은 심의민주주의 접근시각의 등장을 불러 왔다. 담론과 융합을 통해 지금까지 견지해 오던 거버넌스 참여자의 의식세계에 성찰적 변화의 바람을 불어넣고자 한 것이다. 학습을 통한 자기변신을 추구하는 셈이다. 담론과 융합이 단순한 참여와 다른 점은 이렇게 자기 수정적 성찰과정을 상정한다는 데에 있다. 그러나 담론의 경우에는 언제나 그것이 합리적이고, 모두에게 만족스러운 결과를 낳게 될 것이라는 보장이 없다. 자기 수정적 변화가 진행되기는 하지만 그것이 완전한 자기 수정을 시사하는 것도 아니며 결정론적으로 객관적 과학성이나 윤리적 도덕성을 담보하는 것도 아니기 때문이다. 담론이 이성적 논증 외에도 밀고 당기는 기싸움을 통해 전개되는 속성도 지닌 데에서 오는 결과다.

이렇게 담론의 결과가 언제나 사회정의에 근사한 결론을 도출하는 것은 아니라는 인식이 "성찰적 거버넌스(reflexive governance)"(Hendriks & Grin, 2006)에 대한 수요를 불러왔다. 자기 성찰을 통해 당위론적으로 또는 윤리적으로 타당한 가치가 무엇인지를 설정하고 이를 구현함으로서 국가와 시민사회를 완벽하게 일원론적으로 인식하고 또 융합하자는 것이다. 국가가 지향하는 공공성과 시민사회가 지향하는 자발성을 성찰적으로 융합하여 제3의 가치를 지향하도록 하는 경우가 대표적인 사례 가운데 하나다. 이 경우 국가와 시민사회의 경계가 완전히 사라지면서 양자가 각각 지향하던 목적가치가 제3의 가치로 전환된다는 데에 특징이 있다. 지금까지 논의된 국가와 시민사회 간의 거버넌스 관계양식 내지는 융합성 정도를 도식으로 표현해 보면 다음의 <표 3-2>와 같다.

〈표 3-2〉 국가-시민사회 융합의 수직적 다원성

<table>
<tr><th>접근시각</th><th>이론모형</th><th>핵심가치</th><th>참여유형</th></tr>
<tr><td rowspan="2">국가중심주의</td><td>관료제 모형</td><td>전문성</td><td rowspan="2">수적 참여</td></tr>
<tr><td>대의제 모형</td><td rowspan="2">대표성</td></tr>
<tr><td rowspan="2">다원주의</td><td>결사체 모형</td><td rowspan="2">질적 참여</td></tr>
<tr><td>참여 모형</td><td rowspan="2">협력성</td></tr>
<tr><td rowspan="2">심의민주주의</td><td>담론 모형</td><td rowspan="2">가치 융합</td></tr>
<tr><td>융합 모형</td><td>성찰성</td></tr>
</table>

위의 <표3-2>에서 보는 바와 같이 국가중심주의적인 접근시각 하에서는 국가의 정책과정에 대한 시민의 참여가 단지 수적인 차원에서 형식적으로 이루어지게 된다. 전문가의 판단이나 정치인에 의한 대표과정에서 시민은 단지 절차적, 상징적 존재로 간주되는 까닭이다. 국가와 시민사회가 그 실체적 관계에서 볼 때 명료한 경계개념을 통해 격리되어 있는 셈이고, 양자의 대화와 소통이 이루어지기 전단계인 것이다. 그러나 다원주의 접근시각 하에서는 양자 간의 경계가 일종의 점선과 같은 형상을 이루게 된다. 부분적으로는 경계를 초월하지만 그렇다고 해서 완전한 경계 넘기가 이루어지는 것은 아니기 때문이다. 결사체를 통한 국정과정에의 시민참여는 대리인을 통한 의견전달을 극복하기 시작했다는 점에서 질적인 참여로의 전환을 의미하지만 여전히 결사체 내부의 관점에서 보면 대리인에 의한 기관관리를 극복한 것은 아니라는 점에서 수적 참여

의 잔재도 남아 있다. 질적인 수준에서의 시민참여가 시작되는 셈이다. 그러나 심의민주주의 단계에 이르면 국가와 시민사회가 가치전환을 통해 제3의 길을 찾고자 하는 것이기 때문에 시민참여의 가장 적극적인 형태를 취하게 된다. 참여라기보다는 가치전환을 통한 융합의 단계에 이르게 된다. 담론이 국가와 시민사회 사이의 협력과 융합을 시사하는 것이라는 점에서는 아직 가치전환의 단계에까지는 이르지 못한 것이라고 볼 수 있지만, 융합의 단계에 와서는 자기성찰을 통한 가치전환이 거버넌스의 핵심적 양식으로 치환되기 때문이다.

따라서 국가와 시민사회 사이의 거버넌스 가운데 국가와 시민사회 사이의 융합성 정도 또는 시민참여 정도가 가장 낮은 것부터 선택할 경우, 국가중심주의 하의 관료제 모형과 대의제 모형, 다원주의 하의 결사체 모형과 참여모형 그리고 심의민주주의 하의 담론모형을 거쳐 시민참여의 가치가 일원론적으로 화학적 전환을 이루는 성찰적 융합 모형 순으로 정렬하게 된다. 이 가운데 관료제 모형에서는 시민의 참여가 전혀 상정되어 있지 않고 대의제 모형에서는 선거를 통한 상징적, 수적 참여가 인지된다. 결사체 모형에서는 NGO에 의해 이루어지는 다양한 유형의 로비활동이나 국가에 대한 보완적 역할이 그리고 참여 모형에서는 여러 시민참여형 위원회를 포착할 수 있다. 담론 모형으로는 아메리카 스픽스의 21세기 마을회의 제도를 비롯한 여러 종류의 시민자결형 의사결정모형이 그리고 융합 모형으로는 환원행정론을 들 수 있을 것이다.

그런데 이들이 이렇게 하나의 연속체상에 정렬되는 이유는 각각의 거버넌스 모형을 구축하는 핵심적 가치인 전문성, 대표성, 협력성, 성찰성이 상호 대체적 관계를 구성하는 것이 아니라 점증적, 누적적 관계에 있어 시대의 변화에 따라 점차 부가적 중층관계를 구축하는 성질의 것이기 때문이다.

2) 미시적 관점

그런데 이렇게 국가와 사민사회가 경계를 넘어 서로 대화하고 소통한 결과 자기성찰에 이르고 나아가 새로운 제3의 가치를 창출하는 융합까지의 과정을 미시적 관점에서 접근할 경우, 거기에는 대체로 3단계의 자기성찰 내지는 전환과정이 자리 잡고 있음을 알 수 있다(Voss, 2007: 27-33). 먼저 참여와 담론을 통해 지속적인 상호작용이 일어나는 경우 양자 사이에는 일종의 규칙성이 생겨나면서 행위의 한 양식을 새롭게 구축할 수 있게 된다(Young, 1996). 이렇게 안정화된 상호작용양식은 개인적인 행동의 일회적인 발생을 누적한 총화 이상의 것을 의미하게 된다. 개별적인 행동이 빈발하는 과정에서 환류를 통한 자기 행동양식의 수정 작업이 동반하게 되기 때문이다.

이를 상호작용을 통해 새로운 사회적 관계 내지는 구조가 형성되는 과정의 제1단계라고 한다면, 제2단계에서는 바로 이런 제1단계의 상황이 빈발하면서 환류를 통한 자기 수정작업이 정형화 하게 된다. 자기충진적 환류체계가 구축되는 것이다. 그 결과 일탈적 행동에 대한 징계, 바람직한 행동양식 제시 및 규칙화, 외부 영향력의 차단 등을 통해 상호작용 양식을 보다 더 안정화 하고 나아가 제도화 및 객관화를 시도하게 된다. 이는 상호작용 결과물로서의 규칙이나 행위양식으로부터 상호작용을 구속하거나 강제하는 수단으로서의 규칙이나 행위양식으로 상호작용의 성질 자체가 전환하는 질적 변화가 일어나게 된다는 의미이다.

그런데 사회환경이나 구조의 변화로 인해 이런 규칙이나 질서에 따라 상호작용하는 것이 더 이상 기대하는 결과물을 약속하지 않는다는 인식이 싹트게 되면서 기존의 규칙이나 질서를 의도적인 설계나 기획에 의해 재설계하거나 재규정하고자 하는 욕구를 촉발하게 된다. 이는 한 개인의 설계나 기획에 의해 이루어지는 것이 아니라 여러 사람의 집합적 선택과 협력을 통해 구현된다. 이에 따라 기존의 질서로부터 부분적인 일탈이 시작되고 나아가 사회구성원들 사이에서 비구조화된 전략적 선택 내지는 상호작용이 일상화 하게 된다. 해체주의적 대안 모색과정이라고도 할 수 있을 것 같다. 제3단계의 상호작용이 자리 잡게 되는 것이다.

이런 사회구조의 역동적 변화에 대한 3단계론은 국가와 시민사회가 융합적 거버넌스 를 구축하는 경우 어떤 과정을 거쳐 통섭과 융합 내지는 성찰적 자기 변화를 도모하게 되는지를 보여주는 것이며, 그 과정에서 국가와 시민사회의 경계에서는 3단계에 걸치는 미시적 변화가 일어나고 있어 가장 초기적 단계의 상호작용으로부터 가장 전략적 수준이 높은 상호작용에 이르기까지, 상호작용 내지는 결속과 융합의 정도에 따라 여러 전환과정이 수직적 계서를 이루고 있음을 보여주는 것이기도 하다. 따라서 거버넌스란 의도된 가치나 질서 또는 기획이나 디자인과 사회구성원들의 부단한 상호작용이 빚어내는 역동성이 어우러져 만들어 내는 사회적 변화 내지는 가치의 전환과정인 셈이다. 이는 거버넌스란 원래 청사진대로 운영되는 어떤 선험적 상호작용의 양식이나 과정을 전제하는 것이 아니라 그것 자체를 통해 비로서 미래지향적으로 빚어지는 것이라는 점을 시사하기도 한다.

5. 국가-시민사회 거버넌스의 과제와 한계

국가와 시민사회 사이의 경계를 초월하여 이들을 일원론적으로 융합하거나 총합적으로 이해하는 데 있어 거버넌스만한 대안이 아직은 따로 있지 못하다는 데에 동의하면서도, 그렇다고 해서 거버넌스가 완성된 양식의 문제해결 대안이라고는 보지 않는다. 우선 국가와 시민사회가 공동기획, 공동생산, 공동평가 하고자 하는 것이 무엇인가에 대한 분석적 설명이 구체적으로 제시되고 있지 않기 때문이다. 거버넌스의 구축 문제는 통상 전문가 중심의 정부운영 양식이 구조적인 결함을 지녔다는 상황인식에서부터 비롯된다. 아무리 전문가의 이성적 판단에 따라 국정을 운영한다고 하더라도 그것이 궁극적으로 시민의 요구에 조응하지 않는다면 비효율적일 뿐만 아니라 비민주적이며 결과적으로 정부의 존립이유를 충족시키지 못한다는 것이다. 따라서 보다 합리적인 의사결정이 이루어지기 위해서는 전문가 중심의 의사결정과정에 시민의 참여와 의견을 반영하는 일이 필수적 과제라고 본다. 그러나 이 과정에서 정부의 관료와 시민이 만나는 경우 그들이 교환하거나 융합하는 것이 과연 무엇인가에 대해서는 구체적인 논의가 아직 없다. 그런 점에서 거버넌스는 그를 통해 구현하고자 하는 국정운영의 규범적 실체를 블랙박스로 남겨두고 있는 셈이다.

통상 국가는 관료제에 의존해서 전문성, 능률성, 과학성 등을 지향하는 만큼 경제성의 원리에 기초하는 데 반해, 시민사회는 그의 구성원 모두가 지향하는 총 만족도의 중앙값을 추구하는 만큼 정치적 합리성의 극대화를 꾀하는 것으로 이해된다. 그렇다면, 국가가 지향하는 경제적 합리성과 시민사회가 지향하는 정치적 합리성은 과연 어떻게 융합 가능한 것인가가 거버넌스의 실체 규명 작업에 있어 핵심 과제 가운데 하나다. 그러나 이에 대해서는 누구도 확실한 대답을 내놓지 않고 있다. 국가와 시민사회 또는 정부와 시민이 상호작용하는 가운데 어떤 타협적 접점을 찾아야 한다면, 그 접점이 지향하는 규범적 실체가 무엇인지를 밝혀야 할 것이다. 언필칭 거버넌스 과정의 자기 성찰을 통해 형성되는 제3의 가치가 무엇인지를 규정할 수 있어야 하고, 그 결과 그것이 왜 다른 것들보다 유용하거나 또는 바람직스러운 것인지가 규명되어야 한다. 그러나 거버넌스 이론은 아직 이점에 대해 적극적으로 대답을 내놓지 않고 있다.

사실 거버넌스의 실행과정에서 시민이 정책과정에 투입할 것으로 기대되는 목표값이 무엇인지도 확실하지 않기는 마찬가지다. 시민이 정치적 합리성을 극대화하고자 하는 과정에서 지향하는 집합적 선호(collective preference)는 단순히 시민이 원하는 바인지 또는 사적 영역에 축적되어 있는 정보, 전문지식 또는 합리적이고 이성적인 판단작용의 결과물인지가 분명치 않다. 시민의 이성적 판단 결과인지 감성적 선호결과인지가 분명치 않다는 의미다. 이 모두가 혼재되어 있는 것이라고 한다면 결국 이성과 감성의 융합물을 뜻하는 것이며, 이는 다시 거버넌스의 결과가 이성과 감성의 혼합물일 것임을 상정한다. 이는 국가의 운영양식이 감성에 기초하는 것으로 전환됨을 뜻한다. 그렇다면 과연 국가란 무엇이며 왜 존재해야 하는가의 궁극적인 물음에 이르게 된다. 국가가 이성적 판단의 주체라는 인식이 전제되지 않는다면 그의 운영결과가 객관성을 상실하게 될 것이며, 그 결과 거버넌스를 구축하면서까지 국정운영양식을 쇄신해야 할 이유는 없을 것이기 때문이다.

이점은 특히 국가를 심의기능의 담당자로 보고 이 과정에 결여되어 있다고 판단되는 대표기능을 보완하고자 하는 것이 시민참여의 요체이며 거버넌스에 대한 수요라고 할 때 더 분명해 진다. 도대체 시민참여를 통해 대표되는 것의 정체는 무엇인가? 일상적으로 지목되는 정책적 선호란 매우 추상적이며 혼란스러운 개념이다. 적어도 이성적 판단의 결과를 뜻하는 것인지 아니면 감성적 선호가 포함되어 있는 것인지가 분명치 않다.

현실적으로는 이보다 더 복잡한 과제를 안고 있다. 거버넌스 과정에는 시민사회나 시민 외에도 시장이나 기업, 외국이나 국제사회의 여러 독립 기구와 다국적 기업 등이 함께 참여하고 있어 국가와 시민사회 간의 거버넌스라고 하더라도 시민만이 거버넌스의 참여자는 아니다. 이렇게 다양한 참여자들이 함께 혼재되어 상호작용하는 것이라고 한다면, 과연 시민성의 투입이 순비례적으로 보장될 수 있을 것인지가 또 다른 차원의 과제로 제기된다. 거버넌스는 시민의 자발적 참여를 상정하지만 사회자본의 축적이 미진한 곳에서도 과연 시민의 자발적인 참여를 기대할 수 있을 것인가는 앞으로 해결되어야 할 또 다른 차원의 과제다. 무엇보다도 정부에 대한 사회적인 신뢰가 저급한 상황에서는, 그렇기 때문에 거버넌스에 대한 사회적인 수요는 높지만 반면에 시민의 참여저항이나 외면가능성이 높아진다는 모순적 관계에 빠진다. 시민사회 내부에 적극적 참여자와 소극적 방관자 집단이 형성되는 경우 참여의 양극화가 이루어지면서 참여의 불균형을 낳고, 이는 거버넌스의 존립 이유 자체를 위협하게 될 가능성도 높다. 여기에 이념적 편향성까지 덧씌워지는 경우 참여로 인한 갈등은 더 증대된다. 정략적 동기로 인해 참여의 전과정이 훼손되는 경우 거버넌스의 본래 목적 달성이 어려울 것도 물론이다.

이런 점은 이미 한국의 경우 현실화되어 나타나고 있다. 정부가 시민과의 대화나 소통을 외면하고 있으며, 참여의 양극화 탓에 시민사회운동단체의 소외의식이 만만치 않다. 과거보다 더 나아진 소통의 기술적 장치가 확산되어 있는 상황에서 벌어지는 이런 소외와 상피의 관계는 불신과 갈등의 깊이를 더 하기 마련이다. 과연 거버넌스를 압박하는 외부성이 존재하지 않는 상황에서도 거버넌스의 구축은 가능한 것인지에 대한 본질적 의문을 가져보게 되는 이유다.

이 보다 더 주목해 보아야 할 일은 거버넌스의 구축문제가 그 동안 주로 국가와 시민사회 간의 관계(제III유형과 제VII유형)에서만 논의되었을 뿐, 국가와 시장 간의 관계(제II유형과 제IV유형)나 시장과 시민사회 간의 관계(제VI유형과 제VIII유형)에서는 크게 주목되지 않았다는 점이다. 최근 미국의 서브프라임모기지 사건이 전 지구적인 경제위기를 불러오면서 기업내부의 의사결정이 동반하는 사회적인 책임에 대한 인식이 높아지고 있다. 이런 시장을 관리하거나 조정해야 하는 정부의 실패가 이미 확인되고 있다는 점에서 이제 남아 있는 대안 가운데 하나가 시민의 직접적인 간여와 감시라고 한다면, 국가와 시민사회의 관계 못지않게 시장과 시민사회 사이에서도 거버넌스 구축의 문제가 매우 진지하게 숙고되어야 마땅한 일이다. 같은 이치로 시장의 공공성에 대한 배려와 사회책임의식이 강조되어야 한다면 시장과 국가 간의 거버넌스 구축에 대한 사회적인 경각심도 더 높여야 할 과제이다.

그러나 현실은 그렇지가 않다. 통섭과 융합에 대한 관심이 주로 국가와 시민사회에 집중되면서 국가와 시장의 관계나 시장과 시민사회의 관계에 대해서는 상대적으로 소홀히 취급하고 있다. 그 결과 가운데 하나가 작금의 전지구적 차원의 경제위기라고 한다면, 이제 시장과 시민사회와 시장과 국가 사이에서 거버넌스를 구축하고 통섭과 융합의 시대를 여는 일은 불가피하면서도 매우 시급한 과제가 되었다. 특히 한국의 경우 그런 의미에서 거버넌스를 보다 다원적으로 구축해야 한다는 점에 대한 경각심을 제고해야 한다.

문제는 수직적 차원에서 본 거버넌스의 실체에도 있다. 단지 국가와 시민사회, 국가와 시장, 또는 시장과 시민사회 간에 대화와 소통이 이루어진다는 것만으로는 거버넌스의 적극적 효과를 성취하기 어렵다는 사실이 밝혀지고 있는 만큼 거버넌스의 실천적 적극화를 위해 노력할 필요가 있다. 거버넌스가 이루어지지 않고 있는 상태를 극복하는 것은 물론이고, 이미 거버넌스가 구성되어 있다고 하더라도 그 기능적 실체를 적극화, 심화 하여 가치전환의 단계에까지 이르도록 개선할 필요가 있다는 의미다. 자칫 거버넌스가 정치적 필요에 의해 단지 상징적, 의례적 참여 동원의 수단으로 전락하면서 실제로는 거버넌스의 실효성을 외면하게 될 위험성을 경계해야 한다는 의미다.

6. 결론

복합좌절의 대안으로 거버넌스 내지는 통섭과 융합의 시대를 열고자 하는 것이라고 한다면, 우선 정부가 그런 노력의 필요성을 절감하고 적극적으로 임할 것인가가 그런 노력의 성패를 좌우하는 관건이 된다. 이는 시장의 경우에도 마찬가지다. 시민사회만의 각성과 노력으로 성취할 수 있는 과제가 아니라는 뜻이다. 그런데 오늘날 한국 사회가 복합위기에 빠졌다는 사실은 그것 자체로서 위기이기는 하지만 사회통합의 책임을 지고 있는 정부의 입장에서 보면 이런 위기로 인해 발생할지도 모르는 파국적 상황을 모면하고 어떤 형태로든 새로운 질서의 창출을 통해 사회 안정을 추진해야 한다는 과제에 직면하게 된다. 바로 이점에서 복합위기는 정부로 하여금 소통과 대화에 대한 수요를 적지 않게 절감토록 유도하는 결과가 될 것이다. 위기는 오히려 통섭과 융합을 향한 기회일 수도 있다는 의미다.

그러나 그런다고 해서 정부가 늘 시민사회와의 소통과 협력을 최우선적 과제로 삼을 것이라는 보장은 없다. 특히 시민사회와의 갈등증폭이나 소외의 확대가 정부의 헤게모니 확장에 유리할 것이라고 판단하는 경우 정부의 자발적인 노력을 기대하기는 어려워진다. 따라서 정부로 하여금 소통과 대화에 나서도록 유도하거나 압력을 가하는 외부요인이 작동해야 하며, 이는 시민사회의 적극적 에너지가 전제되어 있을 때 가능한 일이다. 그러나 그렇다고 해서 그런 에너지가 그냥 생겨나는 것은 아니다. 무엇보다도 사회자본의 축적을 위한 실천적인 노력 없이는 아무 것도 기대할 수가 없다. 그런데 사회자본은, 한국 사회의 경우, 자생적으로 축적되기를 기대한다면 그 실현에 기약이 없다. 사회적 경험이나 역사성이 결여되어 있기 때문이다. 사회자본의 축적을 위한 거국적 노력이 필요한 이유다. 이를 위해 민주시민교육의 확산에서 그 해답을 찾아야 한다는 해답은 이미 나와 있다.

이 뿐만이 아니다. 그 동안 한국 사회는 일국주의의 틀에 갇혀 지구적 관점에서 사회관계를 조망하거나 인식하는 능력을 키우지 못했다. 이는 고스란히 시민사회운동에도 영향을 미쳐 통섭과 융합의 시대가 다가왔음에도 국내관계에서는 물론이고 국제관계에서도 운동의 일국주의 경계를 벗어나 범지구적으로 조망하고 대응하는 노력을 적극적으로 전개하지 못했다. 그런 점에서 오늘날 한국 사회가 당면한 시민사회의 위기는 바로 이런 운동의 일국 주의적 함몰 내지는 협애성에서도 찾아 볼 수 있다. 시민사회운동을 "국내적 공간과 국제적 공간(domestic arena and international arenas)"(Mcgrew, 2001: 1)으로 이분법적 시각에서 구분하는 한계에서 벗어나, 인식의 지평을 초국적 차원으로 확대, 개선하는 일은 이제 한국의 시민사회가 당면한 최우선적 과제 가운데 하나다. 국내의 과제를 범지구적 시각에서 재조명하고 재규정하는 경우 새로운 운동의 동력과 수요를 발견하게 될 것은 물론이다.

이런 점들을 감안해 보면 민주시민교육이나 지구시민권교육은 한국 사회가 통섭과 융합의 시대를 여는 데 있어, 가장 시급하면서도 결정적인 과제로 이해된다. 시민사회가 바로 이런 교육운동에 주목해야 하는 이유다.

또한 국가-시장-시민사회에 걸쳐 일어나고 있는 복합위기의 실체를 좀 더 구체적으로 따져보면 기실 각 영역 전체 내지는 그것 자체의 실패라기보다는 각 영역의 관리자 실패에 다름 아님을 알 수 있다. 국가 경영을 책임지고 있는 정치적, 행정적 대리인, 기업의 전문경영자, 시민사회의 상근 지도자 내지는 간사 등이 불러 온 관료화, 무능력, 지대추구 성향, 회원 참여의 외면 등에서 그 원인이 발견되고 있기 때문이다. 관리자 혁명론에서 발견되는 바와 같이 관리자로의 권력전도가 문제 유발의 핵심 요인이라는 뜻이다. 따라서 이를 극복하기 위해서는 먼저 바로 이런 실체에 대한 관리자 계급의 자기 성찰이 필수적 과제이다. 그런데 이미 권력의 중추가 관리자에게로 이동해 있는 상황이므로 이들 관리자의 변화를 추동하기 위해서는 관리자들끼리의 대화와 소통을 통해 자기 성찰에 이르도록 유도하는 일이 가장 유용한 대안 가운데 하나다. 왜냐하면 관리자에 대한 외부압력은 스스로 한계가 있을 수밖에 없는 일이기 때문이다.

이는 시민사회 영역의 내부에서도 같다. 시민사회 지도자들 사이에서의 대화와 소통을 통한 자기 성찰이 요청된다는 의미다. 시민사회운동이 스스로 골무에 빠져 신화적 망상에 사로잡히거나 도그마적인 경직성으로 인해 유연성을 잃지 않도록 하기 위해서는 서로의 감시와 비교를 통한 자기 성찰 이상 효과적인 장치가 따로 없을 것이다. 그리고 이는 대화를 통해서만 실현 가능한 일이다. 이런 양식의 대화와 소통이 단절되는 경우 단지 운동지도자 내지는 관리자의 자기 실패로만 끝나지 않고 시민사회 전체 나아가 한국 사회 전체의 과제를 극복하는 데 결정적 저해요인으로 작용하게 된다. 시민사회운동단체 지도자들의 매서운 자기반성과 질책이 있어야 하는 이유다.

문제 제기

1. 한국의 시민사회가 위기에 처하게 된 원인은 무엇인가?
2. 국가와 시민사회(자발성) 사이에서 형성되는 거버넌스에는 어떤 것들이 있나?
3. 국가와 시장(경제성) 사이에서 형성되는 거버넌스에는 어떤 것들이 있나?
4. 시장과 국가(공공성) 사이에서 형성되는 거버넌스에는 어떤 것들이 있나?
5. 시장과 시민사회(자발성) 사이에서 형성되는 거버넌스에는 어떤 것들이 있나?
6. 시민사회와 국가(공공성) 사이에서 형성되는 거버넌스에는 어떤 것들이 있나?
7. 시민사회와 시장(경제성) 사이에서 형성되는 거버넌스에는 어떤 것들이 있나?
8. 거버넌스를 국가중심주의 시각에서 접근해야 하는 이유는 무엇인가?
9. 거버넌스를 다원주의 시각에서 접근해야 하는 이유는 무엇인가?
10. 거버넌스를 심의민주주의 시각에서 접근해야 하는 이유는 무엇인가?
11. 여러 거버넌스 모형들이 시민의 참여정도에 있어 서로 다른 이유는 무엇인가?

12. 국가와 시민사회 사이에서 빚어지는 거버넌스의 한계에는 어떤 것들이 있는가?
13. 거버넌스의 활성화를 위해 민주시민교육이 필요한 이유는 무엇인가?

참고문헌

김대영. (2004). 시민사회와 공론정치: 아렌트와 하버마스를 중심으로. 「시민사회와 NGO」, 2(1): 105-143.

김홍희. (2009). 협동 거버넌스, 진지하게 다루어지고 있는가? 성균관대학교 국정관리대학원 주최, 제6회 기획 세미나 협력적 거버넌스의 고찰. 성균관대학교 법학관. 2009.5.1. 발표논문집.

박재창. (2008). 행정학에서의 정치와 행정: 회고와 전망. 「한국행정학회보」, 42(4): 95-115.

______. (2007). 협력적 거버넌스의 구축과 NGO의 정책과정 참여: 참여정부를 중심으로. 「한국정책과학학회보」, 11(2): 221-250.

윤정숙. (2009). 새로운 시민의 등장, 시민운동은 변화한다. 성균관대학교 국정관리대학원 주최, 제6회 기획세미나 협력적 거버넌스의 고찰. 성균관대학교 법학관. 2009.5.1. 발표논문집.

이정옥. (2008). 글로벌 금융 위기와 시민사회의 대응. 시민사회포럼 중앙일보 부설 시민 사회연구소 공동 주최 세미나(한국방송공사 남한강연수원, 2008.11.15) 발제논문.

이종식. (2005). 민주화 이후의 한국 시민사회운동과 원리 - 문제점과 바람직한 방향. 「NGO연구」, 3(1): 127-154.

최종태. (2006). 기업의 사회적 공헌과 시민사회의 과제. 제33회

시민사회포럼(서울 삼성경제연구소. 2006.4.4.) 발제 논문.

Axelrod, R. (1984). *The Evolution of Cooperation*. NY: Basic Books.

Berger, P. L. and Luckman, T. (1966). *The Social Construction of Reality: A Treatise in the Sociology of Knowledge*. NY: Doubleday.

Caille, A. (2005). *L'Alter - économie*, 김신양 편역.「다른 경제」. 서울: 실업극복국민재단.

Coleman, Stephen. (2005). Direct Representation: Towards a Conversational Democracy. The Institute for Public Policy Research. UK.

Cooper, Terry L., Bryer, Thomas A. and Meek, Jack W. (2006). *Citizen-Centered Collaboration Public Management*. Birmingham, UK: Institute of Local Government Studies. University of Birmingham.

Czada, Roland M., Heritier, Adreinne and Keman, Hans. (eds). (1996). *Institution and Political Choice*. Amsterdam: VU University Press.

Giddens, A. (1986). *The Constitution of Society.* Berkeley, CA: University Press.

Habermas, J. (1984). *Theory of Communicative Action*(Vol.2). Boston: Beacon Press.

Hayek, F. A. von. (1967). *Studies in Philosophy, Politics and Economics*. Chicago: University of Chicago Press.

Heclo, Hugh. (1977). *A Government of Strangers*. Washington DC: Brookings Institute.

Hendriks, Carolyn M. and Grin, John. (2006). Grounding Reflexive Governance in Practice and Context: Some Democratic Considerations. A Paper Presented at Governance for Sustainable Development Workshop. 5-7 Feb. Berlin, Germany.

Hobbes, Thomas. (1997). *Leviathan*. Cambridge: Cambridge University Press.

Kim, Kwang Jin. (2004). The Relationship between a Government and Its Citizens. A Paper Delivered at the 8th Conference of the Asian Ombudsman Association.

Kuppers, P. (1999). *Self-Organization: The Emergence of Order from Local Interactions to Global Structure*. Bielefeld, Germany.

Lindblom, C. E. (1969). The Science of "Muddling Through." In Etzioni A. (ed). *Readings on Modern Organizations*. Englewood Cliffs, NJ: Prentice Hall.

McIntyre-Mills, Janet J. (2000). *Global Citizenship and Social Movements: Creating Transcultural Webs of Meaning for the New Millennium*. Amsterdam, Netherland: Harwood

Academic Publishers.

Park, Jai Chang. (2004). Negative Impact of E-Governance to NGOs: the Case of Korean Council of YMCAs. A Paper Presented at 26th International Congress of Administrative Science. Seoul, Korea. July 14- July18.

Sabatier, P. A. (1999). *Theories of the Policy Process*. Boulder, CO: Westview Press.

Voss, Jan-Peter. (2007). Designs on Governance: Development of Policy Instruments and Dynamics in Governance. Doctoral Dissertation at the University of Twente, Moers, Germany.

Young, P. (1996). The Economics of Convention. *Journal of Economic Perspectives,* 10(2): 105-122.

제4장 |

거버넌스와 시민참여 전략

1. 서론

미국산 쇠고기 수입 반대를 위한 촛불시위의 등장은 한국 사회에 많은 충격을 안겨주었다. 투표자의 50%에 가까운 지지 속에 당선된 대통령이 취임 후 3개월도 되지 않아 국민으로부터 극단적인 불신의 표적이 되었다는 점도 그렇지만, 국회와 정당이 제 역할을 다하지 못하는 가운데 정부와 직접 소통하기를 원하는 국민의 여망이 가히 혁명적으로 폭발했다는 점에서 더욱 그렇다. 이를 두고 월드컵 서울대회에 등장한 붉은 악마 이래로 미선이 효순이 사건과 노무현 대통령 탄핵반대 시위 등에서 목격한 바와 같이 온라인에서 이루어지는 대화와 소통이 새로운 시민참여의 공간을 열게 된 때문이라는 진단에 대해서는 아무도 이의를 제기하는 이가 없다. 산업사회적 생산양식에 기초한 사회관계에 조응하기 위해 등장했던 대의민주주의체제가 정보사회의 심화와 더불어 이제 더 이상은 소구력을 가질 수 없게 되었으며, 대의민주주의의 이론적 허구성이 극명하게 드러난 사건이라는 해석도 적지 않다.

그러나 촛불시위를 통해 드러난 시민의 요구를 어떻게 처리해야 할 것인가에 대해서는 서로 대립적인 두개의 평가가 평행선을 달려 왔다. 시민의 결집된 의견이 분출한 것이니 만큼 정부가 이를 받아들여 쇠고기 수입관련 정책을 대폭 수정해야 마땅하다는 주장(경향신문, 2008.5.27)과 촛불을 통해 나타난 민의에 상징적 또는 정치적 의미가 적지 않은 것은 사실이지만 그렇다고 해서 이를 시민의 합의된 의견이라고 볼 수는 없다는 것이 다른 한쪽의 견해다(홍찬식, 2008.6.9). 촛불시위의 진정성을 의심하는 것은 아니지만 그렇다고 해서 이런 식의 정부정책과정에 대한 비일상적인 시민참여를 과연 정당화해도 되느냐가 핵심적 논점이다. 간접민주주의 한계를 절감하고 참여민주주의의 수요가 폭발적으로 증대하고 있다는 점에 대해서는 동의하지만, 그렇다고 해서 지금과 같은 시민참여 양식을 수용하기에는 적지 않은 문제점이 내재되어 있다는 견해다.

사실 현대 행정국가의 운영과정에서 국정운영체제 자체의 왜곡과 함께 시민과 그들의 대리인 사이를 이어 주는 연결고리가 실종상태에 있다는 주장은 이미 여러 곳에서 제기되었다. 이를 보완하기 위한 방편으로 정책결정자에 대한 로비활동을 독려하거나 시민의 정치적, 행정적 대리인에 대한 직접적인 접촉이나 압력의 행사를 강조하고 간접적으로는 정책홍보의 중요성을 부각시키려는 노력도 적지 않았다. 아니 이와 같은 직·간접적인 소통수단을 총동원하는 통합적 커뮤니케이션(integrated communication) 전략의 중요성을 오늘날 강조하는 이유도 바로 이런 데에 있다. 무엇보다도 NGO의 발흥에 주목하는 까닭도 NGO야 말로 대리인 체제의 한계를 극복하기 위한 새로운 대안이 될 것이라는 기댓값 때문이다(MHSPE, 1997: 11).

그러나 NGO는 기본적으로 참가자의 자발적 판단과 선택에 의존하자는 것임으로 그의 대리인 역할과정에서 대의의 목표나 과업을 사전에 정해두지 않는 경향이 있으며, 구체적으로 누구를 상대로 접촉하고 압력을 행사할 것인지에 대해서도 심각하게 숙려하지 않는 경향이 있다. 보다 중요한 것은 정치적 책임의식이 없어 꼭 성공하거나 쟁취하려는 목적의식이 취약하다는 점도 문제다. NGO의 전문성을 신뢰할 수 있느냐도 핵심적 논점 가운데 하나다. 그러나 그럼에도 오늘날 NGO의 대의기능에 주목하는 이유 가운데 하나는 정서적 접근의 중요성이 날로 증대하고 있기 때문이다. 전문가적인 판단과 식견에 따라 합리적인 대안을 모색하는 것만이 능사가 아니며, 공적 유익의 증대는 궁극적으로 시민의 정서적 만족을 최대화 하는 접점에서 모색되어야 옳다는 주장이 호소력을 더하고 있기 때문이다.

이런 점을 감안해 볼 때, 촛불시위가 호소력을 갖는 이유 가운데 하나는 국가와 시민사회 사이에서 정서적 접근을 시도한 때문일 것이다. 그러나 그렇다고 해서 촛불시위 자체를 참여민주주의의 일상적 양식으로 수용할 수는 없는 노릇이다. 시위란 그의 본래적 성격 자체가 비일상적 참여 양식이기 때문이다. 비일상적 참여의 양식이 일상화 할 경우 한국 사회가 아노미 상태에 빠질 위험성도 적지 않다. 그냥 방치될 경우 시민참여의 정당성 기반 자체가 위협받게 될 가능성도 있다. 지금처럼 촛불시위의 일상화가 예견되는 시점에서는 더욱 그렇다. 따라서 촛불시위로 표출되고 있는 시민참여에 대한 욕구를 제도적 장치를 통해 수용해야 한다는 점은 이제 이 시대 한국 사회의 최우선적인 과제가 되었다. 아니 단순히 제도적 장치를 고안하는 수준을 넘어, 그 제도의 운영을 일상화해야 할 필요성이 크게 제기되어 있다.

그러나 문제는 촛불시위에서 드러난 정부와 시민사이의 직접적인 대면과 대화에 대한 수요를 어떤 제도적 장치로 치환할 수 있느냐에 있다. 최근 미국에서는 바로 이런 현실인식과 목적의식을 가지고 국가와 시민사회를 연결시켜주는 혁신적인 담론장치가 고안되어 활발히 운영되고 있다. 미국의 시민사회단체 가운데 하나인 아메리카 스픽스(AmericaSpeaks)가 창안한 "21세기 마을회의(21st Century Town Hall Meeting)"는 국가와 시민사회를 이어주는 담론장치로서 매우 논리적이고, 실용적이며, 무엇보다도 민주주의의 철학적 원리에 충실하다는 평가를 받고 있다.[1] 바로 이점에 주목한 국제공공참여협회(the International Assocation for Public Participation: CIVICUS), 유럽위원회(the European Commission), 주택 및 도시개발

1) 21세기 마을회의와 관련한 기초 정보는 2004년 9월 10일 아메리카 스픽스를 직접 방문하여 실시한 관계자들과의 심층면접과 관련자료의 수집을 통해 얻었다.

청(the Housing and Urban Development) 등은 이 제도의 혁신성을 표창한 바 있다.

이점에 착안하여 이 장(章)에서는 21세기 마을회의 제도가 지니는 대안민주주의적 요소를 분석, 평가하고 이 제도가 촛불문화 시대를 선도하는 시민참여 장치로 작동하기 위해서는 무엇이 문제인지를 점검해 보고자 한다. 이로써 촛불시위에 대한 정치적 수요를 개선하기 위한 대안 모색에 필요한 기초정보를 수집하자는 데에 일차적인 목표를 두고자 한다. 이는 결과적으로 정보사회의 도래 이후 새로운 국정관리체제의 모색에 목말라 하는 이 분야 이론가 및 실무자에게 실용적인 아이디어를 제공해 주는 출발점이 되기도 할 것이다. 그 동안 거버넌스로의 전환 모색이 불가피하다는 논의는 무성했지만, 실제로 국가와 시민사회가 어떻게 공동기획하고 공동생산할 것인가에 대한 구체적인 의견 제시는 활발하지 않았기 때문이다.

2. 정보사회와 대의민주주의[2)]

원래 대의민주주의는 일반시민의 정책 선호나 의지가 상당 기간 고정성을 유지하기 때문에 당연히 이들 간의 조정과 타협을 진행할 수 있는 시간 공간이 예비 되어 있다는 전제 하에 구성되었다. 그러

2) 박재창(2007)과 박재창(2009)의 일부를 토대로 수정, 보완했다.

나 정보사회의 속도성은 사회관계를 즉응적인 체제로 재편하면서 대의구조의 핵심이라고 할 수 있는 조정과 타협의 시간 공간을 증발시키게 되었다. 이런 현상은 지리적 공간 차원에서도 같다. 한 지역의 사회정책과제가 전국 차원의 그것으로 확산되기까지에는 순차적 조정과 타협의 공간이 있다고 보고, 이를 통해 다양한 정책적 의지나 선호를 소수의 정책대안으로 단계에 따라 압축하자는 것이 바로 정부와 시민사회를 연결시켜주는 정당정치의 핵심적 논거 가운데 하나다. 지구당 차원에서 조정된 민의를 군당이나 시도당 차원으로 통합하고 이를 다시 전국당 차원에서 압축하는 과정을 상정했던 것이다.

그러나 정보사회에서 정보유통이 지니는 속도성과 광역성은 한 지역에서 발생한 정책과제를 거의 동시에 전국적 이슈로 전환함으로서 전국의 시민이 각자의 정책적 선호나 의지를 거의 동시에 설정하도록 하는 결과를 낳았다.[3] 일단 설정된 정책 선호나 의지가 다시 정보통신기기를 통해 여과 없이 표출된다고 할 때 정당 개입에 의한 조정과 통합의 여지는 크게 줄어들 수밖에 없다. 산업사회의 "지리적 공간(space of place)"이 정보사회의 "유동적 공간(space of flows)"으로 대체되면서 발생하는 결과다.[4]

3) Rhiengold(2002)는 이동통신기기의 발달로 인해 급속히 연대하고 신속히 어떤 정책 목표를 달성하는 "똑똑한 군중(smart mobs)"의 등장이 가능하게 되었다고 하면서 바로 이런 대의과정의 시간 공간 증발 현상을 다루고 있다.

4) Castells(1996)는 어떤 제도나 개인의 정체성을 결정짓는 요인으로 지리적 공간(space of place)과 유동적 공간(space of flows)을 들어 설명한다. 전자가 장소에 의해 구속되는 성질을 지니는 것인데 반해 후자는 바로 이런 장소적 한계를 초월하여 네트워크가 형성되는 것을 말한다.

정보사회에서는 또 그의 복잡성이 증대하면서 의회와 같이 선거에 의해 충원되는 기관을 통해 문제해결의 대안을 모색하기가 쉽지 않다. 국회의원은 어느 곳에서나 선거에 의해 당선되기 때문에 전문성을 기관차원에서 보장하기가 쉽지 않다. 그런데 사회구조의 복잡성은 사회정책과제가 고도의 기술성이나 전문성 없이는 해결되기 어렵다는 것을 뜻한다. 보다 근본적으로는 고도로 복잡하게 연결되어 있는 사회정책과제를 그 사회관계의 외부에서 활동하는 정치적 대리인이나 행정적 대리인이 해결하고자 할 경우 제3자 개입에 따른 간섭효과의 발생이나 인과관계의 추적이 곤란하다는 점이 문제점으로 제기된다. 자연히 선거에 의해 당선되는 국회의원이 독자적으로 문제해결의 대안을 모색하기는 어렵다는 의미이며, 그렇기 때문에 "의회 쇠퇴론(decline of parliament)"(Crick, 1965)이나 무용론이 지지기반을 넓히게 될 것은 정한 이치나 같다.

정보사회의 다양성은 또한 대의과정에 포괄해야 할 대상범위를 혁신적으로 확장하면서 공동의 이해관계를 포착하거나 조정과 타협의 결절을 이루어내기가 보다 어려워진다는 문제를 낳는다. 특히 인터넷을 통한 정보의 협송성 증대와 그에 따른 사회관계의 파편화 현상은 대의과정이 요구하는 공통의 이해관계 포착을 어렵게 한다. 정보의 유통과 그에 따른 사회관계 영역이 한 나라의 경계를 넘어 범지구적으로 확산된다는 점에서는 다른 나라의 시민과 같이 정치적 책임의 추궁이 불가능한 활동자의 정책과정 참여가 늘고, 지역정부나 지구 거버넌스와 같이 대표성을 위임받지 않은 정책결정자의 정책적 판단이나 결정에 구속되는 정도가 늘어나면서 대의

과정의 정당성 기반이 위협받게 되었다.

그러나 더 중요한 것은 정보자원의 유동성이 커지면서 정책 대표자에 대한 일반시민의 의존성이 크게 줄어들게 되었다는 점이다. 정책과정의 정보자원에 대한 배타적 독점이나 가측성 및 전문성에서의 우월적 지위가 무너지면서 더 이상 그 권위를 절대시하거나 추종하지 않게 되었으며 시민 스스로 정책과정에 참여하고자 하는 자신감과 의지를 확대하게 되었다. 그 결과 대의과정에서의 기대성과내용이 바뀌게 되었다. 어떻게든 대리인이 자신의 의견을 대표해서 어떤 구체적 성과를 제공해주면 그만이라던 피동적, 수동적 시민으로부터 보다 능동적으로 정책과정에 참여하려는 적극적 시민으로 전환하기에 이른 것이다.

그 결과 대의 과정에서도 과거와는 달리 의사소통 자체를 중시하게 되었다(Coleman, 2007: 8). 국회의원과 시민 사이에서 공식적이고 단순한 양식의 의견교환이 이루어지는 것을 상정하는 것이 아니라 지속적인 대화와 소통이 전제되어야 한다고 보게 된 것이다. 시민이 국회의원과 동격으로 여겨지고 존경받고자 하는 정서적 수요가 생겨났으며 이에 조응하는 양식의 대화를 기대하게 되었다. 따라서 대의체제의 무력화 현상에 직면해서도 서비스 제공의 실패를 문제 삼는 것이 아니라 연결이 단절되었다는 점 자체를 문제 삼게 되었다(Coleman, 2007: 4). 더 나은 정책대안 산출에 실패했다는 점이 아니라 보다 시민의 의사에 귀 기울이고 의사소통하며 보살피고자 하는 정서적 배려가 부족하다는 점을 더 문제 삼게 된 것이다. 부드럽고 사적이며 정적인 덕성을 공식적이고 절차적인 덕목에 기초한 책임성 확보나 공정성 내지는 편견의 배재보다도 더 중시하게 된 것이다.

대의과정에서의 "가부장적 정부운영양식(bankruptcy of paternalistic mode of governing)"이 붕괴하기 시작한 것이다(Coleman, 2007: 10). 이와 함께 신민주절차(new democratic procedure), 시민배심원제도(citizens' juries), 상설 시민 패널(standing citizens' panels), 온라인 자문(online consultations), 전자적으로 지원되는 공개토론행사(electronically facilitated open-space events), 마을회의(town hall meeting) 등이 확산되면서 새로운 정치사회적 변화를 목격하게 되었다. 시민이 원하는 것은 대의과정에 대한 자문(consultation)이 아니라 대화(conversation)라는 점을 분명히 하기 시작한 것이다(Coleman, 2007: 11). 시민으로 하여금 정책과정에 대해 자문하도록 한다는 것은 대리인에 의해 미리 선정된 주제에 대해 단순히 의견을 제출토록 하자는 것이다. 그러나 시민이 원하는 바는 이런 것이 아니라 시민과 대리인이 논의의 주제 자체를 쌍방향적인 대화를 통해 정하고 이를 토대로 토론해 나가자는 것이다.

그럼에도 현재의 대의체제 하에서는 시민의 의견개진을 유도하고, 경청하며, 배우고, 파악하며, 반응하는 대화의 기법 자체가 저발전 상태에 놓여 있다(Coleman, 2007: 12). 시민은 간헐적이고 상징적인 대화가 아니라 지속적이고 실질적인 대화를 원하는 데, 이런 대화를 추구하기에는 현대 정부가 너무 크고, 시민으로부터 너무 멀리 격리되어 있으며, 자기 정체성이 없어 마치 무표정한 기계와 같다는 평가다. 대리인 체제로서의 정부가 지향하는 대표성의 실체는 보다 인간적이어야 하고 더 시민 가촉성을 보장하는 것이 되어야 한다. 대의과정이 더 이상 정파 간의 파당적 대립으로 얼룩져서는 안되며 오로지 대화를 통해 구체화되기를 바란다.

정례적인 선거를 통해 대표자의 책임성을 묻는 것만으로는 부족하며 선거와 선거 간의 기간에도 대리인과의 지속적인 대화를 통해 시민의 정책적 의지를 구체화 하는 일이 중요하다고 보게 되었다. 정보사회의 정보통신기기 발달은 이런 전환 민주주의를 가능케 하는 기능적 특성을 지녔다. 소외된 시민(apathetic citizens)과 정치 계급(political class)간의 간극을 해소해야 한다고 보게 된 것이다. 대의민주주의는 시민의 요구를 정책으로 전환하는 데 사용하기엔 불완전한 장치이며, 정책전문가의 시각 외에도 일반시민의 시각을 투입하는 일이 필요하다는 인식이 확산되기에 이르렀다(Peters, 1996). 대의민주주의가 시민에 대한 불신에서 출범하는 것이었다고 한다면, 이제는 시민을 신뢰하면서 그의 대리인을 불신하는 시대로 전환되고 있는 것이다.

3. 대안민주주의와 담론참여

1) 대안민주주의의 모색

정보사회의 도래와 함께 심화되어 온 대의민주주의의 논리적 한계에 대한 각성과 운영실제에 대한 회의는 다양한 양식의 대안 정부를 모색하는 계기가 되었다. 먼저 자유주의 전통을 지향하는 우파에서는 "작은 정부론"을 들고 나왔다(Osborn & Plastrik, 1997). 국가와 시민사회의 구조적 특성이 서로 잘 상합하지 않는 상황에서는 적극적 개입국가(activist state)[5]에서 벗어나 정부의 개입 규모와 강도를 줄이는 것이 문제해결의 대안이라고 본 것이다. 이는 자유민주주의의 철학적 원리에 따라 국가 개입의 축소와 함께 개인의 자결권을 회복하자는 것이기도 하지만 국가구성 원리의 모순과 한계에서 비롯되는 전환비용을 줄여 과대정부의 비효율과 비민주성을 회복하자는 것이기도 하다(Coase, 1998). 규제완화, 민영화, 사회보장제도의 축소, 행정개혁 등으로 상징되는 신자유주의의 논리적 타당성이 설득력을 더 하게 된 것이다(Cohen, 2007). 국가가 문제 해결의 대안이 아니라 문제의 원천이라고 보았다.

반면에 과거 맑스주의자들 같으면 이런 상황에서라면 적극적 개입국가론을 옹호하는 것이 당연한 일이다. 급진주의적 사회주의 혁명론자들은 정부의 중앙 통제식 계획경제를 통해 사회정의, 인권, 박애주의 정신 등을 구현하는 것이 당위적 요청이라고 주장해 왔기 때문이다. 이런 극단적인 사회주의 혁명론자가 아니더라도 좌파라면 빈곤, 실업, 양극화, 교육 및 의료 서비스 등에서의 후퇴 등과 같은 자본주의 시장질서가 동반하는 부정적 요소를 시정하기 위해서라면 정부가 개입해야 한다고 보는 것이 당연한 일이다. 그러나

5) 적극적 개입국가(activist state)는 산업발전을 지지하고 촉진하고자 하며 사회하부구조의 활성화를 위한 공공투자에 유의하는 정부를 뜻한다. 국가개입주의를 강조하는 정부를 의미하는 셈이다(Rush, 2006).

최근에는 좌파라고 하더라도 행동지향국가에 대한 인식을 달리하는 경향을 보이고 있다. 당연히 최소정부론이나 자유시장주의 질서를 수용하는 단계에까지 이르는 것은 아니지만, 지금까지 자신들이 사수하고자 했던 기존의 정치질서를 통해 과연 사회정의나 경제적 풍요를 달성할 수 있는가에 대해 깊은 회의를 품기 시작했다.

이렇게 정보사회의 도래에 따른 정책공동체의 광역성, 속도성, 복잡성, 유동성, 다양성 등으로 인해 정부운영체제가 역동성이나 적실성을 잃고 있다고 판단하게 될 때, 이를 불가피한 현상으로 수용하거나 선거과정의 혁신을 통해 대의체제를 강화해야 한다거나 아니면 적극적 개입국가의 퇴조와 사적관계로의 회귀나 정치적 수동성(political passivity)을 사회진화과정의 불가피한 결과로 여길 수 도 있을 것이다(Fung & Olin, 2003). 그러나 이런 소극적인 자세로는 국가 개입의 적극성을 전제할 때만 구현 가능한---특히 좌파 이론가들이 그토록 주창하는---박애주의적 사회정의 구현, 공동체주의적 자유주의 추구, 지역공동체와 사회적 연대 및 결속 등과 같이 개인의 자유와 능력을 한껏 발양하는 국정관리체계의 구축은 불가능해진다.

이에 따라 다양한 양식의 시민참여제도가 고안되거나 또는 비일상적 통로를 통해 시민참여를 시도해 왔음은 주지하는 바와 같다. 공청회, 각종 위원회, 여론조사, 등이 공식적 통로라면 촛불집회, 인터넷 댓글 등이 비공식적 참여의 한 양식이다. 그러나 이런 기존의 시민참여 양식은 발언자 중심적이거나, 단순히 관련 정보를 전달하기만 하는 전문가 의존적이거나, 제기된 질문에 대해서만 수동적으로 응답하는 등 참여과정에 간여하는 이들 사이에서 진정한 의미의 학습이 발생하지 않기 때문에 권위적인 의견 교환이나 정치적 합의 도출이 어렵다는 한계를 보여 왔다(Lukensmeyer & Brigham, 2002: 351-352). 진정한 의미의 시민참여나 시민성 증대가 이루어지지 않았던 것이다.

이런 문제의식과 현실인식을 토대로 제안된 것 가운데 하나가 대안민주주의다. 대안민주주의는 스콜브(Sclove, 1995: 39)가 말하는 하향식 민주주의(top-down perspective of democracy)와 상향식 민주주의(bottom-up perspective of democracy)의 통합만이 대의민주주의의 한계를 극복한다고 본다. 그런데 하향식 민주주의의 정당성 기반은 대리인이 가지고 있는 전문성에 있으며 상향식 민주주의의 정당성 기반은 일반시민이 지니고 있는 자기 성찰력에 있다. 전자가 보다 과학적이고 객관적인 현실 여건에 대한 판단력을 보장하는 것이라고 한다면, 후자는 보다 주관적이고 정서적인 자기 선호에 대한 통찰력을 확인해 주는 것이다. 따라서 이들 사이의 격차와 이격을 어떻게 소화하느냐가 대안민주주의의 실천적 과제라고 할 수 있는데, 담론민주주의는 기존의 대리인-주인 간의 관계 사이에서 시민에 의한 대화를 통해 이의 해결에 나서고자 한다.

따라서 담론민주주의가 성공하는 경우 정책결정의 질적 수준이 높아지게 될 것은 자명한 이치다. 그런데 담론민주주의는 민주주의 차원과 담론 차원에 의해 완성된다(Jon, 1998). 이때 민주주의 차원이 정책결정으로 인해 영향을 받는 시민들의 참여를 통한 집단지성의 추출을 뜻하는 것이라고 한다면, 담론 차원은 참가자의 합리성과 형평성, 상호간의 토론과 논변을 통한 의사의 결집, 사회적 통합의 진행, 참가자의 자기성찰, 토론과 논변에 기초한 설득, 동태적인 상호학습 과정 등을 함축한다. 그러므로 담론 과정에서는 비록 어떤 합의 도출에 실패한다고 하더라도 최소한 상대방에 대한 이해력을 증진시키게 되며, 합의의 도출 과정에서 흔히 있게 마련인 교착상태를 극복하는 한 방법이 될 수도 있고, 시민의 선호에 더 근접하는 정책대안을 고안하는 출발점이 될 수도 있으며, 더 풍부한 정보자원 가운데 고안되는 정책 대안을 심의하게 되고, 최소한 정책과정 참가자 간의 극단적인 대립은 피할 수 있게 된다(Polletta, 2003: 2). 담론민주주의는 대안민주주의의 목적가치를 구현하는 데 있어 실로 다양한 기능을 수행하는 셈이다.

예컨대 담론을 도구적 관점(instrumental rationale)에서 접근하는 이들(Stern & Fineberg, 1966)에 의하면, 담론은 운영양식상의 특성상 사회갈등관리에 매우 효율적이다. 정부 정책에 의해 영향을 받는 사회구성원들이 담론을 통해 서로 다양한 의견을 개진한다는 것은 그들 사이에서 어떤 정치적 합의를 도출하기가 용이해진다는 의미이며, 나아가서는 성공적인 정책집행 환경을 조성한다는 의미가 된다. 정책수용성이 증대하는 것이다. 담론의 내용물에 주목하는 이들(substance rationale)(Stern & Fineberg, 1966)은 공적 담론으로 인해 보다 유용하고 오랜 동안 유지되며 매우 적실성 높은 정책대안의 모색이 가능하게 된다고 본다. 정책현장에 근접한 생활인의 경험이나 지혜 같이 지식인이나 전문가가 결여하기 쉬운 살아 있는 정보가 정책과정에 투입됨으로서 정책의 질적 타당성 정도를 높이게 된다는 것이다. 담론은 또 어느 개인도 공적 문제 해결에 필요한 최선의 대안을 지니고 있지 않다는 점을 가정하고, 다중의 지혜와 정보를 공유하고자 하는 구조화된 대화의 한 과정(process of structured conversation)이기도 하다. 이렇게 현장 밀착적이고 다원적인 정보가 공급되는 경우 정책관련 이해당사자 간의 이견조정이나 대안개발이 더 용이해 질 것은 물론이다.

담론은 또 정책 자체의 질적 수준을 높이는 것 외에 사회 전체의 성격을 바꾸는 데에도 기여하게 된다. 시민권적 시각(civics rationale)에서 담론을 이해하고자 하는 이들(Stern & Fineberg, 1966)에 의하면, 담론이 사회정책 과제에 대한 참여 시민의 인식능력을 제고하고, 다양한 시각에 대한 이해력을 증대시키며, 합리적 대화 능력을 배양하고, 문제해결 기량을 높이며, 나아가서는 서로 다른 생각을 지닌 상대방에 대해 보다 잘 경청할 수 있는 개방적 수용성을 높이는 등 시민성 증대에 기여한다는 것이다. 담론을 권력론적 관점(empowerment rationale)에서 보는 이들(Fung & Olin, 2003)은 사회열등세력에게 자신의 문제 해결에 필요한 발언권을 확대해주는 결과가 되고, 나아가서는 자기 주변상황에 대한 제어능력을 신장시켜줌으로서 보다 적극적인 삶을 영위할 수 있도록 정치사회적 환경을 바꿔주게 된다. 사회자본의 시각(social capital rationale)에서 보는 경우(Levine, 2000), 담론은 담론 참가자 상호 간의 이해력 증대, 시민상호 간의 신뢰도 신장, 정책결정자 내지는 거버넌스 체제에 대한 기대값 회복, 정치적 태도와 행태의 변화 등을 가져오게 된다. 한 나라의 정치행태에 중장기적으로 영향을 미친다는 의미다.

담론은 또한 민주주의의 철학적 원리에도 잘 부합한다는 점에서 정책과정 자체의 정당성 정도를 높이는 데에 기여하게 된다. 담론에 대한 규범적 시각(normative ratrionale)((Lukensmeyer & Torres, 2003: 7)에 의하면 정책과정에 대한 시민참여와 담론의 진행은 당위적이다. 자유민주주의 이론의 공화주의적 관점에서 보면 시민이 자기가 속한 공동체 공통의 과제에 대해 관심을 가지고 적극적으로 의사를 표명하며 논의에 참여하는 것은 너무나도 당연한 일이다. 사회공동체 구성원은 그의 공동체 문제에 관한 자율적 의사결정권을 가진다는 정치철학적 가치관을 가장 적절히 구현하는 장치 가운데 하나라는 뜻이다. 누구나 민주적 정체 하의 시민은 자신의 생활세계에 영향을 미치는 의사결정에 대해 당연히 자결권을 가져야 한다는 인식 위에 서 있다. 가정적 시각(assumptive rationale)에 의하면, 담론의 정당성을 강조하는 관점의 이면에는 인간에 대한 긍정적인 가정이 전제되어 있다. 인간을 성선설적인 존재로 인식하는 것이다. 인간이 사적 이익을 추구하는 존재라는 사실을 부정하고자 하는 것은 아니지만 그런 사익이 기본적으로는 공익의 범주 내에서만 추구될 것이라는 믿음 위에서 작동한다는 의미이다. 인간은 성숙하고 선한 존재라는 인식이 전제되어 있는 것이다.

2) 담론참여의 일반원리

그런데 담론이 이런 정책과정론적인 함의를 지니려면 단순히 가치의 소통이나 공적 정당성 여부를 논증하는 현학적 차원을 넘어 구체적이고 실용적인 차원에서 시민참여의 양식으로 전환하는 과정을 거쳐야 한다. 사회적 경험을 민주주의의 심화 내지는 전환민주주의의 양식으로 구체화하기 위해서는 담론의 실체적인 존재 양식인 토론이나 대화의 과정이 일정한 원리에 따라 진행되어야 하기 때문이다. 그러니까 담론에 대한 시민참여는 일정한 양식에 따라 존재구속적 자기 통제의 질서를 유지해야 한다.

첫째, 담론 참여의 성질면에서 볼 때 담론은 어느 누구도 미리 정해진 입장이나 의견을 가지고 상대를 설득하거나 소외시키려는 의도에서 참여하는 대화의 전개양식이 아니다. 자연스런 논의의 진행 결과 합의가 도출되고 이를 토대로 어떤 정책대안이나 해결책이 모색되기를 기대하는 의사결정 과정이다. 이점에서 담론은 정책과정의 대표적인 의견 투입 장치인 시민에 의한 주의주창(advocacy), 투표와 같은 집합적 의사결정(aggregation and voting), 전략적 타협이나 협상(strategic bargaining and compromise)과 다르다. 먼저 정책과정에서의 주의주창은 자신이 추구하거나 관철하고자 하는 것이 무엇인지가 분명하며 이를 위해 투쟁할 준비가 되어 있는 것이 보통이다. 그러나 담론의 경우에는 사회공동체 전체의 의견과 합치되는 대안의 모색을 위해 노력할 뿐이다. 집합적 의사결정은 참여자의 의견이나 선호를 단순히 집적하여 하나의 의사를 형성하는 것으로서 이의 가장 대표적인 절차가 바로 투표다. 투표에서는 주어진 대안에 대해 참여자들이 개인적인 선호의 우선순위를 정하고 그에 따라 다수결의 원리 같은 일반 원칙에 따라 선호되는 의견을 연산해서 선택한다. 투표는 이렇게 공동체 전체의 유익보다는 개인의 사적 선호를 기준으로 의사결집이 이루러진다는 점에서 담론과 크게 다르다. 전략적 타협이나 협상은 자신이 이미 설정해둔 어떤 의견이나 목적 달성을 위해 권력이나 자원을 동원해 압력을 행사하거나 설득하는 것을 당연시 여긴다. 반면에 투표는 참가자들의 이런 권력적 차이를 인정하지 않으며, 담론도 이점에서는 마찬가지다. 담론은 참가자 간의 동등한 지위, 권력적 균형성 등을 전제한다. 이런 과정에서 갈등을 근본적으로 피하기는 어려운 일이지만 공통의 이해관계 조율을 통해 불필요한 비용 지출을 줄여보자는 것이 공적 담론의 출발점이다(Lukensmeyer & Torres, 2003: 4).

담론은 또 담론 참가자 개인의 사적 이익이 아니라 공적 이익을 위해 노력하고자 하는 의사결정의 한 양식이며, 토론을 통해 사회정책과제의 해결책을 모색해 보자는 것이기 때문에 자신의 시각이나 관점을 유연하게 바꿀 수도 있어야 한다. 서로 만족하는 토론의 결과를 얻기 위해서라면 서로 보유하고 있는 모든 정보를 자유롭게 개진하고 교환할 수 있다는 개방적 자세도 전제되어 있어야 한다. 담론 참가자들은 자신들을 결코 우리와 남이라는 관점에서 편가르지 않으며, 모두가 공동체가 지향하는 가치관에 합치되는 대안 모색을 위해 노력한다는 인식 위에 서 있다. 토론은 그의 본질적 특성상 교호적인 성격을 갖기 때문에 아무리 자신에게 불리하다고 생각되는 정보의 일부를 감추려고 하더라도 곧 드러나게 마련이라는 믿음 위에 서 있는 것이기도 하다(McBurney et al, 2004).

담론은 또 정보의 공유나 수집 따위에 의존하는 개인 차원의 정보환류 활동과는 달라서 논리의 제공, 성찰, 상호이해, 평가, 추대 같은 공동체적 정보재생산과정을 중시한다. 이는 국가와 시민사회를 연결시켜주는 정책과정상의 담론은 기본적으로 존재와 당위, 과학과 윤리, 사실과 규범의 결합을 전제하는 것이기 때문이다(Forester, 2001: 62). 정책과정에 참여하는 관료가 주로 과학적 지식이나 판단을 중시한다면 시민사회는 대체로 윤리나 규범과 같이 공동체가 지향하는 가치관이나 정책적 선호를 반영하고자 한다. 따라서 이들 사이의 대화와 토론은 양자 간의 수용과 학습을 통해 이견을 조종하자는 것임으로 토론과정의 자기 성찰과 상호이해의 관용이 요구될 것은 자명한 일이다. 무엇보다도 과학적 지식과 윤리적 판단이나 선호는 성찰적 해석과정이 없이는 융합할 수 없는 성질의 것이라는 점에 유의해야 한다.

담론은 또 다루는 정보의 불명성을 시정하는 속성이 있다. 담론이 여론조사와 다른 점 가운데 하나는 여론조사가 여론의 형성과정에 대해서는 관심을 두지 않는 가운데 그 결과만을 추적하고자 하는 것이라고 한다면, 담론은 담론의 형성과정 자체에 더 유의하는 특성이 있다. 이런 점에서 볼 때 담론은 다양한 사람들이 다양한 의견과 정보를 제시함으로서 서로 잘못된 정보를 시정할 수 있게 되거나, 통일성을 유지할 수 있게 되고, 무엇보다도 최신의 정보에 기초해서 판단할 수 있게 된다는 특성을 지닌다. 그리고 바로 이런 정보 교환과 수정과정에서 자신이 기왕에 가지고 있던 정책적 입장이나 의견을 수정할 수도 있게 된다는 점에서는, 일종의 학습과정을 통해 정치적 합의를 형성해 나가는 점에 주목하는 것이 담론이라고도 말할 수 있다. 따라서 정치과정 참여자의 인구사회학적 특성이 미치는 영향이 적지 않다.

둘째로 담론 참여의 양식면에서 보면, 담론은 원래 보다 많은 사람들이 국가 정책과정에 참여하기 위해 마련된 대안민주주의의 제도적 장치 가운데 하나이지만 담론이 보다 효율적으로 진행되기 위해서는 일정한 한계를 갖는다. 원래 담론은 대화를 통해 다각적인 관점에서 관련 주제를 검토하고, 제시된 대안을 비판적으로 평가함으로서 참가자들 사이의 합의를 도출하고, 그 결과 관련 주제에 대한 시각, 의견, 이해의 정도를 높이자는 것이다. 따라서 담론은 담론 참가자들 사이에서 유의미한 의사소통이 보장될 때 유익한 시민참여를 보장하는 장치이며, 그렇기 때문에 적정규모의 범위 내에서 진행되어야 한다. 그런데 이때의 적정 규모는 대체로 9명에서 15명 정도까지인 것으로 여겨진다(Lukensmeyer & Torres, 2003: 2). 참가자 규모가 커지는 경우 개인별 발언의 기회가 줄고 발언기회에 대한 경쟁이 늘면서 참가자들 사이의 친숙성, 신뢰도, 개인의 의견 진술기회 등이 제대로 확보되지 않기 때문이다.

셋째로, 담론 참여의 과정면에서는 어떤 일방의 참여자가 특정이익의 관철을 위해 토론과정을 지배하거나 장악해서는 안 된다. 동등 참여가 보장되어야 민주적 담론이 약속되기 때문이다. 공청회, 자문위원회, 등과 같은 전통적인 시민참여 양식은 상징적인 의미가 있을뿐 실질적인 참여의 효과가 없다. 당연히 참여의 정당성 정도도 낮다. 이는 이들이 발언기회를 균등하게 배분하지 않는 가운데 주로 화자 중심으로 토론을 운영하거나, 전문가의 일방적인 의견 개진과 시민의 질의에 대한 일방적인 답변이 반복되면서 전문성과 민주성 간의 진정한 융합이 없으며, 자신의 의견을 일방적으로 주장하고, 반복적으로 상대를 위협하거나 과장하고 고함을 지르는 등 토론과정의 자유스러운 분위기와 평등성을 보장하는 제도적 장치가 마련되어 있지 않기 때문이다. 당연히 토론 참여자 간의 학습효과가 없으며 진정한 의미의 합의도출 계기도 없다.

넷째로 담론 참여의 결과면에서 볼 때, 담론은 행동지향적(focus on action)이어야 한다(McBurney et al, 2004). 담론의 궁극적인 목표는 정책결정권자가 시민의 의견을 수용해서 어떤 행동을 취하자는 것이기 때문에 담론의 대상은 구체적이고 어떤 행위양식을 말하는 것인지가 분명해야 한다. 따라서 주로 긴급현안을 다루는 것이 좋다. 논의의 대상이 분명해질 뿐만 아니라 시기적으로 너무 동떨어져 시민의 관심을 끌 수 없게 되는 일이 없을 것이기 때문이다. 또한 정부와 시민 간의 대화는 단순히 어떤 사실적 근거를 객관적으로 확인해 보자는 것이 아니라 대화과정을 통해 정책결정권자에게 필요한 조언을 제공하자는 것임으로 관련 목적가치의 명료화가 필수적 과제다. 또한 대화의 이상적인 목표는 대화의 결과가 구체적으로 정책에 영향을 미치도록 하자는 것임으로 참가 정책결정권자의 의사결정권 범주 내에 있는 주제를 중심으로 대화를 진행하는 것은 당연한 일이다. 따라서 관련 정부기관의 외부에서 독립적으로 담론의 장을 열기보다는 관련 정부기관과의 협력 하에서 담론의 장을 열어야 보다 더 효과적이다.

4. "21세기 마을회의"제도

1) 등장배경

1995년 아메리카 스픽스가 설립된 이래 운영되어 온 "21세기 마을회의" 제도는 국정과정에 대한 시민참여를 가장 효과적으로 구현하기 위해서는 시민과 정책결정권자 사이를 새로운 방식으로 연결시켜야 한다고 보고, 이를 통해 시민 중심의 거버넌스 체제 구축, 담론 진행, 협력적 국정관리 지도력 창출 등에 기여하고자 했다. 이를 위해 정보통신기술을 면대면(face to face) 담론과정에 도입하고 회의 참가자 규모를 적절히 조절할 수 있도록 했다. 무엇보다도 민주주의의 철학적 원리를 정교하게 반영할 수 있어야 한다고 보았다. 그 결과 정부의 정책결정권자에게는 민주성의 원리에 따라 집단지성을 취합하고 다수에 의한 권력적 지지를 확장할 수 있게 했으며, 시민에게는 소규모집단을 단위로 정부와 심층적인 대화를 갖고자 하는 욕구를 소화시켜 주게 되었다.

이 제도의 도입을 통해 시민의 정책과정에 대한 참여양식을 혁명적으로 개선했다고 평가되는 대표적인 사례로는 미국사회보장제도 대토론회(ADSS: Americans Discuss Social Security, 1997), 워싱

톤시 주민참여형 전략기획 및 예산심의제도(Neighborhood Action: Washington DC Strat. Plan and Budget, 1999-2003), 뉴욕 맨하탄 남부 지역 재개발을 위한 시민의견 청취 사업(Listening to the City: Rebuilding Lower Manhattan, 2002), 뉴올리안즈 지역공동체 의회(the New Orleans Community Congress) 등을 들 수 있다.

1997년 퓨체리터블 재단(Pew Charitable Trusts)은 2년간에 걸쳐 1천2백6십만 달라를 들여 미국사회보장제도 대토론회(ADDS: Americans Discuss Social Security)를 주최한 바 있다. 미국 사회보장제도의 미래를 논의하기 위한 것으로 미국 전역의 50개주에 걸쳐 4만5천명이 참가하는 대규모 정책토론회였다. 이 토론회 운영을 통해 미국인들이 사회보장제도 개혁 관련 논의를 위해서라면 비교적 많은 시간을 할애하고자 한다는 사실과, 토론회가 기대했던 대로 실제로 대규모의 사람들이 동시에 모여 효과적으로 토론을 진행할 수 있다는 사실이 확인되었고, 이런 토론회의 논의 결과가 정책과정에 실제로 영향을 미친다는 사실도 확인할 수 있었다. 내용면에서는 토론회 결과 미국민이 사회보장 불입금 인상을 반대하는 것은 아니라는 점을 확인하게 되었으며, 그 결과 미국 연방의회도 기존의 관련 정책을 재론하게 되었다(America Speaks, 2007: 1). 21세기 마을회의 제도가 가장 처음 도입된 담론 사례로서 21세기 마을회의 제도의 유용성, 타당성 등을 입증하는 계기가 되었다.

1999년 시정개혁을 외치며 당선한 워싱톤시 윌리엄스(Anthony Williams) 시장은 시정계획과 예산정책수립과정에 대한 시민참여를 확대하고자 했고, 이를 위해 아메리카 스픽스 재단에 기술지원을 의뢰했다. 이에 따라 동 재단은 시민 3000여명으로 구성되는 시민 정상회의(Citizen Summits)를 구성하여 장장 7시간에 거치는 담론을 진행한 바 있다. 회의 결과 시민들은 시 예산을 교육분야에 우선하여 투입할 것을 요청했으며, 이에 따라 교육위원회의 개혁이 우선적인 과제로 선정되었다. 이를 토대로 예산심의, 실적관리, 시민평가 등 시정의 여러 분야에 새로운 준거율이 제공되었음은 물론이다 (America Speaks, 2001).

2002년에 개최된 7월 포럼(The July 2002 Forum)은 9:11 사태로 무너진 그라운드 제로(ground zero) 지역을 개발하기 위한 정책방향을 정립하기 위한 것이었다. 이는 시민사회와 환경운동단체들의 연합체인 시민연대(The Civic Alliance), 뉴욕 시정부의 재개발 업무 담당 기구인 남부 맨하탄 개발공사(the Lower Manhattan Development Cooperation)와 교통항만공사(Port Authority)가 협력하여 개최했다. 5000여명의 시민이 900여명의 회의운영보조를 위한 자원봉사자들과 함께 진행한 이 회의에서는 기존의 6개 개발 계획을 상대로 그 장단점을 검토했으며 200여 언론기관이 현장을 취재하는 관심을 보였다. 회의 종료 후에는 온라인에서 대화창이 열려 800여명의 참여자들이 회의 결과에 대한 토론을 계속했으며 이를 언론이 보도해 주었다. 그 결과 교통항만공사가 예비용도를 위해 1천1백만 입방피트를 우선 할애해 달라고 주장해 온 부분은 대체로 부당하다는 평가를 받게 되었으며, 마을회의가 권유하는 사업을 반영할 수 있도록 개발사업 기획과정에 새로운 기획팀을 참여시키기로 했다. 뉴욕 시장은 필요하다면 관련 부지를 교통항만공사와 교환해도 좋다는 입장을 취했다. 마을회의 과정을 전국의 중요매체가 연일 보도했음은 물론이다(Polletta, 2004).

2006년과 2007년에는 4000여명의 뉴올리안즈 시민이 참가하는 가운데 뉴올리안즈시 재건계획을 심의하기 위한 “마을회의”를 개최했다. 이 회의는 두 개의 대규모 회의를 서로 다른 장소에서 동시에 진행하는 것이었는 데, 하나는 뉴올리안즈 시에서 열렸고 다른 하나는 미국 전역에 흩어져 있는 카트리나 이재민의 참여를 위한 것이었다. 아메리카 스픽스와 새로운 올리안즈 계획 연합(the United New Orleans Plan)이 공동 주최했으며, 지역공동체 의회(the Community Congress)를 통해 시민이 지향하는 재건 계획을 수립하고, 이를 루이지아나주 재건청(the Louisiana Recovery Authority)이 수용함으로서 연방정부의 초기 재건자금이 우선적으로 지급될 수 있는 길을 열었다. 지역이나 전국 단위 어느 수준에서든 보다 효과적인 정책결정을 위해서는 시민참여가 불가결적인 요소임을 보여준 사례다.

2) 운영실제

이렇게 다양한 사회정책과제를 상대로 시민참여의 새로운 공간을 제공하고 있는 21세기 마을회의의 기능적 실체를 파악하기 위해서는, 이 제도가 실제 어떤 양식으로 운영되고 있는지를 확인하는 일이 선결 과제다. 이를 위해 여기에서는 회의 준비 단계, 회의 진행

단계, 회의 이후 단계로 나누어 살펴보고자 한다.[6)]

(1) 회의 이전단계

① 공익과 관련된 주요 정책과제

사회적 갈등이 크거나 정치적 비중이 큰 정책과제를 선정하고, 그에 관련된 정책자료집을 관련 전문가나 정부 기관에 의뢰해서 작성하고, 이를 마을회의 개최 전에 회의 참가자들에게 배포한다. 이는 회의 참가자들로 하여금 논의하는 주제에 대한 이해력을 증대시켜 회의 내용의 질적 수준을 높이자는 것이다. 이때 자료집을 열람한 후 필요한 경우 관련 회의 참가자들이 관련 전문가에게 질문하거나 추가 정보를 요청할 수 있도록 연락처를 제공해 둔다.

② 마을회의 참가자 선발

전 국민(또는 권역)의 다양한 인구사회학적 특성을 순비례적으로 반영하여 마을회의 참가 예정자를 선발한다. 이는 여론조사 시 표본 집단을 추출하는 것과 같은 이치로서 성별, 연령, 학력, 거주지, 경제수준, 등을 고려하여 참가자를 추출하고 참가자에게는 소정의 여비 또는 회의비를 지급하도록 한다. 이는 참가자의 회의 참가를 독려하여 회의의 국민 대표성을 확보하기 위한 것이다. 따라서 여론조사 전문기관에 회의 참가자 선발을 의뢰할 수도 있다. 참가자

6) Lukensmeyer & Brigham(2002: 355-359)를 주로 참조하였다.

로 선출된 사람이 참가를 희망하지 않을 경우에는 표본추출기법에 따라 무작위로 다음 선택자를 고르며, 일단 표본 집단이 선정되면 이들이 모집단의 인구사회학적 특성을 순비례적으로 반영하는지를 확인하고, 격차가 있을 때에는 이를 수정 보완한다.

③ 회의 지원 인력의 사전 교육과 배치

마을회의 참가자 전체의 출석을 독려하고, 회의 당일 등록을 안내하며, 출석을 확인하고, 관련 자료를 배포하는 등의 업무를 담당할 행정보조원을 선발하고 회의 목적과 진행과정에 대해 사전교육을 실시한다. 소집단별 토론이 원활하게 진행되도록 토론 운영자를 두며, 이들은 토론 진행의 시간계획에 따라 각자의 소집단별 테이블 참석자를 관리하고 토론 진행 관리 업무를 수행한다. 토론의 진행 순서에 따라 논제를 제시하고, 토론을 진행하며, 투표를 관리하고, 본부와의 연락 업무 등을 담당한다. 이를 위해서는 이들에 대한 사전 훈련이 필요하다. 각각의 소집단별 테이블에서 진행되는 토론 내용을 실시간 기록하고 본부에 전달하는 업무를 담당하기 위해 테이블별로 배정되는 노트북 관리 담당자를 둔다. 토론 내용의 질적 정보를 수집하고 관리하기 위한 것이다. 토론 내용과 투표 결과를 전자적으로 종합하는 중앙정보 관리시스템을 관장하기 위해서는 기술지원팀을 두어야 한다. 이들은 토론회 전체 참가자의 인구사회학적 특성에 따라 토론 내용을 자동 분류하거나 분석하고 정리하는 소프트웨어를 개발하고 운영하는 책무를 진다. 마을회의 전체 사회자는 회의 진행 프로그램 스케줄에 맞추어 회의를 운영하고 논제를 소개하거나, 투표를 진행하며, 회의 결과를 보고하는 등의 업무를 수행한다.

(2) 회의 진행단계

① 소집단별 토론 진행

토론의 참가자들을 10명 내지 12명 정도로 나누어 소집단을 구성하도록 하고 이들을 중심으로 토론의 주제에 대해 논의하도록 한다. 소집단의 규모를 10명 내지 12명 정도로 제한하는 이유는 토론 참가자들의 상호학습 효과를 보장하는 최대 적정규모를 유지하기 위한 것이다. 이때 소집단 참가자들은 토론 운영자의 도움을 받아 대화를 진행한다. 통상 토론하려는 주제가 지향하는 목적가치가 무엇인지를 가장 먼저 토론하도록 하여 토론의 궁극적 기댓값을 우선 설정하도록 유도한다. 이후의 토론 단계별 전개과정에서는 중앙정보 관리시스템을 관장하는 진행본부에 배치되어 있는 관련 전문가 집단이 일종의 가상적 시나리오를 가지고 이를 기준으로 암묵적인 향도 역할을 수행한다. 이는 토론을 효율적으로 진행하기 위한 것이다.

② 토론 단계별 투표 실시

소집단별 참가자 개개인에게 배포되어 있는 휴대용 전자투표장치(voting pad)를 통해 토론의 매듭 단계마다 투표한다. 이는 소집단별 토론에 대한 양적 정보를 수집하고 중앙정보관리 본부에 이를 제공하기 위한 것이다. 투표는 또한 토론 단계 별로 대안에 대한 참석자의 선호도를 측정하고, 순차적으로 토론 주제를 선정하기 위한 수단이며, 참가자의 인구사회학적 통계 자료를 수집하고, 토론회 전체에 대한 평가 의견을 종합하는 수단이기도 하다. 기본적으로는 토론회 전개과정의 민주성을 확보하기 위한 장치로 작동한다.

③ 토론 결과의 수집과 공개

중앙정보관리 시스템에 배치되어 있는 주제별 전문가 집단은 소집단별로 토론의 단계 마다 노트북을 통해 실시간 전달되는 토론내용을 최소한 30분 이내에 취합 정리하여 공개하고 종합된 의견을 5개 내지 10개 정도의 대안이나 의견으로 종합 정리하여 각 소집단에 다시 전달하여 다음 단계의 토론이 진행돼 나갈 수 있도록 지원한다. 이때 회의장에 설치된 대형 비디오 스크린을 통해 수집된 정보를 공개하고 대안을 제시하며 언론에 공표하여 토론내용을 공유하도록 한다. 정부의 관련 기관 책임자도 회의 진행과정을 지켜보면서 필요한 자문에 응하도록 한다.

④ 마을회의 결과의 종합

주제별 전문가 집단은 마을회의의 개시 전 회의의 진행 결과를 가상하여 일종의 모범답안을 작성해 두었다가, 이를 기초로 당일 회의의 결과를 반영한 최종 결과 보고서를 작성해서 회의 종료 후 30분 내지 60분 내에 취합, 조정, 발표하도록 한다. 정부의 관련 기관 담당자는 종합 결과 보고서 발표 전 회의결과의 현실 적용성, 적실성, 정치적 타당성 등을 평가하고 자문하며 최종 결과보고서가 확정되는 과정에 참여한다. 그리고 이 보고서가 제시하는 내용을 실제 정책에 반영할 것을 확약한다. 회의의 결과에 대해 정통성을 부여하고, 공식성을 제공하자는 것이다.

(3) 회의 이후단계

① 사후 점검 회의

마을회의가 종료된 후에는 세부주제나 정책과제별로 온라인상에서 소집단을 구축하여 지속적으로 회의 참가자들은 물론 다양한 불특정 다수에게 의견 개진의 기회를 개방하여 추가적으로 의견을 취합하거나 수정하는 과정을 통해 회의의 결과를 평가하고, 환류하는 체제를 갖춘다.

5. "21세기 마을회의"제도 평가

1) 회의 이전단계

(1) 시민참여 규모의 신축성 확보

21세기 마을회의의 구성양식에 따르면 사실상 회의 참가자의 규모에 제한을 받지 않는다. 대부분의 토론회가 토론장소의 물리적 한계와 토론진행상의 제약으로 인해 일정규모 이상의 참가자를 허용하기 어렵다. 이는 공공정책 결정과정에서 시민의 직접 참여를 일정 규모로 제한해야 한다는 문제를 야기한다. 이 경우 시민 참여 기회의 불평등성이 야기될 것은 물론이다. 그러나 21세기 마을회의의 경우에는 회의의 참가자들을 12명 내외로 구성되는 소집단으로 나누어 진행하고 이를 회의진행 본부와 전자통신기기로 연결시켜 운영하기 때문에 이론적으로는 적어도 회의의 참가자 수를 혁신적으로 늘릴 수 있게 되었다. 지리적으로도 소집단과 운영본부를 연결시켜주는 의사소통과정이 전자적으로 지원되기 때문에 회의를 전국 여러 곳으로 분산하여 동시에 진행할 수 있다. 시민참여의 공간적 제약을 크게 극복하는 셈이다. 이렇게 긴밀한 소규모 대화에서 대규모 집단의사표시까지를 효과적으로 연결할 수 있다는 사실은 많은 시민이 동시에 효율적으로 참여할 수 있다는 뜻이기 때문에 민주주의의 철학적 원리를 가장 잘 표출하는 담론장치 가운데 하나라고 할 수 있다. 간접민주주의를 수용해야 했던 물리적, 공간적 장애를 극복하는 효과가 있는 셈이다. 그리고 이렇게 참가자의 규모를 조정할 수 있다는 사실은 토론과정에 누가 참가하느냐에 따라 정책의 내용과 방향이 영향을 받는다는 점에서 볼 때 정책의 내용과 방향에도 영향을 미치게 된다.

(2) 시민참여 주체의 대표성 확보

21세기 마을회의는 토론 참가자를 인구사회학적 특성에 따라 전국민을 순비례적으로 축약하여 선정하기 때문에 담론 참가자의 대표성을 크게 확장한다. 항용 촛불집회 같이 비구조화 되어 있는 참여 양식에 대해 제기되는 가장 큰 문제점 가운데 하나가 결집된 내용의 대표성 부재에 있다는 점을 상기해 보면 21세기 마을회의 제도의 대표성 확보장치는 매우 획기적이다. 특히 선거과정의 투표방식보다도 더 정교하게 대표성을 보장한다는 데에서 그의 의의를 찾을 수 있다. 선거는 모든 유권자에게 참여의 권한을 동등하게 부여하고 있지만 막상 선거를 통한 자기 의사 표현에 나서는 유권자는 전체 유권자의 인구사회학적 특성을 순비례적으로 반영하지 않는다(Fishkin, 1991). 따라서 선거에서는 사회구성원의 정책적 요구가 왜곡된 양식으로 표출될 가능성이 적지 않다. 참여과정의 편향화가 구조화 되어 있는 셈이다. 그러나 21세기 마을회의의 경우에는 사회 구성원의 다양한 의견이 모두 균형있게 반영되도록 하기 위하여 참가자 선발을 구조화 하고 있으며 누구도 체계적으로 소외되는 일이 없도록 유의하고 있다.

2) 회의 진행단계

(1) 시민참여 양식의 평등성 제고

일반적인 토론에서는 자기의견을 관철하고자 하는 의욕이 강한 사람이나 성격적으로 공격적인 참가자들이 회의를 압도하거나 발언기회를 선점하여 토론과정에 대한 참가자들 사이에서 사실상 발언기회의 형평성, 발언환경의 평등성, 발언과정의 민주성 등이 보장되지 않는다. 기존의 토론 양식이 지니고 있는 바로 이런 문제점에 착안한 21세기 마을회의에서는 소집단별 회의의 진행자가 토론과정을 관리하여 발언기회의 균등배분에 유의할 뿐만 아니라 전자 투표장치를 통해 의견 수렴의 매 단계마다 참가자들이 자신의 의견이나 입장이 다른 사람에게 노출되는 것을 방지하는 가운데 자기 의사를 표현할 수 있는 기회를 공정하게 제공하고자 한다. 토론과정의 익명성이야말로 자유로운 의사표현의 전제 조건이기 때문이다. 투표는 또 소집단 토론 참가자 모두에게 자기 의견을 피력하도록 유도하는 효과가 있어 여러 가지 이유로 발언이나 자기 의견표명에 소극적인 참가자까지도 그의 의견을 개진하고 전체 의견결집 과정에 참여토록 유도하는 성질을 지녔다. 조용한 다수의 의견도 토론과정에서 균형 있게 반영된다는 뜻이다.

(2) 시민참여 양식의 합리성 제고

전문가 집단이나 관료제에 기초한 정부는 기본적으로 과학성이나 객관적 합리성을 추구하고자 하는 데 반해 일반시민은 그의 개인적 선호나 판단에 따라 일반의지 내지는 정치적 합리성 제고에 우선적인 목표를 두는 것이 보통이다. 전자가 사이몬이 말하는 바 사실의 문제를 다루기 위한 것이라고 한다면 후자는 가치의 문제를 다루기 위한 셈이다. 그런 만큼 합리적 의사결정이 가능하기 위해서는 전문가의 판단과 일반시민의 의견이 함께 고려되어야 마땅한 일이다. 그러나 기존의 시민참여 방식들은 이 가운데 어느 하나에 한정되는 결함을 지녔다. 그러나 21세기 마을회의 제도는 소집단별 토론을 통해 일반시민의 선호나 일반의지를 파악하고자 할뿐만 아니라 이 과정에서 전문가의 판단과 의견 투입을 통해 토론의 매 단계 마다 진행과정을 조정하고 있으며 토론의 시작 전 단계에서도 관련 정책정보집을 제공하여 사전에 과학적 정보 공유를 도모한다. 합리적 의사결정의 구성요소를 체계적인 양식에 의해 모두 포괄하는 의사결정 모형인 것이다.

(3) 시민참여 양식의 논리성 제고

합리적 의사결정을 위해 과학성과 민주성을 배합하는 데 있어 기존의 대의제 모델은 환류과정을 통해 이를 해결하고자 했다. 의회가 민주성을 극대화 하는 의사결정을 하면 이를 행정부에 보내고 행정부는 이를 받아 과학성의 원리에 따라 정책을 집행하며 그 결과가 일반시민에게 미쳐 정책영향이 발생하면 그 결과로서 일반시민의 입법부에 대한 정책환류가 발생한다는 것이다. 그런데 이 과정에서 어떻게 과학성과 민주성이 배합되거나 혼합되는지에 대해서는 구체적인 설명이 제시되고 있지 않다. 이는 웨버리언 모델(Weberian model)이 상정하는 바 기존의 국정운영체계가 과학성과 민주성을 배합하는 과정의 시간적 격차를 매우 길게 잡는 데에서 오는 결과다. 의회가 정하고 행정부가 집행하며 시민이 향유하고 다시 의회에 요구하는 과정의 단계별 시간 소요에 대한 뚜렷한 입장이 설정되어 있지 않기 때문에 그 과정에서 의회가 주문하는 민주성과 행정부의 과학성은 과연 언제 어떻게 조정 또는 융합하는 것인지에 대한 논의가 실종상태에 있다. 그러나 21세기 마을회의 제도는 전문가나 관련 공무원에 의한 과학성을 토론 단계마다 투입하고 이를 토대로 일반시민의 정책적 선호가 무엇인지를 측정하거나 규정하도록 함으로서 과학성과 민주성 내지는 전문가의 판단과 일반시민의 선호가 현장에서 즉각 교차하거나 상호작용하도록 함으로서 서로 간에 프레이밍 효과를 발현하도록 구조화해 두고 있다. 이점에서 서로 간의 학습효과를 통해 과학성과 민주성이 융합하며 자기 수정적 참여과정이 전개되고 있음을 보여주는 것이기도 하다. 그러니까 시민참여의 논리적 토대가 상부구조의 환류로부터 하부구조의 프레이밍으로 전환되고 있다는 의미이며, 이는 또한 그동안 일종의 "블랙박스(black box)"로 알려져 왔던 과학성과 민주성의 융합과정을 분석적으로 설명할 수 있는 최소한의 단초를 여는 것이라고도 말할 수 있다. 무엇보다도 그런 상호작용을 현장의 즉시성을 통해 담보하고자 했다는 점이 매우 주목할 만한 요소다.

(4) 시민참여 과정의 친밀성 제고

소집단별 토론에서 보는 바와 같이 여론조사나 인터넷 채팅과는 달리 직접 얼굴을 맞대고 의견을 나누기 때문에 상대방의 의사를 목소리나 얼굴표정까지 포함하여 종합적으로 수신하고 전달할 수 있다. 이점에서 21세기 마을회의 제도는 토론 참가자들 사이의 의사소통을 보다 정교하게 교환하는 효과가 있을 뿐만 아니라 참가자들 사이의 정서적 교류를 촉진하는 결과도 낳게 된다. 이렇게 토론 참가자들 사이에서 정서적 유대감이 생성된다는 사실은 참가자들 사이의 상호 학습효과를 촉진시킬 가능성이 커진다는 의미로 해석된다. 무엇보다도 오늘날의 국가에 대한 시민사회의 요구가 정서적 연대 내지는 공유를 중시하는 데 있다는 점을 상기해 보면 21

세기 마을회의는 이점에서 매우 효과적인 셈이다.

(5) 시민참여 과정의 가시성 제고

대규모의 참가자들이 한 자리에 모여 집단지성을 모색하는 극적인 장면은 그것 자체로서 언론의 관심을 촉발하는 효과가 있다. 이는 자연히 토론 결과에 대한 사회적 이목을 집중시키는 효과를 동반한다. 그 결과 이를 지켜보는 시민사회 일반에 대해 교육 내지는 계몽 효과를 낳게 된다. 이런 가시성의 증대로 인해 마을회의가 다루는 주제에 대한 구체적인 정보가 언론을 통해 확산, 배포되면서 관련 주제에 대한 정보의 공유, 가치관의 학습, 사회성원 간의 사회화 효과가 발생하고 나아가서는 사회적 합의의 도출 가능성을 높이게 된다.

(6) 시민참여 과정의 투명성 제고

시민의 의견개진이 적나라하게 공개된 토론장에서 진행될 뿐만 아니라 사실상 토론의 전과정이 기록으로 남으며 특히 언론의 집중적인 조명을 받는 가운데 전개된다는 점에서 21세기 마을회의는 높은 투명성을 보여준다. 이후의 진행과정에서도 온라인 포럼 등을 통해 누구나 참여하고 또 추적하거나 환류할 수 있도록 개방한다는 점에서 공개적이다. 토론의 진행과정을 투명하게 공개하는 것은 회의를 통한 시민참여에 대한 사회적인 신뢰를 획득하는 데 유리하며 보다 많은 사람들의 토론과정 및 내용에 대한 공유와 참여유발 효과를 동반하게 된다.

3) 회의 이후단계

(1) 시민참여 결과의 신뢰성 신장

토론 참가자의 대표성 확보, 참가자 신원 공개, 토론에 필요한 중립적 정보 제공, 토론운영 과정에 대한 객관적 지침 제공, 토론과정의 민주성 보장, 토론과정의 투명성 신장, 실질적인 참여와 대화의 전개, 정책과정에 대한 실질적인 영향력 행사 등으로 인해 정부의 정책결정권자와 일반시민을 이어주는 연결 장치가 회복되고 있으며 그렇기 때문에 시민들로 하여금 신뢰할 수 있는 정부의 정책결정과정이 진행되고 있다는 믿음을 갖게 하는 효과가 있다 (Gramberger, 2001).

(2) 시민참여 결과의 공식성 신장

21세기 마을회의에서는 시민의 참여가 토론 현장에서 즉각 구체적인 양식으로 결집되고 제시되며 확정되어 이를 정부가 채택할 것인지의 여부가 정해진다. 그러나 기존의 시민참여 양식은 시민의 의견제시가 있더라도 그것이 어떤 형태로 언제쯤 공적인 정책으로 채택될 것인지의 여부가 불명한 상태에서 토론이나 협의가 종료된다. 따라서 시민참여에 대한 확신이 없으며 참여로 인한 효능감이 부족할 수밖에 없다. 그러나 21세기 마을회의의 경우에는 현장에서 관련 공무원이 회의결과를 공공정책으로 채택할 것을 즉각 공개적으로 선언하여 약속하도록 하고 있기 때문에 참여에 따른 성과가 가시적이고 권위적이다. 토론을 통한 시민의 참여가 공식적으로 확인되고 있으며, 실질적으로 정책집행과정에 영향력을 행사하게 되기 때문에 "힘 있는 참여", 집행력 있는 참여를 낳게 된다.

(3) 시민참여 결과의 윤리성 신장

토론은 다루는 과제의 논의과정에서 중립성이나 합리성을 견지하기에 상대적으로 유리하게 되어 있다. 특히 21세기 마을회의의 경우에는 참가자의 균형 있는 의견제시를 보장하고자 한 것이기 때문에 이점을 특장으로 한다고 하여도 과언이 아니다. 그런데 이렇게 논의가 중립성이나 합리성을 잘 견지할 경우 논의의 결과가 더 윤리적 타당성을 지닐 개연성이 커지게 된다.[7] 윤리란 기본적으로 여러 사람이 균형적으로 동의하는 도덕률에 다름 아니기 때문이다. 따라서 토론의 진행 과정을 연역적 관점에서 소급해 본다면 토론은 결국 인식론적으로 볼 때 무엇이 윤리적 타당성이 높은 것인지를 찾아가는 상호 확인의 과정이라고도 할 수 있다(Nino, 1966).

(4) 시민참여 결과의 계몽성 신장

토론과정이 언론에 의해 집중 조명되면서 그리고 참여의 결과가 즉각 정부 정책으로 채택되는 과정을 지켜보면서 시민참여 자체에 대한 시민교육의 효과가 발생한다. 시민권력의 증대(empowerment)에 대한 일종의 학습효과가 발생하는 것이다. 이는 한 사회의 시민성 증대에 기여한다. 사실 담론이나 참여 내지는 시민의 권력화 등

7) 담론이 윤리적 타당성이나 과학적 적실성을 언제나 담보한다는 의미는 아니다.

은 모두 권력의 공유를 전제한다. 따라서 마을회의의 토론과정은 의사결정권의 재배분 과정의 하나라고 할 수 있다. 그런 점에서는 권력재배분에 대한 사회적 학습이 발생하는 것이라고도 말할 수 있다.

6. 결론

정부와 시민사회 간의 단절을 극복하고 면대면 대화를 촉진하기 위한 의도에서 고안된 21세기 마을회의는 수천명이 동시에 참가하는 대규모 토론의 광장을 모색했다는 점에서 시민참여에 의한 집단지성(collective wisdom)의 집적을 기도한 것이다. 그러나 그 과정이 소규모 집단의 대화에 의존하는 것이라는 점에서는 친밀감에 기초한 학습과정을 전제한 것이다. 무엇보다도 비공식적인 시민사회의 의견을 권위적인 공적 의사로 전환하는 성격을 지녔다는 점에서는 진정한 의미의 시민의견 청취 장치 가운데 하나다. 보다 가시적이고 구체적인 성과 배출을 목표로 한다는 점에서는 매우 과업지향적인 참여의 한 양식이다. 그 과정에서 실로 다양한 정보와 시각이 균형 있게 반영되도록 했다는 점에서는 정부 정책의 정당성, 적실성, 수용성을 높이고 시민사회의 기대에 부응하는 효과가 크다. 시민참여를 통해 정부 정책이 수정, 보완된다는 점에서는 정책과정의 투명성, 책무성, 신뢰성을 높인다.

무엇보다도 21세기 마을회의는 미시적 차원의 시민과 정부 관료

사이에서 이루어지는 정치적 요구와 행정적 또는 전문가적 판단이 상호작용하는 가운데 정부 전체의 거시적 정책과정과 연계되고 있다는 점에 주목하게 된다. 미시적 차원의 대화와 학습과정이 거시적 차원의 거버넌스 체제로 전환하는 과정의 중심축 역할을 수행한다. 따라서 21세기 마을회의는 정부의 역할을 단순히 관리기능론적인 측면에 한정해서 이해하는 것도 아니며 그렇다고 해서 권력론적인 시각에서만 이해하는 것도 아니다. 오히려 양자 간의 상호작용적 기능에 착안하고 주목하는 특징을 지녔다. 공공정책의 관리주체에 대해서도 단순히 국가의 범주로 한정하는 것이 아니라 국가와 시민사회가 상호작용하는 가운데 공적 유익을 위한 사회적 합의가 도출된다고 보고 있어 전통 행정학에서 보는 행정주체의 개념 범주를 넘어 서고 있다.

그러나 21세기 마을회의가 거버넌스의 한 양식으로 작동하기 위해서는 극복해야 할 과제도 적지 않다. 마을회의의 운영 가이드 라인이 의도하는 것과는 달리 토론과정의 합리적이고 타당한 논리의 근거가 현실 세계에서는 유지되기 어려울 수도 있기 때문이다. 원래 담론민주주의는 이념적으로 의회민주주의 대신 자유주의와 공화주의를 선호하는 경향이 있다. 그런데 이때의 자유주의와 공화주의를 지나치게 이분법적으로 구분하거나, 사익 지향적이고 반강제적인 합의나 양보를 강요하는 토론과 보다 공정하고 합리적인 양식에 의해 진행되는 토론을 그의 성질면에서 지나치게 이분법적으로 구분하는 경향도 있다. 국가와 시민사회를 분리하고 이를 의도적으로 대칭적 관계에 놓음으로서 시민사회 내부의 시민 간 연대와 결속을 해치게 되는 위험성이 내포되어 있는 것도 사실이다 (Blattberg, 2003).

이런 상황 속에서도 마을회의가 국가와 시민사회를 이어주는 시민참여의 한 통로로 작동하려면, 시민의 자발적인 참여가 전제되어야 한다. 그러나 이를 시민의 입장에서 보면, 도대체 시민으로 하여금 마을회의에 참여하도록 추동하는 동기 유발 요인은 어떤 것일까? 대부분의 사람들은 어떤 사회정책과제에 대해 문제의식이 있으면서도 직접 정책과정에 참여해서 의견을 개진하거나 대화를 이끌고 상대의 입장을 경청하는 등 수고를 아끼지 않는 일에 적극적이지 않은 것이 보통이다. 그럼에도 자신의 개인적인 정책의지나 선호를 관철하려 하지 않으면서도 완벽하게 자신의 개인적이고 사적인 이익이 아닌 공동체 전체의 이익만을 걱정하는 가운데 담론에 간여하는 것이 과연 가능한 일일까? 개인과 공동체의 경계는 사실상 어디까지인가? 21세기 마을회의 제도도 여전히 지구시민사회 시대의 무국경성 내지는 경계부재 시대의 과제를 극복하기에는 역부족인 것은 아닐까? 지구화 시대에 살면서도 여전히 정책공동체의 경계는 일국주의의 테두리를 벗어나지 못하고 있으며 21세기 마을회의 제도도 이런 일국주의 담론의 경계영역을 벗어나지는 못한다. 이는 마을회의의 운영실제 뿐만 아니라 그의 이론적, 철학적 기초에서도 같다.

보다 현실적인 차원에서는 정부가 참여해서 마을회의 결과를 공적으로 승인하거나 집행을 약속하기에는 공직자에게 너무 많은 위험 부담을 지운다는 점이 문제다. 마을회의의 결정 내용을 존중하고 수용하겠다는 관계 공무원의 확인과 약속이 회의의 성공 여부를 결정하는 중요한 관건이라고 할 때, 회의 결과물을 매우 협소하게 규정하지 않는 한 관계 공무원이 이를 미리 승인하기는 쉬운 일이 아니다. 여기에는 법률적인 제한도 따른다. 따라서 현실적으로는 마을회의 초기단계에서부터 관계 공무원의 참여를 동의받기가 쉽지 않게 된다. 마을회의 개최 자체가 위협받을 개연성이 크다는 의미다. 어떻게 공무원으로 하여금 마을회의 개최에 동의하고 회의 결과를 공식적으로 수용하겠다는 약속을 받아낼 수 있을 것인가? 이점이 마을회의 성패의 중요 관건 가운데 하나인 셈이다.

마을회의는 또 그것 자체가 일종의 사회화 및 계몽 교육의 효과를 동반하는 성질이 있다. 따라서 시민성을 촉발하면서 시민단체의 결성을 촉구하고 확장할 가능성이 있다. 이런 과정이 반복되는 경우, 시민사회를 기반으로 하는 압력단체나 이익집단들이 발양하면서 마을회의 기획단계에도 영향을 미쳐 참가자 선발에 간여하거나 참가자를 상대로 적극적인 정보를 제공하고 선전하며 설득하는 등 압력운동을 행사할 가능성이 있다. 그러니까 마을회의 자체가 사회적 압력의 대상으로 등장하게 될 가능성이 있다는 의미다.

비용이 너무 많이 든다는 점도 문제다. 현실적으로 마을회의 개최에 따르는 비용을 시민사회 단체가 조달하기에는 그 규모가 너무 크고 그렇다고 해서 정부에 의존하는 경우 운영 전반에 걸쳐 독자성과 독립성을 유지할 수 있을 것인지가 문제다. 무엇보다도 시민이 자신의 의견을 투입하고자 하는 적절한 시기에 회의를 소집할 수 있느냐가 문제다. 마을회의가 정부와 시민사회의 연결통로로 작동하는 것이라면 정부의 연장선상에서 마을회의를 이해하고 마을회의 자체를 직접 참여 내지는 영향력 행사의 대상으로 삼지 말아야 할 이유가 없다는 의미다. 그러나 그럴 경우 마을회의의 객관성과 중립성이 의심받게 될 것은 자명한 이치다.

가장 근본적인 문제로는 시민성이나 사회자본이 충분히 축적되어 있지 않은 사회에서도 마을회의 제도의 도입과 적용이 가능하냐의 과제다. 사회자본의 축적이 부족한 경우 시민의 자발적 참여와 동원이 곤란하고, 무엇보다도 주어진 자료를 이해하고 회의에 참가하는 적극적 시민성을 발굴할 수 있을 것인지가 불명하다. 이런 점에서 보면 21세기 마을회의 제도는 서구적 편향성을 배태하는 것이라고도 할 수 있다. 시민을 국정의 지근거리에 두고자 하는 "서구민주주의 전통의 기본 특성"이 반영된 결과물이라는 의미다.

그러나 그럼에도 21세기 마을회의 제도가 국가와 시민사회의 단절이 일상화 하는 정보사회의 사회구조적 소외 속에서는 민주주의의 철학적 원리를 소생케 할 수 있는 가시적이면서도 호소력 있는 대안 가운데 하나임에 틀림없다. 거버넌스의 효율적인 작동을 보장하는 핵심적 수단 가운데 하나라는 의미다.

문제 제기

1. 광우병 관련 촛불시위가 일어난 사회구조적 원인은 무엇인가?
2. 비일상적 시민참여는 어째서 바람직하지 않은가?
3. 간접민주주의의 한계를 보완하기 위한 제도적 장치에는 어떤 것들이 있는가?
4. 정보사회의 도래와 더불어 대의민주주의가 위기에 직면하게 되는 이유는 무엇인가?
5. 대안민주주의를 모색하게 되는 이유는 무엇인가?
6. 담론민주주의의 의의는 무엇인가?
7. 담론민주주의가 시민참여를 보장하기 위해서는 어떤 점에 유의해야 하는가?
8. 21세기 마을회의 제도를 주목하게 되는 이유는 무엇인가?
9. 21세기 마을회의 제도는 어떻게 운영되는가?
10. 21세기 마을회의 제도가 선거과정의 투표행위와 다른 점은 무엇인가?
11. 기존의 토론과정에 내포되어 있는 문제점에는 어떤 것들이 있는가?
12. 웨버리언 모델(Weberian model)의 한계에는 어떤 것들이 있는가?
13. 21세기 마을회의 제도가 효율적인 거버넌스의 한 양식이 되기 위해 극복해야 할 과제에는 어떤 것들이 있는가?

참고문헌

「경향신문」. (2008). 촛불민심은 공안 통치로 끌 수 없다. 2008.05.27.

박재창. (2009). 지구시민권과 거버넌스. 박재창 (편), 「지구시민권과 지구 거버넌스」. 서울: 도서출판 오름.

______. (2007). 협력적 거버넌스의 구축과 NGO의 정책과정 참여: 참여정부를 중심으로. 「한국정책과학학회보」, 11(2): 227-228.

행정자치부. (2004). 「Policy Process 참여모델 시범적용 계획」.

홍찬식. (2008). 인터넷 마녀사냥. 「동아일보」. 2008.06.09.

America Speaks. (2007). Going Beyond the Up or Down Vote?. Washington DC.

______. (2000). Citizen-Driven Strategic Management of Municipal Governance. Washington DC.

______. (1996). How Sustainable Is Your Community's Citizen Involvement? Washington DC.

Barabas, Jason. (2004). American Discuss Social Security: How Deliberation Affects Public Opinion. *American Political Science Review,* 98(4): 687-701.

Blattberg, Charles. (2003). Patriotic, Not Deliberative

Democracy. *Critical Review of International Social and Political Philosophy,* 6(1): 155-174.

Castells, Manuel. (1996). The Rise of the Network Society. Volume 1, The Information Age: Economy, Society and Culture. Malden, MA: Blackwell.

Coase, R. H. (1998). *The Firm, the Market and the Law.* Chicago: University of Chicago Press.

Cohen, Joseph Nathan. (2007). The Impact of Neoliberalism, Political Institutions and Financial Autonomy on Economic Development, 1980–2003. Dissertation, Department of Sociology, Princeton University. Defended June 2007.

Coleman, Stephen. (2005). *Direct Representation: Towards a Conversational Democracy.* The Institute for Public Policy Research. U.K.

Crick, Bernard. (1965). *The Reform of Parliament.* NY: Doubleday.

Fishkin, James. (1991). *Democracy and Deliberation: New Directions for Democratic Reform.* New Haven: Yale University Press.

Forester, John. (2001). *The Deliberative Practitioner: Encouraging Participatory Planning Process.* Cambridge MA: The MIT Press.

Fung, Archon and Erick Olin Wright. (2003). *Deepening*

Democracy: Institutional Innovations in Empowered Participatory Governance. The Real Utopias Project IV. NY: Verso.

Goldman, Joe and Hasselblad, Torres Lars. (2004). *Approaches to Face-Face Deliberation in the U. S.* Washington DC: AmericaSpeaks.

Gramberger, Marc. (2001). *Citizens as Partners: Information, Consultation and Public Participation in Policy-making.* Paris: OECD.

Jon, Elster. (1998). Deliberation and Constitution Making. In Jon Elster. (ed). *Deliberative Democracy.* Cambridge: Cambridge University Press. 1-18.

Levine, Peter. (2000). *The New Progressive Era.* Lanham, MD: Rowman and Littlefield.

Lukensmeyer, Carolin J. and Brigham, Steve. (2005). Taking Democracy to Scale: Large Scale Interventions for Citizens. *Journal of Applied Behavioral Science,* 41(1): 47-60. March.

______. (2002). Taking Democracy to Scale: Creating a Town Hall Meeting for the Twenty-First Century. *National Civic Review,* 91(4): 351-366. Winter

______ and Torres, Lars Hasselbald. (2003). *Deliberation for Community Planning and Economic Development.*

Washington DC: AmericaSpeaks.

McBurney, Peter, Hitchcock, David and Parsons, Simon. (2004). The Eightfold Ways for Deliberation Dialogue. <http://www.humanities.mcmaster.ca/~hitchckd/dd.pdf>

McGann, Anthony J. and Latner, Michael. (2006). *Consensus Without Veto-Players: Testing Theories of Consensual Democracy.* Center for the Study of Democracy, University of California, Irvine.

Ministry of Housing, Spacial Planning, and the Environment (MHSPE). (1997). *Government Communication and Public Information.* Hague, Netherland.

Nino, Carlos S. (1996). *The Constitution of Deliberative Democracy.* New Haven: Yale University Press.

Osborne, David and Plastrik, Peter. (1997). *Banishing Bureaucracy: The Five Strategies for Reinventing Government.* Reading, MA: Addison-Wesley.

Peters, Guy B. (1996). *The Future of Governing: Four Emerging Models. Lawrence,* KS: University Press of Kansas.

Polletta, Francesca. (2003). The Big Idea: Citizen Planners. *City Limits*. December.

Rheingold, Howard. (2002). *Smart Mobs: The Next Social Revolution.* Cambridge, MA: Perscus.

Rush, Cynthia R. (2006). Only "the Activist State" Can Defend

General Welfare. *Executive Intelligence Review.* July 7.

Sclove, R. (1995). Democracy and Technology. NY: Guildford Press.

Stern, Paul and Fineberg, Harvery. (1996). *Understanding Risk.* Washington DC: National Academy Press.

Torres, Lars Hasselblad, Streufert, Ben, and Goldman, Joe. (2004). Approaches to Online Public Engagement. Washington DC: AmericaSpeaks.

______, Gunn, Rosemary, Bernier, Roger and Leighninger, Matthew. (2004). The Deliberative Agency: Opportunities to Deepen Public Participation. Deliberative Democracy Consortium Discussion Paper.

제3부

한국의 거버넌스 환경

제5장 |

행정국가와 정치국가

1. 서론

정부가 정책실패를 거듭하면서 이에 대한 우려와 경계의 목소리가 높다. 문민정부 시절 외환정책의 실패가 국제통화기금체제로의 편입을 초래한다는 사실에 경악해야 했던 국민으로서는, 거듭하는 정부의 정책실패가 실로 불안하기 짝이 없다. 거듭되는 정책실패는 정부의 정통성과 신뢰성 유지에 치명적인 타격을 가할 뿐만 아니라 사회적 불안과 갈등을 확대 재생산하는 역할도 수행한다. 실추된 리더십은 미래에 대한 예측이나 조망을 불투명하게 하고, 그 결과 사회정책과제 해결을 더 어렵게 만드는 악순환의 고리를 낳는다. 이제 정부의 정책결정체계를 정비하여 한층 더 효율적인 정책산출

구조를 구축하는 일은 이 시대 한국 사회가 당면한 최우선적인 과제가 아닐 수 없다.

그런데 이렇게 정부가 정책실패를 거듭하게 되는 것은 실로 다양한 원인이 중첩적으로 작용한 결과다. 우선 지금까지 정부가 의존해 온 관료제는 이상적인 정책결정체계를 약속하기에는 내재적인 결함이 적지 않다. 관료제에 의존하는 정책결정체계 아래서는 아무리 완벽한 정책결정을 도모하더라도 그 성과에 한계가 있을 수밖에 없다. 여기에 더 해, 이를 운영하는 관료가 바로 그런 결함을 이용해 왜곡된 정책결정체계를 구축해 왔다는 점도 숨길 수 없는 사실이다. 당연히 정책실패가 빈발할 수밖에 없는 일이지만, 과거 권위주의 시절에는 그나마 이를 신속하게 수정하거나 은폐할 수 있는 물리적 강제력과 일사불란한 관리질서가 마련되어 있었다. 최소한 외형상으로는 정부의 정책이 전면적으로 와해하는 현상을 은폐하거나 부분적으로나마 수정할 수도 있는 환경이 제공되어 있었던 셈이다.

그러나 87년 체제 이후 민주화 이행기에 들어선 한국 사회는 급속히 개방화, 다원화, 복잡화를 거듭하고 있으며, 그에 따라 정부가 일방적으로 정책을 주도하거나 주문하는 일이 사실상 불가능해졌다. 정책실패를 은폐하거나 수정하기도 어려울 것은 물론이다. 시민사회의 확장과 함께 NGO의 정책 파트너 역할이 증대하고 있으며, 민간부문과 정책을 조율하고 협의해야 할 필요성도 제고되어 있다. 특히 정보사회의 도래에 따른 정보자원의 급속한 확산과 공유는 정책결정과정에서 정부가 누려왔던 우월적 지위를 더 이상 보장하지 않게 되었다. 지구화로 인한 정책의 국내외화(intermistic) 현상이나 사이버 공간의 확장은 지금까지 정부가 경험하지 못했던 새로운 양식의 정책 환경을 제공하고 있다. 이점도 정부가 과거의 정책결정 모형으로는 사회정책과제 해결에 효율적으로 대처하기가 어렵게 되는 또 다른 이유다. 문제를 더욱 더 어렵게 하는 것은 이 같은 정책 환경의 급격한 변화에도 불구하고 지금까지 정책결정과정을 주도해 왔던 대통령, 국회의원, 장관, 행정관료들이 이런 환경 변화의 심각성을 제대로 절감하지 못한다는 데에 있다.

이렇게 볼 때, 한국 사회의 정책결정체계는 지금 일대 전환기에 들어서 있는 셈이다. 과거에는 나름대로의 질서와 원칙을 가지고 작동하던 장치가 새로운 정책 환경의 대두와 함께 더 이상 작동하지 않게 되었고, 그 빈자리를 채워줄 새로운 정책결정체계는 미처 형성되지 못한 상태에 있으며, 거기에서 오는 일종의 지체가 매우 심각한 상황에 있다. 정책 메커니즘의 패러다임이 바뀌는 과정에서 생겨나는 전환기적 진통인 셈이다. 이 장(章)은 바로 이런 현실 인식을 토대로 한국 정부의 정책결정체계를 개선하는 데 필요한 혁신과제가 무엇인가를 체계적으로 밝혀 보고자 하는 데에 주된 목적을 두고 있다. 이를 위해 여기에서는 정책결정체계의 분석적 실체를 행정국가와 정치국가로 구분하여 다루고자 한다.

2. 정책결정체계와 정책 실패유형

산업사회적 생산양식에 기초한 현대 정부는 대리인 이론에 따라 구성되었다(Eisenhardt, 1989: 57-74). 현대 정부가 지향하는 민주주의의 철학적 준거율인 주권재민의 원리에 따라 시민이 직접 국정 운영에 참여하는 것이 마땅한 일이지만, 현대 사회의 구조적 복잡성, 고도기술성, 전문성, 가변성, 등이 심화되면서 시민의 일상적인 경험이나 지식만을 가지고는 효율적인 정책 산출이 어렵다고 보았던 것이다. 여기에 더 해 시민 모두가 동시에 공직에 참여하는 일도 물리적으로 불가능한 일이다. 그렇기 때문에 정부 운영상의 과학적 합리성 진작을 위해서는 전문가적인 식견과 지식을 지닌 대리인을 뽑는 한편, 정치적 합리성 제고를 위해서는 시민의 정책적 요구를 더 잘 결집하고 조정할 수 있는 대리인을 뽑아 그들에게 정책 산출과 조정의 역할을 맡기고자 했다. 그에 따라 행정적 대리인으로는 관료가 전문가적인 식견과 지식의 정도를 기준으로 충원되었고, 정치적 대리인으로는 국회의원과 대통령 같은 선출직 공무원들이 득표능력을 기준으로 선출되었다.

그러나 정부의 운영실제에서는 행정의 정치적 기능과 정치의 행정적 기능이 강화되면서 행정적 대리인이 과학적 합리성만을 지향하지는 않게 되었으며, 같은 이치로 정치적 대리인도 정치적 합리성만을 추구하지는 않게 되었다. 이런 경향은 특히 행정적 대리인과 정치적 대리인 사이의 상호작용이 심화되면서 더 강화되었다. 따라서 정책결정의 체계를 보다 분석적으로 조명하기 위해서는 행위의 주체가 행정적 대리인이냐 또는 정치적 대리인이냐의 차원이 아니라 그가 추구하는 규범적이고 당위적인 목적가치가 과학적 합리성이냐 또는 정치적 합리성이냐에 따라 구분하는 것이 필요해졌다. 이에 따라 전자를 행정국가라고 한다면 후자를 정치국가로 구분해 보고자 한다. 이 경우 행정국가는 행정부의 경계를 넘어서는 개념이며, 정치국가도 당연히 입법부의 경계를 넘어서는 것으로 이해된다.

그런데 정부가 어떤 목적을 가지고 업무를 처리하기 위해서는 이를 수행하기 위한 업무처리의 양식 즉 구조와 함께 이를 운영하는 사람 즉 시민을 대신해서 업무를 수행하는 대리인을 필요로 하기 마련이며 이는 또 어떤 업무 조건 즉 환경 속에서 이루어지냐에 따라 영향을 받기 마련이다. 따라서 한 나라의 정책결정체계는 구조, 인간, 환경을 주요 구성변수로 삼는다.

그런데 행정국가는 정부 운영상의 과학적 합리성을 극대화하기 위해서는 관료제가 가장 이상적이라고 보고 이를 핵심적인 구성 원리로 삼았다. 정부의 정책을 산출하거나 집행하는 데 있어 최소의 비용으로 최대의 성과를 내기 위해서는 관료제의 구성 원리에 따라 정부를 조직하고 운영하는 것이 가장 합리적이라고 본 것이다. 그런데 관료제는 계서제의 원리와 전문성의 원리를 양축으로 한다. 따라서 행정국가에서의 정책결정은 계서제의 원리에 따라 수직적 분업 양식을 취하며 최고위 계층을 정점으로 상명하달식 지시와 명령의 체계를 갖추는 일이 당연시 된다. 이는 정책결정 과정의 효율성 증대와 정책산출물의 질적 수준을 높이기 위해 불가피한 조치로 이해된다. 그러나 이런 수직적 분업과 상명하달식 지시 명령의 체계는 동시에 정책결정과정의 효율성과 정책산출물의 질적 수준을 저해하는 역기능도 동반하는 이중적 성격을 지녔다. 관료제의 병리 현상인 의사소통의 지체, 형식주의, 무사안일주의, 경직성, 소외, 등을 불러

오기 때문이다. 따라서 수직적 분업이나 상명하달식 지시 명령 체계는 적당한 선에서 균형점을 이루는 일이 매우 중요하게 된다. 그렇지 않을 경우 정책실패의 한 원인이 되는 까닭이다.

또한 전문성의 원리는 전문가의 식견과 판단에 따라 정책을 결정하고 국정을 운영하자는 것이므로 대리인의 전문성 정도를 높이기 위해 관련 업무를 지속적 반복적으로 수행하도록 조장하는 분업의 원리를 필요로 한다. 그런데 분업의 원리가 전문성을 제고하는 데 기여하는 것은 틀림없지만 수직적, 수평적 분업을 통해 할거주의적 시각을 정당화 하거나 촉진하는 성질도 지녔음은 주지하는 바와 같다. 따라서 수직적, 수평적 분업이 촉진 되는 경우 전문성을 제고하는 효과가 있지만 동시에 할거주의를 강화하는 모순적 관계를 낳게 된다. 따라서 분업의 원리에서도 어느 선에서 균형점을 잡아야 하느냐가 현실적인 과제로 제기된다. 여기에서는 이런 구조적인 한계와 모순의 과제를 행정국가 제I 유형의 정책실패 요인이라고 보고자 한다.

반면에 전문성의 원리는 전문가의 자율적 의사결정권이 배타적으로 보장될 것을 요구한다. 그래야 전문가적인 식견과 윤리의식에 따라 정책결정상의 객관적 합리성을 추구할 수 있을 것이기 때문이다. 그러나 이렇게 전문가의 자율적 의사결정권을 보장하는 경우 전문가가 자신의 전문성과 전문가적 윤리의식에 따라 의사결정에 임할 수 있도록 업무수행 환경을 제공해 주는 것이 되기도 하지만, 다른 한편으로는 자신의 권력적 지위나 부가가치를 위해 자의적으로 의사결정권을 오용하거나 남용할 수 있는 환경을 마련해준다는 의미가 되기도 한다. 이점에서 전문가의 자율권 보장은 이율배반적 성격을 지니며, 그렇기 때문에 정책결정체계의 불완전성을 유발하는 한 요인이 된다. 이렇게 전문가로 인식되는 대리인에게 부여된 자율권을 오남용하는 데서 비롯되는 문제는 정책결정체계 자체의 본래적인 결함에서 오는 것이기도 하지만 궁극적으로는 대리인 개인의 의지적 선택에 따른 결과라는 점에서 제I유형과는 본질적 특성을 달리 한다. 이를 행정국가 제II 유형의 정책실패 요인이라고 정리하려는 이유다.

그런데 전통적인 의미의 관료제는 환경과의 관계에 대한 배려가 없어 상황조응적이고 맥락적인 접근시각을 결여하기 마련이다. 기계론적인 접근시각에서 정책대상 과제를 규정하거나 대안을 개발하는 데에서 오는 사회학적인 관점과 판단능력 부족을 말하려는 것이다. 예컨대 신행정학적인 접근시각이 고발하거나 시정을 요구한 과제가 바로 이런 환경론적인 접근시각의 결여인 셈이다. 정부가 그 운영과정에서 환경변수를 배려하지 않을 경우 정책의 적실성, 타당성, 적시성, 수용성 등에서 많은 문제점을 안게 될 것은 자명한 이치다. 반면에 환경에 대한 고려가 없이 행정이 이루어질 경우, 적어도 행정업무처리 과정 자체의 기계적 생산성이 높아질 것은 틀림없다. 배려해야 할 주변변수가 줄어드는 까닭이다. 그런데 환경과의 관계를 감안한다는 것은 다양한 환경 구성요인에 대한 배려나 의견 청취를 전제한다는 점에서 민주성 제고와 연동된다. 반면에 기계적인 관리기술적 합리성의 제고가 경제성 제고를 목표로 하는 것임은 주지하는 바와 같다. 결국 정책결정과정이 어느 쪽에 비중을 두고자 하느냐에 따라 민주성과 경제성 사이에서 빚어지는 일종의 갈등관계가 형성되는 셈이다. 이를 여기에서는 행정국가 제III 유형의 정책실패 요인이라고 보고자 한다.

반면에 정치국가는 정치적 합리성의 극대화를 지향하는 것임으로 민주주의의 철학적 원리에 따라 운영되어야 마땅하다. 주권재민의 원리에 따라 정책결정 과정에 대한 참여자의 동등가촉권과 기회균등의 원리를 강조하지 않을 수 없고, 그렇기 때문에 수평적 분업의 원리와 하의상달식 민의 수렴 체계를 중시하게 된다. 이를 위해 정치국가가 집합적 의사결정과 대표성의 원리를 채택하고 있음은 주지하는 바와 같다. 그러나 이렇게 수평적 분업의 원리를 강조하거나 하의상달식 의사소통 양식을 중시하는 경우, 다양한 의견분출과 이견조정의 어려움 등으로 인해 정책결정상의 비효율이나 사회적 아노미로 연계될 가능성도 적지 않다. 이점에서 볼 때, 마치 수직적 분업의 원리에 의존하는 행정국가가 많은 문제점에 봉착하는 것과 같이, 정치국가도 그의 수평적 분업의 원리나 하의상달식 의사소통 체계가 지니는 양가적 성격 탓에 많은 문제점에 직면하게 된다. 여기에서는 이런 정치국가의 모순에서 비롯되는 구조적 결함을 정치국가 제IV 유형의 정책실패 요인이라고 보고자 한다.

또한 정치국가의 경우에도 대리인이 언제나 기관목표 순응적으로만 활동한다는 보장이 없다. 행정국가의 대리인이 자신에게 주어진 자율권을 왜곡할 가능성이 있는 것과 마찬가지로 정치국가의 대리인도 자신의 의사결정권을 오남용할 개연성이 상존한다. 대리인 개인의 탐욕이나 오류에서 비롯되는 과제다. 예컨대 정치적 대리인이 대 행정부 통제권을 정치적 압력이나 영향력의 행사 수단으로 이용함으로써 자신의 부가가치를 확대하고자 하는 경우다. 그러나 그렇다고 해서 정치적 대리인의 자율권을 보장하지 않을 경우 시민의 정치적 요구를 효과적으로 중계하고 결집하며 조정하기가 어려울 뿐만 아니라 이를 토대로 행정관료에게 정치적 합리성을 수용하도록 지도하고 감독하기도 쉽지 않게 된다. 바로 이런 대리인 개인의 자율적 의사결정권 보장에서 오는 모순과 거기에서 비롯되는 정책실패 요인을 정치국가 제V 유형이라고 정리하고자 한다.

나아가 정치국가는 그의 정책결정체계를 둘러싼 환경이 급변하는 경우 단순히 환경으로부터의 수요를 관측하고 대응하는 것만으로는 부족하고, 보다 적극적으로 시민의 직접적인 참여를 독려하지 않고서는 변화하는 환경의 수요와 요구에 적실성 있게 대응할 수가 없게 된다. 이에 따라 국가와 시민사회가 동반자적 관계망을 구성한다는 의미에서 거버넌스를 구축해야 한다는 주장이 설득력을 더하게 되는 것이기도 하다. 이런 거버넌스의 구축은 관료제의 환경론적인 접근이 그의 본질에 있어 궁극적으로는 국가 운영상의 생산성이나 경제성 제고에 주목하는 것인 데 반해서 참여나 대화 그 자체를 중시한다는 점에서 정치국가가 당연히 주목해야 할 과제다. 그러나 참여의 폭발이 체제능력을 초월하는 경우, 사회 혼란으로 이어지게 되며 무엇보다도 과학적 판단 요소를 외면함으로써 균형민주주의 실현을 어렵게 할 가능성이 적지 않다는 점은 문제다. 과학적 판단과 시민의 "집합적 선호"(임혁백, 2000: 159) 또는 정치의 심의기능과 대표기능 사이에서 여하히 균형을 유지하느냐가 정부운영 실제에서 야기되는 현실적 과제인 셈이다(김주성, 2008). 이런 갈등이 불러오는 정치국가의 실패, 즉 시민 참여 강도의 조절 실패에서 비롯되는 정책실패 요인을 정치국가 제VI 유형이라고 규정해 보고자 한다.

지금까지의 논의를 정리해보면, 정책결정체계를 구성하는 설명변수로는 구조, 인간, 환경을 들 수 있으며, 이들의 조합이 궁극적으로 지향하고자 하는 목적가치가 무엇이냐에 따라서는 행정국가와 정치국가의 차원으로 구분된다. 그리고 각각의 변수와 차원의 조합에 따라 다음의 <표5-1>에서 보는 것과 같은 정책실패 요인을 유형화해 볼 수 있게 된다.

〈표 5-1〉 정책 실패요인의 유형

변수 차원	구조	인간	환경
행정국가	I	II	III
정치국가	IV	V	VI

3. 한국 행정국가의 정책실패 요인

행정국가의 성향이 가장 선명하게 드러나는 것은 아무래도 행정부일 것임으로 비록 행정국가의 개념적 범주가 정부 전체를 상대로 설정되는 것이라고 하더라도, 여기에서는 주로 한국의 행정부 운영 양식을 중심으로 검토해 보고자 한다.

1) 제I유형의 정책실패 요인

(1) 수직적 분업의 심화

한국의 정책은 대부분 행정부처가 발안하며, 행정부 내부에서 이루어지는 정책결정의 대표적인 양식은 품의제이다. 사무관이 정책 초안을 작성한 후 과장, 국장, 차관보, 차관, 장관에 이르는 전 계서의 과정을 통해 단계별로 결재하고 첨삭함으로써 정책 원안을 점진적으로 수정 보완해 나간다. 이렇게 수직적 계서에 따라 정책 대안을 수정 보완해 나가는 경우에는 정책결정이 느리게 진행되고, 그 과정에 여러 사람이 단계적으로 간여하기 때문에 누가 정책결정자인지가 분명치 않게 된다. 책임 소재가 불명해지는 것이다. 이로 인해 정책실패가 발생하는 경우 아무도 책임져야 할 이유가 없게 되고, 이는 결과적으로 책임 있는 정책결정을 외면하는 한 요인으로 작용하게 된다. 그러나 더 중요한 것은 결재의 단계마다 결재자의 필요에 따라 정책의 의도나 내용을 왜곡할 수 있는 기회가 제공되는 결과를 낳는다는 데 있다. 정책결정에 간여하는 이들이 한 자리에 모여 공개적으로 논의하는 것이 아니기 때문에 결재자의 이해관계가 걸려 있을 경우 결재 단계마다 정책이 의도하는 바를 왜곡하거나 왜곡해서 설명할 가능성을 낳게 된다.

특히 이런 결재 라인에 참여하고 있는 차관보는 법률상 계선조직이 아니며 참모조직에 해당된다. 그럼에도 운영실제에서는 부처 내부의 품의 절차상 공식적인 결재권자가 되어 계선의 역할을 수행한다. 이는 보직의 본래 기능을 수행하는 데 장애가 될 뿐만 아니라 기존의 결재 단계를 확장하게 되어, 그렇지 않아도 문제가 되는 정책결정 과정의 수직적 길이를 연장하는 한 요인이 된다.

이런 수직적 분업의 심화에 따른 중첩 현상은 부처 간의 이견을 조율하기 위한 정책조정 과정에서도 발견된다. 어떤 부처에서 정책 초안이 작성되면 부처 간의 이견이나 충돌을 조절하기 위해 우선 행정 각 부처의 과장 또는 실국장 선에서 관계부처와 실무조정회의를 갖고 이를 토대로 부처안을 작성하게 된다. 이렇게 해서 작성된 부처안은 차관회의에 올려지고 여기에서 합의된 사안만 국무회의에 올려진다. 그런데 국무회의에 상정되기 위해서는 그 이전에 주무장관회의에서 다루어져야 한다. 이 과정에서 국무조정실이 행정적인 조정 업무를 담당하며 사실상 청와대의 대통령 주재 수석비서관회의나 비서실장 주재 수석비서관회의가 비공식적인 조정 업무를 수행한다. 이렇게 놓고 보면 하나의 사안이 부처 간 이견을 조정하기 위해 거치는 수직적 계층은 최고 7개 단계에 이른다. 물론 여기에는 실무당정협의회나 고위당정협의회 같은 정치권과의 의견 조절 단계는 제외되어 있다.

그런데 문제는 이렇게 많은 수직적 조정단계를 두고 있으면서도 실질적으로 조정업무가 이루어지는 것은 대부분 부처 실무자 간의 실무조정회의 정도라는 데 있다. 일단 실무조정회의 단계에서 부처 이기주의나 할거주의적 시각에 따라 어떤 현상을 규정하고 그에 필요한 정보나 자료를 수집해서 정리하게 되면, 그 이후의 단계에서는 바로 이 단계에서 마련된 사실 정보나 기초자료를 토대로 조정해나가기 마련이기 때문에 사실상 큰 변화를 기대하기가 어렵다.

특히 대통령제 국가에서 대통령실의 분야별 수석비서관들이 비공식으로 부처 간 이견 조정 업무를 맡는 한, 국무총리를 중심으로 하는 국무회의가 부처 간 이견 조정 작업에 나선다는 것은 옥상옥에 지나지 않는 일이며, 실질적인 기능 수행을 기대하기도 어렵다(박재희, 2000: 53). 이는 국무조정실이 정책조정과정에서 무력할 수밖에 없는 이유이기도 하다. 국무총리의 권한과 권위 부족이 국무조정실의 역할 범위를 근본적으로 제한하기 때문이다. 부처 간 이견 조정에 필요한 실질적이고 강제적인 통제권이라고 할 수 있는 예산권, 조직권, 인사권, 감사권 가운데 어느 것도 국무총리가 독자적으로 행사할 수 있는 것이 거의 없으며, 그렇기 때문에 국무조정실이 사실상 큰 실효를 발휘하지 못하고 있다(전영한 외, 2008: 327). 따라서 이는 형식적 계서를 하나 더 추가함으로서 행정운영상의 지체와 왜곡 가능성을 높이면서도 실질적인 문제해결에 대한 기여는 매우 낮아지는 문제를 낳는다.

(2) 대부처주의 도입

수평적 분업으로 인해 너무 세분화된 중앙행정기관을 두는 경우에는 부처 간의 이견 조정 필요성을 확장하는 결과가 되어, 그렇지 않아도 부처 간 이견 조정이 쉽지 않은 한국의 경우, 오히려 정책실패를 자초할 위험성이 커지게 된다. 세분화된 수평적 분업체계가 정부 전체의 통일적 책임의 소재 규명을 어렵게 하는 점도 문제다. 무엇보다도 행정환경이 급변하는 시대에는 동태적 사회 환경에 기동성 있게 조응해 나가야 하지만 그렇게 대응하기가 쉽지 않고, 그 결과 행정의 생동감을 떨어뜨린다는 점도 문제다. 이런 점을 감안하고 그 밖에 조직 세분화로 인한 낭비적 요소를 극복하며 무엇보다도 지식정보사회가 요구하는 융합사회적인 요소에 부응하고자 한 것이 2008년 정부가 추진한 정부조직 개편의 핵심 목표였다(이창원, 2009).

이에 따라 대부처주의를 도입한 결과는 참여정부에서 2원 18부 4처 18청 4실 10위원회로 총 56개였던 중앙행정기관이 크게 축소되어 2009년 현재 2원 15부 2처 18청 3실 5위원회로 총45개가 되었다(행정안전부, 2009). 이를 1981년 제5공화국 당시 2원 15부처 14청 3외국 1위원회로 총 39개였던 것과 비교하면 여전히 수평적 분업의 정도가 높은 것으로 평가되지만(행정안전부, 2008: 27), 그 동안 한국 사회의 사회경제적 활동 규모가 확장된 점이나 대부분의 OECD 회원국들이 15개 내외의 부처를 운영하고 있다는 점을 들어 적정 규모화 했다는 지적도 적지 않다. 어느 정도의 수평적 분업이 적정선인가에 대해 객관적이고 일반적인 척도를 개발하는 일이 불가능하다는 점을 감안해 보면, 문제는 이런 대부처주의로의 개편 이후 그 이전과 비교해 보았을 때 상대적으로 어떤 어려움이 발생하고 있으며, 그에 대한 대응조치를 취해 행정낭비나 고충을 예방하고 있느냐가 관찰의 핵심과제일 것이다.

대부처주의는 여러 부처가 다루던 행정업무를 보다 적은 숫자의 부처가 담당하도록 하자는 것임으로 당연히 장관을 비롯한 실국장급 행정관료의 통솔 범위를 늘리게 된다. 무엇보다도 장관의 경우 과거 2-3개 부처의 수장이 관장하던 "통제의 폭"을 감당해야 한다.

그러나 하나의 인간이 감당할 수 있는 능력과 시간에는 제한이 있기 때문에 이렇게 늘어난 일감에 대응하기 위한 대항 조치를 동반하지 않는다면 지휘, 감독과정에서 병목이나 지체, 소홀 등 다양한 역기능을 동반하게 된다. 무엇보다도 이전만큼 행정의 전문성 정도를 유지하기 어렵게 될 것은 자명한 이치이다.

2) 제II유형의 정책실패 요인

(1) 부처이기주의 팽배

과학적 자료 수집과 판단에 따라 객관적 합리성을 지향해야 하는 행정관료가 그에게 주어진 자율적 의사결정권을 남용해서 자신의 안전이나 권력적 지위 내지는 자신이 속해 있는 부처의 권한과 이익을 우선적으로 보장하려는 성향은 어제 오늘의 일이 아니다. 이런 부처이기주의 가치관이 관료 일반에 대한 일종의 동료적 압력원으로 자리 잡고 있어 관료의 행태를 구속하는 최우선적 준거율이라고까지 말할 수 있다. 이런 성향은 특히 행정관료의 자율권 행사에 대한 정치적 통제가 취약한 데서 오는 영향이 적지 않다.

그런데 이런 부처이기주의는 자신이 속한 부처의 이해관계를 단순히 내세워 주장하는 선에 그치는 것이 아니라, 바로 그런 시각과 관점에서 현실을 규정하고 그에 필요한 자료와 사실만을 수집해서 제시하게 된다는 데에 문제의 심각성이 있다. 이는 바로 행정관료에게 주어진 자율적 의사결정권의 남용에 다름 아니다. 그렇기 때문에 부처 간의 이견 조정을 시도하더라도 현실에 대한 인식 자체가 달라 부처 간의 접점을 구하기가 어렵게 된다. 서구 선진국의 부처 간 또는 상하급기관 간의 이견 조정이 비교적 용이하게 이루어지는 이유는 해당 부처들의 현실 인식이 기본적으로 과학주의 내지는 객관적 합리성에 기초하고 있기 때문에 그들 사이에서 공유되는 부분이 있고 그런 만큼 조정과 합의 도출이 처음부터 가능하게 되는 까닭이다.

이 같은 행정관료의 부처이기주의에 따른 행정왜곡 현상은 대통령실에 의한 부처 간 이견 조정이 사실상 무력해지는 주요 원인이기도 하다. 현재의 대통령실은 독자적인 관료체제를 구축하지 못한 채, 해당 부처에서 파견되어 온 인력이 주축을 이루고 있다. 그렇기 때문에 일정 기간이 지난 후 소속 기관으로 돌아가야 하는 관료들로서는 자신이 속한 부처 이익 대변을 최우선적 과제로 삼지 않을 수 없다. 당연히 그들이 규정하는 현실 자체가 부처 이익중심으로 편향되어 있고 제공하는 자료와 정보가 균형을 잃기 마련이다. 그 결과 대통령실이 대통령실에 파견되어 있는 공무원들에 의해 사실상 포획되는 결과를 낳고 있다. 대통령이 고도로 중앙집권화된 권한과 권력을 지니고 있으면서도 사실상 부처 통솔에 실패하는 이유가 바로 여기에 있다.

이는 실무협의회, 차관회의, 주무장관회의, 국무회의 등을 거치면서도 부처 간 이견 조정이 난항을 거듭하거나 아예 방치되는 주요 원인으로도 작용한다. 같은 맥락에서 장관의 부처 장악력이 무력화하는 주요 원인이 되기도 한다. 장관은 정책화 과정에서 대통령의 집권 이데올로기나 정치권의 의견을 반영해서 부처 관료제에 투입하고 구체적인 프로그램으로 전환하는 역할을 수행하도록 되어 있다. 그러나 이런 정치적 합리성 제고에 대한 요구가 번번이 좌절하게 되는 이유는 장관의 정책 판단 근거가 되는 기초 자료 자체가 부처 소속 관료에 의해 이미 부처이기주의 내지는 관료적 편익 중심으로 편재되어 있기 때문이다.

(2) 이익집단에 의한 포획

일반적으로 고위 행정관료, 재벌기업, 정치권의 유력 인사 사이에서 형성되는 이해관계의 상호지원적 관계를 철의 삼각지대라고 하고, 바로 이런 상호지원적 관계가 정부의 정책결정 방향을 왜곡하는 주요 요인이라는 시각이 설득력을 발휘해 왔다. 그런가 하면 철의 삼각지대론은 3자 간의 관계를 너무 경직된 관계로 규정하기 때문에 현실 적합성이 떨어진다고 보면서, 그보다는 핵심적 정책과제에 따라 상호협동의 체제가 임시적으로 구성되고 해체되는 일종의 이슈네트워크형 체제가 더 적실성 높은 설명이라는 주장도 제기되었다(Rhodes, 1997). 그러나 그것이 관료적 권위주의체제에서 보는 것과 같이 견고하고 일방적인 성격의 것이든, 조합주의 이론에서 보는 것과 같이 상호작용적이고 유기적인 성질의 것이든(Streeck & Kenworthy, 2005: 441), 한 가지 분명한 점은 관료가 정책결정과정에서 순전히 객관적 합리성만을 추구하지는 않는다는 사실이다.

한국의 경우 특히 이익집단의 로비활동에 포획되어 이들의 이익을 보호하는 정책 프로그램 개발을 정당화하거나 보호하는 자료와 근거를 제시함으로써 자신의 자율적 의사결정권을 남용하는 사례는 실증적 조사에 의해서도 밝혀지고 있다. 이의 대표적인 사례로는 흔히 의약 분업과 관련한 의료보험정책의 개정과정이 제시되어 왔다. 오랜 진통 끝에 약사법이 1999년 말 개정되었지만 의약계와 정치권, 정부 간에 분쟁과 갈등이 계속 되었다. 여러 번에 걸친 의료계의 파업과 그에 따른 의료수가 인상이 이어졌고, 결국 의약품 오·남용과 약품 유통을 둘러싼 부조리 문제 해결 등 본래의 목적 달성이 불확실한 가운데에서도 국민의 의료비 부담은 늘어나는 결과를 낳았다(박현주, 2004.01.26). 정책과정이 관련 이익집단에 의해 포획되었던 탓으로 평가된다.

한국을 부패의 천국이라거나 단체 부패 내지는 기관부패가 만연한 나라라고 지적하는 것도 바로 이런 정책 왜곡에 대한 반대급부의 제공이 일상화되어 있기 때문이다. 정부의 시장 개입만 하더라도 단순히 관료의 자기 필요성 때문에 동기 유발되는 정도를 넘어 정부의 개입을 통해 시장을 왜곡하고자 하는 기업이나 이익집단의 유인에 의해 추동되는 경우가 적지 않다.

3) 제III유형의 정책 실패요인

(1) 외부전문가 활용의 형식성

정부의 정책결정 과정에서 외부의 전문적인 조언을 구함으로써 정책의 전문성이나 현실 적합성을 높이려는 전문가 활용 제도가 각종 위원회의 설치와 전문가의 위원 위촉으로 활성화되어 있다. 행정안전부에 의하면 2007년 말 현재 정부에 설치되어 있는 위원회는 모두 416개이다(행정안전부, 2008). 이는 1999년의 319개에 비해 무려 97개가 늘어난 숫자다. 그러나 실제로는 관료에 의해 이미 정해진 정책 방향이나 대안의 합리화를 위해 형식적으로 운영되거나 아예 위원회를 구성해 놓고도 운영하지 않는 경우가 적지 않았다. 감사원에 따르면 이 가운데 중앙학교보건위원회, 시도교육청 평가위원회 등 135개 자문위원회의 위촉위원이 1344명에 달하지만, 이 가운데 건설산업발전심의위원회 등 39개는 최근 2년간 매년 한 차례 정도 회의를 소집하면서도 위촉위원은 385명에 달해 행정력 낭비사례의 주범으로 지적됐다. 심지어 주택정책심의위원회 등 11개 위원회는 서류상으로만 운영돼 온 것으로 알려졌다(매일경제, 2008.04.29).

그러나 더 중요한 점은 비록 회의가 열린다고 하더라도, 논의의 주제 설정에 대한 의견 투입이 관료에 의해 주도되고 전문가의 의견이 반영되는 기회는 원초적으로 봉쇄되어 있어 "공무원의 들러리(김동욱, 2008: 37)"로 전락하면서 형식적인 참여에 그치는 것이 대부분이라는 데에 있다. 위원회 제도를 통해 전문가의 의견을 청취한다거나 외부 환경과 교류한다는 일은 정책결정 과정의 지체나 총비용 지출을 확장할 뿐 정책의 질적 수준을 제고하는 데 기여하는 정도는 높지 않다. 행정환경으로부터의 실질적인 투입이 제대로 이뤄지지 않는다는 뜻이다.

(2) 비선조직 활용

공식적인 정책결정체계가 정책산출물의 질적 수준을 담보해주지 못할 뿐 만 아니라 적시에 필요한 정책대안을 제시하는 데에도 실패할 경우, 이런 관료적 장애를 극복하여 보다 정교하게 사회적인 요구를 보다 적시에 반영하려는 동기에서 촉발되는 것 가운데 하나가 비공식적인 참모 조직 활용에 대한 유혹이다. 그러나 이런 비공식 조직의 활용은 최고정책결정권자에게 시민사회의 요구를 보다 정교하게 전달하거나 또는 그의 의견을 정책과정에 보다 신속 정확하게 반영한다는 이점이 있으나, 그 과정의 폐쇄성과 협소성으로 인해 적지 않은 폐해를 낳게 된다. 충분하고 폭넓은 정보 수집과 객관적이고 균형 있는 평가에 기초한 대안 개발을 보장하지 못할 뿐 만 아니라, 소수의 정책정보 수집망에 접근해 있는 사람들에 의해 손쉽게 포획될 위험성이 작지 않다. 정책정보의 왜곡이나 오해가 일상화할 가능성이 크다는 의미다. 정책 대안이 지니는 양면성이나 폐해에 대한 종합적이고 입체적인 점검을 결여하기 쉽다는 점도 문제다. 특히 정책대안의 수립과정에서 체계적으로 소외될 수밖에 없었던 공식적인 행정집행기관으로서는 이렇게 비공식 라인에 의해 수립된 정책을 집행하는 과정에서 비협조적인 자세를 취하기 쉬울 뿐만 아니라 대안이 내포하고 있는 다양한 의미를 충분히 이해하기 어렵기 때문에 의도하지 않았던 집행상의 오류를 범하게도 된다. 비록 이런 문제점들을 모두 극복한다고 하더라도 소수의 밀사형 비선조직을 통해서는 막대한 사회정책과제 모두를 처리할 수가 없고 잘못되었을 경우 책임 소재를 밝힐 수도 없다(박재희, 2000: 56).

정책과정이 환경과 교류하더라도 그것이 정책의 합리성 제고에 기여하기 위해서는 타당한 양식과 절차를 따라야 하는 이유다. 그러나 그럼에도 한국의 역대 정부는 거의 빠짐없이 비선조직에 의존하는 국정운영양식을 보여 왔다(뉴스메이커, 2008.12.18; 동아일보, 2002.12.26). 친인척이나 가신 그룹에 의한 정책정보의 수집과 배포가 정책실패를 불러오는 대표적 요인 가운데 하나로 작용해 온 것이다.

4. 한국 정치국가의 정책 실패요인

정치국가의 성향이 가장 선명하게 들어나는 것은 아무래도 입법부일 것임으로 비록 정치국가의 개념적 범주가 정부 전체를 대상으로 설정되는 것이라고 하더라도 여기에서는 주로 한국의 국회를 중심으로 검토해 보고자 한다.

1) 제IV유형의 정책실패 요인

(1) 정당체계의 관료화

정치국가가 행정국가에 대해 통제와 감독의 관계를 구축해야 한다는 것은 정치국가의 존재적 당위 가운데 하나임에도, 행정부 수반이 여당 총재를 겸한다는 점에 착안하여 오히려 행정부가 사실상 국회를 지배하는 일이 일상화 되어 왔다. 그러나 참여정부가 들어서면서 당정 분립주의를 표방한 결과 여당의 대 행정부 자율권이 한때 크게 신장된 것으로 평가되었다. 그러나 이런 변화가 국회 입법과정의 자기 정체성 회복이나 자율적 의사결정의 질서 창출로 전환되지 못한 채 일종의 리더십 실종에 따른 혼란과 비효율을 불러왔다는 진단이 제기되었다(박재창, 2008). 이런 가운데 권력을 승계한 이명박 정부는 행정부 수반이 여당에 미치는 영향력 회복에 주목하게 되었다. 대통령과 여당 사이에서 과거 회귀적인 양식을 보여주기 시작한 것이다. 이런 현상은 정당의 공천권이 당권 엘리트에 의해 독과점 되고, 대통령이 사실상 당권 엘리트를 지명하거나 정치인의 장관 임명 가능성을 열어 놓거나 지역사업에 대한 배분자원을 장악하는 한 시정하기 어려운 일이다.

여기에 더해 한국 사회에서는 정당 자체가 이미 획득되어 있는 정치권력의 분식을 위한 수단으로 동원되는 경우가 대부분인 만큼, 소수의 정당 수뇌진에 의해 정당 내부가 수직적으로 지배 장악됨으로서 정당의 내부 민주주의가 잘 확보되지 않고 있다. 이를 보장해주는 것이 정당 수뇌진이 독과점하고 있는 공천권과 정치자금 조달이라는 사실은 이미 새로울 것도 없다. 정치자금 조달체제는 최근 많은 개선을 보이고 있는 것이 사실이기는 하지만 개인 후원회를 통한 모금에 있어서조차 정당 지도력의 지원에 영향을 적지 않게 받는다는 점에서는 여전히 지도력 의존적인 면이 적지 않다. 정당 내부의 엄한 규율과 원내 활동을 독려하는 의원총회 그리고 집단투표의 강제 등이 이런 체제를 보장해주는 동원 수단으로 활용되고 있다(한겨레, 2005.05.19).

이 같은 권력구조상의 왜곡은 행정권에 대한 통제력 상실을 낳을 뿐만 아니라 정치적 합리성이 정부의 정책결정 과정에 제대로 투입되지 못하는 결과를 낳아, 궁극적으로는 정책산출물의 사회적 수용성 정도를 낮추게 된다. 이렇게 행정부가 국회를 관료적 지배체제 하에 두는 현상은 여당이 원내 다수의석을 점하는 정도가 심할수록 강하게 나타난다.[1] 더욱이 대통령실이 전문기술관료에 의해 포획되어 있을 경우 국회에 대한 관료적 지배를 강화하는 결정적 요인으로 작용하게 될 것은 자명한 일이다.

(2) 원내 정당의 원외 정당화 현상

국회를 구성하는 정당들은 자신들이 결집해 온 정책의지를 국회내부로 가져와 상대 정당과 조정함으로써 공식적 정당성을 지니는 정치적 합의물을 도출하도록 되어 있다. 이 과정에서 정치적 합리성을 극대화하게 되는 것은 물론이다. 그런데 한국의 경우는 원내정당들이 국회내부를 중심으로 활동하는 것이 아니라 원외 정당으로부터 영향력을 받고 있어 결과적으로 원내 업무처리과정에 수직적 계서를 한 단계 더 추가하는 꼴이 되고 있다. 이로 인해 정파간의 접촉이나 이견 조율 기회가 축소되는 경향이 있을 것은 물론이다. 그 대표적인 현상을 정당의 지도자 서열과 국회 내부의 지도자 서열이 일치하지 않는 데에서 찾아볼 수 있다. 그렇기 때문에 원내 정당의 대표들끼리 정치적 타협에 이르기 위해서는 일일이 소속정당의 지도자 내지는 실권자에게 따로 상의하거나 허락을 얻어야 하는 일종의 관료적 통제 하에서 움직이게 된다. 자연히 원내 정파

1) 단점정부 하에서의 대 국회 행정부 영향력이 분점정부의 경우보다 훨씬 더 강하다는 사실의 실증에 대해서는 박찬욱, 박홍민(2003)을 참조하기 바란다.

간의 타협 도출과 합의 창출이 왜곡되거나 더디게 진행될 것은 두말할 나위도 없다. 이런 현상은 정당의 지도력을 원내대표제와 정당대표제로 이원화함으로서 많이 시정되고 있는 것처럼 보인다. 그러나 원내 지도력이 독립성을 확보하지 못하기는 마찬가지이며, 그 결과 원내에서의 정당 간 협상이 혼선을 빚거나 난항을 거듭하는 일도 여전하다(연합뉴스, 2008.09.11).

2) 제V유형의 정책실패 요인

(1) 파당적 이익의 우선 추구

파당적 이기심이 지나친 나머지 정당 간의 대화나 조정이 처음부터 자리 잡기 어렵게 되어 있다. 여야 관계는 본래 충성스런 야당(royal opposition)에서 보는 바와 같이 동일 사안에 대한 상이한 견해의 대립과 경쟁을 통해 정책산출물의 질적 수준을 한층 더 높이자는 데 목적이 있다. 그러나 한국의 정치권에서는 처음부터 타협과 조정을 외면하기 위한 현실 규정과 사실 정보의 수집이 이루어져 정파 간의 접점을 찾기 어렵다. 그 결과 정치권 전체의 총의를 형성하기 어렵고 야당의 의견은 언제나 정책결정 과정에서 실질적으로 배제되는 결과를 낳는다. 이는 국회가 정치적 합리성 확보에 실패하는 가장 큰 이유 가운데 하나다.

그 결과 국회라는 기관에 대한 충성심보다는 정파에 대한 충성심이 우선시 되고 있으며, 국회와 행정부의 대립은 거의 대부분의 경우 소속 정당에 대한 충성심을 기준으로 평가, 정리되기 마련이다. 이점은 특히 국회가 대통령제하의 입법부라는 사실을 감안해 볼 때 중대한 문제를 야기한다. 입법부와 행정부 간의 견제와 균형의 원리가 작동하지 못하게 되기 때문이다.

(2) 개인적 이익의 우선 추구[2]

정경유착에 따른 정책 왜곡이 정치적 대리인에 대한 기업이나 이익단체의 포획에 의해 구체화되는 사례가 적지 않다. 이에 따라 정치적 대리인이 시민의 총의를 정책과정에 반영하고자 노력하는 것이 아니라 특정 세력이나 집단의 이익을 염두에 두고 정책수립에 필요한 정보를 수집하거나 논리적 정당성을 구축하는 경향이 있다. 정치적 대리인에게 주어진 자율적 의사결정권을 남용하여 부패와 정책 왜곡을 일삼는다는 의미다.

보다 구체적으로는 직무와 관련하여 재산상의 이익을 취하거나 직무상의 권한을 사적으로 이용하는 일이 적지 않다. 참여연대가 2003년 6월 조사한 바로는 국회 경제관련 7개 상임위원회 소속 국회의원 168명중 본인 또는 배우자의 명의로 주식을 보유하거나 거래한 경우가 45.8%(77명)에 달했다(한겨레, 2003.06.18). 직무상 지득한 정보를 이용해 사적인 이익을 취했을 개연성에 대한 우려가 제기되는 대목이다. 제16대 국회 임기 중인 2001년 당시 1억원 이상의 부동산을 보유한 의원은 81명으로 그들의 평균 부동산 소유액이 6

2) 박재창(2005: 113-115)를 주로 참조했다.

억 3천7백만 원인 것으로 조사되었다. 이 가운데는 수도권 지역에 상당한 부동산을 보유한 상태에서 수도권 지역의 공장총량제를 완화하는 것을 주요 내용으로 하는 수도권정비계획법 개정을 주도한 사례도 있었다. 이 법이 통과될 경우 이들 의원이 소유하고 있는 부동산의 가치 상승에 직접적인 영향을 미칠 것이 예상되었다. 입법 활동을 통해 자신의 이권을 도모했다는 의혹을 사기에 충분한 것이었다(이재명, 2003: 7-8). 2001년의 농림해양수산위원회 국정감사에서는 야당의원들이 노량진수산시장을 인수하려던 피감사기관(수협중앙회)에 압력을 가한 끝에 인수를 포기하는 일이 벌어져 충격을 주었다. 사익을 위해 국회의원의 지위를 활용한다는 의혹이 제기되었다(한겨레, 2001.09.28). 지난 1999년 정부는 사업자단체 규제개혁의 이름으로 변호사협회, 세무사회, 관세사회, 공인회계사회 등 전문직업인 단체를 개혁하고자 했으나 실패했다. 국회의원들의 전·현직과 이해관계가 맞물려 있었기 때문이었다. 즉 변호사협회 관련 법안은 법조계 출신이 즐비한 법제사법위원회를 통과하지 못했으며 세무사회·관세사회·공인회계사회 법안을 다룬 재정경제위원회에서도 전직 세무사회장과 현직 관세사회장이 개혁 법안에 반대했던 것이다(조선일보, 2004.04.28).

이렇게 한국 사회에서는 국회의원이 공적 업무를 수행하는 과정에서 사적 이익을 취하거나 취할 개연성이 있어 보이는 상태를 그냥 방치하는 일이 적지 않다. 국회의원이 지대 추구를 위해 자신의 자율적 의사결정권을 왜곡하거나 오·남용하는 현상에 대한 적극적 대응장치가 결여되어 있는 셈이다.

3) 제VI유형의 정책실패 요인

(1) 정부간여 범위의 광역성

한국의 경우 사회적 관계의 구체적인 부분까지 정부가 개입해서 정책방향을 정하고 규제하려는 경향이 있어 과대정부적인 성향이 농후하다. 강명구(2007)는 이런 한국 정부의 특징을 면적(面的) 존재로서의 국가라고 칭한 바 있다. 이런 만큼 정치과정에서의 입법수요가 커지며, 그런 만큼 환경과 접촉하거나 교류해야 하는 수요가 커지게 마련이다. 여기에 더해서 지금과 같이 사회 환경의 변화가 급격히 일어나는 때에는 그만큼 정책과정에서 환경과 교류해야 할 필요성도 커지게 된다. 이런 상황 아래에서 정부가 정치적 참여과정에 대한 적극적 배려 없이 선험적 척도나 대안을 가지고 현실문제 해결에 나설 경우, 정책의 적실성을 떨어뜨리게 될 것은 자명한 이치다. 정부의 개입 범위가 넓으면 넓을수록 정부의 실패에 따르는 사회적 손실비용 규모가 커질 것도 물론이다.

더욱이 이렇게 국가 개입 폭이 넓을수록 거기에서 비롯되는 전환비용의 지출 범위가 커지고 이로 인해 정치적 부패를 유인하는 효과가 증가하게 된다는 점을 감안해 보면, 정부의 시민사회에 대한 개입 정도를 줄여 적정화 하는 것은 입법대상범위의 확대로 인한 정책실패의 개연성을 줄이는 원초적 대안 가운데 하나다.

(2) 사이버 참여 공간 부족

정보사회가 심화되면서 지금까지 한국 사회가 경험해 보지 못했던 새로운 정책수요 공간이 창출되는 데, 이에 효과적으로 대처하기 위해서는 이를 다루는 전문 기구나 부서가 있어야 하고 온라인과 오프라인을 연결하는 장치가 마련되어야 한다. 그러나 정치과정에서 이런 새로운 사회 환경의 변화에 대처해 나가는 장치나 시스템을 개발하려는 노력은 아직 저급한 상태에 있다. 이점은 특히 행정부가 전자정부의 구축을 강조하고 있는 점과 대비된다. 정보사회는 그가 동반하는 정보유통과정의 유동성, 역동성, 경제성, 광역성 등으로 인해 시민의 정책과정에 대한 참여 가능성을 혁신적으로 확장하는 성질을 지녔다. 이점을 상기해 볼 때, 정치과정과 전자정부적 특성을 연계하려는 노력이 미진하다는 사실은 한국의 대의과정에 적지 않은 문제점이 있음을 시사한다.

2008년의 미국산 쇠고기 수입파동과 관련하여 촛불집회가 분출해야 했던 이유 가운데 하나는 바로 이런 전자적 장치에 의한 시민참여의 공간이 제도화 되어 있지 않은 데에서 비롯된 것이라고 하여도 과언이 아니다. 시민에 의한 전자적 참여가 정치국가의 제도적 장치의 미비로 인해 자생적, 역동적, 비공식적, 양식으로 분출한 결과가 바로 촛불집회였다고 평가되기 때문이다. 이 분야가 더욱더 중요한 것은 대부분의 과제가 아직 선례를 찾아보기 어려운 것들이어서 매우 창조적인 대응을 요하는 것들이 적지 않다는 데에 있다.

5. 정책결정체계의 실패극복 전략

1) 구조적 요인의 개선전략

행정국가 제I유형과 정치국가 제IV유형은 수직적, 상명하달식 구조 또는 수평적, 하의상달식 구조 중 어느 쪽으로 치우쳐도 문제를 발생시키는 경우다. 따라서 정책결정체계 내부의 구조적 균형성을 유지하는 일이 필수적 과제로 제기된다. 이는 정책실패를 극복하기 위한 대안의 개발이 수직적 구조와 수평적 구조 간의 절충을 통해 구해질 수밖에 없으며, 그렇기 때문에 개혁대안의 모색이 일종의 선택과정을 걸쳐 완결된다는 의미이기도 하다. 상황조응적 접근전략을 필요로 하는 이유다. 그런데 현시점의 한국 정책결정체계 내부구조는 수직적 길이가 너무 긴 것으로 평가된다. 이런 관료제적인 질서는 특히 즉응적인 대처를 요구하는 정보사회의 도래와 함께 정책실패를 불러오는 핵심적 요인 가운데 하나로 지목된다. 그런 점에서 한국 정책결정체계의 내부구조는 수평적 유인 요소를 크게 확장할 필요가 있다.

(1) 실국장중심의 팀제 운영

행정부의 경우 품의제도를 통한 정책결정 과정에서 핵심적 역할을 수행하는 것은 정책 초안을 작성하는 사무관과 사실상 최종적인 검토를 주관하는 실국장이다. 따라서 실국장을 중심으로 국 단위에서 공개적이고 개방적인 토론을 통해 실질적인 정책개발에 나서는 팀제 운영 방식을 도입한다면 계서상의 다단계 결재 시스템으로 인해 발생하는 정책결정 과정의 지체나 중복 및 왜곡을 극복할 수 있고, 실질적인 의미에서 다양한 식견과 관점이 표출되고 논의될 수 있게 함으로써 일종의 시너지 효과를 낼 수도 있을 것이다. 참여정부 시절 팀제를 도입했으나 실패한 이유는 팀제 자체에 있었다기보다는 그의 운영양식에 있었다. 팀제를 도입하면서 과장중심의 팀 구성으로 전환했기 때문에 팀 구성으로 인한 수평적, 수직적 경계의 제거효과가 원초적으로 작을 수밖에 없었고 과거의 품의제와 차별화하기가 쉽지 않았다. 무엇보다도 중요한 점은 사실상 명칭만 바뀌었을 뿐 그에 따른 업무수행양식상의 변화가 동반되지 않았다는 점이다. 이런 점을 감안하여 실국장을 단위로 하는 팀을 중심으로 정책개발에 나서도록 품의제를 개선할 필요가 있다. 이럴 경우 업무처리상의 수직적 길이가 짧아지면서 행정업무의 지체나 현장으로부터의 이격화 현상이 시정되는 것은 물론이고 실국 내부에서의 칸막이 행정을 극복하게 되는 보다 본질적인 변화를 기대해 볼 수 있을 것이다. 현대 행정과제의 특징이라고 할 수 있는 복잡성, 다원성, 분권성 등에 효율적으로 조응하기 위해서는 융합행정이 불가피하고 이는 실국단위에서의 복합행정으로 대응 가능하다고 보기 때문이다. 특히 보다 근본적으로 정책화 과정에서의 수직적 길이를 줄이기 위해서는 현재 9 단계로 되어 있는 공무원의 등급 수를 크게 줄이는 방법도 고려해 볼 만한 과제다.

(2) 국무총리 제도의 폐지

대통령제를 채택하면서 정책결정 과정에서 사실상 유명무실한 국무총리제도를 두는 것 자체가 일종의 기능적 중첩 현상이다. 부처별 이견 조정은 대통령에 의해 조정되는 것으로 충분하며 책임과 권한의 일치를 가져오는 지름길이기도 하다. 이런 점에서 볼 때, 대통령제하의 내각은 그의 기본적인 성격을 내각책임제하의 내각과 달리해야 한다. 대통령제하의 내각은 부처별로 대통령에 대해 독자적으로 책임을 지는 일종의 대통령 참모 기관에 해당된다. 내각책임제하의 내각처럼 내각 전체가 하나의 단위가 되어 의견을 통일하거나 합의를 도출해야 할 이유가 없다. 반면에 내각책임제하의 내각은 내각 전체가 의회에 대해 책임지는 관계에 있기 때문에 각 부처의 장관이 내각 전체로서의 의견 도출을 위해 합의를 이끌어내야 한다. 그런 점에서 국무총리를 수장으로 하는 국무회의를 통해 내각의 통일된 의견을 도출하고자 하는 것은 기본적으로 대통령제의 내각 구성 원리에 저촉된다. 그런 의미에서 국무총리의 정책조정 역할은 근본적으로 제한되는 성질의 것이기도 하다.

정책결정 과정의 체계화와 단순화 차원에서 보더라도 국무총리는 가외적 장치로 이해된다.[3] 이점은 특히 그 운영실제에서도 국무총리가 주제하는 국무회의가 사실상 유명무실한 의전 도구로 전락

3) 국무총리제도의 가외성이 항상 부정적 효과만을 동반하는 것은 아니다. 한국 사회의 정치적 역동성과 가변성을 감안해 볼 때, 국무총리가 대통령의 정치적 취약성을 보충하거나 특히 위기관리 과정에서 정치적 희생양 역할을 수행함으로서 정치적 안정에 기여한다는 평가도 가능하다. 그러나 이는 국무총리제도의 본질문제와는 다른 차원의 논의다.

하고 있다는 점에서 더욱 그렇다. 이런 점을 감안해 볼 때 국무총리 제도의 타당성 여부를 심각하게 점검해 볼 필요가 있으며, 국무총리제를 폐지하는 경우 당연히 국무조정실을 폐쇄해야 할 것은 물론이다. 이럴 경우 대통령실이 종합적인 국무조정 업무를 담당해야 하고 이를 위해서는 대통령실 자체 소속의 독립적인 관료체제를 구축해야 할 것도 물론이다.

(3) 장관 비서실의 기능강화

대부처주의는 정부조직의 단위당 규모를 키우면서 단순히 장관의 통솔 범위를 늘이기만 하는 것이 아니라, 부처내부의 업무처리 체계를 복잡하게 만들고 그에 따라 부처 구성원의 행동양식을 매우 복잡화, 다원화, 다변화 하는 경향을 지녔다. 장관을 비롯한 부처의 상위계층으로 갈수록 업무의 폭주가 일어나면서 행정과정의 병목이 심화될 것도 물론이다. 무엇보다도 장관의 정보처리 능력이 한계점에 이르러 정보 과잉으로 인한 전문성의 부족이나 문제해결 능력 저하도 낳게 된다.

이런 점을 고려하여 장관의 부처 관리능력과 지적 정보 처리능력을 강화하기 위한 특단의 조치를 취할 필요가 있다. 과거 의전 기능 중심으로 활동하던 장관실을 확대 개편하여 정책참모 기능을 수행하도록 개편한 것도 바로 이런 정관실의 관리수요 때문이었다. 그러나 장관의 정책보좌관을 부처 소속 공무원 중에서 차출하는 것이 아니라 외부로부터 충원함으로서 사실상 부처 소속 관료제에 대한 장악이나 필요정보 수집 및 가공 기능을 제대로 수행할 수 없게 되었다. 정책보좌관의 직급이 낮은 것도 문제다. 이런 점에서 볼 때, 불란서의 장관실 구성양식은 타산지석으로 삼을 만하다. 불란서에서는 국장 중 한 명을 장관실 국장으로 임명함으로써, 부처 내부의 기술관료집단 사이에 일종의 견제와 균형의 관계가 구성되도록 하는 것은 물론이고 장관의 기획기능을 강화함으로써 부처 내부에 구체적인 비전과 프로그램을 제시할 수 있도록 하고 있다. 이는 장관의 정치적 합리성 지향적인 요구를 객관적 합리성 지향의 양식으로 전환하는 기능을 담당하는 기구를 장관에게 마련해준다는 의미이기도 하다. 폐쇄적이고 내부지향적인 부처이기주의에 경쟁적이고 대안적인 장치를 제공하여 이를 견제하거나 감독하자는 것이기도 하다. 궁극적으로는 수직적 계선조직에 의한 정책결정체계의 지체와 왜곡 현상을 극복해 보자는 것이다.

(4) 대국대과제의 내실화

대부처주의에 따른 장관의 업무 폭주 현상과 그에 따른 행정과 정상의 문제점을 시정하기 위해 실국장급으로 권한을 대폭 위임하고 대국대과제를 도입해서 운영하고 있으나, 이는 다시 실국장급에서의 업무 폭주와 이에 따른 전문성 확보의 곤란을 낳고 있다. 이를 해결하기 위해서는 우선 업무처리 양식의 매뉴얼화와 규칙과 규정의 세분화를 통해 직접 감독비용을 줄이는 조치를 취할 필요가 있다. 그래야 실국장으로부터 직접 지시 명령을 받기 전까지는 어떤 결정도 하지 못한 채 지체를 거듭하는 일과 자의적 의사결정에 따르는 행정의 왜곡과 과비용 지출을 막을 수 있을 것이기 때문이다.

같은 이치로 부하의 업무수행 능력이 높을 경우 직접 감독의 수요가 상대적으로 줄어들 것임으로 대국대과제를 채택하면서 대대적인 교육훈련강화 프로그램을 병행할 필요가 있다. 이는 국정의 지향점이나 다루는 정책의 내용을 보다 구체적이고 명료한 양식으로 규정하고 이를 관련 공무원들이 숙지, 공유하도록 하는 일과도 연동된다. 미리 정해진 국정방향과 정책내용이 있어 이를 명료하게 공유할 경우 그만큼 행정과정에서 상관에 의존해야 할 필요성이 줄어들 것이기 때문이다. 대국대과제가 성공하기 위해서는 이런 주변장치의 내실화가 동시에 병행되어야 한다.

(5) 국회의 독립성 보장

행정부가 사실상 국회를 지휘 통제하는 일과 그로 인한 국가 권력구조의 수직적 계서화 현상을 극복하기 위한 조치 가운데 하나는 우선 국회의 독립성을 보장하는 일이다. 이를 위해서는 근본적으로 국회의 권능 자체를 강화하는 일이 전제 되어야 한다. 국회는 대통령제 하에서의 대 행정부 통제와 견제의 기능을 수행하도록 기대되고 있으면서도 사실상 이를 위해 필요하다고 판단되는 입법권과 예산편성권에 대한 독점적 지배를 인정받지 못하고 있다. 따라서 정부의 법률제안권을 박탈하고 예산편성권을 회수하여 국회 권능의 독자성을 확보하는 일이 선결과제다.

나아가 대통령이 실질적으로 집권당 소속 의원에 대한 공천권을 행사하거나 국회의원을 장관으로 임명하거나 재정자원을 지역구 지원 사업에 배정하는 등의 행정권 오·남용 현상을 차단해야 한다.

대통령이 사실상 국회의원에 대한 공천권을 행사하지 못하도록 하는 가장 궁극적인 방안은 국회의원에 대한 공천권을 당원에게 돌려주는 것이며, 그런 점에서 지구당 중심의 공천을 제도화해야 한다. 국회의원으로 있으면서 행정부의 장관이 되는 것은 그것 자체가 위법이기도 하다. 이는 정치적으로 삼권 분립주의를 침해하는 것일 뿐만 아니라 공무원의 겸직을 금지하고 있는 공직자 복무규정에도 위반된다. 예산배정과정의 투명성과 공정성을 확보하기 위해서는 근본적으로 예상편성권을 국회로 일원화해야 하며, 예산심의과정의 공개성 확보와 함께 시민참여 공간을 넓혀야 한다.

(6) 원내정당화의 강화

정당의 지도력을 실명화 할 필요가 있다. 원내 활동의 주도권을 정당의 수뇌진이 직접 행사하게 하자는 것이다. 그리하여 정당과 국회 간에 일종의 원심력이 작용하지 않도록 미연에 방지하는 것은 물론이고 정당 활동의 무대를 원내로 끌어들여 정당 간의 이견 조정과 타협을 더 용이하게 조정하자는 것이다. 이는 정치과정에서의 책임소재를 명백히 하는 것이기도 하며 정치과정의 계서적 구조를 한 단계 단순화하는 일이기도 하다. 이를 위해서는 지금과 같이 정당의 지도력을 정당대표와 원내대표로 이원화 할 것이 아니라 원내정당 중심체제로 일원화 하는 변화가 요구된다.

이를 위해서는 정당 내부의 민주화가 전제되어야 하며, 이를 전제로 정당의 지도력이 결정되어야 한다. 정당 지도력이 내부 민주주의에 의해 결정될 때 그런 지도력에 의한 정책결정이 당원의 정치적 지지를 동반하게 되고 그렇기 때문에 정책협상이 보다 실질화 하며 또 용이하게 전개될 것은 물론이다.

(7) 정당 내부의 민주화

① 정당 내부의 민주화를 진작시키기 위해서는 먼저 지역의 당원연락협의회 같은 편의적 기구를 폐쇄하고 지역사회에 기초한 지구당을 설치해야 하며, 지구당 위원장 등 당직의 당원에 의한 직선제 및 당비를 통한 정당운영체제의 강화를 도모해야 한다. 그리하여 정당원이 실질적인 정당의 운영자가 되도록 하는 것은 물론이고 당내 리더십이 당원들의 정치적 지지에 의해 창출되도록 유도하는 체제를 갖추어야 한다. 이 경우 진성(眞性) 당원이 전제되어야 하는 데 현재로서는 진성 당원의 확보가 현실적으로 어려운 점도 있음으로 과도기적으로 중앙당과 지구당 소속 당원의 의사를 절충하는 점진주의적 변화 양식도 고려해 볼 수 있을 것이다.

② 이는 정책과정의 수평화에 기여할 뿐만 아니라 시민참여의 공간을 확대함으로서 민주주의의 철학적 원리에 충실한 정책과정을 낳게 한다. 이런 수평적 참여공간의 확대를 위해 전자장치를 활용하는 정당운영체계를 고안하는 것도 한 방법이 될 것이다. 전화투표를 통한 정당 지도층 선출이나 웹케스팅이나 웹사이트를 통한 정책포럼 운영 같은 것이 대표적인 사례다.

2) 인간적 요인의 개선전략

행정국가와 정치국가가 각각 객관적 합리성이나 정치적 합리성을 확보하기 위해서는 행정적 대리인이나 정치적 대리인의 자율적 의사결정권을 보장해주어야 한다. 그러나 이런 자율권 보장은 오히려 행정적 대리인이나 정치적 대리인이 자기중심적으로 정책을 결정하도록 방치하거나 심지어 유인하는 요소로 작용하게 된다. 제II유형과 제V유형의 정책실패를 불러오게 되는 이유다. 따라서 자율적인 의사결정권의 보장과 이를 제어하기 위한 내재적 통제 내지는 외재적 통제 간의 균형성을 유지하는 일이 필수적 과제로 제기된다. 그러나 인간 내면의 문제는 제도적 장치에 의한 관리가 궁극적으로는 불가능한 일임으로 여기에서는 주로 외재적 통제를 통한 자의적 결정권 행사와의 균형점 유지문제에 착안하여 개혁 대안을 모색해 보고자 한다.

(1) 대통령실의 독립성 강화

대통령이 실질적으로 관료제를 통솔 지휘할 수 있도록 대통령의 참모조직을 확대 강화함으로써 대통령실이 관료에 의해 포획되는 일을 미연에 방지해야 한다. 이를 위해서는 대통령실이 독자적인 관료체제를 확보하는 일이 급선무이며 특히 예산과 기획에 관한 업무를 대통령실이 직접 통제함으로써 대통령에게 부여된 책임 구현을 그에 걸맞은 권한 보장을 통해 지원해야 한다. 이는 곧, 현재의 대통령실을 미국의 관리예산처 같은 기관을 타산지석으로 삼아 개편하자는 것이기도 하다. 이럴 경우, 대통령이 비선조직을 통해 음성적으로 정책과정을 조정하고자 하는 수요를 크게 줄이게 되며, 더욱 공개적이고 제도화된 양식에 의해 전통적인 관료제의 한계를 보완하거나 극복하고 이들의 최종적이고 결정적인 조정자 역할을 수행할 수 있게 된다.

이는 행정관료체제의 자의적 의사결정권 행사를 대통령실에 의한 감독과 통제를 통해 견제하거나 방지하고, 행정과정의 과학적 합리성이나 경제성 제일주의에 정치적 합리성이나 국민대표성을 반영하자는 것이기도 하다.

(2) 행정정보 공유 시스템 개발

행정 각 부처의 행정정보를 전산화하는 것은 물론이고 이들을 네트워크로 연결하여 항시 행정 각 부처가 서로의 행정정보에 손쉽게 접속해서 활용할 수 있도록 해야 한다. 이럴 경우 행정정보의 공개와 공유가 동시에 구현되는 셈이다. 이는 행정부와 국회와의 관계에서도 같다. 특히 야당과의 관계에서도 적극적으로 행정정보를 제공하고 공유함으로써 야당으로 하여금 행정정보의 부족에서 오는 오해를 줄이고 전략적 당쟁으로 치닫지 않도록 유도하는 일은 매우 중요한 과제다. 행정정보시스템에 대한 접근과 정보공유는 무엇보다도 현실에 대한 인식과 규정을 객관화함으로써 갈등적 대립관계에 놓이기 쉬운 정부 간, 부처 간, 또는 정당 간 관계를 협력관계로 전환하고자 한다는 데에 의의가 크다.

이는 행정정보공개제도와 직결되는 과제로서 지금의 행정정보공개제도는 행정정보의 공개에 있어 너무 소극적이라는 평가를 받는다. 이를 개정하여 보다 적극적으로 행정정보를 공개, 공유할 수 있도록 개편해야 한다. 이런 상황은 국회의 입법정보에 있어서도 같다. 그럴 경우 행정과정이나 정치과정의 투명성이 보장되고 시민참여의 토대가 마련되면서 대리인의 자의적 의사결정권 행사를 견제하는 효과를 동반할 수 있게 된다.

(3) 당정협의회의 내실화

사실상 형식적인 통과 의례화 되어 있는 여당의 전문위원과 행정부 실국장급 간의 정책조율을 보다 실질화 함으로써 정책과정에 대한 정치적 합리성 투입을 강화하고 이를 토대로 전문가적 식견을 반영하려는 노력을 강화해야 한다. 이를 위해서는 무엇보다도 여당 내부의 전문위원이 지니고 있는 전문성 정도를 신장시켜야 한다. 여당의 분야별 전문위원은 단순히 정치적 요구를 파악하고 수렴하는 장치가 아니라 이를 구체적인 정책대안으로 전환하는 분야별 전문가적인 식견과 지식을 지니고 있어야 하며, 그런 점에서 정치적 합리성을 지향하는 정당정치 과정에서 객관적 합리성을 투입하고 또 제고하는 능력을 보유하고 있어야 한다. 그런데 이들이 이 같은 전문가적 식견을 지닌 중립적 평가자가 아니라 정치적 선호나 가치관을 강조하는 정치지망생으로 채워질 경우, 당정협의회의 내실 있는 운영은 기대하기 어려워진다.

이점은 행정부의 실국장급에도 요구되는 과제다. 정당의 전문위원을 단순히 정당의 협상 창구나 의사통로로 인식하는 경우에는 실권이 없는 전문위원보다는 국회의원과 직접 소통함으로서 당면 과제를 보다 경제적으로 처리하려는 유혹에 빠지기 쉽다. 그러나 정당 소속 전문위원과의 협의는 단순히 정치적 과정의 일부를 구성 하는 데 지나지 않는 것이 아니라 이를 통해 정치적 요구를 과학적 합리성으로 전환하는 과정에 대한 점검 내지는 대안 모색의 장이라는 인식이 선행되어 있어야 하겠다. 이런 당정 간의 협조체제 구축은 결과적으로 정책의 질적 타당성이나 적실성을 높이게 될 뿐만 아니라 상호 간의 견제와 감독 및 경쟁의 체제도 갖추게 함으로서 어느 일방에 의한 자의적 결정과 권한 남용을 방지하는 효과도 동반하게 된다.

(4) 정치자금법, 정당법, 선거법 등의 개혁

정치자금의 갹출과 이동 그리고 지출과정이 투명하게 기록되고 공개되도록 정치자금법을 개정하는 것은 물론이고 정당법 개정을 통해 정당 내부의 민주화를 약속하는 당원의 당직 담임권, 공직선거 후보 선출권 등을 법제화 해야 한다. 상향식 공천을 요구하는 당원의 여망을 수용하는 제도의 도입이나 공직선거 후보자의 휴직제도 도입, 언론인, 교사 등과 같이 지역사회의 여론 선도층에 해당하는 인사들의 정당활동 허용 등이 정당의 민주화를 촉진하는 주변적 장치로 기여할 수 있을 것이다. 선거법의 개정을 통해 일인일표주의를 적극적으로 반영하는 선거구 경계 획정, 선거자금 공영제의 확대 보장 등도 우선하여 검토해야 할 과제다.

마치 행정과정이 행정절차법에 의해 규정되거나 구속되는 것과 같은 이치로 정치과정에 대해서도 민주주의의 철학적 원리가 반영되는 절차나 제도를 법제화 함으로써 정치과정의 참여자들이 자의적 의사결정권을 오용하거나 남용하지 못하도록 하자는 것이다.

(5) 반부패 및 공직 윤리제도의 활성화[4]

대리인의 윤리적 타락이나 부패를 통제하기 위한 방안으로는 공직자 자신, 소속 기관, 그리고 유권자 이렇게 세 가지 차원을 상정해 볼 수 있다(Beard & Stephen, 1975). 먼저 대리인 스스로 자율적 성찰을 통해 자신의 도덕적 정당성을 유지 발전시켜 나가도록 하는 경우, 국민에 대한 포괄적, 정치적 책임(responsibility)의 준수를 자신의 도덕성 평가를 위한 주요 준거율로 삼는다면 민주주의를 지향하는 헌정가치에 합당한 자기 성찰 전략이 될 수 있을 것이다. 그러나 이 경우에는 객관적이고 가시적인 통제가 불가능하고 대리인 개개인에 따라 문제를 보는 시각이나 해결방안을 모색하는 관점이 달라 이를 촉진하기 위한 정책 대안 발굴이 어렵다. 그러나 윤리적 정당성 유지의 문제가 궁극적으로 개인의 철학과 가치관에 직결되어 있다는 점에서 볼 때 결코 가볍게 다룰 수 없는 과제다.

또 다른 방법은 대리인이 소속되어 있는 기관이 대리인의 윤리 일탈을 제어하기 위한 제도적 장치를 개발하고 운영하는 경우다. 행정관료의 경우 행정부에 반부패 또는 공직윤리 확보 기구를 두고, 국회의원의 경우에는 국회가 자기 소속원에 대한 관리와 통제에 나서도록 하는 것이다. 특히 국회는 기관 창설권을 지니는 국가기관의 하나인 만큼 이를 외부 기관이 통제하거나 규율하는 것은

4) 박재창(2005, 27-30)에서 발췌, 수정했다.

의회민주주의의 기본원칙에 반하며, 국회의 자기결정권을 중시해야 한다는 점에 유의할 필요가 있다. 그러나 기관으로서의 행정부를 운영하는 것은 행정관료이고 국회를 운영하는 것은 궁극적으로 국회의원이기 때문에 실제로는 행정관료나 국회의원 자신이 자신을 통제하는 일종의 자기 통제에 해당된다.

유권자에 의한 통제는 흔히 소속 기관 밖에서 주도된다는 점에서 외재적 통제로 간주되며 그렇기 때문에 기관으로서의 행정부나 국회에 의한 내재적 통제가 지니는 한계를 보완 발전시키는 성질을 지녔다. 나아가서는 유권자에 의한 통제가 일종의 당사자 통제라는 점에서 통제의 수요와 현장에서 가장 밀접한 위치에서 발현되는 통제이고 그렇기 때문에 보다 효과적이라는 평가도 받는다. 더욱이 한국의 경우에는 최근 NGO 활동이 활발해지고 있어, 바로 이런 시민사회의 역할을 활용하기에 유리한 환경이 조성되어 있다. NGO를 중심으로 하는 일반시민의 참여를 통해 행정관료나 국회의원의 윤리적 청정성을 확보하고자 하는 전략은 이점에서 타당성을 배가한다. 시민참여형 정책환류 시스템을 개발, 정착시키자는 것이다.

3) 환경적 요인의 개선전략

행정국가의 제III유형과 정치국가의 제VI유형에 따른 정책실패는 결국 행정국가나 정치국가가 그의 정책과정에서 정책주변 환경, 특히 시민사회와의 접촉과 소통을 등한시 하거나 외면한 데에서 오는 결과다. 따라서 이를 극복하기 위해서는 정책환경 특히 시민사회와의 적극적인 교류와 소통을 촉진하는 일이 필수적 과제로 제기된다. 이는 기본적으로 거버넌스의 관점에서 정책결정체계를 검토하고 개혁수요를 진단해야 한다는 것에 다름 아니다. 행정적 대리인이나 정치적 대리인의 실패를 극복하기 위한 궁극적인 대안 가운데 하나는 시민의 직접적인 참여를 통해 대리인 체제의 한계를 대체하거나 극복하는 일이라고 여겨지기 때문이다.

(1) 정책공동체 형성

전문가 집단을 정책결정 과정에 동원해서 정책의 질적 수준을 높이는 일은 매우 중요하다. 그러나 현재와 같이 방만하게 자문회의를 설치해 놓고서도 실제로는 자문회의 개최를 일종의 통과의례용 요식 행위로 전락시키는 일은 없어야 한다. 그런 점에서, 단순히 자문회의를 구성하여 전문가의 참여를 선별적으로 유치할 것이 아니라, 정책공동체를 형성하여 전문가들을 네트워크로 연결하고 이를 토대로 평상시에도 꾸준히 이들과의 교류를 통해 정책과정에 참여하도록 함으로서 협력적 공조체제를 갖출 것이 요청된다. 그러나 더 중요한 것은 정책의제 선정 단계에서부터 전문가 집단과의 대화와 소통을 추진해야 한다는 점이다. 정부가 미리 어떤 주제나 입장을 가지고 그것의 정당성 정도를 높이려는 수단으로 정책공동체를 활용하고자 하는 한 결코 거버넌스의 성과는 기대하기 어려워진다.

이런 전문가 참여 공간의 확대는 공직자 중심의 정책대안 개발과정에 대해 질적 수준을 높여주게 될 뿐만 아니라 복수검증과정을 거치게 됨으로서 정책실패의 개연성을 줄이는 효과도 동반하게 된다.

(2) 설득 기구 신설

환경변화가 급속히 일어나는 사회일수록 여론의 수렴은 정책산출물의 질적 수준 향상을 위해 필수적 과제로 제기된다. 따라서 행정 각 부처가 적극적으로 이런 여론의 향배에 유의하도록 하는 것은 물론이고 정부의 기구 중에 특별히 이런 시민사회와의 관계에 주목해서 정보를 수집하고 전달하는 일을 담당할 부서를 신설할 필요가 있다. 왜냐하면, 모든 정책은 필연적으로 정책에 따른 수혜자와 피해자를 낳기 마련이라는 점을 감안해 볼 때, 새로운 정책을 마련할 때에는 이를 설득하고 그에 필요한 정보를 제공하는 일을 담당할 부서가 요청되기 때문이다. 지금처럼 정치국가가 제 기능을 발휘하지 못할 경우에는 행정부의 이런 기능이 더 절실해진다. 특히 미래사회가 정보사회로 진입하면서 정부 보유 정보에 대한 사회적 수요가 폭발적으로 증대할 것이라는 점을 고려해 보면, 정부 보유 정보의 공유를 전담하는 기구 설치는 필수적 과제다. 다른 한편으로는, 시민사회의 요구를 체계적으로 수집 분석함으로써 그 요구를 정책과정에 적극적으로 반영하기 위한 일종의 정보 중계통로의 필요성이 제기된다. 그런 점에서 과거 공보처나 정무장관실이 담당했던 기능들을 더욱 전향적으로 개선해서 정부정보공개처 내지는 미래부 같은 정부 부처 신설이 요청된다.

특히 대 정당과의 관계에서 대통령의 일원적 통제나 관리를 순화

하는 경우 이들과 행정부 간의 이견 조정이나 협조관계를 구축해야 할 필요성이 제기되는 만큼 정무장관실과 같은 조정전담기구 설치를 통해 대 정치권 설득과 여론수렴 업무를 담당하도록 할 필요가 있다.

(3) 사이버 참여공간 확대

현재 행정 각 부처는 각자 인터넷 사이트를 개설해서 운영하고 있다. 그러나 이 사이트를 통해서 획득한 정보를 정책개발이나 대안 모색에 적극적으로 반영하기 위한 시스템을 갖춘 곳은 많지 않다. 제도적 장치 개선을 통해 인터넷으로 접수된 정책 민원을 수렴하고 이를 체계적으로 정책결정 과정에 반영하도록 하는 장치 개발이 시급하다. 이는 국회의 경우도 같다. 화상회의나 E-Mail 또는 PDA 등을 통해 국회의원과 유권자가 직접 접촉하고 의견을 개진하며 이익단체의 의견을 청취할 수 있도록 제도적 장치를 모색해야 한다. 유권자와 국회의원의 거리를 혁신적으로 축소해보자는 것이다. 국회의원 선거시 단순히 후보자에 대한 투표를 전산 시스템으로 계표하는 단계에서 벗어나, 컴퓨터 단말기에 나타나는 후보자의 주요 정책을 검토한 후 후보자의 이름에 기표할 수 있도록 장치되는 전자투표제도를 도입해 볼 수도 있다. 국회에 NGO와 정책분야별로 상호작용할 수 있는 웹사이트를 개발하여 운영한다든지 과제별 웹사이트를 설치하여, 시민이 주도하는 정책 공동체를 구축해 볼 수도 있을 것이다. E-Mail을 통한 직접청원제도나 화상 위원회 제도도 구상해 볼 수 있는 대안이다.

(4) 시민사회와의 공조체제 구축

각종 시민운동단체와 공조체제를 구축하는 일의 당위성에 대해서는 이론의 여지가 없다. 다만 NGO의 사회적 기능에 대한 논의에서 지나치게 당위적, 규범적으로만 접근하는 일은 경계할 만하다. 그럼에도 NGO가 지니는 여러 장점을 정부가 적극적으로 활용하는 일은 이제 정부의 정책화 과정에서 필수불가결한 과제로 평가된다. 따라서 행정 각 부처가 NGO와의 협동을 일상화하기 위한 제도적 장치를 구현할 필요가 있다. 행정 각 부처에 NGO전담 부서, 예컨대 NGO담당관 같은 자리를 두어 부처 차원의 공조와 정보 공유를 제도적으로 보장하자는 것이다. 특히 대의과정이 제 기능을 잘 수행하지 못하고 있다는 점과 시민사회의 정책과정에 대한 참여의 수요가 기하급수적으로 커지는 추세에 있다는 현실을 감안해 볼 때 정부가 적극적으로 시민사회와 공조할 수 있는 제도적 창구를 만드는 일은 매우 시급한 과제다.

이런 점에서 보면, 시민배심원모델(Citizen Jury Model), 규제교섭모델(Regulatory Negotiation Model), 포커스그룹(Focus Groups), 시나리오 워크숍(Scenario Workshop), 합의회의(Consensus Conference), 시민자문위원회(Planning Cell) 등을 활성화 하고 널리 알려 시민참여를 독려하는 것은 물론이고, 국민소환제, 국민발안제, 옴부즈만제 같은 직접참여 공간을 신설 확장하려는 노력도 경주해야 한다. 시민참여가 확대될수록 대리인에 의한 정책실패의 개연성이 줄어들 것은 당연한 이치다.

(5) 국회 공청회 활성화

국회 정책심의 과정에서 시민참여 창구를 열어 정책의 적실성이나 사회적 수용성의 정도를 높이는 일은 매우 중요하다. 이를 위해서는, 국회의 안건심의 과정에서 현재 공청회 개최를 선택사항으로 규정하고 있으나 이를 고쳐서 필수과제로 강제할 필요가 있다. 더 나아가, 미국처럼 공청회 참여 단체나 기관에 대해서는 정부가 필요 경비를 지급하도록 의무화하여 공청회의 활성화를 적극적으로 주문하도록 해야 한다. 그리하여 공청회를 통해 더욱 다양한 의견이 개진되고 불만이 표출되며 나아가 사회적 이해의 정도를 높이도록 유도하는 노력이 필요하다. 물론 공청회가 시민사회의 의견을 대의과정에 투입하는 장치로서 내포하고 있는 한계가 적지 않은 것은 사실이다. 그러나 국가와 시민사회가 직접 소통하고 참여하는 담론수단, 예컨대 시민자결형 의사결정모형 등이 도입되기 전까지는 공청회라도 활성화 하여 시민참여의 공간을 넓힐 필요가 있다.

(6) 규제개혁 강화

더 적극적으로는, 정부의 정책산출 필요성 자체를 줄임으로써 정책실패의 개연성을 처음부터 봉쇄하는 일을 생각해 볼 수 있다. 정부가 그의 환경과 상호작용해야 하는 수요 자체를 줄여보자는 것이다. 미래사회가 정부의 개입을 통한 사회적 관계 조절에서 전환비용 과대 지출이나 정부 개입의 불가능성을 예고한다는 점에서 볼 때, 이는 시사하는 바가 적지 않다. 시민사회의 자율기능에 맡길 수 있는 것에 대해서는 최대한 정부 개입을 줄이자는 얘기이기 때문이다. 이를 위해서는 적극적으로 정부의 각종 규제 업무를 축소하는 정부 개혁 작업을 강화할 필요가 있다.

6. 결론

정부가 정책을 산출하는 데 있어 질적 수준을 유지하면서도 그 결과물에 대한 사회적 수용성의 정도를 높이고 또 그런 작업이 신속하게 이루어지도록 관리한다는 것은 간단한 일이 아니다. 왜냐하면 이들 성공적인 정책결정의 구성 요소들 사이에는 상호 충돌적인 요소가 내재되어 있는 것이 보통이기 때문이다. 신속하게 정책을 결정하는 경우에는 정책 산출물의 질적 수준을 유지하기가 어렵고, 질적 수준을 높이고자 하는 경우에는 그 결과물에 대한 사회적 수용성 정도를 떨어뜨리기 쉽다.

그러나 그럼에도 이들 성공적인 정책 산출을 도모하는 데 장애가 되는 요소들을 한국의 정책결정체계를 중심으로 추적해 본 결과, 대체로 행정국가의 권력화와 정치국가의 관료화 현상에서 문제점을 발견할 수 있었다. 이러한 현상을 초래하는 구조적인 요인들에 대한 대응전략으로는 수직적 분업과 수평적 분업 간의 균형유지 문제, 정치적 대리인과 행정적 대리인의 자율적 의사결정권 남용을 방지하는 문제, 환경과의 상호작용 내지는 접촉면 부족 현상을 극복하는 문제 등이 포착되었다. 전통적인 행정국가가 지향하는 객관적 합리성이나 정치국가가 지향하는 정치적 합리성을 어떻게 하면 보다 효과적으로 담보할 수 있을 것이냐가 정책결정체계 개선의 주요 잣대가 될 것은 물론이다.

그러나 객관적 합리성이나 정치적 합리성은 이들을 각각 분업적 관점에서 추구하거나 우선적으로 강조하고자 하는 경우 양자 간의 충돌과 갈등을 피하기 어렵다는 데에 문제의 심각성이 있다. 사실 행정국가가 지향하는 객관적 합리성과 정치국가가 지향하는 정치적 합리성이 정책결정의 현장에서 어떻게 조합되거나 또는 제3의 대안으로 재구성되느냐에 대해서는 아직 이렇다 할 대안이 제시되어 있지 않은 것이 사실이다. 따라서 행정국가와 정치국가 간의 접촉면에서 발생하는 갈등적 대립요소들을 극복하기 위한 최적 대안 가운데 하나는 이들 대리인 체제 자체를 우회하거나 초월하는 길일 것이다. 그런 점에서 거버넌스의 도입을 서두르게 되는 것은 너무나도 당연한 일이다. 정책결정체계에 대한 시민참여의 공간과 기회를 확장하고 그렇게 함으로서 대리인의 역할 범위를 축소하여 결과적으로는 대리인 사이의 갈등요인을 원초적으로 줄이는 결과를 낳게 될 것이기 때문이다.

따라서 정책결정과정에 대한 시민참여의 공간과 기회를 확대하는 일은 행정국가나 정치국가가 배태하거나 동반하는 모순이나 과제를 해결하기 위한 근원적인 처방 가운데 하나다. 그러나 그런 정책결정체계에 대한 시민참여가 실질적으로 보장되기 위해서는 단순히 기회나 공간을 보장하는 것만으로는 부족하며 참여의 절차적 정당성을 확보하는 일이 무엇보다도 중요한 과제다. 이를 위해서는 바로 이런 사실에 대한 국정 최고지도자의 인식을 확고히 해야 한다. 아무리 효율적인 시민참여 과정이나 장치가 개발된다고 하더라도, 그런 것들을 초월해서 정책과정을 운영하려는 유혹이 제거되지 않는 한 국정관리자에 의한 정책결정체계의 왜곡 가능성은 얼마든지 있기 때문이다. 그런 점에서 대통령의 공공정책에 대한 인식이나 이를 다루는 자세의 확립, 장관의 전문성이나 업무 수행에 필요한 자질의 충족, 정책공동체 자체의 전문가적인 식견이나 능력을 개선하는 일, 정책문제를 다루는 데 필요한 과학적 태도의 확립, 정책담당자의 정책분석 기법이나 자세의 확립 등은 정책결정체계의 개선을 위해 필수적으로 요청 되는 전제조건에 해당된다.

같은 이유로, 정치적 리더십 내부의 균열성 정도나 국정관리 경험의 정도 등과 같이 정책결정체계 운영자의 지도력이나 비전개발에 영향을 미치는 요소도 정책성패를 결정짓는 주요 인자 가운데 하나다. 정책결정체계 자체의 적절성 여부와 함께 그 체계를 운영하는 양식의 타당성 여부가 정책 성패를 가름하는 핵심적 요인 가운데 하나라는 뜻이다. 기관이나 제도 관련 변수들이 궁극적으로는 그 기관이나 제도를 다루는 사람의 문제로 치환된다는 의미다. 그럼에도 정책결정체계 자체의 구조적 특성이 정책성패에 미치는 영향에 대해서도 이를 결코 가볍게 다룰 수는 없다. 아무리 사람의 변수가 해결된다고 하더라도 그 사람의 의사와 행동을 구속하는 어떤 질서가 없을 때에는 일관성이나 지속성을 지니는 행위양식을 기대하기가 어려울 것이며, 일관성이나 지속성이 보장되지 않는 일회성 행위양식으로는 정책전반에 대한 변화나 그에 따른 성취를 기약할 수 없기 때문이다.

그런 점에서 한국 사회의 경우, 행정국가 차원의 수평적 정책조정 장치의 부족과 정치국가의 기관능력 부족이나 시민참여 공간의 부족 등은 본질적으로 취약한 분야다. 특히 정책 환경과의 상호작용을 촉진, 조장하는 장치의 개발이 미흡하다는 점은 정책결정체계 전체를 관통하는 핵심적 과제로 파악된다. 이러한 현실은 정책결정체계의 구조적 파편성과 중앙집권적 구조로 구체화 되어 나타나고 있다. 이를 극복하기 위해, 한편으로는 정책결정과정의 연계성 증대, 다른 한편으로는 정책결정권의 분산화와 정책결정과정에 대한 참여기회의 균등화, 공개화가 요구된다.

이 문제와 관련하여, 정보사회의 도래와 그에 따른 정책결정체계의 지식정보화 현상은 정책결정체계가 내포하고 있는 많은 과제들을 효율적으로 해결해 줄 수 있을 것으로 기대된다. 그러나 아직은 정부의 정책과정을 단순히 정보관리 차원에서만 다루거나 해결할 수 있는 상황이 아니며, 실제 정보사회의 고도화가 이루어진다고 하더라도 온라인에서의 문제해결이 곧바로 오프라인에서의 문제해결로 치환되는 것은 아니다. 결국 오프라인에서의 문제는 오프라인에서의 문제대로 이를 조정하고 해소하려는 노력을 필요로 한다.

이런 측면에서 볼 때, 최근 그 역할이 강조되고 있는 NGO의 정책 동반자 기능은 주목해 볼 필요가 있다. 이는 전통적인 행정국가나 정치국가가 내포하고 있는 대리인 체제의 한계와 과제를 해소하는 데 많은 시사점을 제시해 줄 뿐만 아니라 시민의 선호와 전문가적인 판단을 균형 있게 반영하기 위한 중개장치로서의 역할도 기대되기 때문이다. 그러나 동시에 강조해 두어야 할 것은, 최근 NGO

의 정책동반자 기능에 대해 너무 지나치게 당위적이거나 규범적인 차원에서 접근하려는 경향이 있어, 이점에 대해서도 경계할 필요가 있다는 사실이다. NGO의 실패는 NGO 자체가 결코 정부 실패의 대안은 아니며 NGO도 정부와 같이 일종의 "관리자 실패"에 빠질 개연성이 있음을 보여주는 것이기 때문이다.

문제 제기

1. 행정국가와 정치국가는 서로 어떻게 다른가?
2. 행정국가의 실패유인 요소에는 어떤 것들이 있는가?
3. 정치국가의 실패유인 요소에는 어떤 것들이 있는가?
4. 한국 행정국가의 정책실패 요인에는 어떤 것들이 있는가?
5. 한국 정치국가의 정책실패 요인에는 어떤 것들이 있는가?
6. 비선조직의 운영은 어떤 문제점을 낳는가?
7. 현행 대국대과제는 어떤 문제점을 안고 있는가?
8. 한국의 정책결정체계가 지니고 있는 구조적 한계를 극복하기 위한 대안에는 어떤 것들이 있는가?
9. 한국의 정책결정체계가 지니고 있는 인적 한계를 극복하기 위한 대안에는 어떤 것들이 있는가?
10. 한국의 정책결정체계가 지니고 있는 환경적 한계를 극복하기 위한 대안에는 어떤 것들이 있는가?

참고문헌

강명구. (2007). 진보논쟁은 무엇을 놓치고 있는가? 「인물과 사상」. 4월호.

김동욱. (2008). 「새 정부 조직 설계」. 서울: 법문사.

김주성. (2008). 심의민주주의인가, 참여민주주의인가? 「한국정치학회보」, 42(4): 5-32.

「뉴스메이커」. (2008). 그 나물에 그 밥, 2기 청와대 비서실. 2008.12.18.

「동아일보」. (2002). 이제 가신정치는 끝내자. 2002.12.26.

「매일경제」. (2008). 135개 위원회 간판만 달고 빈둥빈둥. 2008.04.29.

박재창. (2008). 「한국의 입법부와 행정부 관계: 60년의 회고와 전망」, 한국행정학회· 한국정치학회 공동 주최, 건국 60주년 기념 기획학술회의 발표논문. 대한출판문화회관. 9.19.

______. (2005). 「한국의회윤리론」. 서울: 도서출판 오름.

박재희. (2000). 「정책결정시스템과 정책조정」. 한국행정연구원 보고서.

______. (1995). 「중앙행정부처 정책결정 역량 제고방안」. 한국행정연구원 보고서.

박찬욱, 박홍민. (2003). 김대중 대통령 시기 국회와 행정부의 관계. 「의정연구」, 9(2): 131-160.

박현주. (2004). 시장실패 보완을 위한 정부개입 효과 볼까. 「매일경제」. 2004.01.26.

「연합뉴스」. (2008). 한 '두톱' 박희태-홍준표, 미묘한 신경전. 2008.09.11.

이근주. (2000). 「정부와 NGO 간의 파트너십에 관한 연구」. 한국행정연구원 보고서

이재명. (2003). 「국회의원의 이해충돌 해소방안」. 투명성 포럼 제8차 토론회 발표 논문. 9.26.

이창원. (2009). 「이명박 정부의 대부처주의 및 대국대과제에 대한 논의」. 한국행정학회 제1회 목요국정포럼, 대한민국 국정, 어디로 가야하나?---과제와 전망 발제문. 서울, 행정안전부조직진단센타. 2009.01.15.

임혁백. (2000). 「세계화 시대의 민주주의」. 서울: 나남.

전영한, 최병선, 최종원, 이송호. (2008). 정책조정시스템의 개혁. 최병선 편. 「국가운영 시스템: 과제와 전략」. 서울: 나남. 317-359.

「조선일보」. 2004.04.28.

「한겨레」. (2005). 여 '강제적 당론' 위반 의원에 징계. 2005.05.19.

_______. 2003.06.18.

_______. 2001.09.28.

행정안전부. (2009). 「정부 위원회 현황조사 자료」.

_______. (2008). 「2008 정부조직개편백서」. 27.

Beard, Edmund and Horn, Stephen. (1975). *Congressional*

Ethics: The View from the House. Washington DC: Brookings Institution.

Eisenhardt, K. (1989). Agency Theory: An Assessment and Review. *Academy of Management Review,* 14(1): 57-74.

Flyvbjerg, Bent and COWI. (2004). Procedures for Dealing with Optimism Bias in Transport Planning: Guidance Document. The British Department of Transport.

Jorgensen, T. B. (1994). Models of Governance and Administrative Change. In J. Kooiman. (ed). *Modern Governance: New Government-Society Interaction*. London: Sage Publications. 35-48.

Peters, Guy B. (1998). Managing Horizontal Government: the Politics of Co-ordination. *Public Administration,* 76: 295-311.

Rhodes, R. A. W. (1997). *Understanding Governance: Policy Networks, Governance, Reflexivity, and Accountability*. UK: Open University Press.

Streeck, Wolfgang and Kenworthy, Lane. (2005). Theories and Practices of Neocorporatism. In Thomas Janoski. (ed). *The Handbook of Political Sociology.* MA: Cambridge Univ. Press.

제6장 |

입법부와 행정부

1. 서론

한국 사회가 87년 체제 등장 이후 적어도 절차적 민주주의의 정상화에는 성공했으며 이제 민주주의의 공고화 과제만 남았다는 주장이 적지 않았다. 그렇지만, 촛불집회의 분출에서 보는 바와 같이 국회를 우회해서 정부와 직접 대면하고자 하는 시민의 욕구가 가히 폭발적이다. 전통적인 대의민주주의의 관점에서 본다면 이럴 경우 국회를 대화의 상대로 지목해야 하지만 현실은 그렇지가 않다. 신자유주의의 철학적 원리에 따라 작은 정부론을 주창하는 이들의 여러 논거 가운데 하나도 시민의 요구와 정부의 대응 사이에서 발생하는 격차와 부조화를 최소화하기 위해서는 의회의 역할범위를 줄이는 것도 한 방법이라는 것이다(Coase, 1998). 정부의 개입범위를 줄이면 "의회에 의한 실패"도 줄어들 것이라는 기대다. 예컨대 이명박 정부가 실용주의 노선을 강조하거나 "여의도 정치로부터의 탈피"를 주장한 것도 따지고 보면 국회가 불필요하거나 적어도 부적절한 국가기구 가운데 하나라는 생각에 다름 아니다.

이렇게 놓고 보면 오늘날 한국 사회가 당면한 "정부실패"의 근인은 모두 국회에서 기인하는 것처럼 보인다. 그러나 의회는 그것 자체로서 국정의 모든 성과를 직접 약속하는 기관은 아니다. 아무리 의회가 독립적으로 운영된다고 하더라도, 의회운영의 결과를 정부에 보내 정부가 이를 집행할 때 비로소 공적 서비스가 제공된다는 것은 3권 분립주의가 상정하는 헌정의 기본질서다. 따라서 한국의 국정운영과정에 문제가 있다면 국회뿐만 아니라 정부, 무엇보다도 양자사이의 상호작용관계를 살펴보아야 한다. 그러나 지금까지의 정부실패론이 주로 관리론적 관점에서 그 원인을 정부쪽에서 찾고자 했다면, 권력론적인 측면에서 접근하는 이들은 책임의 소재를 국회에서 찾고자 했다. 이런 접근 시각들은 암묵적으로 의회와 정부를 단절적으로 보거나 적어도 이원론적으로 접근한다는 한계를 지녔다.

입법부와 행정부가 기능적으로 단절되었다는 시각은 헌정주의의 규범론이나 법제적 차원에서는 옳을지 몰라도 경험계의 실상을 반영하지는 못한다. 아니 헌법상의 기능적 분립주의도 입법부와 행정부를 단절적 관계로 보는 것은 아니다. 삼권의 분립이 상정하는 양자 간의 견제와 균형은 불간섭에 의한 단절이나 기능적 분업이 아니라 간섭을 통한 긴장과 협력을 뜻한다. 나아가 분업이란 본디 분업 이후의 조정을 전제할 때 성립된다. 만일 3권이 각자의 독자적인 권능을 보장 받게 된다면 각자의 자의적인 권한 남용과 그에 따른 타 기관과의 역할 충돌 및 국민의 기본권 침해를 방지할 수 없다(임종훈, 1998: 27). 분립된 국가기관 간의 상호 견제와 감독은 필수적 과제인 것이다.

입법부와 행정부는 이처럼 그의 " 탄생과 생존"에 있어 분리되어 있는 것이 사실이기는 하지만, 운영과정에서는 "견제와 균형"을 지향해야 하며 그렇기 때문에 상호작용해야 마땅하다. 서로 다른 선거를 통해 권력의 기반을 구축하는 입법부와 행정부가 "이원적 정통성(dual democratic legitimacies)"에 따른 차이와 기댓값을 조정해야 할 필요성도 양자 간의 상호작용을 유발하는 또 다른 요인 가운데 하나다(김욱, 2004: 127). 특히 한국의 경우 국회와 정부가 법률제안권을 공유하고 있으며, 예산편성권을 정부가 갖는 대신 국회는 승인·확정권을 갖고 있어 양자 간의 상호작용은 불가피한 과제다.

그런데 의회는 기관 특성 가운데 하나를 지속적인 가변성에 두고 있다. 의회가 어떤 사회공동체의 소우주적인 축약을 상정하는 것이라고 한다면, 사회공동체 구성원의 요구가 부단히 변화하는 한 의회는 "가변형 분수(flux)"일 수밖에 없다. 의회가 이렇게 가변적 존재라고 한다면 그런 의회와의 상호작용을 상정해야 하는 의회와 정부의 관계도 가변적일 수밖에 없다. 따라서 이런 의회와 정부 관계의 본질을 규명하고자 한다면 일정기간 동안 양자 간의 관계가 변모해 온 궤적을 추적하는 일은 필수적인 과제다. 특히 오늘날과 같이 국회와 정부의 관계를 근본적으로 재검토해야 한다는 주장이 비등하는 때에는 양자 간의 관계가 빚어 온 역사적 총체를 진단하지 않고서는 어떤 대안 모색도 공허할 수밖에 없다.

국회와 정부 간의 관계를 한국의 정치사회적 수요에 맞게 재조정하기 위해서는 먼저 이들이 한국의 정치사회적 환경 속에서 어떻게 작동해 왔는지를 규명하는 작업이 선결과제일 것이기 때문이다. 이런 문제의식과 현실인식을 토대로 이 장(章)에서는 정부수립 이래 국회와 정부가 빚어 온 상호작용관계를 실증적으로 추적해 봄으로써 양자 간에 구축되어 있는 본질적 특성이 무엇인지를 규명해 보고자 한다. 이를 위해 제헌 국회 이후 제20대 국회까지의 국회와 정부 간의 관계를 시계열적 비교를 통해 조사, 분석해 보고자 한다.

2. 입법부-행정부 관계의 접근시각

1) 기관 중심의 접근시각

입법부와 행정부의 관계를 규명하는 가장 전통적인 접근시각 가운데 하나는 양자의 상호작용이 빚어내는 결과가 무엇인지를 밝혀보자는 것이다. 양자 가운데 어느 쪽의 영향력이 정책과정에 좀 더 작용했는지를 따져보자는 것이라는 점에서는 권력론적인 관점에 선 것이기도 하다. 이는 양자가 그 기관 특성상 서로 의존적 관계에 있으며, 양자 간의 관계가 선험적으로 규정되어 있는 것이 아니라,

상황적 조건에 따라 실로 가변적이라는 점을 상정한다. 평가의 단위를 기관에 두고 있다는 점에서는 법제적인 시각을 함축하는 것이기도 하다. 어느 쪽이 보다 우월적 지위에 있느냐에 따라 입법부 우위론, 입법부-행정부 등위론, 행정부 우위론으로 구분된다.

(1) 입법부 우위론

입법부는 모든 국가기관에 대해 창설적 권한을 갖는 헌정질서의 정초기관이다. 그렇기 때문에 행정부가 입법부의 지휘와 통솔 하에서 활동하는 것은 너무나도 당연하다는 논리다. 정보비대칭성 게임이론의 관점에서 입법부와 행정부의 관계를 다룬 벤도와 갈런(Bendor & Gaalen, 1985)에 의하면, 의회는 관료제의 상급기관이고 관료제는 의회의 하급기관이라는 것이다. 관료제가 전문성에 근거해서 강점을 가지는 것이 사실이기는 하지만 의회와 관료제의 관계는 기본적으로 대 행정부 통제권을 지닌 의회의 통솔범위 내에 있으며(이명석, 2000: 147), 이는 정보사회로 들어서면서 더욱 강화될 전망이다. 행정부 편향의 정보독점 현상이 무너지면서 대 행정부 통제가 더 용이해질 것이기 때문이다. 실증적 조사를 통해 미국의 대외정책과정을 분석한 취버와 하빌란드(Cheever & Haviland, 1952: 244)도 1829년에서 1899년까지는 의회의 정책주도권이 행정부보다 훨씬 더 강했다고 본다. 프랭크와 웨이즈벤드(Frank & Weisband, 1979: 357)도 1837년에서 1861년, 1869년에서 1897년, 1918년에서 1936년 그리고 월남전이 끝난 1973년 이후로는 의회가 미국의 대외정책을 주도한다고 보았다.

그러나 관료제가 정보의 비대칭성을 이용하여 의회로부터의 통제와 감시를 회피하려는 경우 관료제에 대한 의회의 감독권이 무력화 할 가능성은 여전하며, 입법부의 창설적 권한 즉 국민 대표성 때문에 행정권에 대해 우월적 지위를 점유한다는 생각에는 규범적이고 당위적인 요소가 개재되어 있음도 숨길 수 없다. 법제적 접근을 통해 파악하는 민주정치철학의 당위적인 요구와 현실세계에서의 상호작용 실제를 혼동하는 오류가 내포되어 있는 셈이다.

(2) 입법부-행정부 등위론

입법부와 행정부가 권력적으로 균형관계를 이룬다고 보는 경우다. 3권 분립의 철학적 원리에 따르면 3권 가운데 어느 곳도 권력적으로 우위를 점하지 않고 상호 균형적 상태를 이룰 때 권력의 남용이나 인권의 침해가 예방된다는 논지의 연장선상에 있다. 이점은 특히 대통령과 의회가 자신의 권력형성과정에서 이원적 정통성을 공유하는 만큼 양자가 균형관계를 유지하는 것은 당위적이라는 생각에 따라 강화되고 있다(Linz, 1994). 그러나 엄밀한 의미에서 입법부와 행정부가 균형관계를 이루는 경우에는 국정운영이 교착상태에 빠지게 될 위험성이 적지 않고, 현실적으로는 두 기관 간의 권력적 균형현상을 정교하게 측정하거나 구현한다는 것 자체가 과연 가능한 일인가에 대한 의문이 제기된다.

(3) 행정부 우위론

현대사회의 정책과제가 가지고 있는 고도기술성, 복잡성, 가변성 등을 감안할 때 정책과정에서 의회가 우월적 지위를 갖는 것은 현실적으로 불가능하며, 특히 정보사회의 도래 이후 시간적인 지체나 전환비용의 초과지출 등을 고려할 때 행정부가 정책주도권을 행사하는 것은 너무나도 당연한 변화라는 입장이다. 현실적으로도 행정부는 대통령 한 사람을 통해 대표성을 발현하는 집권적 대표성에 기초하지만, 의회는 복수의 의원들에 의존한다는 점에서 분권적 대표성에 기초하는데, 이로 인해 의회는 국민에게 복잡하고 직접 다가서기 어려운 곳으로 여겨지지만 대통령은 뚜렷하고 분명하게 다가설 수 있는 곳으로 인식된다는 것이다(김혁, 2002: 17). 결국 의회보다 대통령이 더 큰 영향력을 발휘한다고 보았다. 대통령은 또 기자회견, 라디오나 TV 대담, 연설 등을 통해 직접 국민에게 다가갈 수 있는 다양한 수단을 가지고 있지만 의원의 경우에는 이점에서 상대적으로 불리한 위치에 있어서 국민의 관심을 유도하기가 쉽지 않고, 그렇기 때문에 의회보다는 대통령에게서 더 일체감을 느낀다는 것이다(김혁, 2002: 18).

결국 기관 중심의 접근시각은 입법부와 행정부의 상호작용 결과를 입법부 우위론과 행정부 우위론을 양축으로 하고 그 중간 지점을 입법부-행정부 등위론으로 상정하는 하나의 연속선 위에 정렬되는 셈이다. 그러나 이런 기관중심의 접근 시각은 기본적으로 규범적인 시각을 배태하고 있을 뿐만 아니라, 양자 간의 관계를 제로섬 게임(zero-sum game)의 관점에서 본다는 한계를 지닌다. 입법부와 행정부는 그의 운영실제에 있어 어느 한쪽의 권한이 강화된다고 해서 꼭 다른 한쪽의 권력적 침해나 손실로 귀착되는 것은 아니다. 때에 따라서는 다른 한쪽의 권력적 크기를 신장하는 성과를 동반할 수도 있는 일이다. 설사 양자가 제로섬 게임의 관계에 있다고 하더라도 대통령이 자신의 정책을 관철하기 위해서는 의회의 지원이 필수적 과제다(김혁, 2002: 25). 입법부와 행정부는 언제나 시소관계에 있는 것은 아니며, 때에 따라서는 윈윈 게임(win-win game)이 가능하다는 인식이 결여되어 있다(Davidson & Oleszek, 1994: 264).

그러나 보다 더 중요한 것은 기관 중심의 제도론적 접근 결과 입법부와 행정부 사이에 일종의 경계 개념이 전제되어 있다는 점이다. 그러나 입법부와 행정부가 상호작용하는 경우 양자를 구분하는 폐쇄체계론적 관점은 더 이상 유용하지 않으며, 양자 사이에서 정당이 간여한다는 사실이 간과되는 문제를 유발한다. 이런 접근시각상의 한계에 대한 반발은 양자 간의 관계를 활동자 중심의 관점에서 접근하고자 하는 변화를 가져왔다. 양자를 분리하는 경계를 뛰어넘고자 한 것이다.

2) 활동자 중심의 접근시각

기관 중심의 접근시각은 입법부와 행정부 간의 상호작용 결과에 주목하기 때문에 상호작용 과정에 대한 정보를 제공하지 못할 뿐만 아니라, 지나치게 포괄적이어서 입법부와 행정부를 너무 단순화하는 한계를 지녔다. 입법부와 행정부의 상호작용 과정에서 입법부를 하나의 단일체로 다루게 되는 이유는 입법부를 정치적 담화

영역의 강력하고 유일적인 상징이라고 인식하는 데에서 비롯된다. 그러나 실제로는 내각 또는 정부, 여당의 평의원, 야당 지도부, 야당 평의원, 상임위원회 등 다양한 활동자들의 상호작용에 의해 구체화 된다(박찬표, 2001: 3; 박종민, 1998: 7). 기관 중심 시각은 또한 입법부와 행정부의 관계를 단지 견제와 균형이라는 차원에서만 접근할 뿐 책임정치제도의 중요성을 간과하는 오류를 낳는다. 양자 간의 상호작용과정에 정당이 개입되어 있다는 사실을 간과하는 것이다. 기관 중심의 접근시각이 대통령제 권력구조를 암묵적으로 상정한 것이라고 한다면 활동자 중심의 접근시각은 내각책임제적 권력구조를 상정한 것이라고 평가되는 이유다. 이에 따라 여야당 내지는 의원들이 행정부 정책에 대한 지지여부를 놓고 여하히 합종연횡하느냐에 따라 엔디위그(Andeweg, 1992)는 정당 간 양식(정당 내 대립양식, 여야 대립양식), 비정당 양식, 교차정당 양식을 분류해냈다.[1)]

(1) 정당 간 양식(inter-party mode)

소속 정당에 따라 의원과 내각 또는 정부가 대립하는 경우로서 정부와 여당이 한 팀을 구성하고 야당이 다른 한 팀을 구성하는 경우다. 따라서 이때의 의회는 원내 정당이 서로 충돌하고 대립하는 경쟁의 장(areana)으로 간주된다(Polsby, 1975). 정당 간 양식은 다시 정당 내 양식과 여야 대립양식으로 구분하는 것이 보통인 데, 전자는 정당연합에 의해 내각이 구성되는 경우 연합에 참여한 정당 간

1) 최준영 외(2008, 152-153)를 주로 참조했다.

의 대립관계를 지칭한다. 주로 내각책임제 하의 정당 간 관계를 상정한 것이다.

(2) 비정당 양식(non-party mode)

소속 정당을 초월하여 의회라는 기관에 대한 충성심을 우선적으로 발휘함으로서 생겨나는 의회 소속 의원과 정부 소속 관료 내지는 정치인 사이의 결속과 대치양식을 뜻한다. 입법부와 행정부라는 기관의 경계를 중심으로 결속과 대치가 발생하기 때문에 대통령제 하에서 견제와 균형의 원리에 따라 입법부와 행정부가 기관대립 관계를 형성하는 양식과 유사하다. 그러나 이는 기본적으로 입법부와 행정부 간의 기관대립 관계를 강조하는 3권 분립의 철학적 원리에 따른 결과라기보다는 활동자들이 선호하는 동기요인에 따른 결과라는 점에서 다르다.

(3) 교차정당 양식(cross-party mode)

소속 정당을 초월하여 의원과 내각 구성원 사이에 연대와 결속이 이루어지는 경우 그 연대와 결속의 기반이 정당이 아니라 의원 개개인의 다양한 개인적인 동기 그러니까 지역구 사정이나 이익집단과의 연대 등에 따라 형성된다고 본다. 다원주의이론의 연장선에서 활동자들의 연대와 결속을 파악하려는 셈이다.

결국 활동자 중심의 접근시각은 활동자들이 추구하는 이익동기 유형에 따라 입법부와 행정부의 상호작용양식이 연동되어 있음을 상정한다. 따라서 다루는 정책과제의 성질이나 출신지역구의 사정, 정당 간의 이념적 거리, 대통령의 지도력 등 활동자들이 처하거나 인지하는 상황변화에 따라 문제의식이나 역할모형이 바뀌기 마련이며, 그에 따라 입법부와 행정부의 상호작용 양식도 변화한다(Andeweg, 1992; Andeweg & Nijzink, 1995). 그런 만큼 활동자 중심의 접근시각이 상정하는 활동자 이익동기 중심의 합종연횡은 입법부와 행정부 간의 상호작용 양식을 설명하기 위한 분석 틀로서는 유용할지 몰라도, 이를 실증하기 위한 검증의 도구로서는 적절하지 못하다는 한계를 지닌다. 이익동기 요인에 따라 수시로 합종과 연횡을 거듭하는 활동자들의 행동양식은 이를 조사, 검증하기 위해 사후에 재구성하기가 쉽지 않기 때문이다.

그러나 더 중요한 것은 이런 접근시각은 기본적으로 내각책임제 하의 정당정부를 전제로 구성되기 때문에 입법부와 행정부 간의 경계 개념을 상정하지 않는다는 데에 있다. 따라서 입법부와 행정부 간의 기관 경계가 뚜렷한 대통령제 하의 양자 간 관계를 설명하기에는 적절치 못한 점이 적지 않다.

3) 다수당 중심의 접근시각

활동자 중심의 접근시각이 지니는 정당정부적 편향성을 극복하기 위한 대안으로 제시된 것 가운데 하나가 바로 분점정부론이다. 대통령제 하의 여러 활동자 가운데 원내 다수당과 대통령의 소속 정당이 같으면 이를 단점정부라고 하고, 반대로 다수당과 대통령이 서로 다른 정당에 속하는 경우 이를 분점정부라고 한다. 그런데 이렇게 대통령과 다수당의 관계를 중시하는 이유는 입법부와 행정부의 상호작용 과정에서 원내 다수당이 어느 정파에 속하느냐가 대통령의 대 의회 영향력 행사에 있어 매우 중요한 변수로 작용하기 때문이다. 활동자 중심의 접근시각에서 말하는 여야 간 정당대립 양식을 대통령제라는 맥락 하에서 특정하고자 한 셈이다.

따라서 단점정부 하에서는 일반적으로 의회의 무력화 가능성이 크고, 분점정부 하에서는 대통령의 무력화 가능성이 크다는 것이 일반적인 관측이다(정진민, 2008: 82). 대통령의 임기가 보장되어 있고 의회와는 별도의 선거를 통해 대통령이 선출되는 대통령제 하에서는 대통령이 의회에서 다수에 의한 지지를 상실하거나 위협받게 되면, 거기에서 발생하는 갈등의 해소가 현실적으로 가능하지 않다고 보기 때문이다(정진민, 2008: 84).

그러나 이는 비실제적일 가능성도 적지 않다. 경험적 자료에 의하면 미국의 경우 분점정부 하에서도 얼마든지 성공적인 대통령이 등장하고 있기 때문이다. 다원주의자들(Mayhew, 1991: 7)에 따르면 국가적으로 중요한 안건에 대해서는 의원들이 정파 간 귀속성을 초월해서 활동하기 때문에 분점정부라고 하더라도 정부가 필요로 하는 정책의 의회 통과가 가능하다는 것이다. 국가권력의 분리주의자들은 오히려 개인의 기본권 보장이나 정부 기구 간의 견제와 균형 같은 긴장을 통한 국가권력의 건전성 유지를 위해서는 분점정부가 더 유리하다는 의견도 제시한다(Jones, 1995: 6). 국민을 향한 신임 경쟁을 유발한다고 보기 때문이다(오승용, 2004: 170-171). 따라서 분점정부가 비효율성이나 교착상태를 동반하는 데에는 실로 다양한 변수들(정치적 환경, 다루는 주제, 원내 지도력의 성격 등)이 함께 작용하기 때문에 오로지 정부형태가 그 원인이라고 규정하기는 어려운 일이다(오승용, 2004: 172). 분점정부의 운영결과는 이원적인 것이다(장성훈, 2004: 232).

4) 통합적 접근시각과 상호작용

이렇게 입법부와 행정부 간의 상호작용관계를 규명하고자 한 기존의 접근시각들을 종합해 보면, 이들은 외견상 서로 배타적 또는 대체적 관계에 있는 것으로 보이지만 그 내용의 실제에서는 상보적 관계에 있음을 알 수 있다. 기관 중심의 접근시각이 입법부와 행정부 간의 상호작용이 빚는 결과에 주목하는 것이라고 한다면, 활동자 중심의 접근시각과 다수당 중심의 접근시각은 상호작용의 과정에 주목함으로서 결과적으로 결과 산출의 동기적 요인과 환경적 조건에 대한 설명을 시도하는 것으로 여겨지기 때문이다.

입법부와 행정부 간의 상호작용관계를 다룬 기존의 접근시각들은 또한 접근시각의 출발점을 국가의 권력구조에 둠으로서 입법부와 행정부 간의 관계를 규정하는 데 있어 권력구조가 핵심적 변수임을 시사한다. 이에 따라 기관 중심의 접근시각과 다수당 중심의 접근시각이 대통령제를 상정하는 것이라고 한다면, 활동자 중심의 접근시각은 내각책임제를 상정하는 것으로 여겨진다. 그러나 한국의 경우 대통령제를 채택하고 있으면서도 내각책임제적인 운영양식을 보여주고 있고, 제도적인 측면에서도 대통령제이면서도 국무총리제도를 가미하고 있고 대통령에 의한 의회 해산권은 인정하지 않으면서 의회에 의한 대통령의 탄핵이나 내각의 불신임권은 인정하고 있어 준대통령제 내지는 혼합적 정체라고 평가된다.

한국의 경우 입법부와 행정부 간의 경계가 순수대통령제처럼 명확하지 않지만 그렇다고 해서 내각책임제의 경우처럼 경계부재의 상태는 아닌 셈이다. 바로 이런 모호성 내지는 권력 분립주의와 융합주의[2] 간의 결합현상은 입법부와 행정부의 관계를 다루는 접근시각의 모색에 있어 오히려 장점으로 작용하면서, 기관 중심의 접근시각, 다수당 중심의 접근시각, 활동자 중심의 접근시각 모두에 적용가능성을 열어놓는 결과가 되고 있다. 이들 접근시각의 통합적 접근을 가능케 하는 셈이다. 따라서 한국의 입법부와 행정부 관계를 다루고자 하는 이 장(章)에서는 이들 모두를 통합적으로 적용해 보고자 한다.

그런데 입법부와 행정부의 상호작용과정에 영향을 미치는 요인으로는 기존의 접근시각에 나타나 있는 권력구조나 원내 정당 간의 의석분포 외에도 실로 다양한 변수가 제시되고 있어 일원론적으로 규정하기가 쉽지 않다. 그러나 이들 입법부와 행정부 사이의 상호작용에 영향을 미치는 요인들을 선행연구결과를 중심으로 정리해 보면 대개 직접적인 요인과 간접적인 요인으로 구분된다. 먼저 직접적인 요인으로는, ① 입법부가 행정부에 영향을 미치는 것으로

2) 한국의 경우. 의원의 입각, 장관의 국회출석 및 답변 등은 입법부와 행정부 간의 융합현상을 나타내는 지표로 이해된다(박찬표, 2001: 6).

서 의회의 법률제정권, 정부조직권, 인사동의권, 사실조사권, 예산배정권 등을 들 수 있다. ② 행정부가 입법부에 영향을 미치는 것으로는 대통령의 입법주도권(정부안제출권, 법률공포거부권, 비토권), 조약체결권, 위임입법권(행정명령권, 대통령령제정권), 예산편성권, 인사권, 정부조직권, 대 의회 답변권, 대 의회 로비권 등을 들 수 있다. 간접적인 요인으로는, ① 입법부가 행정부에 영향을 미치는 것으로서 정당내부의 민주성 정도, 원내 정당 간의 이념적 거리, 의회의 기관능력(정보자원, 전문성 정도, 기술, 시간) 등을 들 수 있다(박종민, 1998: 8-9). ② 행정부가 입법부에 영향을 미치는 것으로는 권력구조, 대통령의 리더십 유형, 정부형태(단점 또는 분점) 등을 들 수 있다(정진민, 2008: 79). 다루는 정책과제의 성격이나 정치적 지지 정도 등은 입법부와 행정부 모두에 해당되는 요인이다.

그러나 여기에서는 직접적인 요인으로, ① 입법부의 법률제정권, 예산심의권, 국정조사권 그리고 ② 행정부의 법률제안권, 예산편성권, 국회 답변권을 들고, 간접적인 요인으로는 ① 입법부의 경우 정당내부의 민주성 정도, 원내 정당 간의 이념적 거리, 국회의 기관능력을 그리고 ② 행정부의 경우 권력구조, 대통령의 리더십 유형, 정부형태를 들고자 한다. 이는 자료조사상의 편의성을 감안하고, 기존의 연구과정에서 보다 빈번하게 선택됨으로서 한국의 정치사회적 환경 속에서 그의 상대적 중요성이 확인되었다고 보아지는 요인들이기 때문이다. 그런데 입법부의 법률제정권, 예산심의권, 국정조사권과 행정부의 법률제안권, 예산편성권, 국회답변권은 기실 입법권, 재정권, 국정조사권의 양면에 지나지 않는다. 따라서 여기에서는 입법권, 재정권, 국정조사권을 직접적 요인으로 다루게 된다. 그런데 이들은 입법권이 국회와 정부 양자에 의해 주도되는 것이라고 한다면, 재정권은 정부에 의해 주도되고, 국정조사권은 국회가 주도한다는 점에서 서로 다른 유형의 상호작용양식을 대표한다. 이점도 이들을 국회와 정부 간의 상호작용관계를 검토하기 위한 직접적 요인으로 선정하게 되는 이유 가운데 하나다.

그런데 간접적인 요인은 입법부와 행정부 간의 상호작용에 있어 일종의 환경조건에 해당하므로 이를 독립변수로 보고, 직접적인 요인에 대해서는 이를 종속변수로 다루고자 한다. 그러니까 종속변수인 입법권, 재정권, 국정조사권의 행사 성과를 해석함에 있어 이들 환경 요인을 설명변수로 삼고자 하는 셈이다. 이를 표로 정리해 보면 다음과 같다.

〈표 6-1〉 상호작용 양식의 결정 변수

요인별 / 기관별	직접적 요인(종속변수)	간접적 요인(독립변수)
입법부	법률제정권, 예산심의권, 국정조사권	정당내부의 민주성 정도, 원내 정당 간의 이념적 거리, 국회의 기관능력
행정부	법률제안권, 예산편성권, 국회답변권	권력구조, 대통령의 리더십 유형, 정부형태

3. 국회-정부 간 상호작용의 환경

1) 정부의 환경조건

(1) 권력구조

한국은 정부수립 이래 오늘에 이르기까지 제2공화국의 짧은 기간에 내각책임제를 도입했던 것을 제외하면 일관되게 대통령제를 채택해 왔다. 그러나 그 내용면에서 보면 순수대통령제라고 말하기에는 적절치 않고, 같은 유사대통령제라고 하더라도 시기에 따라 다소간의 변화가 있었다.

이는 제헌 국회의 헌법제정과정에서부터 비롯되었다. 한민당 중심의 제헌 국회 헌법 기초위원회는 내각책임제 헌법안을 채택했었다. 그러나 이승만이 대통령제로의 번안을 요구하자 이를 받아들여 대통령제 헌법안을 의결하게 된다(대한민국 국회, 2008: 11). 이 과정에서 대통령제이면서도 내각책임제적인 요소를 받아 들여, 행정수반(대통령)을 국회에서 선출하고 국무총리제를 도입했으며 국무총리, 국무위원, 정무위원 등의 국회출석답변권을 허용했다. 대통령, 부통령, 국무총리, 국무위원, 심계원장, 법관에 대한 탄핵소추권을 국회에 부여하거나 국무위원을 국회의원이 겸임할 수 있도록 한 것도 순수대통령제에서는 보기 드문 일이다. 이는 다시 제2대 국회의 발췌개헌(1952.07.07)과정에서 대통령 직선제로 바뀌지만, 국무총리와 국무위원의 국회에 대한 연대책임제를 도입하고 국무위원 임면에 대한 국무총리 제청제를 도입함으로써 내각책임제적 요소를 오히려 더 강화했다.

제2공화국에서는 대통령제를 내각책임제로 전환한다. 그러나 비록 양원합동회의에서 선출하는 것이기는 하지만 대통령의 직위가 여전히 유지되어 순수내각책임제와는 다른 모습이었다. 국무총리를 민의원의 동의를 얻어 대통령이 지명하는 것도 내각책임제의 일반적인 현상은 아니다. 그러나 이런 내각책임제로의 변화는 국회의 대 행정부 위상을 높였다. 그 이전의 국회처럼 행정부의 일방적인 지시나 통제를 받는 것이 아니라 대통령과 국무총리의 선출 등 정부를 구성하는데 있어 상당한 권한을 행사할 뿐만 아니라 정부에 대해 통제력도 갖게 된 것이다(대한민국 국회, 2008: 182).

그러나 이는 단명으로 끝나고 제3공화국의 등장과 더불어 대통령제로 회귀했다. 대통령의 권한이 확대되고 국회의 권한과 기능은 크게 줄어들었다. 국회의원의 국무총리, 국무위원 겸직도 금지되었다. 그러나 국무총리 제도와 국무위원 해임건의권을 채택함으로써 내각책임제적인 요소는 여전히 남게 되었다. 10월 유신으로 인한 제4공화국의 등장은 대통령에게 국회해산권과 긴급조치권을 부여하고, 통일주체국민회의 출신 국회의원에 대한 추천권을 부여하는 한편 국정감사권을 폐지함으로서 3권을 초월하는 대통령제를 불러왔다(대한민국 국회, 2008: 409).

12.6 사건과 5.18 광주민주화운동을 겪으며 등장한 제5공화국은 대통령 간선제를 도입하고 대통령에게 비상조치권을 허용함으로서 우월적 대통령제 요소를 승계하는 한편 국무총리, 국무위원, 헌법위원회위원, 중앙선거관리위원회위원, 감사위원 등에 대한 탄핵소추

권을 국회에 부여함으로서 여전히 내각책임제적 요소를 유지했다.

6월 항쟁을 통해 등장한 제6공화국은 국회의 위상을 그 이전에 비해 훨씬 더 강화했다. 대통령의 국회해산권이 철폐되고 국회의 국정감사권은 부활되었다. 그렇다고 해서 "대통령과 행정부가 국회에 대해 갖는 영향력이 매우 취약하게 되었다고 판단할 수는 없다. 왜냐하면 대통령의 국회해산권 철폐는 제3공화국 시기에서와 같은 정상적인 대통령제로의 복귀이며 대통령은 여전히 긴급명령권과 법률안거부권을 갖고 있기 때문이다"(대한민국 국회, 2008: 619).

(2) 대통령의 리더십 유형

제1공화국의 이승만은 독립운동에서 얻은 전통적 카리스마에 기초한 "가부장적 권위주의형" 지도자로 평가된다. 이런 리더십은 건국과정에서 사회주의 세력에 대항하는 토대가 되었으나 발췌개헌, 사사오입개헌, 3.15 부정선거 등에서 보는 바와 같이 "권력의 사인화"를 가져왔다. 이는 고스란히 국회운영과정에 나타나 발췌개헌의 경우 등원을 거부하거나 피신중인 의원을 강제 연행하여 의결정족수를 채웠고, 독회를 생략한 채 기립표결로 개헌절차를 밟았다(대한민국 국회, 2008: 72). 사사오입개헌 과정에서도 암호투표와 정치폭력이 난무했으며 개헌 가능선인 국회의석 2/3를 확보하기 위해 거액의 선거자금을 유포하거나, 폭력깡패 동원, 관권개입 등을 불러왔다(황소웅, 2005: 120). 제1공화국을 민간 권위주의 체제로 부르는 이유다.

제2공화국의 장면은 자유주의의 철학적 원리에 따라 타협과 포용의 정치를 펼치려고 했지만 상황파악 능력, 체제정당화와 정권유지에 필요한 안목과 기술, 엘리트 장악력 등에서 한계를 보여 위기대처 능력과 결단력을 보여주지 못했다. 그 결과 내각책임제 하에서는 의회 내에 안정적인 지지 세력을 확보하는 일이 중요한 데도 구파를 설득하여 통합을 이루는데 실패했고 분당 이후에도 소장파와 합작파의 불만을 해소하지 못했다. 소극적 순응형 지도자로 보는 이유다(안병만, 1999: 191-194).

제3공화국과 제4공화국을 이끈 박정희는 "교도적 기업가" "체제창조형 통치자" "카리스마형 지도자" 등 다양한 별명으로 불리지만 폭력을 배경으로 권력을 장악하고, 집권 후에는 물리력을 독점한 후 위협적인 길들이기 전략을 통해 경제건설을 추진한 기능형 선도자로 더욱 더 알려졌다. 결단성, 추진력, 책임의식 등이 우월한 반면, 도덕성, 정당성, 설득력 등은 부족했다는 평가다. 그러나 강한 집념과 세심한 주의력을 토대로 가장 직무수행력이 좋았던 지도자로 지목된다. 주로 명령과 지시에 의한 하향식 패턴에 의존함으로서 권위주의적인 지도력을 보여 주었다(김정해, 2006: 189-190). 제3.4공화국을 군부 권위주의 체제로 보는 이유다.

제5공화국의 전두환은 매우 야심적이고 부지런한 지도자지만 권력욕이 너무 강한 나머지 모든 일을 투쟁의 대상으로 보았다. 이는 정치과정에서의 주도권 유지와 힘의 과시를 중시한 것에서 나타난다(김성익, 1992: 298). 전두환은 측근 막료를 중심으로 권력 지배 블럭을 형성하고 군을 지배도구로 활용하면서 민중부문의 참여를 철저히 억압했다. 이런 억압을 사익추구의 수단으로 활용했다는 점도 문제다(김호진, 1992: 274). 이런 민주적 리더십의 극심한 결여는 제5공화국을 군부 권위주의체제로 평가하는 이유 가운데 하나다.

6월 항쟁으로 등장한 제6공화국의 노태우는 "성원지향형을 가미한 현상유지형", "민원봉사형" 등으로 평가된다(이강로, 1992). 군림하는 지도자이기보다는 이른바 "보통사람"의 이미지를 부각하고자 노력했다. 과감성과 결단성이 부족한 반면 방어적이고 상황적응적인 리더십을 보여주고자 했다. 수동적이면서도 기본적인 성정이 온건형에 해당된다(김정해, 2006: 197). 노태우 정권이 민주화 이행기의 군부 절충주의 체제로 평가되는 이유다.

3당 합당을 통해 집권한 김영삼은 그런 의미에서 제한된 의미의 민주주의자이며, 권위주의적인 엘리트주의자로 평가된다(이종범, 1994). 비공개 성향이 강하고 초법적 성향을 지니고 있어 권위주의적이며, "공격적 승부사"로 불릴 만큼 적극적이지만 구체적인 직무수행을 즐기기 보다는 인간중심의 네트워크와 선동에 초점을 맞춤으로서 적극적-부정적 성정의 리더십으로 규정된다. 김영삼 정권이 선동형 사적 권위주의 체제로 평가되는 이유다.

최초의 수평적 정권교체를 구현한 김대중은 가치지향에 있어 민주적이지만, 의사결정권을 독점하고 상명하달식의 지시형 리더십을 즐긴다는 점에서는 앞서의 김영삼과 함께 권위주의적이라는 평가를 받는다. 법과 제도를 중시하기보다는 개인적인 신뢰에 기초한 내집단 의존적이기도 했다. 국정에 있어 매우 적극적이고 세심한 면모를 보여 "교사형 리더십"으로 평가될 만큼(조선일보, 2001.7.10) 과업 지향적이다. 김대중은 행정가형 사적 권위주의자로 평가된다.

비주류세력으로의 권력 이동을 구현한 노무현은 정책의 명령자가 아닌 조정자로서 변화와 개혁을 지향했다. 따라서 긍정적으로 보면 '변화 지향적 개혁가'지만, 비판적으로 보면 '불안한 정치 지향자'라는 평가를 받는다(최진, 2007.11.26). 본인뿐만 아니라 상대의 권위도 인정하지 않는 반(反)권위주의적인 행태를 보였다. 이는 낡은 제도와 관행의 타파라는 긍정적 효과도 많았지만, 규범적 틀의 파괴라는 부정적 효과도 낳았다. 노무현 정권이 개방적 탈권위주의 체제로 평가되는 이유다.

제2의 수평적 정권교체를 실현한 이명박은 기업 최고경영자(CEO) 출신답게 실용주의를 표방하고 나섰다. 그러나 이를 구현하는 과정에서 자기중심적 일방주의, 과도한 과업지향성, 공공성에 대한 이해부족, 소통과 설득의 결여 등으로 인해 '불도저형 리더십'(송은미 외, 2017.04.04.)이라는 평가를 받았다. 국정 운영이 과도하게 경제 부문에 경도되고 공동체 의식보다는 개인주의적 가치를 중시한다는 점에서 독선적 상인(商人)주의 리더십을 구사한 셈이다. "불도저 리더십"이 초기에는 추진력을 의미했지만 임기 후반 4대강 사업, 대북 5·24조치 등을 거치면서 일방적이고 자기중심적인 리더십으로 이해되었다.

헌정사 이래 최초로 탄핵소추 끝에 임기 전 퇴임한 박근혜는 경제민주화와 보수의 혁신을 내세워 집권했지만 불통, 고집, 무능으로 인해(배종호, 2015.02.13.) 사실상 리더십 구축 자체를 미완의 상태에 남겨둔 경우다. 소통 능력 부족, 관념적 보수주의와 반공주의에 대한 폐쇄적 편집성, 대화를 외면하는 일방주의와 독선, 국가중심주의적 사고 등에 매달려 폐쇄적인 헤드십에 불과했다는 평가다. 시대 환경의 변화에 대한 고려 없이 과거 군사 권위주의 시대의 국정운영양식을 연상케 한다 점에서는 과거 회귀형 권위주의 헤드십으로도 평가된다. 집권 초기부터 불통, 독단의 자세로 임해 많은 저항을 받았다.

(3) 정부형태

제1공화국의 제헌 국회는 무소속이 압도적이었을 뿐만 아니라 아직은 정당정치에 대한 기본인식이 정립되기 이전 단계여서 정당 자체가 개인적인 친소관계를 토대로 하는 일종의 사적 친목회와 유사했다. 오늘날과 같은 여야의 구분도 별로 없었으며 대통령도 제헌 국회 기간에는 초당적 입장을 취했다(대한민국 국회, 2008: 7). 제2대 국회는 한국전쟁 발발, 대통령 직선제 개헌문제 등을 둘러싼 원내외 정파 간의 갈등과 대립이 첨예화 하면서, 자유당의 창당과 원내 세력의 재편 등이 가장 중요한 변수로 작용했다. 이로 인해 이승만을 지지하는 자유당의 다수당 지위가 시기에 따라 부침했으며, 그 결과 분점과 단점이 수차례 교차했다. 제3대 국회는 다수당인 자유당이 무소속 의원을 대폭 영입하여 헌법 개정선을 확보함으로서 절대적 단점정부로 출범했다. 그러나 사사오입 개헌파동은 많은 자유당 의원의 탈당과 민주국민당을 중심으로 하는 야당세력의 결집을 가져왔다. 이를 토대로 제4대 국회에서는 최초로 양당제가 틀을 잡게 된다. 그러나 개헌을 둘러싼 극단적 대치 속에 3.15부정선거와

4.19혁명이 폭발하면서 자유당 정치는 몰락의 길을 걸었다.

제2공화국의 제5대 국회는 내각책임제하인만큼 정부가 유지되는 한 단점정부여야 하지만 민주당 내부의 신구파 간 갈등으로 인해 종당에는 분당사태에까지 이르게 된다. 따라서 1960년 10월 이후에는 사실상 다른 정파 간 연합을 통해 단점상태를 유지하는 셈이 된다. 이런 불안한 동거는 5.16 군사쿠데타로 인해 파국을 맞았다.

제3공화국의 제6대, 제7대, 제8대 국회에서는 민주공화당이 다수의석을 점유함으로서 단점상태가 유지되었다. 그러나 이로 인해 의회주의는 위기에 처하게 된다. 대의제의 원리가 제대로 지켜지지 않고 대통령의 권위주의적인 국정운영이 일상화 했으며, 행정국가화 경향이 강화되었다. 국회에서 여야 간 대립과 갈등이 심화되고, 다수파가 정치적 합의보다는 독주를 선호했다(대한민국 국회, 2008: 258).

10월 유신으로 시작된 제4공화국의 제9대, 제10대 국회는 대통령이 추천하는 인사들로 구성되는 유신정우회와 민주공화당이 공동으로 다수의석을 점유함으로서 일종의 기획된 단점 현상이 지속되었다. 민주주의의 일탈로 인한 초월적 대통령의 독주와 “순응적 야당”의 공존시대가 열린 것이다(황소웅, 2006: 103). 청와대와 중앙정보부의 국회운영개입이 일상화 한 시기였다.

제5공화국의 제11대 국회는 5.17 주체세력에 의해 기획의도대로 구성되었다. 자신들이 주도할 정당으로 민주정의당을 창당하고 구정치인의 정치활동을 금지한 가운데 야당의 창당에도 깊이 간여하여 선거전부터 여야당을 나누고 제1야당과 제2야당을 지목함으로서 "3당 밀월 시대"를 연 것이다. 당연히 지배적 단점정부가 운영되었다. 그러나 제12대 국회에서는 비록 단점정부이기는 하지만 매우 불안한 장악력을 보여 주었다. 야당이 100석이 넘는 의석을 점유하면서 과거의 야성을 회복하기 시작했을 뿐만 아니라 시민사회의 민주화 투쟁에 대한 열망이 강력한 대여 투쟁을 요구했기 때문이다 (황소웅, 2006a: 92).

제6공화국의 제13대 국회 전반기는 "4당 병립" 현상으로 어느 정당도 다수의석을 점유하지 못하는 분점정부의 등장을 가져왔다. 여당인 민정당이 야3당의 공조체제에 눌려 끌려가는 신세가 되었다. 그러나 3당 합당으로 "거여미야(巨與微野)"가 등장하면서 단점정부가 구성되고 과거의 여당 독주기반이 부활했다. 노태우 정부와 김영삼 정부 간의 교체기에 걸쳐 있던 제14대 국회의 총선결과는 어느 정당도 과반수를 점하지 못한 채 "3당 정립"을 가져왔다. 그러나 개별영입을 통해 곧 바로 민자당이 다수당이 되면서 외형상 단점정부가 탄생했다. 그러나 다수당 의석이 반수를 조금 넘는 수준이었고 야당 간의 협조체제도 가동한 탓에 과거와는 달리 조정과 타협을 통한 국회운영이 대종을 이루었다.

제15대 국회의 총선결과에서도 어느 정당도 다수당을 구성하지 못했다. 그러나 곧 바로 개별영입을 통해 신한국당이 다수당이 되면서 단점정부를 등장시켰다. 김영삼 정부가 김대중 정부로 이동하는 과정에서 다시 한나라당이 과반수 의석을 상실하면서 분점정부화 했다. 그러나 새정치국민회의와 자유민주연합이 공동여당을 구성하면서 헌정사상 최초로 정당연합에 의한 단점정부를 탄생시켰다. 이로 인한 단점정부의 일방통행식 국정운영과 과거 여당이던 한나라당의 저항 사이에서 제15대 국회는 "의정사상 가장 정쟁이 치열했던 국회"가 되었다(황소웅, 2006b: 106). 제16대 국회의 선거결과도 "여소야대" 였다. 분점정부로 출범한 것이다. 그러나 개별입당과 민주당, 자유민주연합 간의 공동정부 복원을 통해 단점정부가 탄생했다. 이후 통일부 장관의 해임건의안 처리과정에서 공동정부가 와해하면서 다시 분점정부 시대가 되었다. 이런 현상은 김대중 정부가 물러나고 노무현 정부가 출범한 이후에도 계속되었다.

제17대 국회의원 선거는 제13대 국회 총선 이래 지속되어 온 "여소야대" 현상을 "여대야소"로 바꾸었다. 노무현 대통령에 대한 탄핵실패의 후폭풍인 셈이다. 당연히 단점정부가 출현했다. 그러나 여당인 열린우리당의 인기가 하락하고 재보선 등에서 잇따라 패배하면서 정당 간 이합집산과 의원의 소속정당 이동이 빈발하면서 개원 1년여 만에 "여소야대"가 되어 분점정부의 길로 들어섰다. 특히 2007년 2월 노무현 대통령이 열린우리당 당적을 이탈하면서부터는 사실상 분점 여부를 따지는 일이 무의미해졌다.

이어서 2008년 2월 등장한 이명박 정부는 야당인 통합민주당이 원내 과반수 의석을 차지하고 있어 분점상태에서 출범했으나 곧이어 2008년 7월에 치러진 제18대 국회의원 선거에서 여당인 한나라당이 과반을 차지하면서(299석 가운데 153석) 단점 정부의 편익을 누렸다. 이후 2012년 2월 임기 일 년을 남겨 놓고 한나라당이 새누리당으로 당명을 교체하면서 2012년 5월 치러진 제19대 총선에서는 새누리당으로 선거에 임하게 된다. 제19대 총선 결과 새누리당이

의석 300석 가운데 152석을 얻어 과반수 의석을 확보하게 되어 단점정부 상태가 계속 유지된다.

이를 이어받아 2013년 2월 취임한 박근혜 정부도 단점정부 상태를 유지하지만 야당과의 의석 차이가 많지 않아 불안한 단점 상태를 맞이한다. 이는 2016년 3월까지 이어진다. 그러나 2016년 5월에 치러진 제20대 국회의원 선거에서 집권당인 새누리당이 대패하면서 4당 체제의 등장을 불러왔고, 이로 인해 대통령의 탄핵으로 2017년 3월 퇴임하기까지 분점 상태에 빠진다. 여기에 더해 2012년 5월에 통과된 국회 선진화법이 시행되면서 국회의석 3분의 2 이상을 확보하지 않으면 사실상 과거의 다수당처럼 국회운영을 좌지우지할 수 없게 되었다. 그 결과 소수파의 저항으로 얼룩지던 "동물국회"로부터 누구도 국회운영을 주도할 수 없다는 뜻의 "식물국회" 시대로 접어든다. 박근혜 정부 전반기가 단점정부 상태였다고 하지만 사실상 대 국회관계에서 무력할 수밖에 없었던 이유 가운데 하나다.

2) 국회의 환경조건

(1) 정당 내부의 민주성 정도

정당내부 민주주의의 확보문제가 한국 정당의 현안과제라는 데에는 이견이 없다. 당내 민주주의가 확보되기 위해서는 일반적으로, ① 정당자치규정(당헌·당규)의 제정과 공개, ② 정당내부조직의 민주적, 상향식 구성, ③ 입당, 탈당, 발언, 투표, 당직취임, 징계 등에 있어 평등성, 경쟁성 보장, ④ 당내 지도력 창출을 위한 민주적 선거, ⑤ 공직선거후보자 공천의 민주성 등이 보장되어야 한다.

그러나 제1공화국의 제헌 국회와 제2대 국회에서는 사실상 원내 정당의 내부 민주주의를 논의하기 이전 단계에 있었다. 정당 형태를 갖추기 시작한 자유당도 인물중심의 선거 정당적 성격을 갖기는 여전했다. 제3대 국회에서 이승만의 3선을 목표로 하던 자유당이 개헌 지지 각서를 받고 공천했다거나, 제4대 국회에서 강경파가 주요요직을 독점한 가운데, 지구당에서 공직진출 후보자를 선출하여 중앙당의 심사를 거치 던 기존의 공천방식을 변경하고, 지구당 대회를 금지하는 한편 중앙당이 공천권을 행사하면서 당의 중앙통제방식을 대폭 강화한 것 등에서 드러난다(대한민국 국회, 2008: 276).

제2공화국 하의 민주당도 인물중심의 이합집산을 거듭하는 가운데, 계파간의 막후 거래와 조정을 통해 공천권을 나누고 당직을 배분했으며, 상명하달식 의사결정체제에 의존했음은 물론이다. 당내 파벌 정치는 외형상 권력의 분립과 연동되어 있는 것처럼 보이지만 그 실제에 있어 개인의 의사를 공적인 의사나 국가의 의사로 전환하는 매개기능을 수행했다.

제3공화국과 제4공화국에서 여당역할을 수행한 민주공화당은 1963년 2월 제6대 국회에서 탄생하여 집권여당이 된 뒤 1979년 10·26 사태로 유신체제가 붕괴되고 1980년 헌법부칙에 따라 자동 해산될 때까지 17년간 집권당으로 존속했다. 초기에는 당내 사무국 조직이 막강한 권한을 갖는 전위 정당으로 조직되었으나 점차 원내중심의 정당으로 변모하는 변화를 보였다. 이 과정에서 정당

내부의 의사결정과정은 고도로 중앙집권화 되었으며 공천권은 사실상 총재인 대통령의 사전 낙점에 의해 좌우되었다(대한민국 국회, 2008: 350). 유신정우회 등장은 정당정치의 실종을 보여주는 가장 상징적인 현상 가운데 하나다.

제5공화국의 경우는 정당의 창당 과정에서부터 구정치인의 정치참여를 제한하는 가운데 진행되었으며, 여당은 물론 야당의 공천대상자까지 5.17 주도세력이 사전에 정하고 있어 정당 내부 민주주의를 논의하기 어려운 상태였다.

제6공화국의 제13대 국회에서 제16대 국회 전반기까지의 기간 동안에도 노태우, 김영삼, 김대중의 절충주의적 군부 권위주의 체제 또는 사적 권위주의 체제 탓에 인물중심의 선거 정당적 성격이 여전했으며, 공천권 행사를 통한 소속 당원의 상명하달식 통제와 지휘가 여전했다.

다만 제16대 국회 후반기와 제17대 국회의 경우 새천년민주당이 국민참여경선제와 공모당원선거인 제도를 도입하는 등 공천과정의 개방성을 증대하고, 지구당 당원대회 내지는 대의원대회를 통해 국회의원 후보자를 확정함으로서 다소 당내 공천절차가 상향식 체제로 전환하게 되었다. 한나라당도 지구당 대회 또는 지구당선거인단 대회를 국회의원 공천의 필수 요건으로 삼게 되었다. 그러나 더욱 결정적인 것은 노무현 정부의 등장 이후 거듭된 여권의 이합집산 과정에서 인물중심의 구심력을 잃게 되었다는 점이다. 이는 대통령이 집권당인 열린우리당을 탈당함으로서 고조되었다. 열린우리당이 국민추천제도를 도입하고 상향식 경선제를 도입한 것도 당내 민주주의 신장에 기여했다.

그러나 이런 외형상의 당내 민주주의 신장은 제18대 국회의원 선거가 이명박 대통령 당선 직후 치러지면서 집권당인 한나라당에 대한 이명박 대통령의 수직적 관리로 변질되었다. 이로 인해 현역의원 공천 배제율이 39%로 드러나자 공천에 불복한 이들이 친박연대를 결성해 총선에 참여했다. 친박연대는 예상 밖의 성과를 내고 이후 합당해 집권여당의 몸집을 키우는 변화를 낳는다. 정당내부의 민주주의가 상명하달식 운영양식을 벗어나지 못하고 과두제에 의해 장악되었음을 뜻한다.

제19대 국회의원 선거에서는 새누리당과 민주통합당 모두 외형적으로는 경선을 기본원칙으로 하고 당원 외에도 일반 유권자가 참여하는 통로를 마련해 정당민주화가 진일보한 듯 보였다. 그러나 운영 실제에 있어서는 공천심사위원회의 결정이나 전략공천 등 하향식 공천이 주류를 이루고 국민참여경선이나 여론조사를 통한 상향식 공천은 30% 정도에 불과했다(국회입법조사처, 2012: 1-2). 민주통합당의 경우 여론조사, 모바일 투표, 선거인단 투표 등 다양한 방식을 혼합했으나 실제로는 동원 선거라는 문제점을 낳았다. 통합진보당의 경우도 당원투표라고 하나 실제로는 중복투표, 대리투표 등의 문제를 노정했다. 비례대표 선출도 기층당원의 실질적인 참여보다는 지도부가 좌우하는 추천방식에 의존함으로써 후보 선출과정의 민주성 확보가 형식화 되었다.

제20대 국회의원 선거에서는 주요정당이 모두 심각한 공천 갈등을 겪었다. 특히 새누리당은 공천위원장을 내세워 "비박" 제거, "친박" 밀어 넣기 과정에서 탈당, 옥새파동 등 전대미문의 내홍을 겪었다. 더불어민주당 역시 공천위원장의 독주에 대한 내부 반발이 거세게 일었으나 당지도부의 조정으로 일단 수습되는 모습을 보였다. 당내 민주주의의 구현문제가 상시적 과제로 남아 있음을 뜻한다.

(2) 원내 정당 간의 이념적 거리

한국의 정당은 생장의 기반을 주로 지역적 갈등구조에 두고 정책적 대결이나 경쟁을 통한 집권보다는 지역할거주의에 의한 반사이익을 취하고자 했다. 오랜 권위주의 체제의 지속과정에서 반공 이데올로기를 통해 집권의 기반을 다져온 데다가 분단이라는 현실이 진보와 사회민주주의 이념의 확산을 차단하게 했으며 경직된 보수의 이념적 색채가 한국 정당정치의 근간을 형성하게 되었다. 이는 고스란히 원내 정당 간의 이념적 거리에도 반영되어 여야당을 막론하고 보수정당이 주류를 이루었다. 원내 정당 간의 이념적 거리가 별로 멀지 않았던 것이다.

제1공화국의 제헌 국회와 제2대 국회는 무소속의 대거 진출로 정파 간 이념 대결을 논하기 이전단계에 있었으나, 제2대 국회로 들어서면서 기성 보수정파의 원내세력이 약화된 반면 민족주의 세력과 사회주의계열 인사 등 중도파 지도자들의 원내진출이 두드러졌다(대한민국 국회, 2008: 63). 그러나 제3대 국회에서 보수야당으로부터 배척되었던 진보당 소속 인사들이 체포되거나 사형되면서, 진보당은 해체되고, 진보세력의 원내 진출이 차단되면서 정통 보수 세력의 원내 장악은 공고화 되었다.

그러나 제2공화국의 제5대 국회에서는 용공단체로 몰리어 철저한 통제와 감시를 받아 오던 진보세력도 정당을 결성하면서 활발한 정치활동을 펴기 시작했다. 노동운동에 대한 제약과 통제도 해제되어 교원노조가 결성되고, 공식적인 통일정책을 비판하는 진보세력의 통일론도 상당한 수 지지층을 확보하게 되었다(대한민국 국회, 2008: 196). 정당 간 이념의 폭이 넓어진 셈이다.

그러나 군부 권위주의 정권이 들어선 제3공화국, 제4공화국, 제5공화국에서는 진보세력의 정치활동 자체가 근본적으로 차단되거나 금지됨으로서 원내 정당 간의 이념적 거리는 다시 보수 일색으로 일원화 되었다. 이런 경향은 제6공화국의 제16대 국회까지 계속되었다. 그러나 제17대 국회에서는 다수당이 된 열린우리당을 통해 전대협, 386 세대 등 학생운동 세력이 대거 진출했고, 특히 민주사회주의를 지향하는 민주노동당이 10석을 획득하여 원내 제3당으로 진출하는 획기적인 변화를 가져왔다. 여성의 원내진출도 크게 증가해서 13%를 차지하게 되었다. 사상 초유로 현역의원의 70%가 교체되는 변화도 있었다. 무엇보다도 진보적 성향의 열린우리당 초선의원과 민주노동당 의원의 등장으로 이념적 편차가 가장 큰 국회가 등장한 것이다(가상준, 2010: 27).

제18대 국회는 제17대 국회와 비교해 볼 때 전체적으로 의원들의 보수화 경향이 확장되었다. 여기에는 한나라당 국회의원의 이념 성향이 크게 보수화한 영향이 가장 컸다. 이에 비해 민주당과 민주노동당 소속 의원의 이념지향은 제17대 국회와 비교해 크게 변하지 않았다. 그 결과 정당 간 이념적 격차가 제17대 국회보다 더 벌어지게 되었다(가상준, 2010: 28). 이는 노무현정부에 대한 부정적 평가로 보수 성향의 한나라당 후보들이 보다 쉽게 유권자의 지지를 얻을 수 있었기 때문이다.

제19대 국회에서는 원내 정당 간의 이념정향이 보다 더 벌어진 것으로 조사되었다. 한규섭(2015)이 조사한 바에 의하면 가장 진보성향을 보인 여당 의원보다 보수성향인 야당 의원이 2명뿐인 것으로 나타났다. 특히 여당인 새누리당 지도부와 야당인 새정치연합의 지도부 사이에 놓인 이념적 격차는 과거보다 더 벌어진 것으로 측정되었다. 다만 원내지도부의 경우는 상대적으로 가까워졌다. 여당 내에서도 가장 보수적인 것은 친박계였으며, 원내에서 가장 진보적인 것은 통합진보당이었다. 그 보다 덜 진보적인 것이 정의당이었다. 실제로 제16대 국회에서부터 제19대 국회까지 정당별 소속 국회의원의 평균이념을 조사한 결과(가상준, 2014)에 의하면 제16대 국회에서 1.543이던 보수 진보 정당 간 이념 지표의 격차 평균이 제19대 국회에서 3.154로 벌어져 점증적인 증가 추세에 있음을 보여주었다.

그러나 제20대 국회에서는 의원 전체의 이념정향이 진보 쪽으로 훨씬 더 기울어지는 변화를 보였다. 중앙일보와 한국정치학회가 공동 조사한 결과에 의하면 여당인 새누리당과 야당인 더불어민주당 모두 진보성향이 증가한 것으로 나타났다(김성탁 외, 2016.07.04). 역대 국회 가운데 가장 진보적인 셈이다. 그러나 양대 정당 간의 거리는 제19대 국회에 비해 줄어든 것으로 나타났다. 이는 양극화, 저출산, 실업 등의 문제가 고전적인 방법으로는 해결하기 어렵고 신자유주의적인 패러다임에서 벗어나야 대안 발굴이 가능하다는 인식상의 변화가 일어난 결과로 보아진다.

(3) 국회의 기관능력

의회의 업무수행능력, 특히 대 행정부와의 관계에서 의회가 결여하기 마련인 분야별 전문지식의 보충을 위해서는 입법지원기구의 활성화가 필수적 과제다. 이에 따라 국회는 국회사무처, 국회도서관, 국회예산정책처, 국회입법조사처, 교섭단체정책연구원, 국회방송국 등을 국회 기관지원 기구로 그리고 국회의원 개개인을 위해 다양한 직급의 개인보좌진을 두었다.

제1공화국의 제헌 국회에서 제3대 국회까지는 국회사무처에 직원 146명을 두었다. 그러나 국회의원 개인보좌진에 대해서는 이를 정규 직제에 반영하지 않아 의원비서. 의원수행원 등을 의원이 개인적으로 충원해야 했다(대한민국 국회, 2008: 18). 제3대 국회에서는 의원 비서관을 정규직제에 반영하여 모두 203명을 두었다. 특히 제3대 국회에서는 각 상임위원회에 전문위원과 촉탁을 배치하여 입법 업무를 지원하도록 했다.

제2공화국의 제5대 국회에서는 양원제가 도입되면서 의원 개인비서관의 규모도 늘어 582명으로 증원되었다. 그러나 제3공화국의 제6대 국회는 여러 면에서 이전의 국회들과는 다른 모습을 보였다. 특히 국회의 조직과 운영에서 획기적인 변화가 일어났다. 입법지원 및 행정보조기구로 국회사무처가 처음 독립기구로 발족했으며(김근세, 2008: 208), 의원 개인보좌진으로 350명을 두었다. 이는 다시 제

8대 국회에서 612명으로 증원된다.

제4공화국과 제5공화국에서는 국회의원 개인보좌진의 규모가 점진적으로 늘어 제12대 국회의 경우 모두 1,104 명이 되었다.

제6공화국의 제13대 국회가 들어서면서 국회사무총장을 임면할 때에는 본회의의 승인을 얻기 전 반드시 교섭단체 대표의원들과 협의하도록 했으며, 국회의원 개인보좌진에 4급상당 보좌관 1인을 증원하여 모두 별정직 4급 상당 보좌관 1인, 5급 상당 비서관 1인, 6급상당·7급상당·9급상당의 비서 각 1인 등 모두 5인의 보좌진을 두도록 했다(대한민국 국회, 2008: 625). 여기에 더해 교섭단체 정책연구위원제도도 신설되었다. 제14대 국회에서는 국회의 양대 기능인 입법과 예·결산 심의기능을 강화하기 위해 국회사무처에 법제예산실을 두었으며, 위원회에 복수전문위원제도를 도입했고, 의정연수원을 두었다. 제16대 국회에서는 국가의 예산재정운용을 연구·분석·평가하고 의정활동을 지원하기 위한 조직으로 국회예산정책처를 신설했으며, 국회의원 개인보좌진을 1,794명으로 증원했다. 제17대 국회에서는 입법·정책 관련 사항의 조사·연구 및 관련 정보·자료 제공 등 입법정보서비스를 위해 국회입법조사처를 신설했다. 제18대 국회에서는 국회의원 개인별 보좌진을 6명에서 7명으로 늘렸다. 의원정수가 299명이므로 모두 2093명이 된다. 제19대 국회에서는 의원 정수가 300명으로 늘어난 탓에 2100명이 되었다.

여기에서는 국회의원 개인보좌진의 변화 추이를 중심으로 국회의 기관능력 변화를 추적해 보고자 한다. 이는 자료수집상의 편의와 개인보좌진이 입법활동과정에서 차지하는 기능상의 비중을 감안한 결과다.

지금까지 논의한 국회-정부 간의 환경 조건은 아래의 <표6-2>에 정리되어 있는 바와 같다.

〈표 6-2〉 역대 국회의 환경조건

정부	간접요인			국회			간접요인		
공화국	권력구조	대통령의 리더십	정부형태	회차	시기	제1당	정당 내부 민주주의	정당간 이념 거리	국회 의원 보좌진 수
제1공	대통령제	민 권위주의 (이승만)	분점	제헌	1948.5-1950.5	대한독립촉성 국민회의	무	무	0
			분점	2대	1950.5-1952.1	대한민국당	무	무	0
			단점		1952.1-1952.6	자유당			
			분점		1952.6-1953.4	자유당			
			단점		1953.4-1953.4	자유당			
			단점	3대	1954.5-1958.5	자유당	저	저	203명
			단점	4대	1958.5-1960.7	자유당	저	저	233명
제2공	내각 책임제	(장면)	분점	5대	1960.7-1961.5	민주당	저	중	582명
			단점		1960.11-1961.5	민주당	저	중	
제3공	대통령제	군부 권위주의 (박정희)	단점	6대	1963.12-1967.6	민주공화당	저	저	350명
			단점	7대	1967.7-1971.6	민주공화당	저	저	350명
			단점	8대	1971.7-1972.10	민주공화당	저	저	612명

<table>
<tr><th>정부</th><th colspan="3">간접요인</th><th colspan="3">국회</th><th colspan="3">간접요인</th></tr>
<tr><th>공화국</th><th>권력
구조</th><th>대통령의
리더십</th><th>정부
형태</th><th>회차</th><th>시기</th><th>제1당</th><th>정당
내부
민주
주의</th><th>정당간
이념
거리</th><th>국회
의원
보좌진
수</th></tr>
<tr><td rowspan="2">제4공</td><td rowspan="2">초월적
대통령제</td><td rowspan="2">군부
권위주의
(박정희)</td><td>단점</td><td>9대</td><td>1973.3-
1979.3</td><td>민주공화당
(유신정우회)</td><td>저</td><td>저</td><td>876명
(219)</td></tr>
<tr><td>단점</td><td>10대</td><td>1979.3-
1980.10</td><td>유신정우회
(민주공화당)</td><td>저</td><td>저</td><td>924명</td></tr>
<tr><td rowspan="2">제5공</td><td rowspan="2">대통령제</td><td rowspan="2">군부
권위주의
(전두환)</td><td>단점</td><td>11대</td><td>1981.4-
1985.4</td><td>민주정의당</td><td>저</td><td>저</td><td>828명</td></tr>
<tr><td>단점</td><td>12대</td><td>1985.4-
1988.5</td><td>민주정의당</td><td>저</td><td>저</td><td>1,104명</td></tr>
<tr><td rowspan="6">제6공</td><td rowspan="6">대통령제</td><td rowspan="3">군부
절충주의
(노태우)</td><td>분점</td><td rowspan="2">13대</td><td>1988.5-
1990.1</td><td>민주정의당</td><td>저</td><td>저</td><td rowspan="2">1,495명</td></tr>
<tr><td>단점</td><td>1990.1-
1992.5</td><td>민주정의당</td><td>저</td><td>저</td></tr>
<tr><td>분점</td><td rowspan="2">14대</td><td>1992.3-
1992.6</td><td>민주정의당</td><td>저</td><td>저</td><td rowspan="2">1,495명</td></tr>
<tr><td>사적
권위주의
(노태우,
김영삼)</td><td>단점</td><td>1992.6-
1996.5</td><td>민주정의당</td><td>저</td><td>저</td></tr>
<tr><td rowspan="2">사적
권위주의
(김영삼)</td><td>분점</td><td rowspan="4">15대</td><td>1996.4-
1996.5</td><td>신한국당</td><td>저</td><td>저</td><td rowspan="4">1,495명</td></tr>
<tr><td>단점</td><td>1996.5-
1998.2</td><td>신한국당
(한나라당)</td><td>저</td><td>저</td></tr>
<tr><td rowspan="2">제6공</td><td rowspan="2">대통령제</td><td rowspan="2">사적
권위주의
(김대중)</td><td>분점</td><td>1998.2-
1998.8</td><td>한나라당</td><td>저</td><td>저</td></tr>
<tr><td>단점</td><td>1998.8-
2000.5</td><td>한나라당</td><td>저</td><td>저</td></tr>
</table>

정부	간접요인			국회			간접요인		
공화국	권력 구조	대통령의 리더십	정부 형태	회차	시기	제1당	정당 내부 민주 주의	정당간 이념 거리	국회 의원 보좌진 수
제6공	대통령제	사적 권위주의(김대중)	분점	16대	2000.5-2001.4	한나라당	저	저	1,794명
			단점		2001.4-2001.9	한나라당	저	저	
			분점		2001.9-2003.2	한나라당	저	저	
		탈 권위주의(노무현)	분점		2003.2-2004.4	한나라당	저	저	
			단점	17대	2004.4-2005.4	열린우리당	고	고	1,794명
			분점		2005.4-2007.2	열린우리당	고	고	
			분점		2007.2-2007.8	한나라당	중	고	
			분점		2007.8-2008.2	통합민주당	고	고	
		독선적 상인주의(이명박)	분점		2008.2-2008.5	통합민주당	고	고	
			단점	18대	2008.5 - 2012.5	한나라당*	중	고	2,093명
			단점	19대	2012.5 –2013.2	새누리당	중	고	2,100명
		폐쇄적 권위주의(박근혜)	단점	19대	2013.2-2016.3	새누리당	중	고	2,100명
			분점		2016.3-2016.5	새누리당	중	고	
			분점	20대	2016.5-2017.3	새누리당	중	중	
		문재인	분점		2017.3-현재	더불어민주당	고	중	2,392명

출처 : 대한민국 국회(2008), 국회사무처(2000), 국회사무처 내부 자료를 토대로 추출, 작성.

* 2012년 2월 당명을 새누리당으로 바꾸었다.

4. 국회-정부 간 상호작용의 결과

1) 입법권

기관 중심의 접근시각에서 볼 때, 입법은 이를 국회가 주도하면 정부로 하여금 국회가 원하는 행동노선에 따라 활동하도록 요청하자는 것이며, 정부가 이를 제안하면 자신이 원하는 행동노선에 따라 활동할 수 있도록 법률적 토대를 마련하자는 것이다. 따라서 국회와 정부가 각각 제안한 법률안의 수는 얼마나 자주 상대방을 구속하거나 영향력을 미치고자 했는지를 보여주는 지표가 된다. 그러나 그렇다고 하더라도 법률안이 법률로 확정되기 위해서는 국회가 제안된 법률안을 심의, 통과시켜야 하는 만큼 이 과정에서도 법률안 통과과정을 둘러싼 국회와 정부 간의 힘겨루기 내지는 상호작용적 관계가 형성된다. 따라서 국회와 정부가 각기 자신이 제안

〈그림 6-1〉 역대 국회 제안자별 법률안 접수현황

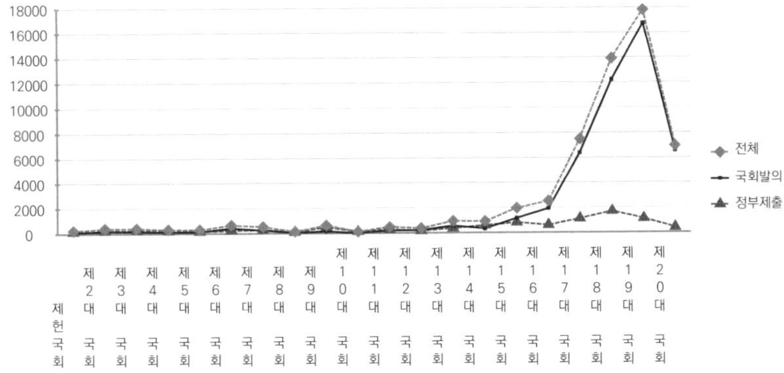

한 법률안을 얼마만큼이나 가결시켰는지는 입법과정에서 보여준 각 기관의 영향력의 크기를 보여주는 셈이다.

이런 인식을 토대로 역대 국회 회차 별로 국회와 정부가 제안한 법률안 수를 시계열적으로 비교해 본 결과는 위의 <그림 6-1>에 나타나 있는 바와 같다.

<그림 6-1>에 의하면 우선 전체적으로 볼 때, 첫째 정부수립 이후 지속적으로 법률안의 제안 건수가 증가추세에 있음을 알 수 있다. 최근에 가까워 올수록 증가추세가 가파른 상승곡선을 보이고 있다. 국회와 정부 사이의 상호작용 회수가 증가 추세에 있는 것이다. 둘째, 정권교체나 사회주류세력 간의 권력이동이 있은 후 최초로 구성되는 국회에서는 거의 예외 없이 법률안 제안 건수가 늘고 있다. 이는 국회 발의안이나 정부 제출안의 경우를 가리지 않고 나타나는 현상이다. 제2공화국 수립 후 최초의 국회인 제5대 국회(국회발의:137건, 정부제출:159건), 제3공화국 수립 후 최초의 국회인 제6대 국회(416건, 242건), 제4공화국 수립 후 최초의 국회인 제9대 국회(154건, 479건), 제5공화국 수립 후 최초의 국회인 제11대 국회(202건, 287건), 제6공화국 수립 후 최초의 국회인 제13대 국회(570건, 368건), 최초의 수평적 정권교체가 있었던 제15대 국회(1,144건, 807건), 최초의 사회 주류세력 간 권력이동이 있었던 제17대 국회(6,387건, 1,102건) 등에서 보는 바와 같다. 사회권력의 재편에 따라 이를 반영하는 새로운 제도나 질서를 창출하고자 하는 입법수요가 많았기 때문일 것이다. 그 가운데에서도 제17대 국회에서의 법률안 제안 건수는 가히 폭발적인 증가추세를 보인다. 제2의 수평적 정권교체

직후 구성된 제18대 국회(12,220건, 1,693건)와 제19대 국회(16,729건, 1,093건)에서도 사정은 같다. 가히 혁명적인 증가추세를 보인다. 이런 경향성은 국회 발의안과 정부 제출안 사이에 큰 차이가 없다. 다만 국회 발의안이 정부 제출안보다는 압도적으로 많은 수라는 점에서만 다르다.

셋째 국회와 정부 가운데 어느 쪽이 더 많은 법률안을 제안해서 입법 주도권을 발휘했는지를 전체 제안 법률안 가운데 각자가 제안한 법률안의 비율로 측정해 본 결과 국회의 법률안 주도율은 대체로 제11대 국회까지는 정부보다 뒤졌다. 그러나 제12대 국회를 기점으로 급진적인 증가추세를 보여 오늘날은 적어도 법률안 제안에 있어서만큼은 국회가 절대적 우위를 점하고 있다. 이런 현상은 특히 제16대 국회에서부터 급격히 증가하는 추세를 보여준다.

그런데 이렇게 해서 제안된 법률안이 법률로 완성되기 위해서는 다양한 활동자간의 합종연횡을 거쳐 결과적으로 국회가 가결 통과

〈그림 6-2〉 역대 국회 제안자별 법률안 가결률

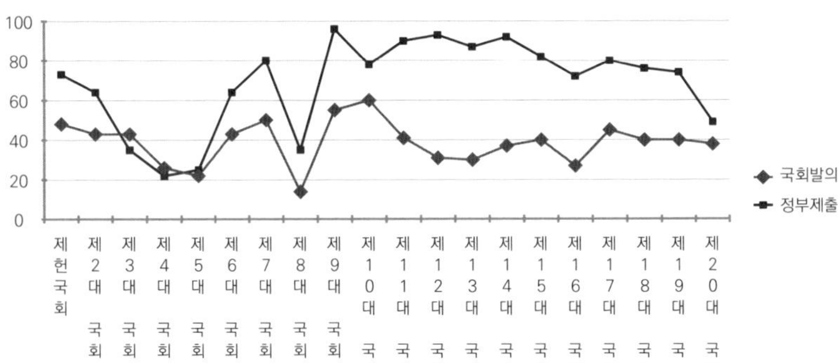

시켜야 한다. 따라서 국회 발의안의 가결률과 정부 제출안의 가결률은 결과적으로 양자가 입법과정에서 보여준 영향력의 크기를 나타낸다. 이에 따라 역대 국회에서의 국회 발의안과 정부 제출안의 가결률을 검토해 본 결과는 위의 <그림 6-2>에 나타나 있는 바와 같다.

<그림 6-2>에 의하면, 먼저 정부 제출안의 가결률은 국회 발의안의 가결률에 비해 월등히 높다. 특히 제9대 국회 이후의 정부 제출안 가결률은 거의 90% 대를 유지하는 높은 수준이다. 이런 현상은 제14대 국회까지 지속된다. 그러나 제15대 국회부터는 점진적으로 하향하는 추세를 보이면서 제20대 국회에 이른다. 그러나 전반적으로는 여전히 높은 수준의 가결률을 보여준다. 역대 국회 평균 68%에 이른다. 일차적으로는 정부 제출안이 국회 발의안보다 국정운영에 필요한 정책 대안의 성격이 짙은 반면 국회 발의안은 정치적 또는 정략적 동기에서 발의되는 경우가 많은 탓이라고 볼 수 있겠지만, 기본적으로는 정부 또는 정부와 연대한 활동자들의 영향력이 국회 또는 정부와의 대립을 도모하는 활동자들의 그것보다 높은 까닭이다. 국회의 대 행정부 통제력이 상대적으로 취약하다는 뜻이다. 이는 문민정부 출범 이후인 제15대 국회를 기점으로 정부제출안의 가결률이 점진적인 하향 추세를 보인다는 사실에 의해 확인되고 있다.

무엇보다도 중요한 것은 정부 제출안과 국회 발의안의 가결률이 모두 정권 말기에 이를수록 떨어졌다가 새로운 정권이 탄생하면 다시 가결률이 높아진다는 점이다. 제1공화국 말기인 제4대 국회는

제1공화국 내에서 가장 낮은 가결률을 보여주었고(26%, 22%), 제2공화국의 제5대 국회가 낮으며(22%, 25%), 제3공화국의 제8대 국회가 낮고(14%, 35%), 제4공화국의 제10대 국회는 국회 발의안의 경우(60%)는 아니지만 정부 제출안의 경우(78%)가 가장 낮다. 제5공화국의 제12대 국회가 가장 낮고(31%, 93%), 제6공화국의 제15대 국회가 국회 발의안의 경우는 아니지만 정부 제출안의 경우(82%) 가장 낮았고, 제16대 국회의 수평적 정권교체 이후 국회 제출안(27%)과 정부 제출안(72%)의 가결률이 모두 낮아졌으며, 제2의 수평적 정권교체가 이루어진 직후 구성된 제18대 국회에서도 국회 발의안(40%)과 정부 제출안(76%) 모두 상대적으로 낮았다. 특히 정부 제출안 가결률의 저하는 정권이나 권력 교체의 전조가 되는 셈이다. 그만큼 입법과정에서의 활동자간 권력경쟁이 심했다는 증거이기도 하고 집권세력의 대 여당 통제력이 취약했다는 의미이기도 하다. 이런 상황을 종합한 자료는 아래의 <표 6-3>에서 보는 바와 같다.

〈표 6-3〉 역대 국회 법률안 처리현황

법률안별 / 국회별	전체 법률안	국회발의 법률안(a)		정부제출 법률안(b)		입법주도율 (a/a+b)
		건수	가결율	건수	가결율	
제헌 국회	234	89	48	145	73	0.38
제2대 국회	398	182	43	216	64	0.46
제3대 국회	410	169	43	241	35	0.41
제4대 국회	322	120	26	202	22	0.37
제5대 국회	296	137	22	159	25	0.46
제6대 국회	658	416	43	242	64	0.63
제7대 국회	535	244	50	291	80	0.46

국회별 \ 법률안별	전체 법률안	국회발의 법률안(a)		정부제출 법률안(b)		입법주도율 (a/a+b)
		건수	가결율	건수	가결율	
제8대 국회	138	43	14	95	35	0.31
제9대 국회	633	154	55	479	96	0.24
제10대 국회	129	5	60	124	78	0.04
제11대 국회	489	202	41	287	90	0.41
제12대 국회	379	211	31	168	93	0.56
제13대 국회	938	570	30	368	87	0.61
제14대 국회	902	321	37	581	92	0.36
제15대 국회	1,951	1,144	40	807	82	0.59
제16대 국회	2,507	1,912	27	595	72	0.76
제17대 국회	7,489	6,387	45	1,102	80	0.85
제18대 국회	13,913	12,220	40	1,693	76	0.88
제19대 국회	17,822	16,729	40	1,093	74	0.94
제20대 국회	6,961	6,571	17	390	49	0.94
총계	57,104	47,826	38	9,278	68	0.84

자료 : 대한민국 국회(2008: 1000-1003), 국회 사무처 내부 자료에서 추출 작성했다.

- * 제20대는 2017년 6월까지의 통계이다.
- * 가결수는 원안, 수정가결 건수에 대안반영폐기 건수를 합산하여 산출했다.

2) 재정권

정부에 예산편성권이 부여된 가운데 국회가 단지 심의확정권만을 행사하는 한국의 경우 국회의 재정권 행사는 기본적으로 수동적일 수밖에 없다. 정부가 제출한 예산안을 기초로 국회가 자신의 의견을 투입하기 때문에 양자 간의 관계는 정부주도형 상호작용으로 구체화 된다.

이를 제헌 국회 이래 제19대 국회까지 정부가 국회에 심의 요청한 예산관련 안건 수를 기준으로 추적 조사해 보면, 우선 정부수립 초기에는 보다 많은 수의 심의요청이 있다가 점점 줄어들고 이후 제6공화국의 제13대 국회를 기점으로 다시 그 수가 증가하고 있음을 알 수 있다. 특히 제17대 국회부터 매우 큰 폭의 증가가 있었다. 이런 변화에는 예산심의 제도의 변화에 기인하는 바도 크다. 제16대 국회부터는 금융성 기금을 제외한 모든 기금운영계획과 기금결산도 국회의 의결을 거치도록 하는 관련 국회법 개정이 있었고, 국회의 예산, 결산, 기금운영 관련 의정활동을 지원하기 위해 국회예산정책처를 설치한 바 있기 때문이다.

그런데 이렇게 정부가 국회에 심의 요청하는 예산관련 안건 수는 정권 교체 초기에는 증가하다가 정권의 말기에 이를수록 감소하는 경향을 보인다. 제1공화국의 제헌 국회(19건)와 제2대 국회(22건)에서는 상대적으로 많은 안건의 심의요청이 있었다. 그러나 제3대 국회(9건)와 제4대 국회(4건)에서는 현격히 준다. 제2공화국의 제5대 국회에서는 가장 적어 모두 3건이며, 제3공화국의 제6대 국회(10건)에서는 늘었다가 다시 제8대 국회(4건)에서는 급격히 줄고 있다. 제4공화국의 제9대 국회(12건)에서 늘어난 안건 수는 다시 제10대 국회(4건)에서 줄어든다. 제5공화국에서도 제11대 국회(7건)보다 제12대 국회(5건)에서 줄고, 제6공화국의 제13대 국회(10건) 이후부터는 급진적인 증가추세를 보여 제18대 국회(33건)와 제19대 국회(33건)에서는 최고 빈도수를 보인다. 이는 새로운 제도도입에 따른 영향도 있겠지만 그런 제도도입 자체가 국회의 대 정부 영향력 증대의 결과라고 본다면 국회의 상대적 영향력 증대 결과라고 보아야 할 것이다. 이런 현상은 아래의 <그림 6-3>에 잘 나타나 있다.

〈그림 6-3〉 역대 국회 예산안 접수현황

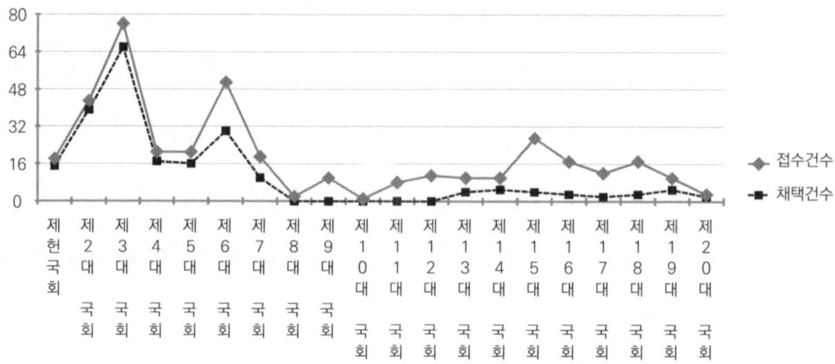

그러나 접수된 안건이 국회의 심의를 거쳐 확정 통과되는 비율을 추적해 보면 거의 모든 안건이 가결되고 있어(95%), 국회의 재정 통제권이 매우 취약한 상태에 있음을 알 수 있다. 제헌 국회(79%), 제2대 국회(91%), 제8대 국회(75%), 제10대 국회(50%)를 제외하고는 모든 국회에서 100% 통과 되고 있다. 건국 초기의 혼란기에는 예산안 심의를 체계적으로 지원하고 통솔할 정치적 지도력이 원내에 확립되지 않아 여당을 통한 정부의 영향력 행사가 쉽지 않았던 결과로 해석된다. 그러나 제8대 국회와 제10대 국회의 경우에는 거의 당연시 되는 국회의 예산안 승인, 확정에 제동이 걸렸다는 점에서 원내 정파 간의 정치적 대립이 첨예했고 그 결과가 예산안 심의의 거부나 외면으로 나타난 것으로 보인다. 이런 대결구조를 탈피하려는 집권세력의 의도가 제8대 국회 직후의 유신정부 그리고 제10대 국회 직후의 국가보위입법회의 같은 비상 기구의 등장과 헌정 중단으로 나타난 셈이다.

이런 현상은 국회에 제출된 정부의 예산안에 대한 국회의 삭감 또는 증감 비율을 살펴 보아도 같다. 지금까지 국회가 정부 예산안을 삭감한 규모는 역대 국회 평균 0.54%로 나타나기 때문이다. 오히려 제1공화국 기간에는 국민의 담세율 축소라는 측면에서 정부의 예산을 통제해야 할 국회가 정부 예산안을 증액시켜 주고 있어 초정당적 연립관계가 원내 구성원 간에 형성되었던 것으로 생각된다. 국가운영과정의 재정권 행사를 둘러싼 국회와 정부 간의 상호작용적 관계는 정부의 국회에 대한 압도적인 우위로 결과했음을 알 수 있다. 이는 아래의 <표6-4>에 잘 나타나 있다.

〈표 6-4〉 역대 국회 예산안 심의 결과

처리결과별 / 국회별	접수 건수	가결률	예산안 삭감율
제헌 국회	19	79%	-2.01
제2대 국회	22	91%	+0.61
제3대 국회	9	100%	+0.59
제4대 국회	4	100%	+0.75
제5대 국회	3	100%	-0.17
제6대 국회	10	100%	-1.17
제7대 국회	11	100%	-0.43
제8대 국회	4	75%	-3.35
제9대 국회	12	100%	-0.70
제10대 국회	4	50%	-0.66
제11대 국회	7	100%	-0.28
제12대 국회	5	100%	-0.23
제13대 국회	10	100%	-0.96

처리결과별 / 국회별	접수 건수	가결률	예산안 삭감율
제14대 국회	7	100%	-0.10
제15대 국회	10	100%	-0.33
제16대 국회	16	100%	-0.38
제17대 국회	25	100%	-1.35
제18대 국회	33	100%	-0.01
제19대 국회	33	100%	-0.00****
총계	255	95%	-0.54

* 제16대 국회에는 기금운용계획안 2건, 기금운용계획변경안 4건이 포함되었다

** 제17대 국회에는 기금운용계획안 5건, 기금운용계획변경안 13건이 포함되었다.

*** 제18대 국회에는 기금운용계획안 4건이 포함되었다.

**** 제19대 국회에는 기금운용계획안 4건이 포함되었다. 원안 증액이 4건 있었다.

출처 : 대한민국 국회(2008: 998), 박재창(2003: 96), 국회사무처(2012: 215-216; 2016: 231-232)에서 추출, 작성하였다.

3) 국정조사권

국회의 행정통제권 가운데 하나인 국정조사권은 국회가 주도해서 정부의 관련 현황을 조사하자는 것이므로 대 정부관계에 있어 국회 주도형 상호작용을 낳는다. 따라서 국정조사권의 발동을 시도하는 세력과 이를 막고자 하는 정부 또는 정부와 연대하는 세력 간의 권력게임이 발생하는 셈이다.

이를 역대 국회에서 제안된 국정조사 요구 건수를 중심으로 추적 조사해 본 결과는 아래의 <표6-5>에 나타나 있는 바와 같다. <표6-5>에 따르면 국정조사 요구는 주로 제1공화국, 제2공화국 그리고 제3공화국의 최초 국회인 제6대 국회에서 활성화 되었을 뿐 그

이후의 국회에서는 매우 저조한 실적을 보인다. 다만 제11대 국회 이후 서서히 회복되기 시작하지만 여전히 매우 저급한 수준에 있다. 이는 제헌 국회부터 도입되었던 국정조사권이 제3공화국의 제8대 국회에서 폐지되고, 이후 제9대 국회에서 근거조항을 부활하고 제10대 국회와 제11대 국회에서 구체적 절차를 제정한 데에 따른 결과다. 그러니까 제8대 국회에서부터 제12대 국회까지는 사실상 제도적인 미비로 인해 국정조사권을 발동하기가 쉽지 않았던 것이다. 이런 현실은 바로 이 시기의 국회와 정부 관계가 정부의 압도적인 우월적 지위에 의해 유지되어 왔음을 시사한다. 제12대 국회 이후로는 매우 서서히 회복세를 보이기는 하지만 여전히 매우 저급한 상태에 있다. 이는 <그림 6-4>에 잘 나타나 있다.

그런데 이를 실제 국정조사 요구를 받아들여 채택한 건수를 중심으로 조사해 보면 상태는 더 심각해진다. 제6공화국 출범 이후로도 매우 저조한 실적을 보이기 때문이다. 이런 현상은 가결률면에

〈그림 6-4〉 역대 국회 국정조사 요구현황

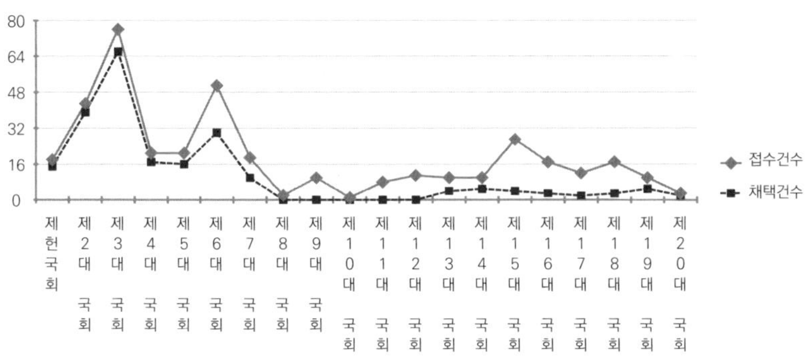

서도 그대로 나타나 정부수립 초기에는 매우 활성화되었다가 제8대 국회 이후 매우 저조한 상태에 있음을 보여준다. 제13대 국회와 제14대 국회에서 회복되는 듯 했으나 이후로도 저급한 수준에 머물러 있다가 제19대 국회에서는 회복되는 기미를 보여주고 있다. 전체적으로는 평균 57%의 가결률을 보여 실질적인 조사권 발동은 국회가 의도했던 것 가운데 절반정도에 머무르고 있음도 알 수 있다. 이는 <표 6-5>에 나타나 있는 바와 같다.

〈표 6-5〉 역대 국회 국정조사 처리현황

처리결과별 / 국회별	접수 건수	채택 건수	가결률
제헌 국회	18	15	83%
제2대 국회	43	39	91%
제3대 국회	76	66	87%
제4대 국회	21	17	81%
제5대 국회	21	16	76%
제6대 국회	51	30	59%
제7대 국회	19	10	53%
제8대 국회	2	0	0%
제9대 국회	10	0	0%
제10대 국회	1	0	0%
제11대 국회	8	0	0%
제12대 국회	11	0	0%
제13대 국회	10	4	40%
제14대 국회	10	5	50%
제15대 국회	27	4	15%
제16대 국회	17	3	18%
제17대 국회	12	2	17%
제18대 국회	17	3	18%

국회별 \ 처리결과별	접수 건수	채택 건수	가결률
제19대 국회	10	5	50%
제20대 국회*	3	2	67%
총계	387	221	57%

출처: 대한민국 국회(2008: 965), 국회사무처(2000: 286-310), 국회사무처 내부 자료를 토대로 추출, 작성했다.

• * 제20대 국회는 2017년 6월 현재까지의 자료이다.

5. 국회-정부 간 상호작용의 특징

앞에서 드러난 국회와 정부의 상호작용 관계를 시계열적으로 추적, 평가해 보면 거기에는 단속성, 지속성, 이원성이 혼재해 있음을 알 수 있다.

1) 단속성

지난 70년간 국회와 정부는 서로의 관계에서 동일한 성질을 지속적으로 유지한 것이 아니라 시대상황의 변화에 따라 단절과 회복을 반복하는 가운데 변화해 왔다. 이는 입법권, 재정권, 국정조사권 모두의 행사과정에서 드러나 있다. 그런데 그 단절과 재생의 가장 뚜렷한 분기점은 권력 교체였다. 권력교체기를 기점으로 국회와 정부의 관계가 단절적 변화를 거듭해 왔기 때문이다. 이 가운데 제1공화국, 제2공화국, 제3공화국, 제4공화국, 제5공화국, 제6공화국의 등장은 모두 4.19혁명, 5.16군사쿠데타, 유신체제, 12.6과 5.18광주민주화운동, 6월 항쟁과 같은 헌정질서의 단절이나 그와 버금가는 정치적 변동에 기인했다. 여기에 더해 제6공화국 하의 제16대 국회는 수평적 정권교체를 배경으로 구성되었으며, 제17대 국회는 비주류 세력으로의 권력이동, 제18대 국회는 제2의 수평적 정권교체라는 사회적 변혁 가운데 출범했다.

그런데 바로 이런 권력교체기 이후 최초로 구성되는 국회에서는 예외 없이 법률안 제안 빈도가 증가했다. 이는 국회 발의냐 정부 제출이냐를 가리지 않고 나타나는 현상이다. 특히 제17대 국회, 제18대 국회, 제19대 국회에서의 증가는 거의 폭발적이다. 이는 새로운 정부 또는 권력이 집권하면서 새로운 가치관과 정책방향에 따라 조정하거나 새로 제정해야 할 입법 수요가 분출하기 때문이라고 보아진다. 그러나 이를 다른 한편에서 보면, 그만큼 입법수요가 있어도 이를 외면한 결과가 정권이나 권력의 교체를 가져온 것이라고도 말할 수 있을 것 같다. 후자의 관점에서 보면 국회에서의 입법권 행사 정도는 정권이나 권력의 교체를 암시하는 선행지표 가운데 하나가 되는 셈이다.

이런 현상은 재정권 행사 과정에서도 나타나 있다. 제1공화국과 제6공화국 아래에서는 비교적 활발하게 예산안 심의를 제안하지만, 제3공화국, 제4공화국, 제5공화국 아래에서는 상대적으로 낮은 수준을 보여준다. 그러나 다시 제17대 국회와 제18대 국회에서의 증가는 매우 가파르다. 또한 예산안의 제출 건수도 매 정권 등장의 초기에는 증가하다가 정권의 말기에 오면 현격히 줄어드는 현상을 보게 된다. 정부가 국회에 예산안 심의요청을 주저할 만큼 국회의 상대적 자율성이 커지는 경우 헌정질서의 단절을 통해 새로운 정치권력관계를 구축하고자 한 것이 지금까지 한국정치가 경험해 온 현실이었던 셈이다.

상황은 국정조사권의 행사과정에서도 유사하게 나타나 있다. 제1공화국과 제3공화국에서 활성화 되었던 국회의 국정조사 요구가 제2공화국, 제4공화국, 제5공화국에 와서는 매우 낮거나 완전히 정지되고 이후 제6공화국이 들어서면서 서서히 고양되지만 아직도 저급한 수준에 머물러 있다.

이런 점들을 종합해 보면 국회와 정부의 관계를 규정하는 데 있어 지배권력의 교체가 매우 중요한 변수로 작용해 왔음을 알 수 있다. 권력의 교체가 보다 구체적으로는 새로운 대통령의 등장을 뜻한다는 점에서 대통령의 지도력 유형이 중요 설명변수라는 뜻이다. 그러나 같은 정부 관련 간접요인이라고 하더라도 권력구조의 경우에는 역대 국회의 전개과정에서 제2공화국의 제5대 국회를 제외하고는 모두가 대통령제였고, 그 나마 순수대통령제가 아니어서 사실상 내각책임제와 대통령제 사이의 국정운영양식상의 차이가 국회와 정부의 관계에 영향을 미치기에는 적절치 않았던 셈이다. 정부형태면에서 보면, 제1공화국과 제2공화국에서는 단점과 분점이 혼재해 있었던 반면, 제3공화국, 제4공화국, 제5공화국에서는 모두 단점이었고, 제6공화국의 제13대 국회, 제14대 국회, 제15대 국회는 분점과 단점이 섞여 있지만 존속 기간을 기준으로 보면 대부분 단점상태였다. 그러나 제16대 국회와 제17대 국회는 분점이 대종을 이루었다. 그러나 다시 제18대 국회와 제19대 국회에서는 단점을 이루었다. 그런데 제3공화국, 제4공화국, 제5공화국과 같은 단점정부 하에서 국정조사권이 정지되거나 국회 예산안 심의건 수가 줄고 정부제출 법률안의 가결률이 증가했다는 점과 제2공화국, 제6공화국의 제16대 국회 특히 제17대 국회 같은 분점정부 하에서 정부제출 법률안의 가결률이 줄고, 국정조사 요구건 수가 줄었다는 점은 정부형태도 적지 않은 변수로 작용했음을 짐작케 한다. 다만 제18대 국회와 제19대 국회의 단점정부 아래에서 정부제출 법률안 가결률이 높지 않은 이유는 선진화법 발효로 인한 국회운영양식상의 변화에 기인하는 바 크다고 보아진다.

국회관련 간접요인 면에서 보면, 제1공화국 동안에는 정당정치가 미쳐 자리 잡기 이전이어서 정당내부 민주주의나 원내 정당 간의 이념상의 차이 정도를 논의하기도 적절치 않은 상태였으며, 제2공화국의 경우는 당내 민주주의는 여전히 개선되지 않았지만 이념상의 거리는 상당정도 개선되었다. 그러나 이후의 제3공화국, 제4공화국, 제5공화국, 제6공화국의 제16대 국회까지는 사실상 동원정당으로서 정당 내부 민주주의가 바닥권을 헤맸다. 그러나 제17대 국회에서는 정당 내부의 민주주의도 많이 개선되었고, 정당 간의 이념적 격차도 꽤 벌어지게 되었다. 그러나 제18대 국회와 제19대 국회에서는 정당 내부의 민주주의가 후퇴하는 경향을 보인다. 다만 정당 간 이념적 격차는 지속적으로 확장되는 추세를 보인다. 그런데 바로 이 제3공화국, 제4공화국, 제5공화국, 제6공화국의 전반기 기간에는 법률안의 제안 건수도 상대적으로 낮았고, 정부제출 법률안의 가결률이 높았으며, 예산안 심의 건수가 적었고, 국정조사 건수도 낮았다는 점과 제1공화국과 제2공화국 그리고 제17대 국회 이후 특히 제18대 국회와 제19대 국회에서 이런 수치들이 상대적으로 정반대의 현상을 보여준다는 점에서 볼 때 정당 내부 민주주의와 이념간 거리도 중요 변수로 작용한 셈이다.

그러나 국회에 대한 입법지원능력은 제1공화국과 제2공화국까지는 제도적인 지원 자체가 자리 잡기 이전 상태였다면 제3공화국, 제4공화국, 제5공화국을 거치면서 단계적으로 증가추세를 보이다가 제6공화국의 제16대 국회와 제17대 국회 이후 지속적으로 신장하는 추세를 보여주고 있어 권력교체기의 국회와 정부관계 설정과는 크게 연동되어 있다고 하기 어렵다. 그러니까 지금까지의 국회와 정부는 정부의 간접요인 가운데 대통령의 리더십 유형과 정부유형 그리고 국회의 간접요인 가운데 정당내부 민주주의와 원내 정당 간 이념적 거리를 중심으로 단절과 회복을 거듭해 온 셈이다. 이를 중심으로 살펴보면 대체로 4단계의 분절적 변화를 거듭해 왔음을 알 수 있다.

(1) 민주주의 탐색기

제1공화국과 제2공화국 아래의 제헌 국회로부터 제5대 국회까지의 기간으로 정당정치나 의회민주주의 및 대의정치에 대한 이해의 폭이 좁아 시행착오를 통해 이를 넓혀 나가던 때다. 집단적 결속이나 정책적 연대 등은 생각하기도 어려운 때였음으로 국회에서의 활동자들도 대체로 개인 차원의 친소관계나 판단에 따라 초당적으로 활동하는 것이 보통이었으며 정부도 체계적인 대응보다는 이승만의 장기집권(제1공화국) 내지는 파벌의 권력적 팽창에 주목하여(제2공화국) 절치부심하던 시기다.

(2) 민주주의 시련기

제3공화국, 제4공화국, 제5공화국의 경우 정치적 리더십이 군부 권위주의 체제 의존적이던 시기다. 그런 만큼 국회의 대 정부 열위는 처음부터 예정되어 있었으며, 국회의 대 정부 영향력이 집권세력의 임계범위를 벗어나는 경우에는 가차 없이 헌정의 단절과 국회의 해산을 가져왔다. 국회를 통법부 내지는 행정부의 시녀로 불러 억울함이 없던 시기다. 단점정부를 통한 정부의 국회내부 동조세력 내지는 여당에 대한 지배와 동원이 일상화되어 있었다.

(3) 민주주의 생육기

제6공화국의 제13대 국회로부터 제16대 국회까지의 기간으로 절차적 민주주의의 정착과 제도 개선이 이루어지면서 국회와 정부 간의 관계도 활성화하기 시작한 때다. 군부 절충주의 리더십이나 사적 권위주의 체제가 시사하는 바와 같이 가치지향에 있어서는 민주주의를 지향하면서도 행태는 밀실행정과 사적 연고관계 등에 의존함으로서 민주주의 공고화 이전 단계에 있음을 보여준다. 국회와 정부의 관계도 상호교류의 빈도가 높아지면서 상호의존성의 정도가 신장하는 때다.

(4) 민주주의 학습기

제6공화국의 제17대 국회 이후는 이전의 국회와 확연히 다르다. 이는 노무현 대통령이 탈권위주의를 표방하면서 집권당을 탈당한 데에서도 볼 수 있듯이, 정부의 원내 정당에 대한 연대와 통제가 사실상 약화되기 시작한 때문이라고 생각된다. 의원의 개인적인 자유가 확장되면서 법률안 제출건 수나 정부의 예산안 심의 건수가 폭증하고 있다. 이를 반영하듯 단점과 분점이 혼재해 있으며 사회민주주의를 표방하는 민노당의 원내진출도 있었다. 원내정당 간 이념상의 차이도 커졌다. 다만 정당 내부의 민주주의는 여전히 수평적인 답보상태에 있다. 오히려 선진화법이 정부의 국회에 대한 일방적 통제를 견제하는 장치로 작동하고 있다. 정부의 수직적 통제로부터 벗어나 국회가 자율적 도생을 시작한 셈이다.

2) 지속성

이런 단절과 변화 속에서도 지난 70년간 국회와 정당 간의 관계를 지속적으로 유지해 온 속성이 전혀 없는 것은 아니다. 아니 본성에 가까울 만큼 특징적인 성질이 지속적으로 관통하고 있음도 알 수 있다.

무엇보다도 국회와 정부 간의 상호작용이 점진적으로 신장하고 있어 고무적이다. 국회와 정부의 법률안 제안 건수가 회차를 거듭할수록 증가하고 있으며, 정부에 의한 예산 심의 요청 건수나 국회에 의한 국정조사 요구 건수도 완만한 증가 추세를 보이고 있다. 국회와 정부는 상호작용과 그에 따른 상호의존성의 정도가 높을수록 서로의 기능 수행에 유용하다는 학습이 진행 중인 셈이다. 거듭되는 단절 속에서도 꾸준히 대의정치의 정상화를 위한 성장이 지속되고 있다는 의미다.

그러나 이런 긍정적인 변화 가운데에서도 변하지 않는 것이 있다면 이는 정부에 의한 국회의 압도 현상이다. 국회에 제출된 법률안의 가결률을 보면 정부가 언제나 국회를 압도하고 있어 실질적인 정책주도권을 정부가 행사하고 있음을 알 수 있다. 이는 예산안 심의과정에서도 나타나는 데, 정부가 제출하는 예산안 대부분이 가결되고 있으며, 국회에 의한 수정액의 규모도 매우 적어 국회에 의한 심의 자체가 무색할 정도다. 더군다나 입법권이나 재정권을 행사하려는 국회나 정부의 의도가 지속적으로 신장하고 있지만 국정조사권에 대한 요구는 지속적인 감소추세에 있어 대 행정부 통제력이 축소되고 있음을 보여준다. 특히 국정조사의 경우에는 다른 분야에서 폭발적인 증가 추세를 보이고 있는 제17대 국회 이후에서마저 크게 의미있는 성장 추세를 보여주지 못하고 있다. 이점은 국정조사 요구에 대한 가결률에서 보다 분명히 드러나고 있다.

3) 이원성

그런데 이렇게 국회와 정부에 의한 법률안 제출이나 정부의 예산안 심의 요청 그리고 국회의 국정조사 요구 등이 가파른 신장세를 보여주고 있는 데 반해, 실제로 이들이 채택되는 비율은 오히려 감소 추세에 있다는 사실이 시사하는 바는 적지 않다. 과거보다 더 많이 문제제기하고 있지만 과거 보다 더 많이 문제해결을 위한 대안 개발에 있어서는 합의도출에 실패하고 있다고 보아지기 때문이다. 먼저 법률안이나 예산안 심의 내지는 국정조사 요구 등이 증가하는 현상은 과거 국회와 정부의 경계를 중심으로 대통령에 의한 수직적 통제로 인해 자율성을 상실했던 국회 구성원들이 더욱 자유롭게 자신의 의견을 정책과정에 분출하게 됨으로서 법률안의 발의나 예산안의 심의 대상 범위를 확대하고 또 국정조사에 대한 요구도 늘리게 되어 국회와 정부 사이의 수직적 통제가 이완되고 있음을 보여주는 것이라고 하겠다. 그러나 다른 한편에서는 그럼에도 실제 제안된 안건의 가결률이 감소하고 있어 국회내부의 의사결과정과정에서 국회 구성원 간의 의견조율이나 이견의 조정이 좀 더 어려워지고 있음을 보여준다. 이는 제17대 국회 이후 발의안의 수나 심의 안건의 수가 폭발적으로 증가하면서도 오히려 가결률 특히 국정조사 요구률은 하락하고 있다는 사실이 시사하는 바와 같다. 제17대 국회 이후 정당 간의 이념적 다양성이나 거리가 커지고, 정당 내부의 민주주의가 활성화 되면서 권위주의적인 지시명령이 어렵게 되었으며, 대통령의 탈권위주의적인 리더십, 집권여당으로부터의 탈당, 선진화법의 발효 등이 국회내부의 수평적 분권을 확장했고 그 결과 오히려 합의의 도출이 어려울 정도로 이견과 대치가 심화되고 있다는 의미로 해석된다.

이런 현상은 제6공화국 하의 국회 공전일 수가 증가 추세에 있다는 사실에 의해서도 간접 확인된다. 이는 이견의 대립과 갈등이 분출하면서도 그런 국회 내부의 원심적 요소에 비해 이를 관리하거나 적의 조정할 국회 내부의 리더십이나 기관능력은 취약한 상태임을 보여주는 간접지표일 것이기 때문이다.

〈표 6-6〉 제6공화국의 국회 공전현황

공전현황국회별 국회별	회기일수	공전일수	공전비율
제13대 국회	630	89	12.9
제14대 국회	648	154	23.7
제15대 국회	1041	319	30.6
제16대 국회	1227	516	42.1
제17대 국회	947	315	33.3
평균	898.6	278.6	28.5

출처: 정진민(2008: 82)과 국회사무처(2008)를 토대로 추출, 작성했다.

<표 6-6>에서 보는 바와 같이 국회는 회차를 거듭할수록 공전의 빈도가 높아지고 있어 교착상태의 발생이 늘고 있음을 보여준다. 이런 수평적 갈등의 분출현상은 수직적 통제의 이완과 함께 동시 진행되고 있어 국회와 정부 사이에 일종의 이원적 구조가 구축되고 있음을 시사한다. 국회는 그의 오랜 병폐인 정부에 의한 관료적 지배로부터 벗어나고 있으나 그의 반사적 현상으로 수평적 갈등의 분출을 심화시키고 있어 새로운 과제를 낳고 있는 셈이다. 이로 인해 국회의 상징적 기능 즉 국민의 정책적 요구에 순응하려 한다는 신호 보내기에 있어서는 괄목할만한 성장을 보여주고 있는 것이 사실이지만 실질적인 사회문제 해결에 있어서는 오히려 퇴행하고 있음을 알 수 있다.

6. 결론

지난 70년간의 국회와 정부 간의 상호작용 양식을 조감해 보면 국회는 더 이상 과거 제3세계 의회 일반이 그랬던 것처럼 극소의회도 아니고 기관 자체의 존립 여부를 걱정해야 하는 임계의회도 아니다. 무엇보다도 국회의 정치적 상징 기능은 매우 괄목할만한 성장추세를 보이고 있고 이미 기관 존속 여부를 걱정해야 할 제도화 단계를 넘은지도 오래 되었다. 오늘날 누구도 외부의 물리적 강제에 의한 국회의 폐쇄나 헌정의 중단을 상정하는 사람은 없게 되었기 때문이다. 그러나 여전히 사회문제 해결능력에서는 국회가 정부에 압도되어 있으며, 오히려 이는 일부 심화되는 경향까지 나타나고 있다. 그러나 이런 국회의 무력성을 낳는 원인이 과거 군부 권위주의 시대에는 국회 외부로부터의 수직적 통제 때문이었다고 한다면 오늘날에는 국회 내부의 수평적 이견 분출에 있다는 점이 서로 다르다. 과거 국회가 주변적 정책결정자로 전락하는 이유가 외부로부터의 억압에 의한 자율성 박탈 때문이었다고 한다면, 이제는 내부로부터 분출하는 자율권 행사의 관리능력 부족에 기인하는 바가 크다.

그런데 국회가 이렇게 내부 이견의 분출을 적의 조정하고 합의를 도출하는 일에 무력하게 되는 이유 가운데 하나는 원내 정당의 무력성과 그의 파편적 리더십에 연유하는 바가 적지 않다. 국회의 자율권 박탈도 원내 정당정치의 미성숙에 기인하는 바 적지 않았지만, 정치적 이견을 합의조정하기 위한 관리 능력의 부족도 바로 정당정치의 미성숙에 기인하는 바 크다. 지나친 정당 규율에 의한 의원의 통제도 문제지만, 정치적 충성심과 리더십이 결여되어 있는 정당의 운영도 국회와 정부 간의 관계를 정상화 하는 데 있어 중요한 변수다. 원내 정책과정에서 정당은 정책적 이견을 조정하는 가장 중요한 제도적 장치 가운데 하나이기 때문이다. 따라서 정당정치의 정상화는 이제 한국정치에서 더 이상 미룰 수 없는 선결과제가 되었다.

그러나 문제가 그리 간단한 것은 아니다. 정당정치가 정상화 된다고 하더라도 그것이 곧 바로 국회운영의 정상화나 국회와 정부 간 관계의 정상화를 약속하게 될지는 미지수이기 때문이다. 이는 촛불시위의 등장이 가장 잘 설명해 주고 있다. 원래 정당정치는 일반 시민의 정책 선호나 의지가 상당 기간 고정성을 유지하기 때문에 이들 간의 이견을 심의하고 조정할 수 있는 시간 공간이 예비 되어 있다는 점을 전제한다. 그러나 정보사회의 속도성은 사회관계를 즉응적 체제로 재편하면서 정당정치의 핵심이라고 할 수 있는 조정과 타협의 시간 공간을 증발시키게 되었다. 이런 현상은 지리적 공간 차원에서도 같다. 한 지역의 사회정책과제가 전국 차원의 그것으로 확산되기까지에는 순차적 조정과 타협의 공간이 있다고 보고, 이를 통해 다양한 정책적 의지나 선호를 소수의 정책대안으로 단계에 따라 압축하자는 것이 바로 정부와 시민사회를 연결시켜주는 정당정치의 핵심적 논거 가운데 하나였다.

그러나 정보사회에서의 정보유통이 지니는 속도성과 광역성은 한 지역에서 발생한 정책과제를 거의 동시에 전국적 이슈로 전환함으로서 전국의 시민이 각자의 정책적 선호나 의지를 거의 동시에 설정하도록 하는 결과를 낳았다.[3)] 일단 설정된 정책 선호나 의지가 다시 정보통신기기를 통해 여과 없이 표출된다고 할 때 정당 개입에 의한 조정과 통합의 여지는 크게 줄어들 수밖에 없다. 정당의 정책과제 심의기능이 작동할 기회가 박탈되는 것이다.

이런 상황에서 정당을 통한 국민의 압력이 원내 정파 간의 이견조정을 촉진하고 합의의 도출을 유도하게 될 것이라고 기대하기는 어려운 일이다. 국민이 국회를 통해 정부의 정책 방향이나 행정집행양식을 구속하거나 유도하기 보다는 정부에 직접 요구하고자 하는 경향이 심화되고 있으며, 이는 정보사회의 구조적 특성이 동반하는 불가피한 현상으로 여겨진다. 정보사회에서는 이렇게 정당의 기능적 퇴행이 불가피한 일이라고 한다면, 국회내부에서 분출하는 이견의 조정과 합의의 도출을 위한 국민의 압력을 어떻게 국회에 전달할 것인가가 이제 우리에게 남는 현실적인 과제다.

그런 의미에서 국회개혁은 이제 불가피한 일이다. 전통적인 대의정치의 복원이나 국회의 정상화를 위한 대안모색의 차원을 넘는 창조적 개혁이 요구되고 있다. 국민의 요구가 국회를 통해 정부에 이르는 과정의 시간적 지체나 전환비용을 허용하지 않는 데에 있다고 한다면, 국회 자체가 보다 국민의 직접적인 참여에 개방적인 장치를 개발하고 도입하는 과감한 자기 변신에 나서야 한다.[4)] 정치적 대

3) Rhiengold(2002)는 이동통신기기의 발달로 인해 급속히 연대하고 신속히 어떤 정책 목표를 달성하는 "똑똑한 군중(smart mobs)"의 등장이 가능하게 되었다고 하면서 바로 이런 대의과정의 시간 공간 증발 현상을 다루고 있다.

4) 예를 들자면 Gravel(2008)의 국민발안제(national initiative) 같은 경우가 해당된다.

리인과 시민사이에서도 거버넌스 체제를 구축하자는 것이다. 국민의 요구가 직접 의원의 원내 활동에 전달되는 것 이상 원내 정책과정에 대한 조정과 타협을 촉구하거나 구속하는 장치는 따로 더 없을 것이기 때문이다. 70년의 세월은 이제 국회와 정부의 관계에 있어 새로운 차원에서 새로운 양식으로 서로의 관계를 재설정할 것을 요청하게 되었다.

문제 제기

1. 행정부-입법부 관계에 대한 기관중심적인 접근시각이 지니는 한계는 무엇인가?
2. 한국의 국회-행정부 관계를 분석하는 데 있어 통합적 접근시각의 도입이 가능한 이유는 무엇인가?
3. 한국의 국회-행정부 관계가 빚어온 상호작용 양식상의 특징에는 어떤 것이 있는가?
4. 국회가 정치적 합의를 도출하는 데 매우 취약한 이유는 무엇인가?
5. 국회와 시민사회 사이에서 정치적 거버넌스 구축을 도모해야 하는 이유는 무엇인가?

참고문헌

가상준. (2014). 한국 국회는 양극화 되고 있는가?. 「의정논총」, 9(2): 247-272.

______. (2010). 18대 국회의 이념적 변화의 특징. 「한국정치연구」, 19(1): 26-28.

국회사무처. (2016). 「제19대 국회 경과보고서」.

______. (2012). 「제18대 국회 경과보고서」.

______. (2008). 「국회경과보고서(269-274회)」.

______. (2001). 「국회와 행정부 관계의 제도와 정치--실제와 발전방향」.

______. (2000). 「의정자료집」. 서울: 한국컴퓨터.

국회입법조사처. (2012). 당내민주주의와 공직후보자 선출의 민주성 확보방안. 「이슈와 논점」.

김근세. (2008). 집행부 중심의 한국행정: 입법부 중심 행정의 탐색. 「한국행정학회 2008년도 하계공동 학술대회 발표논문집」, (4). 177-208.

김성익. (1992). 「전두환 육성증언」. 서울: 조선일보사.

김성탁, 이가영, 정효식, 강태화. (2016). 김무성, 김종인. 유승민보다 진보. 「중앙일보」. 2016.07.04.

김욱. (2004). 17대 국회 총선결과와 대통령 - 국회관계 전망, 「한국정당학회보」, 125-158.

김정해. (2006). 역대 한국 대통령의 리더십 스타일과 비서실 운영스타일 비교연구. 숙대부설리더십개발원. 「숙명리더십연구」, 4(2): 178-219.

김혁. (2002). 「새로운 거버넌스 상황 하에서의 의회-대통령 관계의 발전적 변화에 관한 연구」. 한국의회발전연구회 2002년도 국회연구용역과제 연구보고서.

김호진. (1992). 「대통령과 리더십」. 서울: 청림출판.

대한민국 국회. (2008). 「대한민국 국회 60년사」. 서울: 국회사무처.

박종민. (1998). 행정부의 입법부 지배: 변화와 지속. 「의정연구」, 4(2): 6-29.

박재창. (2003). 「한국의회정치론」. 서울: 도서출판 오름.

배종호. (2015). 박근혜 리더십과 시진핑 리더십의 차이. 「목포시민신문」. 2015.02.13.

송은미. 곽주현. 박신민. (2017). 역대 대통령 리더십은 어땠을까. 「한국일보」. 2017.04.04.

안병만. (1999). 「한국정부론」. 서울: 다산출판사.

오승용. (2004). 한국 분점정부의 입법과정 분석: 13대-16대 국회를 중심으로. 「한국정치학회보」, 38(1): 167-192.

이강로. (1993). 김영삼의 지도력 유형. 「한국정치학회보」, 27(2): 145-163.

이명석. (2000). 의회와 행정정부의 관계: 게임이론적 접근. 「사회과학」, 39(2): 137-162.

이종범. (1994). 김영삼 대통령의 리더십 특성과 정책과 정책

관리 유형: 문민정부 1년의 평 가. 「한국행정학보」, 28(4): 1127-1140.

임종훈. (1998). 의회의 대정부 견제 및 감독 기능. 「의정연구」, 4(1): 27-53.

장성훈. (2004). 한국 분점정부의 운영결과: 의회 운영 결과에 대한 경험적 분석을 중심으로. 「한국정당학회보」, 3(2): 225-253.

정진민. (2008). 생산적 국회운영을 위한 대통령-국회 관계와 정당. 「한국정당학회보」, 7(1): 77-102.

「조선일보」. 2001.07.10.

최준영, 조진만, 가상준, 손병권. (2008). 국무총리 인사청문회에 나타난 행정부-국회 관계 분석: 회의록에 대한 내용분석을 중심으로. 「한국정치학회보」, 42(2): 151-170.

최진. (2007). 노무현은 불안한 정치정향 리더십. 「연합뉴스」. 2007.11.26.

한규섭. (2015). 19대 국회 이념 분석. 「조선일보」. 2015.02.18.

황소웅. (2006b). 기획연재: 대한민국 국회 60년. 15대국회. 「국회보」, 480. 11월호.

______. (2006a). 기획연재: 대한민국 국회 60년. 12대국회. 「국회보」, 477. 8월호.

______. (2006). 기획연재: 대한민국 국회 60년. 9대국회. 「국회보」, 473. 4월호.

______. (2005). 기획연재: 대한민국 국회 60년. 4대국회. 「국회

보」, 466. 9월호.

Andeweg, Rudy. (1992). Executive-Legislative Relations in the Netherlands: Consecutive and Coexisting Pattern. *Legislative Studies Quarterly*, 17: 161-182. 최준영 외(2008)에서 재인용.

______ and Nijzink, Lisa. (1995). Beyond the Two-Body Image: Relations between Ministers and MPs. In Herbert Doring. (ed). *Parliaments and Majority Rule in Western Europe*. NY: St. Martin's Press. 최준영 외(2008)에서 재인용.

Bendor, J. S. and Gaalen, R. Van. (1984). Bureaucratic Expertise versus Legislative Authority: A Model of Deception and Monitoring in Budgeting. *American Political Science Review,* 79: 1041-1060.

Cheever, Daniel S. and Haviland, H. Field. (1952). *American Foreign Policy and the Separation of Power.* Cambridge: Harvard University Press.

Coase, R. H. (1998). *The Firm, the Market and the Law*. Chicago: University of Chicago Press.

Davidson, Roger H. and Oleszek, Walter J. (1994). *Congress and Its Members.* Washington DC: CQ Press.

Franck, Thomas M. and Weisband, Edward. (1979). *Foreign Policy by Congress*. NY: Oxford University Press.

Gravel. Mike. (2008). The National Initiative for Democracy.

A Paper Delivered at The World of Direct Democracy: Swiss Practices, Worldwide Experiences and Transnational Potentials, Aarau, Switzerland, Oct. 1-4.

Jones, Charles. (1997). The American Presidency: A Separationist Perspective. In Kurt Von Mettenheim. (ed). *Presidential Institutions and Democratic Politics: Comparing Regional and National Contexts.* Washington DC: Johns Hopkins University Press.

Kim, Younkyoo. (2006). Changing Executive-Legislative Relations in Korea. *Asia-Pacific Political Science Review,* 3(2): 75-100.

Laver, Michael. (2006). Legislatures and Parliaments in Comparative Context. In Barry Weingast and Donald Wittman. (eds). *Oxford Handbook of Political Economy.* Oxford, UK: Oxford University Press.

Linz, Juan. (1994). Presidential or Parliamentary Democracy: Does It Make a Difference? In Juan Linz and Arturo Valenzuels. (eds). *The Failure of Presidential Democracy.* Washington DC: Johns Hopkins University Press.

Mayhew, David R. (1991). *Divided We Govern.* New Haven: Yale University Press.

Polsby, Nelson. (1975). Legislatures. In Fred Greenstein and Nelson Polsby. (eds). *Handbook of Political Science.* MA:

Addison Wesly.

Rheingold, Howard. (2002). *Smart Mobs: The Next Social Revolution.* Cambridge, MA: Perscus.

Winetrobe, Barry K. (2000). Shifting Control? Aspects of the Executive-Parliamentary Relationship. Research Paper 00/92. Parliament and Constitution Centre. House of Commons Library. UK.

제7장 |

중앙정부와 지방정부

1. 서론

정치과정의 민주화에 대한 요구가 높다. 그런데 지방자치제도의 전면적인 실시는 그 동안 중앙정부 수준에서 추진해 오던 민주화 작업에 더하여 권력의 수직적 분권을 하나 더 추가하는 셈이 된다. 따라서 이제 중앙정부로부터 지방정부를 향해 이동하기 시작한 한국사회의 권력 중추가 다시 지방정부로부터 지역시민사회의 일상으로까지 이동하게 된다면, 한국의 민주화 작업은 적어도 권력구조면에서 볼 때 상당한 정도의 성과를 기대할 수 있게 된다. 국가와 시민사회의 관계가 크게 재조정되는 전기를 맞이할 것이기 때문이다. 그러나 권력의 수직권 분권으로 압축되는 지방자치제의 실시는 이렇게 단지 민주성 제고의 차원에서만 이해될 성질의 것은 아니다.

지방분권은 오늘날 한국 사회를 관류하는 최대 가치 준거 가운데 하나인 지구화를 성취하기 위한 전략적 대안이거나 지구화에 따른 불가피적이고 불가역적인 동반 현상으로도 이해된다. 그런데 지구화가 경제활동의 무국경화에서 비롯되는 현상이라는 점에서 볼 때, 지방분권의 문제는 경제적 관점에서도 접근할 필요가 있다. 실제로 지금까지 중앙정부와 지방정부 간의 기능적 분업 모형을 제시해 온 선행 연구업적들은 지방자치를 민주성과 함께 경제성 내지는 효율성의 관점에서도 접근해 왔다.

그러나 지방분권이 이런 목적 가치를 겨냥하여 추진된다고 하더라도 실제로 어떤 결과를 낳을 것인지에 대해서는 별도의 논의가 필요하다. 지방분권에 따른 정치적 민주화와 경제적 활성화의 문제를 다룬 선행 연구들을 조감해 보면 규범적, 당위적 차원에서 접근하는 경우가 아닌 한 대부분 논의의 시간적, 지리적 조건을 전제로 지방분권의 과제를 다루어 왔다. 지방분권의 성과는 선험적으로 규정되는 것이 아니라 주어진 시간적, 공간적 환경에 따라 구속되는 성질을 지녔기 때문이다.

이때 시간적 공간으로는 흔히 정보사회 이전과 이후로 구분하는 것이 보통이다. 정보사회의 도래가 지방분권과정에 미치는 영향이 매우 크고 결정적이라고 보기 때문일 것이다. 과거 산업사회적 생산양식에 기초한 행정국가시대에는 국가독점주의, 국민국가 중심의 민족주의, 계서적 수직구조, 전통적 의미의 발전정책 등이 강조되면서 지방분권의 역기능이 강조되곤 했다. 그러나 정보사회의 도래와 그에 따른 지구화 시대에는 거버넌스 체제의 도입, 초국적 네트워크의 구축, 수평적 관계, 시장주의 등을 들어 지방분권의 불가피성을 논증하려는 것이 대종을 이룬다.

또한 지리적 공간의 경우에는 서구민주주의 국가와 제3세계권으로 구분하는 경향이 있다. 서유럽 국가들을 중심으로 하는 지구의 북반부는 지방분권이 정치적 민주화나 경제적 활성화로 치환되는 과정에서 그에 필요한 사회자본이 먼저 축적되어 있어 양자 간의 상쇄효과나 저항 유발 가능성이 상대적으로 적은 반면, 제3세계권을 비롯한 남반부 국가군은 보이지 않는 손에 의한 정치적 민주화와 경제적 활성화 간의 치차 조절이 쉽지 않아 지방분권에 따른 역기능과 사회적 퇴행의 위험성이 적지 않다는 것이다.

그러나 이를 다른 한편에서 보면, 사회자본의 축적을 위해서라면 지방분권만큼 효율적인 대안도 따로 없다. 아니 이미 지구화 시대를 목도하고 있는 한국 사회로서는 사실상 지방분권을 이 시대의 불가역적인 과제로 수용하고 그에 필요한 조치를 취해 왔다. 그러나 경제적으로는 비록 비약적인 성장을 거듭했다고 하지만 아직 한국의 정치사회적 특성이 제3세계 국가군을 벗어나지 못하고 있고, 무엇보다도 사회자본의 축적 정도가 매우 취약하다는 점을 상기해 볼 때, 어떻게 하면 보다 더 효율적으로 분권화를 이루고 그에 따라 지구화 시대가 요구하는 정치사회체제를 갖출 수 있을 것인가가 이제 우리에게 남은 최우선적인 과제다.

이 장(章)에서는 지구화 시대에 조응하기 위한 지방분권을 추진하는 과정에서 우리가 유의해야 할 과제에는 어떤 것들이 있는지를 체계적으로 진단하는 일에 우선적인 목표를 두고자 한다. 이는 지구화 시대를 대면하는 한국 사회의 생존전략이 무엇인지를 파악하는 계기가 될 것이며, 그런 과정에서 정부의 내부체계는 또 어떤 개혁을 추진해야 하는지를 성찰하는 전기가 되기도 할 것이다.

2. 지방분권의 경로와 정치경제 환경[1)]

지방분권이 추진되는 경우 그 결과가 어떤 성과로 이어질 것인가에 대해서는 실로 다양한 의견들이 제시되어 왔다. 이들을 정리해 보면 일견 매우 복잡해 보이지만 일정한 경향성이 내재되어 있어 몇 개의 유형으로 구분해 볼 수 있다. 이해의 편의를 위해 지방분권과 그런 분권이 추진되는 사회의 구조적 특성 내지는 환경적 조건 간의 관계를 각각 독립변수적 수단개념으로 보느냐 또는 종속변수적 목적개념으로 보느냐의 차원과 양자의 상호작용 결과가 본래의 목적 구현에 부정적인 영향을 미칠 것으로 보느냐 또는 긍정적인 영향을 미칠 것으로 보느냐의 차원에 따라 <표 7-1>에서 보는 것과 같이 4개의 유형으로 나누어 볼 수 있다. 그리고 이들 각각의 유형에 내포되어 있는 특성은 다시 정치적 민주성의 차원과 경제적 능률성의 차원으로 구분된다.

---

1) 박재창(2005: 6-12)에서 주로 발췌, 보완했다.

〈표 7-1〉 지방분권과 환경 간의 관계 모형

관계 \ 결과	긍정적	부정적
종속변수	I	II
독립변수	III	IV

<표 7-1>에 나타나 있는 제I유형은 지방분권이 한 사회의 정치경제 환경에 긍정적으로 기여할 것이라고 보는 시각이다. 지방분권을 정치적 민주화의 촉진이라는 관점에서 접근한 토크빌(Tocqueville, 1969)이나 밀(Mill, 1948) 같은 이들은 지방분권이 권력의 전국적 분산을 낳고 이는 민주주의의 훈련 기회를 확장하게 된다고 보았다. 특히 토크빌에 의하면 지방분권이 정책과제를 보다 단순하고 이해하기 쉽게 분할하는 성질을 지녔을 뿐만 아니라, 그로 인해 시민의 일상생활에 보다 직접적이고 본질적인 영향을 미치는 정치과정을 활성화 한다는 것이다. 여기에서 더 나아가 크로포드(Crawford, 1954)는 분권화된 국가 권력구조 하에서 민주주의의 이상이 보다 더 잘 구현된다는 주장을 폈다. 지방정치 과정에서는 중앙정치 과정에서와 같이 복잡하고 전문적이며 기술적인 과제가 다루어지는 것이 아니기 때문에, 지역주민들이 정책 과제의 내용을 이해하기가 보다 용이하고, 어떤 정책의 선택이 이루어지는 경우 그것이 지역사회에 미치는 바가 무엇인지가 자명해지며, 그렇기 때문에 정부의 성과를 평가하기가 용이하고, 그 결과 선출직 공무원이 선거과정에서 제시한 약속을 얼마나 잘 지키는지도 손쉽게 파악된다는 것이다. 이들은 모두가 지방분권이 정치적 민주성 확장의 전제 조건

이거나 최소한 선행 요건이라는 믿음 위에 서 있다.

또한 지방분권을 경제성 내지는 효율성 제고의 관점에서 접근하는 공공선택론자(Oates, 1972: 11-22)들은 재화와 서비스에 대한 개인의 선택권을 강화한다는 점에서 지방분권을 정당화 하고자 한다. 사적 분야와는 달리 경쟁의 원리가 최우선적인 가치 준거로 평가되지 않는 공공부문에서 효율성과 대응성을 담보하기 위해서는, 비록 업무 관할 영역의 파편화나 업무의 중복을 불러오는 한이 있더라도 중앙정부 외에 지방정부를 두거나 여러 개의 지방정부를 두어 그들 간의 경쟁을 유도하고 시민의 선택권을 확장하는 일이 불가피하다고 보았다(Bish & Ostrom, 1973: 9).

정보화 사회의 도래 이후 정부실패론이 확산되면서부터는 신자유주의 사상에 기초한 작은 정부론과 함께 중앙집권적 비효율을 극복하기 위한 전략 가운데 하나로 지방분권을 지목하기도 한다. 관료제의 단위 규모가 작을수록 무임승차자가 적고 전환비용의 지출도 감소한다고 보는 것이다. 지금과 같은 집적체제를 그냥 둘 경우 미래사회의 격동하는 환경변화에 적절히 대응하기가 어렵고 나아가서는 체제의 유지자체가 힘들 것이기 때문에, 장기적인 생존전략 차원에서도 지방분권은 불가피한 선택이라는 주장이다. 한국의 경우 수도권에 과잉 투자되어 투자의 효율이 떨어지고 지방에는 과소 투자되어 투자의 이중적인 비효율이 발생하는 데 이것이야말로 지방분권을 통해 해결 가능하다는 견해도 있다. 이런 시각은 의사결정의 중추가 국가독점주의에서 NGO와 함께 하는 국정관리체제로 이동해야 마땅하다는 주장 속에서도 포착된다.

지역경제의 활성화 차원에서 접근하는 머그누손(Magnusson, 1985: 575-599)도 원래 도시정부란 지역 경제의 발전과 규제를 위해 구성되는 것이라면서 지방분권의 경제적 순기능에 주목하고자 한다. 중앙에 의한 일방적인 자원배분보다는 지방의 현장에서 발생하는 요구를 자율적으로 조정하고 반영하는 분권체제가 자원의 사회적 효율면에서 앞선다는 얘기다. 이러한 입장의 연장선상에 서 있는 발전론자들은 지방정부 제일의 기능은 지역의 발전과 성장을 위한 물적 토대의 제공에 있다고 본다. 로리머(Lorimer, 1970)에 의하면 지방분권의 결과 활성화 되는 지방정부는 단순한 소비의 전달자가 아니며 생산에 간여하는 지역생활의 중추라는 것이다. 그리고 지방정부의 이러한 역할은 당연히 지역경제는 물론이고 더 나아가서는 전국경제의 활성화를 견인한다고 보았다.

제II유형은 지방분권이 촉진되는 경우 오히려 정치경제 환경이 악화된다고 보는 시각이다. 지방분권을 정치의 민주화 관점에서 접근하는 랭로드(Langrod, 1953: 25-33)에 의하면 분권은 중앙 행정체제의 구조기능적인 수단이나 장치를 확대 제공하는 것에 지나지 않는다는 것이다. 지방분권을 단지 재집권화의 전조에 지나지 않는다고 봄으로서 민주주의 구현의 전제 조건이라는 시각을 부정할 뿐만 아니라 오히려 저해 요인이라고까지 간주하는 셈이다. 지방분권으로 인한 정부구조의 파편화와 기득권 옹호의 효과 문제를 제기하는 입장도 지방분권의 비민주적인 영향을 경고한다는 점에서는 같다(Hill, 1977: 1557-68). 지방분권이 지역사회의 구조 분화와 기득권의 파괴로 나타나는 것이 아니라 지역 토호세력의 발호와 국가기관 내부에서의 권력이동을 가져 올 뿐이라는 주장도 여기에 해당된다. 정당성을 결여한 정권의 유지를 위해 권력을 지방과 공유하려는 수단으로 지방분권이 도입되는 경우, 지방분권은 오히려 비민주적인 권력의 영속화에 기여할 뿐이라는 견해도 같다(Ward & Rodriguez, 1999). 지방분권을 통한 자율권 신장이나 경쟁의 원리 도입은 자치정부 간의 격차를 심화하고 그 결과 평등권 침해와 함께 사회적 갈등을 확장한다는 점도 문제로 지적된다.

또한 지방분권이 한 사회의 경제성을 제고한다고 보는 공공선택론은 사회 내적 관계를 지나치게 단순화하여 시장 속의 개인 간 문제로 축소하는 경향을 지녔다. 그러나 한 사회의 구조는 당연히 경제적으로 동기 부여된 개인 간의 관계 이상을 포괄하는 것이며, 그렇기 때문에 지방분권이 한 사회의 경쟁을 심화하고 그 결과 경제적 유익을 제고한다는 주장은 적실성 정도가 낮다는 견해도 만만치 않다. 지방분권은 지방정부의 할거주의적 시각과 방만한 재정운영을 유도하고 그 결과 국가 총체적 차원의 경제개발이나 운용계획을 어렵게 한다는 것이다. 국가의 자본 종속성과 집합적 소비(collective consumption)의 관점에서 분권을 이해하는 네오 맑시스트들도 비관적이기는 마찬가지이다. 이들에 따르면 독점 자본주의가 발달함에 따라 노동자에 대한 회유의 필요성이 제기되는 데, 이에 조응하기 위한 방편으로 보건, 교육, 복지, 문화 및 여가 활동 등의 형태로 집합적 소비물을 제공하게 된다는 것이다. 그리고 바로 이런 집합적 소비를 촉진하려는 데에 지방분권의 일차적인 의도가 있다는 것이다. 즉 중앙정치가 주로 계급간의 관계에 기초한 생산의 문제를 다루는 데 반해, 지방자치는 개인을 단위로 하는 집합적 소비의 문제에 주력한다는 입장이다. 따라서 지방분권이 한 사회의 경제성 정도를 제고하는 데 기여한다는 것은 지나친 비약이라는 견해다.

사회주의 체제의 붕괴 이후 구 사회주의 국가권에서는 적극적으로 분권화 작업을 추진했지만 그 결과는 오히려 사회적 혼란, 경제적 퇴보, 정치적 정체성 상실의 심화라는 역진적 현상을 불러왔을 뿐이라는 주장 속에도 지방분권에 대한 경고와 의구심이 담겨있다. 지방분권이 추진되면 지방정부는 지역경제개발에 매진하려는 속성을 지니기 때문에 경제적 가치의 생산에 배치되는 재배분정책이나 환경보호정책은 후순위 과제로 밀려나게 되고(Peterson, 1981), 그 결과 복지 및 환경의 악화를 가져와 지역주민의 삶의 질이 훼손된다는 시각도 이 부류에 속한다. 지방정부들이 지역경제의 활성화를 위해 기업을 유치하는 과정에서 그 지역에 들어오려는 기업에게 투자유인요소를 제공하려 하게 되고, 이를 위해 최소한의 규제만을 남겨두게 되는 데, 이런 현상이 지방정부 간의 경쟁과 연계되는 경우 서로 다투어 규제완화에 나서기 때문에 결국 최소한의 규제만을 남기게 되며(Rowland & Marz, 1982), 이는 결국 지역 환경의 파괴나 복지수준 저하로 나타나난다는 주장도 있다.

제III유형은 한 사회의 정치경제 환경이 지방분권을 보다 원활하게 촉진하는 관계에 있다고 보는 시각이다. 진정한 의미의 지방분권이 구현되기 위해서는 몇 가지 선행조건들이 충족되어 있어야 한다는 것이다. 이를 위해서는 흔히 정치적 민주화, 경제적 활성화, 행정적 효율화, 사회적 결속이나 연대 등이 지목된다. 대표적으로 케머른 외(Cameron et al, 2005)는 지방분권이 정치적 민주화와 경제적 활성화를 촉진하는 효과를 동반하기 위해서는 시민권의 확립이 선행되어 있어야 한다는 입장에 서 있다. 그러니까 지역 시민사회의 구축을 통해 상향적 참여의 정신이나 기제가 정착되어 있을수록 지방분권의 순기능 발현 가능성이 증대한다는 논리다.

지방분권을 통한 경제의 재구조화 내지는 발전정책의 수정이 가능하기 위해서는 정치적 민주화가 선행적으로 이루어져야 한다는 분권전략의 순서론자들도 여기에 속한다. 건전한 시민사회의 활성화로부터 추동 받지 않는 지방분권은 정치적 민주화나 경제적 활성화를 약속하지 않는다고 본 것이다. 그런 점에서 지방분권이야말로 건전한 시민사회의 발양을 위한 선결과제라고 보는 제I 유형과는 정면으로 배치된다. 정치적 민주화와 경제적 활성화 사이의 상쇄효과 내지는 장애요인을 중화시키기 위해서는 시민사회에 의한 보이지 않는 손의 효과가 발현되어야 한다는 것이지만, 제I 유형의 경우 바로 그런 조건이야말로 지방분권을 통해 창출가능하다고 보기 때문이다. 같은 맥락에서 지역불균형이 시정되지 않은 상태에서 지방분권이 추진되는 경우 지역 간 불균형을 심화시키고 이는 결과적으로 사회적 갈등과 불안을 확대 재생산하는 요인이 된다고 보는 선분산론자들도 이 부류에 속한다.

제IV유형은 정치경제 환경에 따라서는 지방분권이 후퇴하거나 지방분권에 대한 저항을 촉발하게 된다고 보는 경우다. 지역 시민사회의 참여 능력과 욕구가 강화된 상태에서 지방분권이 진행되면 지역이기주의가 발호하면서 환경파괴나 지방정부 간의 갈등을 심화시키고, 그 결과 중앙집권적인 국정운영 양식에 대한 향수를 촉발할 위험성이 있다는 우려가 바로 이런 입장에 속한다. 특히 분석의 단위를 개인으로 하고 환경변화에 대한 개인의 심리적 저항 요인에 주목하는 이들은 환경변화에 따른 기존의 권력관계 변동이나 미래사회의 재구성에 대한 불안 때문에 지방분권에 대해서도 이를 저어하는 경향을 유발한다는 것이다. 그러니까 이 경우는 지방분권 자체를 환경변화의 일종으로 본다는 점에서 앞에서 지적된 유형들과는 그의 본질이 다르다. 그러나 이런 개인의 심리적 저항 요인을 지방분권과 정치사회 환경과의 관계를 규명하는 작업에 적용한 사례는 그리 흔치 않다.

3. 지구화 시대의 중앙과 지방 관계

지구화 시대의 중앙과 지방 관계를 규명하는 일은 지구화라는 정치경제 환경의 변화가 중앙정부와 지방정부의 관계 재설정과정에 미치는 영향이 무엇인지를 밝혀보자는 것임으로 이를 구체화 하면 앞서의 유형 분류 가운데에서는 제III유형과 제IV유형 가운데 어떤 경로를 택할 것인지를 알아보고자 하는 작업이 되는 셈이다. 이를 위해서는 먼저 지구화가 무엇인지를 밝히는 일이 선결과제일 것이다. 그런데 지구화는 자본축적의 공간적 범위를 범지구적으로 확장하는 새로운 형태의 생산양식과 교환의 체계가 등장하면서 구성되는 사회관계를 총칭한다. 오늘날 지구촌에서는 자본과 상품, 사람과 지식, 통신과 이미지는 물론이고 문화와 범죄, 유행과 오염물질, 신념과 가치체계 등 거의 모든 경제재들이 한 나라의 영토적 경계를 벗어나 보다 광범위한 유동 현상을 보여주게 되었다. 무역, 금융, 생산 등의 국제적 관계망을 통해 의사소통과 정보의 교류가 보다 더 빈번하게 이루어져 범지구적으로 경제관계가 크게 심화되는 현상도 드러나 있다. 이름하여 경제활동의 범지구화 시대를 맞이하게 된 것이다. 이렇게 경제의 지구화는 경제활동의 범주가 범지구적으로 확장된다는 공간적 차원과 그 활동의 강도가 고도화된다는 기능적 차원이 함께 어우러져 빚어내는 포괄적 현상을 일컫는다(Held & McGrew, 1993: 262-263).

1) 무국경화의 촉진배경

개인이나 기업 또는 국가의 경제관계가 무국경화 하게 된 데에는 정보화 사회의 도래가 기여한 바 크다. 전자통신기술의 발달로 정보 유통과정상의 공간적, 시간적 장애를 극복하게 되었을 뿐만 아니라 경제의 부를 창출하는 중심 기재가 자본과 노동으로부터 지식과 정보로 이동하는 생산구조상의 변화를 동반하였기 때문이다. 이에 따라 산업공간의 재배치가 용이하게 되었고, 그 결과 경제활동의 범지구촌화를 촉진하게 되었다. 즉 정보가 얼마나 신속하게 그리고 광범위하게 전달되느냐에 따라서 생산단위의 경쟁력 정도를 결정짓는 시대를 낳게 된 것이다.

정보사회는 또 유연축적체제로 압축되는 포스트 포디즘(post fordism)의 등장을 가져오게 되었다. 정보가 광범위하고 신속하면서도 경제적이며 동시에 쌍방향적인 양식에 의해 소통되는 경우에는 다양하고 파편적이며 동시에 가변적인 사회관계를 낳게 된다(Wolfson, 1986). 이에 따라 다품종 소량생산, 단기간내의 생산과 판매, 등을 가능케 하는 새로운 관리기술구조를 필요로 하게 되었다. 유연축적체제의 구축이 긴요하게 된 것이다. 그런데 정보사회는 의사소통 양식상의 혁명적 변화를 동반하는 것이기 때문에 의사결정 중추의 다원화, 계층구조의 축소, 권력중추의 수직적 이동 등과 같은 관리구조상의 변화를 가능케 한다. 유연축적체제가 공간적, 기능적 통합을 통한 수평적 연대를 강화하고 문제 대응 양식상의 유연성을 신장함으로서 생산공간의 수평적 확산을 가능케 하는 것은 물론이다. 그 결과 경제활동의 전지구적 확산의 문이 열리게 되었다.

여기에 더 해 사회주의 국가권의 붕괴로 인해 지구 공간의 분할 지배 현상에 종지부를 찍게 되었다는 사실도 경제의 범지구화 현상을 불러 온 또 다른 차원의 환경 요인이다. 이데올로기 간의 대치가 무력화함으로서 동서 양 진영 간의 의사소통과 물적 교류를 구속해 온 정치적 장애물이 무의미하게 되었고, 그 결과 자본주의 체제의 범지구적 확산이 가능케 되었다. 자본에는 자체 속성 가운데 하나로 지속적인 팽창과 규모의 확장을 추구하는 성질이 내재해 있다. 역사적으로 보더라도 근대 산업사회가 시작된 이래 시장과 자본의 생산기능은 지속적으로 그의 공간적 범위를 확장해 왔다. 촌락경제에서 도시경제로 그리고 도시경제에서 다시 국민국가를 생산단위로 하는 경제체제로까지 확장해 왔던 것이다. 그러면서도 자본이 더 이상의 공간적 확대를 구현하지 못한 이유는 냉전시대의 군사적, 이념적, 정치적 대결이 이를 제어해 왔기 때문이다. 결국 사회주의 국가권의 붕괴와 정보사회화 현상이 경제활동의 범지구화를 촉진시킨 양대 요인이 되는 셈이다.

2) 지방분권의 촉진요인

경제활동이 이렇게 지구화함으로써 전통적으로 그의 영토고권이나 배타적 주권이 승인되어 온 국민국가의 성격과 기능은 크게 변화하게 되었다(Held & McGrew, 1993: 276-282). 경제활동이 시장의 원리에 따라 국민국가의 경계를 넘나들게 됨으로서 어떤 개별 국가도 자신의 영토를 넘나드는 경제적 힘에 대해 단독으로는 이를 효과적으로 통제하고 관리할 수 없게 된 것이다. 이렇게 경제 활동에 대한 개별 국가의 개입과 간섭의 힘이 약화되는 경우 개별 국가의 정치 사회적 통제력이 축소될 것은 자명한 이치이며, 개별 국가의 정치· 사회적 통제력이 축소될 때 경제활동이 경제활동 외부의 장애나 제어 없이 보다 더 자신의 논리와 메커니즘에 따라 전개될 것 또한 명약관하한 일이다. 국민국가가 그 동안 향유해 온 자체 영토 내부에서의 최고고권이 축소되는 것이다.

이러한 영토고권의 위축 현상은 국민국가가 세계체제로 편입되면서 더욱 심화되지 않을 수 없다. 배타적 자율권을 누리던 국민국가들이 국가 간의 협의와 조정에 의한 문제 해결 양식을 취하지 않을 수 없게 되고, 그 결과 단위 국민국가들이 거대한 초국가적 기구의 일원으로 편입되고 있기 때문이다.[2] 국민국가의 영토고권을 압도하는 초국가적 권위를 창출하게 되는 것이다. 따라서 개별 국민국가의 입장에서 보면 이러한 초국가적 기구의 의사결정권을 얼마나 확보하느냐가 개별 국민국가의 주권을 확장하거나 최소한 유지하는 데 있어 결정적인 관건이 되지 않을 수 없다. 그렇기 때문에 그 어느 때보다도 대외 경쟁력의 신장이 중요한 의미를 지니게 되고, 이를 위한 대내적 결속과 권력의 중앙집중화를 강조하게 된다. 국가경영 단위의 극대화를 도모하게 된다는 말이다

(1) 민주성의 차원

대외적으로는 영토고권이 초국가적 권위로 편입되고 대내적으로는 권력의 중앙집중화가 진행되는 지구화의 구조적 특성을 지방분권에 따르는 민주성의 차원에서 조명해 보면, 우선 개별 시민의 참정권을 극도로 제한하는 결과를 낳게 된다. 사실 민주주의 혁명 제1기라고 할 수 있는 도시국가의 대의제도가 출범하면서 축소되기 시작한 개별 시민의 참정권 행사는 민주주의 혁명 제2기라고 할 수 있는 대중민주주의 시대의 도래와 더불어 보다 더 축소되었다. 그런데 이제 그러한 대중의 대표들에 의해서 구성되는 전지구적 차원의 의사결정기구로까지 참정권이 재위임 되는 경우 실질적인 참정

2) 대표적인 사례로는 UN. WTO. NAFTA. ASEM. EU 등을 들 수 있다.

권은 보다 더 축소되지 않을 수 없다. 참정권의 3차에 걸친 위임 결과 대의구조는 극심한 굴절과 훼절을 안게 된다는 말이다(David & Anthony, 1993: 262-263).

이에 따라 이익대표체제를 상실하게 된 일반 시민들로서는 최소한 그들의 생활주변에서 제기되고, 그렇기 때문에 우선적인 관심의 표명 대상이 되는 "일상성의 과제"만이라도 효율적으로 조정하고 관리할 수 있는 정치적 장치를 주문하게 된다. 바로 이러한 정치적 수요에 조응하여 재발견하게 되는 것이 지역의 자율적 의사결정체인 지방자치인 것이다. 국민국가의 세계체계로의 편입이 지방자치의 활성화 내지는 자율적인 국가경영단위의 축소를 촉구하게 되는 셈이다. 이는 특히 유럽의 역사적 진행과정에서 확인되고 있다. 지구화 시대의 경쟁성 강화가 EU라는 경제활동의 대단위 탄생을 강요했지만, EU의 등장은 또 유럽 각국이 지방자치를 활성화 하는 계기로 작동했던 것이다.

그런데 지구화 시대를 선도해 온 정보사회의 구조적 특성을 살펴보아도 지방분권의 불가역성 내지는 국가경영단위의 축소에 대한 시대적인 수요를 발견하게 된다. 정보사회에서는 의사소통구조의 변화로 말미암아 기성의 사회관계가 파편화하고 단절적 양식을 취하기 마련이다. 따라서 정보사회에서의 정책과제는 산업사회에서의 그것과는 달리 계층이나 영역을 관통하는 일반적이고 보편적인 성질을 지니는 것이 아니라 보다 파편화 되고 개별적이며 단층적이라는 특성을 지닌다. 그런 만큼 정책결정의 객체가 보다 소중화(demassified)되는 결과를 낳으며, 그렇기 때문에 정책결정의 주체가 한층 더 객체에 근접하여 미시적인 서비스를 제공해야 되고 또 할 수 있게 된다. 국가경영단위의 축소가 요구된다는 말이다.

그런데 이렇게 국가경영단위를 축소하게 되는 현상은 사회주의 국가권의 붕괴에 의해서도 격려되는 바 있었다. 사회주의 국가권의 붕괴는 동서를 막론하고 국민국가가 외부의 적으로 부터 오는 위협에 대처하기 위하여 내부의 결속과 권력의 집중을 강제하게 되는 위기관리의 수요와 명분을 일시에 제거하는 효과를 동반했다. 따라서 사회주의 국가권의 붕괴는 국민국가 내부의 분열적 요인 내지는 지분방적 요구 또는 지연공동체적 결사를 보다 활발하게 유인하는 환경을 조성한 셈이다. 지역사회 자율의 폭을 증대시킨 것이다.

(2) 경제성의 차원

한편 지구화는 경제활동의 무국경 시대를 의미하기 때문에 산업공간의 재배치가 촉진된다는 점은 이미 밝혀진 바와 같다. 그런데 특히 지구화 시대에서는 국민국가의 경계를 넘나드는 경제활동에 대한 중앙정부의 통제와 제어가 약화된다. 그렇기 때문에 산업공간의 재배치 작업은 경제활동의 주체인 개인이나 기업과 산업공간을 보유한 지방정부사이의 직접적인 거래를 통해 이루어지지 않을 수 없다. 그렇지 않을 경우에는 중앙정부가 이러한 국제적 경제활동의 주체와 대면해야 되는데 중앙정부는 지방의 특성과 조건에 대해 이차 정보를 보유할 수밖에 없을 뿐만 아니라 신속히 이동하고 변화하는 지구 경제 활동주체를 다층의 계서제를 통해 거래해야 하는 역효율에 직면하기 때문이다. 그럼으로 지구화 시대의 지방정부는 산업공간의 재배치 문제와 관련하여 직접 국제사회에 노출되며, 중앙정부에 의한 보호나 후견이 배제되거나 약화된 상태에서 다른 지역의 지방정부와 보다 유리한 조건으로 기업을 유치하기 위한 경쟁관계에 빠지게 된다. 따라서 지구화 시대의 지방정부는 단순한 집합적 소비의 전달자 이상의 역할을 수행할 것을 요구받게 되며 자연히 생산의 문제에 관여하지 않을 수 없다. 더욱이 국민국가의 경계가 제거된다는 것은 다른 지역의 지역공동체들과 지역판촉을 두고 일종의 무한 경쟁 상태에 빠져든다는 것을 의미하기 때문에 지방정부로서는 지역의 발전과 성장을 위한 물적 토대의 개발과 지원에 나서지 않을 수 없다. 집합적 소비의 수준을 높여 지역 삶의 수준을 높이는 일도 결코 지역의 국제 경쟁력 신장과 무관할 수가 없다. 발전론은 물론 네오 맑시스트의 관점에서 볼 때도 지구화는 지방자치의 활성화와 동반적 관계에 놓이는 셈이다.

또한 중앙정부의 수준에서 보더라도 세계시장질서 속에서의 국가 경쟁력을 제고하기 위해서는 대내적인 경쟁체제의 구축이 전제되어야 한다. 그런데 공공선택론이 주장하는 바와 같이 무경쟁 상태인 공적 부분에 경쟁성을 도입하기 위해서는 다양한 공적활동의 주체가 전제되어야 하고, 그런 점에서 다원적인 지방정부의 활성화는 필수적 과제이다. 특히 지구화 시대의 가변적 상황에 기민하게 대처하고 미세한 변화에도 조응할 수 있기 위해서는 국가경영단위의 축소를 통한 유연성 제고와 경쟁력 강화를 추구하지 않을 수 없다. 국제사회에의 간여 주체를 소규모화 해야 한다는 의미이다. 그런 점에서 지방정부의 기능적 활성화는 당연한 귀결이 된다.

종합해 보면, 지구화가 동반하는 정치경제 환경의 변화는 제 III 유형이 시사하는 바 지방분권에의 수요와 요구를 확장하는 셈이다. 이는 보다 분권화 할수록 지구화로 인한 한 사회의 정치경제 환경 변화에 보다 더 적실성 있게 조응하게 된다는 의미이기도 하다.

4. 한국의 중앙정부와 지방정부 관계

한국의 중앙정부와 지방정부 간의 관계를 진단하고 그 과정에서 밝혀지는 분권과제가 무엇인지를 규명하는 일은 한국 사회가 지구화로 인한 정치경제 환경의 변화에 보다 더 유연하고 적실성 있게 조응하기 위한 출발점이 된다. 그런데 중앙정부와 지방정부 간의 관계는 이를 보다 더 세분하는 경우 중앙수준의 행정부와 입법부 그리고 지방수준의 행정부와 입법부사이에서 이루어지는 갈등과 협조의 문제로 압축해 볼 수 있다. 이를 도식으로 표현해 보면 다음과 같다.

〈표 7-2〉 중앙정부와 지방정부의 관계 유형

지방정부 \ 중앙정부	행정부	입법부
행정부	1	2
입법부	3	4

1) 중앙 행정부와 지방 행정부의 관계(제1유형)

지방자치제도가 도입된 이래 한국 사회의 중앙정부와 지방정부 간의 관계는 중앙정부가 지방정부를 구속하고 제한하는 수직적 통제체제에서 출발하여 그 동안 많은 변화를 거쳤다. 그러나 아직도 기본적으로는 1988년도의 제7차 개정, 1995년도의 지방자치법 개정으로부터 출발한 현행 지방자치법에 따라 중앙정부-광역-기초자치단체 간의 관계를 상하관계로 설정하고 국가사무를 위임사무 방식에 따라 처리하도록 하고 있다. 이는 전후의 일본 지방자치법(1947년 제정)으로부터 강한 영향을 받았고 독일의 대륙법 체계로부터도 영향을 받은 결과다. 이러한 국가와 지방 간의 현행 사무구분 체계는 법령상 국가사무-위임사무-자치사무 간의 구분을 모호하게 함으로써 중앙정부의 지방정부에 대한 수직적 통제가 가능하게 하는 출발점이 되고 있다. 그뿐만 아니라 자치행정에 대한 책임소재의 불명성과 그에 따른 책임의식의 부재를 불러와 갈등과 비효율을 낳고 있으며, 공동사무의 책임성·효율성을 저하시키는 주요원인이 되고 있다(임승빈, 2009).

특히, 지방자치단체의 실정을 고려하지 않은 국가사무의 위임은 지방의 재정 부담을 가중시키고 있으며, 재정자립도가 낮은 지방의 경우 위임사무에 소요되는 경비부담으로 인해 지방의 고유 사무 처리에 지장을 받고 있다. 특히 대·중·소 사무의 구분이나 그 범위가 모호하고, 광역과 기초자치단체 간의 사무구분이 불명하여 중복되는 업무가 상당수에 달한다. 자치단체의 특수성, 행정수요의 차이, 행·재정적 능력의 격차, 인구의 규모 등을 고려하여 사무배분이 이루어지는 것이 바람직하지만 현행 지방자치법에서는 획일적으로 사무를 배분하고 있다. 지방자치법이 광역자치단체와 기초자치단체 간의 사무배분에 대해 특례를 인정하고는 있지만 지방자치단체별 특수성을 고려한 사무배분이 실제 이루어지지는 않고 있다(임승빈, 2009).

자치업무의 구체적인 운영양식 면에서 보더라도, 지방정부의 자율성 부족 현상은 여전하다. 인사행정의 경우 공무원제도의 운영 면에서 볼 때 중앙정부에 의한 지방정부의 지도 감독 관계로부터 출범하여 지난 2004년 이후로는 상호협력적 관계로 전환되어 왔다. 외형상 정원관리가 개별승인제에서 기준정원제를 거쳐 총액인건비제로 전환하는 변화가 있었기 때문이다. 지방정부의 자기 정부 소속 공무원의 규모에 대한 자율권이 확장되어 온 셈이다. 그러나 이런 총액인건비제는 결국 재정자립이 확립되어 있는 자치정부의 경우에만 실질적인 자율권을 보장하고, 그렇지 않은 자치단체에 대해서는 재정지원권을 지닌 중앙정부의 통제가 여전한 문제를 안고 있다.

그런데 자체 수입만으로 인건비를 충당하지 못하는 단체가 전체 자치단체의 13%에 이르고 지방세로 인건비를 충당하지 못하는 단체는 전국 250개 기초단체 가운데 62%인 155개나 된다. 특히 군과 자치구의 경우 80% 이상이 인건비 미해결 단체로서 재정의 외부 의존도가 매우 높은 실정이다(임승빈, 2008: 714). 이런 경우 자율적인 인사행정이 어려울 것은 물론이다. 이런 지방정부의 중앙정부에 대한 재정의존도는 지방재정에서 지방세가 차지하는 비중이 30% 수준에 머물러 있다는 데에서도 확인된다. 무엇보다도 지방자치가 시행된 이후에도 국가 공무원의 회계직 공무원에 대한 임명특례에서 보는 바와 같이 중앙정부의 지방자치단체 재정운영에 대한 관여가 지속되고 있다는 데에 문제가 있다(홍준현, 2008).

중앙정부는 이런 사전적 통제권 외에도 사후적 통제장치를 마련해 놓고 있다. 지방정부의 사무집행이 법령에 위반되거나 공익에 위반된다고 인정될 때에는 시정명령, 취소, 정지처분을 할 수 있고, 집행을 해태하는 경우에는 이행명령을 내리거나 대집행을 강제할 수 있게 되어 있다. 지방정부의 예산에 의한 자치사무를 중앙정부가 감사할 수도 있다. 이는 자치단체를 자율적 결사체라기보다는 중앙정부의 하급기관으로 보는 "포함적 권위모형"(김재훈, 1996)이 유지되고 있다는 뜻이다. 이러한 분권구조를 가지고는 지구화 시대의 사회환경 변화에 능동적으로 대처해 나갈 수 없으며, 그 결과 국가 전체의 유연축적체제를 구축하기도 어렵다. 지구 차원의 산업 공간 재배치 과정에서 지방의 유익을 도모하기가 쉽지 않을 것은 물론이다.

그런데 여기에 더하여 중앙정부의 집권당과 지방자치단체장의 소속 정당이 상이할 경우에는 패권적 대립의 요인이 하나 더 추가된다. 중앙정치권의 당권 엘리트들 사이에 개제되어 있는 대립과 반목이 전이될 가능성이 크기 때문이다. 특히 중앙정부의 국무위원들은 주로 능률성이나 경제성을 강조하는 관료적 합리성을 중시하는 데 반하여 민선단체장은 그가 선출직 공무원이라는 점에서 정치적 합리성을 강조하면서도 행정관서의 수장이라는 지위에서는 관료적 합리성을 외면할 수 없는 이중적 존재이다. 따라서 민선

단체장이 선출직 공무원으로서의 지위를 강조하는 경우에는 당연히 중앙정부와 어떤 문제를 보는 시각과 관점에서 불일치를 경험하지 않을 수 없다. 또 다른 차원의 긴장관계를 낳게 되는 것이다. 이런 현상은 특히 광역단체장 출신의 대통령 선거 출마가 정치적 지도력 충원의 한 양식으로 가시화 되면서 두드러지게 나타나는 현상이기도 하다.

2) 중앙 입법부와 지방 행정부의 관계(제2유형)

지방의회는 중앙의회인 국회가 정하는 법률의 범위내에서만 조례를 제정할 수 있다. 그리고 그 범위마저 협소하여 자치단위별로 독자적인 사업을 기획하고 집행하기가 어려운 실정이다. 따라서 조례 제정권의 범위를 둘러싼 국회와 지방의회 간의 긴장관계 발생 소지는 상존한다. 이러한 긴장관계는 이미 국회의 국정감사권 행사 범위 설정 문제를 놓고 표출된 바 있다(연합뉴스, 2008.09.22.). 국회가 기관위임사무의 집행 결과를 감사의 대상으로 삼는다는 것은 중앙정부의 기관위임을 전제하는 한 당연한 결과이지만 문제는 앞서 지적한 바와 같이 감사의 대상이 될 수 없는 자치정부의 고유사무나 단체위임사무와의 경계가 확실치 않다는 점이다. 그렇기 때문에 지방자치단체의 장이 연합하여 공동의 과제를 국회에 제기하고 같은 지역 출신의 국회의원에게 압력을 행사하려 할 경우 양 기관 간의 대립도 예견해 볼 수 있다.

실제로 지방자치단체의 국회 입법과정에 대한 참여의 길이 막혀 있는 것은 아니다. 지방자치단체와 그 협의체 또는 연합체는 국회의원의 소개로 청원서를 제출하거나 공청회, 청문회 등에 참여하여 의견을 개진할 수 있다. 또 중앙의 행정기관을 통해 법률의 제정이나 개정에 참여할 수도 있다(홍준현, 2007: 75). 그러나 이는 직접적인 통로가 아닐 뿐만 아니라 지방자치와 관련된 분야로 한정하고 있어 그의 운영실제에 있어서는 사실상 자치단체의 국회 입법과정에 대한 참여의 통로가 매우 제한적인 셈이다. 이로 인해 지방의 중앙정부에 대한 견제기능이 현저히 약화되고 지방의 상향적인 참여를 통한 국가사회 통합과 지방경험의 국가적인 활용이 차단되고 있으며 지방이익을 국가차원에서 실현할 수 있는 길이 봉쇄되고 있다(이기우, 2005: 20). 무엇보다도 지금과 같이 국회를 통한 국민 대의체제가 제대로 작동하지 않는 상황에서는 지방자치단체 또는 그의 연합체를 통한 국회 입법과정 참여가 이루어질 경우 대안적 대의구조 내지는 보완적 대의과정의 의미를 갖게 된다는 점에서 그 의의가 적지 않다.

이렇게 제2유형에서는 양 기관 간의 사무배분에 따른 갈등뿐만 아니라 국회의원과 자치단체장 개인 간의 차원에서 빚어지는 권력적 갈등의 문제도 예견된다. 특히 광역 자치단체의 경우와 같이 자치단체장의 선거구가 국회의원의 선거구 보다 넓은 경우에는 대표성 공유에 따른 양자 간의 경쟁과 긴장이 심화될 소지가 크다. 여기에 더하여 양자가 소속되어 있는 정당이 달라서 여당과 비여권으로 나뉘는 경우에는 중앙정치권의 패권주의적 대립이 전이되면서 긴장의 강도를 한 단계 더 높일 수 도 있다. 같은 정당에 속하는 경우에라도 중앙정치 과정에서 차지하는 정치적 비중과 언권의 크기를 놓고 긴장과 대립을 거듭할 가능성은 상존한다. 여기에 더하여 국회의원은 선출직 공무원으로서 정치적 합리성을 중시하는 데 반하여 지방자치단체장은 앞서의 지적에서와 같이 선출직 공무원으로서의 지위와 행정관서의 장이라는 이중적 지위를 갖는다. 따라서 자치단체장이 행정관서 장으로서의 지위를 강조하는 경우에는 국회의원과 인지상의 불일치를 경험하지 않을 수 없다. 또한 국회의원이 국가 전체에 대한 종합적인 관점과 지역대표로서의 국소적인 관점을 모두 강조해야 하는 데에 반하여 자치단체장은 지역수준의 국소적인 관점만을 강조하게 되어 있다. 따라서 양자는 국회의원이 지역대표로서의 관점을 견지하는 경우에 좀 더 손쉽게 협조와 일치에 이르게 된다. 예컨대, 중앙정부를 상대로 하는 지역문제 해결에 양자가 연합적 관계를 이룸으로써 일종의 수평적 경쟁관계를 구축하게 된다. 지역의 이익이라는 공동의 문제를 놓고서는 협조적 관계에 설 수 밖에 없다는 말이다.

3) 중앙 행정부와 지방 입법부의 관계(제3유형)

먼저 사무배분의 관계를 보면 지방의회의 조례제정권은 법령이 정한 범위 내에서 행사하도록 규정되어 있기 때문에 행정명령을 발동할 수 있는 국무위원들로서는 자신들의 소관 범위에 관한한 지방의회의 활동을 축소하거나 제한할 수 있다. 지방의회는 조례를 제정한 후에도 소관 부서인 행정안전부의 승인을 받아야 하며 행정안전부가 법령에 위반되거나 공익을 현저히 저해한다고 판단하는 경우에는 재의를 요구할 수 있다. 이에 대해 지방의회는 재의결할 수 있지만 재의결된 내용에 대하여 위법하다고 생각될 때에는 단체장이 소를 제기하거나 집행정지를 결정할 수 있다. 그런데 단체장이 이러한 조치를 취하지 않을 경우에는 행정안전부가 단체장에게 제소지시, 직접제소, 집행정지결정 신청 등을 할 수 있다. 중앙정부는 또 감사원을 통하여 지방의회에 대해 감사할 수도 있다.

이는 관료적 합리성을 지향하는 행정부가 정치적 합리성을 지향해야 하는 지방의회의 업무에 관여하는 현상일 뿐만 아니라, 국가 전체적인 관점에서 접근하는 중앙정부가 지역적 부분 이익을 추구하는 지방자치의 문제에 간여하는 일이며, 그 간여의 형식이 직접적이고 일방적이며 강제적이라는 점에서 지방정부의 민주성과 자율성을 근본적으로 제약하는 것이 된다. 그런데 이렇게 중앙정부에 의해 지방의회의 자율성이 통제되는 경우에는 당연히 지방의 중앙을 상대로 하는 경쟁이 불가능해지며, 중앙의 획일적 관리하에 놓이게 된다는 점에서는 지방 간의 경쟁도 손상을 입게 된다. 경쟁의 원리를 통한 지역경제의 활성화나 복지 수준의 증대 등이 제약되는 결과를 낳을 것은 물론이다.

한편 지방의회의 다수당이 중앙정부의 집권당과 다를 경우에는 양자 간에 필요 이상의 견제와 긴장이 유발될 가능성도 있다. 이는 특히 정당 간의 갈등이 정책적 이견에서 비롯되는 것이 아니라 당권 엘리트 간의 패권주의적 대립에서 비롯되는 상황에서는 좀 더 심화될 소지가 크다. 정당 간의 갈등이 정책적 이견에서 비롯되는 경우에는 정치과정을 통한 조정과 타협의 여지가 있지만 당권 엘리트 간의 패권주의적 대립의 경우에는 영합게임(zero-sum game)에 의한 완승 또는 완패 외에는 다른 선택지를 발견할 길이 없기 때문이다.

4) 중앙 입법부와 지방 입법부의 관계(제4유형)

국회는 지방자치법의 개폐를 통해 지방의회의 조례제정권 범위를 조정할 수 있을 뿐만 아니라 개별 법률의 개폐를 통해 조례제정의 범위를 조정할 수도 있다. 국회가 기관위임사무에 대한 감사권 행사를 통해 실제로 단체장에 대한 통제권을 행사하는 경우에는 단체장에 대한 통제권을 지니고 있는 지방의회의 권한과 충돌할 소지를 안게 된다. 이런 점에서 양자는 서로 상대의 지위에 관한 근본적인 이견을 노출할 수 있고 그것이 양자 간의 긴장관계를 유발하는 원인으로 작용할 수도 있다. 그런데 이러한 국회와 지방의회 간의 관계는 단체자치의 불가피한 결과라고 하더라도 일단 지방의회가 구성된 다음에는 자치권 자체가 일종의 기득권으로 인정되어 일정 범위의 자치권을 확고히 보장하는 장치가 마련되어야 할 것이다.

그런데 국회와 지방의회 간의 긴장관계는 이런 기관 차원의 갈등보다도 의원 개인 간의 관계에서 더 심화될 가능성이 있다. 양자는 부분적으로 서로의 대표성을 공유하는 관계에 있음으로 비록 국회의원이 지방의회 의원을 실질적으로 공천한 경우라고 하더라도 기본적으로는 긴장관계에 있을 수밖에 없다. 여기에 더하여 지방의회의 다수당이 국회의 다수당과 다른 경우에는 중앙정치권의 대결구도가 그대로 지방에 이식되면서 양자의 긴장관계를 증폭시킬 개연성이 있다.

문제에 접근하는 인식의 틀 면에서 보면 국회의원은 국가 전체적인 차원에서 접근하면서도 동시에 지역적 이익을 고려하지 않을 수 없는 이중적 성격의 존재이다. 그런데 지방의회 의원의 경우에는 그 지역의 이익과 함께 지역 내에서 자신을 선출해 준 보다 협소한 지역의 이익을 외면할 수 없다는 이중적 성격을 지닌다. 따라서 국회의원과 지방의회 의원은 양자가 서로 지역의 차원에서 문제에 접근한다는 제한된 경우에 한하여 동일한 유형의 인식을 공유하게 된다. 이렇게 이해관계를 공유하는 경우에는 양자가 대 중앙정부를 상대로 지역 이익의 대표를 위해 경쟁적 협조관계에 서기도 한다. 그러나 기본적으로는 대표성 범위가 상대적으로 큰 국회의원의 우월적 지위가 인정된다.

종합해 보면 제1유형의 경우에는 사무배분의 불명성과 수직성에 따른 긴장관계가 가장 두드러지게 나타나고, 제2유형과 제3유형의 경우에는 역할 인지상의 불일치와 중첩성에 따른 긴장관계가 가장 두드러지며, 제4유형 하에서는 개인적, 권력적 차원의 긴장이 가장 대표적인 과제로 제기된다.

5. 지구화 시대의 지방분권 촉진과제

한국 사회의 중앙정부와 지방정부 사이에 내재되어 있는 다양한 차원의 긴장관계는 자칫 파괴적 갈등관계로 구체화 될 수도 있고 창의적 경쟁관계로 승화될 수도 있다. 아니 오히려 현재의 중앙정부와 지방정부를 연결시켜주는 4 가지 차원의 연결 축을 대대적으로 수술하지 않는다면 파괴적 갈등관계로 치달을 가능성이 훨씬 높다고 해야 현상에 대한 보다 정교한 설명이 된다. 하물며 지구화 시대에 조응하기 위한 전략적 대안으로서의 역할을 기대하기란 처음부터 그른 일이라고 해야 옳다. 따라서 현재 예견되는 다양한 차원의 긴장관계를 창조적 경쟁관계로 유인하기 위한 보완조치가 뒤따라야 한다. 그런데 일반적으로 어떤 긴장관계가 창조적 경쟁관계로 치환되기 위해서는 공동의 목표를 개발하여 공유케 하거나 제3의 조정자를 찾아내거나 부족한 자원의 규모를 늘리거나 현상에 대한 인지의 격차를 줄여 나가야 한다. 그런데 중앙정부와 지방정부를 이어주는 연결고리에는 행정구조와 정당체계가 있음으로 이들을 중심으로 긴장의 조정 또는 해소 방안을 모색해 보면 다음과 같다.

1) 행정구조

한국의 중앙과 지방의 관계가 지구화 시대의 유연성이나 대응성에 대한 요구에 효과적으로 조응해 나가려면, 먼저 자치사무의 범위를 혁명적으로 확대하는 일이 선결과제다. 현재는 제한된 범위의 행정적 분권 상태에 있다고 밖에는 말할 수 없다. 이런 상황 아래에서는 생산을 위한 물적 토대의 제공은 물론이고, 효율적으로 집합적 소비의 전달자 역할도 수행할 수가 없다. 사무의 범위가 협소하기 때문에 처음부터 자치단위의 자율적 운영에 따른 시너지 효과를 기대할 수도 없다. 자율의 범위가 한정되어 있을 경우, 중앙정부와의 경쟁은 물론이고 자치정부 간의 경쟁도 무의미할 수밖에 없다. 자율의 범위가 협소한 경우 민주주의의 연습과 훈련의 폭이 그만큼 제한될 수밖에 없는 일이기도 하다. 정치적 책임과 행정적 권리의 불일치가 책임 있는 정치지도자의 성장을 제약하게 될 것도 물론이다. 지구화 시대의 지방자치가 필요로 하는 민주적 차원의 자율이나 경제적 차원의 경쟁 모두를 처음부터 제한하게 된다는 말이다. 바로 이런 지방정부 사무범위의 협소문제가 유발하는 과제는 제1유형, 제2유형, 제3유형, 제4유형 모두에서 나타나고 있다.

이를 해결하기 위한 대안 가운데 하나로는, 우선 현재 지방정부가 수행하고 있는 사무는 그것이 기관위임사무이건 단체위임사무이건 간에 모두 지방정부의 고유사무로 전환할 필요가 있다. 이들 위임사무는 중앙정부가 수행할 수 없거나 지방정부가 수행하는 것이 보다 효율적이라고 판단했기 때문에 지방정부에 위임했을 것이며, 이는 또한 지방정부가 이들 업무를 수행할 능력이 있다고 보았기 때문일 것이다. 현실적으로 국가 위임사무와 지방정부 고유사무를 구분하기가 쉽지 않다는 점도 감안할 필요가 있다. 그러나 보다 더 본질적인 변화로는 중앙정부가 지금까지의 관행적인 사고의 틀을 혁명적으로 전환하여, 중앙정부는 주로 국가 전체적인 일, 지방정부 간의 문제, 대외적인 과제와 총괄 기획 업무만을 맡고 나머지 분야의 집행업무는 지방정부에 전담시키는 전략을 모색해 볼 수 있다. 단순히 현존하는 국가사무를 점진적으로 지방정부로 이양하는 것이 아니라, 국가 기능의 재편 차원에서 중앙정부의 업무와 지방정부의 업무를 원점에서부터 재설계 내지는 재조정해 보자는 것이다. 이와 함께 그에 걸 맞는 재정분권도 함께 이루어져야 한다. 현재의 지방재정으로는 재정자립을 이루기도 어려운 실정임으로 중앙정부와 지방정부 간의 세원 재배분을 통해 지방정부의 자주재원을 확충하고 지방정부 스스로의 노력을 통해 운영되는 탄력세율제도의 도입, 과표의 현실화, 신재원 개발 등이 추진되어야 한다 (홍준현, 2008: 754).

그러나 보다 더 중요한 것은, 중앙정부와 지방정부의 관계를 지금처럼 수직적 분권 개념이 아니라 수평적 협업 개념으로 재인식하는 변화가 있어야 한다는 점이다. 지금의 수직적 분권 개념은 사실상 지방자치 실시 이전부터 형성되어 지방자치 이후까지도 문제의식 없이 일종의 역사적 유제로 전승되어 온 셈이다. 지방자치 실시 이후의 상황 및 시대정신에 따라 중앙정부와 지방정부의 관계를 재조명하고 그에 따른 수요를 반영하는 일은 필수불가결한 과제다. 중앙정부와 지방정부 간의 사무재배분이나 기능조정이 분권정신에 따라 재조정되기 위해서는 바로 이런 지방분권에 대한 근본적인 인식 자체의 변화가 선행되어야 할 것은 당연한 이치다. 이는 수평적 분업의 원리를 강조하는 지구화 시대의 환경 변화에 상응하는 가장 근본적인 대응 양식상의 변화이기도 하다.

다만 국가전체적인 조화와 유기성의 유지를 위해서는 중앙정부의 재정자원 지원 등을 통해 간접 관리 방식을 모색하는 일은 결코 등한시 할 수 없다. 이는 기본적으로 중앙정부의 지방정부에 대한 관계를 직접적-행정적 지시, 명령, 통제의 관계에서 간접적-조정적 유인과 지원의 체계로 전환해야 한다는 의미이기도 하다. 재정자원, 기술정보, 지식과 경험 등의 제공을 통해 지방정부를 총괄하고 자치정부 간의 유기적 연대를 관리해 나갈 때 지방정부의 자율적 선택권이 실질적으로 보장되고 따라서 지방정부 간의 차별화가 가능해지며 정치적 요구에 대한 순응력과 대응력을 확보할 수도 있게 되고, 그럴 때 한하여 중앙정부와의 경쟁도 가능해질 것이기 때문이다.

이런 상황 하에서는 중앙정부가 보다 분명하고 확고하게 국정운영의 비전과 지표를 제시하는 일이 긴요하게 된다. 목표의 공유를 통한 갈등관리전략을 추구하자는 것이다. 국정운영 목표를 분명히 제시하는 경우에는 지방정부의 자율적 활동이 결과적으로 국가전체적인 유익의 총화로 결집되고, 해체적 관점과 부분의 시각 사이에서 빚어지는 이견과 격차도 결과적으로는 종합적인 유익으로 치환된다. 이렇게 될 때 지방정부 단위의 국제적 연대나 대외 경쟁 등도 결과적으로는 국민국가 전체의 경쟁력으로 전환할 수 있게 된다. 국가경영단위의 축소가 국가경영단위의 확대를 결과하는 대표적인 사례인 것이다.

2) 정당체계

지구화 시대에 부응하는 정당구조는 당연히 지역주민의 정당에 대한 선택권을 전제로 하는 것이어야 한다. 정당에 대한 지역주민의 선택권이 확보되어 있어야 정당 간의 경쟁과 그에 따른 정당의 지역사회에 대한 정치적 대응성을 보장받을 수 있을 것이기 때문이다. 이런 점에서 볼 때, 현행 정당체계의 최우선적인 과제는 지역패권주의 성향을 배제하는 일이다. 특정지역을 독점적으로 지배하는 현재의 지역할거주의적 정당체계는 지역 거점화 성격 자체에 문제가 있는 것이 아니라, 그것이 결과적으로 정당 간의 경쟁을 배제한다는 데에 문제의 심각성이 있다. 경쟁해야 할 필요성이 없는 정당들로서는 유권자의 정치적 욕구나 지역 공동체의 현안에 주목해야 할 이유가 있을 수 없다. 지역의 정치적 요구에 둔감한 정당이 지역발전을 위한 물적 토대의 구축이나 서비스의 제공 등을 강조할 리 없고, 물적 토대가 취약한 지방이 국제적 산업공간의 재배치 과정에서 "장소판촉"에 성공할리 없으며, 국제경제 관계의 변화 양식에 능동적으로 대처해 나갈 까닭이 없다. 따라서 지구화 시대에 걸맞는 자치시대를 열어 나가기 위해서는 지역에서의 실질적인 복수정당체제가 구축되도록 해야 한다. 이를 위해서는 지방당의 활성화가 촉진되어야 한다. 예컨대 2010년 현재 영남 지역의 압도적인 지지를 받는 한나라당 외에 이 지역을 기반으로 하는 새로운 지방당이 등장 하고, 민주당이 거의 배타적인 지지를 받는 호남지역에는 호남에 지역적 기반을 두는 제2의 민주당이 등장한다면 최소한 지역에서의 경쟁성은 확보될 것이다. 이미 한국 사회의 기성정당들은 전국적 대표성을 확보한 정당이 없다는 점에서 사실 모두가 지방당이다. 사실상의 지방당이 전국당의 논리와 토대 위에서 국정을 운영한다는 데에 한국 정치의 비극이 있다면 있다. 지방당의 실명화와 함께 다양한 선택지를 갖자는 것이다.

이러한 지방당의 활성화는 지역수준에서의 경쟁을 유발함으로서 중앙당 중심의 기성 정당 내부구조를 지구당 중심으로 전환하는 전기를 마련해 주게도 될 것이다. 사실 지금의 정당체계가 중앙당 중심에서 지구당 중심으로 전환한다는 일은 지방자치의 활성화와 자율성 증대를 위해 필요불가결한 주문이기도 하다. 지금처럼 지역의 지구당을 해체하고 단순히 당원협의회를 통해 관리하는 경우 중앙당이 당무를 총괄하게 되는 것은 당연한 귀결이며, 그런 상황에서는 중앙정치권에 의한 지방정치의 수직적 통제가 너무나도 자연스러운 일이 되고 만다. 그리고 이러한 수직적 통제체제 아래에서 지역의 다양한 욕구와 이해관계가 정교하게 포착되고 결집될 수 없을 것은 물론이다. 실제로 이러한 현상은 제1유형, 제2유형, 제3유형, 제4유형 모두에서 일관되게 제기되는 과제이기도 하다. 특히 그런 수직적 통제체제를 통해 전달되는 기제가 당권 엘리트의 사적인 패권욕과 일원주의적 가치관이라고 한다면, 중앙정치권의 사적인 대결과 갈등이 지방자치 과정에도 그대로 이식될 것은 자명한 이치이다. 이로 인해 중앙정부와 지방정부 간의 관계가 수평적 협업이 아니라 수직적 지배, 장악의 관계로 구체화 되면서 다양한 유형의 갈등관계를 내포하게 된다는 사실은 이미 제1유형, 제2유형, 제3유형, 제4유형 모두에서 우려되고 있는 바와 같다.

또한 지방정부가 생활주변의 일상적인 과제를 다루는 제도적 장치라고 한다면 생활권의 가장 근거리에서 지역주민의 정치적 요구를 기민하고 정교하게 포착하고 반응할 의사결집의 주체가 필요할 것이라는 점에서도 지구당의 부활과 활성화는 요구된다. 그리고 이러한 정치적 효과가 지역의 국제적 비교우위를 결정짓는 주요 요인 중 하나가 될 것이라는 점에서 보면 지구화 시대의 요구에 부합하는 정당구조는 지구당의 활성화에서 부터 비롯된다고 할 수 있다. 아울러 정당내부에서의 경쟁을 보장하기 위해서는 개별 정당 내부의 분권화 문제도 함께 제기되어야 한다. 지금까지의 기성 정당들은 소수의 당권 엘리트에 의해서 그들의 패권주의적 욕구를 정당화 하거나 충족시키기 위한 방편으로 출범하고 운영되어 왔다. 따라서 당내에 반대세력이 자리 잡을 수 없도록 철저히 중앙집권적 양식에 의해 관리되어 왔던 것이 사실이다. 그 결과 정당원들로서는 기존의 권력적 주체 외에는 마땅한 정당내부 리더십의 대안을 찾기가 손쉽지 않게 되어 있다. 그렇기 때문에 소수의 당권 엘리트로서는 하급당원이나 지구당의 정치적 요구에 귀 기울여야 할 이유가 없게 된다. 지역의 정치적 압력으로 부터 해방되어 있는 정당의 의사결정체제가 지역발전을 촉진하기 위한 물적 토대의 확장이나 서비스의 개선에 유의하지 않게 될 것은 자명한 이치이다. 특히 공천권의 행사를 통해서 구체화 되고 있는 중앙당의 지방정치에 대한 지배와 통제는 지방정치권의 자율성과 유연성을 차단하는 효율적 장치로 작동하고 있다.

따라서 현재의 정당정치가 지구화 시대의 정치적 수요에 합당한 양식으로 개편되기 위해서는 먼저 지역할거주의적 정당체제가 불식되어야 하며, 개별 정당 내부의 민주적 운영은 물론 정당 내부의 권력적 중추가 지구당을 중심으로 하향 재편되어야 한다. 이렇게 되어야 지방자치의 민주성 차원에서 자율의 폭이 증대하고 경제성 차원에서는 경쟁의 원리가 지배할 수 있을 것이기 때문이다.

6. 결론

오랜 동안 민주화의 최적 수단처럼 강조되어 온 지방분권은 그렇기 때문에 이를 잘못 운영할 경우에는 민주화를 후퇴시킬 수도 있다는 사실을 소홀히 취급해 온 것이 사실이다. 아니 이보다 더 강조되어야 할 부분은 내실 없고 명목뿐인 지방자치를 실시한다거나 이를 정치적으로 오용할 가능성을 지닌 중앙정치권의 문제를 시정하지 않은 채 지방분권을 촉진할 경우 지방분권 자체에서 그 실패의 원인을 찾게 될 것이라는 점이다. 이는 지방분권과 정치경제 환경과의 관계를 다룬 앞서의 제II유형에서 이미 확인되고 있다. 따라서 지방분권을 촉진하는 일 자체가 아니라 지방분권을 통해 정치적 민주화와 경제적 효율을 구현할 수 있느냐가 관심의 초점이 되어야 마땅한 일이다.

이런 점에서 볼 때, 행정구조상으로는 대폭적으로 사무를 재배분하고, 국정운영상의 비전과 목표를 분명히 한 후 이를 일관되게 제시하는 일이 긴요하다. 중앙정부가 분권화의 의지를 분명히 하고 지방정부에 대한 직접적이고 행정적인 통제를 간접적이고 지원 조장적인 양식으로 선회하는 일도 필요하다. 정당체제상으로는 지역할거주의적 패권구조를 청산하고 지방당과 지구당을 활성화 하는 등 당내 민주주의의 신장이 전제되어야 한다. 그러나 이런 조건들은 지방자치가 민주성 차원에서는 자율을 그리고 경제성 차원에서는 경쟁을 확보하기 위한 필요조건의 일부에 지나지 않는다. 이러한 조건들을 토대로 지역사회에 기능적 공동체가 구축되고 이익대표체제가 자리 잡을 때 지방자치는 비로소 지구화 시대에 동참하기 위한 전략적 대안이 될 것이다. 제III유형의 전략적 관점이 요구된다는 의미다.

그런데 지역사회에 기능적 공동체가 구축되고 이익대표체제가 자리 잡기 위해서는 다시 지역수준에서 충족되어야 할 몇 가지 과제가 있다. 먼저 지역사회에 조직력이 갖추어져 있어야 하고, 조직에 참여하려는 지역주민들의 자세가 요구되며, 지도력이 구비되어야 하고, 지역주민들이 지역사회의 쟁점이나 그의 해결방안 등에 대해 전반적인 지식을 가져야 하며, 사태의 심각성에 대한 각성이 선행되어 있어야 한다. 그러나 한국 사회에서는 그동안 고도로 집권화된 중앙정부의 의사결정력이 일종의 구심력으로 작용하면서 지역의 거의 모든 사회적 관계를 흡인하고 말았기 때문에 이러한 조건 가운데 어느 것 하나 제대로 충족시킬 수 있는 여건이 마련되어 있지 않다. 이렇게 지역의 사회관계가 거의 공동화 되어 있는 상황에서 토호세력이나 지방유지에 의해 배타적 폐쇄집단이 구축됨으로서 상향식 의사소통 구조의 성숙은 물론이고 중앙으로 부터 지방에 이르는 의사소통마저도 때로는 단절되는 결과를 낳고 있다. 한국의 지방분권을 위한 조건은 기본적으로 제IV유형이 시사하는 바 역진적 환경인 셈이다.

그러나 최근 각종 시민단체나 NGO들이 지역수준에서도 활발히 확산되고 있어 이러한 조직들을 지역중심의 이익대표체제로 흡수 확대하는 일이 선결과제일 것이다. 그러나 아직도 대부분의 각종 이익단체나 NGO들이 주로 지역의 교수, 언론인, 사회운동가 등 여론 선도층에 의해 과점되고 있으며 지역수준의 사회관계에까지 깊숙이 침투해 있다고 보기는 어려운 점이 적지 않다. 그렇지만 이러한 단체들이 조직력과 지도력을 제공하고, 분야별 전문 지식과 정보의 전달자 역할을 수행할 수 있기 때문에 이들이 지역사회의 여론을 향도하고 주민의 참여 욕구를 촉발하며 문제의 심각성에 대한 경각심을 제고하는 일에 앞장서도록 격려하고 지원할 필요가 있다.

특히 지역 NGO는 공적부분과 사적부분의 중간지대에 위치함으로서 공적부분을 제외하고는 지역생활 공동체의 가장 근접한 거리에서 지역중심의 사회관계가 빚어내는 각종 이해의 조절이나 공동이익의 문제를 다룬다는 특징을 지녔다. 따라서 지구화 시대의 지방자치가 소중화된(demassified) 정책 대상자를 상대로 보다 더 정교하고 신속하게 지역사회의 문제 해결에 조응해 나가야 하는 것이라고 한다면, 이점에서도 NGO는 자치정부보다는 훨씬 더 기능적으로 유리한 위치에 놓여 있는 셈이다. 일상성의 과제를 다루는 데 있어 일상의 주변에 가장 근접해 있는 NGO들이 나서지 않는다면 지방정부의 역할은 공소화 하기 십상이라는 말이다. 특히 지구화 시대에는 국민국가의 비중이 약화되면서 사적부분의 폭이 커지기 때문에 사적 공간의 사회문제 해결능력이 궁극적으로는 지역의 국제경쟁력을 좌우하는 관건이 된다. 그런 만큼 사적 공간의 사회문제 해결장치로서의 NGO가 지니는 의의는 더욱 더 강조되지 않을 수 없다.

그러나 지역사회에서 이렇게 NGO가 활성화하기 위해서는 오히려 지방자치의 실시가 선행조건이라는 역순의 논리도 가능하다. 지역사회의 이익대표체제 구축과 지방자치의 활성화는 상호의존적 관계에 있다는 의미이다. 이는 앞서의 제I유형이 시사하는 바 지방분권을 정당화 하는 가장 기본적인 논리의 틀에 다름 아니다. 그런 점에서 권력의 분권과정은 결코 순율적일 수가 없다. 일종의 지그제그(zig zag) 과정을 거쳐 조정해 나가야 하는 것이라고 생각된다. 지방분권과 정치경제 환경과의 관계는 앞서의 분류처럼 유형화 되는 것이 사실이기는 하지만 이는 단지 설명의 편의를 위한 것일 뿐이며, 그의 운영 실제에 있어서는 이들 유형이 상호의존 관계에 있다는 의미다.

이점을 감안해 볼 때, 절충주의적 전략 대안의 하나로서 성장거점(growth pole) 전략을 검토해 볼 필요가 적지 않다. 정치적 분권을 상정하는 지방자치의 전면적인 실시가 중앙정부로서는 아무래도 선뜻 수용하기가 어려운 과제라고 한다면 우선 시범지역에서만이라도 제대로 된 자치를 해 보자는 것이다. 예를 들어 상대적으로 자치능력이 앞서있는 중산층 밀집지역을 선별하여 그곳에서 만큼은 사무의 대폭적인 이양, 통제 대신 자율성을 보장하는 간접적 지원, 지방당과 지구당의 활성화 등 지방자치의 최우선적 필요조건들을 충족시켜 보자는 것이다. 그리고 그 결과가 누하 효과(spill over effect)를 낳아 자치의 확산이 이루어지도록 하자는 것이다. 지방분권의 성패는 중앙정부의 과단성 있는 결단과 모험적인 인식의 전환에 달려 있다. 중앙정부가 만일 권력집중의 정당성 부족 현상을 메우기 위한 수단의 하나로 지방분권을 시도한다면, 그런 구도에서는 결코 진정한 의미의 지방자치란 자리 잡을 수 없다. 그런 지방분권이 지구화 시대를 위한 전략적 대안이 될 수 없을 것은 두 말할 필요도 없다.

문제 제기

1. 지방분권에 따른 정치경제적 효과가 어째서 지구의 북반부와 남반부에서 서로 상이하게 나타나는가?
2. 지방분권이 한 나라의 정치적 민주화를 촉진한다는 것은 사실인가?
3. 지방분권이 한 나라의 경제적 활성화를 불러온다는 것은 사실인가?
4. 정보화 시대의 도래가 지구촌의 무국경화 현상을 촉발하는 이유는 무엇인가?
5. 지구화 현상이 지방분권을 심화시키는 이유는 무엇인가?
6. 지구화 현상이 지역사회의 정치적 민주화를 촉발하는 이유는 무엇인가?
7. 지구화 현상이 지역사회의 경제적 활성화를 촉발하는 이유는 무엇인가?
8. 지구화 시대에 조응하기 위한 한국의 중앙 행정부와 지방 행정부 간의 관계가 당면한 과제는 무엇인가?
9. 지구화 시대에 조응하기 위한 한국의 중앙 행정부와 지방 입법부 간의 관계가 당면한 과제는 무엇인가?
10. 지구화 시대에 조응하기 위한 한국의 중앙 입법부와 지방 행정부 간의 관계가 당면한 과제는 무엇인가?
11. 지구화 시대에 조응하기 위한 한국의 중앙 입법부와 지방 입법부 간의 관계가 당면한 과제는 무엇인가?
12. 지구화 시대의 한국 중앙정부와 지방정부가 개선해야 할 정치적

과제에는 어떤 것들이 있는가?

13. 지구화 시대의 한국 중앙정부와 지방정부가 개선해야 할 행정적 과제에는 어떤 것들이 있는가?

14. 어째서 성장거점전략이 한국의 지방분권을 위한 대안인가?

참고문헌

김재훈. (1996).「지방화 시대의 협력관계 구축 방안」. 한국행정연구원.

박재창. (2005). 서문: 분권의 전략, 개혁의 경로. 박재창, 강명구, 젤리거(공편).「분권과 개혁」. 서울: 도서출판 오름.

「연합뉴스」. (2008). 시도 공무원 노조 '국감반대" 논란 재연. 2008.09.22.

이기우. (2005). 지방자치 강화를 위한 헌법개정.「한국지방자치학회보」, 17(4): 5-25.

임승빈. (2009).「 지방자치론 」제3판. 서울: 법문사.

______. (2008). 지방인사행정. 한국행정연구원.「한국행정 60년」. 서울: 법문사.

홍준현. (2008). 지방재무행정. 한국행정연구원.「한국행정 60년」. 서울: 법문사.

홍준형. (2007). 국가 입법.정책결정에 대한 지방자치단체의 참여.「공법연구」, 36(2): 71-95.

Bish , Robert L. and Ostrom, Vincent. (1973). *Understanding Urban Government: Metropolitan Reform Reconsidered.* Washington DC: American Enterprise Institute for Policy Research.

Cameron, John, Joseph S. Tulchin, Philip Oxhorn, and Andrew D. Selee. (2005). Decentralization, Democratic Governance, and Civil Society in Comparative Perspective: Africa, Asia and Latin America. *Canadian Journal of Development Studies,* 26(3): 549-550.

Crawford, K.G. (1954). *Canadian Municipal Government.* Toronto: University of Toronto Press.

Dahl, Robert A. (1994). A Democratic Dilemma: System Effectiveness versus Citizen Participation. *Political Science Quarterly,* 109(1): 30.

de Tocqueville, Alexis. (1969). *Democracy in America.* NY: Doubleday.

Elcock, H. (1982). *Local Government.* NY: Mathuen.

Held, David and McGrew, Anthony. (1993). Globalization and the Liberal Democratic State. *Government and Opposition,* 28(2): 262-263. Spring.

Hill, Richard C. (1974). Separate and Unequal: Government Inequality in the Metropolis. *American Political Science Review,* 68: 1557-68.

Langrod, Georges. (1953). Local Government and Democracy. *Public Administration*, 31: 25-33. Spring.

Lorimer, James. (1970). *The Real World of City Politics.* Toronto: James Lewis and Samuel.

Loughlin, M. (1987). *Local Government in the Modern State*. London: Sweet and Maxwell.

Magnusson, Warren. (1985). The Local State in Canada: Theoretical Perspectives. *Canadian Public Administration,* 28(4): 575-599. Winter.

Mill, J.S. (1948). Considerations on Representative Governments. In H. B. Action. (ed). *Utilitarianism, Liberty, and Representative Government.* London: J.M. Dent and Sons.

Oates, W. E. (1972). *The Political Economy of Fiscal Federalism*. Lexington : Lexington Books. 11-12.

Osborne, David and Gaebler, Ted. (1992). *Reinventing Government: How the Entrepreneurial Spirit is Transforming the Public Sector.* NY: Addison Wesley.

Peterson, P. (1981). *City Limits.* Chicago: Chicago Univ. Press

Rowland. C. K. and Roger Marz. (1982). Gresham's Law: The Regulatory Analogy. *Policy Studies Review,* 1(February): 572-80.

Tocqueville, Alexis de. (1982). *Democracy in America.* translated by George Lawrence and edited by J. P. Mayer. NY: Harper and Row.

Ward, Peter and Victoria Rodriguez. (1999). New Federalism, Intra-governmental Relations and Co-governance in

Mexico. *Journal of Latin American Studies,* 31: 673-710.

Wolfson, L. (1986). *The Untapped Power of Press: Explaining Government to People.* NY: Praeger Press.

제4부

한국의 행정적 대리인과 시민

제8장 |

NGO와 협력적 거버넌스

1. 서론

참여정부는 역대 정부 가운데 NGO를 비롯한 시민사회와의 관계를 가장 중시한 정부로 평가된다. 정권인수위원회 시절부터 국민참여센터를 설치해 운영했는가 하면, 청와대 비서실에 시민사회수석실을 두어 시민사회단체와의 협력과 대화를 강화하고자 했고, 외교통상부에 NGO 대사직을 신설하여 외국 NGO와 국내 NGO, 정부와 NGO 간의 조정과 협력의 과제를 담당하도록 했다. 참여정부의 탄생 자체가 노사모 같은 NGO와의 연대와 지원에 힘입은 바 컸으며, 자신을 참여정부로 명명한 것부터가 참여정부의 시민참여 중시 정책을 확인해 주는 증거다. 실제로 참여정부에서 NGO에 의한 국정참여가 가장 활발했다는 평가가 적지 않다. 심지어 참여의 폭주(박효종, 2006: 17)로 인해 민주주의가 과잉 상태에 빠졌다는 주장마저 제기됐다.

그런데 오늘날 정책과정에 대한 NGO의 적극적인 참여는 시대적 당위로 여겨진다.[1] 정책의 적실성, 수용성, 효율성, 책임성 등을 높이기 위해서는 정책과정에 대한 일반시민의 참여가 필수적이고, 이는 통상 NGO를 통한 참여로 구체화 된다. 이점을 감안해 보면 NGO의 정책과정에 대한 참여를 강조해 온 참여정부는 많은 지지를 얻고 꽤 높은 인기를 누렸어야 옳다. 그러나 현실은 그렇지가 못했다. 역대 정부 가운데 가장 인기 없는 정부로 폄하되는가 하면(김영기, 2006), 국가의 권위가 실추된 나머지 정부가 해체단계에 접어들었다는 주장마저 제기되었다(김진현, 2006a). 그뿐만이 아니다. 참여정부 탄생의 기폭제 역할을 수행했고 이후 동반자로 활동했다는 시민사회단체 진영에서도 87년 체제 이후 최대의 위기에 직면했다는 자체 평가가 적지 않다(이고은, 2007a).

이는 시민사회단체 외부의 평가에서도 같다. 국정참여 과정에서 권력화 되었기 때문에 이제 한국의 NGO는 더 이상 NGO(non-governmental organization)가 아니며 PGO(pro-governmental organization)일 뿐이라는 주장이 제기되는 가하면(김진현, 2006: 4), 정치적 포퓰리즘을 불러 온 원흉 가운데 하나로 지목되기도 한다(뉴

1) Goldsmith and Eggers(2004)는 오늘날의 네트워크 사회에서는 지난 100년간 행해오던 것과는 다른 공공관리 양식을 모색해야 한다고 주장하면서 정책과정에 대한 NGO 참여의 중요성을 강조한 바 있다.

라이트전국연합, 2006: 1). 정부와 마찬가지로 냉소의 대상이 된 것이다(이승종, 2006: 15). 그 동안 시민들로부터 전폭적인 지지를 받아오던 NGO 전선에 일대 위기가 닥쳤다는 인식에 거의 모두가 공감하게 되었다. 그러나 보다 더 중요한 것은 사회일각에서 민주주의에 대한 회의론을 제기하는 빌미로 NGO에 의한 정책과정 참여를 지목하게 되었다는 점이다. 과잉참여로 인해 "중구난방의 민주주의(박효종, 2006: 17)"가 되었다는 반성은 다시 국정운영이 기계적 능률성의 시대로 회귀해야 한다는 복고주의의 등장을 정당화 할 위험마저 낳고 있다.

이제 참여정부 하에서 NGO에 의한 정책과정 참여가 과연 과잉이었는지 또는 참여의 양식과 결과가 타당성과 적실성 높은 것이었는지에 대해 점검해 보는 일은 미래를 향한 대안 개발을 위해 필수적 과제가 되었다. 그런데 이렇게 NGO에 의한 정책과정 참여에 주목하는 이유 가운데 하나는 이를 통해 협력적 거버넌스 체제를 구축하는 일이 전환기 사회의 모순과 한계를 극복하는 데 있어 매우 시급한 과제로 인식되기 때문이다. 협력적 거버넌스는 비록 잠정적이기는 하지만 산업사회가 정보사회로 전환하는 과정에서 야기되는 국정운영 시스템상의 내재적 결함을 보완하는 가장 효율적인 대안 가운데 하나로 평가된다.

이 장(章)은 바로 이런 현실인식과 문제의식을 토대로 참여정부에서 이루어진 NGO의 정책과정에 대한 참여양식을 체계적으로 점검해 보고, 이를 협력적 거버넌스 체제로 전환하기 위해서는 어떤 개선점이 요구되는지를 알아보고자 하는 데에 일차적인 목표를 두고 있다. 이를 위해 우선 협력적 거버넌스 체제의 구조적 특성은 무엇이며 그로부터 요구되는 NGO에 의한 정책참여의 양식과 전제조건은 무엇인지를 논의한 후, 이를 토대로 참여정부에서의 NGO에 의한 정책참여를 점검해 보고자 한다. 이런 논의의 결과는 협력적 거버넌스 체제의 이론적 틀에 내포되어 있는 서구적 편향성 유발 요인은 무엇이며 전통적인 관료제 운영양식에 내재되어 있는 한계는 무엇인지를 밝히는 결과가 되기도 할 것이다. 나아가서는 앞으로의 행정개혁과정이 NGO의 정책과정참여와 관련하여 어떤 과제에 유의해야 하는지를 시사해 주게도 될 것이다.

그런데 정책과정에의 참여는 서비스 대행(service delivery) NGO보다는 주의주창형(advocacy) NGO에서 더 활발할 것임으로 여기에서는 주로 후자에 주목하여 논의를 진행하고자 한다.

2. 정부의 실패와 협력적 거버넌스

1) 행정적 대리인 체제와 거버넌스

정보사회의 도래는 사회관계의 속도성, 복잡성, 다양성, 역동성을 불러오게 마련이다. 그런데 우선 이런 사회관계의 변화 속도에 비추어 정부의 관료적 의사결정 체제는 너무 느리게 운영된다. 관료제 자체가 안정성과 자급자족성에 기초해 고안되었기 때문이다. 따라서 정부가 사회문제 해결에 보다 즉각적으로 조응할 수 있도록 하기 위해서는 의사결정의 중추를 보다 현장에 접근시켜 전환과정의 시간비용을 절약해야 한다.

이런 문제의식 하에 고안된 것 가운데 하나가 정부 정책과정에 대한 NGO의 참여다. 정부의 관점에서 볼 때 NGO는 시민사회 내지는 사회정책과제의 발생 현장에 근접하여 그들의 의견을 결집하거나 대변하는 일종의 결절(nods)로 이해된다. 또한 아무리 정책과정에 대한 NGO의 참여가 활성화 된다고 하더라도 정부 내의 정책과정이 분권화 되어 보다 의사결정의 중추가 조직의 변방으로 하향 이동하지 않는다면 NGO의 참여에 따른 속도성 진작 효과는 반감될 수밖에 없다. NGO 내부의 의사결정구조가 보다 분권화 되거나, 지역정주적인 NGO의 정책참여가 활성화 되어 현장 밀착 정도가 높아질수록 정책과정상의 속도성이 진작될 것도 물론이다.

정보사회는 또 사회관계의 복잡성을 심화한다. 그런데 관료제는 산업사회의 상대적으로 느슨한 사회관계망을 전제로 분업의 원리를 채택하고자 했다. 복잡한 사회정책과제를 몇 개의 부분구성요소로 분해하여 이를 개별적으로 처리함으로서 전체로서의 완성과 문제해결에 이르고자 한 것이다. 그러나 이런 사고는 부분구성요소 사이의 상호의존성 정도가 상대적으로 낮을 때에나 적실성을 갖는다. 사회관계의 빈도나 밀도가 높아지면서 부분구성요소 간의 상호의존성 정도가 높아지는 경우에는 다양한 사회정책 과제가 서로 얽혀있기 마련이며, 그렇기 때문에 이들 모두를 관통하는 총합적 접근시각(holistic approach)을 필요로 한다(Kettl, 1996). 고식적인 분업의 원리는 다양한 정책분야를 관통하는 사회문제 해결에 부적

절하기 때문이다.[2)]

이는 기본적으로 관료제가 이미 결정되어 있는 어떤 정책과제의 해결에 필요한 집행업무를 담당한다고 믿는 데에서 비롯된 결과다. 그러나 사회정책과제의 최종 소비자 내지는 수요자의 관점에서 보면 그런 집행업무는 자신이 당면한 문제의 해결과 직결되는 범위 내에서만 유의미하며 또 정당성을 갖는다. 정책수요자인 시민의 입장에서 보면 무엇을 해결하고자 하는지를 먼저 정하는 일이 중요하며, 그런 관점에서 등장한 것 가운데 하나가 NGO다. 따라서 NGO가 정부의 다양한 분업적 질서를 횡단하여 종합적으로 문제를 이해하고 접근하고자 할 것은 당연한 이치다. 이런 NGO와 상합하고자 한다면 정부의 내부구조도 수직적 업무처리 구조의 할거주의적 질서로부터 벗어나 수평적 정책 이슈중심의 협력체제로 전환해야 한다. 정부의 부처 간 또는 부처내부의 여러 기관이나 부서 간 장벽을 뛰어넘어 수평적 협력체제를 구축해야 NGO의 정책과정 참여가 승수효과를 낼 수 있을 것이기 때문이다.

이는 정부와 시민사회의 관계에서도 같다. 시민사회는 문제해결의 객체이고 정부는 그런 문제해결의 독립적 주체라는 인식은 사회공동체의 과제를 기능적으로 구분한다는 의미에서 분업의 원리에 기초한 할거주의의 연장선상에 있는 셈이다. 그런데 정부와 사회의

2) Kettl(2006:13)은 미국이 최근에 겪은 대형사고와 이에 대응하는 미국 정부의 능력저하를 지적하면서 이의 주요 원인이 바로 행정부의 분업적 업무처리양식으로 인한 경계 설정과 그런 경계를 초월해서 발생하는 정책과제 간의 부조화에 있다고 보고 9.11 테러와 카트리나 허리케인에 대한 대처 미숙 등을 들었다.

관계를 구분해서 접근하는 경우 정보사회와 같이 사회관계의 밀도가 높아지게 되면 그 구조의 복잡성으로 인해 인과관계의 추적이 지난하게 될 뿐만 아니라, 사회관계망으로부터 차단된 체 그의 외부에서 정부가 어찌 어찌하여 문제해결의 대안을 개발한다고 하더라도 이를 들고 다시 사회관계에 개입하여 문제해결에 나서고자 할 때, 일종의 '간섭효과"가 발생하면서 문제의 성질 자체를 변화시키게 된다(Kooiman, 1994: 46-47). 따라서 정부가 제3의 평정자 내지는 권위적인 문제해결자로서 사회정책과제의 해결에 전인적인 책임을 져야한다는 시각은 더 이상 호소력이 없다.

정부는 정책결정의 유일한 책임자로 작동할 것을 더 이상 고집하지 말아야 하며 오히려 그 동안 문제해결의 객체로만 여겨지던 시민사회 내부로부터 필요정보가 수집되고 문제해결의 주도권이 행사되도록 조장하고 지원하는 일에서 자신의 존립근거를 찾아야 한다. 문제의 소재지야 말로 가장 정교하고 즉응적인 문제 해결의 주도자일 것이기 때문이다. 그러나 그렇다고 해서 정부의 존립가치가 완전히 소진했다는 의미는 결코 아니다. 정부는 여전히 규범적 지표의 제시자로서[3] 그리고 시민사회와의 관계를 규율하거나 설정하는 총합적 조망자로서의 역할을 수행해 주어야 한다. 다만 자신의 역할 수행 양식을 수정할 필요가 제기된 것이다. 그리하여 양자 간의 경계를 초월하는 융합적 질서의 창출을 지향함으로서,[4] "이음

3) 특히 시민사회와 정부 간 협력의 양식이나 질서를 설정하고 제시하는 역할은 여전히 정부가 담당해야 한다.
4) Thomson(2001)은 협력(collaboration)을 단순한 협조(cooperation)와는 달리 "수소와 산소를 결합하여 물을 만들거나" "노란 원과 초록 원을 섞어 보다 큰

새 없는 간접국가(seamless indirect government)"(Kettl, 2006: 16)를 낳아야 한다.

그런데 관료제에 기초한 정부는 기본적으로 객관적 합리성 추구를 목표로 하는 데 반해 NGO를 비롯한 시민사회는 정치적 합리성 제고에 우선적인 목표를 두도록 고안되어 있다. 정부가 전문성의 원리에 기초한 관료집단 의존적인 데 반해, NGO는 시민의 여망에 부응하는 것을 최우선적인 과제로 삼기 때문이다. 따라서 정부와 NGO의 협력적 관계가 순차적 환류 양식을 취하는 경우에는 이들 양자의 목적가치를 융합하는 일이 사실상 불가능하게 된다. 객관적 합리성과 정치적 합리성은 우연히 서로 공유하는 부분이 있을 수는 있어서도 기본적으로는 서로 다른 목적가치를 지향하기 때문이다. 따라서 양자 간의 협력과 융합은 정책과정의 초기단계에서부터 전 과정을 통해 동시적으로 진행되어야 한다. NGO의 정책참여는 단순히 정책의제 설정단계에만 머무는 것이 아니라 그 이후 집행과 평가 및 환류의 전 과정을 통해서도 전개되어야 한다는 뜻이다.

또한 정부가 공공재의 생산과 공급 과정에서 더 이상 배타적 독점권을 향유하도록 방치해서는 안 된다는 주장에는 정보사회로 인해 사회구조의 다양성 정도가 매우 높아졌다는 인식에 기인하는 바도 적지 않다. 정보사회에서는 매우 다양한 정책대안 제시자들이 경쟁적 관계를 형성한다. 인터넷을 비롯한 뉴미디어의 계몽과

푸른 원을 만드는 일"과 같다고 보았다. 화학적 융합 내지는 제3의 창조적 대안의 모색으로 이해하는 셈이다.

대안제시 기능이 이런 현상의 중요인자로 작용하고 있음은 물론이다. 따라서 관료제가 지향하듯 범용대안(one-size-fits-all)의 개발을 통해 모든 사회정책과제를 해결하려던 시대는 지났다. 정부의 일방적이고 일원적인 문제해결전략이 더 이상 호소력을 갖기 어려워진 것이다. 그렇다고 해서 모든 개인의 특정적 이해관계를 전수 수용한다는 것도 지나치게 비경제적이며 반공동체적 이다.

따라서 양자 간의 절충점을 찾기 마련인 데 NGO가 바로 그런 민주성과 경제성의 타협적 결절이라고 본 것이다. 왜냐하면 NGO는 공적 목표를 위해 시민의 자발적 참여가 만들어내는 공식 조직이기 때문이다. 그런데 NGO의 바로 이런 자발성은 민주성의 기초가 되는 데 반해, 공식적 조직화 현상은 경제성을 추구한 결과로 여겨진다. 따라서 NGO는 이를 단순한 사적 관계 하의 시민사회나 공적 영역하의 정부와 비교해 본다면 민주성과 경제성을 상대적으로 잘 배합한 결과물이라고 하겠다. 그럼으로 공적 과제의 해결을 위해 보다 민주적이면서 동시에 경제적이기도 한 정책경로를 정부가 지향한다면 NGO와의 협력적 관계를 구축하고자 할 것은 너무나도 당연한 이치이다.

정보사회는 또한 사회구조의 역동성을 또 다른 특징으로 삼는다. 정보의 이동이 용이해지면서 사회관계의 유동성이 혁신적으로 증대하는 까닭이다. 따라서 정책과제의 가변성도 크게 증대한다. 그만큼 현재의 시점에서 미래의 상황을 조망하고 예측하기가 어려울 것은 물론이다. 따라서 미래를 조망하는 데에서 부터 출발하는 정부의 기획기능은 더 이상 적실성을 유지하기가 어렵다. 여기에서 정부가 더 이상 기획업무에 매달리지 말고 사회구조의 변화에 민감하게 반응하는 자세를 갖추고 또 거기에 필요한 기능을 강화해야 하는 이유가 발견된다. 의사결정의 중추를 시민사회의 현장으로 이동시켜 의사결정의 정교성과 속도성을 담보해야 한다는 의미다. 아니 사회정책과제의 해결책임이 정부에 있다는 인식 자체를 바꾸지 않고서는 정보사회의 역동성에 제대로 조응할 수가 없다.

그러나 관료제는 기본적으로 정부가 전문성에 있어 우월적 지위를 확보하고 있는 만큼 사회정책과제의 해결책임을 전담해야 하며 상명하달식의 중앙집권적 구조에 의해 시민사회를 통제하고 관리해야 한다고 믿는다. 참여의 배제를 통해 일사분란한 관리체계를 확립하고자 하기 때문이다. 이는 매우 명백하고 고정적이며 일원적인 목적가치를 추구할 때에나 정당성을 갖는다. 또한 시민을 단지 공공재의 수동적 소비자로 인식하는 것이기도 하다. 그러나 정보사회에서의 시민은 이미 미성년자가 아니며, 단선적 사고에 매달려 사는 것도 아니고, 정부의 과보호를 필요로 하는 존재는 더 더욱 아니다. 오히려 정부에 의한 과보호 기도야 말로 시민의 창의성, 경쟁성, 주권성, 민주성을 질식시키는 결정적 요인 가운데 하나다.

2. 정치적 대리인 체제와 거버넌스

정보사회의 도래는 행정적 관리체계 뿐만 아니라 대의구조에도 치명적 상처를 입힌다. 원래 산업사회적 생산양식에 기초한 대의민주주의는 일반시민의 정책적 선호나 의지가 상당 기간 고정성을 유지하기 때문에 이들 간의 조정과 타협을 통해 심의할 수 있는 시간 공간이 전제되어 있다고 본다. 그러나 정보사회의 속도성은 사회관계를 즉응적인 체제로 재편하면서 대의구조의 핵심이라고 할 수 있는 조정과 타협의 시간 공간을 증발시키게 된다. 정보사회에서는 또 그의 복잡성이 증대하면서 의회와 같이 선거에 의해 충원되는 기관을 통해 문제해결의 대안을 모색하기가 쉽지 않다. 국회의원은 어느 곳에서나 선거에 의해 당선되기 때문에 그의 전문성을 기관 차원에서 보장하기가 간단치 않다. 그런데 사회구조의 복잡성은 사회정책과제가 고도의 기술성이나 전문성 없이는 해결되기 어렵다는 것을 뜻한다. 자연히 선거에 의해서 당선되는 국회의원이 독자적으로 문제해결의 대안을 모색하기는 어렵다는 의미이며, 그렇기 때문에 "의회 쇠퇴론(decline of parliament)"이나 무용론이 지지기반을 넓히게 될 것은 정한 이치나 같다. 사회구조의 복잡성은 특히 일반시민 사이에서도 사회정책과제에 대한 고도의 이해력이나 분석력을 요구하기 때문에 이에 조응할 수 있는 능력상의 격차를 낳고, 이는 다시 대의과정에 대한 참여의 격차를 낳으면서 동등참여를 사실상 어렵게 한다. 사회우등세력에 의한 대의과정의 독과점이 실질화 하게 되는 것이다.

정보사회의 다양성은 또한 대의과정에 포괄해야 할 대상범위를 혁신적으로 확장하면서 공동의 이해관계를 포착하거나 조정과 타협의 결절을 이루어내기가 보다 어려워진다는 문제를 낳는다. 특히 인터넷을 통한 정보의 협송성 증대와 그에 따른 사회관계의 파편화 현상은 대의과정이 필요한 공통의 이해관계 포착을 어렵게 한다. 정보의 유통과 그에 따른 사회관계의 영역이 한 나라의 경계를 넘어 범지구적으로 확산된다는 점에서는 다른 나라의 시민과 같이 정치적 책임의 추궁이 불가능한 활동자의 정책과정에 대한 참여가 늘고, 지역정부나 지구정부 같이 대표성의 위임을 받지 않은 정책결정자의 정책적 판단이나 결정에 구속되는 정도가 늘어나면서 대의과정의 정당성 기반이 위협받게 되는 점도 문제다.

사회적 역동성이 증대하면서 더 이상 은폐하거나 소외되는 공간이 없게 된다는 점도 대의과정에는 역진적 효과를 낳는다. 정보의 확산과 공유가 자신이나 상대방의 이해관계를 보다 정교하게 분석하고 관측할 수 있게 하기 때문에 정책참여자들 간의 양보를 이끌어 내거나 타협점에 도달하도록 유도하기가 훨씬 더 어려워지는 것이다. 이렇게 대의과정의 핵심이라고 할 수 있는 조정과 통합의 가능성이 크게 줄어들면서 기존의 대의과정이 무력화 하거나 왜곡되는 현상을 보완하고 일반시민의 정책 선호(policy preference)를 직접 반영하기 위한 장치 가운데 하나가 바로 협력적 거버넌스다.

그런데 협력적 거버넌스가 제대로 작동하면서 시민의 자율적 의사결정 폭이 혁신적으로 증폭되기 위해서는 시민 의식의 변화가 선행되어야 한다. 정부와의 관계에서 관행적인 사고의 틀에서 벗어나 시민이 정책과정의 진정한 주도자로 활동하기 위해서는 시민성(civic virtue)이 확보돼 있어야 하기 때문이다. 그러나 이 시민성이 한 사회의 내부에서 자생적으로 성장해 나온다는 보장이 없으며 설혹 그런다고 하더라도 이를 기다리기에는 그의 생육속도가 너무 느리다. 따라서 정부가 적극적으로 개입하여 체계적인 노력을 경주함으로서 시민성을 개발하도록 해야 한다. 무절제한 참여와 조야한 선호(brute preference)의 문제(박효종, 2006: 19)를 예방해야 하기 때문이다.

이 경우 정부는 그 자체로서 사회공동체 문제의 해결자 내지는 공공재의 제공자 또는 생산자가 아니라 시민사회가 스스로 자체의 문제를 해결할 수 있도록 지원하고 조장하는 촉진자 역할을 수행하는 결과가 된다. 이렇게 정부는 사회관계의 변화를 추동하는 견인차 역할을 수행해야 하는데, 이 점에서 보면 정부와 시민사회의 융합은 정부의 역할축소를 지향하는 것이 아니라 역할변화를 추구한다.

이렇게 정부가 시민사회와 동반자적 관계를 구축하는 경우, 정부가 그 동안 감당해 온 책임성 수준을 계속 유지해야 하느냐의 문제가 제기될 것은 당연한 이치다. 협력적 거버넌스 아래에서는 정부가 혼자 결정하는 것이 아니라 시민사회 내지는 그의 참여 결절이라고 할 수 있는 NGO가 상호 대화하거나 조정하는 가운데 어떤 선택에 이르는 것이기 때문에 그 만큼 정부가 감당해야 할 책임성의 범주가 줄어들어야 할 것은 물론이다. 다만 그 줄어든 부분만큼을 시민사회가 자체 분담해야 한다는 점에서 시민사회 특히 NGO의 책임의식 고양 문제가 제기된다.

아니 정부와 시민사회의 융합적 접근전략은 책임성의 소재지를 밝혀야 할 필요성이 없을 만큼 정책형성의 초기단계에서부터 상호의존적이며 또한 혼합적이라는 의미를 내포한다. 그런 점에서 정부와 시민사회 간의 협력적 거버넌스 체제 구축은 지역공동체의 형성과 표리의 관계를 이룬다. 지역공동체야말로 정부와 시민사회가 기능적 분화를 이루기 직전단계에 가장 근접한 것이기 때문이다. 정책과제발생의 최근접 지역에서 정보의 수요를 파악하고 공급하면서 상호의존적인 관계망을 구축하기 위해서는 지역공동체만큼 효과적인 토대가 따로 없다. 민주주의는 정부구성의 가장 기초적인 토대에서부터 발전돼 나와야 한다는 의미다.

종합하면 전통적 행정관리 양식상의 경계 개념을 극복하고 국가와 시민사회 또는 정부와 NGO가 직접 연동하여 대의체제의 한계를 보완함으로서 사회정책과제의 해결에 나서야 하는 일이 불가피해졌다. 양자 간의 경계를 뛰어넘는 네트워크 체제의 구축이야말로 21세기의 사회구조가 요청하는 공적과제해결장치 가운데 하나다. 그러나 이런 협력적 거버넌스 체제의 구축을 외면한 채 마치 정부가 모든 일을 전담할 수 있는 것처럼 비현실적인 기댓값을 견지하고자 하는 경우, 정부는 지금보다 훨씬 더 자신을 중앙집권화 시켜 그런 기관 수요에 조응하고자 할 것이다. 이로 인해 정부의 사회정책과제 해결능력이 더 취약해질 것은 물론이다.

3. 참여정부의 정책환경과 구조적 특성

1) 한국 사회의 정책환경

참여정부의 정책과정이 자리 잡은 한국 사회는 그를 구성하는 기본 단위를 서구와 같이 개인이 아니라 가족에서 찾는 경향이 크다. 그런데 정책과정을 다양한 개인이나 그 개인들에 의해 구성되는 이익집단이 조정과 타협을 통해 잠정적 합의에 이르는 과정이라고 규정한다면, 이런 규정이 정당화되기 위해서는 다원주의 이론이 상정하는 바 개인의 다원적 멤버십이 전제되어 있어야 한다. 그러나 그런 의미의 다원적 관계망은 한국 사회의 경우 서구사회만큼 활성화 되어 있다고 보기 어렵다. 사회관계를 인식하는 기본 단위가 개인이라기보다는 가족인 만큼 가족이 다원적 멤버십을 구축하고 있어야 사회 구성 기본단위 간의 상호의존성이 증대되면서 보이지 않는 손에 의한 이해관계의 조정이나 공유가 가능해지고, 그 결과 정책 네트워크의 구축이 용이해지겠지만, 가족은 개인처럼 그렇게 다원적인 멤버십을 보유하기가 상대적으로 쉽지가 않기 때문이다. 가족은 그의 본질적 특성상 이해관계의 축이라기보다는 정서적 연대와 감성적 귀향의 본거지이며, 그렇기 때문에 일반화 하거나 보편성을 지향하기가 쉽지 않다. 따라서 한국 사회에서는 서구사회에서처럼 정책구성 최소단위 간의 경계 장벽이 제거되고 기능적으로 연계되는 정도가 상대적으로 취약할 수밖에 없으며, 단위 간의 경계 장벽이 비교적 견고하다는 문제점을 지닌다.

이런 가족중심주의 사고는 공적 영역과 사적 영역을 구분하는 데에도 영향을 미쳐 공적 영역을 사적 영역의 눈으로 보거나 치환하려는 경향을 낳는다. 계약적 관계보다는 귀속적 관계, 합리주의보다는 온정주의를 선호한 결과 혈연, 지연, 학연과 같은 일차집단을 통해 사회관계를 이해하거나 설정하게 된다. 그런데 이런 일차집단 중심의 귀속주의는 귀속집단 구성원에 대해서는 끈끈한 연대와 애정 그리고 최혜적 대우를 약속하지만, 집단 외부의 구성원에 대해서는 배제와 소외를 당연시 하면서 최빈적 대우를 일삼는다. 그 결과 공적 영역에서조차 불평등 대우와 피아간 구분을 당연시 하는 경향을 낳는다. 이는 다시 엄혹한 권위주의체제를 거치면서 민주화 운동이라고 하는 "정의로운 활동"과 연동되면서 대내적 결속과 대외적 배제를 당연한 윤리와 도덕률로 받아들이게 했다. 정의로운 집단과 부정의한 집단 간의 차별과 격리는 합리적 귀결이며 규범적 과제라고 본 것이다.

그런데 한국 사회에서는 비록 매우 조야한 구분이기는 하지만 민주화 세력에 의해 정의롭지 못한 집단으로 규정되는 소위 권위주의 시대의 산업화 세력과 이에 저항했던 민주화 세력이 보수와 진보의 이념으로 양분되는 경향이 있고, 이는 다시 세대와 지역으로 갈라진다. 보수가 장년층이라고 한다며 진보가 청년층이고, 산업화의 수혜지역이 보수적이라고 한다면 소외지역이 진보적이라는 이분법적 등식이 구성되는 것이다(강명구, 2007: 5). 그만큼 사회구조의 단절과 내부구성요소 간의 소외 정도가 크다는 뜻이다.

반면에 이런 가족중심적인 사고는 조직이나 기관의 공식적 차원과 비공식적 차원에서는 양자 간의 경계가 모호해지는 결과를 낳는다. 개인의 내밀성 영역이 가족이라는 중간지대를 통해 공적 관계로 확장되면서 공사구분의 불명성이 일상화 하게 되는 것이다. 이로 인해 사적 관계가 공적 관계로 전환되는 과정을 전제 조건으로 하는 시민사회의 형성이 저급한 수준에 머물게 될 것은 당연한 이치다. 그러나 다른 한편에서 보면, 이런 모호한 경계구분을 기화로 공적 권위의 실체인 국가의 간여가 사회 전 영역으로 확산되는 결과를 낳았다. 바로 그런 공사구분의 불명확성 때문에 국가권력의 공적 권위에 대한 수용성 정도가 떨어지면서 정부 정책과정의 완결성 내지는 돌파력 또는 집중도가 취약해지는 결과를 가져왔다. 국가 권력이 사회의 어느 곳에서나 목격되면서도 그의 문제해결능력은 상대적으로 취약한 "면적 존재(面的 存在)로서의 국가(강명구, 2007)"를 낳는 것이다.[5)]

이렇게 국가 권력이 공사구분의 경계를 넘나들면서 가족주의적 최혜 및 최빈 대우를 일삼으면서 권력이 있으면 해결되지 않는 것이 없다는 식의 권력지상주의 사고가 자리 잡게 되고, 그 결과 정치권력이 사회의 모든 것을 흡입하는 "소용돌이의 정치(Handerson, 1968)"를 낳게 되었다. 권력이 고도로 중앙집권화 되면서 중앙과 지방 간의 격차를 구조화 하는 결과를 낳고, 이렇게 하여 중앙집권화

5) 강명구의 "면적 존재로서의 국가"는 Fukuyama(2004: 13)가 말하는 "4사분면형" 국가에 유사하다. Fukuyama는 국가가 담당하는 다양한 기능과 과제를 국가의 활동 범위라고 보고 이를 X축으로 하는 한편, 국가의 정책집행능력을 국가 권력의 힘이라고 보고 이를 Y축으로 삼아 4개의 유형을 구분한 후, 브라질, 터키 등은 국가의 활동범위는 넓으면서 집행력은 취약한 사례라고 보고 이들을 4사분면에 분류했다.

된 권력을 소수의 정치지도자가 장악하고 이를 배타적으로 행사한다는 점에서는 소수인 정치를 불러 오는 원인이기도 하다. 이는 다시 대다수의 일반시민이 정치과정으로부터 소외된다는 의미다.

2) 참여정부의 권력구조

참여정부의 출범은 NGO와의 연대와 지원에 힘입은 바가 컸을 뿐만 아니라 역대 정부 가운데 최초로 한국 사회 비주류 세력의 지지를 통해 등장했다는 사실을 감안해 볼 때(박상필, 2007: 2), 한국 사회의 오랜 속성 가운데 하나였던 "소용돌이의 정치"에 대한 일종의 반동이 이루어낸 결과물이라고 할 수 있다. 이를 다른 측면에서 보면 가족중심주의에 대한 문화적 저항을 공적 간여 내지는 공동체적 질서 구축에 대한 약속을 통해 구체화한 성과물이라고도 할 수 있다. 그런 만큼 한국 사회의 중심적 가치관 내지는 권력구조에 대한 도전의 산물인 셈이다. 따라서 매우 취약한 권력적 기반 위에서 출범할 수밖에 없었다.

바로 이렇게 취약한 권력 기반을 확장하고 사회주류세력으로부터의 정치적 도전에 조응하기 위해 참여정부는 출범 초기부터 NGO를 권력의 동반자로 끌어들여야 할 필요가 있었다. 단순히 NGO 활동가들이 지니는 참신성, 개혁성, 도덕성 관련 이미지만을 활용하자는 것이 아니라(박병옥, 2007: 1), NGO 활동가들 간의 인간적 유대와 결속력 특히 진보적 성향의 시민사회단체 지도자들이 엮어내는 네트워크와 연대력 그리고 정책대안 개발능력 및 사회 침투력을 활용하고자 한 것이다.

NGO 활동가로서도 자신이 지향하는 정책의제의 채택과 "시민 없는 시민운동"에서 비롯되는 다양한 공공재의 부족현상을 이런 정부 고위 정책결정권자와의 소통과 연대를 통해 해소해야 할 필요성이 컸다. 재정자원의 부족을 메우거나 필요정보의 수집능력을 확장하고 오랜 동안 정부와 사실상 단절되거나 대립적 긴장관계를 견지하는 데에서 오는 기관피로현상을 극복해야 할 기관내부의 요구도 있었다. 무엇보다도 많은 NGO 활동가들이 민주화 운동과정에 참여했었다는 점에서는 참여정부 참여자들과 일종의 가족주의적 연대의식을 지니고 있었다는 점이 중요하다.

그러나 보다 중요한 것은 NGO 활동가들이 참여정부와의 정책연대나 직접적인 정부 진출을 통해 민주화의 완결을 성취하고자 하는 운동론적인 욕구가 컸다는 점이다. 특히 진보적 성격의 NGO 활동가들은 NGO를 운동론의 연장선상에서 저항권력[6]의 보루로 이해하는 경향이 컸다. 그렇지 않아도 더디게 진행되는 민주화 과정의 지속적인 추동을 위해서는 그렇지 않아도 취약한 참여정부의 권력적 기반을 NGO에 의한 견제와 감시를 통해 더 이상 약화시켜서는 안 된다고 보았다.[7] 보다 적극적으로는 참여정부와의 정책연대와 개인적인 정부 참여를 통해 민주화를 더 공고히 해야 한다는

---

6) Mott(1993)는 권력을 착취권력, 저항권력, 매개권력으로 나누어 다루었다. 이 가운데 저항권력은 수직적 불평등 관계에서 피권력자가 자신의 이익을 보호하기 위하여 행사한다고 보았다.

7) 김태경(2004)에 의하면 이라크 파병반대 운동과정에서도 노무현 대통령의 지지자들은 "노정권의 지지율이 20% 후반대인 데 무슨 운동의 분열이냐"고 반발했다는 것이다.

개혁세력연대론이 이들에게 있어서는 매우 강력한 호소력을 지녔다.[8] 이렇게 보면 참여정부에서 NGO 활동가가 정부에 진출하거나 정책연대한 것은 단순한 정치적 동원의 결과라기보다는 NGO에 의한 권력 분점의 한 양식이라고 보아야 하며, 그렇기 때문에 참여정부는 헌정사상 최초로 부분적으로나마 NGO가 기관 차원에서 권력에 참여(institutional involvement)한 성과라고 해야 할 것이다.

그런데 이렇게 참여정부가 NGO와의 권력분점 내지는 의존성 정도를 강화하고자 했던 주인 가운데 하나는 대의구조의 무력성에서도 찾아볼 수 있다. 한 번도 정상국가를 운영해 보지 못한 한국 사회로서는 전근대적인 사인정치, 가신정치, 비공식적인 국정운영, 정보기관 및 금권에 의존하는 정치, 정치인에 의한 부패, 권력의 남용, 지역감정의 동원, 등을 숙명처럼 받아들여야 했다. 당연히 민의의 정교한 수렴이나 대표행위는 정치과정의 일차적인 관심사가 아니며 그런 대의과정을 두고 일반시민이 그의 권위를 승인하거나 신뢰를 보내기 어려웠을 것은 물론이다. 이런 정치적 대리인 체제의 왜곡과 굴절현상은 정보사회의 도래가 실체화 하면서 보다 더 증폭되는 결과를 가져왔다. 대의체제의 본질적 특성 자체가 정보사회의 구조적 특성과는 잘 상합하지 않는다는 점이 확인되기에 이른 것이다. 가장 대표적인 사례가 노무현 대통령에 대한 탄핵사태일 것

---

8) 이종식(2005: 138)에 의하면 참여정부의 초기부터 NGO의 국정참여에 대해서는 개혁세력연대론과 견제강화론이 다툼을 벌여 왔다. 정치사회개혁의 효과적인 수행을 위해서는 개혁세력이 연대하여 시너지 효과를 추구해야 한다는 주장과 개혁과정에서의 NGO 역할은 정부의 개혁활동을 감시하고 견제함으로서 개혁이 실패하지 않도록 긴장감을 유지하는 감시견(watch dog) 노릇을 자임하는 것 이상이어서는 곤란하다는 견해가 그것이다.

이다. 국회는 압도적인 다수로 대통령의 탄핵을 결의했지만 촛불 집회로 표출되는 민의의 소재는 그것과 거리가 먼 것이었다.[9)]

여기에 더해 한국 정치의 궁정 정치적(palace politics) 요소는 여당과 야당의 대립과 권력투쟁을 일상화 했으며, 특히 정부와 여당 사이의 원활하지 못한 협조체제와 종국적인 결별은 참여정부로 하여금 정치적 지지기반 확보에 비상이 걸렸음을 절감하도록 했다. 정권 인수시기부터 지속되어 온 보수언론과의 갈등과 긴장관계도 정치과정을 피아의 구분을 통한 외적 대항과 내적 결속의 과제로 인식하도록 하기에 충분했다. 이런 상황 속에서 참여정부가 일반시민과의 직접 대화에 대한 필요성을 절감하면서 그 통로로서 NGO를 지목하게 되었을 것은 당연한 이치다. 그러니까 참여정부는 정부의 고위정책결정권자와 NGO 활동가 간에 일종의 정책적 호혜 관계를 축으로 하는 매우 느슨한 형태의 조합주의적 연대체제를 구축한 셈이다.

3) 참여정부의 정책방향

바로 이런 조합주의적 요소가 가시적으로 드러난 것 가운데 하나가 참여정부의 인사정책이다. 참여정부의 인사정책은 흔히 코드 인사, 회전문 인사, 보은 인사라는 평가를 받았다. 이 가운데에서도

9) 촛불 데모의 배후에는 전자 메일이나 휴대전화를 통한 자발적 참여의 독려 활동이 있었으며, 탄핵반대나 찬성의 의견 결집도 이런 정보통신기기를 통해 전달되거나 촉구되는 바 컸다.

코드 인사는 참여정부 인사정책의 핵심적 성격을 잘 나타낸다. 그런데 코드 인사는 대통령이 인사권을 행사하는 데 있어 자신의 정치철학이나 이념적 지향성과 유사한 자를 우선적으로 충원하는 것을 말한다. 이는 일견 책임정치 구현을 위해 불가피한 선택으로 여겨진다. 그러나 거기에 그치지 않고 일종의 부정적인 의미가 실려 있다. 비록 능력이 모자라거나 공직자로서의 자질이나 도덕성이 부족하더라도 오로지 자신과 정치행로를 같이 한다는 이유만으로 충원의 우선 대상으로 삼는다는 의미다. 그러다 보니까 제한된 범위 내에서만 인적자원의 충원이 이루어지게 되고 그 결과 회전문 인사로 표현되는 가족중심주의적인 인사행태를 낳았다. 참여정부형 엽관주의 인사 관행이 자리 잡게 된 것이다.

그런데 바로 이 참여정부형 엽관주의 인사행정을 통해 과거 NGO 영역에서 활동했던 이들이 대거 행정부에 진출하게 되었다. 특히 진보적 성격의 시민사회단체에서 활동하던 인사들이 대부분이다. 이로 인해 엽관주의가 일반적으로 그렇듯이 사회구조적으로 볼 때 과거 한국의 주류사회 출신들이 주축을 이루던 기술관료 사회에 비주류 세력이 뿌리를 내리는 전기가 되었다. 그러나 실적주의의 관점에서 보면 행정실무 수행력은 상대적으로 취약해지는 결과를 가져 왔다. 그런데 이 과정에서 NGO 활동가들의 현장밀착성을 그들이 지니는 실적 가운데 하나로 간주했다면 오히려 대표관료제의 관점에서 다루었어야 옳았을 것이다. 그러나 코드 인사에는 대표관료제적인 배려가 없었다. 바로 이점이 참여정부 인사행정의 한계다. 그렇기 때문에 NGO 활동가의 참여정부 진출을 일종의 정치적 동원이나 조합주의적 결속의 결과물로 확인하게 되는 이유 가운데 하나다.

참여정부는 또 대대적인 행정개혁을 통해 행정절차나 구조의 개편을 추진해 왔다. 그런데 이런 정부혁신 작업이 무엇을 지향해 왔는가에 대해서는 2007년 대통령이 내놓은 "대한민국 혁신 포럼 2007 기념 메시지"가 잘 대변해 주고 있다.

> "---성과주의 예산, 고위공무원단과 같이 자율과 책임, 경쟁의 원리가 한층 강화되었고, 통계·평가·기록관리 등 기본적인 행정인프라가 새롭게 구축되었습니다. 개별 정책들도 기획부터 평가까지 전 과정에 걸쳐 품질관리가 이뤄지고 있습니다. 또한 2,300여개의 위기관리 매뉴얼이 마련되어 각종 재난과 위기상황에 체계적으로 대응할 수 있게 되었습니다. 행정의 속도도 몰라보게 빨라졌습니다. 22개월 걸리던 특허심사기간이 10개월로, 90일이나 걸리던 재난복구비 지원이 20일 이내로 크게 단축되었습니다. 조달, 통관, 특허, 납세시스템은 선진국에서도 큰 주목을 받고 있습니다. 정부혁신은 이제 지방자치단체, 지방교육청, 공기업으로까지 빠르게 확산되고 있습니다. 이렇게 해나가면 공공부문의 역량과 문화가 또 한 단계 올라서게 될 것입니다. 앞으로도 참여정부는 더 효율적이고 국민에게 책임을 다하는 정부가 되기 위해 최선을 다해 나갈 것입니다(노무현, 2007: 1)."

요컨대 정부혁신은 그 동안 정부의 능률성 강화를 위해 노력해 왔다는 것이며 사회정책과제의 해결을 위해 정부의 문제 해결자 역할 신장에 주목해 왔다는 뜻이다. 이를 위해 신공공관리론적인 접근전략을 채택해 왔다는 것이 일반적인 평가다(박상필, 2007: 5). 그러니까 정부혁신과정에는 협력적 거버넌스 체제가 요구하는 정부의 기능적 성격 변화, 즉 문제 해결자나 결정자로부터 조장자나 촉진자로 전환하거나, 능률성보다는 민주성 진작을 위해 자신의 내부 질서나 역할정향을 개선해 보려는 노력--부서간 경계의 극복이나 보다 개방적이고 수평적인 조직관리 체제의 확립--에 대해서는 그런 시각 자체가 결여되어 있었다는 의미다.[10)]

그러나 참여정부가 협력적 거버넌스 체제 구축에 유리한 정책 활동을 전혀 등한시 했던 것은 아니다. 참여정부는 분권정책을 중요한 정책과제로 내세워 자신의 집권 이데올로기 수준에서 추진해왔다. 지방자치제도의 도입과 같은 절차적 차원이 아니라 지역경제의 활성화나 중앙권력의 지방분산 내지는 국토의 균형발전과 같은 실체적 차원의 분권 문제를 국정운영의 최우선적 과제 가운데 하나로 설정했다. 집권 자체가 행정수도이전과 같은 분권 메시지의 전달을 통해 성취되었다는 점에도 유의할 필요가 있다. 단순히 분권정책의 제시를 통해 정치적 지지 기반을 확대했을 뿐만 아니라 그런 정책 의지 자체가 지역의 NGO 활동가들에 의해 추동되었다는 점에서도 분권정책은 참여정부의 실체에 가장 근접하는 화두 가운데 하나다.

실제로 참여정부는 지방분권특별법을 제정한 이래 행정수도이전, 자치경찰, 교육자치, 인터넷주민참여, 주민투표, 주민소환, 주민소송, 제주도특별자치, 국가균형발전 등 다양한 분권과제를 구상하

10) 비록 고위공무원단 제도나 팀제의 도입 등으로 보다 수평적 조직을 지향하는 변화가 있었으나 이는 오직 정부내부 운영상의 능률성 진작에 초점이 맞추어져 있을 뿐 시민사회와의 협력적 공조체제 구축의 동기는 찾아보기 어려웠다.

거나 추진한 바 있다. 그러나 이 가운데 가장 가시적 성과가 큰 것은 국가균형발전 분야이고 가장 성과가 낮은 것은 불행하게도 국가권력의 지방이양 분야다. 그런데 균형발전 사업은 단기적으로 볼 때 권력의 분산을 가져온다기보다는 물리적 기제의 지리적 배분을 낳을 뿐이다. 인터넷주민참여, 주민투표, 주민소환, 주민소송 같이 권력의 하향분산을 겨냥하는 제도적 장치의 도입이 이루어졌지만 지역공동체의 형성을 위한 적극적인 노력을 병행하지 않았기 때문에 제도 활용의 적극성 정도는 아직 저급한 수준에 머물러 있다. 분권 과제의 핵심인 자치경찰이나 교육자치는 아직도 그 추진 실적이 지지부진한 실정이다. 균형발전의 경우도 이를 위해서는 오히려 중앙권력의 집중화가 필요하다는 점에서 반분권적 요소를 동반하는 성질이 내포되어 있다.[11] 참여정부의 분권정책은 "외화내빈"이었던 셈이다.

이렇게 된 데에는 지방정부가 대부분 야당에 의해 장악되어 있는 현실정치의 한계와 중앙정부 고위관료에 의한 기관이기주의가 중요한 요인으로 작용했다. 실질적 분권이 이루어질 경우 중앙정부의 권한이 지방정부로 이양되는 데에서 비롯되는 권력의 상실과 권한의 축소를 우려한 까닭이다.

11) 신도철(2007: 4)은 중앙정부에 의해 주도되는 균형발전은 중앙정부가 직접 지역에 자원을 배분하고 규제를 가하는 방식을 취하기 때문에 오히려 관련 권한의 중앙 집중을 낳는다고 보았다. 그렇기 때문에 자율적 지역 발전을 지원하는 체제로 전환하고 권한의 대폭적인 지방 이양을 추진해야 한다는 것이다.

4. 참여정부와 NGO의 조합주의적 연대

1) 투입단계

정책과정에 대한 NGO의 정책투입이 정부와 시민사회 간의 협력적 결과물이 되기 위해서는 우선 그의 초기 단계에서부터 시민참여가 전제되어 있어야 한다. 그러나 한국 사회의 경우 87년 체제 이후 주의주창형 NGO가 크게 발흥했다고는 하나 대부분의 NGO가 시민운동가를 중심으로 운영되고 있으며 일반시민의 자발적 참여는 아직도 미진한 수준에 머물러 있다. 그런 점에서 흔히 "시민 없는 시민운동"이라는 평가를 받는다. 이런 현상은 참여정부에서도 크게 달라진 것이 없다.

오히려 NGO 활동가들이 대거 정부에 진출함으로서 NGO 영역은 유력한 활동 지도력을 상실하는 결과가 되었으며, 특히 그들 대부분이 386세대로 지칭되는 학생 운동가들이었다는 점에서는 시민사회단체 간사 지도력의 세대교체를 유발하는 결과가 되었다. 시민사회단체의 상근간사들이 과거에는 주로 학생 운동가에 의해 충원되었다면[12] 이제는 전업형 직업인으로 교체되는 변화를 겪게 되었다.[13] 이런 변화는 이미 민주화가 진행되기 시작한 문민정부부터

12) 87년 체제 이후 시민사회운동단체들이 발흥하고 그의 사회적 참여가 활성화하게 된 데에는 이렇게 과거 민주화 운동에 참여했던 인사들이 NGO 영역을 민주화 운동의 연장선상에서 이해하고 사회운동전략의 일환으로 참여했던 데에 힘입은 바 컸다.

13) 이렇게 된 데에는 실로 다양한 요인이 작용한 탓이겠지만 무엇보다도 정치사회분야의 민주화가 진행되면서 투쟁적인 활동력에 대한 사회적인 수요가

시작된 것이지만 참여정부에 들어서면서 가속도가 붙었다.

그런데 이들 직업형 NGO 간사들이 과거의 학생운동권 출신보다 사회참여에 대한 적극적 의지나 운동경험의 축적정도가 상대적으로 부족할 것은 당연한 이치다. 운동의 추동력이 상대적으로 약화되는 결과를 가져 온 것이다. 그런데 "시민 없는 시민운동"의 상황 속에서 NGO에 의한 시민의 정책수요 측정이나 대안개발 등은 주로 상근간사 내지 시민운동 활동가에 의존하는 것이 보통이었기 때문에 이런 추동력의 상실은 NGO의 시민참여를 독려하는 능력이 상대적으로 약화된다는 것을 의미했다. 이렇게 NGO에 의한 정책참여는 NGO 내부의 민주주의가 전제되어야 하지만 시민 없는 시민운동의 결과 운동 엘리트의 시각이 NGO의 사회정책형성에 핵심적 요인으로 작용하게 되었다.

이렇게 NGO가 정책과정에 투입하는 정책의 내용이 주로 소수의 운동 엘리트에 의해 작성된다는 사실은 NGO에 의한 정책참여의 첫 단계에서부터 시민이 소외되고 있음을 뜻한다. 그런데 여기에는 NGO 활동가들이 일반시민의 의사를 정교하고 균형 있게 반영하는 일보다는 개혁세력 간의 연대를 통해 민주화 운동의 관성을 이어가는 일에 우선성을 두고자 했다는 사실이 보다 더 중요한 요인으로 작용했다. NGO의 정책참여에 대한 정의론적 시각이 과정론이나 결과론을 압도한 결과다. NGO에 의한 정책참여는 외견상

줄어들었다는 점과 시간이 지나면서 활동가의 연령이 높아져 자연 순환을 촉진시켰다고 할 수 있다. NGO에 대한 사회적인 평판이 높아지고 새로운 삶의 한 양식으로 비추어지기 시작한 것도 전업형 시민사회단체 간사의 등장 수요를 확장한 요인 가운데 하나다.

정책과정에 대한 시민참여의 결절로 보이지만 그 실제에 있어서는 NGO 활동가의 권력적 연대로 구체화 된 것이다. 대리인 체제의 한계에 대한 대안으로 시작된 시민참여가 NGO 활동가라고 하는 또 다른 양식의 대리인 체제로 대체되고 있음을 뜻한다.

그런데 시민사회운동단체 가운데 정부의 정책과정에 간여하는 NGO는 중앙조직 중심으로 활동하는 것이 대부분이었다. 그 결과 지역정주적이고 현장밀착적인 정보의 수집이나 의사결정체제와는 일정한 거리를 두었다. 그럼에도 이들 중앙조직 중심적인 NGO가 시민사회의 지배적인 의제를 설정하고 담론을 주도해 왔다. 지역공동체와는 격리된 가운데 자체 정책이 형성되고 대안이 제시되어 온 것이다. 따라서 NGO에 의한 정책투입 자체가 지역공동체와는 일정한 간격을 두는 것이었다.

이에 따라 NGO 사이에는 참여정부의 정책과정에 대한 참여 정도를 기준으로 일종의 계서가 형성되었을 뿐만 아니라, 시민사회 내부의 의견투입정도에 의해서도 일종의 서열이 형성되는 결과를 가져 왔다. 이런 현상은 정책과정 참여 NGO의 이념적 스펙트럼이나 분야별 특성에 따라서도 드러났다. 주로 진보적 성향의 NGO가 정책과정 참여에서 주류를 이루었고[14] 보수적 성격의 NGO는 대체로 적극성을 보이지 않았다. 여기에는 참여정부의 이념적 지향성과 정부 참여자와의 인간적인 유대가 중요한 요인으로 작용했다(김

14) 김태경(2004: 2)은 여연, 참여연대, 민언련, 민중연대 등 주류시민단체들이 이라크 파병 반대, 김선일씨 피살사건, 박근혜 패러디 사건, NLL 월선 사건 등에서 중립적 비판자의 역할을 외면하고 친정부적인 성향을 보였다고 평가한다.

태경, 2004: 8). 분야별로는 호주제 폐지, 성매매 특별법 제정 등을 관철한 여성단체, 문화관련 중장기 종합계획 수립, 광화문 일대 공원화 사업 추진 등에 성공한 문화단체, 한일협정문서 공개, 사회주의 계열서훈 등에 공감한 과거사 관련 단체, 지속적인 경제지원과 평화공존의 원칙을 강조해 온 통일단체의 참여가 두드러졌으며 새만금 사업, 천성산 터널 공사 등에서 이견을 보여 온 환경단체, 비정규직 법안 강행, 공무원노조 불허 등에서 갈등을 보여 온 노동단체, 한·칠레 FTA 채결 및 쌀 의무수입량 증대 등에서 대립한 농민단체, 뚜렷한 장애인 정책 부재를 탓해 온 인권. 장애인 단체의 참여는 소극적이었다(권기석, 2005).[15]

2) 전환단계

비록 지역공동체나 일반시민의 정책적 선호나 의견결집과는 일정한 거리를 둔 채 형성된 것이라고 하더라도 일단 NGO에 의한 정책투입이 이루어지면, 이를 받아 정부과정에 반영하는 일이 다음 단계의 일이다. 이를 위해서는 정부내부의 정책결정구조가 더 분권적이고 개방적이며 총합적인 시각에서 재편될 것이 요구된다. 그러

15) 경향신문(2003.05.06)에 의하면 "환경·시민단체들이 참여정부가 출범한 이후 환경보존에 관한 인식이 결여된 채 환경을 훼손하는 정책을 잇달아 내놓거나, 환경훼손을 방치하고 있다고 주장하면서 강력한 대정부 투쟁을 벌일 움직임을 보였다." 이 같은 움직임은 참여정부가 정책 수립·시행 과정에서 국민 참여를 중시한다는 뜻에서 '참여정부'를 표방했지만, 적어도 환경 분야에서는 자신들의 의견이 배제되고 있다는 인식"에서 비롯된 것이라고 보았다. 그리고 그 구체적인 사례로 경유승용차 국내 판매 허용, 수질오염물질 배출 제한지역에 공장건설 허용, 준농림지 토지규제 및 수도권 공장 신·증설 규제 완화 등을 들었다.

나 참여정부는 기본적으로 신자유주의에 기초한 정책과정의 능률성 제고에 주목하고자 했을 뿐 협력적 거버넌스 체제가 요구하는 수평적 연합구조의 형성에는 크게 주목하지 않았다. 오히려 참여정부가 추진한 신공공관리론적인 행정개혁으로 인해 정부 기관 간이나 부처 내부 부서 간의 관계가 보다 격리되는 결과를 가져왔다. 성과계약제, 책임운영기관제, 인센티브제, 등은 모두가 그의 성질상 부처나 부서 간의 기능적 경계를 구분하고 상호의존성을 차단하는 성질을 지녔다.[16)]

NGO에 의한 정책참여가 보다 효과적으로 진행되고 협력적 거버넌스가 구현되기 위해서는 관료제적인 정부운영양식상의 바로 이런 단절성과 폐쇄성이 극복되어야 함에도 참여정부가 여기에 합당한 정부 부문의 변화를 위해 적극적인 기획이나 전략에 나섰다는 증거는 어디에도 없다(박상필, 2007: 5). 아니 그런 문제의식 자체가 없었다고 해도 과언이 아니다. 다양한 유형의 행정개혁에 나섰지만 협력적 거버넌스의 시각에서 정부혁신을 조망하거나 추진하지 않고 신공공관리론적인 관점에서 접근함으로서 오히려 NGO의 정책참여 촉진에 역진적인 환경조성에 기여했다는 사실이 이를 잘 증명한다. 신공공관리론이 의존하는 신자유주의의 철학적 배경에는 정부에 의한 사회관계 개입을 최소화해야 한다는 인식이 깔려있

16) 성과계약제, 책임운영기관제, 인센티브제, 등은 모두가 평가의 단위를 소속기관 중심으로 하기 때문에 할거주의적 시각을 강제하는 속성이 있다. 기관 간의 경계나 단절을 보다 심화시킨다는 의미다. Mintzberg(1996: 81)는 기계적 통제모형과 성과주의 통제모형을 비교 평가하는 가운데 성과주의 통제모형이 기계적 통제모형의 속성을 승계, 강화하는 성질이 있음을 지적하고 있다.

다. 이점에서도 정부에 대한 참여를 촉진하고자 하는 협력적 거버넌스와는 기본적으로 충돌적 관계를 구성한다. 협력적 거버넌스는 결코 작은 정부를 겨냥하는 것이 아니다.

그 뿐만이 아니다. 정부 관료집단의 정책과정에 대한 고식적인 인식의 틀--정부의 일방적이고 자기중심적인 의사결정을 당연시 하고 정부를 조장자가 아니라 문제의 해결자로 보는 가부장적 자세--을 변화시켜 보다 협력적 거버넌스 체제의 운영에 합당한 양식으로 전환시키려는 노력도 없었다.[17] 그 결과 다양한 양식의 NGO 참여 공간이나 기회가 제도적으로는 확장되었지만 그런 공간을 통해 실질적으로 NGO에 의해 투입되는 정책을 수용하고 반영하는 정도는 기댓값을 충족시키지 못했다. 정책투입자원의 전환 과정은 여전히 정부의 행정관료 집단에 의해 관리되는 경향이 컸다. 예컨대 여러 위원회가 설치되어 "위원회 공화국"이라는 비판을 받을 정도였지만 그 성과는 대체로 미리 행정관료들이 정해둔 정책기조를 정당화 해주는 "옹호형 위원회(이승종, 2006: 14)"의 수준을 벗어나지 못했다.

여기에는 그 동안 한국 사회의 주류세력 일부를 형성해 왔던 행정부의 기술관료 집단이 비주류세력이 주류를 이루는 NGO가 투입하는 정책자원에 대해 근본적으로 견해를 달리했거나 또는 그들과의 대화 자체를 수용하려는 적극적인 의지가 부족했다는 점이

17) Kettl(2006: 15)은 현대행정이 당면한 핵심과제 가운데 하나는 행정 관료가 과거 계서제를 통해 일방적으로 문제를 해결하던 양식을 통해 오늘날의 간접적인 장치나 느슨한 동반자를 통해 제기되는 과제의 해결에 나서고자 하기 때문이라고 보았다.

추가적으로 작용했을 수도 있다.[18] 참여정부는 행정관료 집단을 개혁의 대상으로 삼았을 뿐만 아니라 주류 세력과의 대치를 비주류 세력 내부의 결속을 다지기 위한 전략적 수단으로 활용하려 한 정황도 목격되기 때문이다.

그러나 NGO에 의한 정책참여가 조합주의적 성격을 지니는 것이었기 때문에 직접 정부에 진출하거나 공식적인 대화의 공간을 활용하는 것 외에도 NGO 활동가와 정부의 고위정책결정권자 간에 이루어지는 비공식적인 대화를 통해 영향력이 행사되는 일도 적지 않았다. 그렇지 않아도 NGO에 의한 정책참여는 기본적으로 그의 대표성이 균형적이지 못하다는 점을 비난받기 마련인 데 바로 이런 이유로 인해 참여정부에 의한 NGO 활동가의 정책참여는 극히 편향적이라는 평가를 받았다. 주로 진보적 성격의 NGO 활동가들이 비공식적인 대화와 접촉의 대상자였기 때문이다. 그리고 이런 비공식적인 대화의 통로에 주목하는 경우 인간적인 유대와 결속이 강조되면서 실질적인 참여보다는 상징적인 참여가 오히려 대종을 이루었다는 평가도 가능하다.

3) 산출단계

NGO가 정부의 정책과정에 참여하고 그것이 정부에 의해 받아

18) 기술관료집단은 기본적으로 협력적 거버넌스 형성에 소극적인 속성을 지닌다. 협력적 거버넌스로 인해 비전문가의 판단이나 의견이 정책과정에 투입된다는 점을 저어하거나(Harter 1997), 자신의 자율적 의사결정권이 침해되는 것을 우려하는 경향이 있다(Thomas, 1997).

들여진다고 해서 그 결과가 곧 바로 정책효과로 구체화 되는 것은 아니다. 정부의 추진력과 집행력이 뒷받침해 주어야 한다. 그런데 한국 정부의 면적(面的) 국가적인 성격이 참여정부 하에서 가장 고조되었다. 이는 비주류 정부가 지니는 숙명이기도 하지만 참여정부가 지향해온 "권위주의 배격"이 공적 권위의 유실을 동반했기 때문이다(김진현, 2006a). 기존의 권위주의체제가 구축해 온 비민주적 권위나 관행을 제거하고 그 빈자리에 민주적 권위를 구축하해야 하는 것이었지만 주로 전자에 치중하고 후자를 방기한 결과다.

이런 경향은 특히 정부와 NGO 간의 정책협력이 순차적, 단계적으로 전개되는 것이 아니라 정책의 전 과정을 통해 양자가 공히 협력할 때 그의 완성도가 높다는 점을 간과함으로서 더욱 심화되었다. 시민의 정책적인 선호가 현실적 여건에 대한 과학적 검토를 통해 융합적 결실을 맺는 정도가 취약했던 것이다.

또한 과거보다 많은 NGO가 정책과정에 참여했지만 이는 대체로 정책의 투입단계에서 이루어지는 것이었을 뿐 그 이후의 전환이나 산출 단계에서는 여전히 크게 활성화 되지 못했다.[19] 물론 원전수거물센터 설치문제나 경부고속철 건설공사 문제 등에서 보는 바와 같이 정책전환과정에서의 협력적 공조가 아주 없었던 것은 아니다. 그렇지만 이를 정책투입단계에서 나타나는 NGO와의 정책협력과 비교해보면 실로 소수에 지나지 않는다. 주로 정책투입에 치

19) 박천오(2002: 17)에 의한 실증적 조사에 의하면 우리나라에서의 NGO에 의한 정책참여는 투입단계 52.4%(정책수요측정 36.5%, 정책목표설정 15.9%), 전환단계 28.4%(대안모색 18.6%, 최종선정 10.8%), 산출단계 9.1%(집행 9.1%), 평가단계 9.1%의 구성 비율을 보인다는 것이다.

중하는 NGO의 활동관행과 생활세계의 근린과제를 다루기보다는 중앙정부 수준의 정치투쟁적인 과제를 중앙조직중심으로 접근하는 NGO의 오랜 관행이 빚어낸 결과다. 언필칭 “보병전”보다는 “공중전”에 치중했던 탓이다.

4) 평가단계

참여정부가 주로 진보적인 NGO 활동가들과 일종의 가족주의적 네트워크를 구축하거나 그런 NGO 출신인사를 광범위하게 정부에 진출시킴으로서 동반자적인 관계를 구축했다는 인식이 광범위하게 확산되면서, 참여정부의 이념적 편향성에 문제를 제기하는 목소리가 커지게 되었다.[20] 그러나 보다 더 중요한 것은 참여정부와 NGO가 동반자적 관계를 형성한 것으로 인식되면서부터 참여정부에 대한 부정적인 평가가 오히려 NGO 영역으로 전이되는 결과를 불러왔다는 점이다(김성훈, 2006). 더 이상 NGO의 객관성이나 정치적 중립성 내지는 문제해결 능력에 대해 신뢰하지 않는 경향이 자리 잡게 되었으며, NGO 지도력의 헌신성이나 진정성을 의심 없이 받아들이지 않는 경향도 자리 잡게 되었다.[21]

---

20) 김광동(2007)은 참여정부가 반미주의, 큰 정부 지향, 세금을 통한 재분배 정책, 평등주의, 노동운동 등에서 이념적 편향성을 보였다고 주장한다.

21) 한국의 시민사회단체가 대중적 지지를 받으면서 급성장할 수 있었던 배경에는 NGO 일반에 대한 한국 사회의 신뢰와 지지가 있었기 때문이다. 그러나 참여정부 이후 한국 사회의 NGO는 더 이상 이런 긍정적 평가를 누릴 수 없게 되었다. 1994년 한 언론사의 설문조사에서 한국 사회를 움직이는 집단 1위에 경실련이 꼽히기도 했다. 그러나 2005년 3월에 한국사회여론조사소가 실시한 시민단체평가 결과를 보면 무책임한 비판 등 부정적인 측면이 많다(55.4%)가

이는 NGO 지도력 특히 진보적 NGO 활동가가 정부의 역할에 대해 지니고 있는 이중적 태도로 인해 가중되는 바 있었다. 진보주의적 관점은 기본적으로 정부가 사회정의의 실현이나 기회평등의 구현 등에 보다 적극적으로 나서주기를 기대한다. 바로 그 점에서 큰 정부를 지향하는 속성을 지녔다. 그러나 NGO의 정책참여를 강조하고 이의 확장을 주장한다는 점에서는 정책과정에 대한 책임을 반분한다는 뜻에서 정부의 상대적 비중약화를 지향하는 셈이다.[22] 정부의 개입 확대가 정부의 비중 강화로 나타나는 범위 내에서 NGO의 진보적 대응은 일종의 자기모순을 안고 출발하는 셈이다. 이런 NGO의 자기모순성은 당연히 NGO에 대한 사회적 신뢰를 약화시키는 한 원인이 될 수밖에 없었다. NGO 활동이 호소력을 유지하기 어렵기 때문이다.

그러나 보다 중요한 것은 참여정부 아래에서의 NGO가 "지출과잉"을 겪게 되었다는 점이다. NGO 지도자와 정부 간의 결속과 연대는 사회문제 해결능력의 강화라는 측면에서 NGO에 대한 사회의 기댓값을 크게 증폭시켰다. 그러나 이에 조응할만한 NGO 내부의 자기혁신이나 기관능력 쇄신 작업은 동반되지 않았으며 정부와의 연대도 NGO의 정책참여를 실질적으로 보장하는 것은 아니었다. 그 결과 사회적 기댓값과 NGO의 기관능력 사이에 괴리가 발생하게 되었고, NGO의 문제해결능력에 대한 사회적 신뢰가 훼손되

권력 감시 등 긍정적인 측면이 많다(37.0%)를 거의 두 배 가까이 앞서게 되었다(이고은, 2007).

22) Arnstein(1969: 217)은 시민과 정부 사이에는 시민의 권력이 증대하면 정부의 권력이 감소하는 것처럼 일종의 반비례적 등식 관계가 성립한다고 보았다.

는 결과를 낳았다.

5) 환류단계

NGO와의 조합주의적 연대는 NGO에게만 부정적인 영향을 미친 것은 아니다. 사회주류세력으로부터 진보적 성격의 NGO와 연대하는 일은 정책적 편향성을 낳고 권력적인 불공정성을 가져온다는 비판이 끊임없이 제기되자 정부로서는 NGO와의 연대가 오히려 정부의 권력 기반을 약화시키는 기반으로 작용하기도 한다는 생각을 갖게 되었다. 특히 NGO에 대한 사회적 신뢰가 크게 약화되면서 NGO와의 연대를 통한 정통성 기반확장도 기대수준에 미치지 못한다고 보았다. 무엇보다도 NGO 내부의 실체를 가장 잘 아는 이들이 권력의 중추를 형성하게 되었다는 점에서는 NGO와의 연대를 통해 실질적으로 도움 받을 것이 그리 많지 않다고 판단했을 수도 있다. NGO에 의해 정부의 정책과정이 포획되고 있다는 비판도 정부로서는 달갑지 않은 일이었다(박병옥, 2007: 1). NGO 특히 진보적 NGO와의 긴밀한 협력관계의 구축을 오히려 저어하는 경향이 등장하게 된 것이다.

이런 조합주의적 연대에 대한 부정적 반응이 정부쪽에서만 제기되는 것은 아니었다. 보다 진보적 성격이 강한 NGO들로서는 참여정부의 개혁적 연대가 실제로는 실체가 거의 없으며 오히려 정부가 보수주의 노선을 취하는 데에도 주저함이 없다는 판단을 하게 되면서부터 참여정부의 정책노선을 과감하게 반대하거나 견제하는 사례가 늘게 되었다.[23] FTA 체결, 이라크 파병, 미군기지 이전 반대 운동 등이 대표적인 사례다. 그러나 그렇다고 해서 참여정부를 대체할 만한 현실적인 정치세력도 없다는 생각이 진보적 성격의 NGO 활동가들로 하여금 자기 입장 설정을 매우 어렵게 했다(김태경, 2004: 9). 일종의 자기모순에서 오는 적극성 상실을 불러온 것이다.

그러나 보수적 NGO에게는 이런 진보적 NGO 활동가와 정부 간의 연대가 그에 맞서 보다 강력한 대항세력을 결집해야 한다는 판단에 이르도록 하는 한 원인이 되었다(박상필, 2007: 4). 이에 따라 보수적 성격의 NGO가 보다 활발히 적극적인 활동에 나서는 계기가 되었으며 야당 등 참여정부의 반대세력과 연대해서 활동기반을 넓히도록 촉구하는 결과가 되었다.[24] 그 결과 참여정부는 역설적으로 보수적 성격의 NGO를 활성화 하고 그의 사회적 비중을 상대적으로 강화시켜주는 결과를 낳았다. NGO 영역 내부의 긴장과 갈등을 보다 고조시키는 결과가 되었으며 결과적으로 사회통합에 역진하는 환경을 조성한 셈이다. 여기에는 진보적 NGO가 정책 활동을 기본적으로 민주화 운동의 연장선상에서 이해하고 그 결과 대항적 관점에서 접근하는 데에서 오는 반사적 영향도 적지 않았다. 대항은 그에 대한 대항적 조처를 불러오기 마련이다.

23) 박승희(2007)에 의하면 "노 대통령 초기에 청와대 국민경제비서관을 지냈던 정태인 성공회대 겸임교수는 노 대통령은 정권 초기 스스로 꺼렸던 시장만능주의, 성장 우선 전략의 궤도에 들어섰다고 말했"고, "노 대통령이 이라크 파병을 결정하자 진보 진영은 미국의 가치를 따르는 '신자유주의' 혹은 '신보수주의' 등으로 비판했었다"는 것이다.

24) 자유주의연대, 자유주의교육운동연합, 뉴라이트싱크넷, 북한민주화네트워크, 자유네티즌협의회, 뉴라이트전국연합, 선진화국민회의, 바른사회시민회의 등이 연이어 결성되거나 활성화 되는 변화를 맞았다.

이런 정부와 NGO 활동가 사이의 조합주의적 연대에 대한 부정적인 자기 평가는 조합주의적 결속과 연대를 사실상 휴지상태에 이르게 하는 한 원인이 됐다. 정부에 진출했던 NGO 활동가 가운데 많은 이들이 정부를 떠나거나 정부와 NGO 간의 대화 기구가 사실상 기능정지하거나 비공식적인 대화의 강도가 약화되는 변화가 나타났다. 개혁세력연대를 통한 비주류세력의 권력적 기반 강화 문제와 노무현 대통령에 대한 정치적 지지의 문제를 구분해서 다루기 시작한 것이다.

5. 협력적 거버넌스 체제의 모색 과제

조합주의적 연대를 지향해 온 참여정부와 NGO는 모두 자기 한계에 봉착하게 되었다. 정부와 NGO의 책임성이나 자기정체성 유지에 어려움을 겪게 된 것이다. 여기에는 참여정부의 권력적 동기 외에도 전통적인 관료제가 지니는 구조적 한계 그리고 한국 사회가 근본적으로 지니고 있는 사회문화적 취약성도 작용했다. 그러므로 설사 조합주의에 대한 권력적 수요와 동기를 제거한다고 하더라도 정보사회의 도래가 요구하는 협력적 거버넌스 체제의 구축을 위해서는 여전히 해결해야 할 과제들이 남는다.

1) 정부

관료에 대한 체계적인 교육을 통해 정책과정과 시민사회 나아가서는 NGO에 대한 기본적인 인식의 틀을 바꿀 것이 요청된다. 정부의 역할이 더 이상 정책의 결정자에 있지 않으며 조정자 내지는 촉진자에 있음을 주지하도록 해야 한다. 그리하여 자신의 역할정향이 변해야 한다는 점을 절감하도록 해야 한다. 나아가서 시민사회 내지는 일반시민에 대한 불신과 거기에서 비롯되는 우월적 자세를 버리고 협력적 동반자라는 인식을 갖도록 교육해야 한다(이승종, 2006a: 75).[25] 그래야 참여정부처럼 조합주의적 연대를 구축하려는 유혹에 빠지는 일이 근본적으로 제거될 것이며, 시민참여의 기회를 확대하고자 하는 협력적 거버넌스에의 인식이 확장될 것이다.

또한 행정관료로 하여금 국가와 시민사회 간의 경계를 초월하는 종합적 시각에서 정책문제를 인식할 수 있도록 해야 한다. 그렇기 때문에 정책문제의 발생 초기단계에서부터 전 과정을 거쳐 동시적 협력 체제를 추구하는 것이 긴요하다는 인식을 가져야 한다. 이를 위해서는 공무원교육과정의 대대적인 개편과 충원 절차상의 개혁이 요구된다. 공무원의 역할 정향이 바뀌기 때문에 충원과정상의 평가기준이나 평가기준으로서의 실적의 의미가 달라져야 하며 직무기술의 원칙과 기준이 바뀌어야 한다. 인사정책의 대대적인 개혁이 요구되는 이유다.

---

25) Yang(2005)은 행정 관료가 시민과 협력적 공조체제를 구축하는 데 있어 그의 전제 조건 가운데 하나가 시민에 대한 신뢰에 있음을 밝히고 있다.

그 뿐만이 아니다. 지금과 같은 관료적 조직구조를 가지고는 정보화 사회의 정책수요에 효율적으로 조응할 수 없다는 사실을 인지하고, 그에 걸맞는 조직구조 개편작업을 추진해야 한다. 부처 간이나 부처 내부의 부서 간 경계를 제거하고 보다 수평적인 작업환경이 조성되도록 하는 것은 물론이고 보다 투명하고 개방적인 업무수행양식을 정착시킴으로서 협력적 거버넌스 체제의 정립에 필요한 업무환경을 갖추어야 한다(Thomas, 1995: 3).

중앙정부 권한의 지방이양이 실질적으로 이루어져 지방정부의 활성화가 가능하도록 해야 하는 일도 빼놓을 수 없다. 그리하여 보다 현장밀착적인 민관협력체제의 구축이 가능하도록 해야 한다. 이런 일련의 조치들은 정부가 협의제 민주주의의 실현자로 기능해야 한다고(이승종, 2006: 13) 보기 때문이며, 관료의 이에 대한 수용성이 증대되지 않고서는 이의 구현이 사실상 불가능하다고 보아지기 때문이다. 이는 특히 한국과 같이 오랫동안 관존민비의 문화적인 토양이 정착되어 왔고 고도로 중앙집권화 되어 온 사회에서는 보다 더 절실히 요구되는 과제다.

2) 시민

정부와 NGO 활동가 간의 조합주의적 결속이 가능한 이유 가운데 하나는 NGO 활동가에 대한 내부 통제가 NGO 구성원에 의해 제대로 작동되지 않고 있기 때문이다. 그런데 NGO의 내부 통제는 내부 민주주의가 전제되어야 가능하며, 내부 민주주의는 NGO 참여자의 시민성 정도가 개선되지 않고서는 불가능한 일이다. 특히 한국 사회와 같이 가족주의적 성향이 강한 문화적 배경을 갖고 있는 곳에서는 민주시민교육을 통한 적극적인 시민의식 개발이 경주되지 않고서는 결코 성취하기 어렵다.[26] “교양참여를 위한 시민교육(informed participation)”이 필요하다는 의미다(이승종, 2007a: 76).

무엇보다도 공적 영역과 사적 영역을 구분하거나 공식적 차원과 비공식적 차원을 엄밀히 구분하는 사회적인 관행과 질서를 정착시키는 노력이 필요하다. 이를 위해서는 시민적 지식(civic knowledge), 시민적 가치(civic value), 시민적 간여(civic commitment)에 관한 정보를 습득하게 하는 것은 물론이고 이를 실제로 체화하여 삶의 일부가 되도록 훈육하는 데에 초점을 맞추는 교육이 전개되어야 한다. 무엇이 민주적이고 왜 그것이 가치 있는 일이며 그것을 위해서는 어떻게 활동해야 하는가를 단순히 관련 정보나 지식의 전달 수준에서 단련하는 것이 아니라 이를 실천함으로서 생활의 한 양식이 되도록 교련해야 한다.

이를 위해서는 성인교육과 실천교육이 가장 효과적인 방법 가운데 하나다. 그런데 성인의 실천교육으로는 NGO에 대한 참여와 활동만큼 효과적인 민주시민교육 방법이 따로 없다(이승종, 2007: 49-67). 그러나 NGO의 활성화 자체가 시민성 있는 민주시민의 존재를 요구하는 만큼 민주시민의 개발을 위한 유수투자가 필요하고, 이는 정부의 적극적인 노력 없이는 기대하기 어려운 일이다. 그런 점

26) 김영하(2003)는 시민단체의 정책과정참여에서 가장 큰 문제는 참여시민의 시민의식 결여에 있다고 보았다.

에서 행정 관료가 자신을 사회변화의 독립변수로 인식할 수 있어야 한다. 단순히 정책의 결정자나 조정자로 머무는 것이 아니라 사회 환경 변화의 촉진자라는 인식이 자리 잡도록 해야 한다는 뜻이다.

3) NGO

NGO가 그의 활동가들에 의해 마치 사적 소유물처럼 다루어져서는 본래의 속성인 시민 자발성에 기초한 공적 기구로서의 의의를 살릴 수 없다. 그러나 그렇다고 해서 NGO를 외부의 어떤 기관이나 세력을 통해 통제하거나 관리하는 경우에는 NGO의 본질적 속성을 잃게 된다. 따라서 NGO는 자기 성찰을 통한 자체 통제 시스템을 갖추는 일이 필수적 과제다.[27] 물론 내부 민주주의가 정착되어 회원중심의 통제장치가 개발되는 것이 가장 이상적이고 당연한 일이지만 이는 시민사회의 시민성 개발이 전제되어야 가능한 일임으로 단기간에 성취하기를 기대하기는 쉽지 않은 일이다. 그러나 그렇다고 해서 시민성 개발 문제의 해결 없이 NGO의 자기성찰 시스템을 구축하는 일은 궁극적으로 가능하지 않다. 그럼으로 민주시민교육을 통해 일반시민의 민주적 역량을 개선하는 일은 협력적 거버넌스 체제의 구축을 위해 필수적인 과제로 이해된다.

이는 특히 NGO의 자기 역할 수정이 필요하다는 점에서 주목해

27) 최근에 있었던 경실련의 자구적 노력은 바로 이런 맥락에서 고안되었다는 점에서 시사하는 바가 적지 않다. 주요 임원의 경우 정해진 임기 내에 정관계 진출 및 정치행위를 금하고 있으며 이를 어길 경우에는 내부 결의를 통해 윤리강령 위반 사실을 언론에 공표할 수 있도록 하는 윤리강령을 마련했다.

볼 필요가 있다. 과거 한국의 NGO 활동가들은 NGO의 주요역할을 일종의 "저항권력" 행사의 기재로 이해해 왔던 것이 사실이다(박병옥, 2007: 5). 이는 참여정부 하에서의 조합주의적 연대가 형성되는 주요 요인 가운데 하나로 작용했다. 그 결과 NGO의 정책과정참여가 사회통합의 기재보다는 대항과 갈등의 요인으로 작용하게 되는 성질을 갖게 되었음은 이미 논의한 바와 같다. 따라서 이제는 NGO가 운동론적인 접근시각에서 벗어나 자신을 "존재권력"으로 이해하는 역할 개념상의 재설정 노력이 있어야 하는 데(이승종, 2006a: 68), 이를 위해서는 민주시민교육만큼 중요한 과제가 따로 없다.

그리고 이런 민주시민교육을 하는 데 있어 NGO만큼 적합한 위상과 자원이 있는 곳도 흔치 않다. 정부가 민주시민교육에 대해 그의 필요성을 절감하고 시민교육을 통한 사회 변화의 조장자 역할을 자임하는 일도 중요하지만 이를 보충적 관점에서 주도해 나가는 일은 역시 NGO가 담당해 주어야 한다. 특히 한국과 같이 과거 권위주의 시대에 있었던 국민교육 차원의 정치교육에 대한 경험으로 인해 정부가 주도하는 시민교육에 대해 자칫 국민동원교육으로 오해하기 쉬운 곳에서는 NGO에 의한 민주시민교육운동이 필수적 과제다. 협력적 거버넌스 체제는 이점에서 협력적 거버넌스를 통해 가능해지는 관계에 있다. NGO는 시민의식의 결과물이지만 NGO를 통해 시민의식이 개발되는 역순의 관계 성립도 가능한 일인 것이다.

그러나 이는 중장기적인 사회투자가 필요한 만큼 NGO 영역 내부에서 NGO 영역의 정화를 위한 자성적 기구를 구성하여 운영하는 일에도 주목해 볼 필요가 있다. 주요 NGO가 모여 NGO의 운영 전략이나 관리기법 및 발전방향 등을 연구조사하고 기획하는 단체를 만들어 NGO의 지도력 개발과 개혁 방안을 권유하고 상호 견제하는 일종의 자생적 조합기구를 설립하여 운영하자는 것이다.[28] NGO 운영과정상의 재정자원이나 정보자원의 부족이 자칫 정부에 대한 의존성을 높이면서 조합주의적 결탁으로 이어질 가능성을 높인다는 점에서는 재정 및 정보 자원의 독립을 위한 전략 개발에 보다 유의해야 한다. 지속가능한 NGO 활동을 위해 공익적 성격의 자체 수익 사업을 구상하거나 외국의 NGO로부터 필요자원을 공유하는 전략 등을 구상해 볼 수 있을 것이다. 시장과 시민사회를 융합하는 일은 그것 자체로서도 사회구성상의 경계를 허무는 일이며, 국내 NGO와 외국 NGO가 기능적으로 연대하는 일도 NGO의 일국주의적 한계를 초극하게 하는 새로운 동력으로 작용하게 될 것이다.

그러나 더 중요한 일 가운데 하나는 지역정주적 NGO의 발흥을 촉구하고 조장해야 한다는 점이다. NGO가 지역사회에 밀착할수록 시민과의 거리가 좁혀지면서 시민의 적극적인 참여를 유발하고 지역공동체 형성에도 보다 유리하게 작용할 수 있기 때문이다. 중앙조직중심으로 활동할 때 보다는 중앙정부권력과의 결탁에 대한 유혹이나 가능성이 줄어든다는 점에도 유의할 필요가 있다. 지역의 풀뿌리 단체들이 다루는 정책과제는 지역주민의 생활주변에서

28) 미국의 인디펜던트 섹터(Independent Sector: http://www.independentsector.org/about/index.html)는 유용한 모델이 될 수 있을 것이다.

제기되는 과제일 것임으로 지역주민이 쉽게 이해하고 참여하여 그 성과를 구체적인 양식으로 즉각 목격할 수 있게 된다는 점에서 시민참여를 확대하는 데에도 유리하게 작용한다. 따라서 민주시민교육을 위한 실천교육장으로서의 효과도 중앙조직보다는 지역조직에서 훨씬 더 높다.

6. 결론

참여정부 하에서의 NGO에 의한 정책과정 참여는 실질적인 의미에서 시민의 정책적 의지나 선호를 정책과정에 반영함으로서 정책변화를 추동하는 것이었다기보다는 상징적, 외형적 차원의 참여가 주류를 이루었다(이승종, 2007a: 72). 따라서 NGO의 참여가 과잉이었다는 주장은 오히려 NGO에 의한 참여가 진보적 성격의 NGO를 중심으로 활성화 된 데에서 오는 불균형성을 강조하고자 한 것이거나, 시민사회의 대표성 있는 의견의 투입이라기보다는 NGO 활동가의 견해가 NGO라는 기관 이름으로 투입되는 데에서 오는 편향성과 그에 따른 정당성 부족을 지적하고자 한 것일 수도 있다. NGO 내부의 민주주의가 미쳐 성숙되지도 않은 가운데 NGO 활동가에 의한 의견 투입이 활성화 한 데에서 오는 결과다. 이는 정책과정 가운데 주로 투입단계에서 NGO에 의한 참여가 활성화 되었을 뿐 그 이후의 전 과정 그러니까 전환, 산출, 평가, 환류의 단계에서는 상대적으로 낮은 수준의 의견반영이 이루어졌다는 점에서도 확인된다. 정책과정 참여를 통한 실체적인 차원의 시민 의견반영도가 낮은 데 반해 투입단계의 활동은 활성화되었기 때문에 외화내빈의 결과를 낳았다. 그 결과 시민의 의견을 대행한다는 NGO의 활동이 활성화 되었음에도 정부 정책은 여전히 시민사회와 격차를 보이는 현상을 낳았고, 이런 간극을 고발하고자 한 것이 참여정부 하에서는 NGO에 의한 정책참여가 과잉이었다는 주장을 불러 오게 한 한 원인일 수도 있다.

정부와 NGO의 정책협력이 동시적으로 이루어지는 것이 아니라 시차를 두고 순차적으로 이루어지는 관행적인 정책참여양식이 개혁적 변화 없이 유지됨으로서 사실상 시민사회가 지향하는 정치적 합리성과 정부가 지향하는 경제적 합리성이 화학적 승화를 이루지 못하고 서로 겉돌았기 때문에 정교한 의미의 융합적 정책협력은 없었고 다만 절차상의 정당성 정도만 높였다는 점에서 참여의 성과 부재를 지적하는 것일 수도 있다. 그러나 보다 더 주목할 점은 과거 NGO 활동에 간여하던 인사들의 정부 진출이 크게 늘어났다는 사실이다. 몇 몇 NGO의 명망가들이 아니라 다양한 수준의 NGO 상근간사들까지 대거 진출함으로서 정부와 시민사회영역 간의 가족주의적 연대가 강화되었다. 이로 인해 NGO 활동가와 참여정부 고위정책결정자들 사이에는 비공식적인 교류와 네트워크가 강화 되었다. NGO 활동가의 개인적인 영향력이 정부와의 관계에서 확장되었을 것은 물론이다. 이를 NGO의 권력화 현상이라고 규정하면서 NGO에 의한 참여의 과잉이라고 말했을 수도 있다.

가장 핵심적인 것은 NGO 지도자에 의한 정부 정책과정에의 참여가 참여정부의 권력적 기반을 강화해주기 위한 "개혁세력연대론"에 기초했다는 사실을 지적하고자 했을 것이라는 점이다. NGO를 정책과정의 순수한 존재권력으로 보지 않고 권력갈등과정의 저항권력으로 보았다는 사실이 NGO의 권력투쟁적 성격을 나타내는 것이라고 보고, 이를 지적하고자 했을 것이라는 말이다. NGO의 한계를 넘어섰다는 점을 강조하고자 한 것이다.

이는 모두가 21세기의 정보사회가 요구하는 정부와 NGO의 관계에 부응하기 위해서는 협력적 거버넌스 체제를 지향해야 함에도 참여정부가 지난 4년 동안 이를 위해 노력하는 대신 정부의 고위 정책결정권자와 진보적 성격의 NGO 활동가 사이에서 정책적 호혜를 축으로 하는 일종의 조합주의적 연대를 느슨하게나마 구성해 온 데에서 비롯된 일이다. 이런 연대의 등장은 헌정사상 처음으로 비주류 세력의 지지를 기반으로 등장한 참여정부가 자신의 권력적 취약성을 보완하기 위한 동기와 오랜 기간 동안 정부와 대립적 관계를 유지하는 과정에서 누적된 기관피로현상을 시정해야 하는 NGO 기관 내부 수요 및 진보적 NGO 활동가의 시민사회활동에 대한 "저항권력"적 시각이 상호작용한 결과다. 개혁세력연대론이 NGO 활동가의 참여정부 진출과 정책적 연대를 정당화했던 까닭이다.

그러나 이런 조합주의적 연대는 연대의 전 과정을 통해 많은 문제점을 지니는 것이었다. NGO에 의한 정책투입 자체가 시민의 의견을 정교하고 균형있게 투사하지 못했으며, NGO 엘리트의 개인적인 의견이 NGO의 이름으로 정부에 전달되었다. 전달된 의견도 정부에 의해 적극적으로 수용되지 않았다. 협력적 거버넌스에 필요한 정부 조직구조의 개편이나 행정 관료의 의식개혁 작업도 없었다. 행정 관료가 스스로를 정책의 조장자 내지는 촉진자로 인식하려는 변화가 일어난 것도 아니었다. 정부조직구조의 수평화, 개방화, 잇슈 중심의 구조로 개편하는 일도 이루어지지 않았다. 비록 정부의 수용적 태도와 조건이 갖추어져 있었다고 하더라도 한국 정부의 "면적 존재로서의 국가"라는 특성은 수용된 정책의 집행력에 한계가 있음을 시사하는 것이다. 이를 개선하려는 적극적인 노력도 없었다. 이 과정에서 한국 사회의 오랜 문화적 배경인 가족중심주의적 사고가 중요한 변수로 작용했을 것임을 물론이다.

그 결과 정부로서는 진보적인 NGO 활동가와의 연대가 기대했던 대로 정부의 정통성 기반 확충에 기여하는 것이 아니라 오히려 역진적 효과를 낳기도 한다는 생각을 갖게 되었다. 개혁세력연대론의 운동론적 시각이 보수진영과의 대립 전선을 강화하면서 연대의 부당성에 대한 비난이 늘었을 뿐만 아니라 연대의 비실체성에 대한 인식이 기댓값을 낮추었기 때문이다. NGO로서도 연대로 인한 권력성, 편당성, 무력성 등에 대한 비난이 이어지면서 사회적인 신뢰에 훼손을 입게 되었다. 이로 인해 사실상 양자 간의 연대는 휴지상태에 이르렀다고 하여도 과언이 아니다.

이 과정에는 조합주의적 연대를 구축하고자 하는 권력적 동기, 전통적인 관료제가 지니는 구조적 한계, 한국 사회의 문화적 특성 등이 상호 작용했을 것으로 여겨진다. 따라서 조합주의적 동기를 제거한다고 하더라도 여기에는 여전히 시정되어야 할 과제가 남는다. 정부의 관료제적 구조 개편 문제와 관료의 의식교정 문제, 가족주의적 문화에서 연유하는 시민성 부재 현상이 그것이다. 이의 시정을 위해서는 적극적이고 대대적인 행정혁신 외에도 민주시민교육의 조직적인 전개가 요청된다. 그런데 이들은 모두 정부 혼자 성취할 수 있는 성질의 것이 아니다. NGO를 비롯한 시민사회의 협력과 공조를 필요로 한다.

그런 점에서 협력적 거버넌스 구축은 협력적 거버넌스를 통해 추진될 때 가능하고 또 바람직하다는 자기모순에 빠진다. 협력적 거버넌스 구축 문제가 지그제그(zig zag)적인 접근전략을 요구하는 이유다.

문제 제기

1. 정보화 사회의 구조적 특성은 무엇인가?
2. 정보화 사회의 도래가 행정적 대리인 체제를 무력화 시키는 이유는 무엇인가?
3. 정보화 사회의 도래가 정치적 대리인 체제를 무력화 시키는 이유는 무엇인가?
4. 어째서 협력적 거버넌스는 행정적 대리인 체제와 정치적 대리인 체제의 대안인가?
5. 한국사회구성의 기본단위는 무엇이며, 그것이 정책과정에 미치는 영향은 무엇인가?
6. 참여정부 인사정책의 특징은 무엇인가?
7. 참여정부가 NGO와의 조합주의적 연대를 필요로 한 이유는 무엇인가?
8. 참여정부 조합주의적 연대의 투입단계 특징은 무엇인가?
9. 참여정부 조합주의적 연대의 전환단계 특징은 무엇인가?
10. 참여정부 조합주의적 연대의 산출단계 특징은 무엇인가?
11. 참여정부 조합주의적 연대의 평가단계 특징은 무엇인가?
12. 참여정부 조합주의적 연대의 환류단계 특징은 무엇인가?
13. 과연 참여정부에 대한 NGO의 참여는 과잉이었나?

14. 협력적 거버넌스를 구축하기 위해 한국 정부가 취해야 할 당면 과제에는 어떤 것이 있는가?
15. 어째서 민주시민교육이 협력적 거버넌스의 활성화를 위한 대안인가?

참고문헌

강명구. (2007). 진보논쟁은 무엇을 놓치고 있는가?「인물과 사상」. 4월호. <http://blog. naver.com/ebinpa/80036157120>

「경향신문」. (2003). 시민단체, 참여정부 환경보존 인식결여. 2003.05.06.

권기석. (2005). 시민단체, 정책지지 극과 극.「국민일보」. 2005.05.24.

김광동. (2007).「참여정부는 반시장 좌파정부」. 자유기업원 보고서. <http://agorabbs1. media.daum.net/griffin/do/debate/read?bbsId=D101&articleId=882366>

김성훈. (2006). 시민단체, 참여정부 홍위병 역할 심각해.「동아일보」. 2006.09.26.

김수진. (2006). 민주화 20년을 맞는 한국 민주주의의 당면 과제. 시민사회포럼. 중앙일보 시민사회연구소 공동주최「한국 민주주의, 미래는 있는가?」세미나 논문집. 용인 에버랜드, 10.14. 6-11.

김영기. (2006). 노대통령 지지도 추락의 끝은.「서울경제신문」. 2006.12.08.

김영하. (2004). 한국행정에 있어서의 시민참여에 관한 연구.「사회과학논총」, 15: 9-40.

김진현. (2006a). 엘리트 허무주의를 극복하는 길.「 한국경제」.

2006.11.07.

______. (2006). 한국 민주주의의 패러독스. 시민사회포럼. 중앙일보 시민사회연구소 공동 주최「한국 민주주의, 미래는 있는가?」. 세미나 논문집. 용인 에버랜드, 10.14. 1-5.

김태경. (2004). 노정권과 시민단체들, 유착 혹은 상생?.「대자보」. <http://www.jabo. co.kr/newnews/print.php?uid=8133>

노무현. (2007).「대한민국 혁신 포럼 2007 축하메시지」. <http://pr.mk.co.kr/read_sub. php?id=224977>

뉴라이트전국연합. (2006). 오세훈 당선자 자신의 정체성을 밝혀라.「프리존」. 2006.06.09. http://www.freezone.co.kr/cafebbs/view.html?gid=fz&bid=free&pid=80834>

박병옥. (2007). 시민사회는 사회개혁과 정부견제 역할에 균형 이뤄야.「사회공헌과 시민사회」, 봄호. 19: 6-13.

박상필. (2007). 욕구충족 패러다임의 전환---참여정부 시민사회 정책의 교훈.「사회공헌과 시민사회」, 봄호. 19: 14-21.

박천오. (2002). 정부 관료제의 시민참여 수용성: 한국 공무원의 인식을 중심으로.「행정논총」, 4(12): 1-28.

박효종. (2006). 한국 민주주의의 위기 진단. 시민사회포럼. 중앙일보 시민사회연구소 공동 주최「한국 민주주의, 미래는 있는가?」세미나 논문집. 용인 에버랜드, 10.14. 17-20.

신도철. (2007).「참여정부 균형발전정책의 폐해와 정리방향. 국가균형발전 정책의 득과 실」. 한국경제학회 정책포럼 발표논문. 서울: 은행회관. 05.21.

오형규. (2006). 여론은 항시 옳은가? 「한국경제신문」. 2006.12.12.

이고은. (2007a). 위기의 NGO, "시민 없이 운동 없다." 「경향신문」. 2007.02.22.

______. (2007). 시민단체 낙선운동 논란 불러 "제5권력 비판의 눈총". 「경향신문」. 2007.02.22.

이승종. (2007). 참여 활성화를 위한 실천적 시민교육. 박재창, 젤리거 공편. 「 민주시민 교육의 전략과 과제」. 서울: 도서출판 오름. 49-67.

______. (2006a). 거버넌스와 시민참여. 「국정관리연구」, 1(1). 64-82.

______. (2006). 대의정치의 위기, 한국 민주주의의 미래: 행정민주화를 중심으로. 시민사회 포럼. 중앙일보 시민사회연구소 공동주최 「한국 민주주의, 미래는 있는가?」 세미나 논문집. 용인 에버랜드, 10.14. 12-16.

이종식. (2005). 민주화 이후의 한국 시민사회운동과 원리- 문제점과 바람직한 방향. 「NGO 연구」, 3(1): 127-154.

Arnstein, Sherry. (1969). A Ladder of Citizen Participation. *Journal of the American Institute of Planners,* 35(4): 216-24.

Fukuyama, Francis. (2004). *State-Building: Governance and World Order in the 21st Century.* NY: Cornell University Press.

Goldsmith, Stephen and Eggers, William D. (2004). *Governing by Network: The New Shape of Public Sector.* Washington DC: Brookings Institute Press.

Handerson, Gregory. (1968). *The Politics of Vortex.* MA: Harvard University Press.

Harter, Philip. (1997). Fear of Commitment: An Affliction of Adolescents. *Duke Law Journal,* 46(6): 1389-1428.

Kettl, Donald F. (2006). Managing Boundaries in American Administration: The Collaboration Imperative. *Public Administration Review,* Dec. 10-19.

_______. (1996). Governing at the Millenium. In Perry, James L. (ed). *Handbook of Public Administration.* 2nd. ed. SF: Jossey-Bass. 5-18.

Kooiman, J. (1994). Governance and Governability: Using Complexity, Dynamics, and Diversity. In J. Kooiman. (ed). *Modern Governance: New Government-Society Interaction.* London: Sage Publications. 35-48.

Mintzberg, Henry. (1996). Managing Government, Governing Management. *Harvard Business Review,* 5/6: 75-83.

Mott, Stephen Charles. (1993). *A Christian Perspective on Political Thought.* NY: Oxford University Press.

Thomas, Craig. (1997). Public Management as Interagency Cooperation: Testing Epistemic Community Theory at the

Domestic Level. *Journal of Public Administration Research and Theory,* 7(2): 221-46.

Thomas, John C. (1995). *Public Participation in Public Decisions: New Skills and Strategies for Public Managers.* SF: Jossey-Bass.

Thomson, Ann Marie. (2001). Collaboration: Meaning and Measurement. Ph. D. Dissertation. Indiana University-Bloomington.

______ and Perry, James L. (2006). Collaboration Processes: Inside the Black Box. *Public Administration Review,* 66(1): 20-32.

Yang, Kaifeng. (2005). Public Administrators' Trust in Citizens: A Missing Link in Citizen Involvement Efforts. *Public Administration Review,* 65(3): 273-285.

제9장 |

NGO의 정책참여 양식

1. 서론

오늘날을 흔히 NGO의 시대라고 일컫는다. 그도 그럴 것이 1996/7년에 1,839개였던 국제기구가 2007/8년에 1,901개로 늘어 10년 사이에 겨우 3.3%의 증가추세를 보여준 데 반해 국제 NGO는 1996/7년에 15,108개던 것이 2007/8년에는 21,443개로 늘어 41.9%의 신장세를 보였고, 1996년 싱가폴에서 열린 WTO 장관급회의에 참가한 NGO의 숫자가 겨우 108개였던 데 반해 2003년 칸쿤에서 열린 WTO 장관급회의에는 무려 954개 NGO가 참가해 783.3%의 증가추세를 보였다(Katz, 2008: 318, 324). 미국의 경우 1998년에 596,160개였던 전국규모의 공익자선단체가 2008년에는

974,337개로 늘어 지난 10년 사이에 63.47%의 증가 추세를 보였다(National Center for Charitable Statistics, 2009). 한국은 특히 급진적인 성장세를 보여 1999년 현재 1,235개였던 시민운동단체가 2005년 말 5,556개로 늘어 5년 남짓 사이에 449.9%의 신장세를 보였고(한국시민의 신문, 2006), 중앙행정기관과 시·도 관할부서에 등록을 마친 비영리민간단체의 수는 2000년에 3,236개이던 것이 2008년에는 7,749개에 달해 약 10년 사이에 239.2%의 성장률을 보였다(서영백, 2008).[1)]

NGO의 발흥 현상이 단지 이런 수적 팽창으로만 표시되는 것은 아니다. 그보다 훨씬 더 중요한 것은 NGO가 사회체계 내부에서 차지하는 비중이 급격히 신장하고 있다는 점이다. 스리랑카, 코스타리카, 에쿠아도르, 과데말라, 멕시코, 페루 등과 같은 개발도상국들도 다투어 NGO 전담기구를 정부 내에 설치하고 있으며(World Bank, 1992), 각급 위원회에 NGO를 참여시켜 정부의 정책 동반자로 삼는 일이 보다 빈번해지고 있다. 어느새 NGO가 정책연대망(Advocacy Coalition Framework:ACF)의 핵심적 요소로 자리 잡게 된 것이다(Sato, 1999). 가히 살라몬(Salamon, 1994)이 말하는 결사체 혁명(associational revolution)의 현장을 지켜보는 것과 같다. 한국도 예

1) 시민사회에 자발적으로 구성되어 있는 다양한 종류의 조직들을 다루기 위한 개념과 범주에 대해서는 이를 지칭하는 용어의 다양성만큼이나 많은 노력이 경주되어 왔다(박재영, 1998: 317; 주성수, 1999: 42-43; 김광식, 1999: 13-14 참조). 그러나 아직 이들 모두를 포괄하는 용어에 합의하지는 못하고 있는 실정이다. 다만 정부기관과의 대척점에서는 NGO, 영리기관과의 관계에서는 NPO, 시민사회운동단체 또는 시민사회 전체를 포괄하는 개념으로는 CSO를 도입하는 경향이 있다. 여기에서는 이들 모두를 NGO로 통일해서 지칭하고자 한다.

외는 아니어서 NGO의 발흥과 정책간여의 확대가 실로 괄목할 만하다.

이는 한국 사회의 구조적 특성과 무관하지 않다. 항용 영리를 추구하는 시장의 실패에 대한 대안으로 비영리단체(NPO)가 강조되고, 공익을 추구하는 정부의 실패에 대한 대안으로 비정부단체(NGO)가 부상하는 것(Najam, 1999: 364)이라고 한다면, NPO가 주로 정부의 경제적 기능 내지는 서비스 집행 기능을 대행하고, NGO가 정부의 서비스 대집행 외에도 정책변화 내지는 형성을 주도하게 되는 것은 당연한 이치다. 따라서 NGO의 사회적 기능은 NGO의 정책주창 기능(advocacy role)을 중심으로 파악하는 것이 유리하며, 그런 의미에서 정부와 NGO 간의 상호작용을 추적 조사한다는 것은 NGO가 거버넌스에서 차지하는 기능적 실체를 파악하는 데 있어 필수적 과제다.

그런데 NGO가 정책연대망에 편입되어 거버넌스의 파트너가 되는 순간 정부와 NGO 간의 경계는 사실상 무너지고 만다. 이러한 성질은 특히 정부의 성격이나 NGO의 정부에 대한 인식의 변화에 따라 양자 간의 관계가 가변적이라는 점 때문에 가중된다. 그런 만큼 정부와 NGO 간의 관계 내지는 거버넌스의 운영실체는 이론이나 모형 따위에 의해 선험적으로 규정할 수 있는 성질의 것이 아니며, 경험적 사실에 따라 구체화되어야 마땅하다. 양자 간의 관계에 대한 실증적 조사가 필요한 이유다.

그러나 정부와 NGO의 관계, 특히 NGO의 거버넌스 참여 양식에 대한 경험적인 자료는 매우 일천한 실정이다.[2] 이 장(章)은 바로 이런 현실인식을 토대로 NGO가 실제 어떤 양식으로 거버넌스 과정에 참여하는지를 파악하는 데 필요한 기초자료를 수집하고자 한다. 이러한 자료의 수집은 장차 정부와 NGO와의 관계를 밝히는 이론적 토대를 확장하는 데 기여할 것으로 기대된다. 살라몬(Salamon, 1987)이 지적한 바와 같이, 정부와 NGO의 관계에 대한 확고하고 분명한 이론적 토대의 결핍이 오늘날 양자 간의 긍정적인 협력관계 구축이나 양자 간의 협력을 통한 거버넌스의 운영을 어렵게 하는 것이라고 한다면, 이런 조사의 결과는 장차 정부와 NGO 간의 관계를 긍정적 관계로 유도하는 전기가 될 수 도 있을 것이다.

2. 정부와 NGO 관계의 다면성과 특정성

정부와 NGO의 관계에 대한 선행연구는 결코 적지 않다. 주로 미국을 위시한 서구선진제국을 대상으로 분석한 것이기는 하지만, 다양한 접근시각이 적용되었다. 우선 기능론적 접근을 시도한 코스톤(Coston, 1998)의 연구를 살펴보면, 미국의 정부와 NGO를 중심축으로 운영되는 거버넌스 분석을 통해 정부가 기관 다원주의(institutional pluralism)를 수용하는 정도, 정부와 NGO 간의 연계성 정도, 권력적 대칭성 정도, 관계의 공식화 정도, NGO에 대한 정

2) 예외적인 것으로, 김영래(1999), 주성수(1999), 김광웅(2000), 김종래(2000) 등을 들 수 있다.

부의 호감도 등을 기준으로 8개의 관계유형을 도출해냈다. 억압적(repression), 적대적(rivalry), 경쟁적(competition), 용역적(contracting), 위임적(제3자 정부; third-party government), 협동적(cooperation), 보완적(complementary), 공조적(collaboration) 관계가 그것이다. 이중 억압적, 적대적, 경쟁적 관계는 주로 정부의 기관 다원주의에 대한 배척 정도 내지는 관할영역에 대한 배타적 독점의 의지 정도에 따라 분류되었다. 그러나 기관 생산성을 높이기 위해서는 기관 다원주의의 수용이 필수적이라고 보고, 정부와 NGO 간의 공생관계를 토대로 나머지 5개의 관계모형을 추가했다. 이중 용역적 관계는 단순히 정부의 업무를 민영화한다는 의미 외에 NGO 활동에 대한 정부의 침투력 증대까지를 함축한다(Coston, 1998: 66). 그런데 이렇게 정부와 NGO 간의 상호작용이 증대하는 경우 양자 간의 경계가 불분명해지면서(Kramer, 1981) 상호 간의 의존성이 증대하고, 그 결과 NGO의 대 정부 자율성은 줄어들게 된다. 용역적 관계가 정부 서비스의 단순한 대집행을 의미한다면, 위임적 관계는 정부의 업무를 기획과 집행 또는 재정과 운영으로 나누고 후자를 NGO에게 맡김으로서 NGO의 자율권이 상대적으로 확장되는 경우다. 용역적, 위임적 관계가 정부와 NGO 간에 여전히 긴장과 경쟁의 요소가 개재되어 있음을 전제하는 것이라고 한다면, 협동적 관계는 이런 요소의 배제와 함께 정보, 자원, 행동 따위를 공유하게 되는 관계를 뜻한다. 기관 다원주의에 대한 정부의 저항이 사라졌다는 의미다(Prijono, 1992). 보완적 관계는 그론비어그(Gronbjerg, 1987)의 공생적 관계(symiosis relationship), 너트와 백오프(Nutt & Backoff, 1992)의 상호주의 전략(mutualist strategy), 살라몬(Salamon, 1987)의 비영리 연합주의(nonprofit federalism) 개념과 상통하는 것으로서, NGO가 지니고 있는 서비스 전달 능력상의 비교우위가 결과적으로는 정부의 유익으로 치환된다는 인식에 기초한다. NGO 활동의 자율성과 정부 역할의 정통성(Hammock & Ingersoll, 1990), 기술적 우위와 재정적 우위(Lipsky & Smith, 1990), 민주적 정책우선순위설정 능력과 자원동원 능력(Salamon, Musselwhite & Abrason, 1984), 상향식 행동과 하향식 행동(Streeten, 1988) 사이에 일종의 공생적 보완관계가 성립된다는 것이다. 협동적 관계와 비교해 볼 때 정부와 NGO 간의 상호작용 정도와 그에 따른 공식성 정도가 커져 있는 상태다. 공조적 관계는 서비스 네트워크상에서 발견되는 여러 조직 간의 공동생산이나 동반자 역할에 의해 설명된다. 이 경우에는 네트워크 참여자의 자율성이나 기관목표, 가치준거 등이 철저히 존중된다는 점에서 앞서의 보완적 관계와 구별된다. 결국 억압적 관계에서 공조적 관계에까지 이르는 이들 관계유형은 정부와 NGO가 서로 철저히 격리되는 상태를 한 축으로 하고 긴밀하게 결속되는 상태를 다른 한 축으로 하는 일종의 연속선상에 놓아지는 셈이다. 그런 의미에서 점증주의적 분광모델에 의한 분류라고 할 수 있다.

경제 이론 내지는 공공재 이론을 중심으로 접근한 영(Young, 2000)은 미국의 NGO를 역사적으로 추적, 분석한 결과 정부와 NGO가 시대나 환경의 변화에 따라 부가적(supplementary), 보완적(complementary), 적대적(adversarial) 관계를 형성한다고 보았다. 부가적 관계는 공공재에 대한 사회적 수요를 정부가 미처 다 충족시키지 못할 때 그 부족분을 NGO가 보충함으로서 형성되는 관계다. 이때 공공재에 대한 사적부문과 공적부문의 지출은 역비례 관계를 구성한다. 보완적 관계는 NGO가 정부가 재정 지원한 공공재를 대리 집행함으로서 양자가 동반자 관계를 구성하는 경우다. 이때 정부와 NGO의 재정지출은 순비례 관계를 이룬다. 적대적 관계는 NGO가 정부의 정책 변경이나 대 국민 책임성 확보를 촉구하는 경우에 목격된다. 당연히 정부가 NGO의 활동을 규제하거나 순응시키는 역순 관계도 성립된다. 이 경우의 NGO는 정책 대집행자면서도 동시에 정책주창자인 것으로 이해되었다.

이런 기능론자들은 정부와 NGO 간의 관계를 다루는 데 있어 NGO를 주로 NPO로 인식한다는 특징을 지녔다. 그 결과 NGO를 정책주창자보다는 정책 대집행자로 이해한다는 한계를 지닌다(Coston, 1998: 63). 그렇기 때문에 정부와 NGO의 관계를 주로 정부의 서비스가 NGO에 의해 대리 전달되는 과정에서 파악하며 경제적 차원의 합리적 선택모형을 토대로 분석하는 편향성도 갖게 된다(Young, 2000; 151). 이는 정부와 NGO의 관계가 실로 다원적이고 복합적인 것임에도 이를 일원론적으로 단순화한다는 한계로 이어진다. 자연히 정부와 NGO가 특정한 관계를 구성하는 경우 이를 입체적으로 설명할 수 없게 된다. 기능론자들의 이런 한계를 보완하는 연구가 정부와 NGO의 관계를 원인론적 관점에서 규명하고자 한 경우다.

정부와 NGO가 부가적 관계에 있다고 보는 웨이즈로드(Weisrod, 1977)는 그 원인을 정부실패론에서 찾는다. 그 중에서도 행정국가의 실패다. 행정국가의 관료제적인 업무처리양식이 정부로 하여금 공공재를 일률적, 종합적, 균형적으로 전달하지 않을 수 없게 하며, 그 결과 시민 개개인이 가지고 있는 공공재에 대한 특정적 수요를 충족시킬 수 없게 된다는 것이다. 이를 보완하기 위해 일부 시민은 자발적으로 추가지출을 감수하는 데 이것이 바로 NGO에 의한 공공재의 추가 공급이다. 정부와 NGO가 보완적 관계를 구성한다고 보는 올슨(Olson, 1965)은 집단행동론(collective action theory)의 무임승차(free-riding) 개념을 원용하여, 그리고 코어스(Coase, 1988)는 전환비용론(transactions-costs theory)을 통해 정부의 직접적인 공공재 전달이 초과비용지출을 강요한다고 보았다. 따라서 정부의 서비스는 이를 민간부문 특히 NGO에게 대리 전달토록 하는 것이 합리적 선택이라는 것이다. 거대 조직을 기초로 하는 행정국가의 실패가 정부와 NGO가 보완적 관계를 구성하게 되는 원인이라는 것이다. 정부와 NGO가 적대적 관계를 구성하는 경우에 대한 웨이즈로드의 정부실패론은 정치국가의 실패를 시사한다. 다원주의에 기초한 대표정부는 그의 본질적 특성상 다수세력의 이익만을 대변할 뿐 소수세력의 이익은 이를 외면하게 되는 것이 당연하다는 주장이다. 그 결과 이런 정치국가의 실패에 반발하는 소수가 조직을 결성하고 집단의 힘을 길러 정부를 상대로 새로운 대안을 제시하고 압박을 가하게 되는 데, 그것이 바로 NGO의 정책변화 주창 현상이라고 보았다.

그러나 이런 원인론자들이 정부와 NGO의 관계를 설명하는 데 있어 자신들이 상정한 국가모형이나 다양한 공중의 개념으로까지 자신들의 논리를 확장한 것은 아니었다. 정부실패나 시장실패를 말하면서도 정작 자신들이 말하는 정부나 시장이 어떤 성질의 것인지에 대해서는 체계적인 언급을 삼가고 있다. 정부나 시장, 시민을 일원론적으로 단순화 시켰다는 의미다. 그러나 정부, 시장, 시민, NGO는 국가모형의 이론적 틀에 따라 실로 다양하고 복합적인 성격을 지니는 존재이며, 이들의 상호관계를 규명하려면 보다 다원적인 시각이 제시되어야 한다. 또한 원인론이나 기능론은 정부와 NGO 간의 관계를 그 관계 형성의 동기나 결과의 차원에서는 이해할 수 있게 해주지만, 그들이 구체적으로 어떤 경로나 매개변수를 통해 특정의 관계로까지 발전하게 되었는지에 대해서는 필요 정보를 제공해주지 못하는 한계를 지닌다. 이는 이 분야의 선행연구들이 주로 정부중심적인 관점에서 전개되었기 때문이다. 정부와 NGO의 관계를 거버넌스의 다른 한쪽 축인 NGO의 관점에서 접근하려는 노력이 부족했다는 의미다. 이를 다른 차원에서 보면 양자의 관계를 과정론적 관점에서 접근하려는 노력이 부족했다는 뜻이기도 하다. 이들을 과정론적 관점에서 접근해야 이들이 서로 어떻게 ACF를 형성하고 상호작용하는지를 밝혀낼 수 있게 된다. 바로 이런 선행연구의 한계를 보완한다는 점에서 이 장(章)은 정부와 NGO의 관계를 정책과정론적 관점에서 다루며 특히 NGO의 입장에서 추적, 조사해 보고자 한다.

3. 국가 모형과 NGO의 정책참여 양식

NGO는 시민을 토대로 구성되는 자발적 결사체다. 따라서 시민이 누구냐에 따라 NGO의 의미와 기능, 정부와의 상호작용 양식 등이 달라질 것은 물론이다. 그런데 시민의 사실적 지위는 국가모형이 상정하는 정부의 구성 원리나 이론적 토대에 따라 변화해 왔다. 따라서 다양한 국가모형과 NGO 간의 논리적 관계를 검토해 보는 일은 NGO의 정책과정 참여양식을 밝히는 데 있어 필수과제다.

이렇게 볼 때, 우선적으로 다루어야 할 국가모형은 행정국가(administrative state)다. 행정국가는 산업사회적 생산양식에 조응해 구성된 대표적인 국가 구성 양식이다. 소품종 대량생산체제가 요구하는 기술적 합리성(technical rationality) 내지는 경제적 합리성(economic rationality)의 확보를 위해 기술관료를 대리인으로 하는 관료제 위에 정부를 구성하고자 했다. 그런데 관료제는 계서제의 원리와 전문성의 원리를 양축으로 한다. 계서제는 조직 목표 달성을 위한 수단의 합리성 제고를 위해 지식과 정보를 조직의 상위 계층에 집중시키고자 하는 조직구성의 한 양식이다. 그런 만큼 계서제의 틀 속에서는 상위 계서로 올라 갈수록 전문지식이나 정보의 축적 정도가 높고, 하위 계서로 내려갈수록 반대의 현상을 낳게 된다. 이를 사회체계 전체로 확장해 보면, 사회관계의 상층부를 구성하는 정부에는 지식과 정보가 집중되는 데 반해, 그런 정부에 의해 관리되는 시민사회에는 필요 정보나 지식이 빈약할 수밖에 없다. 이런 정부 하에서는 시민이 선거 때 한 번 투표권을 행사하는 것 외에는 사실상 국정운영과정에서 소외된다(Jorgensen, 1994: 220). 이런 상황 속에서 어떤 사회의 정책과제들이 효과적으로 해소되거나 관리되지 못한다면, 이는 정부 내부의 문제가 아니라 시민사회의 문제로 평가될 수밖에 없다. 따라서 시민의 무지나 문화적 후진성 따위를 개선하는 일이 필수 과제로 제기된다. 정부의 정책변화를 기도하는 NGO가 시민에 대한 정보 제공이나 의식 개혁을 겨냥하여 계몽운동이나 문화운동 내지는 교육운동에 착안할 것은 당연한 이치다. 그 동안 한국 사회에서 전개되어 온 브나르도 운동이나 야학운동, 재건국민운동, 사회정화운동, 새마을운동, 환경친화적 의식계몽운동, 부정선거추방운동 등이 모두 이런 유형에 속한다.

한편, 전문성의 원리에 따르면 행정국가는 시민을 대리한 전문가가 전문지식에 따라 운영하는 정부로 구체화된다. 산업사회의 정책과제는 고도기술화, 복잡화, 다원화하는 만큼 전문가적인 식견이나 지식이 아니고서는 이를 해결할 수 없다고 본 것이다. 그리고 전문가들이 그들의 전문가적인 식견이나 윤리의식에 따라 정책판단에 나서기 위해서는 그들의 자율성 보장은 필수적 과제다. 전문가에 의한 자율정부(autonomous government)가 행정국가의 핵심인 셈이다. 이런 자율정부는 전문가들 자신의 도덕률이나 동료 간의 집단압력(peer group pressure)에 의해 유지된다. 이 경우 비전문가인 시민은 공적기구가 정한 전문가적인 판단이나 규율에 따라 피동적으로 관리될 수밖에 없다. 신민적(subject) 존재가 되는 것이다. 따라서 만일 사회정책과제들이 효과적으로 해소되거나 관리되지 않는다면, 이는 시민의 대리인인 전문가들이 미처 그런 문제에 열중하지 않거나 우선순위에 두지 않기 때문일 뿐이지 그들의 문제 해결 능력상에 문제가 있는 것으로는 인식되지 않는다. 시민으로서는 이런 경우 전문가인 대리인에게 문제가 되고 있는 특정 주제에 대해 보다 더 관심을 두고 먼저 다루어 달라고 요청하는 것이 당연한 순서다. NGO에 의한 각종 문제제기 운동이 바로 이런 경우다. 예컨대 환경보호운동, 부패추방운동, 청소년보호운동, 예산감시운동 등이 강조하는 바가 여기에 해당된다.

정치국가(political state)는 어떤 사회 구성원 전체의 총만족도를 극대화 하고자 한다는 의미에서 정치적 합리성(political rationality)을 지향한다. 그리고 이를 위해서는 그 분야의 전문가인 정치적 대리인에게 국민 대표업무를 위임하는 것이 이상적이라고 본다. 이런 정치국가의 한 발현양식은 집단론, 다원론 및 다원이즘에 기초한 대표정부 같은 데에서 구체화 된다. 다원주의의 관점에서 보면 국가는 개인, 집단, 조직 따위와 같은 사회의 다양한 구성원들이 각자가 추구하는 사적인 이해관계를 조절해 나가는 정치과정의 연장선상에 놓여 있다. 따라서 정부는 이들 간의 이해관계나 갈등을 조정하는 중립적, 중개적 존재로 이해된다. 이를 위해 정부는 또 수평적 거래나 협상을 주도하고, 의사소통의 네트워크를 개척하고 관리하기도 한다. 이런 인식의 틀 속에서 보면, 시민은 다른 사회 구성원들과 마찬가지로 다원적 관계망 속의 한 이익집단(interest group) 성원이 된다. 따라서 어떤 사회정책과제가 잘 관리되거나 해소되지 않는다고 판단될 때, 시민이 선택할 수 있는 길은 다른 사회구성원들과 마찬가지로 정치과정에 직접 참여하여 자신의 주장을 개진하고 대리인을 향해 정치적 압력을 동원하며 로비활동에 나서는 일이다. NGO가 자신의 주의 주장을 관철하기 위해 자신의 회원을 동원하여 선거과정에서 표를 동원하거나 정치자금을 모금하는 일 등이 그의 대표적인 활동양식이다. 랄프 네이더의 소비자보호운동, 환경운동 단체인 시에라 클럽, 의정감시 운동단체인 콩그래셔날 워치 등과 같은 대부분의 미국 사회 NGO는 바로 이런 양식에 의해 정책과정에 참여한다. 이를 정치과정운동이라고 한다면, 정치과정운동은 때때로 정당운동으로까지 확장된다.

정치국가의 구성 원리인 국민적 합의의 도출은 단순히 이익을 대표하는 것만으로 성취되는 것이 아니라 대표된 이익 간의 타협과 조정이 필수라고 보기 때문이다. 그런데 그 대표된 이익 간의 타협과 조정은 단순히 정치적 대리인에게 압력을 동원하는 것만으로는 성취되기 어렵다. 주인과 대리인사이에 정보의 비대칭성이 구조화되어 있기 때문이다. 따라서 시민이 직접 대표된 이익의 조정과 타협을 주도함으로서 대리인 체제의 결함을 극복하고자 하게 된다. 그 결과가 대표된 이익 간의 조정과 타협을 기관존립 근거로 삼는 정당의 직접적인 운영이다. 시민이 직접 정치적 대리인 체제의 일원이 됨으로써 정당 간 타협과 조정의 효율성을 높이자는 것이다. 이 경우 시민은 정당의 한 구성원이 된다. 따라서 정책형성과정의 구조개선을 겨냥하는 NGO가 정당운동에 나설 것은 당연한 이치다. 그런데 정당은 보다 조직화되고 공적인 기능을 수행함으로서 준정부적인 기구로 평가된다. 따라서 자발성과 비조직성 그리고 비정부적인 접근을 특징으로 삼는 NGO가 정당운동의 양식을 취하는 것이 과연 적절한 정책참여 전략이냐에 대해서는 문제제기의 가능성이 상존하게 된다. NGO에 의한 정책참여 전략으로서의 정당운동은 자기모순적 성격을 내포하는 셈이다. 독일의 그린피스가 녹색당을 만들거나 일본의 생협이 대리인 운동에 나선 사례가 여기에 속한다.

시장국가(market state)는 공공선택론과 신자유주의론 등에 기초한 정부재창조론(reinventing government)이나 신공공관리론(new public management: NPM) 따위에서 쉽게 발견되는 국가모형이다. 전통 행정학에서 논의되어 온 정치행정이원론이 주로 사행정의 관리기법을 공행정에 도입하자는 것이었다고 한다면, 시장국가는 관리기법은 물론이고 가치준거까지를 사행정에서 공행정으로 도입하여 경영행정을 실시하자는 것이다(deLeon & Denhardt, 2000: 90). 대리인의 역할을 최소화함으로써 정부 운영의 생산성을 극대화 하자는 것이기도 하다. 따라서 사회차원의 의사결정을 시장 메커니즘에 맡기자는 것이며 기업가적 정신을 존중하고 경쟁의 원리와 서비스 제일주의의 정신에 따라 정부를 운영하자는 것이다.

이중 경쟁의 원리는 국가의 개입을 최소화 하고 사익을 추구하는 개인, 집단, 조직 따위가 서로 균형점을 이루도록 유도함으로서 공익의 극대화를 낳자는 것이다. 경쟁은 정부 내외에서 변화하는 환경에 대한 정부의 대응력을 신장시킨다고도 보았다. 이는 마치 수퍼마켓에 진열되어 있는 여러 상품으로 하여금 소비자의 선택을 상대로 경쟁관계에 서도록 하자는 것과 같다(Jorgensen, 1994: 223). 이런 수퍼마켓형 정부 하에서는 시민이 정부의 여러 서비스 중 하나를 선택하는 소비자의 지위에 서게 된다. 정부의 조직이나 기구가 행정 서비스의 최종 소비자인 시민을 상대로 유사시장적 경쟁관계를 구축하는 것이다. 정부의 다양성, 유연성, 경제성, 능률성 제고를 겨냥한 것이다. 그리고 이런 경쟁관계는 정부와 시민사회의 관계에서도 같다고 본다. 따라서 사회정책과제의 해결이 잘 이루어지지 않을 경우 이는 정책합리성이 부족하기 때문이라고 보며 이를 제고하기 위해서는 정책대안 개발과정의 경쟁성을 높이는 일이 관건이라고 보게 된다. 이 경우 시민 스스로가 정책대안을 개발하고 제안함으로서 정부정책과 경쟁관계를 구축하는 것도 정부 경쟁력 강화의 한 방법이라고 본다. 동강살리기운동이나 정치개혁입법청원운동 등의 대안운동이 여기에 해당된다.

반면 시장 메커니즘이 지향하는 서비스 제일주의는 경쟁력 강화를 위해 단순히 소비자의 선택권을 보장하는 데 끝날 것이 아니라 생산과정에서부터 주고객의 요구를 반영하려는 생산자의 노력이 전제되어야 한다고 본다. 대리인 이론이나 전환비용론이 제기하는 바 정부의 서비스 창출과정에서 야기되는 초과비용의 지출문제는 시장 메커니즘과 같은 외부적 경쟁 외에도 서비스 생산자인 정부가 내재적 제어와 성찰을 통해 관리할 수도 있다는 생각이다. 이렇게 정부가 고객인 시민의 요구를 미루어 짐작해 반영하는 경우 시민에 대한 공공재 제공을 정부가 독점하는 결과를 낳을 수는 있지만, 최소한 "귀기울이는 독점(listening monopoly)"으로 구체화되며, 그 결과 정부 서비스의 질적 수준은 제고된다고 보았다. 정부가 고객인 시민과 감정이입(emphathy)을 통해 가치관의 공유를 이루고, 이는 결과적으로 정부 서비스의 질적 신장으로 나타난다는 말이다. 따라서 시민은 일종의 단골손님의 지위에 서게 된다. 이 경우 만일 정부의 정책이나 사업이 만족스럽지 못할 때 공공재 공급을 독점하고 있는 정부를 상대로 고객으로서의 시민이 할 수 있는 압력행사 수단은 당연히 가치관을 공유하는 고객 간의 연대행위다. 그렇기 때문에 정책변화를 주창하는 NGO가 연대운동을 택할 것은 당연한 이치다. 한국 사회의 NGO가 연대하여 구성한 시민운동연합이나 2000년 총선연대와 같은 NGO 사이의 사안별 연대활동이 그 대표적인 사례다.

정보국가(information state)는 지금까지의 국가론과는 인식론적 틀을 달리 한다. 지금까지 제시된 국가모형이 모두 대리인을 통한 합리성의 증대나 능률성의 제고에 초점을 맞춘 것이라고 한다면, 정보국가는 인공지능형 의사소통과 대화의 활성화를 통해 시민이 직접 정부의 운영과정에 참여하고자 한다는 특징을 지닌다. 그런 점에서 정보사회의 도래와 함께 정보국가 모형이 조명되기 시작한 것은 결코 우연의 일치가 아니다. 정보사회의 도래는 사회의 정보유통구조에 혁명적 변화를 가져오고, 그 결과 정부와 시민사회 간의 지식이나 정보의 격차를 급속히 해소시켜 주기 때문이다. 행정국가가 상정한 것과 같은 정부의 전문성 독점이 붕괴되는 것이다. 정치국가가 불가피하게 생각했던 대리인 제도나 전환비용의 감수도 극복 가능한 것으로 변화된다. 시장국가가 상정하는 것과 같은 경쟁이나 효율은 그것 자체가 목적가치일 수 없다는 판단과 함께 참여와 공유가 중시되기에 이른다. 정부에 의한 정책결정의 독점권이 무너지면서 정부와 시민이 공동으로 기획하고 집행하는 공생적 거버넌스 관계가 형성되는 것이다. 따라서 정부와 시민은 국정운영의 동반자적 지위를 공유하게 되며, 그 결과 시민은 이제 공공재의 생산자이면서 동시에 소비자인 프로슈머(prosumer)의 지위에 서게 된다. 그런 만큼 정책운영상의 결함이나 문제점이 발생할 경우 이는 당연히 정부와 시민 간의 공조관계, 나아가서는 참여민주주의의 구현을 위한 양자 간의 대화 통로에 문제가 있는 것으로 파악된다. 이 경우 정책의 변화를 주창하는 NGO가 정부와의 공조운동을 참여전략으로 택할 것은 물론이다. 정부의 각종 위원회에 환경운동연합, 행정개혁시민운동연합, YMCA 등이 대표를 파견하고 있는 데서 볼 수 있다.

그런데 이런 정보사회가 보다 더 진행되는 경우, 정보 유통의 유동성이 혁신적으로 증가하면서 의사소통 네트워크와 그에 따른 사회 자원의 이전과 배분 구조를 매우 복잡하게 만든다. 사회구성원 간의 상호작용이 복잡하게 얽히면서 이를 규제하고자 하는 정부의 간여는 일종의 간섭효과를 동반하지 않을 수 없다. 사회관계의 기초가 되는 인과관계의 추적과 분석 그리고 이를 해결하기 위한 정책대안의 고안과 집행이 매우 어렵게 되는 것이다. 정보자원의 유동성 증가는 사회관계망의 평등과 균형을 지향하면서 긴장과 불안으로 연결된다. 그 결과 사회의 역동성이 증대하면서 환경과의 상호작용과 환류를 확장한다. 자연히 공조직과 사조직사이에서도 상호 간의 역동성이 증대하고, 그 결과 상호모방과 유사성의 증대를 낳는다. 공공부문과 사적부문 간의 차이가 줄어들면서 정부가 공익지향성을 독점할 수 없게 되는 것이다. 정보사회의 도래에 따른 정보소통의 광역화는 또 사회관계의 다양성 증대와 함께 사회구조의 분화를 낳고, 이는 궁극적으로 사회구성원 간의 개별화, 이질화, 파편화로 이어진다. 자연히 사회구성원 간의 관계를 관통하는 사회적 과제의 성질과 의미를 규정하기가 어렵게 되고, 그 과정에서 자의적인 평가나 주관적인 판단의 개입 가능성도 커지게 된다. 사회적 보편이익이나 일반이익을 규정하기가 어려워진다는 의미다. 종합하면 정부의 개입에 의한 사회정책과제의 관리나 해소가 불가능하거나 적어도 바람직하지 않다고 평가되는 상황에 이르게 된다 (Kooiman, 1994: 46-47).

따라서 정부의 행정작용을 사회에 환원하는 일이 불가피해진다. 이 경우 시민은 정부의 간섭으로부터 완전히 해방되고 주체적 의사결정권을 완벽하게 행사하는 자율적 자기 통제의 존재로 거듭난다. 진정한 의미의 시민이 되는 것이다. 이런 상황에서 해결되지 않는 사회정책과제에 당면한다면, 이는 당연히 시민 스스로 해결해야 마땅한 과제로 인식된다. 그런 시민들에 의해서 구성되는 NGO는 당연히 정부의 간여를 상정하거나 요구하지 않고 자치운동에 나서는 것이 당연한 수순이다. 일본 동경시의 주민 자치운동이 구청과의 계약을 통해 자조적으로 마을미화사업이나 정보네트워크화 사업에 나서는 경우가 이런 분석의 틀 속에서 해석 가능한 현상이다.

지금까지의 논의를 요약해 보면 다음과 같다.

〈표 9-1〉 국가 모형과 NGO의 정책참여 양식

정책과정 국가유형	정부유형	구성원리	시민	NGO의 참여양식	이론적 토대
행정국가	계서정부	계서제	투표자(voter)	계몽운동	관료제, 계서제,
	자율정부	동료집단 압력	신민(subject)	문제제기 운동	
정치국가	대표정부	견제	이익집단원 (interest group member)	정치과정 운동	다원주의론, 대의정치론, 이익집단론, 정당론,
	타협정부	협상	정당원 (party member)	정당운동	
시장국가	수퍼마켓정부	경쟁	소비자 (consumer)	대안운동	공공선택론, 전환비용론, 정부재창조론. 신자유주의론,
	서비스정부	감정이입	고객(client)	연대운동	
정보국가	동반자정부	대화	프로슈머 (prosumer)	공조운동	참여민주론, 환원행정론,
	자치정부	자기통제	시민(citizen)	자치운동	

<표 9-1>에 나타난 행정국가와 정치국가가 주로 집단요구(collective needs)에 순응코자 하는 것이라고 한다면, 시장국가와 정보국가는 기본적으로 개인적 요구(individual needs)에 조응하기 위한 것이다(Sakano, 2000: 248). 국가가 겨냥하는 공적 서비스의 성질을 집단 차원의 것으로 보느냐 아니면 개인 차원의 것으로 보느냐의 차이다. 따라서 전자가 공적 서비스의 객관성을 강조하는 데 반해, 후자는 주관성에 주목하는 경향이 있다. 그런 만큼 행정국가와 정치국가가 대리인 체제에 의한 정부 운영의 정당성에 대한 믿음 위에 기초하는 것이라고 한다면, 시장국가와 정보국가는 바로 그런 정당성에 대한 회의에서 기인하는 것이라고 할 수 있다. 반면에 행정국가

와 시장국가가 경제적 합리성의 극대화를 지향하는 것이라고 한다면, 정치국가와 정보국가는 기본적으로 정치적 합리성의 극대화를 지향한다는 점에서 서로 다르다. 행정국가와 시장국가가 효율성 신장에 주목한다면, 정치국가와 정보국가는 대화와 참여를 강조하기 때문이다. 따라서 이들 국가모형의 서비스 대상과 그들이 지향하는 목적 가치를 양축으로 교차하는 경우 4 분면을 낳게 되는 데, 이를 도식으로 나타내면 다음의 <그림 9-1>과 같다.

〈그림 9-1〉 국가 모형의 기능적 좌표

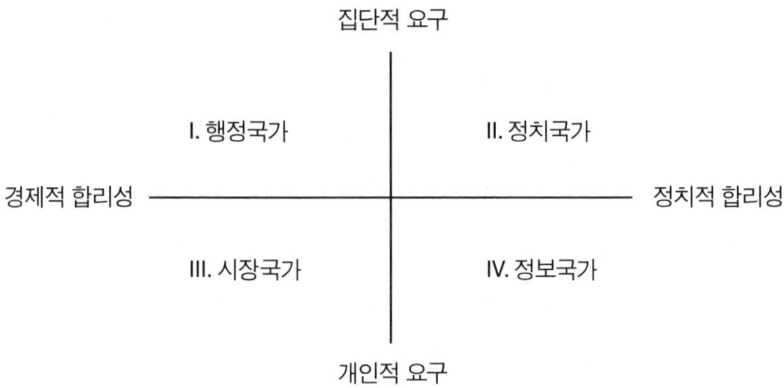

그런데 국가운영의 현실세계에서는 때에 따라서 집단적 요구에 당면하기도 하고 개인적 요구에 조응하기도 해야 하며, 때로는 정치적 합리성을 우선하기도 하고 때로는 경제적 합리성을 강조하기도 한다. 따라서 위에 제시된 국가유형들은 그 운영의 실제에 있어 서로 중첩되거나 때로는 서로의 경계가 불분명할 수밖에 없다. 그럼에도 이런 국가모형은 정부의 다면적 실체를 이해하고 설명하기 위한 이념형으로서의 의의가 클 뿐만 아니라 어떤 정부가 지향해 나가야 할 규범적 지표를 밝히는 데 유용하다. 특히 시간의 변화나, 사회성격의 차이, 다루는 정책과제의 다름에 따라 변하는 정부의 실체와 그에 따른 시민과의 관계를 이해하는 데 도움이 크다(Young, 2000: 150). 이는 또한 다양한 NGO의 정책참여 양식을 분석적으로 다루기 위한 토대가 될 것은 물론이다. 문제는 이런 관계모형이 특정의 시점에서 특정 사회의 경우 어떤 비율과 조합으로 구성되느냐가 정부와 NGO 관계의 실체를 밝히는 핵심인 것이다.

4. 한국 NGO의 정책과제별 정책참여 실태

한국의 정부와 NGO가 어떤 관계를 구축하고 있는 지를 알아보기 위해 설문 조사한 결과를 그들이 주로 다루는 정책과제의 성질에 따라 정치(인권, 정치/행정/법률, 지방자치/지역사회, 통일), 경제(소비자, 경제정의), 사회(건강/보건/의료, 교통, 사회개혁, 여성, 아동, 환경, 복지), 문화(교육, 의식개혁, 자선, 정보화, 청소년), 국제활동(국제교류, 제3세계지원), 종합활동(시민단체연대)으로 나누어 분류한 결과는 <표 9-2>와 같다.

<표 9-2>에서 보는 바와 같이 응답 단체들은 사회(40.3%), 정치(26.7%), 문화(23.0%), 종합활동(5.0%), 국제활동(2.9%), 경제(2.2%) 분야의 비율로 구성되어 있다. 대체로 사회, 정치, 문화 분야의 NGO가 대종을 이루는 셈이다.

이들이 정책과정에서 어떤 양식으로 정부와 상호작용 하는지를

〈표 9-2〉 한국 NGO의 정책과제별 분류

구성비율 \ 정책과제	빈도수	백분율
정치	37	26.6(27.7)**
경제	3	2.2(2.5)
사회	56	40.3(39.8)
문화	32	23.0(21.0)
국제활동	4	2.9(2.0)
종합활동	7	5.0(6.9)
합계	139*	100.0

* 중복 응답이 있어 응답 단체 수를 상회한다

** <표 9-2>가 기본적으로 관련 단체 수를 기준으로 작성된 것인 데 반해 ( )안은 그들의 실제 활동 총량을 기준으로 구분해 본 것이다.

알아보기 위하여 운동의 종류를 행정국가형(계몽운동, 문제제기운동), 정치국가형(정치과정운동, 정당운동), 시장국가형(대안운동, 연대운동), 정보국가형(공조운동, 자치운동)으로 구분하고, 각각의 경우를 얼마나 자주 수행하는지 알아보고자 하였다. 이를 위하여 각각의 운동양식에 대한 수행 빈도를 한시간에 한 번, 하루에 한 번, 일주일에 한 번, 한달에 한 번, 일년에 한 번, 거의 없음으로 나누어 기표하도록 하였다. 그 결과를 한시간에 한 번(5), 하루에 한 번(4), 일주일에 한 번(3), 한달에 한 번(2), 일년에 한 번(1), 거의 없음(0)으로 가중치를 두어 빈도를 측정하고, 이를 단체가 다루는 정책과제에 따라 분류한 결과는 <표 9-3>에 나타나 있다.

〈표 9-3〉 정책과제별 정책참여 양식의 빈도

국가유형	참여양식	정치	경제	사회	문화	국제	종합	합계
행정국가	계몽운동	74 (14.8)	8 (17.8)	112 (15.6)	67 (17.6)	5 (13.5)	23 (18.4)	289 (16.0)
	문제제기 운동	82 (16.4)	7 (15.6)	122 (17.0)	64 (16.8)	0 (0.0)	22 (17.6)	297 (16.4)
	소계	156 (31.1)	15 (33.3)	235 (32.7)	131 (34.5)	5 (13.5)	45 (36.0)	586 (32.4)
정치국가	정치과정 운동	48 (9.6)	4 (8.9)	69 (9.6)	30 (7.9)	4 (10.8)	7 (5.6)	162 (9.0)
	정당운동	17 (3.4)	0 (0.0)	13 (1.8)	5 (1.3)	0 (0.0)	3 (2.4)	38 (2.1)
	소계	65 (13.0)	4 (8.9)	82 (11.4)	35 (9.2)	4 (10.8)	10 (8.0)	200 (11.1)
시장국가	대안운동	84 (16.8)	7 (15.6)	103 (14.3)	63 (16.6)	7 (18.9)	22 (17.6)	286 (15.8)
	연대운동	74 (14.8)	9 (20.0)	114 (15.9)	59 (15.5)	7 (18.9)	15 (12.0)	278 (15.4)
	소계	158 (31.5)	16 (35.5)	217 (30.2)	122 (32.1)	14 (37.8)	37 (29.6)	564 (31.2)
정보국가	공조운동	59 (11.8)	5 (11.1)	93 (12.9)	39 (10.3)	5 (13.5)	15 (12.0)	216 (12.0)
	자치운동	63 (12.6)	5 (11.1)	93 (12.9)	53 (13.9)	9 (24.3)	18 (14.4)	241 (13.3)
	소계	122 (24.4)	10 (22.2)	186 (25.9)	92 (24.2)	16 (43.2)	33 (26.4)	457 (25.3)
합계		501 (27.7)	45 (2.5)	719 (39.8)	380 (21.0)	37 (2.0)	125 (6.9)	1807 (100.0)

<표 9-3>에 따르면 한국의 NGO가 실제 정책과정에 참여하는 활동의 총량은 사회분야(39.8%), 정치분야(27.7%), 문화분야(21.0%), 종합활동분야(6.9%), 경제분야(2.5%), 국제활동분야(2.0%)의 순으로 구성되어 있다. 사회분야, 정치분야, 문화분야가 대종을 이루는 셈이

다. 이를 <표 4>의 정책분야별 NGO의 구성비율과 비교해 보면 종합활동분야, 정치분야, 사회분야, 경제분야에서 정책과정에 대한 실제 활동이 단체 구성비 보다 활발하게 전개되고 있으며, 문화분야와 국제분야에서는 활동이 상대적으로 저조한 것으로 나타났다.

운동의 양식별로 구분해 보면, 문제제기운동(16.4%), 계몽운동(16.0%), 대안운동(15.8%), 연대운동(15.4%), 자치운동(13.3%), 공조운동(12.0%), 정치과정운동(9.0%), 정당운동(2.1%) 순으로 전개되고 있다. 이를 국가 유형별로 정리해 보면 행정국가(32.4%), 시장국가(31.2%), 정보국가(25,3%), 정치국가(11.15%) 순으로 강조되어 있음을 알 수 있다. 따라서 현 단계 한국의 NGO는 정부와의 거버넌스를 형성하는 데 있어 대체로 행정국가와 시장국가적 관계가 과반수를 상회하고, 정보국가적 관계도 상당부분 구축되어 있으나 정치국가적 관계는 상대적으로 취약한 상태에 있음을 알 수 있다. 참여양식에서도 문제제기운동, 계몽운동, 대안운동, 연대운동이 주류를 이루고 정치과정운동은 아직 활성화되어 있지 않음을 알 수 있다. 정당운동이 취약한 것은 정당운동의 성질상 당연한 것으로 평가된다. 정당운동은 사실상 자발적 시민활동이라고 보기 어려운 측면이 있기 때문이다.

그런데 이를 보다 세분해 보면, 정치분야에서는 대안운동(16.8%), 문제제기운동(16.4%), 계몽운동(14.8%), 연대운동(14.8%), 자치운동(12.6%), 공조운동(11.8%), 정치과정운동(9.6%), 정당운동(3.4%)의 순으로 강조점이 주어져 있다. 거버넌스에 대해서는 시장국가(31.5%), 행정국가(31.1%), 정보국가(24.4%), 정치국가(13.0%)의 비율로 배분되었다. 정치국가적 관계의 비중이 가장 취약하다는 의미다. 그렇지만 정치국가적 관계에 두는 상대적 비중이 다른 분야에 비해 가장 높았다. 경제분야는 연대운동(20.0%), 계몽운동(17.8%), 문제제기운동(15.6%), 대안운동(15.6%), 공조운동(11.1%), 자치운동(11.1%), 정치과정운동(8.9%), 정당운동(0.0%)의 순으로 강조점을 두고 있다. 시장국가(35.5%), 행정국가(33.3%), 정보국가(22.2%), 정치국가(8.9%)의 비중으로 거버넌스가 구축되었다. 다른 분야와 비교해서 연대운동이 차지하는 비중이 매우 크고, 계몽운동의 비중도 비교적 큰 편이다. 그러나 정당운동이나 자치운동의 상대적 비중은 가장 낮다. 사회분야의 경우는 문제제기운동(17.0%), 연대운동(15.9%), 계몽운동(15.6%), 대안운동(14.3%), 공조운동(12.9%), 자치운동(12.9%), 정치과정운동(9.6%), 정당운동(1.8%)의 순으로 강조점을 두고 있다. 이를 국가유형별로 구분해 보면 행정국가(32.7%), 시장국가(30.2%), 정보국가(25.9%), 정치국가(11.4%) 순으로 강조되고 있음을 알 수 있다. 다른 분야와 비교해 볼 때 대안운동의 상대적 비중이 작다. 문화분야의 경우는 계몽운동(17.6%), 문제제기운동(16.8%), 대안운동(16.6%), 연대운동(15.5%), 자치운동(13.9%), 공조운동(10.3%), 정치과정운동(7.9%), 정당운동(1.3%)의 순이다. 국가유형별로는 행정국가(34.5%), 시장국가(32.1%), 정보국가(24.2%), 정치국가(9.2%)순으로 비중이 주어져 있다. 다른 분야와 비교해 보면 공조운동의 상대적 비중이 가장 낮다. 국제활동분야는 자치운동(24.3%), 대안운동(18.9%), 연대운동(18.9%), 계몽운동(13.5%), 정치과정운동(10.8%)의 순으로 구성되었고 문제제기운동이나 정당운동은 단 한 사례도 없었다. 국가유형별로는 정보국가(43.2%), 시장국가(37.8%)가 대종을 이루는 가운데 행정국가(13.5%)와 정치국가(10.8%)가 나머지를 채웠다. 다른 분야와 비교해 볼 때 자치운동, 대안운동, 공조운동에 대한 상대적 강조가 높았다. 반면에 계몽운동, 문제제기운동, 정치과정운동, 정당운동의 상대적 비중은 낮다. 시장국가와 정보국가에 대한 상대적 비중이 큰 반면 행정국가의 상대적 비중은 낮다. 종합활동분야는 계몽운동(18.4%), 문제제기운동(17.6%), 대안운동(17.6%), 자치운동(14.4%), 연대운동(12.0%), 공조운동(12.0%), 정치과정운동(5.6%), 정당운동(2.4%)의 순으로 강조되었다. 국가유형별로는 행정국가(36.0%), 시장국가(29.6%), 정보국가(26.4%), 정치국가(8.0%)의 구성비를 보였다. 다른 분야와 비교해 볼 때 계몽운동, 문제제기운동에 대한 강조가 상대적으로 높았다. 그러나 연대운동에 대해서는 상대적 비중이 가장 낮다. 행정국가의 상대적 비중이 높은 반면 시장국가의 상대적 비중은 낮다.

종합해 보면, 정치, 경제, 사회, 문화 분야의 NGO는 대체로 계몽운동, 문제제기운동, 대안운동, 연대운동을 강조한다는 점에서 공통적이다. 그러나 각자가 최우선적으로 의존하는 참여양식은 서로 달라서 정치분야가 대안운동, 경제분야는 연대운동, 사회분야는 문제제기운동, 문화분야는 계몽운동을 강조했다. 이러한 차이는 정치분야와 경제분야가 시장국가적 관계를 행정국가적 관계에 우선하는 데 반하여, 사회분야와 문화분야가 행정국가적 관계를 시장국가적 관계에 우선하여 강조하는 것으로 드러났다. 국제활동분야는 자치운동, 대안운동, 연대운동, 문제제기운동을 중심으로 특히 자치운동을 강조하였다. 반면에 종합활동분야는 계몽운동, 문제제기운동, 대안운동, 자치운동을 중심으로 계몽운동을 특히 강조했다. 이는 국제활동분야의 NGO가 정보국가와 시장국가적 관계를 강조하고 종합활동분야의 NGO가 행정국가와 시장국가적 관계를 강조하는 것으로 정리되어 나타났다.

그러나 이들이 바람직스럽다고 생각하는 정책참여양식은 무엇인지를 알아보기 위하여 가장 이상적이라고 생각하는 정책참여양식 3가지를 선택하도록 한 결과는 <표 9-4>에 나타나 있는 바와 같다.

〈표 9-4〉 이상적 정책참여 양식

국가유형	참여양식	빈도수	백분율
행정국가	계몽운동	65	20.4(16.0)*
	문제제기운동	53	16.7(16.4)
	소계	118	37.1(32.4)
정치국가	정치과정운동	9	2.8(9.0)
	정당운동	6	1.9(2.1)
	소계	15	4.7(11.1)
시장국가	대안운동	89	28.0(15.8)
	연대운동	44	13.8(15.4)
	소계	133	41.8(31.2)
정보국가	공조운동	45	14.1(12.0)
	자치운동	7	2.2(13.3)
	소계	52	16.3(25.3)
합계		318	100.0

* ( ) 안은 <표 2>에 나타난 실제 활동의 구성비율이다.

<표 9-4>에서 보면, 대안운동(28.0%), 계몽운동(20.4%), 문제제기

운동(16.7%), 공조운동(14.1%), 연대운동(13.8%), 정치과정운동(2.8%), 자치운동(2.2%), 정당운동(1.9%) 순으로 그의 중요성을 강조한다. 이를 국가유형별로 보면 시장국가(41.8%), 행정국가(37.1%), 정보국가(16.3%), 정치국가(4.7%) 순으로 강조점을 두었다. 시장국가와 행정국가가 대종을 이루는 셈이다. 이를 <표 9-2>와 비교해 보면, 계몽운동, 대안운동, 공조운동은 바람직하다고 생각하는 것보다 적게 전개되고 있으며, 정치과정운동과 자치운동은 바람직하다고 생각하는 것보다 훨씬 더 많이 채택되었다. 문제제기운동, 정당운동, 연대운동은 기대값과 대체로 비슷한 수준에서 운영되었다. 이를 국가유형별로 보면 시장국가, 행정국가가 바람직하다고 생각하는 것보다 덜 활용되는 데 반하여, 정보국가와 정치국가는 훨씬 더 빈번히 활용되고 있다.

5. 한국 NGO의 단체특성별 정책참여 실태

한국 NGO의 구조적 특성이 그들의 정책참여 양식에 어떤 영향을 주는지를 알아보기 위하여 단체의 연한, 회원 수, 예산 규모, 상근직원 수, 정부의 재정지원 규모 같은 단체의 구조적 특성과 단체가 채택하는 정책참여 양식 간에 구축되어 있을 피어슨 상관계수를 구해 본 결과는 아래와 같다.

우선 단체 연한과 정책참여 양식 간의 상관계수는 <표 9-5>에 나타나 있다.

〈표 9-5〉 단체 연한과 정책참여 양식 간의 상관계수

총합	상관계수	유의도	국가유형	상관계수	유의도	참여양식	상관계수	유의도
총체적 가버넌스	-0.280	0.009	행정국가	-0.095	0.341	계몽운동	-0.012	0.901
			행정국가	-0.095	0.341	문제제기 운동	-0.121	0.218
			정치국가	-0.111	0.285	정치과정 운동	-0.035	0.725
			정치국가	-0.111	0.285	정당운동	-0.081	0.433
			시장국가	-0.140	0.152	대안운동	-0.135	0.162
			시장국가	-0.140	0.152	연대운동	-0.026	0.793
			정보국가	-0.136	0.188	공조운동	-0.051	0.605
			정보국가	-0.136	0.188	자치운동	-0.141	0.172

<표 9-5>에 의하면 단체 연한과 단체가 채택하는 정책참여 양식 간의 관계를 총체적인 거버넌스의 관점에서 보면(유의도 0.01 수준이하) 양자가 부정의 관계로 상관되어 있음을 알 수 있다. 그러나 단체의 연한과 NGO가 설정하는 국가유형 간에는 유의미한 상관관계가 없으며, 단체 연한과 NGO의 구체적인 정책참여 양식 간에도 유의미한 상관관계는 없다. 다만 모든 경우의 상관계수가 부정의 관계를 나타낸다는 점은 주목할 만하다. 이는 단체의 연한이 오랠수록 단체의 정책참여 활동은 저조해지는 경향이 있다는 의미로 해석된다. 한국의 NGO들이 단체 설립의 초기에는 활발하게 활동하다가 시간이 경과하면서 점차 활동이 약화되는 경향을 지닌다는 말이다.

단체의 회원 규모와 단체가 선택하는 정책참여 양식 간에는 어떤 상관관계가 있는지를 알아 본 결과는 <표 9-6>에 나타나 있는 바와 같다.

〈표 9-6〉 회원 수와 정책참여 양식 간의 상관계수

총합	상관계수	유의도	국가유형	상관계수	유의도	참여양식	상관계수	유의도
총체적 가버넌스	0.076	0.493	행정국가	0.222	0.028	계몽운동	0.266	0.007
						문제제기운동	0.168	0.093
			정치국가	0.032	0.764	정치과정운동	0.115	0.261
						정당운동	-0.012	0.909
			시장국가	0.038	0.705	대안운동	-0.015	0.879
						연대운동	0.303	0.002
			정보국가	0.179	0.088	공조운동	0.209	0.036
						자치운동	0.083	0.427

<표 9-6>에 의하면, NGO 전체의 회원 수와 NGO의 정책참여 총합 간의 관계를 나타내는 총체적 거버넌스에는 유의미한 상관관계가 구축되어 있지 않다. 그러나 NGO의 회원 수와 행정국가적 거버넌스 간에는 유의미한 상관관계(유의도 0.05 이하수준)가 구축되어 있으며, 다른 국가유형별 상관관계는 통계적으로 무의미하다. NGO의 회원 수와 NGO의 개별 정책참여 양식 간의 관계는 계몽운동(유의도 0.01 이하 수준), 연대운동(유의도 0.01 이하 수준), 공조운동(유의도 0.05 이하 수준)의 경우에만 유의미한 것으로 밝혀졌다.

이는 한국의 경우 NGO의 회원 수가 많으면 많을수록 정부와의 관계에서 행정국가적 거버넌스를 구축하는 경향이 있으며, 개별 정책참여 양식으로는 계몽운동, 연대운동, 공조운동을 채택하는 경향이 크다는 의미다. 문제제기운동, 대안운동, 자치운동이 일의 성격상 주로 전문가의 식견과 판단력을 필요로 하는 정책참여 양식이라

고 한다면, 정치과정운동과 정당운동이 한국 사회의 경우 주로 사회운동 엘리트를 중심으로 전개된다는 점을 감안해 볼 때, 계몽운동, 연대운동, 공조운동은 상대적으로 회원 중심의 운동기반을 필요로 하기 때문일 것으로 해석된다. 계몽운동은 불특정 다수를 상대로 하는 정보의 확산이나 가치관의 공유가 핵심 과제이기 때문에 단체 회원 수가 많을수록 운동을 전개해 나가기가 유리하다. 연대운동은 여러 단체가 함께 연대해서 어떤 정책과제에 대한 의견을 개진하거나 관철하는 활동을 기초로 하기 때문에 상대적으로 많은 회원의 간여를 낳게 된다. 연대운동에는 회원을 기초로 하는 일종의 정치적 압력행사 성격이 내포되어 있다는 의미다. 공조운동은 회원의 규모가 큰 대형 운동단체일수록 단체의 사회적 대표성이나 신뢰성 보장이 상대적으로 용이하고, 그렇기 때문에 정부로부터의 협의나 협동 제의를 받는 기회가 많다는 의미로 해석된다.

단체가 지출하는 연간 예산의 규모와 정책참여 양식 간의 상관계수를 알아 본 결과는 <표 9-7>에 나타나 있는 바와 같다.

<표 9-7>에 의하면, NGO 전체의 연간 예산 규모와 NGO의 정책참여 총량과는 통계적으로 유의미한 관계를 구성하지 않는다. 그러나 NGO의 연간 예산 규모와 NGO가 정부와의 관계에서 구축하는 행정국가적 거버넌스(유의도 0.01 이하 수준)나 정보국가적 거버넌스(유의도 0.01이하 수준)는 유의미한 상관관계를 맺는다. 한국의 NGO는 현시점에서 단체의 예산 규모가 클수록 정부와의 관계에서 행정국가적 거버넌스나 정보국가적 거버넌스를 구축하는 경향이 크다는 의미다.

〈표 9-7〉 연간 예산과 정책참여 양식 간의 상관계수

<table>
<tr><th>총합</th><th>상관계수</th><th>유의도</th><th>국가유형</th><th>상관계수</th><th>유의도</th><th>참여양식</th><th>상관계수</th><th>유의도</th></tr>
<tr><td rowspan="8">총체적 가버넌스</td><td rowspan="8">0.213</td><td rowspan="8">0.070</td><td rowspan="2">행정국가</td><td rowspan="2">0.364</td><td rowspan="2">0.000</td><td>계몽운동</td><td>0.391</td><td>0.000</td></tr>
<tr><td>문제제기운동</td><td>0.243</td><td>0.021</td></tr>
<tr><td rowspan="2">정치국가</td><td rowspan="2">0.187</td><td rowspan="2">0.094</td><td>정치과정운동</td><td>0.360</td><td>0.001</td></tr>
<tr><td>정당운동</td><td>-0.114</td><td>0.303</td></tr>
<tr><td rowspan="2">시장국가</td><td rowspan="2">0.066</td><td rowspan="2">0.532</td><td>대안운동</td><td>0.033</td><td>0.752</td></tr>
<tr><td>연대운동</td><td>0.237</td><td>0.022</td></tr>
<tr><td rowspan="2">정보국가</td><td rowspan="2">0.291</td><td rowspan="2">0.008</td><td>공조운동</td><td>0.326</td><td>0.002</td></tr>
<tr><td>자치운동</td><td>0.147</td><td>0.184</td></tr>
</table>

또한 NGO의 연간 예산 규모와 개별적 정책참여 양식 간의 관계에서는 계몽운동(유의도 0.01 이하 수준), 문제제기운동(유의도 0.05 이하 수준), 정치과정운동(유의도 0.01 이하 수준), 연대운동(유의도 0.05 이하 수준), 공조운동(유의도 0.01 이하 수준)에서 통계적으로 유의미한 정의 상관관계를 구성한다. 단체의 연간 예산 규모가 클수록 계몽운동, 문제제기운동, 정치과정운동, 연대운동, 공조운동을 펴는 빈도가 높다는 의미다. 이는 예시된 정책참여 양식 중 정당운동, 대안운동, 자치운동을 제외한 나머지 모두가 단체의 예산 규모에 의해 영향을 받는다는 뜻이다. 이는 정당운동, 대안운동, 자치운동이 NGO의 정책참여 양식 중에서는 비교적 진보적 사고와 실험정신을 필요로 하는 것이라는 점에서 볼 때, 단체의 보수성과 유관된 결과로 평가된다. 단체의 예산 규모는 일반적으로 단체의 활동이 정착되고 제도화 되어 있을수록 확대될 것이고, 제도화 되어 있는 단체일수

록 보수적 성향을 지니게 될 것이기 때문이다. 이는 단체의 예산 규모가 NGO의 행정국가적 거버넌스나 정보국가적 거버넌스와 유관되어 있다는 앞서의 발견과도 상합한다. 행정국가적 거버넌스는 거버넌스의 본질적 성격상 현상유지적이고 따라서 보수적 성향이 클 수밖에 없다. 반면에 정보국가적 거버넌스는 이를 정부와의 관계에서 보면 행정국가적 구조나 관계망에 대한 대척적 지점에 구축되는 성격이 크고, 그렇기 때문에 현상타파적이고 변화지향적인 성향이 크다. 그러나 이를 NGO 자체의 제도화나 기관능력 면에서 보면 보다 제도화 되거나 기관능력이 클수록 정보사회의 요구를 수렴하고 변화지향적인 동력을 갖추기가 용이해진다. 기관형성의 정도가 클수록 정보국가적 거버넌스의 경향을 띄게 될 것이라는 의미다.

단체의 상근직원 수와 단체가 채택하는 정책참여 양식 간에는 어떤 관계가 있는지를 알아보기 위하여 양자 간의 상관계수를 측정해 본 결과는 <표 9-8>에 나타나 있는 바와 같다.

<표 9-8>에 따르면, NGO 전체의 상근직원 수와 NGO의 정책참여 총량과의 사이에는 통계적으로 유의미한 상관관계가 형성되어 있지 않다. 그러나 NGO가 정부와의 관계에서 구축하는 행정국가적 거버넌스(유의도 0.01 이하 수준)와 정보국가적 거버넌스(유의도 0.05 이하 수준)는 유의미한 상관관계를 구성한다. 단체의 상근직원 수가 많을수록 정부와의 관계에서 행정국가적 거버넌스와 정보국가적 거버넌스를 구축할 가능성이 높다는 의미다. 또한 NGO의 상근직원 수와 NGO의 정책참여 양식 간의 관계에서는 계몽운동(유의도 0.01 이하 수준), 문제제기운동(유의도 0.01 이하 수준), 정치과정운동(유

〈표 9-8〉상근직원 수와 정책참여 양식 간의 상관계수

총합	상관계수	유의도	국가유형	상관계수	유의도	참여양식	상관계수	유의도
총체적 가버넌스	0.116	0.287	행정국가	0.431	0.000	계몽운동	0.436	0.000
						문제제기운동	0.358	0.000
			정치국가	0.139	0.179	정치과정운동	0.304	0.002
						정당운동	-0.037	0.719
			시장국가	0.005	0.961	대안운동	-0.045	0.644
						연대운동	0.290	0.002
			정보국가	0.253	0.014	공조운동	0.229	0.019
						자치운동	0.189	0.065

의도 0.01 이하 수준), 연대운동(유의도 0.01 이하 수준), 공조운동(유의도 0.05 이하 수준)이 통계적으로 유의미함을 알 수 있다. 상근직원의 수가 많을수록 계몽운동, 문제제기운동, 정치과정운동, 연대운동, 공조운동을 펴는 확률이 상대적으로 크다는 의미다. 그런데 일반적으로 NGO의 상근 직원 수가 많을수록 단체의 활동양식은 관료화 경향을 강화하게 될 가능성이 크다. 바로 이점에 착안해 보면, 이들 정책참여 양식이 단체의 관료화 경향과 상합하기 때문에 양자 간에는 상관관계가 구축되는 것이라고 해석해 볼 수 있다.

특히 행정국가적 거버넌스와의 상관계수가 높다는 점은 이를 간접적으로 확인해 준다. 다만 정보국가적 거버넌스와 NGO 활동의 관료화 경향사이에서 상관관계가 높게 나타난다는 사실은 정보국가적 거버넌스가 반관료제적 요구를 반영하는 것이라는 점에서 볼 때, 일견 모순적 현상처럼 보인다. 그러나 정보국가적 거버넌스가

반관료적 성향을 핵심으로 한다는 것은 정부의 운영양식을 분권화하거나 개방화한다는 의미일 뿐이다. 오히려 시민사회의 관점에서 보면 정보국가적 거버넌스가 시민사회의 체계적이고 결속화된 참여를 보다 더 요청하게 된다는 의미를 동반한다. 시민사회의 대표적인 문제 해결 주체가 NGO라는 점에서 볼 때, 이는 결국 NGO의 조직화 내지는 제도화 경향을 촉구한다는 의미로 해석된다. 따라서 정보국가적 거버넌스가 시민사회의 핵심 주체인 NGO의 제도화 경향과 상합할 것은 당연한 이치이다.

정부의 단체에 대한 지원금액과 단체가 채택하는 정책참여 양식 간에는 어떤 관계가 있는지를 알아보기 위하여 양자 간의 상관계수를 측정해 본 결과는 <표 9-9>에 나타나 있다.

<표 9-9>에 의하면, NGO 전체에 대한 정부의 지원금액과 NGO의 정책참여 총량과의 사이에서는 통계적으로 유의미한 상관관계가 구성되어 있지 않다. NGO의 정부지원금과 NGO가 정부와의 사이에서 구축하는 거버넌스의 양식 간에도 유의미한 상관관계는 없다. 그러나 NGO가 정부로 부터 받는 지원금과 NGO가 전개하는 계몽운동(유의도 0.05 이하 수준)간에는 통계적으로 유의미한 상관관계가 구축되어 있다. 단체가 수령하는 정부의 지원금액이 많을수록 계몽운동을 정책참여 양식으로 채택할 가능성이 커진다는 의미다. 이는 계몽운동만이 시민을 대상으로 하는 각성 촉구나 교육훈련 활동인 반면에, 다른 운동의 양식들은 정부를 상대로 하는 다양한 압력 행사나 참여의 양식이라는 점에서 시사하는 바가 크다. 정부의 지원금은 정부에 대한 NGO의 의존도를 높이고, 대 정

〈표 9-9〉 정부 지원금과 정책참여 양식 간의 상관계수

총합	상관계수	유의도	국가유형	상관계수	유의도	참여양식	상관계수	유의도
총체적 거버넌스	0.104	0.360	행정국가	0.036	0.732	계몽운동	0.226	0.026
						문제제기 운동	-0.164	0.108
			정치국가	-0.046	0.672	정치과정 운동	-0.049	0.636
						정당운동	-0.011	0.916
			시장국가	0.084	0.412	대안운동	0.081	0.422
						연대운동	0.051	0.617
			정보국가	0.087	0.419	공조운동	0.018	0.863
						자치운동	0.068	0.528

부 의존도가 높은 NGO일수록 정부에 대한 압력행사를 저어하게 된다는 의미다. 이는 또한 정부의 지원금이 대체로 정부에 부담을 주지 않는 계몽운동 중심으로 지원되기 때문이라고도 볼 수 있다.

종합해 보면, 총체적 관점에서 볼 때 한국의 NGO가 지니는 일반적 특성의 하나는 단체의 연조가 오랠수록 활동의 강도가 줄어든다는 점이다. 또한 한국의 NGO는 대체로 회원 수가 많을수록, 예산이 많을수록, 상근직원 수가 많을수록 행정국가적 거버넌스를 구축하는 경향이 크다는 점을 알 수 있었다. 단체의 예산 규모가 크거나 상근직원 수가 많을수록 정보사회적 거버넌스를 선호하는 경향이 있다는 점도 드러났다. 단체의 보수성과 제도화 정도가 NGO로 하여금 행정국가적 거버넌스와 정보사회적 거버넌스를 선호하게 만드는 것으로 해석되었다. 단체의 회원 수가 많을수록, 예산 규모가 클수록, 상근직원 수가 많을수록, 정부지원금이 많을수

록 계몽운동을 선호하는 경향이 있음도 드러났다. 한국 NGO의 구조적 특성에 따라 가장 크게 영향을 받는 정책참여 양식이 바로 계몽운동이라는 뜻이다. 다음으로는 연대운동과 공조운동으로서 단체의 회원 수, 연간 예산 규모, 상근직원 수에 따라 영향을 받는다. 문제제기운동과 정치과정운동은 단체의 예산 규모와 상근직원 수에 의해 좌우된다. 그런데 회원 수가 많다든지, 예산의 규모가 크다든지, 상근직원의 수가 많다든지, 정부 지원금이 많다든지 하는 변수들의 공유 정도가 높을수록 한국의 경우 대형 종합과제 지향적인 NGO일 가능성이 크다. 이점에서 볼 때 한국은 NGO가 대규모일수록, 종합과제 지향적 일수록 계몽운동, 연대운동, 공조운동, 문제제기운동, 정치과정운동의 순으로 정책참여 양식을 선호하는 경향이 있다고 말할 수 있다.

6. 결론

한국의 정부와 NGO가 거버넌스 과정에서 실제 어떤 양식으로 상호작용하는지를 알아보기 위해 NGO가 채택하는 운동양식의 빈도수를 측정해 본 결과, 전체적으로는 문제제기운동, 계몽운동, 대안운동, 연대운동이 주류를 이룬다는 사실을 알게 되었다. 행정국가적 거버넌스를 필두로 시장국가적 거버넌스가 주류를 형성하는 셈이다. 이는 제I 4분면과 제III 4분면을 구성한다는 점에서 경제적 합리성의 제고에 초점을 맞춘 것이라고도 말할 수 있다. 그런데 이렇게 행정국가적 거버넌스가 강조되는 이유는 한국의 NGO가 권위주의 시대를 거치면서 정부에 대한 저항과 대결을 통해 성장해 왔고, 이를 일종의 역사문화적 유재로 안고 있기 때문일 것이다. 행정국가적 거버넌스의 핵심인 문제제기운동과 계몽운동은 예시된 운동의 양식 중 정부와의 관계에서 가장 크게 대결적 관계를 강조한다. 이점은 시장국가적 거버넌스가 정부 실패를 전제로 시민사회의 자율과 역동성에 주목하고자 한다는 점과도 연계된다. 시장국가는 정부의 비능률성에 대한 반동의 결과로 여겨진다는 의미다. 행정국가와 시장국가는 그것이 상정하는 정부의 기능적 위상이 대리인 제도의 정당성 여부를 놓고 서로 대척적 관계에 있으면서도, 한국의 시민운동에 배태되어 있는 반정부적 내지는 저항 문화적 유재 하에서는 상합 관계를 구축한다는 의미다. 이점은 한국의 NGO가 시장국가와 행정국가를 가장 바람직한 거버넌스 유형으로 상정한다는 사실에 의해서도 확인된다. 그 중에서도 계몽운동과 대안운동은 현재 채택되고 있는 것보다 보다 더 강조되어야 할 정책참여 양식으로 지목되고 있다.

정치과정운동과 정당운동으로 압축되는 정치국가적 거버넌스는 가장 취약한 정책참여 양식으로 드러났다. 정치국가가 제II 4분면을 구성한다는 점에서 이는 정치적 합리성 확대에 대한 요구가 상대적으로 적다는 의미로 해석된다. 이렇게 정치국가적 거버넌스가 취약한 이유는 한국 사회에 만연해 있는 정치과정에 대한 무력감과 불신을 반증하는 것이라고 볼 수도 있지만, 보다 근본적으로는 한국 사회의 NGO가 엘리트 중심적이라는 데에 기인한다. 시민 없는 시민운동이 낳은 불가피한 결과다. 정치과정운동은 기본적으로 NGO 참여 회원들의 적극적인 활동과 동원을 전제로 하는 운동의 한 양식이다. 따라서 자발적 회원의 수가 제한되어 있는 한국의 NGO로서는 이런 전략을 채택하기가 어려울 수밖에 없다. 이런 현실적인 제약점은 현재의 정치국가적 거버넌스 구성 빈도가 NGO가 원래 바람직하다고 생각하는 것보다도 훨씬 더 상회한다고 평가되는 데에서도 확인된다. 그러니까 정치국가를 지향하기 위한 환경적 조건보다는 현재 훨씬 더 많이 정치국가적 거버넌스를 지향한다는 의미로 해석되기 때문이다. 특히 정치과정운동은 다른 참여양식에 비해 매우 취약한 형편이지만 바람직하다고 생각하는 것보다는 훨씬 더 자주 활용된다고 평가되고 있다는 점에 주목할 필요가 있다.

한편 시장국가적 거버넌스와 정보국가적 거버넌스가 상대적으로 강세를 보이는 이유는 현 시점에서 한국 사회가 강조해 온 신자유주의적 사고나 지식정보사회적 경향성과 무관하지 않을 것으로 추측된다. 특히 정보국가적 거버넌스의 핵심이라고 해야 할 공조운동이 생각보다 덜 활성화되어 있다고 평가한다는 점은 이런 추측을 뒷받침해 준다.

이런 거버넌스의 관계양식을 NGO가 다루는 정책과제의 성질별로 구분하면, 정치분야, 경제분야, 사회분야, 문화분야를 다루는 NGO와 국제활동분야, 종합활동분야를 다루는 NGO의 경우로 대별된다. 전자가 계몽운동, 문제제기운동, 대안운동, 연대운동을 중심으로 하는 행정국가적 거버넌스와 시장국가적 거버넌스를 강조하면서 비교적 다양한 운동양식에 대해 고른 비중을 두는 데 반해, 후자는 각각 자치운동과 계몽운동을 집중적으로 강조함으로서 정보국가적 거버넌스와 행정국가적 거버넌스를 강조한다는 데에 차이가 있다.

그런데 이들을 분야별로 세분해 보면, 정치분야의 경우는 대안운동과 문제제기운동이 대표적인 정책참여 양식으로 자리 매김 되어 있다. 정치적 대리인을 상대로 문제의 소재를 강조하고 이를 해결하기 위한 대안을 제시함으로서 정책의 순도와 합리성을 높이고자 하는 데 주력한다는 의미다. 따라서 주로 정부를 상대로 운동에 참여하는 소수의 전문가나 엘리트를 중심으로 정책참여가 이루어진다고 볼 수 있다. 그러나 그럼에도 다른 분야에 비해 정치과정운동이 차지하는 비중이 크다는 점은 정책참여가 주로 정치적 대리인을 상대로 하는 것이기 때문에 그들에 대해 정치적 압력을 동원하는 일이 당연한 과제로 제기되기 때문일 것으로 판단된다. 이 분야에 해당되는 NGO는 상대적으로 숫자도 많고 단위 기관 당 활성화 정도도 높다.

경제분야는 연대운동과 계몽운동이 가장 크게 활용되고 있는데, 이는 정책참여가 시민사회를 경유하는 간접 방식을 통해 이루어지고 있음을 시사하는 것이라고 해석된다. 특히 다른 분야와 비교해 보더라도 이 두 가지의 운동양식이 차지하는 상대적 비중이 가장 큰 것으로 나타나 있어 이 두 운동양식에 대한 의존도가 매우 높다는 점을 다시 한 번 확인하게 된다. 경제분야에서 정당운동이나 자치운동의 상대적 비중이 가장 낮다는 점은 경제문제를 다루는 데 있어 NGO가 정책대안을 직접 고안하거나 주도하는 일을 피하는 대신 정부의 주도력에 의존하는 정도가 상대적으로 높다는 의미로도 해석된다. 이 분야의 NGO는 수적 규모면에서 매우 적지만 단위 기관 당 활성화 정도는 상대적으로 높다.

사회분야는 문제제기운동, 연대운동, 계몽운동이 주류를 이루면서 대안운동에 대한 비중이 상대적으로 가장 낮다는 점을 감안해 볼 때 적극적으로 정책의 합리성 신장을 위해 노력하기보다는 시민사회의 각성과 문제의식 제고에 초점을 맞추는 데 주력한다고 할 수 있다. 이는 사회분야의 정책과제가 제도나 질서와 유관되어 있으면서도 궁극적으로는 인본주의적 요소에 의해 결정된다고 보기 때문일 것이다. 이 분야에 해당되는 NGO가 가장 많고 단위 기관 당 활성화 정도도 높다.

문화분야는 계몽운동, 문제제기운동, 대안운동이 주류를 이루는 가운데 공조운동에 대한 비중은 상대적으로 가장 낮다. 문제의 원천이 주로 시민사회 구성원의 인식과 자질에 달려있다고 보는 데에서 오는 결과로 해석된다. 시민사회의 낮은 역량을 상정하고 이의 개선을 통해 사회 문제 해결에 나서자는 인식의 틀을 지니고 있기 때문에, 시민사회가 사회문제 해결을 위해 정부와 협력적 동반자 관계를 구축한다는 전략에 대해 비관적 자세를 취하게 되었을 것이다. 이 분야에 속하는 NGO의 숫자는 많지만 단위 기관 당 활성화 정도는 낮은 것으로 평가된다.

국제활동분야는 자치운동. 대안운동, 연대운동을 강조하는 가운데 공조운동에 대한 상대적 비중이 높은 것으로 나타났다. 반면에 계몽운동, 문제제기운동, 정치과정운동에 대한 상대적 비중은 매우 낮다. 국가의 경계를 초월해서 이루어지는 국제활동의 특성상 정부의 역할에 크게 비중을 두지 않으면서 동시에 시민사회의 국제적 연대 역량에 대해서는 이를 중요시하는 데에서 오는 결과로 해석된다. 이 분야에 속하는 NGO는 숫자도 적고 단위 기관 당 활성화 정도도 낮은 것으로 평가되었다.

종합활동분야는 계몽운동, 문제제기운동, 대안운동이 주류를 이루고 연대운동에 대한 상대적 비중이 낮다. 이는 종합활동을 펴는 NGO의 특성이 일반 NGO와 근본적으로 다를 것이 없지만 자체의 비중과 규모가 큰 만큼 애써 연대활동에 나서야 할 필요성이 상대적으로 적기 때문일 것이다. 이 분야에 속하는 NGO의 숫자는 적지만 단위 기관 당 활성화 정도는 가장 높은 것으로 드러났다.

종합해 보면 현 단계 한국의 정부와 NGO는 사회, 정치, 문화 분야를 중심으로 ACF를 형성하고 있으며, 행정국가적 관계와 시장국가적 관계의 접점에서 거버넌스를 구축하고 있는 셈이다. 반면에 정치국가적 관계 형성은 매우 저조한 실정이다. 이는 한국의 정부와 NGO가 정책의 효율성이나 능률성 같은 경제적 합리성 제고에 우선순위를 두는 반면, 정책과정의 대화나 대표성 같은 정치적 합리성 제고에 대해서는 아직 크게 유의하지 않는다는 의미로 해석된다.

그런데 이런 NGO의 활동이 단체의 구조적 특성과는 어떤 상관관계를 맺는지를 알아본 결과, 대체로 단체의 회원 수가 많을수록, 보수화 되어 있을수록, 제도화 되었을수록, 대 정부 의존도가 높을수록 계몽운동이 활성화 되는 경향이 있음을 알게 되었다. 대리인을 통한 정부의 경제적 합리성 제고에 유의하자는 것이다. 회원의 수가 많을수록, 보수화되어 있을수록, 제도화 되었을수록 연대운동과 공조운동이 활성화되는 경향도 있다. 제III 4분면과 제IV 4분면을 구성한다는 점에서 대리인에 대한 기댓값을 낮추면서 보다 개인적 요구의 충족에 주목하려는 것으로 이해된다. 여기에 더하여 단체의 보수화 경향이 커지거나 제도화 될수록 문제제기운동과 정치과정운동이 활성화되는 경향도 있다. 제I 4분면과 제II 4분면을 구성한다는 점에서 대리인을 통한 집단적 요구의 충족에 주목하려는 것으로 이해된다. 그러나 정당운동, 대안운동, 자치운동의 채택 여부는 단체의 구조적 특성과 크게 상관관계가 없음도 알 수 있었다. 정당운동, 대안운동, 자치운동은 단체의 제도화 정도와 크게 연계되어 있지 않다는 의미다. 제II 4 분면과 제III 4분면 그리고 제IV 4분면을 구성한다는 점에서 대체로 정치적 합리성을 추구하거나 개인적 요구를 충족하는 일과 NGO의 단체 제도화 수준과는 크게 상관관계가 없다는 의미로 해석된다. 단체의 제도화 관점에서 볼 때 정당운동, 대안운동, 자치운동은 보다 혁신적인 성격을 지니는 정책참여 양식이라는 뜻이다. 이 경우는 시민운동 지도자의 리더십이나 비전 따위가 보다 더 큰 영향을 발휘하게 될 가능성이 크다.

결국 현 단계 한국의 NGO는 제도화 수준이 높을수록 또는 대형 종합과제 지향적 NGO일수록 정부와의 관계에서 주로 행정국가적 거버넌스나 정보국가적 거버넌스를 형성하는 경향이 있다는 의미다. NGO의 본성을 감안해 볼 때, 보다 NGO 자체의 분권화, 다변화, 비조직화가 이루어질 때 미래형 거버넌스로의 이행이 가능케 된다는 의미로도 해석된다.

별첨

1. 설문조사 설계와 시행

한국의 NGO가 정책에 참여하는 양식을 조사하기 위해 중앙일보 부설 시민사회연구소에 파악되어 있는 NGO 1,023 개소 전수를 상대로 2001년 1월 20일부터 2월 15일까지 일차 설문조사를 실시하여 35개를 유효 응답지를 회수하였다. 2001년 3월 5일부터 25일까지 이차 설문조사를 실시한 결과 75개의 유효 응답지를 추가 회수함으로서 총 110개의 유효 응답지를 확보하게 되었다. 한 단체에 하나의 설문지만을 배포하고 단체의 상근직원이 응답하도록 함으로서 조사의 기본단위가 개별 NGO 단체가 되도록 하였다. 응답단체가 주로 다루는 정책과제별 구성비율과 실제 한국의 NGO가 다루고 있는 정책과제별 구성비율을 비교한 결과는 <표 9-10>에 나타나 있는 바와 같다. 실제 한국의 NGO가 다루는 정책과제별 구성비율은 김영래(1999: 88)에서 발췌 작성하였다.

<표 9-10>에 나타나 있는 구성비를 비교해 보면 실제 한국의 NGO가 구성되어 있는 비율에 비해 경제 분야 NGO가 약간 과소대표되었고, 대신 사회분야 NGO가 상대적으로 과대 대표되었음을 알 수 있다. 대체로 10% 내외의 차이를 보이는 셈이다. 따라서 조사의 결과를 이를 감안하여 평가되어야 하겠다.

조사 결과 나타난 NGO의 구조적 특성은 대체로 다음과 같이 정

〈표 9-10〉 NGO의 정책과제별 구성비

구성비율 \ 정책과제	응답자	실제
정치	26.6	30.2
경제	2.2	13.0
사회	40.3	31.3
문화	23.0	23.9
국제활동	2.9	1.2
종합활동	5.0	0.5*
합계	100.0	100.1

* 김영래(1999: 88)에서는 종합과제를 다루는 NGO를 따로 구분하지 않는 대신 기타로 처리하여 정리하였다.

리된다. 한국의 NGO는 대체로 생긴지 6년 8개월 정도 되었으며, 회원 수는 약 650명이고, 연간 예산은 14,059만원이며, 상근직원 수는 약 5명이고, 정부로부터 받는 보조금은 약 300만원 정도이다.

이러한 구조적 특성 위에서 활동하는 한국 NGO의 응답결과에 대해서는 항목별 빈도를 측정한 후, 교차분석과 피어슨 상관계수 분석을 실시하였다.

2. 설문지

* 먼저 선생님이 소속되어 있는 단체에 대해 여쭈어 보겠습니다.

1. 다음 중 어느 분야를 주로 다루는 단체입니까? 해당되는 곳에 ○표를 해주십시요.

   1) 건강/보건/의료( ), 2) 교육( ), 3) 교통( ), 4)국제교류( ),

   5) 소비자( ),6)사회개혁 ( ), 7) 언론/출판( ), 8) 의식개혁( ),

   9) 여성( ), 10)인권( ). 11) 자선( ), 12) 정보화( ),

   13) 정치/행정/법률( ), 14)지방자치/지역사회( ), 15) 청소년 ( ),

   16) 통일( ), 17) 환경( ), 18) 시민단체연대( )

   18) 기타________________________________

2. 생긴지는 얼마나 오래 되었습니까?

   ____________________년

3. 회원 수는 얼마나 됩니까?

   ____________________명

4. 연간 예산은 얼마나 됩니까?

   ____________________만원 정도

5. 상근 직원이 있습니까? 있다면 몇 명이나 됩니까?

   1) 없음 ( ), 2) ____________________명

* 다음은 정부와의 관계에 대해서 여쭈어 보겠습니다.

6. 정부로 부터 재정적인 지원을 받은 일이 있습니까?

1) 있다( ), 2) 없다( )

있다면 작년의 경우 약 얼마정도나 지원을 받았습니까?

1)__________________만원

7. 정부가 시민운동단체와 공동사업을 제안한다면 어떻게 하시겠습니까?

1) 당연히 수용한다( )

2) 괜찮은 의견이라고 생각된다( )

2) 정해진 의견이 없다( )

4) 별로 내키지 않는 일이다( )

5) 일고의 가치도 없다( )

8. 시민운동단체와 정부의 관계는 어떤 것이 가장 이상적이라고 생각하십니까?

1) 상호지지적 관계( )

2) 상호보완적 관계( )

3) 상호갈등적 관계( )

* 시민운동의 전개 양식에 대해서 여쭈어 보겠습니다.

9. 어떤 사안에 대한 정부의 정책을 변화시키기 위해 시민운동이 취할 수 있는 방법에는 여러 가지가 있습니다. 다음 중 가장 바람직하다고 생각되시는 것 3개에 ○를 표시해 주십시요.

1) 시민의 일반적인 의식개혁을 위해 교육, 계몽, 문화운동을 전개한다( )
2) 문제의 심각성을 고발하거나 주의를 환기시키기 위해 노력한다( )
3) 공무원이나 정치인을 만나 접촉하거나 압력을 행사하는 등 적극적인 로비활동을 편다( )
4) 정당을 구성해서 적극적으로 원하는 정책을 관철시키고자 하거나 이에 준하는 활동을 편다( )
5) 문제 해결을 위해 구체적인 대안을 개발하고 제시한다( )
6) 시민운동단체 간의 연대활동을 전개한다( )
7) 정부의 제도적인 창구를 통해 사전에 자문하거나 의견을 진술하는 등 정부의 정책결정과정에 적극적으로 참여하고 협의한다( )
8) 정부의 힘을 빌리지 않고 직접 문제를 해결하기 위해 노력한다( )
9) 기타 ______________________________

10. 선생님이 소속한 단체에서는 다음에 제시한 일을 각각 얼마나 자주 하십니까? 해당하는 곳에 ○표하여 주십시요.

빈도 정책참여 양식	한시간에 한번	하루에 한번	일주일에 한번	한달에 한번	일년에 한번	거의 없음
시민의 일반적인 의식개혁을 위해 교육,계몽, 문화운동을 전개한다						
문제의 심각성을 고발하거나 주의를 환기시키기 위해 노력한다						
공무원이나 정치인을 만나 접촉하거나 압력을 행사하는 등 적극적인 로비활동을 편다						
정당을 구성해서 적극적으로 원하는 정책을 관철시키고자 하거나 이에 준하는 활동을 편다						
문제 해결을 위해 구체적인 대안을 개발하고 이를 제시한다						
시민운동단체 간의 연대활동을 전개한다						
정부의 제도적인 창구를 통해 사전에 자문하거나 의견을 진술하는 등 정부의 정책결정과정에 적극적으로 참여하고 협의한다						
정부의 힘을 빌리지 않고 직접 문제를 해결하기 위해 노력한다						
기타( )						

* 응답자 자신에 대해서 여쭈어 보겠습니다

11. 선생님의 연령은? ________________세

12. 성별은? 1)남 ( ), 2) 여 ( )

13. 이곳 말고도 간여하시는 시민운동단체가 있다면 몇 개나 되십니까?

  1) 없음 ( ), 2) ________________개 단체

14. 시민운동에 투신하신지는 얼마나 되었습니까?

  ________________년

문제 제기

1. 정부와 NGO가 실로 다양한 관계 모형을 보여주는 이유는 무엇인가?
2. 어째서 행정국가는 보완적 거버넌스를 필요로 하는가?
3. 행정국가 하에서의 NGO는 어떤 참여전략을 필요로 하는가?
4. 정치국가 하에서의 NGO는 어떤 참여전략을 필요로 하는가?
5. 시장국가 하에서의 NGO는 어떤 참여전략을 필요로 하는가?
6. 정보국가 하에서의 NGO는 어떤 참여전략을 필요로 하는가?
7. 행정국가, 정치국가, 시장국가, 정보국가는 서로 어떻게 다른가?
8. 한국의 정부와 NGO는 주로 어떤 거버넌스 양식을 취하고 있는가?

참고문헌

김광식. (1999).「NGO 시민운동단체, 21세기의 희망인가」. 서울: 동명사.

김광웅. (2000). 협력체제와 효과적인 국정운영. 박재창(편).「정부와 NGO」. 서울: 법문사. 20-47.

김영래. (1999). 비정부조직과 국가와의 상호작용 연구: 협력과 갈등.「국제정치론총」, 39(3): 79-98.

김종래. (2000). 환경분야에서의 정부와 NGO관계. 박재창(편).「정부와 NGO」. 서울: 법문사.

박재창(편). (2000).「정부와 NGO」. 서울: 법문사.

서영백. (2008). 국내 NGO 7749개 -- 7년새 2.4배 ↑.「아시아 경제」. 2008.09.04.

한국 시민의 신문. 시민운동정보센타. (2006).「한국민간단체 총람 2006」. 서울: 시민의 신문사.

주성수. (1999).「시민사회와 제3섹타」. 서울: 한양대 출판부.

Coase, R. H. (1988). *The Firm, the Market and the Law.* Chicago: University of Chicago Press.

Coston, Jennifer M. (1998). A Model and Typology of Government-NGO Relationships, *Nonprofit and Voluntary Sector Quarterly,* 37(3): 358-382.

deLeon, L. and Denhardt, R. B. (2000). The Political Theory of Reinvention. *Public Administration Review,* 60(2): 89-104.

Eisenberg, Pablo. (2000) The Nonprofit Sector in a Changing World. *Nonprofit and Voluntary Sector Quarterly,* 29(2): 325-330.

Gronbjerg, K. A. (1987). Patterns of Institutional Relations in the Welfare State: Public Mandates and the Nonprofit Sector. In S. A. Ostrander. (ed). *Shifting the Debate: Public/ Private Sector Relations in the Modern Welfare State.* New Brunswick, NJ: Transaction Books. 64-80.

Hammock, J., & dc Ingersoll, J. (1990). Report of the Leadership Working Group. In P. Ingersoll and dc J. Ingersoll. (eds). *Toward Partnership in Africa: An In-depth Review by African and US. Non-profit Development Agency Staff.* 31-91.

Jorgensen, T. B. (1994). Models of Governance and Administrative Change. In J. Kooiman. (ed). *Modern Governance: New Government-Society Interaction.* London: Sage Publications. 219-234.

Katz, Hagai. (2008). INGO Data Suites of Global Civil Society. In Martin Alberto, Helmut Anheier, Malies Glasius, Monore E. Price and Mary Kaldor. (eds). *Yearbook of Global Civil Society 2007/8.* London, UK: Sage Publications. 258-344.

Kooiman, J. (1994). Governance and Governability: Using

Complexity, Dynamics, and Diversity. In J. Kooiman. (ed). *Modern Governance: New Government-Society Interaction.* London: Sage Publications. 35-48.

Kramer, R. M. (1981). *Voluntary Agencies in the Welfare State.* Berkely: University of California Press.

Leonard, D. K. and Marshall, D. R. (eds). (1982). *Institutions of Rural Development for the Poor: Decentralization and Organizational Linkages.* Berkely: Institute of International Studies, University of California Press.

Lipsky, M. K. and Smith, A. R. (1990). Nonprofit Organizations, Government, and the Welfare State. *Political Science Quarterly*, 104(4): 625-648.

Najam, A. (1999). Non-Governments: NGOs and the Political Development of the Third World. *Nonprofit and Voluntary Sector Quarterly,* 28(3): 364-367.

National Center for Charitable Statistics. (2009). Number of Nonprofit Organizations in the United States: 1998-2008. Urban Institute.<http://nccsdataweb.urban.org/PubApps/profile1.php?state=US>

Nutt, P. C. and Backoff, R. W. (1992). *Strategic Management of Public and Third Sector Organizations: A Handbook for Leaders*. SF: Jossey-Bass.

Olson, M. (1965). *The Logic of Collective Action. Cambridge.*

MA: Harvard University Press.

Prijono, O. S. (1992). Voluntarism and Voluntary Organizations in Indonesia. In K. D. McCarthy, V. A. Hodgkinson, R. D. Sumariwalla, and Associates. (eds). *The Nonprofit Sector in the Global Community: Voices from Many Nations.* SF: Jossy-Base. 438-453.

Rahman, Md. A. (ed). (1984). *Grassroots Participation and Self Reliance: Experiences in South and South East Asia.* New Delhi, India: Oxford and IBH

Sakano, T. (2000). Rethinking Modes of Knowledge Creation and Organizing Principles for Knowledge Empowered Government. In Korean Association for Public Administration, *Proceedings for 2000 Year Seminar, Strategy Development for Knowledge Empowered Government.* Seoul: Sunglim Printing, 237-251.

Salamon, L. M. (1987). Of Market Failure, Voluntary Failure, and Third-Party Government Toward a Theory of Government-Nonprofit Relations in the Modern Welfare State. In S. A. Ostrander. (ed). *Shifting the Debate: Public/Private Sector Relations in the Modern Welfare State.* New Brunswick, NJ: Transaction Books. 28-49.

______. (1994). The Rise of Nonprofit Sector. *Foreign Affairs,* 73(4): 109-122.

Salamon, L. M., Musselwhite, J. C., Jr., and Abramson, A. J. (1984). Voluntary Organizations and the Crisis of the Welfare State. *New England Journal of Human Service*, 4(1): 25-36.

Sato, Hajime. (1999). The Advocacy Coalition Framework and the Policy Process Analysis: The Case of Smoking Control in Japan. *Policy Studies Journal*, 27(1): 28-44.

Streeten, P. (1988). The Contributions of Non-governmental Organizations to Development. *Asian Journal of Economist and Social Studies*, 7(1): 1-9.

The Center for the Study of Global Governance. (2005). *Global Civil Society Yearbook 2004/2005*. UK: London School of Economics.

Weisrod, B. A. (1977). *The Voluntary Nonprofit Sector*. Lexington: D. C. Heath and Company.

World Bank. (1992). NGOs and Strategic Planning: Sub-regional Seminars for Latin American NGOs on International, Sectoral and Functional Strategic Planning. Proposal Draft. Washington DC: The World Bank.

Young, D. R. (2000). Alternative Models of Government-Nonprofit Sector Relations: Theoretical and International Perspectives. *Nonprofit and Voluntary Sector Quarterly*, 29(1): 149-172.

제10장 |

TNGO의 대외교류 실태

1. 서론

정보사회의 도래와 정부실패에 대한 진단은 한 나라가 효율적으로 운영되려면 국가와 시민사회가 공동 협력하는 거버넌스의 도입이 불가피하다는 인식을 확산시켰다. 이는 단순히 국민국가(national state) 차원에서만 야기되는 것이 아니라 지구국가(global state) 같이 아직은 형성단계에 있는 초국적 관계 망 차원에서도 제기된다. 환경 오염, 테러 발생, 마약 밀매, 청소년 착취, 에이즈 확산 등에서 보는 바와 같이 범지구적으로 국가 간 공조체제를 갖추지 않으면 해결하기 어려운 과제들이 확산되고 있기 때문이다. 정보사회의 도래로 인해 정보와 자본이 국민국가의 경계를 초월해서 이동하게 되었다는 사실은 한 나라의 정책 네트워크가 범지구적으로 확장되어야 한다는 주문에 다름 아닌 일이기도 하다.

자연히 지구 차원에서 이루어지는 국가 간 협력의 중요성이 강조될 것은 당연한 이치이다. 이런 협력의 가시적인 형태로는 흔히 WTO, UN, OECD 등이 지목된다. 그러나 이들은 일반시민의 주권적 의지를 정교하게 반영하지 못하며 오히려 국가권력의 시민사회에 대한 억압과 착취를 강화하거나 그의 정당성을 높이는 동원 기제로 작용한다는 비판마저 제기되어 있다. 국가 간 협력에서도 국민국가의 경우와 마찬가지로 이를 견제하고 감시 비판하며 나아가 협력의 적실성, 타당성 내지는 실효성을 제고하기 위한 수단을 강구해야 하고, 이를 위해서는 지구시민사회 구축이 필수적 과제라는 인식이 확산되는 이유다.

이는 국가 간의 협력이 민족주의 내지는 자국중심주의를 벗어나기 어렵고, 그렇기 때문에 실질적인 협력을 구하기 어렵다고 판단하는 데에서 비롯된다. 그에 반해 시민사회단체 간의 협력은 그의 본질 면에서 볼 때 인류 공통의 보편적 유익이나 가치를 추구하도록 되어 있고, 그렇기 때문에 공조나 연대를 추동하기가 훨씬 더 유리하다는 것이다(Toulmin, 1994: 8).

또한 정부 간의 협력과 공조는 기본적으로 관료제에 기초하기 때문에 그의 구조적 경직성으로 인해 국제환경 변화에 기민하게 반응하지 못하고, 주도권 쟁탈전을 일삼거나, 운영과정이 비효율적이라는 점도 문제다. 그렇다고 해서 시장 메커니즘에 의존하는 경우에는 인본주의적 수요를 외면하고 경제사회적 불평등을 야기하는 등 적지 않은 문제를 동반하게 된다. 따라서 국가나 시장 가운데 어느 한 쪽을 통해 범지구적 과제를 해결하고자 하는 경우에는 구조적인 한계를 지닐 수밖에 없다.

그렇기 때문에 국가와 시장의 특성 내지는 공적 목표와 사적 자율성 모두를 아우르는 "중도 노선(the Middle Way)"에 유의하지 않을 수 없게 된다. "공적 목표를 위한 사적 구조(private structure for public purpose)"를 채용함으로서 문제해결과정의 유연성과 과제해결능력을 동시에 제고하자는 것이다(Salamon, 2003: 2). 이는 본래 NGO 간의 협력과 연대를 통한 제3의 정치가 일국 내부 문제 해결을 위해 고안된 처방전이었으면서도 이를 지구 차원에서 접근하고자 하는 것이라는 점에서, 지구시민사회를 일국의 구조적 특성이 국경 밖으로 연장되는 외연적 구조물로 이해하자는 것이기도 하다.

여하튼 이는 제3의 정치에서 그 핵심 요소라고 할 수 있는 NGO가 지구화 과정의 중요 행위자로 자리 매김 해야 한다는 의미이며, 운동의 범지구화 과제가 더 이상 일국 정치의 주변부에 머물러서는 안 되고 그것 자체가 초국적 정치영역의 핵심부로 진입해 들어가야 한다는 의미로 해석된다.

또한 정보통신기술의 발전으로 정보의 유동성이 급격히 증대하고 그 결과 기존의 체제나 질서가 영원불변의 것이 아니라 매우 가변적이라는 인식이 싹트게 되었다. 어떤 현상의 타파나 보다 나은 대안을 개발하고자 노력하는 일 등이 매우 당위적인 과제라는 인식을 하게 된 것이다. 이로 인해 지구적인 과제의 해결을 위해 보다 용이하고 능률적인 양식으로 대처하기 위한 대안을 찾아나서는 일이 자연스럽게 유발되고 있으며 또한 당연한 일로 간주되고 있다(NGLS, 2003: 6). 이로 인해 지난 10년에서 15년 사이에 NGO가 국제관계 형성의 주요 핵심인자로 급속히 부상하게 되었다.

그런데 이런 NGO의 대외교류 확산 현상에 대해 이를 경험적 차원에서 점검해 보려는 노력은 매우 일천하며 당위적 차원에서 논의하는 것이 대부분이다. 이는 지구 차원의 NGO에 의한 대외교류가 매우 급속히 확산되고 있는 것이 사실이기는 하지만 얼마 전까지만 하더라도 새로운 현상이거나 아직은 단순한 경향성에 지나지 않는 것으로 간주되어 왔기 때문이다.

그러나 그렇다고 하더라도 이를 한층 더 강화하고 그를 통해 초국적 시민사회 형성을 조장, 촉진하기 위해서는 먼저 그 교류와 협력의 실태를 파악하는 것이 선결 과제다. 현상에 대한 진단이 선행되어야 지구시민사회 차원의 협력과 교류를 강화하기 위한 정책 수요가 파악되고 정책 수요가 파악되어야 대안 모색이 가능할 것이기 때문이다.

이런 문제의식과 현실인식을 토대로 국내외 NGO들이 어떻게 상호작용하고 교류하는지를 체계적으로 진단하고 그 결과를 토대로 한국 NGO의 대외교류를 결정하는 주요 구성인자에는 어떤 것들이 있는지를 파악해보고자 하는 데에 이 장(章)은 우선적인 목표를 두고 자 한다. 이점이 밝혀지면 한국 NGO의 대외교류를 활성화하기 위해서는 무엇을 개선해야 하며 이를 국가 정책 차원에서 조응하기 위해서는 어떤 대안 개발이 가능한지를 점검해 볼 수 있을 것이기 때문이다.

2. 지구시민사회와 NGO의 대외교류

1) 지구시민사회와 TNGO

지구시민사회라는 개념에는 규범적인 내용과 서술적인 상황이 혼재되어 있다(안하이어 외, 2004: 18). 특히 지구시민사회를 지구시민운동의 차원에서 이해하는 경우에는 일종의 당위적이고 가치판단적인 요소를 강조하면서 사회운동가의 안목에서 이해하고 접근하려는 경향을 지니기 마련이다. 그러나 이를 경험적 실체로서 진단하거나 이해하려는 사회과학자의 관점에서는 평가의 과학성과 검증의 객관성을 강조하게 된다. 지구시민사회를 이해하는 데 있어 항용 가치중립성 내지는 객관성을 강조하는 사회과학자의 안목과 어떤 가치를 지향하거나 규범을 강요하는 사회운동가적인 시각이 혼재되면서 객관적인 진단과 당위적인 요구를 엄격히 구분하기가 어려워지는 이유다(안하이어 외, 2004: 18)

이런 가운데에서도 지구시민사회를 사회운동론적 시각을 강조해서 접근하는 경우, 지구시민사회의 핵심 구성 요소 가운데 하나인 NGO에 의한 대외교류를 도덕적 원리나 보편적 가치를 구현하기 위한 과정으로 규정하게 될 것은 당연한 일이다. 이럴 경우 자연히 사회정의, 환경, 문화유산의 보호 등과 같은 과제에 대해 사회적 책무를 높이자는 문명화 과정의 의미가 지구시민사회의 개념 속에 자리 잡게 된다(안하이어 외, 2004: 241). 이에 따라 관련자들 사이에서는 자연히 문명화를 어떻게 규정할 것인가의 문제가 제기되며, 그 결과 지구시민사회의 규범적 요소에 대한 동의나 합의를 도출하기가 어렵게 된다.

또한 NGO의 대외교류가 자신이 추구하는 도덕적 가치를 구현하기 위한 것이라고 한다면, 이는 국민국가를 저항과 개혁의 대상으로 보면서도 동시에 보편적 가치에 동참하려는 선한 의지를 지닌 존재로 규정하거나 전재하는 자기모순성을 지니게 된다. 개별 국민국가를 상대로 압력과 정보를 전달하는 것은 국민국가가 현재는 자기 혁신을 이루어야 할 만큼 도덕적, 윤리적으로 적절치 못한 상태에 있지만 이를 언젠가는 시정하게 될 것이고 또 그럴 의지와 성정을 지녔다고 가정하기 때문이다.

이런 개념상의 혼란과 구조적인 모순을 극복하기 위해 지구시민사회를 단순히 NGO들의 상호작용과 교류의 한 양식으로 단순화해서 이해하고자 하는 이들은 대외교류에 나서는 NGO를 그의 조직화 정도나 제도화 수준 내지는 교류의 빈도나 강도에 따라 대체로 INGO(International NGOs) (Boli and Thomas, 1999; Frank et al, 2000)와 TNGO(Transnational NGOs)로 구분해서 다루는 것이 보통이다.

이 가운데 TNGO는 일국 내부에서 자신의 일상적인 이슈를 가지고 활동하다가 필요할 때 대외교류에 나서는 경우를 말한다. 따라서 TNGO에 있어서는 대외교류가 기관 존립의 일차적 동기라고 볼 수 없으며, 그렇기 때문에 국내활동에 우선적인 목표를 두는 것이 보통이다. 그 결과 세계경제의 복잡성이나 국제기구의 의사결정 과정에 대한 이해력이 상대적으로 부족한 상태에서 이들을 상대로 연대활동에 나서거나 교류를 강화한다는 문제를 안고 있다(이정옥,

2000: 82-86). 그러나 이들은 국제교류나 연대활동의 궁극적인 목표라고 할 수 있는 정책 개선이나 사회정책과제 해결에 필요한 국내정치과정을 상대로 하는 압력 행사에서는 상대적으로 유리한 입장에 선다는 장처를 지녔다.

반면에 INGO는 범지구적인 문제 해결을 위해 조직적이고 집합적인 노력을 경주하는 초국적 동원구조라고 할 수 있다. 국제교류 자체가 NGO 구성의 본래 목적인 경우다. 이들은 지구차원의 시장 세력에 대항하는 초국적 사회세력을 자임하는 것이 보통이지만 대부분 공적 권위의 부족과 대표성의 한계에 시달리고 있다(박상필, 2005: 601–603). 보다 중요한 점은 대부분의 INGO가 TNGO의 기능적 확산이 초국적으로 확산되는 과정에서 파생되는 것이 보통이며, 그렇기 때문에 일국의 내부과정에 초점을 맞추어 놓고 보면 TNGO가 INGO에 비해 보다 강력한 실체적 기반을 구축하고 있다는 사실이다. 이런 점을 고려하여 여기에서는 주로 TNGO를 분석의 대상으로 한정하고자 한다.

그런데 이런 TNGO에 의한 대외교류를 정책주창 기능의 관점에서 이해하는 이들은 이를 국제도덕성 이론의 관점에서 설명하고, 서비스 제공 기능에 초점을 맞추어 보는 이들은 시장실패론의 입장에서 설명하고자 한다. 국제도덕성 이론에 따르면 TNGO에 의한 대외교류가 최근에 보다 더 활성화 하게 되는 원인 가운데 하나는 지구촌에 미국중심의 일극체제가 자리 잡게 되었기 때문이라는 것이다. 지구촌에서 작용하는 미국의 언권이 커지자 미국의 국내 정치과정에 영향을 미쳐야 할 수요가 커지게 되었으며, 미국 국내의 이익집단 중심적인 정치과정을 감안해 볼 때 이를 상대로 하는 이익집단 중심의 로비 전략을 취해야 할 전략적 수요가 커졌다는 것이다(이원웅, 2000: 142). 여기에 더해 신사회운동론의 안목이 추가되면서 시민사회를 통한 새로운 공공영역의 창출 가능성에도 주목하게 되었고, 바로 이런 인식의 확산이 TNGO의 발흥을 불러오게 되었다고 본다(이원웅, 2000: 143).

그러나 이를 시장실패론의 입장에서 설명하고자 하는 이들은 이기적 합리성에 기초하는 국가중심주의가 국제시민사회에서 무임승차 효과를 유발하고 있으며, 그 결과 국제 공공재의 효율적인 공급에 실패하고 있다는 것이다. 이런 현실을 인식하고 거래비용의 최소화(minimization of transection costs)와 국가실패의 방지(prevention of state failure)를 위해(이종식, 2002: 245) IGO(International Government Organizations)에 대한 대안적 장치로 등장한 것이 바로 NGO에 의한 대외교류라는 것이다. 그러니까 이 경우 NGO의 대외교류는 기본적으로 범지구차원에서 공공 서비스를 확대 제공하려는 데 일차적인 목표를 두게 된다(이원웅, 2000: 140).

2) TNGO의 대외교류 분석

TNGO를 비롯한 NGO 일반의 대외교류 실태를 파악하고 나아가 지구시민사회를 분석하는 데 있어 지금까지는 대체로 관행적인 접근시각에 의존해 왔다. 그 결과 연구 방법론상의 일국주의(methodological individualism)에 빠지는 문제를 낳고 있다(안하이어 외,

2004: 237). 산업사회 이후 사회과학은 국민국가 경계를 분석과 자료 수집의 기본 단위로 삼아 왔다. 그러나 TNGO의 대외교류는 국민국가의 경계를 넘어 인류공통의 의식이나 가치관을 전제로 전개된다. 따라서 분석의 기초 단위도 국민국가의 경계를 초월하는 차원에서 구상되고 적용되어야 마땅한 일이다. TNGO의 초국적 교류에는 그것 자체로서의 문화와 관습 및 질서가 내포되어 있을 것이기 때문이다.

따라서 TNGO의 초국적 교류에 대한 분석 작업은 이의 국가종단적 비교 연구(cross-national comparison)와는 본질적 성격을 달리한다(Scholter, 2004: 4). TNGO에 의한 대외교류 현상을 진단하기 위해서는 기초 자료 자체가 초국적으로 수집되어야 하지만 현실적으로 이는 결코 쉽지 않은 일이다. 전 지구를 상대로 일거에 기초자료를 수집하는 방대한 작업을 수행해야 하기 때문이다. 따라서 여기에서는 현상 자체를 분석하기 위해서는 초국적 접근전략을 채택하지만, 이를 위해 필요로 하는 기초 자료 수집은 일종의 일국주의적인 접근전략에 의존하고자 한다. 그러니까 일국 TNGO의 대외 활동에 대한 총합적 누적치가 초국적 교류를 국가 간의 관계에서 파악하는 범지구적 차원의 자료를 대체할 수 있다고 보고자 하는 것이다.

따라서 분석과 자료수집 단위상의 불일치가 발생할 것은 당연한 일이다. 아무리 분석단위를 초국적 관계로 설정한다고 하더라도 자료수집 과정이 일국주의에 기초하는 경우에는 일국주의에 부적합한 자료에 대해서는 이를 무시하는 "통계의 세계질서"에 기속될 것이기 때문이다. 지구적 관점에서 기초자료를 수집하지 못하는 데에서 오는 결과다. 그 결과 통계화 과정에서 TNGO 활동의 초국적 실체가 부분적으로 소실되는 문제가 있을 수 있다. 지구시민사회의 골간을 형성하는 네트워크의 과정과 윤곽을 있는 그대로 복원하거나 측정하지 못하고 그에 대한 근사치를 일국중심으로 추정하는 한계를 동반한다는 의미다.

더욱이 일국 수준의 자료 자체가 개별 TNGO의 활동에 대한 관찰을 토대로 구축되는 경우 관찰의 단위는 일국의 개별 조직체인데 분석의 단위는 초국적 현상이 되는 집합 자료에 의한 분석전략상의 오류 문제가 야기된다(안하이어 외, 2004: 239). 이는 개별 국가중심의 관찰 정보를 토대로 지구시민사회를 분석하는 데에서 오는 문제와 함께, 그 개별 국가에 대한 정보 자체가 개별 국가 수준이 아니라 개별 TNGO의 집합 자료에 의해 대체되는 데에서 오는 자료수집 단위 성질상의 불일치라는 오류를 중복적으로 저지르는 것이다. 특히 항용 연구조사의 일상에서 벌어지는 바와 같이 그런 TNGO에 대한 정보 수집이 TNGO 구성원 개개인에 대한 정보의 집합 자료로 대체되는 경우에는 삼중의 오류를 불러오게 된다.

그러나 워낙 기초 자료 수집과정상의 어려움이 크고, 무엇보다도 개인, 단체, 국가, 지구시민사회 전체 간의 상호 경계 구분이 어려울 뿐만 아니라 이런 경계 구분의 문제는 본래 분석 차원에서 제기되는 것일 뿐이며 이를 현실 상황 속에서 볼 때는 상호 연계되어 있어 자료수집상의 분석 단위를 초월해서 관련 정보 수집에 나서더라도 현상의 근사치를 파악하는 데에는 크게 문제가 되지 않는다고 보고자 한다. 이는 일국의 지역 NGO에 의한 운동이 결과적으로는 지구시민사회에 연계되고, 그렇기 때문에 사실상 국내 NGO의 활동과 지구차원의 시민사회운동이 결코 단절된 것이 아니며, 그런 만큼 일국 내부의 NGO 역량이 지구시민사회 구성을 좌우하는 결정적 변수 가운데 하나라는 인식을 반영한 결과이기도 하다.

이런 맥락에서 헬드 외(Held et al, 1999: 17-27)는 NGO에 의한 대외교류를 교류의 범위, 교류의 빈도, 교류의 강도로 나누어 분석하고자 한 바 있다. 여기에 더해 김혜경(2001)은 교류 방법(교육훈련, 자료발간, 공동행동, 노력봉사, 공동교역 등), 교류연조, 교류비용을 추가한다. 여기에서는 이들 모두를 TNGO의 대외교류 실태를 파악하는 데 필요한 기초 설명 변수로 보고자 한다.

그리고 이런 대외교류를 결정하는 주요 독립변수로는 그런 교류가 일어나는 나라의 정치적 환경, 경제적 환경 및 NGO 자체의 실천 환경을 들 수 있다. 그런데 정치적 환경이나 경제적 환경은 조작적 통제가 쉽지 않고 정책적 대응의 결과가 불러오는 회임 기간이 길다는 점을 특징으로 한다. 따라서 여기에서는 주로 NGO의 기관능력 그러니까 NGO의 하부구조를 형성하는 인적자원, 재정자원, 조직자원, 정보자원, 가치자원에 주목하여 접근하고자 한다.

또한 TNGO란 국내 활동에 토대를 두고 일상의 과제를 다루다가 자신의 업무와 관련하여 초국적 활동에 나서는 경우를 일컫는 것임으로 국내 활동을 적극적으로 펼치는 단체일수록 대외교류에 나설 상대적 개연성은 높아진다. 그런데 국내 NGO 가운데 보다 적극적으로 활동하는 단체들이 모여 결성한 연대 기구 가운데 하나가 바로 한국시민사회단체연대회의 이다. 따라서 이 기구에 소속되어 있는 단체들을 상대로 그들의 대외교류 실태를 조사하면 더 활발한 대외교류 현황을 추적해 볼 수 있을 것이다. 이런 판단 속에서 이 기구에 속한 단체를 대상으로 수집한 관련 자료를 활용하고자 한다. 이 조사는 2005년 7월 15일부터 8월 15일까지 416통의 설문지를 전자 우편을 통해 발송하고 일일이 전화를 걸어 회수함으로서 이루어졌다. 모두 146매가 수집되었으며 이 가운데 자료 분석이 적절치 않다고 판단되는 응답지 16매를 제외한 130매를 SPSS를 통해 전산처리하여 빈도수와 상관계수를 구했다.

3. 한국 TNGO의 대외교류 현황

우선 얼마나 많은 단체가 대외교류에 나서고 있는지를 알아보기 위해 지금까지 대외교류에 나선 일이 있었는지를 설문해 본 결과는 <표 10-1>에 나타나 있는 바와 같다.

〈표 10-1〉 대외교류 여부

구분	교류 단체	비교류 단체	총계
빈도	71	59	130
%	54.6	45.4	100.0

<표 10-1>에 의하면 대외교류 경험이 있는 경우가 54.6%, 그렇지 않은 경우가 45.4%로 나타나 있다. 이들 가운데 대외교류 경험

이 있는 단체를 "교류단체"로 정하고 대외교류 경험이 없는 단체를 "비교류 단체"로 구분할 경우, 교류단체가 전체 응답자 가운데 두 곳 중 한 곳의 비율을 차지한다. 이는 한국 NGO가 대체로 국내문제에만 치중하고 대외문제에 대해서는 지나칠 정도로 무관심하다는 일반적인 평가와는 달리 초국적인 관계에 대해서도 이를 유의하는 정도가 적지 않다는 사실을 보여주는 것이다.

1) 교류범위

교류단체의 경우 그 교류의 지리적인 범위가 어디까지인지를 알아보기 위해 지난 1년 동안 교류한 회수를 지역별로 표시해 주기를 설문한 뒤 해당 지역을 표시한 단체의 수를 중심으로 자료를 정리해 본 결과는 <표 10-2>에 나타나 있는 바와 같다.

〈표 10-2〉 지역별 대외교류 범위

구분	아시아	유럽 및 중앙아시아	중남미	중동 및 북아프리카	북미	아프리카	북한	총계
빈도	63	14	8	5	18	1	11	120
%	52.5	11.7	6.7	4.2	15.0	0.8	9.2	100.0
교류단체 대비(%)	88.7	19.7	11.3	7.0	25.4	1.4	15.5	

<표 10-2>에 따르면 교류단체의 대외교류 대상국 가운데 과반수 이상(52.5%)이 아시아 지역이며, 북미 지역(15.0%)과 유럽 및 중앙아시아 지역(11.7%)이 그 뒤를 잇고 있다. 이는 한 단체가 여러 지역을

상대로 교류활동을 펴는 경우 이를 그대로 반영한 결과임으로 교류단체의 단순 총수인 71개소를 상회하는 지역 총수(120개소)를 나타낸다. 따라서 이를 지역중심의 관점에서 살펴보면 아시아 지역의 경우 교류단체 71개소 가운데 88.7%에 해당하는 63개소가 교류관계를 맺고 있는 것으로 나타났다. 그러니까 거의 모든 교류단체가 아시아 지역과는 최소한 1회 이상의 교류관계를 맺고 있다는 의미다. 반면에 북미지역의 경우는 전체 교류단체의 25.4%, 유럽 및 중앙아시아 지역은 19.7%, 북한은 15.5%가 교류하는 것으로 나타나 있다.

그런데 세계 여러 나라의 NGO 규모를 사무국의 수를 기준으로 지역별로 조사 한 자료에 의하면 지역별 NGO의 수는 <표 10-3>에 나타나 있는 바와 같다.

〈표 10-3〉 NGO의 지역별 규모

구분	아시아	유럽 및 중앙아시아	중남미	중동 및 북아프리카	북미	아프리카	북한	총계
빈도	1,561	10,543	902	374	3,767	741	1	17,889
%	8.7	58.9	5.0	2.1	21.1	4.1	0.0	100.0

* 2003년도 기준 자료임

** 출처 : The Center for the Study of Global Governance(2005: 297-301)에서 발췌 작성.

<표 10-3>에 따르면 세계의 NGO는 유럽 및 중앙아시아 지역(58.9%)과 북미 지역(21.1%)에 집중되어 있으며, 아시아 태평양 지역은 8.7% 수준에 이른다. 북한에는 거의 존재하지 않는다고 하여도

과언이 아니다. 그런데 해당 지역의 NGO 수에 따라 NGO 간의 대외교류 대상국이 될 개연성이 상대적으로 높아질 것은 당연한 이치다.[1] 바로 이런 관점에서 볼 때 현재 한국의 NGO가 최우선적으로 아시아 지역과 교류한다는 사실은 아시아 지역에 대한 상대적인 편향성이 매우 높다는 사실을 웅변한다. 이는 현재 한국의 NGO가 교류하는 지역별 비중도와 세계 NGO의 지역별 배분비를 비교해 본 <표 10-4>에 잘 나타나 있다.

<표 10-4>에 따르면 아시아(태평양) 지역에 대한 한국 NGO의 교류는 이를 이 지역의 NGO 숫자가 지구촌 전체의 NGO 숫자에서 차지하는 비중과 견주어 볼 때 물경 6배 이상의 비중으로 전개되고

〈표 10-4〉 지역별 대외교류 편향도

구분	아시아	유럽 및 중앙아시아	중남미	중동 및 북아프리카	북미	아프리카	북한	총계
교류의 비중도 (a)	52.5	11.7	6.7	4.2	15.0	0.8	9.2	100.0
NGO의 분포도 (b)	8.7	58.9	5.0	2.1	21.1	4.1	0.0	100.0
교류의 편향도 (a/b)	6.0	0.2	1.3	2.0	0.7	0.2	0.0	1.0

1) TNGO의 대외교류가 꼭 상대국가의 NGO 수와 순비례 하는 것은 물론 아니다. 무엇보다도, NGO의 대외교류는 운동의 수요나 가치관 공유의 필요성이 있는 단체나 이슈를 중심으로 이루어지는 것이 보통일 것이기 때문이다. 그러나 그런 교류가 가능하려면 일단 NGO가 구성되어 있어야 한다는 점에서 볼 때 NGO의 수가 많으면 상대적으로 교류의 필요성을 발견하게 될 개연성도 증가한다고 보아 무리가 없을 것이다.

있음을 알 수 있다. 한국 NGO의 대외교류가 "아시아 중심적"이라는 사실을 증명해주는 명백한 지표다. 반면에 유럽 및 중앙아시아 지역과의 교류는 비록 교류에 참여하는 한국 NGO의 숫자는 전체 NGO의 11.7%에 이르지만 이 지역의 NGO 규모와 견주어 보면 오히려 5배 이상 더 신장되어야 할 실정에 있으며, 북미지역과의 교류도 교류에 참여하는 단체의 숫자 면에서는 전체의 15.0%에 이르러 매우 활성화 되어 있는 것 같이 보이지만 이 지역의 NGO 규모와 상대적인 비교를 해보면 오히려 현재보다 1.5 배 이상 더 강화되어야 할 형편임을 알 수 있다. 중남미 지역이나 중동 및 북아프리카 지역과의 교류는 교류 단체의 단순 숫자 면에서는 매우 열악한 것처럼 보이지만 이를 이 지역의 NGO 규모와 견주어 보면 오히려 상대적으로 활성화 되어 있다는 평가가 가능하다.

2) 교류빈도

한국 TNGO의 대외교류가 실제로 얼마나 높은 수준에서 구체화 되고 있는지를 알아보기 위해서는 교류의 빈도를 확인해 보아야 한다고 보고, 이를 위해 "교류단체"로 확인된 71개 단체가 지난 1년 동안 얼마나 자주 대외교류에 나섰는지를 설문해 본 결과는 <표 10-5>에 나타나 있는 바와 같다.

<표 10-5>에 의하면 대부분의 단체(81.7%)가 10번미만 교류에 나섰던 것으로 나타나 있어 비록 대외교류에 나서는 단체라고 하더라도 매우 빈번하게 교류하고 있는 것은 아니라는 사실을 알 수 있다.

〈표 10-5〉 교류 빈도

구분	10번 미만	10번 이상 20번 미만	20번 이상 30번 미만	30번 이상 40번 미만	40번 이상	총계
빈도	58	8	1	0	4	71
%	81.7	11.3	1.4	0.0	5.6	100.0

이런 점에서 보면 한국의 NGO가 "밀집형 지구화" 형성에 기여하는 정도는 아직 미미한 수준에 머물러 있다고 해도 과언이 아니다.

그런데 이를 지역별로는 얼마나 자주 교류 했는지를 설문해 본 결과에 따라 정리해 보면 <표 10-6>에 나타나 있는 바와 같다.

〈표 10-6〉 지역별 교류 빈도

구분	아시아	유럽 및 중앙아시아	중남미	중동 및 북아프리카	북미	아프리카	북한	총계
빈도	480	56	8	5	34	1	27	609
%	78.8	9.2	1.3	0.8	5.6	0.2	4.4	100.0

<표 10-6>에 의하면 지역별 교류의 횟수 면에서도 아시아 지역이 압도적이며(78.8%), 유럽 및 중앙아시아 지역(9.2%)과 북미지역(5.6%)이 그 뒤를 잇고 있다. 그런데 이는 교류에 참여하는 단체의 숫자를 기준으로 한 경우(52.5%)보다도 교류의 횟수를 기준으로 하는 경우(78.8%) 아시아 지역 편향성이 훨씬 더 심하다는 사실을 보여준다. 그러니까 교류의 빈도 면에서 보면 한국 NGO에 의해 수행되는 대부분의 대외교류가 아시아 지역을 상대로 한 것이라고 하여도 과언이 아니다.

3) 교류강도

한번 대외교류가 이루어지는 경우 얼마나 높은 강도로 전개되는지를 알아보기 위해, 우선 전자우편의 접속이 지속되는 시간을 설문해 본 결과는 <표 10-7>에 나타나 있는 바와 같다.

〈표 10-7〉 전자우편의 접속기간

구분	3분 미만	3분 이상 6분 미만	6분 이상 9분 미만	9분 이상 12분 미만	12분 이상	총계
빈도	16	12	3	7	11	49
%	32.7	24.5	6.1	14.3	22.4	100.0

<표 10-7>에서 보면 3분미만 접속하는 경우가 32.7%이고 6분미만인 경우가 전체의 57.2%를 구성하고 있어 대부분의 교류가 간단한 정보 공유 수준임을 알 수 있다. 그러나 12분 이상 지속하는 경우도 22.4%나 되고 있어 실질적인 협의나 진지한 대화가 진행되는 사례도 적지 않다는 사실을 알 수 있다. 이는 대외교류가 집중적이고 실체적인 교류와 단순 정보 공유 수준의 교류로 양분되어 있음을 보여주는 것이라고 하겠다.

같은 맥락에서 전화를 통한 대외교류는 얼마나 높은 강도로 전개되고 있는지를 알아 본 결과는 <표 10-8>에 나타나 있는 바와 같다.

〈표 10-8〉 전화통화의 지속기간

구분	5분 미만	5분 이상 10분 미만	10분 이상 15분 미만	15분 이상 20분 미만	20분 이상	총계
빈도	15	16	3	0	6	40
%	37.5	40.0	7.5	0.0	15.0	100.0

일단 전화로 외국과 통화를 시작하면 5분 이내에 끝내는 경우가 37.5%이고 10분 이내에 끝내는 경우는 모두 77.5%가 되는 것으로 나타나 있다. 대부분의 경우가 10분 이내에 끝냈다는 의미다. 그런데 20분 이상 계속되는 경우도 15.0%나 나타나고 있어 의례적인 교류를 넘어 매우 심각한 현안과제를 가지고 접촉하는 경우도 적지 않음을 알 수 있다. 특히 전화를 통한 교류의 경우에는 외국어 구사가 전제되어야 한다는 점에서 15.0%가 20분 이상 전화 교류에 나서고 있다는 사실은 매우 고무적인 현상이다

인적교류의 경우도 어떤 강도로 전개되는 지를 알아보기 위해 직접 만남을 통한 교류가 일단 이루어지는 경우 그것이 지속되는 기간이 얼마나 되는지를 설문한 결과는 <표 10-9>에 나타나 있는 바와 같다.

〈표 10-9〉 인적교류의 지속기간

구분	3일 미만	3일 이상 6일 미만	6일 이상 9일 미만	9일 이상 12일 미만	12일 이상	총계
빈도	21	29	9	4	5	68
%	30.9	42.6	13.2	5.9	7.4	100.0

<표 10-9>에 의하면 외국의 관계자와 직접 대면하는 경우 지속되는 기일은 3일 미만이 30.9%, 6일 미만이 모두 73.5%나 되고 있어 대개의 경우 1주일 이내에서 접촉하는 것으로 나타나 있다. 그러나 12일 이상 지속되는 경우도 7.4%로 나타나 있어 앞서의 전자우편이나 전화를 통한 접촉에서와 같이 일종의 양분화 현상이 유지되고 있음을 알 수 있다. 따라서 한국 NGO의 대외교류는 단기적이고 단순한 교류 유형과 장기적이고 심층적인 교류로 대별되는 셈이다.

4) 교류방법

그런데 이런 교류가 어떤 방법을 통해 수행되느냐에 따라 교류로 인한 영향 내지는 궁극적으로 달성하고자 하는 목표가 달라질 것임으로 지난 1년 동안 채택했던 교류의 양식에 따라 그 횟수를 표시하도록 설문해 본 결과 각각의 양식을 채택한 일이 있었던 단체의 숫자는 <표 10-10>에 나타나 있는 바와 같다.

〈표 10-10〉 대외교류의 방법

구분	교육훈련	자료발간	공동행동	노력봉사	공동교역	총계
빈도	47	21	32	7	6	113
%	41.6	18.6	28.3	6.2	5.3	100.0
교류단체 대비(%)	66.2	29.6	45.1	9.9	8.5	

<표 10-10>에 의하면 교육훈련 및 연수를 채택한 일이 있었던 단체가 41.6%, 공동행동이 28.3%, 자료발간 및 배포가 18.6%, 노력

봉사가 6.2%, 공동교역이 5.2%를 차지한다. 그러니까 교육 훈련 및 연수의 경우는 교류단체 71개소 가운데 47개소가 채택함으로서 전체의 66.3%가 이런 목적으로 교류하고 있을 뿐만 아니라 교류단체가 채택하는 교류방법의 총수에서는 41.6%를 점하고 있어 단일 교류 방법으로는 가장 큰 몫을 점하고 있으며 그 규모에서도 거의 절반에 육박한다는 사실을 알 수 있다. 이는 아직 한국 NGO의 대외교류가 정책공동체의 형성이나 지구시민운동론의 관점에서 시사하는 바와 같이 어떤 구체적인 이슈나 과제 중심의 네트워크 구축보다는 그 전단계라고 할 수 있는 단순한 네트워크 자체의 개척 내지는 관계자 상호간의 인간적인 신뢰 구축 나아가서는 경험과 전문지식의 공유와 같은 기관능력 확장 수준에서 이루어지는 것이 절반 정도를 차지한다는 의미로 이해된다. 그러나 다른 한 편에서 보면 공동행동(28.3%)의 방법을 채택한 단체의 수가 전체 교류단체의 45.1%에 이르고 자료발간 및 배포(18.6%)의 방법을 채택했던 단체도 전체의 29.6%에 이르며 이들이 각각 교류단체가 채택한 교류방법의 연횟수에서 차지하는 비중이 28.3%와 18.6%라는 점을 상기할 때, 이 둘을 합칠 경우 전체의 거의 절반에 이르므로 어떤 특정의 정책적 이슈나 목적가치를 위해 대외교류에 나서는 경우도 전체의 다른 반쪽을 이룬다고 하겠다. 그러나 같은 이슈중심의 교류라고 하더라도 노력봉사나 공동교역과 같이 보다 서비스지향적인 방법은 채택률이 매우 저조한 실정이다. 그러니까 NGO의 자체 기관능력 제고를 위한 것이 절반 그리고 이슈중심의 단순 정책 공조가 다른 절반을 구성한다고 하겠다.

5) 교류형태

이런 교류를 위해 실제 어떤 형태의 의사소통 내지는 네트워크가 구축되느냐에 따라 그것이 지구시민사회의 형성에 미치는 영향이나 의미는 사뭇 다를 것이다. 이는 네트워크의 양식이 지구시민사회 구성원 간의 관계를 구속하는 효과를 동반하기 때문이다. 이런 문제의식을 토대로 실제 한국의 NGO가 어떤 형태의 의사소통 내지는 네트워크를 구축해 오고 있는지를 알아보기 위해 지난 1년 동안의 대외교류 형태 가운데 자신의 경우를 가장 잘 대표하는 유형 하나를 골라 표시하도록 주문해 본 결과는 <표 10-11>에 나타나 있는 바와 같다.

〈표 10-11〉 대외교류의 형태

구분	일방적 수수	일방적 제공	양자간 교환	다자간 교환	총계
빈도	6	6	37	20	69
%	8.7	8.7	53.6	29.0	100.0

<표 10-11>에 따르면 절반 이상(53.6%)이 양자 간 교환의 양식을 취하고 있으며 다자간 교환의 경우도 29.0%를 점하고 있다. 특히 일방적 수수나 일방적 제공의 경우가 매우 낮은 수준에 머물러 있어 매우 고무적이다. 일방적 수수나 일방적 제공이 교류 간여자들 간의 관계를 수직적으로 구조화 하고, 그 결과 비민주적 권력관계를 형성하게 될 위험성이 있는 데 반해서, 양자적 교환과 다자간 교환의 경우는 교류 간여자들의 관계를 보다 수평화, 평등화 하면서

민주적 관계로 유도하는 성질을 지녔다고 보아지기 때문이다. 따라서 대부분(82.6%)의 교류는 범지구적 관계망의 수평화, 평등화에 기여하는 "민주적 교환"의 양식을 취하고 있다는 의미다.

6) 교류연조

이런 교류가 단체 수준에서 얼마 동안이나 지속되고 있느냐는 교류의 안정성이나 제도화와 관련하여 시사하는 점이 적지 않을 수밖에 없다. 이런 관점에서 대외교류의 연조가 얼마나 되는지를 알아보기 위해 외국 NGO와 교류를 시작한지 얼마나 되었는지를 설문해 본 결과는 아래의 <표 10-12>에 나타나 있는 바와 같다.

〈표 10-12〉 국제교류의 연조

구분	1년 내외	5년 내외	10년 내외	15년 내외	20년 이상	총계
빈도	13	18	20	9	10	60
%	18.6	25.7	28.6	12.9	14.3	100.0

<표 10-12>에 의하면 10년 정도 된 경우가 28.6%로 가장 많고, 5년 내외가 25.7%, 1년 내외된 경우도 18.6%나 되었다. 이는 한국 NGO의 대외교류가 최근 10년 사이에 급진적인 신장세를 보이고 있다는 의미로 해석된다. 그러나 20년 이상 된 경우도 14.3%나 있어 일부의 NGO는 오랜 동안 대외교류를 지속해 왔으며, 그 결과 교류의 안정화 단계에 들어가 있다고 할 수 있다.

7) 교류비용

실제로 대외교류를 하는 데 소요되는 비용의 규모가 얼마나 되는지를 알아보기 위해 지난 1년 동안 대외교류를 위해 지출한 비용이 얼마인지를 설문해 본 결과는 <표 10-13>에 나타나 있는 바와 같다.

〈표 10-13〉 교류 비용

유효사례수	최소값	최대값	평균	표준편차
60	100,000원	1,000,000,000원	44,311,667원	159937155

<표 10-13>에 따르면 연평균 4천4백3십1만원을 지출하는 것으로 나타나 있으나 최고 10억 원을 지출하는 단체가 있는가 하면 최소 10만 원 정도를 지출하는 단체도 있어 단체 간의 편차가 매우 높은 것으로 나타나 있다.

4. 한국 TNGO의 하부구조 실태

1) 인적자원

한국 NGO의 인력현황을 알아보기 위해 그 동안 대외교류에 나섰던 단체와 그렇지 않은 단체를 대상으로 상근자의 수를 설문한 결과는 <표 10-14>에 나타나 있는 바와 같다.

〈표 10-14〉 상근자 규모

구분	사례 수	최소값	최대값	평균	표준편차
교류단체	71	1	1500	41.1	181
비교류단체	59	0	25	5.8	5

<표 10-14>에 따르면 대외교류에 나선 단체의 경우는 평균 41명 정도의 상근자를 두고 있어 단체의 규모가 상당한 정도에 이르는 것으로 파악된다. 이는 대외교류의 경험이 없는 단체의 경우 평균 6명 정도의 상근자를 두고 있다는 사실과 크게 대비되는 현상이다.

더 나아가 대외교류 업무는 그것 자체가 외국어 구사 능력이나 문화적 편차의 이해력 나아가 초국적인 과제에 대한 정보력 등을 필요로 하는 작업이라는 점에서 볼 때 이를 전담하는 상근자가 준비되어 있느냐의 여부는 그것의 당위성 여부를 떠나 단체의 대외교류에 대한 의지나 배려 정도를 측정하는 지표가 될 수 있을 것이다. 이런 관점에서 대외교류 전담 상근간사의 규모를 설문한 결과는 <표 10-15>에 나타나 있는 바와 같다.

〈표 10-15〉 대외교류 전담자 규모

구분	사례 수	최소값	최대값	평균	표준편차
교류단체	71	0	9	0.75	1.3
비교류단체	59	0	0	0.0	0.0

<표 10-15>에 따르면 대외교류에 나선 경험이 있는 단체의 경우에는 평균 0.75명 정도의 대외교류 전담자를 두는 것으로 나타나 있어 적어도 4곳 가운데 3곳은 상근 전담자 1명 정도를 두고 있는

셈이다. 그러나 대외교류의 경험이 없는 단체에서는 대외교류 전담자를 두는 곳이 전무한 것으로 나타나 있다. 이는 당연한 귀결이겠지만 국제교류가 활성화되기 위해서는 상근 전담자를 두는 것이 필요하다는 사실을 역설해 주는 간접 지표라고 할 수 있다.

2) 재정자원

그런데 NGO에 의한 국제교류가 활성화하기 위해서는 그에 필요한 재정자원이 뒷받임 되어야 할 것임으로 한국 NGO의 국제교류를 지원하는 재정자원의 실상을 알아보기 위해 단체의 1년 예산 규모를 설문해 본 결과는 <표 10-16>에 나타나 있는 바와 같다.

〈표 10-16〉 연간 예산

구분	사례 수	최소값	최대값	평균	표준편차
교류단체	71	2,000,000	20,000,000,000	902,275,441	25007772852
비교류단체	59	2,000,000	1,200,000,000	140,839,796	221073808

<표 10-16>에 따르면 국제교류 경험이 있는 단체의 경우에는 연평균 약 9억 원 정도의 예산을 집행하는 것으로 나타나는 데 반해 국제교류의 경험이 없는 단체의 경우에는 연평균 1억4천만원정도의 예산을 집행하는 것으로 드러나 있다. 보다 단체의 재정규모가 클수록 국제교류에 나설 확률이 높다는 의미로 해석된다.

그런데 아무리 재정자원의 규모가 크다고 하더라도 그 재정자원이 단체의 자율성이나 독립성을 위협할 가능성이 있을 경우에는 그

런 재정자원에 힘입어 이루어지는 국제교류가 지구시민사회의 형성에 긍정적으로 기여하기는 쉽지 않을 것이다. 이런 점을 고려하여 단체의 대 정부관계 자율성 정도를 파악하기 위해 지난 1년의 예산 가운데 정부로부터 지원 받은 금액이 차지하는 비율이 얼마나 되는지를 설문해 본 결과는 <표 10-17>에 나타나 있는 바와 같다.

〈표 10-17〉 정부지원 예산 비율

구분		5% 내외	10% 내외	15% 내외	20% 내외	20% 이상	총계
교류단체	빈도	41	4	7	9	7	68
	%	60.3	5.9	10.3	13.2	10.3	100.0
비교류단체	빈도	23	4	6	4	7	44
	%	52.3	9.1	13.6	9.1	16.0	100.0

<표 10-17>에 따르면 정부 지원금이 전체 예산의 5% 내외를 차지하는 경우가 전체의 60%에 이르고 있어 대체로 단체의 대 정부 기관독립성은 확보되어 있는 셈이다. 이는 국제교류의 경험이 없는 경우에도 크게 다르지 않아서 정부 지원금이 전체 예산액의 5% 내외를 차지하는 경우가 전체의 52%에 이르고 있다. 다만 국제교류의 경험이 있는 경우와 없는 경우 모두 정부지원금이 전체 예산의 20% 내외 이상이 되는 경우가 전체의 25% 정도가 되고 있어 이 경우에는 단체의 자율성 문제에 유의해야 하는 필요성이 제기되고 있다.

3) 조직자원

조직자원의 현황과 관련하여 단체의 회원 수는 NGO가 자발적 참여를 통한 자율적 의사결정기구라는 점에서 볼 때 단체의 추동력을 결정짓는 주요 변수라고 할 수 있다. 이런 관점에서 단체의 회원 규모를 알아본 결과는 <표 10-18>에 나타나 있는 바와 같다.

〈표 10-18〉 회원 규모

구분	사례 수	최소값	최대값	평균	표준편차
교류단체	71	40	120,000	7808	20891
비교류단체	59	50	30,000	1103	4195

<표 10-18>에 따르면 국제교류의 경험이 있는 단체의 평균 회원 수는 7천8백8명이며 최대 1십2만 명에서 최소 4십 명까지 매우 폭넓은 종류의 회원 규모를 보여준다. 반면에 국제교류의 경험이 없는 경우는 평균 1천1백3명의 회원 수를 보유하고 있으며 최고 50명에서 최대 3만 명까지의 다양성을 보여준다. 이 조사 결과 보다 회원 규모가 클수록 국제교류에 나설 가능성이 크다는 점이 시사된다고 하겠다.

조직자원의 또 다른 축이라고 할 수 있는 단체의 역사성 정도를 알아 보았다. 단체의 역사가 오래될수록 다양한 환경에서의 생존율이 높고, 생존율이 높은 만큼 기관능력이 크며, 기관능력이 큰 만큼 대외교류를 위한 여력이 있을 것이라는 가정 아래 단체의 연조를 알아 본 결과는 <표 10-19>에 나타나 있는 바와 같다.

〈표 10-19〉 단체 연조

구분	사례 수	최소값	최대값	평균	표준편차
교류단체	71	2년	102년	24.3년	25
비교류단체	59	3년	57년	11.4년	8

<표 10-19>에 따르면 국제교류의 경험이 있는 단체의 평균 존속 기간이 약 24년인데 반해서 국제교류에 나서 본 경험이 없는 단체의 경우는 평균 약 11년 정도 되는 것으로 나타나 있다. 이는 단체의 연조가 오랠수록 국제교류에 나설 가능성이 크다는 점을 암시해 주는 것이며, 단체의 연조가 오랠수록 단체의 제도화 정도나 기관능력의 정도가 높다는 일반적인 현상과 관련해 볼 때, 단체의 국제교류가 활성화되기 위해서는 먼저 단체의 제도화 내지는 기관 능력 제고가 선행되어야 한다는 점을 시사해 주는 것이라고 하겠다.

4) 가치자원

가치관과 관련해서는 NGO 지도자들이 지구화에 대해서 가지고 있는 기본 인식, 이문화(異文化)에 대한 수용성 정도, 민주성에 대한 신념 등이 지구시민사회의 건설과 관련하여 매우 중요하다고 보고, 이를 알아보기 위해 먼저 세계화에 반대하는 시위에 대해 어떻게 생각하는지를 매우 찬성한다, 대체로 찬성한다, 그저 그렇다, 대체로 반대한다, 매우 반대한다 가운데 한 곳에 O표 해주도록 주문해 본 결과는 <표 10-20>에 나타나 있는 바와 같다.

〈표 10-20〉 세계화 반대시위에 대한 태도

구분		매우 찬성	대체로 찬성	그저 그럼	대체로 반대	매우 반대	총계
교류단체	빈도	17	29	11	9	2	68
	%	25.0	42.7	16.2	13.2	2.9	100.0
비교류단체	빈도	16	19	6	8	1	50
	%	32.0	38.0	12.0	16.0	2.0	100.0

<표 10-20>에 의하면 국제교류의 경험이 있는 경우 세계화를 반대하는 시위에 대해 매우 찬성하는 경우가 25%, 대체로 찬성하는 경우가 42.7%로 나타나 찬성하는 쪽이 무려 68%나 되는 것으로 파악된다. 그러나 국제교류를 하지 않는 단체의 경우도 세계화 반대 시위에 대해 이를 매우 찬성하는 경우가 32.0%, 대체로 찬성하는 경우가 38.0%인 것으로 나타나 전체적으로 볼 때 70%가 찬성하는 것으로 나타나 있다. 그러니까 국제교류를 하는지와는 관계없이 대부분의 한국 NGO들이 세계화에 대한 반대 시위를 찬성하는 것으로 나타나 있다. 그러나 미세한 정도의 차이가 아주 없는 것은 아니어서 오히려 국제교류를 하지 않는 단체가 국제교류를 하는 단체보다 더 적극적으로 세계화에 대한 반대시위를 지지하는 것으로 드러났다. 이는 세계화 반대 시위를 지구화 현상에 대한 긍정적 평가의 연장선이 아니라 부정적 관점의 연장선에서 이해한 결과로 판단된다. 여하튼 현재 국제교류에 나서고 있건 또는 그렇지 않건 간에 한국의 NGO들은 기본적으로 세계화에 대한 반대시위를 지지하는 것으로 드러났으며 이는 근본적으로 세계화 현상에 대한 대칭적 조치로서의 NGO에 의한 네크워크와 연대활동을

지지하는 것이라는 의미에서 지구시민사회 형성을 향한 제반 노력을 적극적으로 수용한다는 태도가 정립되어 있다는 뜻으로 해석된다. 세계화에 대한 반대시위는 지구화 자체를 반대하는 것이 아니라 지금과 같은 양식으로 전개되는 지구화 현상을 반대하는 것으로 이해되기 때문이다.

그런데 그런 지구적 네트워크의 형성이 지구시민사회의 성격을 갖추려면 범지구적 차원의 민주주의에 대한 확고한 신념이 전제되어야 할 것은 물론이다. 특히 지금까지는 정부 간의 관계를 중심으로 패권적 이익을 보장하는 일에 우선적인 강조점을 두어왔다는 점에서 보다 더 이 문제에 대해 유의해 보아야 할 것이다. 이런 관점에서 만 18세로 선거권을 인하하자는 주장에 대해 어떻게 생각하는지를 설문해 보았다. 이는 거의 모든 나라들이 18세 이하에게 선거권을 주고 있어 이를 추진하는 일에 대해서는 개인의 존엄성과 정치적 권리에 대한 인식이 높고 적극적일 것이며 결과적으로 민주주의에 대한 가치관이 성숙되어 있을 것으로 보았기 때문이다. 설문결과는 <표 10-21>에 나타나 있는 바와 같다.

〈표 10-21〉 선거권 허용 연령인하에 대한 태도

구분		매우 찬성	대체로 찬성	그저 그럼	대체로 반대	매우 반대	총계
교류단체	빈도	50	14	2	3	1	70
	%	71.4	20.0	2.9	4.3	1.4	100.0
비교류단체	빈도	23	18	5	2	2	50
	%	46.0	36.0	10.0	4.0	4.0	100.0

<표 10-21>에 따르면 국제교류의 경험이 있는 단체의 경우 선거권을 18세로 인하하자는 안에 대해 매우 찬성하는 경우가 71.4%, 대체로 찬성하는 경우가 20.0%나 되어 전체적으로 찬성하는 쪽이 물경 91.4%나 되는 것으로 나타나 있다. 이는 정도의 차이가 있기는 하지만 국제교류 경험이 없는 경우에도 같다. 국제교류 경험이 없는 단체의 경우 선거권을 18 세로 인하하자는 주장에 대해 매우 찬성하는 비율이 46.0%, 대체로 찬성하는 비율이 36.0%로 나타나 있어 전체적으로는 82.0%에 이르는 것으로 드러났다. 이는 한국의 NGO들이 민주주의에 대한 신념이 매우 높다는 사실을 보여주는 것이라고 하겠다. 지구시민사회의 건설과 관련하여 매우 고무적인 자료라고 해석된다.

5. 교류현황과 하부구조의 상관관계

한국 NGO의 하부구조 가운데 주로 어떤 요인이 오늘날의 한국 NGO가 펼치는 대외교류에 영향을 미치는지를 알아보기 위하여 교류현황과 하부구조 사이의 상관관계 계수를 구해 보았다. 먼저 교류의 지리적 범위 설정과 관련하여 한국의 NGO가 주로 아시아 지역과 교류한다는 사실이 앞서의 자료에서 밝혀지고 있으므로, 대외교류의 대상지역을 선정하는 일과 NGO의 하부구조 간에는 어떤 관계가 설정되어 있는지를 알아보기 위해 양자 간의 상관관계 지수를 구해 본 결과는 <표 10-22>와 같다.

〈표 10-22〉 교류지역과 하부구조의 상관관계지수

구분	인적자원		재정자원		조직자원		가치자원	
	상근자	전담자	연간예산	정부지원	회원규모	기관역사	세계화	민주성
아시아	-0.0348 (0.8225)	. .	0.04383 (0.7802)	0.29059 **(0.0587)**	0.01175 (0.9397)	-0.0990 (0.5224)	0.24543 (0.1083)	0.16393 (0.2877)
유럽	-0.3035 (0.4272)	. .	0.08273 (0.8456)	-0.4306 (0.2869)	-0.0953 (0.8073)	0.00472 (0.9904)	0.22379 (0.5627)	0.44758 (0.2270)
중남미	. .	. .	. .	. .	. .		. .	. .
중동	. .	. .	. .	. .	. .		. .	. .
북미	0.35776 (0.2301)	. .	0.34244 (0.2521)	0.19736 (0.5181)	0.33113 (0.2691)	0.20533 (0.5010)	0.46156 (0.1124)	0.11070 (0.7188)
아프리카	. .	. .	. .	. .	. .		. .	. .
북한	-0.1790 (0.6207)	-0.1857 (0.6075)	0.05227 (0.8860)	0.35261 (0.3176)	-0.3485 (0.3236)	-0.3078 (0.3868)	0.33218 (0.3484)	-0.1119 (0.7581)

* ( ) 안은 유의 수준임.

<표 10-22>에 의하면 유의수준 0.1 이하에서 상관관계가 있는 것으로 나타나는 것은 아시아 지역과 정부지원 예산간의 관계로서, 아시아 지역과의 교류 횟수가 높을수록 단체의 1년 예산 가운데 정부로부터 지원 받는 금액의 비중이 높아지는 관계에 있다(0.29059). 그런데 중남미 지역, 중동 및 북아프리카 지역, 아프리카 지역 등은 사례수가 너무 작아서 상관계수를 구할 수 없었다.

교류빈도를 결정하는 단체의 하부구조에는 어떤 것이 있는지를 알아보기 위해 양자 간의 상관관계를 분석해 본 결과는 <표 10-

23>에 나타나 있는 바와 같다.

〈표 10-23〉 교류빈도와 하부구조의 상관관계지수

구분	인적자원		재정자원		조직자원		가치자원	
	상근자	전담자	연간예산	정부지원	회원규모	기관역사	세계화	민주성
교류빈도	-0.0363 (0.7654)	0.18639 (0.1371)	0.08129 (0.5099)	0.32231 **(0.0074)**	0.06813 (0.5809)	-0.1131 (0.3512)	0.14165 (0.2492)	0.19694 (0.1022)

* ( ) 안은 유의수준임.

<표 10-23>에 의하면 유의수준 0.1 이하에서 볼 때, 교류의 빈도가 높아질수록 연간 예산에서 정부지원이 차지하는 비중이 높아진다(0.32231).

교류강도와 단체의 하부구조 간에 형성되어 있는 상관관계를 알아보기 위해 양자 간의 상관관계를 분석해 본 결과는 <표 10-24>에 나타나 있는 바와 같다.

〈표 10-24〉 교류강도와 하부구조의 상관관계지수

구분	인적자원		재정자원		조직자원		가치자원	
	상근자	전담자	연간예산	정부지원	회원규모	기관역사	세계화	민주성
전자우편	0.18059 (0.2193)	-0.0295 (0.8471)	-0.0422 (0.7803)	0.16942 (0.2549)	0.03852 (0.7994)	-0.0211 (0.8864)	0.05610 (0.7111)	0.20975 (0.1525)
전화통화	0.32141 **(0.0431)**	-0.0246 (0.8831)	-0.0699 (0.6721)	0.18808 (0.2581)	0.11445 (0.4878)	0.15888 (0.3275)	-0.1260 (0.4384)	-0.0450 (0.7823)
인적교류	0.10535 (0.3962)	-0.0227 (0.8595)	0.05792 (0.6468)	-0.0434 (0.7314)	0.18894 (0.1287)	0.13435 (0.2784)	-0.0084 (0.9469)	-0.0803 (0.5178)

* ( ) 안은 유의수준임.

<표 10-24>에 의하면 유의수준 0.1 이하에서 볼 때, 전화통화만

이 단체의 하부구조와 유의미한 상관관계를 구성하는 것으로 나타나 있다. 한번 전화를 걸어 오래 통화하는 경향이 있을수록 단체의 상근자 수가 증가하는 경향에 있다(0.32141).

교류방법과 단체의 하부구조 사이에 형성되어 있는 상관관계를 알아보기 위해 양자 간의 관계를 분석해 본 결과는 <표 10-25>에 나타나 있는 바와 같다.

〈표 10-25〉 교류방법과 하부구조의 상관관계지수

구분	인적자원		재정자원		조직자원		가치자원	
	상근자	전담자	연간예산	정부지원	회원규모	기관역사	세계화	민주성
교육훈련	0.16005 (0.3897)	-0.0493 (0.7995)	0.58297 **(0.0006)**	-0.0348 (0.8550)	0.27926 (0.1282)	0.32966 **(0.0701)**	0.21103 (0.2545)	0.06135 (0.7430)
자료발간	-0.0394 (0.8891)	-0.0652 (0.8174)	-0.1521 (0.5882)	0.45678 **(0.0870)**	-0.1878 (0.5027)	-0.2555 (0.3579)	0.16990 (0.5449)	-0.1379 (0.6241)
공동행동	-0.1395 (0.5932)	. .	-0.1452 (0.5782)	0.27683 (0.2821)	-0.0359 (0.8912)	-0.2842 (0.2688)	0.12773 (0.62520)	-0.1054 (0.6872)
노력봉사	-0.7584 (0.1372)	. .	-0.2764 (0.6526)	0.48996 (0.4021)	-0.7773 (0.1218)	-0.8045 (0.1007)	0.11918 (0.8486)	0.04029 (0.9487)
공동교역	0.90419 (0.2809)	-0.5000 (0.6667)	0.05764 (0.9633)	-0.1889 (0.8790)	-0.4874 (0.6759)	0.16452 (0.8948)	. .	-0.5000 (0.6667)

* ( ) 안은 유의수준임.

<표 10-25>에 의하면 유의수준 0.1 이하에서 볼 때, 교육훈련과 자료발간만이 단체의 하부구조와 유의미한 상관관계를 구성하는 것으로 나타나 있다. 먼저 교육훈련 및 연수를 위한 교류의 횟수가 많을수록 단체의 1년 예산이 많고(0.58297), 단체가 생긴지 오래되었을 가능성이 높다(0.32966). 또한 자료발간 및 배포를 통한 교류의 횟수가 많을수록 1년 예산 가운데 정부로부터 지원받는 금액의 비율이 높다(0.45678).

교류형태와 단체의 하부구조 간에 형성되어 있는 영향성 관계를 알아보기 위해 양자 간의 상관관계를 분석해 본 결과는 <표 10-26>에 나타나 있는 바와 같다.

〈표 10-26〉 교류형태와 하부구조의 상관관계지수

구분	인적자원		재정자원		조직자원		가치자원	
	상근자	전담자	연간예산	정부지원	회원규모	기관역사	세계화	민주성
교류형태	0.14780 (0.2255)	-0.0141 (0.9114)	0.04764 (0.7019)	-0.1654 (0.1808)	0.19882 (0.1041)	0.21254 **(0.0795)**	-0.2300 **(0.0611)**	0.06141 (0.6162)

* ( ) 안은 유의수준임.

<표 10-26>에 의하면 유의수준 0.1 이하에서 볼 때, 단체 간의 교류형태가 다자간 교환 양식으로 변화해 갈수록 단체가 생긴 지 오래되는 경향이 있고(0.21254), 세계화를 지지하는 성향이 있다(-0.2300).

교류의 연조와 단체의 하부구조 간에 형성되어 있는 상관관계를 알아보기 위해 양자 간의 관계를 분석해 본 결과는 <표 10-27>에 나타나 있는 바와 같다.

〈표 10-27〉 교류연조와 하부구조의 상관관계지수

구분	인적자원		재정자원		조직자원		가치자원	
	상근자	전담자	연간예산	정부지원	회원규모	기관역사	세계화	민주성
교류 연조	0.26358 **(0.0275)**	0.25304 **(0.0420)**	0.28136 **(0.0201)**	-0.0448 (0.7165)	0.29173 **(0.0158)**	0.63163 **(0.0001)**	-0.0378 (0.7593)	0.02132 (0.8609)

* ( ) 안은 유의수준임.

<표 10-27>에 의하면 유의수준 0.1 이하에서 볼 때, 국제교류의 연조가 길수록 단체의 회원 수가 많고(0.29173), 상근자의 수도 많으며(0.26358), 교류전담자의 수도 많아지고(0.25304), 연간 예산의 규모도 커지며(0.28136), 단체가 생긴 지도 오래되는 경향이 있다(0.63163).

교류비용과 단체의 하부구조 간에 형성되어 있는 상관관계를 알아보기 위해 양자 간의 관계를 분석해 본 결과는 <표 10-28>에 나타나 있는 바와 같다.

〈표 10-28〉 교류비용과 하부구조의 상관관계지수

구분	인적자원		재정자원		조직자원		가치자원	
	상근자	전담자	연간예산	정부지원	회원규모	기관역사	세계화	민주성
교류 비용	0.77315 **(0.0001)**	0.48582 **(0.0002)**	-0.0028 (0.9831)	0.12911 (0.3298)	0.33632 **(0.0098)**	0.18379 (0.1598)	-0.2032 (0.1260)	-0.0871 (0.5081)

* ( ) 안은 유의수준임.

<표 10-28>에 의하면 유의수준 0.1 이하에서 볼 때, 대외교류를 위해 지출하는 비용이 많을수록 단체의 회원 수가 많고(0.33632), 상근자의 수도 많으며(0.77315), 교류전담자의 수도 많아진다(0.48582).

이런 분석 결과들을 종합해 보면 다음의 <표 10-29>에 나타나 있는 바와 같다. <표 10-29>에 따르면 TNGO의 대외교류를 결정하는 데 있어 가장 호소력 있는 설명변수로는 상근자 규모, 정부지원 재정 자원의 규모, 기관역사 등이 있으며, 대외교류 전담자의 규모, 연간 예산의 규모, 단체의 회원 규모 등도 유용한 설명력을 지녔다. 이 가운데에서도 상근자 규모, 정부지원 재정 자원의 규모, 기관역사가 가장 설명력이 강한 변수다. 비록 설명력의 정도가 상대적으로 약하기는 하지만 세계화에 대한 인식의 내용도 설명변수 가운데 하나다. 다만 민주성에 대한 인식의 내용은 아무 설명력을 갖지 못했다. 그런데 이를 TNGO의 하부구조 구성 변수별로 구분해 보면 인적자원, 재정자원, 조직자원이 모두 같은 비중으로 작용하는 데 반해 가치자원은 상대적으로 그의 비중이 작다는 점을 알 수 있다.

〈표 10-29〉 교류현황과 하부구조의 상관관계

구분		인적자원		재정자원		조직자원		가치자원	
		상근자	전담자	연간예산	정부지원	회원규모	기관역사	세계화	민주성
교류지역					X				
교류빈도					X				
교류강도	전화통화	X							
교류방법	교육훈련			X			X		
	자료발간				X				
교류형태	다자교환						X	X	
교류연조		X	X	X		X	X		
교류비용		X	X			X			
종합		3	2	2	3	2	3	1	

이는 또한 교류현황을 구성하는 여러 변수 가운데 교류연조를 결정하는 데 있어 TNGO의 하부구조가 미치는 영향력이 가장 컸으며, 그 다음으로 교류비용, 교류방법 가운데 하나인 교육훈련, 교류형태에 미치는 영향력 정도가 컸다는 의미이기도 하다. 교류지역, 교류빈도, 교류강도 가운데 하나인 전화통화, 교류방법 가운데 하나인 자료발간에 미치는 영향력의 정도는 상대적으로 작았다.

6. 결론

오늘날의 지구문제 해결을 위해 지구시민사회 형성을 촉진, 조장해야 한다는 데에 이론을 제기할 사람은 그리 많지 않다. 다만 이를 위해 무엇을 어떻게 해야 할 것인가에 대해서는 다양한 의견의 제시가 가능하다. 여기에서는 NGO의 대외교류 활성화가 지구시민사회 형성의 핵심적 요소 가운데 하나라고 보고, 먼저 한국 TNGO의 대외교류 실태를 조사한 후 이런 결과를 가져오는 NGO의 하부구조 구성 요소에는 어떤 것들이 있는지를 살펴보고자 했다.

그 결과 한국 NGO의 대외교류는 주로 아시아 지역을 대상으로 이루어지며, 단기 교류 유형과 장기적이고 심층적인 교류유형으로 양분화 되어 있음도 알았다. 교류의 목적도 기관 자체 능력 제고와 이슈중심의 단순 정책공조로 이원화 되어 있었다. 다만 교류의 양식면에서는 대개 수평적, 민주적 교환 양식을 취하는 것으로 밝혀졌다. 대외교류가 활성화되기 시작한 것은 비교적 최근의 일이며 교류를 위한 지출비용의 규모는 단체에 따라 편차가 컸다. 한국 NGO의 대외교류는 이렇듯 아직 초기 단계에 있으며 정책공조를 통한 지구시민사회 구성의 핵심적 요소라는 관점에서 평가하기에는 아직 이른 시점에 있음을 알았다.

따라서 한국 NGO의 대외교류활동을 촉진, 조장하는 일은 지구화 시대를 살아가는 데 있어 매우 시급한 과제 가운데 하나라고 할 수 있다. 이를 위해서는 먼저 한국 NGO의 하부구조인 인적자원, 재정자원, 조직자원, 가치자원 가운데 어느 요소를 강화하면 NGO에 의한 대외교류가 활성화 될 것인가를 밝혀보는 일이 선결과제라고 보았다. 그 결과 우선 인적자원, 재정자원, 조직자원의 기여도가 가치자원보다 큰 것으로 밝혀졌다. 그러니까 NGO의 구성원들이 어떤 의도나 가치 선호를 가지고 있느냐 또는 지구시민사회 형성의 핵심적 요소 가운데 하나라고 할 수 있는 문화적 동형화에 대해 절박한 공감대를 형성하고 있느냐 내지는 그런 것의 하나로 간주되는 민주주의를 얼마나 중시하느냐의 여부는 NGO의 대외교류를 활성화 하는 데 있어 상대적으로 중요변수가 되지 못했다. 다만 현재의 지구화 진행 양식이 적절하지 못하다고 보는 인식은 미약하나마 영향력을 미치고 있었다.

반면에 단체의 기관화 내지는 관료화 문제와 직결되는 상근자 규모, 정부지원 재정자원의 규모, 기관 역사 등은 NGO의 대외교류를 추동하는 핵심 변수였다. 대외교류 전담자의 규모, 연간 예산의 규모, 단체의 회원 규모 등도 유용한 설명력을 지녔다. 그러니까 NGO의 대외교류를 활성화 하고자 한다면 무엇보다도 먼저 단체의 연조가 오래된 기관을 상대로 정부의 재정지원을 확대하고 특히 상근자 수를 늘리는 일이 보다 효율적인 문제 해결 전략이 되는 셈이다. 같은 맥락에서 대외교류 전담자를 확대하거나 단체의 연간 예산 규모를 늘리고 회원을 확장하는 일도 중요한 것으로 드러났다.

이런 현상은 NGO에 의한 대외교류가 활성화되기 위해서는 교류를 통해 달성하고자 하는 목적가치 내지는 문제의식을 계몽하거나 대외교류의 동기를 유발하는 일보다는 단체의 대외교류 사무처리 능력 자체를 강화하는 일이 선결 과제임을 시사한다. 이는 결국 단체의 기관화 내지는 관료화 정도를 높이는 일이 중요하다는 의미인데, 이렇게 될 경우 NGO 본래의 특성이라고 할 수 있는 자발성, 민주성, 유연성, 등을 침해하게 될 위험성이 적지 않다.

따라서 단체의 기관능력을 제고하면서도 그런 변화나 성장이 단체의 관료화나 지나친 제도화로 귀착되지 않도록 유의하는 일이 긴요하게 된다. 이런 관점에서 보면 NGO에 의한 대외교류를 조장, 촉진하고자 한다고 하여 정부가 주도적으로 나서는 일은 매우 정교한 검토와 판단을 필요로 한다. 이럴 경우 대외교류에 나서고자 하는 NGO의 대 정부 예속 가능성이 높아지면서 자체의 속성을 잃게 될 가능성이 보다 더 커지기 때문이다. 따라서 정부는 NGO의 대외교류를 직접 지원하기 보다는 비정부 영역 그러니까 제3섹타를 중심으로 자율적인 양식에 의해 스스로 추동해 나가도록 유도하고 이를 측면 지원하는 전략을 채택할 필요가 있다. 정부에 의한 재정 자원의 지원도 정부가 직접 나서기 보다는 제3자를 통해 지원하는 일이 필요하며, 이를 위해서는 NGO 국제화 교류기금 같은 것을 조성하여 시민사회가 자율적으로 관리하도록 하되 그 기금의 공여자 가운데 하나로 나서는 방법을 생각해 볼 수 있을 것이다.

그러나 이러한 분석은 한국의 경우를 현 단계에서 조사한 결과물에 기초한다는 한계를 갖는다. 따라서 이와 유사한 조사가 보다 더 축적되고 그 결과에 대한 국가종단적 비교 검토가 가능해지는 경우 분석결과의 보편적 적용성 여부를 가늠해 볼 수 있게 될 것이다. 따라서 여기에서 밝혀지고 있는 개혁 수요는 현 단계의 한국 NGO가 그의 대외교류과정에서 요청하는 것일 뿐이며 이 단계를 넘어서는 정책적 판단이나 선호에 대한 수요가 커지는 경우에는 또 다른 차원의 전략적 대응을 필요로 한다.

문제 제기

1. 왜 국제기구는 지구문제 해결에 있어 핵심적 대안이 될 수 없는가?
2. 지구 차원에서도 국가와 시민사회 중심의 거버넌스 구축이 필요한 이유는 무엇인가?
3. 오늘날 TNGO가 활성화 되어야 하는 이유는 무엇인가?
4. 지구시민사회 분석에서 흔히 저지르게 되는 방법론적인 오류는 무엇인가?
5. 한국 NGO의 대외교류 활동상에 나타나는 특징은 무엇인가?
6. 한국 NGO의 대외교류 활동을 촉진하기 위해서는 어떤 정책적 대안이 필요한가?

참고문헌

김혜경. (2001). 한국 NGO들과 동아시아 국제연대. 「평화논총」, (5)2: 63-77.

박상필. (2005). 「NGO학」. 서울: 도서출판 아르케.

이원웅. (2000) 국제정치의 변화와 NGO. 「동북아연구논총」, 7: 135-157.

이정옥. (2000). 글로벌리제이션의 다면성과 사회운동의 국제연대. 「경제와 사회」, 겨울호 48: 62-92.

이종식. (2002). 비정부 기구(NGOs)와 국제항공 레짐의 변화. 「NGO연구」, 창간호: 211-251.

임현진, 공석기. (2003). NGO/NPO 연구의 최근 동향: 초국적 사회운동을 중심으로. 「NGO 연구」, 창간호: 69-95.

헬무트 안하이어, 메어리 칼도어, 말리스 글라시우스 (공저). (2004). 조효제·진영종(옮김). 「지구시민사회: 개념과 현실」. 서울: 도서출판 아르케.

Anheir, Helmut and Hagai Katz. (2005). Network Approaches to Global Civil Society. In The Center for the Study of Global Governance. *Global Civil Society Yearbook 004/5*. London: London School of Economics <http://www.lse.ac.uk/ Depts/global/Yearbook/outline2005.htm#TOP%20

GCS2005>

Boli, John and Thomas, George M. (eds). (1997). *Constructing World Culture: International Nongovernmental Organization since 1875*. Stanford, CA: Stanford University Press.

Frank, David John, Hironaka, Ann and Schofer, Evan. (2000). The Nation-State and the Natural Environment over the Twentieth Century. *American Sociological Review,* 65 (Feb.):96-116.

Held, David, McGrea, Anthony, Goldblatt, David and Perraton, Jonathan. (1999). *Global Transformations.* Cambridge: Polity Press.

Salamon, Lester M., Sokolowski, S. Wojciech and List, Regina. (2003). *Global Civil Society: An Overview.* Baltimore, MD: The Johns Hopkins University.

Scholter, Jan Aart. (2004). Transnationality, Risk and Civil Society. Report of Workshop Results to Irmgard Coninx Foundation Conference Workshop. 'NGOs as Agents of Civil Society'. January 3-10. <http://www.irmgard-coninx-stiftung.de>

The Center for the Study of Global Governance. (2005). *Global Civil Society Yearbook 2004/5.* London: UK. London School of Economics. <http://www.lse.ac.uk/Depts/global/Yearbook/outl ine2005.htm#TOP%20GCS2005>

The United Nations Non-Governmental Liaison Service(NGLS). (2003). Report of the Consultation with Civil Society on the Crisis in Global Governance.

Toulmin, Stephen. (1994). *The Role of Transnational NGOs in Global Affairs*. Peace Studies Institute, International Christian University. <http://www.globalpolicy.org/ngos/role/globalact/state/2000/1122.htm#c>

제5부

한국의 정치적 대리인과 시민

제11장 |

국회 개혁과 정치적 거버넌스

1. 서론

국회가 과거처럼 기관계속성 유지를 걱정해야 할 단계를 지난 지는 이미 오래되었다. 그러나 그렇다고 해서 국회에 대한 한국 사회의 신뢰와 기대가 높은 것은 아니다. 국회는 여전히 한국 사회가 가장 불신하거나 또는 외면하는 정부기관 가운데 하나다. 갈등사회의 사회통합기능을 담당해야 하는 기관이 사회갈등과 정치투쟁을 오히려 확대 재생산하는 핵심기제로 작용한다는 평가다. 최근에는 이런 현상이 오히려 더 심화되고 있다.

"촛불집회"와 "햄머국회"는 이런 저간의 사정을 매우 상징적으로 보여주는 사건이었다. 국회는 국민 대표성 발현을 기관존립이유로 삼는다. 그런 만큼 국민이 국가에 전달하고자 하는 집합적 선호가 있을 경우 국회를 먼저 찾아야 옳다. 이를 무시한 채 촛불을 들고 거리에 나섰다는 사실은 국회가 국민이 원하는 바를 국가에 재대로 전달하지 않는다고 평가했음에 다름 아니다. 물리적 충돌과 대치 속에서 파행과 공전을 거듭하는 국회를 두고 그의 심의기능이 지향하는 공공선이나 윤리적 정당성이 대의과정에서 충실히 반영되고 있다고 평가할 사람은 아무도 없다.

이런 불임의 국회가 지속되는 한 우리는 사실상 기능 정지된 의회민주주의 하에서 사는 것이나 크게 다를 것이 없다. 만민에 의한 만민의 투쟁이 방치된 채 갈등이 고조되는 경우 사회공동체의 기본질서가 무너지면서, 사회 총비용의 지출이 급증할 것은 당연한 이치다.[1] 최근 들어 한국 사회에는 이런 충돌과 대치가 위험수위를 넘나든다는 위기감이 팽대하게 되었다. 이미 임계범위를 넘어선 것 아니냐는 걱정도 적지 않다. 이를 지켜보면서 하루라도 빨리 국회가 제 역할을 다할 수 있도록 개혁대안을 모색해야 한다는 요구가 비등하게 될 것은 당연한 이치다.

그런데 국회기능 정상화를 위한 개혁대안 모색은 실로 다양한 차원에서 접근 가능한 일이다. 국회 외부환경과의 관계에서는 권력구조 재편문제가 제기될 수 있을 것이며, 내부환경과의 관계에서는 관리론적 차원의 과제를 점검하고, 국회 구성원 개개인의 자질이나

1) 「한국의 사회갈등과 경제적 비용」(삼성경제연구소, 2009)에 다르면 한국의 사회갈등 수준은 OECD(경제협력개발기구) 회원국 가운데 최하위권으로, 사회갈등으로 인해 1인당 GDP의 27%를 잃어버리고 있으며, 민주주의 성숙도가 27위로 꼴찌였고, 정부 효과성도 23위에 머물러 있다고 보았다

특성 면에서는 문화론적 차원의 접근도 가능할 것이다. 그러나 권력구조 개편은 정치권 전체의 합의, 특히 권력을 장악하고 있는 행정부의 동의 없이 실행하기 어려운 과제이며, 문화론적인 접근은 회임기간이 길고 구체적인 대안모색이 쉽지 않다. 여기에서는 주로 관리론적 차원에서의 과제를 점검해보고자 한다. 원내 구성원 간의 합의만으로도 채택 가능할 뿐만 아니라 구체적인 대안 모색이 상대적으로 용이한 까닭이다.

그런데 지금까지 관리론적 차원에서 접근한 개혁수요 진단작업은 주로 원내 안건심의과정에 초점을 맞추는 것이 보통이었고 원내 안건심의과정이 외부와의 관계에서 설정하는 연계체제에 대해서는 이를 소홀히 다루는 경향이 적지 않았다. 이점을 감안하여 여기에서는 국회와 시민사회 간의 관계설정 및 그것이 원내심의과정에 미치는 영향에 주목하고자 한다. 이는 행정부가 거버넌스 도입을 통해 시민참여공간을 확장하고자 하는 것과 같은 이유로 국회에도 거버넌스 시각에서 접근할 필요성이 크게 대두되고 있다고 판단하기 때문이다. 그런 점에서 이 장(章)은 국회가 정치적 거버넌스를 구축하는 데 필요한 제도개혁 수요를 진단하는 작업이기도 한 셈이다.

그런데 국회개혁에 관해 객관적이고 과학적인 이론의 틀을 구축하고 거기에 기초해서 개혁수요를 진단하고 정책대안을 마련하기란 결코 쉬운 일이 아니다.[2] 이는 개혁대안이 대부분의 경우 거의 자동으로 규범적인 요소를 동반하기 때문이다. 개혁의 주창자들은

2) 이하 박재창(2004: 26-29)을 주로 참조했다.

의식적이든 또는 무의식적이든 각자 자신이 선호하는 어떤 선험적 지표나 모델을 상정하고 그것을 지향점 삼아 현재의 의회가 변화하기를 기대하거나 주문하는 경향을 지녔다(Shaw, 1977: 396). 따라서 다양한 개혁의 선험적 지표, 모델, 지향점 사이에서 어떤 정치적 합의를 이루어 내거나 대안을 선택하기란 여간 어려운 일이 아니다.

설사 개혁 주창자들 사이에서 어떤 합의점이 마련된다고 하더라도, 그런 개혁대안은 궁극적으로 국회의원에 의해 채택되고 또 집행되어야 소기의 목적을 달성하게 된다. 따라서 의회개혁대안을 의회외부에서 제안한다는 것은 바로 그런 선험적 지표나 모델 내지는 지향점들이 내포하는 정치적 함의를 해석하고 평가함으로써 그것들 사이의 상이성 또는 유사성을 밝히고, 그 결과 의회내부에서 이루어지는 국회의원 간의 선택과 조정이 보다 더 용이해지도록 조장, 지원해주는 작업 이상의 것을 지향해서는 곤란한 일이다.

이는 국회의원 각자가 상정하거나 강조하는 국회의 기능과 국회의원의 역할에 대한 인식이 서로 다를 수 있다는 것이며, 그럴 경우 당연히 그런 역할을 수행하는 데 필요하다고 판단되는 자원이나 인력 및 원내외의 관계에 대한 대응양식이나 기능도 다를 것이라는 점을 시사한다. 이 경우 의회개혁을 통해 강화하고자 하는 의회의 역할이나 기능의 우선순위가 서로 다를 것은 물론이다(Rieselbach, 1978: 1). 어떤 경우에는 의회의 대표기능을 강조하고 다른 경우에는 정책결정기능, 또 다른 경우에는 대 행정부 통제기능 등에 주목하게 된다는 뜻이다.

이렇게 국회의원 각자가 우선적으로 강조하려는 의회기능이 서로 다르다고 하더라도 그런 의회개혁을 통해 궁극적으로 달성하고자 하는 목적가치가 무엇이냐를 놓고 보면 의회개혁은 근본적으로 정치적 대응성(responsiveness) 신장과 과학적 합리성(rationality) 강화의 문제로 대별해 볼 수 있게 된다(Grumm, 1979: 3). 이는 의회라는 정부기관의 본래적 속성에서 기인하는 결과다.

2. 입법과정과 정치적 거버넌스

1) 입법과정의 이중적 성격

의회는 그의 철학적 구성 원리를 사회공동체의 축약에 두는 정부기관 가운데 하나다. 그런 만큼 의회를 중심으로 구축되는 입법과정이 사회공동체 구성원 간의 역동적 관계가 빚어내는 권력의 재편과정을 투사할 것은 당연한 이치다. 단순히 규범적으로만 사회공동체를 투사한다는 의미가 아니라 경험적 실체로서도 당연히 사회공동체 구성원들의 비전과 실질권력관계가 빚는 창조적 변용의 궤적으로 구체화 된다. 따라서 입법과정은 그가 존치되어 있는 사회의 일부이며 그가 활동하는 시대의 성격을 반영하지 않을 수 없다.

그러나 입법과정을 단순히 사회공동체의 시각에서만 바라볼 수는 없다. 입법과정의 핵심적 주체인 의회가 사회공동체에 뿌리를 두고 구성되거나 운영되는 것이 사실이기는 하지만, 사회공동체 그 자체는 아니며 오히려 사회공동체 구성원의 대표에 의해 구성되는 정부기관의 일종이기 때문이다. 역사적으로 보더라도 의회의 초기적인 형태는 사회공동체에 보다 더 근접하는 것이었지만 시간의 흐름에 따라 기능적 분화와 구조적 전문화를 거듭해 왔다. 그 결과 오늘날의 의회는 하나의 상설적 조직체로까지 자리 잡게 되었다. 의회는 시민사회와의 관계에서 볼 때 사회공동체적 존재이지만 국가와의 관계에서 보면 조직체 가운데 하나라는 이중성을 지닌다.[3)]

따라서 입법과정은 전자와의 관계에서 볼 때 사회공동체의 요구를 반영해야 한다는 점에서 대표기능을 수행하며, 후자와의 관계에서 볼 때는 그런 대표들이 모여 실로 다양한 사회정책과제를 논의하고 이견을 조정하며 대안을 모색한다는 점에서 심의기능을 수행한다. 슘페터는 의회민주주의를 의회주의와 민주주의로 구분하고, 민주주의가 사회공동체 구성원들과 그들의 대표자 사이에서 일체성을 보장하고자 하는 정치과정이나 체제라고 한다면, 의회주의는 그 사회공동체 구성원들이 지닌 의견과 욕구 사이의 상이점과 격차를 권위적으로 조정하는 과정이나 체제라고 보았다. 의회민주주의의 구체화 과정이 바로 입법과정이라는 점에서 보면 입법과정을 "선호집합적 민주주의(aggregative democracy)"(임혁백, 2000: 159)와 "이성이 지배하는 공화국(a republic of reasons)"(Sustein, 1993: 17-39)의 혼합물로 이해한 셈이다. 전자가 대표성을 후자가 심의성을 강조할 것은 물론이다.

그런데 전자를 설명하는 가장 고전적인 접근시각인 다원주의 이

3) 박재창(2003: 305-306)을 참조했다.

론에 따르면 사회공동체 구성원들의 상호작용을 통한 정치적 역동성은 그들 사이의 총만족도의 중앙값을 극대화 하고자 한다. 따라서 입법과정 속의 의회나 국회의원은 다른 사회공동체 구성원들과 마찬가지로 다원적 이해관계를 매개하거나 중계하는 존재로 이해된다. 이 경우 국회의원은 대리인 개념(delegate concept of representation)에 가장 근접한 대표기능을 수행하게 될 것은 물론이다. 스스로 독립적인 판단의 주체나 사회적 관계를 조율하는 지도자가 아니라 시민이 원하는 바 정치적 선호 내지는 집합적 의지를 단순히 대리하는 데에 그의 기능적 실체가 있다고 보기 때문이다. 따라서 국회의원에게는 유권자 개개인의 요구와 필요에 조응하여 여하히 정치적 대응성(responsiveness)을 높일 것인가와 그를 위해 주인인 유권자와 여하히 의사소통을 원활히 할 것인가가 언제나 핵심적 과제로 제기된다.

반면에 후자를 설명하는 가장 고전적인 접근시각이랄 수 있는 기술관료제 이론에 따르면 의회를 중심으로 하는 입법과정에서도 다른 정부기관의 정책과정과 마찬가지로 일종의 합리적 의사결정을 지향한다. 그렇기 때문에 능률성, 전문성, 객관성 등을 강조하는 과학적 합리성(rationality)의 극대화나 공공선의 확장을 추구하게 된다. 따라서 입법과정 속의 국회의원은 선거를 통해 선출된다는 점에서 보통의 시민과는 다른 일종의 우월적 존재이며, 그렇기 때문에 그가 수행하는 국민대표로서의 역할은 그의 자율적 판단을 강조하는 수탁자 개념(trustee concept of representation)으로 이해하는 것이 보다 타당성을 갖게 된다. 일반시민에 비해 보다 네트워크 관리능력이나 우월적 판단력을 가진 이들이 사회정책과제를 심의해야 훨씬 더 효율적이고 공공선에 근사한 의사결정에 이를 것이라는 기대다. 이 경우 국회의원은 시민 개개인이 아니라 사회일반의 공적이면서도 실질적인 수요에 조응해야 한다. 따라서 객관적으로 사회현상을 분석하고 대안을 개발하는 데 필요한 정보수집이나 자료조사 능력을 강화하는 일에 주목하게 된다.

2) 대표성과 심의성 간의 관계[4)]

따라서 입법과정은 그의 본질적 특성상 대표성과 심의성을 내포하며 또 지향한다. 그런데 입법과정의 대표성은 사회공동체와 의회를 연결하는 과정에서 주로 발현된다. 이를 이스토니언 모델(Eastonian model)의 관점에서 보면 주로 입법과정의 투입과 산출 및 환류 단계에서 포착된다. 반면에 심의성은 주로 의회 내부에서 이루어지는 국회의원 간의 상호작용, 즉 전환단계에서 발현된다. 그런데 투입, 전환, 산출 및 환류는 상호 의존적, 연계적 관계에 있음으로 투입, 환류의 문제를 다루는 입법과정의 대표성과 전환단계에서 포착되는 심의성은 상호 의존적, 연계적 관계를 구성한다.

그러나 그렇다고 해서 입법과정의 대표성과 심의성이 항시 상합적 관계만을 구성하는 것은 아니다. 때에 따라서는 상호 갈등적 관계를 구축하기도 한다. 이는 입법과정의 대표성이 강화되는 경우 심

---

4) 김주성(2008)을 주로 참조했다.

의성이 약화되거나, 심의성이 강화되는 경우 대표성이 약화되는 결과를 가져올 수도 있기 때문이다(김주성, 2008: 23). 따라서 입법과정의 정상화를 겨냥하는 경우, 단순히 입법과정의 대표성이나 심의성을 제고하는 과제뿐만 아니라 바로 이 모순적 과제를 여하히 극복할 것인가가 핵심과제로 제기된다. 이를 입법과정의 대표성과 심의성 간의 관계를 중심으로 살펴보면 <표 11-1>에서 보는 바와 같다.

〈표 11-1〉 대표성과 심의성 간의 관계 유형

대표성 \ 심의성	고	저
고	I	II
저	III	IV

제I유형은 입법과정의 대표성이 높아지면 심의성이 높아지는 경우와 심의성이 높아지면 대표성이 높아지는 경우로 대별해 볼 수 있다. 전자는 정부실패론의 등장 이후 시민의 직접 참여 정도가 높아지면 간접민주주의의 폐해가 해소되면서 정부실패가 줄어들 것이라는 참여민주주의론자들의 논지에서 찾아볼 수 있다. 입법과정의 심의기능이 제고되기 위해서는 국민의 요구를 보다 정교하고 신속하게 의회에 전달하는 일이 급선무이며 이를 위해서는 대리인에 의한 지대추구성향을 최소화 하는 일이 관건이고 시민의 직접참여가 최선이라고 보기 때문이다. 국민투표, 국민소환, 국민발안 등을 제안하는 이유다. 반면에 후자로는 고전적인 대의민주주의 이론을 들 수 있다. 현대 대의민주주의체제 하에서는 과거 아테네의 민

회와 같이 추첨에 의해 국민의 대표자를 뽑는 것이 아니라 투표를 통해 국회의원을 뽑기 때문에 의회가 보통의 시민보다는 상대적으로 높은 식견이나 판단력을 지닌 사람들에 의해 구성되기 마련이며, 그렇기 때문에 국민 대표자에 의해 구성되는 의회가 사회공동체 구성원이 직접 참여할 때보다 상대적으로 높은 심의력을 발휘하게 되고, 그 결과 국민의 의사가 국정과정에 더 잘 반영될 수 있다는 것이다(마넹, 2007: 44).

제II유형은 대표성이 높아지면 심의성은 오히려 낮아지는 경우와 심의성이 낮아지면 대표성은 높아지는 경우로 대별해 볼 수 있다. 전자는 대표성이 강화되면서 사적, 개별적, 부분적 이익 등이 입법과정에 반영되는 정도가 높아져, 공적 유익을 추구하거나 공공선을 지향함으로서 사회공동체 전체를 겨냥하는 의회의 가치나 의사결정력이 퇴보하게 된다는 주장 속에서 찾아볼 수 있다. 미국의 켈리포니아 주의회가 주민창안제를 도입하여 주민 참여 공간을 넓히고 그런 의미에서 대표성을 강화했지만, 그 결과는 보다 적은 세금을 내려하거나 개인적으로 이해가 직결된 과제에 우선적인 관심을 둘뿐 공동체 전체의 유익에 우선순위를 두지 않게 되어 켈리포니아 주정부의 사회간접시설에 대한 투자가 줄어들었고, 이로 인해 극심한 교통체증이나 대기오염에 시달리게 되었다는 것이다. 공공선을 지향하는 주의회의 심의기능이 약화되었음을 뜻한다. 후자는 삼권분립주의나 인권위원회, 헌법재판소, 국민권익위원회, 공정거래위원회, 금융통화위원회 같은 다양한 유형의 국가 독립기구들의 등장을 정당화 하는 논지에서 찾아볼 수 있다. 의회의 심의가 정치적 타협이나 거래로 전환하면서 국민이 진정으로 원하는 바를 산출해내지 못할 가능성이 있기 때문에 특정 정책 분야에 대해서는 독립기구에 우선적인 정책결정권을 맡겨야 하며, 3권 간의 견제와 균형을 통해 의회의 심의권을 제한할 필요가 있다는 것이다. 보다 국민이 원하는 바를 대표하는 정부를 보장하기 위해서는 의회의 심의권을 제한하는 것이 불가피하다는 주장이다.

제III유형은 대표성이 낮아지면 심의성이 높아지는 경우와 심의성이 높아지면 대표성이 낮아지는 경우로 대별된다. 전자는 미국 헌법의 초안 작성 과정에서 의회의 심의과정을 비공개로 하자던 메디슨의 주장에서 찾아볼 수 있다. 선거구민의 지도권(right to instruct)이 높아지면 심의과정에서 양보와 조정이 불가능해지고 그 결과 의회의 심의가 제 역할을 다하지 못하게 된다는 것이다 (Farrand, 1911: 479). 여기에는 시민의 선호나 주장 자체가 고정불변의 것이 아니며 언제나 공동체 전체의 유익이나 공공선과 궤를 같이하는 것도 아니라는 인식이 깔려 있다. 따라서 국회의원이 선거구민의 감시나 지시 나아가서는 대표성 발현에서 멀리 떨어져 활동할수록 의회의 심의능력은 강화된다는 것이다. 후자는 공공성을 지향하는 심의과정이 강화될 경우 당연히 국가 전체적인 관점에서 사회정책과제를 다루게 되며, 그런 종합적인 접근시각은 개별 지역구의 사정이나 요구를 반영하는 데 있어서는 역진적으로 작용하게 된다는 주장에 나타나 있다. 심의과정이 선호집합 차원의 공동체 전체 이익을 지향하는 것이건 아니면 공공선이나 윤리적 정당성을 지향하는 것이건 결국 이를 개별 지역구 입장에서 보면 자기 이익의 대표성이 약화되는 셈이라는 것이다.

제IV유형은 심의성이 낮아지면 대표성도 낮아지는 경우와 대표성이 낮아지면 심의성도 낮아지는 경우로 대별된다. 전자로는 다양한 양식의 의회행정론자들이 주장하는 논거가 여기에 해당된다. 의회의 심의기능이 약화되는 경우 결과적으로 의회의 산출능력이 떨어지면서 공동체 전체를 관통하는 공통분모를 찾기 어렵게 되고, 이는 국민의 요구가 입법과정에 반영되는 정도를 낮추는 결과가 된다는 것이다. 그렇기 때문에 의회 내부개혁을 통해 정책심의 기능을 강화해야 하며, 그럴 경우 의회가 보다 다양하고 광범위한 이해관계를 조정하거나 반영할 수 있게 되고, 그 결과 입법과정에 대한 국민의 대표성 반영 정도도 높아진다는 것이다. 따라서 의회의 심의기능을 제고하기 위해 다양한 입법지원체제를 갖추는 경우 국민의 이해관계를 보다 더 폭넓게 반영할 수 있게 되고 이는 의회발전과 정치발전으로 이어진다고 본다. 후자는 루소(Rousseau, 1961)류의 참여민주주자들이 주장하는 논지에 해당된다. 일반의지는 언제나 옳고 공공이익을 지향한다고 보기 때문에, 인민이 직접 의사소통하고 정치문제를 다루는 경우 공동체 전체가 지향하는 공공선에 이를 가능성이 크다는 것이다. 참여의 직접성 내지는 대표성이 낮을수록 심의성 정도가 낮을 것이라는 점을 상정한다.

따라서 제I유형과 제IV유형은 의회발전론이나 의회개혁론의 관점에서 볼 때 하등 문제될 것이 없다. 국민과 의회를 연결시켜주는 직접참여 장치나 공간을 확장하거나 의회의 입법지원체제를 강화하는 것이라면 그것이 어느 것이든 마다해야 할 이유가 없기 때문이다. 그러나 제II유형과 제III유형을 의회발전론의 관점에서 본다면, 대표성을 강화하는 경우 심의성을 약화시키거나 심의성을 강화하는 경우 대표성을 약화시킨다는 점은 모순적 갈등과제가 아닐 수 없다. 전자의 경우를 해결하기 위해서는, 대표과정이 보다 사려 깊은 국민적 요구를 전달할 수 있어야 하고, 국회의원은 선호집합적인 이해관계나 파당적인 이데올로기에 얽매어 있는 유권자의 지시권으로부터 벗어나 보다 공공 이성을 추구하는 독립적 심의자로 작동해야 할 것이다. 그러니까 국민적 요구의 대표과정이 심의성을 내포할수록 입법과정의 대표기능과 심의기능 간의 갈등과 모순은 해소되며, 이는 하버마스류의 공론장이 활성화 되어야 함을 뜻한다(김주성, 2008: 25). 대표과정의 숙의성 진작이 관건이라는 의미다. 후자의 경우에는 입법과정의 심의성 강화가 대표성 약화로 결과하지 않도록 해야 하는 것이기 때문에 심의과정 자체가 대표성을 반영하거나 대표성에 기초하도록 유의할 필요가 있다. 혹여 소수자의 권리나 참여기회가 축소되거나 외면되는 일은 없는지를 예의 주시해야 한다. 대표성은 모든 사회공동체 참여자의 고른 참여기회가 확보될 때 확장 가능한 것이기 때문이다.

결국 대표과정에 대한 심의성 제고나 심의과정에 대한 대표성 제고가 기존의 국회의원이라는 정치적 대리인 중심체제로부터 보다 적극적으로 시민참여의 공간과 기회를 확대 공급하는 개방체제로 전환할 때 구현 가능해진다는 점에서 볼 때, 입법과정에 대한 정치적 거버넌스 체제의 도입을 요청하는 것에 다름 아니다.

3) 대표성과 심의성의 융합

그런데 이렇게 입법과정을 정치적 거버넌스의 관점에서 접근해야 하는 이유는 입법과정의 핵심적 구성요소인 대표성과 심의성 자체가 본디 이분법적으로 구분 가능한 성질의 것이 아니라 오히려 총합적으로 접근할 때 보다 그 실체 파악이 용이한 까닭이다. 이는 의회가 사회공동체적 성격과 조직체적 성격을 보유하는 것이 사실이기는 하지만 그렇다고 해서 양자가 서로 이분법적으로 격리되어 있는 것이 아니라 서로 연결되어 상호작용하고 있다는 의미이기도 하다. 당위적인 차원에서 보더라도 의회의 조직체적 단면을 사회공동체적인 단면으로부터 분리하여 기계론적 관점의 조직체로 이해하는 경우 의회의 기관존립 이유를 찾아보기 어렵게 된다.

의회의 조직체적 단면이 과학적 합리성의 극대화를 지향하는 것이 마땅한 일이기는 하지만, 그렇다고 해서 단순한 의미의 기계적 합리성이나 경제적 생산성만을 지향해서는 곤란한 이유다. 의회가 조직화 하고 그런 조직화된 힘을 빌어 정책심의에 나서는 궁극적인 목표는 의회가 소속되어 있는 사회공동체의 정치적 역동성을 반영하고 촉진하며 나아가 어떤 합의점을 찾자는 것이며, 의회는 그것이 궁극적으로 공공선에 합치하기를 기대한다. 기계론적 생산성이나 능률성만을 제고하는 경우 이런 요구에 부응하지 못할 것은 당연한 일이다.

여기에 더해 정보사회에서는 사회공동체 내외의 상호작용이 심화되면서 그 동안 사회관계 규명의 기본 틀로 작용해 온 이분법적 시각이 더 이상 적실성을 갖기 어렵게 되었다는 점도 유의해 볼 필요가 있다. 기존의 경계개념을 넘어 총합적 관점에서 접근해야 한다는 인식론적 차원의 반성과 문제제기는(McIntyre-Mills, 2000: 8) 의회를 다루는 데서도 핵심적 관점이 되어야 마땅한 일이다. 의회의 사회공동체적 단면과 조직체적 단면은 상호작용적 관점에서 파악해야 하며 이 둘을 서로 분리해서 이해하는 경우 적실성 높은 이해력을 유지하기 어렵다.

이런 총합적 관점에서 볼 때 국회의원의 대표기능과 심의기능은 모두 채무자 개념(debtor concept of representation)과 가장 잘 상합하게 된다. 국회의원은 의회의 사회공동체적 단면에서 비롯되는 대리인 개념이나 조직체적 단면에서 비롯되는 수탁자 개념 가운데 어느 한 곳을 고집하거나 지향할 것이 아니라, 오로지 국민의 정치적 요구를 소화하고자 하는 동기와 의지를 유지하는 한 어느 쪽의 입장이나 전략을 취하느냐의 문제는 그리 중요하지 않다는 의미다. 오히려 대리인 개념과 수탁자 개념을 그때그때의 상황에 따라 적의 조정하여 배합하는 것이 보다 효과적이고 당위적 이라는 뜻이다.

따라서 입법과정의 투입과 환류단계를 중심으로 하는 대표과정에 심의성을 보충하고, 전환단계를 중심으로 하는 심의과정에 대표성을 보충해야 한다는 일은 의회민주주의의 본래적 과제이기도 한 셈이다. 그런데 대표과정에 심의성을 보충한다는 것은 대표과정의 본래적 요소인 대표성을 확보하는 것 외에 심의성을 추가하자는 것임으로 대표성 확보를 위해 필요한 사회공동체와 의회 간의 연계성 내지는 참여성을 보장하는 것 외에 그 연계 내지는 참여과정에서 활발한 숙의가 일어나도록 해야 하는 일이 필수적 과제일 것에는 이론의 여지가 없다. 반면에 심의과정에 대표성을 보충하자는 의미는 심의과정에서 보다 다양한 의견이 개진되도록 하자는 것이기 때문에 최소한 심의과정이 보다 다양하고 광범위한 대상 과제를 다루고, 보다 많은 심의시간을 허용하며, 누구나 제한 받거나 차별받지 않고 의견을 개진할 수 있도록 숙의과정의 공정성과 자율성이 보장되어야 할 것은 당연한 이치다.

이를 기준으로 국회 대표과정의 연계성, 참여성, 숙의성 정도 그리고 심의과정의 심의 대상영역, 시간공간, 공정성, 자율성 정도를 평가하고, 이를 토대로 대안을 모색하는 일은 정치적 거버넌스 구축의 핵심적 과제다. 이를 위해서는 먼저 한국의 입법과정이 처한 현실의 구조적 특성을 규명하는 일이 선결과제일 것이다.

3. 한국의 사회구조와 입법과정

1) 한국의 사회갈등과 대의과정

한국 사회의 구조적 갈등은 그의 심연 자체가 매우 깊다. 전통적인 농촌사회, 근대적 산업사회, 최첨단의 정보화 사회가 공존하는 한국 사회는 이런 구조의 중층적 다원성의 크기만큼이나 공통의 이해관계를 포착하기가 어렵다. 이해관계의 공유가 어려운 만큼 사회적 갈등과 대립이 일상화하기 마련이다. 따라서 이런 갈등적이고 대립적인 구조를 사회 통합적 질서로 전환해야 한다는 수요가 매우 높을 것은 당연한 이치다.

그러나 그런 수요에 비해 사회적 갈등과제를 공적 과정을 통해 해소하려 하기 보다는 사적 네트워크나 그에 따른 최혜적 대우를 통해 해결하려는 사회적 관성이 매우 높다. 무엇보다도 사회정책과제를 공적 간여(public commitment)를 통해 해결하려는 의식이 취약하다는 데에 문제의 심각성이 있다. 이런 현상은 최근 오히려 더 심화되는 경향마저 나타나 있다. 바로 이런 공적 과제에 대한 사적 관점에서의 접근은 문제를 객관화 하는 데 실패하기 때문에 정책과제에 대한 과학적 논의 기회 자체를 처음부터 차단하는 결과가 되며, 그로 인해 국민이 원하는 바 집합적 선호가 집단에 의한 정서적 편향성으로 대체되어 나타나기 일쑤다.

보다 더 심각한 것은 비록 사회 내부의 정책과정이 보다 투명해지고, 전문지식의 투입에 대한 개방성과 수용성이 높아진다고 하더라도 과연 한국 사회가 그에 필요한 전문지식이나 정책판단능력을 지니고 있는지도 의심스러운 일 가운데 하나다. 입법과정에 시민의 정책적 선호와 전문가의 과학적 판단이 균형 있게 반영될 때 보다 합리적인 정책결정에 이르게 된다는 균형민주주의의 입장에서 보면, 한국은 사회 전체가 제공할 수 있는 정책능력 자체가 매우 취약하다는 데에도 문제가 있다. 결과적으로 사회내적 자율조정의 기회와 능력이 매우 저급한 수준에 머물러 있을 수밖에 없다.

이런 상황 속에서 보다 더 심각한 것은 바로 그런 사회내적 자율조정을 선도해야 할 공적 기구로서의 정당이 제 역할을 다하지 못한다는 데에 있다. 한국의 정당은 그의 탄생부터가 이미 획득된 권력의 도장 수단으로 등장하는 것이 보통이었으며, 그렇기 때문에 동원정당이나 선거정당 이상의 역할을 수행하기가 어려웠다. 그 과정에서 민주 대 반민주, 영남 대 호남, 개혁 대 반개혁, 또는 진보 대 보수로 정치 엘리트 간의 관계를 이분법적으로 규정하거나 대치시킴으로서 오히려 사회내적 숙의의 가능성을 차단하는 역할을 수행해 왔다. 사회갈등을 조정, 순화 시켜야 할 대표적인 사회통합 장치가 오히려 이를 더 조장, 확대하는 기재로 작동해 온 것이다.

이런 현상은 언필칭 절차적 민주화가 성취되었다는 87년 체제 이후로도 계속되고 있다. 정치적 대의체제의 한계에 대한 현실 인식이 시민사회단체의 발흥을 가져오는 한 동기가 되었고, 그들로 하여금 독자적으로 혹은 연대해서 "준정당적 기능" 내지는 "대의의 대행" 역할을 수행하도록 촉구하는 결과를 낳았다. 이로 인해 한때 시민사회단체가 사회적 갈등의 수렴이나 집합적 선호의 결집 주체 역할을 수행한다고 평가되었던 것도 사실이다. 그러나 이마저 2004년 뉴라이트의 등장을 기점으로 시민사회 자체가 내부의 대화를 단절하는 대칭적 관계를 고착화 하게 되면서 더 이상 대의의 대행기능을 수행하기 어렵게 되었다. 더 나아가서는 시민사회 내부의 갈등이 정당 간의 대립을 대행하거나 사회 전체의 갈등을 확대 재생산하는 단계에까지 이르게 되었다.

2) 한국의 입법과정과 원내질서

이런 사회구조적 특성은 그대로 국회 내부의 안건 심의과정에 반영되면서 원내 안건 심의과정의 파행성과 이중성을 낳고 있다. 소속 정당의 정책적 지향점에 대해 동의하지 않으면서도 무조건 정당 수뇌진의 지시, 명령에 따라 집단투표에 나서는 일이 일상화 하고 있으며, 그에 따라 다수결 원리의 기계적 적용이 소수자 보호의 원리를 외면케 하는 가장 효율적인 장치로 이용되고 있다. 원내 지도층에 대한 정치적 지지가 확보되어 있지 않기 때문에 실질적인 정책 지도력을 구사할 수 있는 정치적 구심점이 없으며, 그 결과 원내 심의과정의 파행과 교착이 거듭되어도 이를 조정하고 타개해 나갈 수 있는 응집력을 구하기가 어렵다.

이로 인해 앞에서 논의한 제II유형과 제III유형의 현상이 중첩적으로 나타나면서 의회기능이 사실상 형해화 하는 단계에 들어섰다고 하여도 과언이 아니다. 먼저 제II유형의 관점에서 볼 때 주목하게 되는 것은 제헌국회 이래로 국회에 제출되는 법률안의 수가 점진적으로 증가해 왔으며 제17대 국회 이후에는 급진적인 증가추세를 보여준다는 점이다. 특히 제18대 국회와 제19대 국회에서의 증가추세는 가히 폭발적이다. 그러나 동시에 국회의 단위 안건 당 심의기간은 급격히 축소되는 경향을 보여준다. 제17대 국회 이후로는 제안된 법률안 한 건당 상임위위원회에서 다루어지는 일수가 0.25일 내지는 0.09로 급락한다. 보다 많은 국민의 의견을 입법과정에 전달하고자 하는 노력이 전개되면서, 오히려 그렇게 해서 증가된 국민의 요구를 조정, 통합하는 국회 내부의 심의과정은 상대적으로 급격히 축소되는 현상이 나타난 것이다. 이는 <표 11-2>에서 보여주는 바와 같이 역대 국회의 회차별 상임위원회 개회일수와 국회에 제출되는 법률안의 수를 비교 검토해 보면 잘 알 수 있다. 실질적인 안건 토의가 주로 상임위원회 단계에서 이루어진다는 점과 국회가 다루는 여러 안건 가운데 법률안이 사회갈등과제의 조정기제로 작용하는 성질이 보다 크다는 점을 감안하여 이들 두 변수를 비교 검토한 결과다.

〈표 11-2〉 단위 법률안건당 상임위원회 회의일 수

회차별 \ 개회일 수	상임위원회 개회일 수	국회접수 법률안 수	단위 법률안 당 상임위원회 개회일 수
제11대 국회	1,363	489	2.79
제12대 국회	764	379	2.02
제13대 국회	1,537	938	1.64
제14대 국회	1,138	902	1.26
제15대 국회	1,453	1,951	0.74
제16대 국회	2,079	2,507	0.83
제17대 국회	1,900	7,489	0.25
제18대 국회	1,678	13,913	0.12
제19대 국회	1,576	17,822	0.09

출처: 대한민국 국회(2008: 516-534, 724), 국회사무처(2012: 83; 2016: 89)에서 추출, 작성했다.

한국의 입법과정이 이렇게 되는 데에는 실로 다양한 요인이 작용한 것이겠지만, 우선적으로 드러나는 과제는 법률안 제안 과정이 동반해야 할 이해당사자들 간의 사회내적 자율조정과정이 취약하다는 점을 들 수 있다. 한국 사회 자체에 하버마스류의 의사소통을 위한 공동의 장이 절대 부족하다는 뜻이며 입법과정 특히 대표과정에서의 숙의성이 크게 부족하다는 의미다. 국회 내부의 안건심의 과정에 도달하기 이전 단계에서부터 정치적 조정과 통합을 위한 사회내적 자율조정 장치를 통해 대화와 토론이 활성화되는 경우 원내 심의과정에 도달하기 이전부터 상당한 정도의 이견조율이 가능하게 될 것이고, 그 만큼 국회 내부의 안건 심의과정이 감당해야 할 갈등조정 부담은 줄어들게 된다. 그러나 한국 사회의 경우는 바로 이런 사회내적인 자율조정 기능이 제대로 작동하지 않거나 또는 그런 과정이 오히려 사회적 갈등과 대립을 조장, 확대하고 있어 국회의원이 사회적인 요구를 입법과정에 전달하면 할수록 오히려 원내 심의과정의 대립과 갈등은 상대적으로 커지게 되고, 그런 만큼 원내 안건 심의과정이 교착상태에 빠지거나 심의 자체의 진행이 원천적으로 봉쇄되는 현상이 거듭되고 있다. 이는 근자에 이를수록 국회의 공전일 수나 회기 대비 공전일의 비율이 높아진다는 사실에 의해 확인되고 있다(박재창, 2009: 58).

제III유형의 관점에서 보면, 국회는 그 동안 대외적 자율성을 박탈당한 채 대통령을 수장으로 하는 행정부의 관료적 지배와 통제하에 운영되어 왔다. 그러나 제17대 국회를 기점으로 대통령의 소속정당 탈당 등이 이어지면서 국회의 대내적 자율성은 크게 개선되는 변화를 낳았다. 그러나 바로 그런 내재적 자율성의 신장이 국회의원 각자의 독립성과 자결권의 확대로 구체화 하면서 백가쟁명의 시대 또는 통제 불능의 혼란 상태에 빠진 것으로 평가 되고 있다. 이는 국회에 대한 외적 통제력이 약화되면서 거기에 상응하는 원내 정당의 민주화 과정이 동반되지 못한 결과로 여겨진다. 정당 내부에서 효율적인 지도력이 형성 되지 않고 있기 때문에 정당 지도층이 평의원의 의견을 수렴하고 통합하는 능력이 부족하거나 미숙한 수준에 머무르게 된다. 과거 권위주의 시대에는 정당을 매개로 하는 원내 안건 심의과정에 대한 수직적 통제가 일사불란한 안건 심의를 가능케 했고, 그 결과 국회 내부의 안건 심의과정이 지나치게 능률성이나 생산성 제일주의에 빠진다는 문제를 낳았다. 그러나 바로 그런 수직적 통제력이 제거 되면서, 그렇다고 해서 국회 내부의 자율적 질서나 민주적인 지도력이 형성되지는 못하고 있기 때문에 원내 심의 자체의 외적인 활성화를 가져오기는 했지만 그렇다고 해서 그런 활성화가 구체적인 입법산출이나 국민적 합의 도출을 용이하게 만드는 결과로는 나타나지 못하고 있는 것이다. 이런 불임의 시대는 국회의 심의성 강화가 대표성 강화로 이어지지 못하고 오히려 실질적인 의미의 대표성 구현에는 역진적 영향을 미치면서 생겨나는 결과다.

결국 한국의 입법과정은 대표과정과 심의과정 모두에서 심각한 문제점에 직면해 있는 셈이다.

4. 국회 대표과정의 심의성 제고전략

대표과정은 주로 사회공동체와 국회를 연결하는 입법과정에서 구체화 하는 것이 보통임으로 여기에서는 이를 투입단계와 환류단계로 나누어 검토하고자 한다.

1) 투입단계

(1) 대의과정의 연계성 강화

구조적인 측면에서 볼 때 현재의 국회 입법과정은 사실상 그의 출발점이라고 할 수 있는 사회공동체와의 연결 장치가 단절되어 있다고 하여도 과언이 아니다. 다양한 이유가 있었기는 하지만 현재의 정당법에 의하면 국회의원은 자신의 출신 지역구에 지구당을 둘 수가 없다. 그러나 현실적으로 지역주민의 정치적 요구를 결집하고 의견을 청취하는 등 지역사회와의 의사소통 중추 역할을 수행하는 기관이 필요하기 때문에 비공식적으로는 당원협의회를 구성해서 운영하고 있다. 이런 비공식적인 기구는 사실상 국회의원 개인의 사적인 의사소통 통로로 활용하는 데에는 유리할지 모르지만 공적 기구로서의 책임성이나 균형성을 유지하기는 어렵다.

무엇보다도 다루는 사회정책과제에 대한 공적 간여가 어려워진다는 점은 매우 본질적인 문제다. 따라서 당원협의회 대신 정당의 지구당을 둘 수 있도록 정당법을 개정하는 일은 필수적 과제다. 지구당을 복원하는 경우 운영비용이 과다하게 든다거나 지역주민의 지나친 청탁으로 인해 지역정책과정이 포획된다거나 하는 문제는 지구당을 설치하는 데 따르는 본질 문제가 아니다. 이렇게 지역주민과의 공식적인 연계장치 내지는 의사소통 통로를 확대, 강화해야 한다는 측면에서는 국회의원 지역구 사무실을 국가기구화 하여 국회의 지역 파견소 개념으로 운영하는 과제도 검토해 볼 필요가 있다. 다양한 사회정책과제가 여과 없이 국회의 정책심의과정으로 전달되기 전에 지역사무소를 통해 결집되고 숙의될 기회를 제공하자는 의도다. 이는 미국의 사례를 타산지석으로 삼아 볼 일이다.

사실 대의민주주의 하에서 국회의원만으로는 국가에 대한 국민의 의견 전달이 충실히 이루어지기 어렵다는 점에 대한 인식은 이미 고전적인 대의정치론에서도 제기되었다. 다원주의 이론에 기초한 로비스트제도 도입 논의가 그것이다. 대리인으로서의 국회의원이 지니는 입법과정에 대한 수문장 역할을 감안하고, 그에 따르는 폐해를 극복하는 것은 물론이고 시민의 입법과정에 대한 접근성을 높이자는 취지에서다. 우리의 경우도 로비스트제도가 양성화 한다면 대 국민 연계기능의 강화에 기여할 수 있을 것으로 기대된다. 이 점은 특히 우리의 경우 국회의원 스스로 로비스트 기능을 수행하는 사례가 적지 않다는 점을 감안할 때 매우 시급한 과제로 평가된다. 국회의원 스스로 로비스트로 활동하는 경우 입법과정이 사적 이익이나 개별이해관계에 의해 포획되면서 균형적인 심의자체를 어렵게 할 것이기 때문이다. 따라서 음성적인 로비활동을 양성화 하여 상이한 이해당사자들 사이에서 견제와 균형이 가능하게 하는 것은 물론이고 입법과정의 투명성과 개방성을 제고하여 공적유익이나 공공선과의 합치성을 제고하기 위해서도 필요한 일이다.

지금과 같은 개인후원회 제도는 자칫 입법과정을 사적 연고관계의 총화로 전환시키거나 촉구할 위험성이 적지 않다. 우리가 지원하거나 결속하고자 하는 것은 사적 연고관계의 네크워크가 아니라 정책적 이해관계의 조정과 조율을 위한 망이며 이 과정에서 다양한 양식의 소통과 숙의가 이루어져 조정과 타협이 가능해야 하고 보다 타당성 높은 정책대안개발에 기여할 수 있어야 한다. 그런 점에서 현재의 국회의원 개인을 후원하기 위한 제도보다는 특정 정책을 지지하거나 반대하기 위한 정책후원회의 양식으로 제도 전환을 서둘러야 한다. 이는 미국의 정치활동위원회(political action committee)를 타산지석으로 삼을만한 일이다. 국민 누구나가 어떤 정책의 지지나 반대를 위해 지지표를 동원하거나 정치자금을 거출하거나 지원할 수 있도록 하자는 것이다. 이는 현재의 개인후원회 제도가 결과적으로는 지연, 학연, 혈연과 같은 1차 집단 중심의 네트워크 형성과 사적 이해관계 중심의 연결망 구축을 지향하는 것과는 대조되는 결과를 유도하게 된다.

(2) 시민참여의 직접성 확대

그러나 이렇게 단순히 국회의원과 지역 사회공동체를 연결하는 것만으로는 입법과정에서 심의성을 동반하는 대표성을 진작하기가 쉽지 않다. 무엇보다도 대리인으로서의 국회의원에 대한 사회적 불신과 정치적 비난의 정도가 높기 때문이다. 바로 이런 정치적 대리인에 대한 신뢰철회와 전환과정에 대한 비용지출 요인을 감소하기 위한 대안으로는 흔히 국민투표제, 국민창안제, 국민발안제, 등이 제안된다. 우리의 경우도 검토해 볼만한 일이다. 그러나 제II유형의 한계에 빠질 수 있다는 점도 간과할 수 없다. 이런 점을 감안하여 이들 제도를 도입하여 입법과정에 대한 시민참여의 공간과 기회를 넓히기는 하되 그럴 경우 발생할 개연성이 높은 국회의 심의성 저하 문제에 대해서도 대처해야 한다.

국민투표제, 국민창안제, 국민발안제 등의 도입을 통해 국민의 의사를 국회에 직접 전달하는 것 자체만으로는 능사가 아니며, 그 과정에서 보다 다양한 회합과 포럼이 열려 국민들 사이에서 여하히 숙의 활동이 활성화 되고 그 결과 학습과 공유에 따른 변화가 확산될 수 있느냐가 제도 도입 성공의 관건이다. 그리고 그 과정이 여하히 국민 대표성을 균형 있게 담보하도록 할 것인가도 제도 도입과정에서 유의해야 할 과제다. 토론의 활성화나 전문가와 일반시민 간의 의견교환이 체계적으로 보장되지 않는 가운데 국민투표가 이루어진다면 제도도입에 따른 기대성과가 발현된다고 보기 어렵다. 따라서 국민투표과정을 여하히 숙의형 시민참여 양식으로 전환할 것인가가 숙제다. 국민창안이나 국민발안도 마찬가지다. 특히 온라인상의 서명발의를 통해 진행되는 경우 체계적으로 배제되는 "정보소외" 계층에 대한 배려를 여하히 구체화 하여 대표성 왜곡에 따르는 문제점을 보완할 것인가도 문제다.

이렇게 대표과정에서의 시민참여를 활성화하기 위한 방안 가운데 하나로는 전자적 장치를 활용한 정책포럼을 웹사이트에서 활성화 하거나 다양한 양식의 시민사회단체를 연결하여 체계적으로 시민사회의 의견과 대안을 경청하는 문제도 고려해 볼만하다. 영국의 스코틀랜드 의회가 입법정보 및 자문 사이트(Parliamentary Information and Advisory Service)를 개설해서 운영하고 있다는 사실을 벤치마킹해 볼만한 일이다. 스코틀랜드 의회의 경우 1000여개의 스코틀랜드 내외의 시민사회단체를 망라하는 네트워크를 구축했으며, 웹상의 정책정보 포럼을 운영함으로서 제2의 시민참여 공간을 확장 제공하고 있다. 여기에서 생산되는 정보는 이를 관련 위원회에 송부하여 입법정보로 활용하도록 연계하고 있다(박재창, 2003a: 100-101).

(3) 숙의형 시민참여 제도의 도입

그러나 이런 양식의 시민참여 통로가 활성화된다고 하더라도 다양하게 여러 시민의 의견을 수렴한다거나 집합적 선호와 전문가의 판단을 균형 있게 반영하지 못한다는 한계를 지닌다. 시민참여형 숙의제도가 되기에는 스스로 한계를 지닌다는 의미다. 바로 이런 과제로 인해 대의과정에서 제II유형의 모순이나 한계에 빠지는 문제를 극복하고자 한 것이 바로 정부를 상대로 하는 다양한 양식의 시민자결형 의사결정 모형이다. 이를 국회와 시민사회 내지는 사회공동체 사이를 연결하기 위한 통로로 구축하는 경우 대표성과 숙의성을 동시에 제고하는 효과를 기대해 볼 수 있다.

흔히 행정적 거버넌스의 한 양식으로 운영되는 시민참여형 숙의모델 가운데 대표적인 것으로는 아메리카 스픽스(AmericaSpeaks)의 21세기 마을회의(21st Century Town Hall Meeting) 제도, 숙의민주주의 여론연구소(Center for Deliberative Polling)의 숙의형 여론조사(Deliberative Polling), 제퍼슨 연구소(Jefferson Center)가 진행하는 시민배심원(Citizen Jury)제도, 전국 샤레트 연구소(National Charrette Institute)의 역동적 기획 샤레트(Dynamic Planning Charrette), 전국정책과제포럼연구소(National Issues Forums Institute)의 전국정책과제포럼(National Issues Forum), 등을 들 수 있다(박재창, 2008: 110-111).

이들은 모두 ① 사회공동체 구성원의 집합적 선호가 무엇인지를 체계적으로 파악하기 위해 회합의 참여자를 인구사회학적 특성에 따라 순비례적으로 표집함으로서 제시되는 견해의 편향성을 극복하고 대표성을 확보하고자 하며, ② 단순히 사회공동체 구성원의 집합적 의사가 무엇인지만을 취합하자는 것이 아니라 전문가의 식견과 판단을 교차적으로 반영하여 정치적 합리성과 경제적 합리성을 균형 있게 배합함으로서 균형민주주의의 원리를 구현하고, ③ 어느 한쪽의 일방적인 정보전달이나 설득이 아니라 쌍방향적인 대화를 통해 정보의 균형 있는 교류가 이루어져 상호 학습의 효과가 발생하도록 하고 있으며, ④ 논의의 결과를 관련 정부 기관이 수용하여 공적 권위를 갖도록 한다는 점에서 공통적인 특성을 지닌다.

이런 점들을 감안하여 국회의 각 상임위원회가 주요쟁점 사안에 대해서는 숙의형 시민참여 회합을 조직하고 이를 위원회 심의과정에 반영하도록 하는 제도를 고안해 볼 수 있다. 그럴 경우 다양한 한계를 이미 노정하고 있는 공청회제도의 유지를 고집해야 할 이유는 없다. 다만 이와 유사한 것으로 최근 국회가 "미디어발전국민위원회"를 구성하여 운영한 바 있으나, 이는 일반시민의 참여를 배제한 채 해당 분야의 전문가와 국회의원만으로 구성하여 국민 대표성 제고에 대한 고려가 없었을 뿐만 아니라 구성원 선정에서의 객관성이나 비례성의 원칙이 지켜지지 않았고 심의결과에 대한 공적 권위를 부여하지도 않아 구속력이 취약하다는 한계를 지녔다. 보다 엄중히 말한다면 시민참여형 숙의장치라기보다는 전문가 포럼정도에 해당되는 것이었다. 그러나 적어도 국회가 국회의원 이외의 인사를 동등한 구성원으로 승인하는 위원회를 구축하고 국회와 국회 외부환경과의 연대와 소통을 시도했다는 점에서 그 의의는 적지 않다.

2) 환류단계

정책산출이 의회에 의해서 이루어진 후 이를 어떻게 관리하느냐의 문제에 대해서는 지금까지 크게 주목하지 않았던 것이 사실이다. 그러나 산출된 정책은 환류단계를 거쳐 입법과정에 대한 재투입자원으로 작용하는 만큼 투입단계 이상의 의의를 지닌다. 그런 점에서 정책산출의 결과가 여하히 집행되고 그 결과가 입법의도를 충족시키느냐의 여부를 감시, 평가하는 시민참여형 거버넌스 체제가 구축된다면 입법과정의 대표성과 심의성 진작에 기여하는 바가 적지 않을 것이다.

(1) 대의과정의 연계성 강화

국회의 경우 정책 산출물에 대한 환류단계에서 사회공동체와 국회를 연결하는 장치로는 이미 진정청원제도가 마련되어 있다. 그러나 그 운영 실적이 매우 미미한 수준에 머물러 있어 사실상 존재하지 않는 것과 같다. 이는 무엇보다도 진정이나 청원의 제출이 국회의원의 소개 없이는 진행될 수 없도록 되어 있기 때문이다. 그러나 진정이나 청원이 그의 본질면에서 볼 때 국회의원에 의한 입법활동 결과를 불신하거나 그의 집행과정에 문제가 있어 새로운 입법이나 법률개정이 필요하다는 점을 상정하는 것이라는 점을 감안해 보면 국회의원의 소개가 있어야만 진정이나 청원이 개시된다는 것은 모순적인 장치임에 틀림없다. 실제로 바로 이런 소개제도로 인해 타당성이 없거나 청원의 성립요건이 되지 않는 것을 소개하거나, 소개 지연으로 청원의 의미가 희석되고 있으며, 현장 확인이나 사실조사 없이 국회의원이 간여하거나 진정청원의 소개 후에도 이를 관철하려는 국회의원의 의지가 부족한 데에서 오는 문제가 적지 않다.

따라서 진정과 청원이 환류단계에서의 실질적인 사회공동체와의 연계장치로 작동하도록 하기 위해서는 운영의 주도권을 국회의원으로부터 청원인 개개인에게 돌려주는 일이 급선무다. 이런 점에서는 영국이나 독일에서 청원위원회를 운영하여 국회의원의 소개 없이 국민 각자가 의회를 상대로 직접 청원할 수 있게 한 점에 유의할 필요가 있다. 이럴 경우 보다 적극적인 환류단계에서의 시민참여가 이루어지면서 국회 입법과정의 대표성 제고에 기여할 수 있게 될 것이다.

(2) 시민참여의 직접성 증대

환류단계에서의 시민참여를 보다 직접화 하고자 하는 것으로는 국민소환제를 들 수 있다. 원래 국회의원을 뽑아 국회로 보내는 일은 일종의 계약 체결과 같다. 임기 동안 시민의 대표로서 성실히 자기 역할을 수행한다는 약속을 전제로 시민으로 하여금 자신의 참정권을 국회의원에게 위임하도록 한 것이 대의민주주의의 기본정신이다. 그렇기 때문에 오늘날 우리가 목격하고 있는 바와 같이 국회의원이 자신의 대리인 역할을 성실히 수행하지 않는다면 비록 임기 만료 이전이라도 그와의 계약을 파기하고 새로운 계약 대상자를 찾는다는 것은 너무나도 당연한 일이다. 그러나 잦은 계약 파기에 따른 정치적 불안정과 대리인 교체에 따른 의회의 심의성 단절에 대한 우려가 없는 것은 아니다. 유형 II의 모순이 작동할 개연성이 높다는 말이다.

이점을 고려하여 국민소환제에는 몇 가지 제한 장치를 두는 것이 보통이다. 우선 자신이 선출한 국회의원만을 소환할 수 있도록 한다. 아무리 어떤 국회의원의 정치적 행태가 분노를 자아낼 정도라고 하더라도 그 국회의원이 자신의 지역구를 대표하지 않고 그렇기 때문에 그 국회의원의 당선에 간여할 수 있는 직접적인 권한을 갖고 있지 않다면 그 국회의원의 소환에 나설 수 없도록 한다. 또 국회의원 개개인만을 소환의 대상으로 삼지 그들에 의해서 구성되는 정당이나 정부를 소환하고자 하지는 않는다. 일시에 여러 국회의원을 상대로 여러 지역의 주민이 연대해서 퇴출 운동에 나서는 일도 허용되지 않는다. 불량 국회의원에 의해서 야기되는 대표성 왜곡과 무능을 막기 위해 불가피하게 이 제도를 채택하기는 하지만 이 제도의 운영 자체가 심의성의 단절이나 왜곡을 가져와서는 안 된다고 보기 때문이다. 그러니까 정권 퇴진이나 다수당 교체와 같이 대대적으로 정치권을 개편하고자 하는 국민소환은 처음부터 있을 수 없는 일이다.

그러나 그럼에도 선거에서 패배한 정당이나 후보자가 이 제도를 악용할 소지가 전혀 없는 것은 아니다. 그렇지만 국민소환 과정에서 지난 총선 때 패배했던 정당이나 후보자가 단순히 자기 정당이나 자신에 대한 지지만으로 국민소환을 발의하는 데 필요한 청원인 수를 확보하기란 쉽지 않은 일이다. 일단 국민소환을 위한 청원이 가능하게 되었다면 거기에는 현역 국회의원에 대한 일반 유권자들의 배척 의사가 실려 있다고 보아야 옳다. 보다 중요한 것은 이 제도가 소환 자체에 목적을 두고 있다기보다는 현역 의원에 대해 보다 강력히 경고하고 주의를 주자는 예방적 의의가 크다는 점에도 유의해야 한다.

(3) 숙의형 시민참여 제도의 도입

이렇게 국민소환제는 그의 본질적 특성상 소환과정에서의 시민참여가 숙의의 양식을 띄게 되거나 전문가적인 판단을 수용하거나 투입하는 데 있어 기본적으로 제한적이라는 한계를 지닌다. 광범위하게 숙의를 확대하지 않도록 스스로 차단하는 성격을 지녔다. 바로 이런 점을 감안한 환류단계에서의 숙의형 시민참여 제도로는 옴부즈만을 들 수 있다. 옴부즈만에는 실로 다양한 양식이 있으나,

그 가운데에서도 의회 소속의 옴부즈만은 입법의도가 행정과정에서 제대로 반영되고 있는지의 여부를 확인하고 그에 따라 다양한 양식의 시정조치를 구하자는 것임으로 입법산출물에 대한 시민참여형 환류장치인 셈이다.[5] 이 과정에서 옴부즈만은 민원인이 필요로 하는 고충관련 정보를 제공하거나, 다양한 양식의 자문이나 권고적 서비스를 제공하고, 보다 효과적으로 조언하거나 지원해 줄 사람이나 기관을 찾아 연결시켜주기도 하며, 관련 과제에 대해 설명하고, 고충이나 갈등을 중재하여 해결하거나, 관련 과제에 대한 사회적인 경각심을 제고하기도 한다(Anderson, 1997: 7). 그러나 그렇다고 해서 옴부즈만이 권위적으로 어떤 문제를 결정함으로서 종국적으로 해결하자는 것은 아니다. 의회 소속의 옴부즈만은 의회를 대리하여 행정당국자와 민원인 사이의 대화와 교류를 권고함으로서 민원의 소지를 해소하고자 하는 데에 특징이 있다.

바로 이점에서 볼 때 옴부즈만은 환류단계에서의 국민적 요구를 반영하고자 하는 것이지만 동시에 관련자들 간의 숙의를 촉진하고 조장하자는 것이며 바로 그 점에 본질적 특성이 있다. 특히 숙의과정이 요구하는 전문가적 판단이나 지식의 공유라는 관점에서 보면 옴부즈만은 처음부터 그의 존재 이유 가운데 하나를 바로 이런 중립적 정보제공자 역할에 두고 있음을 알 수 있다. 따라서 옴부즈만은 환류단계에서 국민의 의사를 반영하고자 한다는 점에서 대표성

5) 옴부즈만을 입법부 소속으로 할 것이냐 또는 행정부 소속으로 할 것이냐에 대해서는 다양한 논의가 있으나 도입 당시의 시공간적인 조건에 따라 상황조응적으로 판단해야 할 것이다. 양자는 서로 상대적인 장단점을 지니고 있기 때문이다.

을 신장하는 것이기도 하지만 동시에 숙의성을 진작시키기도 하는 이중적 의의를 지니는 장치다.

5. 국회 심의과정의 대표성 제고전략[6)]

심의과정은 주로 국회의 원내 안건숙의과정을 통해 구체화 되는 것이 보통이다. 그런데 원내 안건숙의과정은 본회의 단계와 상임위원회 단계로 대별된다. 여기에서는 이들 두 단계를 중심으로 살펴보고자 한다.

1) 본회의 운영단계

(1) 심의 대상영역의 확대

보다 다양한 의견을 입법과정에 투사함으로서 심의과정에서의 대표성을 제고하기 위해서는 우선 국회가 다루는 심의대상과제의 영역 자체를 확대하는 근본적인 변화가 있어야 한다. 국회는 입법권을 정부와 공유하고 예산편성권을 정부에 넘겨주고 단지 심의권만을 행사하는 형편이다. 이런 상황에서는 국회가 사회 모든 영역에 대해 주도적인 심의를 진행할 수 없고, 그렇기 때문에 제한된 영역에서의 의견이나 이해관계의 조율만을 다루게 된다. 이럴 경우

6) 박재창(2004)을 주로 참조했다.

국회 심의과정에서의 대표성 확대에는 처음부터 기본적인 제한이 있을 수밖에 없으며, 국회가 다루는 사회정책과제가 그의 본래 성격상 서로 수평적으로 연계되어 있다는 점을 감안해 볼 때 국회의 대의기능을 단절시키거나 근본부터 왜곡시키는 주요 원인이 되어 있다. 따라서 국회가 입법권을 독점하고 예산편성권을 행사할 수 있도록 하는 근본적인 변화가 있어야 보다 확장된 대표권 행사가 가능하게 된다.

(2) 심의 시간공간의 확보

다양한 의견이 심의과정에 반영되어 대표성이 발현되기 위해서는 확장된 심의대상영역이 제공된다고 하더라도 이를 심의할 수 있는 시간공간이 충분히 제공되어야 한다. 그런 관점에서 우선 고려해야 할 과제는 상시국회제도의 도입이다. 의회가 소인의회(amateurish legislature)로부터 상설전문의회(standing professional legislature)로 전환되어야 의회의 심의성이 강화된다는 것은 두말할 필요도 없다. 그러나 국회는 아직도 정기회와 임시회로 구분하는 회기제를 도입하고 있어 사실상 홀수 달에는 국회가 휴지상태에 들어가는 실정이다. 이는 보다 다양한 의견이 입법과정에 반영되도록 하기 위한 방안으로서도 극복되어야 할 과제다.

상시국회제도가 도입된다고 하더라도 실제 안건의 처리과정에서 충분한 심의시간이 보장되지 않는다면 다양한 의견 제시가 불가능한 일이다. 이점을 감안하여 독회제도를 부활할 필요가 있다. 국회는 원래 제5대 국회까지 독회제를 운영해 왔으나 제6대 국회에 들어서면서 상임위원회 중심주의로 전환하는 과정에서 폐지한 바 있다. 그러나 오늘날에는 상임위원회 중심주의가 사실상 소위원회 중심주의로 전환하면서 지나치게 능률성 중심주의가 강조되고 있으며, 본회의 운영상에서 야기되는 지나친 지체나 비능률 문제를 극복하기 위한 수단으로 전원위원회 제도가 이미 재도입되어 있다. 그런 만큼 독회제를 도입한다고 하더라도 지나치게 비능율적이라고 할 수는 없다.

날치기 통과라는 파행적 심사 행태가 조속한 법안 처리를 기도하기 때문이라는 점에서 보면, 독회제도의 부활을 통해 의안을 조속히 상정하고자 하는 욕구 자체를 사실상 원천 봉쇄하는 효과를 낳을 수도 있다. 이점에서 볼 때 제1독회는 본회의에 대한 보고로 대신하더라도 제2독회는 상임위원회 심사단계의 필수과정으로 법제화 하여 축조심사 등을 생략할 수 없게 하고 본회의에서의 제3독회를 통해 심사가 완료되도록 하는 방안을 모색해 볼 수 있다. 이는 3독회 제도가 지나치게 의안의 심사과정을 지연시킨다는 견해를 수용하면서도 본회의 보고체계상의 미비점을 보완하고 위원회 심사과정에 대한 다양한 주체의 의견 투입이 가능하도록 해 보자는 것이다.

(3) 심의과정의 공정성 보장

심의과정에서의 대표성이 보장되기 위해서는 다양한 의견 제시가 가능해야 하고, 이는 당연히 이를 보장하는 의사규칙이 있을 때 가능하다. 국회 운영의 근간이 되는 국회법을 존중하지 않거나 그 운영 정신에 합의하지 않는 여야당이 운영하는 국회는 엄밀한 의미에서 이미 국회라고 할 수 없다. 그렇기 때문에 선진국에서는 국회의원 당선 이후 최초로 원이 구성되면 제일 먼저 하는 일이 의사규칙에 대한 원내 정파 간의 합의를 도출하는 작업이다. 아무리 지난 회차의 의회에서 활용되던 의사규칙이라고 하더라도 새로운 원이 구성되면 그 원을 구성하는 사람들의 동의와 승인에 의해 새로운 의사규칙을 정하지 않고서는 의사규칙의 권위와 정당성을 담보할 수 없고, 의사규칙이 그 의회 구성원의 마음으로부터 존중되지 않는다면 그들에 의한 정치적 합의 도출은 공염불과 같다고 보기 때문이다.

그러나 국회에는 정교하고 체계적인 양식에 의해 정리된 별도의 의사규칙 자체가 마련되어 있지 않다. 일부가 국회법에 포함되어 있거나 부분적으로 일부 규칙이 제정되어 있을 뿐이다. 따라서 국회법에서는 국회 구성의 기본 원리에 관한 것만을 다루도록 하고, 여타의 국회 운영에 관한 일체의 규칙은 이를 따로 별도의 치밀하고 정교한 전범으로 제정하여 이를 매 회차의 국회 구성 때마다 수정하고 새로 승인, 채택하는 전통을 세워나가야 한다. 국회법과 의사규칙을 따로 구분하는 이유는 의사규칙은 국회법과 달리 그 개정이 보다 더 유연하게 이루어져야 하겠기 때문이다.

나아가서는 아직 규칙으로 제정하지 않고 규범이나 선례에 따라 모호하게 처리하고 있는 것 중 국회 운영에 매우 중요한 의미를 동반하도록 되어 있는 것들은 이를 의사규칙에 담아 체계적으로 정리할 필요가 있다. 안건심의과정에서 갈등과 대립이 격화하는 주요 원인중의 하나가 바로 그런 대립과 갈등을 조타해 줄 정교한 규칙이 마련되어 있지 않다는 데에서 비롯되는 사례가 적지 않다.

이런 의사규칙이 마련된다고 하더라도 이를 엄중하게 집행하거나 미진한 부분에 대해서는 이를 권위적으로 평결하거나 중재할 수 있는 선의의 사회자 내지는 중립적 지도자가 있어야 할 것은 물론이다. 이런 의미에서 국회의장의 중립성 보장과 권위 신장은 필수적 과제다. 이를 위해서는 국회의장이 회의를 주재하는 본회의장이 여당과 야당 사이의 이견을 중재하는 장소가 아니라 국회의장이 결정한 것에 대한 여당과 야당의 이견을 소화해 나가는 과정이라고 이해할 필요가 있다. 국회의장을 대립적 이해관계의 중재자라기보다는 제3의 심판관이며 의회 그 자체라고 보자는 것이다. 그렇기 때문에 본회의장에서 발언할 때 의원들이 서로를 상대로 의견을 개진하지 않고 국회의장을 상대로 각자의 의견을 피력하는 것이 오히려 자연스러운 현상이기도 하다.

이렇게 국회의장의 중립성을 강화하는 것은 물론 국회의장에게 의사상의 분쟁에 대한 법규 해석권, 선례 선정권은 물론이고 미처 법적으로 정해지지 않은 부분에 대한 최종 결정권을 부여하고 이를 명문화해서 국회의장에 대한 국회의원의 복종과 순응을 유인하는 외에, 의사 조정권 자체의 강화를 통한 의사 분쟁 해결 의지를 강화할 필요가 있다. 이런 점에서 볼 때 현재 의장의 임기를 2년으로 제한하는 것은 적절치 한다. 임기를 국회의원과 같이 4년으로 연장하는 한편, 국회의장의 정치적 중립성에 대한 소수당의 확신을 담보할 필요가 있다. 그렇지 않을 경우 오히려 새로운 갈등과 대립을 조장할 소지가 크다. 그런 만큼 우선 국회의장 선출에 대한 정파 간 조정을 배제하고 철저히 의원 자유투표를 통해 국회의장을 선출하여 소수당의 승인을 확보할 필요가 있다. 실제 국회의장이 강화된 의사 조정권을 특정 정파 편향적으로 행사하는 경우 국회는 오히려 더 큰 갈등에 빠질 우려가 있다.

같은 관점에서 제기되는 과제 가운데 하나는 입법지원조직의 정치적 중립성 확보에 대한 제도적 장치의 마련에 둔감하다는 점이다. 입법지원조직이 제공하는 정보나 서비스가 정파 간 이해관계에 따라 조작되거나 특정 정파에 우선순위를 두어 지원업무를 수행하는 경우 그로 인한 심의과정의 왜곡과 함께 지원업무 자체의 정당성 여부를 의심하게 될 것은 자명한 이치다. 입법지원조직에 대한 충원권을 정파적 이해다툼이나 전리품 분배처럼 다루는 현재의 관행은 적극 시정되어야 한다.

(4) 심의환경의 자율성 조성

국회는 현재 소속정당에 의한 통제와 교섭단체에 의한 관리라는 이중적인 구속 속에 놓인 국회의원들로 구성되어 있다. 이 가운데 소속 정당에 의한 통제는 정당 내부의 민주화를 통해 해결할 문제이지만, 교섭단체를 통한 관리는 사실상 소속정당에 의한 통제와 다를 것이 없다는 측면에서 중복적 장치로 이해된다. 특히 교섭단체의 구성기준을 어디에 두느냐에 따라 원내 운영과정에 대한 참여 여부가 결정되고 있어 안건 심의과정의 다양성 제고라는 측면에서 보면 전혀 계속 존치해 두어야 할 이유가 없는 제도다. 사실상 교섭단체 제도는 운영위원회의 역할과도 중복된다. 보다 원활한 국회운영과 의원 개개인의 자유로운 원내 활동을 보장하기 위해서도 원내 교섭단체 제도는 폐지되어야 옳다.

보다 자유로운 원내 활동을 국회의원에게 보장하기 위해서는 국회의원 면책특권 위원회의 구성과 운영도 검토해 보아야 할 과제다. 안건의 심의과정에서 보다 다양한 의견이 제시되도록 하기 위해서는 국회의원이 어떠한 의회 외적 요인에 의해서도 구속되는 일이 없도록 그의 발언 자유를 철저히 보장해 주어야 할 것이다. 이를 위해 국회의원에게는 면책 특권이 부여되어 있다. 그러나 이의 오용과 남용에 대한 우려가 제기되면서 국회의원의 면책특권을 제한하자는 주장도 제기되어 있다. 그러나 국회의원의 면책특권이 제한되는 경우 원내 토론의 자유가 훼손될 것은 너무나도 뻔한 일이다. 영국에서는 원외에서 행해진 명예훼손을 원내 발언을 증거 삼아 기소할 수 없게 하고 있으며, 심지어 허위나 사술의 의도를 가지고 행해진 원내 발언에 대해서도 정직하고 사려 깊은 발언과 아무런 차이를 두지 않고 이를 보호한다.

이 모두가 의회 외부 특히 다른 국가기관의 압력으로부터 의회의 독립성과 권위를 지키기 위한 것임은 물론이다. 그러나 그렇다고 해서 국회의원의 면책특권이 언제나 존중되어야 한다는 것은 아니다. 국회의원의 면책 특권 행사가 재판의 공정한 진행에 영향을 주게 되거나 국익의 보호에 결정적인 위해를 끼치게 되는 경우에는 당연히 제한되어야 마땅할 것이다. 개인의 프라이버시나 명예 또는 재산을 침해하는 일이 있어도 안될 것은 물론이다. 면책특권이 보호하고자 하는 의회민주주의의 목표가 바로 개인의 자유와 인권을 보장하려는 데에 있기 때문이다. 이점을 감안하여 국회내에 면책특권 관리기구를 설치 운영하자는 것이다.

2) 상임위원회 운영단계

(1) 심의 대상영역의 확대

상임위원회 제도는 분업의 원리에 따라 국정과제를 구분해서 다루자는 것임으로 제도 자체가 대표성의 원리를 침해하는 본원적인 한계를 지니고 있다. 이를 보완하기 위한 방안으로 복수 상임위원회 제도와 관련위원회 회부제도를 도입해서 운영할 필요가 있다. 현재도 운영위원회, 정보위원회, 여성위원회 등에 부분적으로 복수 상임위원회 제도가 도입되어 있기는 하지만 이를 전면적으로 도입하여 보다 다양한 의견이 위원회 운영과정에 반영되도록 하자는 것이다. 관련 위원회 회부 제도도 현재와 같이 상임위원회 소속 행정부 관련 안건을 중심으로 기계적인 안건 배정이 이루어지는 경우에는 다양한 관점에서의 심의를 필요로 하는 과제에 대해 충분한 다양성 보장이 어렵게 되는 한계가 있음으로 이를 보완하기 위한 방법으로 안건을 복수 위원회에 배정하거나 분할 배정하거나 또는 순차 배정할 수 있도록 하여 보다 다양한 관점과 정보가 심의과정에 반영되도록 하자는 것이다.

안건의 배정권에 대해서도 현재는 해당 행정부 소속 관할 사무별로 기계적인 배정을 하고 다만 소속 위원회가 불명할 경우 국회의장이 관장하도록 하여 일원주의적인 관리를 하고 있으나, 이를 운영위원회에 맡겨 보다 다양한 시각과 관점에서 배정 자체를 논의할 수 있도록 할 필요가 있다.

유사한 이치로 소위원회 제도의 전반적인 검토와 개혁도 요청된다. 현재의 소위원회는 사실상 상임위원회 중심주의의 핵심적인 기제로 자리 잡으면서 소위원회에서 심의된 결과가 상임위원회에 보고되고 그 결과가 다시 본회를 통해 채택되는 과정을 밟고 있어 실제로는 소위원회에서의 안건 심의가 국회 통과여부를 결정짓는 핵심적 요소가 되어 있다. 그러나 소위원회의 위원정수가 지나치게 작은 대다가 그나마 소수의 인원만 출석하여도 운영되고 있으며, 심지어는 간담회 형식의 비공식적인 회의를 통해 안건의 실질심사가 이루어지는 것도 다반사다. 이럴 경우 소위원회가 다루는 과제의 대상 영역이 지나치게 협소하고 실제 참여하는 의원의 수가 너무 적어 다양한 의견 투입이 어려울 것은 물론이다. 이런 점을 고려하여 소위원회의 위원정수를 확대하거나 복수 소위원회 제도를 도입하고 아니면 상임위원회 제도의 개편을 통해 상임위원회 위원 정수를 현재보다 확대하는 문제도 함께 검토해야 한다.

(2) 심의 시간공간의 확보

현재의 상임위원회 제도 하에서도 보다 다양한 의견이 제시되고 그 결과 대표성이 확대 반영되기 위해서는 토론과 대화의 기회가 지금보다는 훨씬 더 확장되어야 한다. 그 만큼 국회가 상임위원회 중심주의를 표방하고 있으면서도 그 운영 실제에 있어서는 위원회 단계의 안건심의를 형해화 하고 있다는 의미이기도 하다. 원래

위원회 단계의 심의 과정에서는 안건 심의의 신중성과 다양한 의견의 수렴을 위해 축조심사와 찬반토론이 규정되어 있다. 그렇지만 이들은 사실상 잘 지켜지지 않고 있다. 제정법률이나 전면개정법률의 경우를 제외하고는 축조심사를 위원회의 의결로 생략할 수 있기 때문이다. 그런데 국회의 입법 과정은 단순히 법안을 가결 통과시켜 법률을 만들어 내는 데에만 목적을 두는 것이 아니다. 그 과정을 통해서 다양한 이해 당사자들이나 대립적 관계에 있는 이들의 이견이 조정되고 통합되어서 하나의 정치적 질서를 창출해내는 데에 궁극적인 목표가 있다. 따라서 법안심사의 중핵이라고 할 수 있는 위원회 심의 단계에서 법안의 내용을 조목조목 따져 밝히고 합의를 구하는 절차나 과정이 전제되어야 한다는 것은 당위다. 그런 점에서 모든 안건에 대해 축조심사와 찬반토론이 이루어지도록 강제 규정할 필요가 있다.

심의 시간공간을 확보하기 위해서는 회의 시간 자체를 불필요한 일로 유용하는 현상도 시정해야 한다. 위원회가 소집되고도 행정부 현황 보고 따위로 회의 시간을 낭비하는 경우 사실상 안건심의를 위한 시간 공간이 줄어들게 된다. 업무진행의 순서를 합리화 한다는 점에서도 행정부 현황에 대한 자료는 회의 개회 이전에 의원의 필요에 따라 배포되고 보좌관의 검토를 거쳐 회의 과정에서 활용되도록 개선해야 한다. 지금처럼 회의시간을 할애해서 행정부 현황을 청취하는 것은 시간 낭비일 뿐만 아니라 효과적인 정보 공유의 수단이 아니다. 오히려 불필요한 정보 제공을 통해서 필요 정보의 수집과 분석 기회를 차단하는 일이라고까지 평가할 수 있다. 따라서 위원회 회의석상에서 이루어지는 기관별 현황보고는 이를 폐지하고 회의 전 자료 제출을 통해 보완하도록 해야 한다.

(3) 심의과정의 공정성 보장

의사규칙이 어떤 기관의 대외적 독자성과 대내적 자율성을 상징하는 징표이자 도구라는 점에서는 상임위원회 운영을 위한 의사규칙도 따로 규정하여 상임위원회 중심주의의 의의를 명백히 할 필요가 있다. 특히 상임위원회 각자의 독자성을 인정한다는 점에서는 각각의 상임위원회가 독자적인 의사규칙을 수립하고 관리하도록 해야 한다. 모든 회의체는 그 회의체의 구성원이 자신들의 필요에 따라 고안하고 승인하는 의사규칙에 따라 운영될 때 회의체 운영의 정통성과 효율성이 담보된다는 점에서도 이런 관행의 수립은 시급한 과제다. 같은 맥락에서 처음 위원회가 구성되면 그 회차의 위원회를 관리하게 될 의사규칙을 그 회차 위원회 구성원들이 심의하고 개정하여 위원회 의사규칙의 정통성을 높이도록 하는 절차와 배려도 요구된다.

이런 의사규칙의 관리와 집행을 위해 상임위원회 위원장의 지도력과 중립성, 공정성이 확보되어야 할 것은 물론이다. 그러나 현재는 임기가 2년으로 너무 짧고 지나치게 정치적 흥정에 따라 위원회 위원장을 배정하고 있어 위원회 자체에 대한 충성심을 담보하기가 어려운 실정이다. 임기를 국회의원 임기와 같이 4년으로 연장하고 위원장 선임을 철저히 해당 위원회의 자율적 결정에 맡기도록 해야 한다.

(4) 심의과정의 자율성 조성

상임위원회의 운영 자체가 지금보다는 훨씬 더 분권적 양식에 의해 이루어지도록 개선할 필요가 있다. 이를 위해서는 위원장의 권한과 지위를 보다 더 강화해 주어야 하며, 다양한 임시위원회 내지는 특별위원회를 구성해서 운영하도록 하는 정책적 판단이 있어야 한다. 특히 법제사법위원회를 사법위원회로 개편하는 한편 "법률의 자구와 체제"에 대한 심사는 법제실의 조력을 통해 해결하는 방안을 강구할 필요가 있다. 이는 사실상 법제사법위원회가 다른 위원회의 활동에 대한 간여와 통제를 허용하는 빌미가 되고 있기 때문이며, 업무처리과정에서도 병목현상을 가져와 사실상 입법과정의 지체를 낳는 주요 원인 가운데 하나이기 때문이다. 이런 노력을 통해 원내 권력관계의 다핵화 내지는 분권화를 지향하고자 하는 것임은 물론이다. 이런 점에서 보면 현재 각 위원회의 위원 임기가 2년인 점도 문제다. 임기를 4년으로 하여 각 위원회의 기관계속성과 위원회에 대한 분권적 귀속성을 높여야 할 것이다. 위원장이 관리할 수 있는 위원회 운영경비 확대, 지원 인력 강화, 위원회 운영에 대한 외부 세력의 간여 축소 등도 같은 이치로 검토되어야 할 과제다.

6. 결론

지금까지 우리는 국회의 개혁수요를 진단하는 데 있어 지나치게 기계론적 접근시각에 의존해 왔다는 한계가 있음을 반성할 필요가 있다. 국회의 개혁과제는 사실 국회 내부의 문제이기 이전에 국회 외부 환경과의 연계과정에 그 원인을 두고 있는 경우가 대부분이기 때문이다. 그러나 그렇다고 해서 꼭 권력구조적인 측면에서 접근하자는 것은 아니다. 관리론적인 차원의 과제도 이를 해석하거나 이해하는 데 있어 환경론적 접근시각의 도입이 필요하다는 점을 강조하고자 한다.

또한 국회개혁과정에서 제기되기 마련인 대표성과 심의성 또는 민주성과 생산성 간의 균형 유지 문제는 결국 이들 사이의 균형점을 어디에서 유지하고자 하느냐의 문제로 치환된다. 그런데 지금까지는 생산성 내지는 경제성 제고에 더 많은 초점이 맞추어져 있었다. 정보화사회로 들어서면서 사회적 관계의 변화 속도나 범위가 확장되고 그로 인해 보다 더 빠르거나 경제적인 양식으로 의사결정하는 일에 주목해야 한다는 주장이 있을지 모르지만, 국회가 정치적 기구이고 그의 기관 존립 근거가 보다 다양한 이견을 조정 통합하는 데 있다는 점을 환기해 보면 오히려 지금보다는 훨씬 더 느린 속도로 기관운영에 나서야 한다. 그 동안 국회가 너무 속도성 일변도로 운영되어 왔다는 의미다. 정보사회의 도래는 오히려 바로 이런 느린 운영을 보장해 주는 주변장치 내지는 환경조건을 제공하여 보다 광범위한 범주를 포괄 가능케 하는 적극적 요소로 이해되어야 한다.

그런 점에서 국회가 국회의 기관경계 영역을 벗어나 사회공동체 내지는 시민사회로 보다 더 근접하려는 노력을 경주해야 할 것은 물론이다. 기관 내부의 의사결정권을 국회내부의 일원적 질서로 집적하려 할 것이 아니라 보다 분권적으로 의사결정의 중추를 분산하고 이를 다시 연대하거나 연결함으로서 결과적인 총합적 질서를 창출할 수 있도록 입법과정에 대한 네트워크적 시각과 관점을 도입할 것이 요구된다. 의회는 본래 사회공동체에서 발현하여 상설적 조직체로까지 진화되었지만, 이제는 오히려 그 진화된 조직구조로부터 벗어나 어떻게 사회공동체로 다시 회귀할 수 있을 것인가가 문제의 핵심이라고 보아지기 때문이다.

이는 "대표의 실패"가 일상화 하는 정보화 사회에서 환원민주주의를 지향하는 일이 불가피하다고 판단하기 때문일 뿐만 아니라, 이미 국회가 당면하고 있는 과제들이 단순히 국회 내부의 과제나 요인에 근거하는 것으로만은 보이지 않기 때문이다. 그런 점에서 국회는 전통적인 양식의 의회운영상의 정상화를 경험하기도 전에 고전적인 양식의 의회운영이 안고 있는 본원적인 한계에 대한 물음에도 답해야 하는 이중의 과제를 안고 있는 셈이다. 그러나 이를 다른 한편에서 보면 아직 누구도 그 대안적 의회운영 양식의 전범이 무엇인가에 대해 해답을 내놓기는 어렵다는 점에서 우리에게는 새로운 도전이자 기회이기도 하다.

그런 점에서 시민참여형 정치적 거버넌스의 구축을 위해 실험적 도전을 시도하는 일은 불가피한 일이다. 그에 부응하는 조직 내재적 과제들을 조정 또는 개편해야 할 것도 물론이다. 그러나 입법과정에서의 시민참여 증대는 그것 자체가 해답은 아니다. 무엇보다도 국회에서의 의사결정은 단순히 시민적 요구를 추수하는 데에 끝나는 것이 아니라 전문가적인 판단이나 평가를 균형있게 반영하여 집합적 선호가 공공선을 지향하거나 윤리적 정당성을 확보하는 일에도 유의해야 하기 때문이다. 그러나 그렇다고 해서 대리인 체제의 실패에 대한 기관개혁적인 반성이 없어도 된다는 말은 더 더욱 아니다.

따라서 남는 과제에는 입법과정에 대한 시민참여의 공간을 확대하면서도 참여의 윤리성을 담보하는 문제, 참여의 불균형을 시정하는 과제, 시민의 비전문가적인 판단을 보완하는 숙제 등이 있다. 또한 시민참여형 입법과정으로 전환하여 정치적 거버넌스를 지향한다고 하더라도 이를 위한 주변적 장치로서의 환경조건 개선에 대한 숙의가 있어야 한다. 입법정보의 공개와 공유, 지나치게 특수이익을 관철하고자 하는 경우에 대한 대응조치, 관련 정보의 조작이나 허위사실 유포가 시민참여를 위태롭게 하는 일에 대한 방어 장치 개발 등이 앞으로 개선해야 할 과제다.

이런 문제들에 대한 해답은 궁극적으로 어떤 시민이 참여하고자 하는가에 있다. 그런 점에서 보다 "교양 있는 시민", 보다 "적극적인 시민"을 필요로 하는 점은 분명하다. 그렇다면 그런 시민은 어떻게 확보 가능하게 되는가? 궁극적인 해답은 사회자본의 축적에서 찾아질 수밖에 없다. 이를 위해서는 당연히 민주시민교육 실시만큼 시급한 과제가 따로 없다. 국회 개혁은 이제 단순히 국회 내부의 과제가 아니라 사회 총체적인 관점에서 접근하지 않고서는 해결하기 어려운 과제이기도 한 것이다.

그러나 반대로 이런 국회 외부 환경적인 요인의 변화는 국회 내부의 안건 심의과정에 대한 변화의 연동을 주문하기 마련이다. 국회 외부 환경이 환원민주주의에 대한 요구를 강화하고 있다는 사실은 원내 안건 심의과정도 보다 수평적이고 분권적인 운영양식으로 전환해야 한다는 점을 강조하고 있음에 다름 아니다. 그러나 단순히 분권적 구조의 형성에 그치는 것이 아니라 그런 분권적 관계가 다시 정치적 지도력의 정립을 통해 통합되거나 신질서를 구축할 수 있게 되어야 한다. 이를 위해 선의의 중립적 지도력이 창출되어야 할 것은 두말할 나위도 없다.

무엇보다도 원내 안건 심의 과정에서도 경계를 넘는 협업체제의 구축을 통해 보다 종합적 관점에서 개혁수요를 진단하거나 대안을 개발하려는 시각이 도입되어야 하겠다. 원내 안건 심의과정이 지향하는 심의성 진작은 대표성 강화와도 동행해야 한다. 보다 종합적인 접근이 필요한 이유다. 국민의 집합적 선호를 따르는 일과 전문가적 판단을 수용하는 문제도 어느 접점에서 균형을 유지해야 하는지에 대해서는 선험적 결론이 정립되어 있을 수 없다. 그런 만큼 이들 모두를 아우르는 종합적 관점에서 개혁수요를 진단하고 평가해야 마땅한 일일 것이다.

그런데 여기에서 제시하고자 했던 국회 개혁수요 진단작업의 결과는 기본적으로 기능론적 접근시각에 기초한 것이라는 한계를 지닌다. 그런 만큼 여기에서 제시하거나 제안한 개혁과제들이 개혁대상 과제의 전부도 아니며, 그렇다고 해서 개혁 대안 가운데 어느 것이 보다 중요하다거나 우선해야 한다는 식으로 개혁의 경중을 가리기도 어렵게 되어 있다. 다만 제시되거나 제안한 과제들이 국회가 검토해 보아야 할 여러 개혁과제 가운데 하나라는 점을 밝히고자 했을 뿐이다. 이 가운데 어떤 것을 채택하거나 또는 외면할 것인지는 전적으로 국회의원의 몫이라는 점을 밝혀두고자 한다.

문제 제기

1. 국회개혁에 대한 논의가 선험적 접근을 외면해야 하는 이유는 무엇인가?
2. 의회가 이중적인 단면을 지니는 이유는 무엇인가?
3. 의회가 지향하는 대표성과 심의성은 어떤 때 상호 모순적 관계에 빠지는가?
4. 한국의 대표과정이 취약한 이유는 무엇이며, 이를 극복하기 위한 대안에는 어떤 것들이 있는가?
5. 한국의 심의과정이 취약한 이유는 무엇이며, 이를 극복하기 위한 대안에는 어떤 것들이 있는가?
6. 국회가 정치적 거버넌스 개념을 도입하는 경우 당면하게 되는 과제에는 어떤 것들이 있는가?

참고문헌

국회사무처. (2016). 「제19대 국회 경과보고서」.

________. (2012). 「제18대 국회 경과보고서」.

김주성. (2008). 심의민주주의인가, 참여민주주의인가? 「한국정치학회보」, 42(4).

대한민국 국회. (2008). 「대한민국 국회 60년사」. 서울: 국회사무처.

박재창. (2009). 국회와 정부의 관계: 입법권, 재정권, 국정조사권을 중심으로. 「의정연구」, 15(1): 39-63.

______. (2008). 행정학에서의 정치와 행정: 회고와 전망. 「한국행정학보」, 42(4): 95-115.

______. (2004). 「한국의회개혁론」. 서울: 오름.

______. (2003a). 「한국전자의회론」. 서울: 오름.

______. (2003). 「한국의회정치론」. 서울: 오름.

버나드 마넹, 곽준혁 옮김. (2007). 「선거는 민주적인가」. 서울: 후마니스타. 44.

삼성경제연구소. (2009). 「한국의 사회갈등과 경제적 비용」.

임혁백. (2000). 「세계화 시대의 민주주의」. 서울: 나남.

Anderson, Stanley. (1997). Disaggregating the Ombudsman: Towards a Pure Theory of Conflict Resolution. <http://www.ombuds.uci.edu /JOURNALS/1993/disaggregating.

html>

Farrand, Max. (1911). The Records of the Federal Convention of 1787. In Sustain, Cass R. (1993). *The Partial Constitution.* Cambridge: Harvard University Press. 22 에서 재인용.

Grumm, John G. (1979). A Theory of Legislative Reform. A Paper Presented for a Delivery at the Moscow IPSA Congress of August 12-18.

McIntyre-Mills, Janet J. (2000). *Global Citizenship and Social Movements: Creating Transcultural Webs of Meaning for the New Millennium.* Amsterdam, Netherland: Harwood Academic Publishers.

Rieselbach, Leroy N. (1978). *Legislativ Reform.* Lexington, MA: Lexington Books.

Roussaue, J. J. (1961). *The Social Contract.* NY: Hafner Publishing.

Shaw, L. Earl. (1977). A Prolegomenon to Responsible Legislative Reform. *Policy Studies Reform,* 5(4). Summer.

Sustein, Cass R. (1993). *The Partial Constitution.* Cambridge: Harvard University Press. 17-39.

제12장 |

국회의원 홈페이지와 의사소통

1. 서론

전자민주주의는 이제 정치과정에서 이를 배제하고는 아무 것도 말할 수 없을 만큼 정치적 일상의 주요 구성인자가 되었다. 그러나 그의 내부에는 결코 적지 않은 과제들이 내포되어 있는 것 또한 사실이다. 그럼에도 아직 이를 체계적으로 규명하거나 민주주의의 철학적 원리에 따라 평가해 보려는 노력은 그리 흔치 않다. 전자민주주의 현상에 대한 이론화 작업이 부진할 뿐만 아니라 이의 사실관계에 대해 정보를 수집하려는 관심 자체가 매우 낮기 때문이다.

최근 들어 정보통신기술(ICTs: Information and Communication Technologies)의 사회적인 용도에 대한 관심이 제고되기 시작한 것은 사실이지만, 전자상거래나 전자정부에 관한 것이 대부분이고 전자민주주의에 대한 논의는 매우 적다. 이런 현상은 다른 나라에서도 같다. 전자상거래나 전자정부가 정보사회의 주류 현상으로 간주되는 가운데 전자민주주의에 대한 논의는 마치 이에 기생하는 부분과제나 실용화 작업에 지나지 않는 것처럼 취급되고 있다. (Hansard Society, 2001: 2). 그 결과 전자정부에 대한 논의는 상대적으로 활성화되는 데 반해 전자민주주의에 대한 정보는 처음부터 결핍되는 불균형을 낳고 있다. 따라서 전자적 참여와 전자적 서비스 제공 간의 불균형을 시정하는 일은 물론이고(Bertelsmann Foundation, 2001), 이에 대한 관심과 연구의 균형을 유지하는 일 또한 매우 긴요하다.

그런데 전자민주주의에 대한 연구가 이렇게 일천한 이유는 무엇보다도 ICTs의 정치과정에 대한 도입과 활용 자체가 전자정부나 전자상거래에 비해 상대적으로 늦었기 때문이다. 전자민주주의 현상에 대한 사실 자료나 정보가 부족한 만큼 이를 체계적으로 정리하거나 분석해 보려는 노력이 부진할 것은 너무나도 당연한 일이다. 전자정부나 전자상거래의 경우와 비교해 볼 때 전자민주주의는 그것이 지향해야 할 목적 가치가 매우 추상적이고 다원적이라는 점도 이에 대한 연구를 저어케 하는 또 다른 이유다. 전자정부와 전자상거래는 경제성이나 투명성 제고라는 보다 분명하고 계측 가능한 목표값을 설정해 두고 있는 데 반해, 전자민주주의는 형평성, 공개성, 대표성, 참여성과 같은 다원적이고 또 추상적인 가치를 추구해야 한다. 그만큼 연구의 난이도가 높아질 것은 당연한 이치이다. 전자민주주의 현상은 권력적 동기나 정략적 요인을 동반하는 것이 보통이기 때문에 이에 대한 비판과 평가를 저어하는 정치권의 분위기도 이에 대한 연구를 주저케 만드는 다른 요인 가운데 하나다.

이런 상황인식과 문제의식 하에서, 이 장(章)에서는 한국 사회가 입법과정에서 ICTs를 활용하는 정도가 어느 수준에 와 있는지를 점검해 보고자 한다. 이를 위해 입법과정에 ICTs가 기여하는 양식에는 정치정보를 1) 수집(정보관료 모형) 2) 배포(시장개척 모형) 3) 협의와 대화(인터넷 모형)하는 데에 있다고 보고, 각각의 경우가 국회의원 개인 홈페이지에 나타나는 정도를 홈페이지의 구성 내용을 중심으로 살펴보고자 한다.

이러한 조사의 결과는 현재 한국의 국회의원이 입법과정에서 자신의 홈페이지를 통해 유권자 내지는 시민사회와 어떻게 소통하며 정치적 거버넌스를 형성하는지를 보여주게 될 것이다. 그 결과 국회의원 개인 홈페이지가 대의과정에서 차지하는 의의와 기능을 확인하는 기초 자료를 제공해 줄 수 있게 될 것으로 기대한다.

이를 위해, 국회의원의 당선 회수, 연령, 선출방식, 지역구 출신의 경우에는 출신 지역의 도시화 정도를 독립변수 삼아 국회의원 개인 홈페이지가 어떻게 구성되고 운영되는지를 파악해 보고자 한다. 의정활동 경험이 축적되는 정도에 따라 국회의원의 유권자와의 관계에 대한 인식과 태도가 달라질 수 있다는 가정 하에 국회의원에 당선된 회수를 주요 설명변수로 다루어 보고자 한다. 이를 위해 당선 회수를 초선부터 5선까지 구분해서 분류하기로 하며, 5선 이상에 대해서는 5선과 같은 범주로 다루고자 한다. ICTs 일반에 대한 이해력과 노출 정도는 일반적으로 연령에 따라 다르다는 가설 아래 국회의원의 연령이 홈페이지 구성에 미치는 영향을 알아보기로 했으며, 이를 30대부터 70대까지 10년을 터울로 구분해서 다루고자 한다. 70세 이상에 대해서는 조사의 편의상 모두 70대로 간주하고자 한다. 선출방식은 지역구 출신과 전국구 출신으로 나누어 다루고자 한다. 지역구의 유무가 대 유권자와의 관계에 대한 국회의원의 정치적 수요나 내용의 형성에 영향을 미칠 수 있다고 판단했기 때문이다. 특히 지역구 출신의 경우에는 지역구의 도시화 정도에 따라 지역주민의 정보 해득률(information literacy rate)이나 정보화 기반 시설 등에서 차이가 나고, 그 결과가 국회의원의 홈페이지 운영에도 영향을 미칠 것이라고 보았다. 이에 따라 국회의원의 출신지역을 행정구역상 인구 100만 이상의 광역시인 경우에는 대도시로, 인구 30만 이상의 일반시인 경우에는 중소도시로, 그리고 인구 30만 미만의 군단위인 경우에는 농어촌으로 구분해서 다루고자 한다.

이런 변수의 선택은 2002년 9월15일부터 2002년 10월 15일 사이에 진행된 국회 정보화 실태조사의 사례를 감안해서 이루어졌으며, 연구에 필요한 자료는 이 조사 결과를 토대로 연구의 필요에 따라 선별, 조정하여 활용했다(박재창, 2003). 조사는 재적 국회의원 272명 전원을 상대로 실시되었으며 이 가운데 국회의원 개인 홈페이지가 구성되고 또 실제 운영되는 경우는 182명이었다. 이들이 자료조사의 구체적 대상으로 선정되었다.

2. 입법과정과 강화형 의사소통 모형

ICTs가 정치적 의사소통 과정에 도입되는 경우 그것이 불러오게 될 영향력의 성격과 방향에 대해서는 실로 다양한 시각이 공존한다. 반 디크(van Dijk, 2000: 50)는 이를 중앙중심의 부등가 교환을 낳는 경우, 주변중심의 부등가 교환을 낳는 경우, 중앙과 주변 사이의 등가적 교환이 촉진되는 경우 등으로 나누고 이를 정보관료 모형(infocratic model), 시장개척 모형(marketing model), 인터넷 모형(internet model)으로 나누어 구분한다. 따라서 정치적 거버넌스를 국가와 시민사회 특히 국회와 유권자 사이의 의사소통과 자기성찰이 촉진되는 과정이라고 한다면, 정치적 거버넌스는 이 과정의 정보유통 양식에 따라 그의 성립 여부가 결정된다고 하겠다.

그런데 반 디크에 의하면 정치정보의 유통 양식중 하나인 "수집" 과정에 ICTs가 도입되는 경우 ICTs가 지니고 있는 대용량 처리기능으로 인해 주변 정보가 중앙에 보다 쉽게 집중된다는 것이다. "수집" 자체가 일반시민에 대한 정보를 체계적으로 취합하자는 것임으로 정치정보가 중앙에 보다 효율적으로 퇴적한다는 뜻이다. 이는 전자정부를 지향하는 대부분의 서구사회 행정부가 추진해 온 목표이자 현실적 성과이기도 하다. 부동산 보유 현황 파악, 세무 자료 축적, 사회복지 수요 측정 등에서 보는 바와 같이 정부의 행정과정에 ICTs가 도입되면서 보다 철저한 정보 수집과 집중이 용이해지고, 그 결과 전통적인 관료제보다도 훨씬 더 강력한 정보 집중과 국가의 시민사회에 대한 침투력을 강화하게 된다.

이러한 현상은 정치적 대리기구의 경우에도 같다. 선거운동이나 정당의 운영과정에서 유권자의 인구사회학적 정보 수집과 여론조사나 전자투표 등을 통해 보다 더 많은 유권자 관련 정보가 정치적 대리기구에 집중되는 결과를 낳는다. 물론 "수집"의 다른 한편에는 주변의 의사결정 주체들이 자신의 의견을 표출해서 중앙에 퇴적시키고자 하는 정보 "전달"의 수요가 있고, 그렇기 때문에 주변의 의견이 보다 효율적으로 중앙에 집중되는 것이라고 볼 수도 있겠지만, 궁극적으로는 정치정보의 중앙 집중이 구체적 성과로 나타난다는 의미다. 따라서 정치정보의 유통과정에 ICTs가 도입되는 경우 중앙중심의 정보 축적이 보다 더 강화되는 정보의 부등가 교환이 나타나는 셈이다.

이렇게 정치정보가 고도로 중앙에 집중되는 현상을 반 딕크는 정보관료 체제의 구축이라고 보았다. 이는 중앙 여기에서는 국회의 편의와 필요에 따라 일방적으로 주변 즉 시민사회 또는 유권자 관련 정보가 중앙에 집적된다는 것을 의미하기 때문에 진정한 의미의 정치적 거버넌스가 형성되는 것은 아니며 오히려 국가중심주의를 강화하는 현상이라고 하겠다.

"배포"형 의사소통 양식에 ICTs가 도입되는 경우 ICTs가 지니고 있는 의사소통상의 신속성, 광역성, 경제성 등은 물론이고 협송화 능력이나 대상 집단의 선별 기능 등으로 인해 중앙의 정보나 의사가 주변에 보다 효율적으로 전달되는 결과를 낳게 된다. 중앙이 정치정보의 생산자로서 정보의 유통 방향이나 시기, 대상 등에 대한 주도권을 확보한 가운데 주변에 대한 설득력을 혁신적으로 높이게 된다는 의미다. 이는 마치 구 매체상의 상업 방송이나 광고가 자신이 필요하다고 판단하고 선별한 상품정보를 소비자인 시청자에게 무차별적으로 살포하던 것과는 달리 대상 집단의 수요와 기호에 따라 선별적인 광고와 정보 제공이 가능해지는 것과 같다.

이는 정치과정의 경우 선거는 물론이고 일상의 의사소통과정에서 정당이나 정치적 대리인이 자신의 필요에 따라 선별한 정보를 유권자에게 선택적으로 살포함으로서 정치적 지지를 크게 확장하게 되는 것을 뜻한다. 상품의 선전이나 광고가 소비자의 민원이나 의견 제시에 앞서 그의 수요를 미루어 짐작하여 기획하고 전달하는 것과 같다. 그 결과 정치정보의 살포가 일반시민의 의견 투입에 앞서 부등가적인 의사소통을 관철하는 것이기 때문에 궁극적으로는 주변에 정보가 축적되는 결과를 낳는다. 그러나 이는 여전히 중앙 중심의 관점과 판단에 따른 것일 뿐 주변의 적극적인 참여를 고려하지 않는다는 점에서 시장개척 모형은 정치적 거버넌스 성립 이전 단계를 시사하는 것이라고 할 수 있다.

"협의"나 "대화"의 의사소통 양식에 ICTs가 도입되는 경우 ICTs가 지니고 있는 정보 유통상의 공개성, 가촉성, 확산성 등으로 인해 정치정보의 유통이 보다 더 수평화 하는 경향을 낳게 된다. 특히 "대화"의 경우에는 의사소통 과정에 처음부터 정보를 생산하고 유통을 주도하는 중앙이 존재하지 않기 때문에 수많은 의사소통의 매개자들이 등가적 관계에서 정치정보를 교환하게 된다. 그 결과 참여의 증대와 담론의 확산을 가져오는 것은 물론이다. 정치과정에 대한 통제력과 투명성이 제고되고, 정보의 매개자에 의한 정보의 지체나 왜곡이 제거된다. 대리인 체제의 모순과 한계를 극복하는 효과를 낳게 되는 것이다. 이는 인터넷이 상정하는 의사소통상의 속성과 기댓값을 반영한다. 따라서 대부분의 미래학자들이 ICTs 도입을 통한 정치개혁의 논리적 토대로 삼는 모형이기도 하다. 전통적이고 고식적인 대의정치를 대체하는 새로운 양식의 정치적 거버넌스를 상정하게 되는 이유다.

결국 정보관료 모형과 시장개척 모형은 대리인 체제에 기초한 간접민주주의를 상정하고, 전자가 대 시민사회와의 관계에서 대리인에게로의 정치정보 축적을 기도하는 것이라고 한다면, 후자는 일반시민에 대한 정치정보의 확대 공급을 통해 대리인에 의해 운영되는 간접민주주의의 정당성 확보에 주력하고자 하는 셈이다. 그러나 인터넷 모형의 경우는 대리인 체제의 존재 자체를 부정하는 것임으로 궁극적으로는 간접민주주의로부터 직접민주주의로의 이행을 기도하는 것이라고 할 수 있다. 정치과정에 대한 일반시민의 참여를 혁신적으로 개선하자는 의미다. 따라서 정치적 거버넌스를 구축하고자 하는 경우 그의 의사소통 양식으로는 바로 이런 인터넷 모형을 상정하게 될 것은 물론이다.

이를 입법과정에 대한 ICTs의 도입 문제로 좁혀 보면, 정보관료 모형은 국회의원이 대 유권자와의 관계에서 사회정책과제 전반에 대한 필요 정보의 수집을 강화하는 과정에서 나타나는 현상으로 이해된다. 따라서 국회의원 홈페이지가 전자여론조사 장치를 두고 이를 운영하는 경우가 대표적인 사례라고 할 수 있다. 시장개척 모형은 국회의원이 유권자를 상대로 자신의 활동내용을 보다 적극적으로 공개하고 설득함으로서 대 국민관계를 개선해 나가는 현상으로 이해된다. 따라서 국회의원 홈페이지에 대상별로 층화된 뉴스레터 배포 장치를 두고 이를 통해 유권자를 설득하거나 선전하는 경우가 대표적인 사례인 셈이다. 인터넷 모형은 대의체제의 근본적인 개선을 모색해보자는 것이다. 따라서 입법과정의 참여 차원(participatory dimension)에 대한 근본적인 개선을 겨냥한다. 국회의원 홈페이지에 토론방을 두어 국회의원과 유권자가 직접 접촉하고 의견을 조정하는 현상이 대표적인 사례라고 할 수 있다. 정치적 대리인과 시민 사이에서 형성되는 정치적 거버넌스형 의사소통 양식인 셈이다. 여기에서는 이들 대표적인 사례를 중심으로 각각의 강화형 의사소통 양식이 한국의 대의과정에서 어떻게 구체화 되고 있는지를 살펴보고자 한다.

3. 국회의원 홈페이지의 전자여론조사

전자여론조사는 이를 지역주민의 입장에서 보면 자신의 의사를 입법과정에 전달하는 한 양식이기도 하지만 기본적으로는 국회의원이 이를 통해 지역주민에 대한 정보를 혁신적으로 수집하자는 것이다. 이런 관점에서 국회의원이 전자적 여론조사 장치를 자신의 홈페이지에 개설해두고 있는지를 확인해 본 결과는 <표 12-1>에 나타나 있는 바와 같다. <표 12-1>에 의하면 60명의 의원이 전자적 여론조사 장치를 두고 있다. 이는 홈페이지를 개설하고 있는 국회의원 전체의 33.0%에 해당된다.

〈표 12-1〉 전자여론조사 개설 유무

의원 수 \ 개설 유무	개설하고 있는 경우	개설하고 있지 않은 경우	합계
홈페이지 보유 의원	60	122	182
비율	33.0	67.0	100.0

전자여론조사 장치를 두고 있는 국회의원을 그의 당선 회수를 기준으로 분류해 본 결과는 <표 12-2>에 나타나 있는 바와 같다. <표 12-2>에 의하면 초선 의원이 22명, 재선 의원이 23명, 3선 의원이 8명, 4선 의원이 2명, 5선 이상 의원이 5명으로 집계된다. 이는 각각의 당선회수별 홈페이지 보유의원 수와의 관계에서 볼 때, 각각 30.6%, 39.7%, 40.0%, 9.5%, 45.5%가 된다. 당선회수가 높을수록 전자여론조사 장치를 개설하는 경향이 상대적으로 높은 셈이다.

〈표 12-2〉 당선회수별 전자여론조사 개설 의원 분포

의원 수 \ 당선회수별	초선	재선	3선	4선	5선 이상	합계
홈페이지 보유 의원	72	58	20	21	11	182
개설 의원	22	23	8	2	5	60
비율	30.6	39.7	40.0	9.5	45.5	33.0

전자여론조사 장치를 개설하고 있는 국회의원을 연령별로 분류해 본 결과는 <표 12-3>에 나타나 있는 바와 같다. <표 12-3>에 따르면 30대가 1명, 40대가 11명, 50대가 32명, 60대가 16명, 70대 이

상이 0명으로 집계된다. 이는 연령별 홈페이지 보유 의원과의 관계에서 볼 때, 각각 20.0%, 35.5%, 46.4%, 21.6%, 0.0%를 구성한다. 따라서 전자여론조사 장치는 50대에서 가장 활발하게 운영되고 그 보다 더 젊거나 나이 드는 경우에는 오히려 이를 활용하는 경향이 줄어든다는 사실을 알 수 있다.

〈표 12-3〉 연령별 전자여론조사 개설 의원 분포

연령별 / 의원 수	30대	40대	50대	60대	70대 이상	합계
홈페이지 보유 의원	5	31	69	74	3	182
예고 의원	1	11	32	16	0	60
비율	20.0	35.5	46.4	21.6	0.0	33.0

이를 다시 국회의원의 선출 방식을 기준으로 분류해 본 결과는 <표 12-4>에 나타나 있는 바와 같다. <표 12-4>에 의하면 지역구 출신 국회의원이 54명, 전국구 출신 국회의원이 6명으로 집계되었다. 이를 각각의 선출방식별 홈페이지 보유 국회의원 수로 나누어 보면 34.0%와 26.1%가 된다. 상대적으로 볼 때 전국구 출신 국회의원보다는 지역구 출신 국회의원이 전자여론조사 장치의 운영에 보다 더 적극적인 셈이다.

전자여론조사 장치를 개설해서 운영하는 지역구 출신 국회의원을 그의 지역구가 도시화되어 있는 정도에 따라 구분해 본 결과는 <표 12-5>에 나타나 있는 바와 같다. <표 12-5>에 의하면 전자여론조사 장치를 개설해서 운영하는 지역구 출신 국회의원은 대도시

〈표 12-4〉 선출방식별 전자여론조사 개설 의원 분포

선출방식별 / 의원 수	지역구	전국구	합계
홈페이지 보유 의원	159	23	182
개설 의원	54	6	60
비율	34.0	26.1	33.0

출신이 23명, 중소도시 출신이24명, 농어촌 출신이 7명으로 집계된다. 이를 다시 지역구 성격별 홈페이지 보유 국회의원의 수로 나누어 보면 각각 31.9%, 38.7%, 29.2%가 된다. 따라서 국회의원의 지역구가 도시화되어 있는지의 여부는 국회의원이 전자여론조사 장치를 개설할 것인지를 결정짓는 데 있어 크게 영향을 미치지 않는다.

〈표 12-5〉 지역구 성격별 전자여론조사 개설 의원 분포

지역구 성격 / 의원 수	대도시	중소도시	농어촌	합계
홈페이지 보유 지역구 의원	72	62	25	159
개설 의원	23	24	7	54
비율	31.9	38.7	29.2	34.0

따라서 국회에서의 경험이 높은 지역구 출신일수록 더 전자여론조사 장치를 개설하는 경향이 크다고 할 수 있다. 그러나 연령이나 지역구의 도시화 정도는 국회의원의 전자여론조사 장치 도입 여부에 크게 영향을 미치지 않는다.

4. 국회의원 홈페이지의 뉴스레터 배포

국회의원 홈페이지를 통한 뉴스레터의 배포는 국회의원이 대 유권자와의 관계에서 자신이 필요하다고 생각되는 정보를 얼마나 적극적으로 배포하고 있는지를 알려주는 지표가 된다. 이런 관점에서 국회의원 홈페이지에 온 라인 뉴스레터 배포 장치를 두고 있는지를 조사해 보았다. 그 결과 모두 87명의 국회의원이 온 라인을 통해 뉴스레터를 배포하고 있었으며 이는 전체 홈페이지 보유 국회의원의 47.8%에 달하는 숫자다. 이는 겨우 절반에도 미치지 못하는 국회의원들이 온 라인 뉴스레터 제공 장치를 두고 있다는 의미다. 적극적인 정보 제공의 의지가 크지 않다는 뜻이다. 이는 <표 12-6>에 나타나 있는 바와 같다.

〈표 12-6〉 온 라인 뉴스레터 배포 유무

배포 유무 / 의원	배포하고 있는 경우	배포하고 있지 않은 경우	합계
홈페이지보유 의원 수	87	95	182
비율	47.8	52.2	100.0

온 라인 뉴스레터를 배포하는 국회의원을 당선회수별로 구분해 본 결과는 <표 12-7>에 나타나 있는 바와 같다. <표 12-7>에 의하면 온 라인 뉴스레터를 배포하는 국회의원은 초선 의원이 36명, 재선 의원이 28명, 3선 의원이 9명, 4선 의원이 8명, 5선 이상 의원이 6명으로 집계된다. 이를 선수별 홈페이지 보유 국회의원 수와 견주

어 보면 각각 50.0%, 48.3%, 45.0%, 38.1%, 54.5%가 된다. 5선 이상의 중진 국회의원의 경우를 제외하고는 선수가 적을수록 온 라인 뉴스레터를 제공하는 비율이 높다.

〈표 12-7〉 당선회수별 온 라인 뉴스레터 배포 의원 분포

당선회수별 의원 수	초선	재선	3선	4선	5선 이상	합계
홈페이지 보유 의원	72	58	20	21	11	182
배포 의원	36	28	9	8	6	87
비율	50.0	48.3	45.0	38.1	54.5	47.8

온 라인 뉴스레터를 배포하는 의원을 연령별로 구분해 본 결과는 <표 12-8>에 나타나 있는 바와 같다. <표 12-8>에 의하면 온 라인 뉴스레터를 배포하는 국회의원은 30대가 4명, 40대가 20명, 50대가 33명, 60대가 29명, 70대 이상이 1명으로 집계된다. 이는 연령별 홈페이지 보유 국회의원 수와 비교해 볼 때, 각각 80.0%, 64.5%, 47.8%, 39.2%, 33.3%를 구성한다. 따라서 보다 젊은 국회의원일수록 온 라인 뉴스레터를 배포하는 비율이 상대적으로 높은 셈이다.

〈표 12-8〉 연령별 온 라인 뉴스레터 배포 의원 분포

연령별 의원 수	30대	40대	50대	60대	70대 이상	합계
홈페이지 보유 의원	5	31	69	74	3	182
배포 의원	4	20	33	29	1	87
비율	80.0	64.5	47.8	39.2	33.3	47.8

온 라인 뉴스레터를 배포하는 국회의원을 선출 방식을 기준으로 구분해 본 결과는 <표 12-9>에 나타나 있는 바와 같다. <표 12-9>에 의하면 온 라인 뉴스레터를 배포하는 국회의원은 지역구 출신이 74명, 전국구 출신이 13명으로 집계된다. 이는 선출방식별 홈페이지 보유 의원 수와 비교해 볼 때, 각각 46.5%와 56.5%가 된다. 따라서 지역구 출신 국회의원보다는 전국구 출신 국회의원의 온 라인 뉴스레터의 배포 경향이 상대적으로 조금 더 큰 셈이다.

〈표 12-9〉 선출방식별 온 라인 뉴스레터 배포 의원 분포

선출방식별 / 의원 수	지역구	전국구	합계
홈페이지 보유 의원	159	23	182
배포 의원	74	13	87
비율	46.5	56.5	47.8

온 라인 뉴스레터를 배포하는 지역구 출신 국회의원을 그의 지역구가 도시화되어 있는 정도에 따라 구분해 본 결과는 <표 12-10>에 나타나 있는 바와 같다. <표 12-10>에 의하면 온 라인 뉴스레터를 배포하는 지역구 출신 국회의원은 대도시 출신이 35명, 중소도시 출신이 26명, 농어촌 출신이 13명으로 집계된다. 이를 다시 지역구 성격별 홈페이지 보유 국회의원의 수로 나누어 보면 각각 48.6%, 41.9%, 54.2%가 된다. 따라서 지역구의 도시화 정도는 국회의원이 온 라인 뉴스레터의 배포 여부를 결정짓는 데 있어 크게 영향을 미치지 못하는 셈이다.

〈표 12-10〉 지역구 성격별 온 라인 뉴스레터 배포 의원 분포

지역구 성격 / 의원 수	대도시	중소도시	농어촌	합계
홈페이지 보유 지역구 의원	72	62	25	159
배포 의원	35	26	13	74
비율	48.6	41.9	54.2	47.2

대체로 보다 젊고, 의회 경험이 일천한 전국구 국회의원일수록 온 라인 뉴스레터를 배포할 경향이 상대적으로 높다. 그러나 지역구의 도시화 정도는 온 라인 뉴스레터의 배포와 크게 연관성이 없다.

5. 국회의원 홈페이지의 토론방 개설

국회의원 홈 페이지의 토론방은 지역주민과의 "대화"가 가능하도록 함으로서 국회의원과 지역주민 간의 쌍방향 의사소통을 촉진시키는 도구다. 따라서 이를 잘 활용하는 경우 대의체제상의 다양한 한계와 왜곡을 극복하거나 보완할 수 있을 것은 물론이다. 대의과정에 대한 시민참여를 크게 확장하게 될 것이기 때문이다. 이런 관점에서 국회의원 홈페이지에 토론방이 개설되어 있는지를 확인해 본 결과는 <표 12-11>에 나타나 있는 바와 같다. <표 12-11>에 의하면 토론방을 개설한 국회의원은 모두 105명으로서 전체 홈페이지 보유 국회의원의 57.7%에 해당된다. 홈페이지를 보유한 국회의원의 과반수 이상이 토론방을 개설하고 있다는 의미다.

〈표 12-11〉 토론방의 개설 유무

개설 유무 / 의원 수	개설하고 있는 경우	개설하고 있지 않은 경우	합계
홈페이지 보유 의원	105	77	182
비율	57.7	42.3	100.0

토론방을 개설해서 운영하는 국회의원을 그의 당선 회수를 기준으로 분류해 본 결과는 <표 12-12>에 나타나 있는 바와 같다. <표 12-12>에 의하면 초선 의원이 38명, 재선 의원이 36명, 3선 의원이 9명, 4선 의원이 16명, 5선 이상 의원이 6명으로 집계된다. 이는 각각의 당선회수별 홈페이지 보유의원 수와의 관계에서 볼 때, 각각 52.8%, 62.1%, 45.0%, 76.2%, 54.5%가 된다. 따라서 토론방의 개설 여부는 국회의원의 당선회수와 크게 상관관계가 없는 셈이다.

〈표 12-12〉 당선회수별 토론방 개설 의원 분포

당선회수별 / 의원 수	초선	재선	3선	4선	5선 이상	합계
홈페이지 보유 의원	72	58	20	21	11	182
개설 의원	38	36	9	16	6	105
비율	52.8	62.1	45.0	76.2	54.5	57.7

토론방을 개설한 국회의원을 연령별로 분류해 본 결과는 <표 12-13>에 나타나 있는 바와 같다. <표 12-13>에 따르면 30대가 2명, 40대가 13명, 50대가 39명, 60대가 50명, 70대 이상이 1명으로 집계된다. 이는 연령별 홈페이지 보유 국회의원과의 관계에서 볼

때, 각각 40.0%, 41.9%, 56.5%, 67.6%, 33.3%를 구성한다. 따라서 대체적으로 국회의원의 연령이 높을수록 토론방을 개설하는 경향이 상대적으로 높은 셈이다.

〈표 12-13〉 연령별 토론방 개설 의원 분포

연령별 / 의원 수	30대	40대	50대	60대	70대 이상	합계
홈페이지 보유 의원	5	31	69	74	3	182
개설 의원	2	13	39	50	1	105
비율	40.0	41.9	56.5	67.6	33.3	57.7

이를 다시 국회의원의 선출 방식을 기준으로 분류해 본 결과는 <표 12-14>나타나 있는 바와 같다. <표 12-14>에 의하면 지역구 출신 의원이 93명, 전국구 출신 의원이 12명으로 집계되었다. 이를 각각의 선출방식별 홈페이지 보유 국회의원 수로 나누어 보면 58.5%와 52.2%가 된다. 상대적으로 볼 때 전국구 출신 국회의원보다는 지역구 출신 국회의원이 약간 더 토론방을 개설하는 경향이 있기는 하지만 거의 비슷한 수준에 있다.

〈표 12-14〉 선출방식별 토론방 개설 의원 분포

선출방식별 / 의원 수	지역구	전국구	합계
홈페이지 보유 의원	159	23	182
개설 의원	93	12	105
비율	58.5	52.2	57.7

토론방을 개설해서 운영하는 지역구 출신 국회의원을 그의 지역구가 도시화되어 있는 정도에 따라 구분해 본 결과는 <표 12-15>에 나타나 있는 바와 같다. <표 12-15>에 의하면 토론방을 개설해서 운영하는 지역구 출신 국회의원은 대도시 출신이 40명, 중소도시 출신이 40명, 농어촌 출신이 13명으로 집계된다. 이를 다시 지역구 성격별 홈페이지 보유 국회의원의 수로 나누어 보면 각각 55.6%, 64.5%, 52.0%가 된다. 따라서 국회의원의 지역구가 도시화되어 있는지의 여부는 토론방을 개설할 것인지를 결정짓는 데 있어 중요 변수가 아닌 셈이다.

〈표 12-15〉 지역구 성격별 토론방 개설 의원 분포

지역구 성격 / 의원 수	대도시	중소도시	농어촌	합계
홈페이지 보유 지역구 의원	72	62	25	159
개설 의원	40	40	13	93
비율	55.6	64.5	52.0	58.5

따라서 지역구 출신의 젊은 국회의원이 보다 더 자주 토론방을 개설하는 셈이다. 그러나 국회의원의 당선회수, 지역구의 도시화 정도 등은 토론방 개설 여부에 크게 영향을 미치지 않는다.

6. 결론

국회의원 홈페이지를 조사한 결과 전체 홈페이지를 개설하고 있는 국회의원 중 33.0%가 전자여론조사를, 47.8%가 뉴스레터 배포를, 그리고 57.7%가 토론방을 개설하고 있는 것으로 나타났다. 그런데 전자여론조사는 정보관료 모형, 뉴스레터 배포는 시장개척 모형 그리고 토론방의 개설은 인터넷 모형의 의사소통 양식을 상정한다고 보기로 했다. 따라서 현재의 국회는 인터넷 모형, 시장개척 모형, 정보관료 모형의 순으로 홈 페이지의 활용정도가 높다고 하겠다. 단순한 정치정보의 수집이나 배포보다는 대화와 참여의 공간 확대에 국회의원 홈페이지를 활용하려는 의도가 상대적으로 높다는 의미다.

그런데 이를 국회의원의 당선 회수와 관련하여 살펴보면 당선회수가 높을수록 전자 여론조사를 하는 경향이 높은 반면, 당선회수가 낮을수록 뉴스레터의 배포 경향이 높았다. 토론방 개설과는 크게 상관관계가 없었다. 국회의원의 연령과 견주어 보면, 전자여론조사나 뉴스레터 배포와는 크게 상관관계가 없고, 다만 보다 젊을수록 보다 자주 토론방을 개설하는 경향이 있었다. 선출방식과의 관계 면에서 보면, 지역구 출신일수록 전자여론조사의 실시와 토론방 개설을 보다 빈번히 활용하는 경향이 있었으며, 전국구 출신일수록 뉴스레터를 배포하는 경향이 높은 것으로 나타났다. 그러나 지역구의 도시화 정도는 전자여론조사의 실시나 뉴스레터의 배포 및 토론방 개설에 크게 영향을 미치지 않았다.

이를 종합해 보면, 여러 번 당선되어 지역구가 안정되어 있는 지역구 출신 국회의원일수록 지역 주민의 여론 향배에 주목하는 경향이 높으며 이를 위해 ICTs를 통한 정보관료 모형의 의사소통 강화에 유의한다는 사실을 알 수 있었다. 신참의원이면서 전국구 출신일수록 보다 적극적으로 유권자 또는 이익대표집단에 접근하거나 자신의 활동을 선전하려는 욕구가 크고, 이를 위해 시장개척 모형의 의사소통 양식 강화에 유의하는 것으로 해석되었다. 지역구 출신의 젊은 국회의원일수록 보다 적극적으로 쌍방향 의사소통의 필요성을 절감하는 셈이며, 이를 위해 인터넷 모형의 의사소통 양식을 강화하고, 이를 통해 정치적 거버넌스를 구축하고자 하는 것으로 나타났다.

따라서 국회의원 홈페이지를 통해 보다 적극적으로 대의과정을 개선하려는 욕구가 국회의원 사이에 적지 않게 확산되어 있으며, 특히 젊고 의회 경험이 일천한 경우일수록 적극적으로 대의과정에 대해 보다 개혁적이며 시민참여적인 시각을 지니는 것으로 관측된다. 정치적 거버넌스에 대한 수요가 높다는 의미다. 이는 ICTs 활용의 일반적인 경향과도 합치되는 조사결과다. 일반적으로 인터넷 특히 참여형 내지는 쌍방향형 인터넷 사용은 20대와 30대의 청장년층에 이를수록 보다 활발한 것으로 알려지고 있기 때문이다.

여기에서는 정보관료 모형의 지표로 전자여론조사, 시장개척 모형의 지표로 뉴스레터 배포 그리고 인터넷 모형의 지표로 토론방 개설만을 각각 선정하여 측정했으나, 각각의 의사소통 모형을 시사하는 보다 다양한 유형의 홈페이지 활용 양식이 있을 수 있을 것이다. 무엇보다도 이런 홈페이지가 실제 어떤 빈도로 활용되고 있는지를 조사 분석하여야 보다 구체적인 실상이 들어날 것이다. 따라서 이번 조사의 결과가 국회의원 홈페이지의 강화형 의사소통 실태 전체를 종합적으로 밝혀주는 것은 아닌 셈이다. 그러나 이런 조사의 결과가 축적되는 경우, 보다 체계적이고 총체적인 정보가 수집 정리될 수 있을 것은 물론이다.

문제 제기

1. 정치정보의 유통양식에는 어떤 것들이 있는가?
2. 어째서 인터넷 모형만이 정치적 거버넌스 구축과 상합하는 정치정보 유통양식인가?
3. 국회의 정치정보 유통양식 가운데 정보관료 모형은 어떤 특성을 갖고 있는가?
4. 국회의 정치정보 유통양식 가운데 시장개척 모형은 어떤 특성을 갖고 있는가?
5. 국회의 정치정보 유통양식 가운데 인터넷 모형은 어떤 특성을 갖고 있는가?

참고문헌

박재창. (2003). 「한국전자의회론」. 서울: 한울 아카데미.

Bertelsman Foundation. (2001). E-Government: Connecting Efficient Administration and Responsive Democracy. <http://www.mail-archive.com/do-wire@tc.umn.edu/msg00462.html.>

Coleman, Stephen. (ed). (2001). Democracy Online: What Do We Want from MPs' Web Sites? <https://assets.contentful.com/u1rlvvbs33ri/1HxCmTZOYkqgmmsO6qKGsQ/2bbd7d253de16cd89500e82280fb6942/Publication__Democracy-Online-What-do-we-want-from-MPs_-websites-2001.pdf>

Congress Online Project. (2002). Congress Online : Assessing and Improving Capitol Hill Web Sites. <http://congressionalonlineproject.org/pfcongressionalonline2002.html>

Hansard Society. (2001). Technology : Enhancing Representative Democracy in the UK?. <http://www.hansard-society.org.uk/Technology.pdf>

Krueger, Brian. (2002). A Mew Approach to Assessing the Participatory Potential of the Internet. A Paper Prepared for the Presentation at the 2002 Annual Meeting of the

American Political Science Association.

van Dijk, Jan. (2000). Models of Democracy and Concepts of Communication. In Kenneth L. Hacker and Jan van Dijk (eds). *Digital Democracy: Issues of Theory and Practice.* London: Sage Publications.

제13장 |

국회의원 전자우편과 유권자

1. 서론

전자우편은 오늘날 대의과정에 정보통신기술(ICTs)을 도입해서 활용하는 데 있어, 웹사이트와 함께 가장 크게 활용되는 것 가운데 하나다. 미국 하원의원의 경우 매달 8000통의 전자우편을 수신하고 있고 상원의원의 경우는 5만 5천통을 수신한다. 영국 하원의원이 지역구민과 나누는 의사소통의 10%에서 20%가 전자우편을 통해 이루어지고 있으며(House of Commons Information Committee, 2002: 9), 핀란드 의원이 지역구민과 나누는 의사소통의 60%에서 70%가 전자우편이다. 이제 국회의원이 전자우편 활용을 외면하는 경우에는 그런 의회나 의원에 대한 유권자의 평가가 낮아질 수밖에 없다(House of Commons Information Committee, 2002: 9). 그러나 그렇다고 해서 전자우편이 대의과정 개선의 만병통치약이거나 순기능만을 동반하는 것은 아니다. 지금까지 전자우편을 활용해 온 외국의 경험이 이를 확인해 주고 있다.

그럼에도 한국의 대의과정에서도 국회의원의 전자우편 활용은 이미 일상적이고 보편적인 현상이 되었다. 국회의원뿐만이 아니다. 정보사회의 일원으로 살아가는 이라면 거의 모두가 이제는 전자우편을 일상의 당연한 한 의사소통 양식으로 인식하고 활용한다. 그러나 이런 전자우편의 활용이 과연 한국의 대의체제 개선에 얼마나 유용한 것인지에 대해서는 아직 체계적인 조사가 부족한 실정이다. 전자우편의 정치적 기능에 대한 사실적인 검증이 아직 이루어지고 있지 않다는 의미다. 이 장(章)에서는 이런 시대상황에 대한 인식과 문제의식을 가지고 국회의원이 활용하는 전자우편이 유권자와의 관계에서 실제 어떤 용도로 어떻게 쓰이고 있는지를 확인해 보고자 하는 데에 일차적인 목적을 두고자 한다. 이를 위해 여기에서는 국회의원이 활용하는 전자우편이 지역구민과의 관계에서 발현하는 연계기능의 실체가 무엇인지를 추적, 조사해 보고자 한다. 전자우편을 통해 본 국회의원과 유권자 간의 정치적 거버넌스 실체를 밝혀 보려는 셈이다.

일반적으로 유권자와 그의 정치적 대리인인 국회의원이 연결되는 대의과정에서는 대표기능, 정책형성기능, 연계기능 등이 발현되는 것으로 이해된다. 그런데 정책형성이나 대표기능이 발현되기 위해서는 당연히 유권자와 그들의 정치적 대리인 사이가 연계되는 것을 전제로 한다. 일단 연계되어야 국민을 대표하거나 정책을 형성하는 등의 활동이 이루어질 것이기 때문이다. 특히 유권자와 그들의 정치적 대리인인 국회의원 사이에서 이루어지는 정치적 거버넌스의 실체 파악이라는 이번 조사의 관점에서 보면, 연계기능은 대의체제의 성격구성에 있어 가장 본질적인 것이 아닐 수 없다. 따라서 여기에서는 국회의원의 전자우편이 유권자와의 관계에서 발현하는 연계기능의 실체가 무엇인가를 밝혀보고자 하는 데에 우선적인 초점을 맞추고자 한다.

이를 위해, 국회의원의 당선 회수, 연령, 선출방식을 독립변수로 삼아 국회의원의 전자우편이 유권자와의 관계에서 어떻게 실제 설정되고 운영되고 있는지를 파악해 보고자 한다. 이러한 변수의 선택은 2002년 9월15일부터 2002년 10월 15일 사이에 국회의원을 상대로 실시된 국회 정보화 관련 설문조사(박재창, 2003)에 기초한 것이며, 분석에 필요한 자료는 이 조사의 결과를 토대로 선별, 조정하여 활용했다.

2. 국회의원 전자우편의 유권자 연계기능

국회의원이 전자우편을 활용하는 경우 무엇보다도 먼저 국회의원과 유권자가 보다 효율적으로 연계된다는 효과를 낳는다. 그리고 그런 연계 통로를 통해 의사소통상의 편리성, 시의성, 직접성, 경제성, 가촉성 등이 확대됨으로써(House of Commons Information

Committee, 2002: 9) 국회의원이 필요로 하는 정치정보의 수집과정에 혁신적인 변화를 가져오게 된다. 이로 인해 발언 준비를 위한 국회의원의 정보수집능력이 크게 개선되는 결과를 낳기도 한다. 이는 결과적으로 국회의원의 원내외 발언을 강화시켜주게 된다.

사이버상의 발언기회 확장으로 전통적인 대의과정 외에 국회의원이 대표활동을 전개할 수 있는 정책 창출 공간이 추가로 만들어지고, 그 결과 가상공간에서의 대표성 (virtual representation)이 추가된다는 점도 성과다. 전자우편은 또 국회의원과 유권자 사이의 접촉 장애 요인을 제거하거나 축소하는 데 기여하는 것은 물론이고, 다른 가상공간과의 연결을 확장하는 데에도 기여한다. 무엇보다도 문서나 그림 등이 자유롭게 전달될 수 있게 함으로서 유권자와의 의사전달이 크게 용이해지는 결과를 낳는다. 지역구민의 고충이나 불만 사항을 처리하는 데 있어서도 혁신적인 개선을 약속하게 된다. 그만큼 국회의원과 유권자 간의 정서적 거리감이 축소되면서 대의구조상의 연계성을 크게 개선하는 결과를 낳게 된다.

전자우편은 또 사회구성원 간의 관계를 보다 수평적인 것으로 유도하는 성향도 지녔다. 사회공동체 전체의 차원에서 보면 전자우편이 입법과정에 도입되면서 사회열등 세력의 정책과정에 대한 평등가촉성을 제고하게 된다. 이는 전자우편이 지니고 있는 접근의 용이성과 편의성으로 인해 불구자나 권력적인 연고가 없는 사람, 사회 주변세력이라고 하더라도 손쉽게 국회의원의 웹사이트에 접속해서 전자우편으로 자신의 의견을 개진할 수 있게 되기 때문이다. 이렇게 보다 많은 사람이 입법과정에 접속하게 되면 상의하달식 의사소통의 체제가 자연히 하의상달식 체제로 전환하면서 권력의 중추가 중앙으로부터 주변으로 이동하는 변화를 가져오게 된다. 권력의 분산과 의사결정 중추의 다원화, 다핵화가 이루어지는 것이다(Wired Magazine, 1997; Hansard Society, 2000: 28-29; van Dijik, 2000: 35). 권력의 평등화를 촉진하는 셈이다.

또한 전자우편은 참여 기회의 확장을 낳기도 한다. 유권자나 지역주민의 입장에서 보면 중간 매개체에 의한 방해나 왜곡 없이 직접 국회의원과 접속하고 의견을 투입하게 됨으로써 과거 그 어느 때보다도 대의과정에 대한 참여의 공간과 기회를 보장받게 된다. 특히 안건 심의의 초기 단계에서 의견을 개진할 기회가 제공되는 경우에는 안건의 심의과정에 미치는 일반시민의 언권이 크게 강화되는 결과를 낳는다. 입법 후에도 개선점에 대한 의견의 제시가 가능하기 때문에 입법과정에 대한 간여와 함께 지속적인 환류 체계를 유지할 수 있게 된다. 이 과정에서 보다 많은 이해관계자와의 의사소통이 가능해지고, 그 결과 국회의원과 일반시민의 정치적 독해력(political literacy)이 신장하는 효과를 낳는다.

전자우편은 능률성을 제고하기도 한다. 전자우편은 주역주민과의 의사소통이나 의사당내 의원 사무실과 지역구 사무실 그리고 의원 사무실 내부 등에 있어 관행적인 의사소통 양식 그러니까 전화, 팩스, 직접 면담, 서신 등에 비해 혁신적으로 의사소통상의 경제성을 높이게 된다. 전자우편은 저렴한 가격으로 신속하게 언제나 문서를 보낼 수 있어 의사소통상의 생산성을 높이기 때문이다. 특히 접수된 내용을 편집하는 경우 의원 사무실의 정보 처리 및 관리에 있어 효율성을 더하게 된다.

흔히 전자우편으로 인해 국회의원 사무실의 업무량이 폭증함으로서 사무실 운영의 생산성을 헤치게 된다고 말하지만, 이는 문제를 보는 시각의 협착성과 기술적 대처 양식에 대한 고려를 배제한 결과다. 불필요한 우편의 증가 문제는 국회의원 사무실이 지역구민의 전자우편 수요를 어떻게 진단하고 처리하느냐에 따라 얼마든지 조절 가능하기 때문이다. 예를 들어 정치적 현저성이 높은 과제가 쟁점화 하는 경우에는 미리 이에 대한 입장을 밝혀 평소에 정리해 두었던 전자우편 관리 대상자 주소를 통해 필요 정보를 발송하거나 유력한 사이트로 연결시켜둠으로서 수신되는 우편 총량을 미리부터 줄여나갈 수 있다(Congress Online Project, 2002: 6-8). 평소에 주요 정책에 대한 주기적인 검토를 통해 국회의원의 입장을 점검하고 이를 게시하거나 자주 제기되는 문제에 대해 규격화된 답신을 정리해 두는 것도 한 방법이다. 그러니까 전자우편 자체에 문제가 있는 것이 아니라 이를 이용하는 국회의원 사무실의 정책정향이나 기술능력에 따라 상황이 달라질 뿐이다.

업무량의 증가라는 평가도 이를 단순 지수로 측정할 것이 아니라 늘어난 우편량 만큼 지역구민의 정치적 요구 충족이나 참여의 정도 내지는 대의 과정에서의 심의성 제고 등과 함께 견주어 평가되어야 옳다. 이점은 특히 전자우편의 대량처리 능력을 감안해 보면 관행적인 의사소통의 경우와는 비교도 되지 않을 정도로 생산성 내지는 능률성을 높이게 된다는 점을 감안할 때 너무나도 당연한 주문으로 이해된다.

그러나 전자우편은 수취인의 의사에 관계없이 문서가 발송되거나 수신된다는 특징을 지녔다는 점에서 문제가 적지 않다. 특별한 장치를 설치하지 않는 한 수신되는 우편이 당해 국회의원의 지역구민으로부터 오는 것인지를 확인할 수 없을 뿐만 아니라 이를 선별해서 수신할 수도 없다. 그런데 전자우편이 연계기능을 수행한다는 것은 접수된 전자우편의 내용이 입법과정에 반영되어 정책 형성에 기여한다는 점을 전제한다. 따라서 발신자가 지역구민인지의 여부가 확인되지 않은 상태에서 입법과정에 이를 반영하는 경우, 자신의 지역구민이 아닌 사람의 의견도 대표해서 대의과정에 반영하는 결과를 낳게 된다. 이는 대의민주주의의 가장 기본적인 요소라고 할 수 있는 대표성 운영에 매우 중대한 문제를 초래하게 된다. 균형적이고 비례적인 유권자 의사의 표출이 불가능하게 되는 결과를 낳기 때문이다. 다른 지역을 대표하는 국회의원과의 경쟁 촉진과 불균형의 문제도 낳는다(Hansard Society, 2002: 18). 다른 국회의원이 대표해야 되는 유권자의 의사를 당해 의원이 대표하는 결과를 낳기 때문이다(Allan, 2000: 28).

이런 전자우편의 특징은 또 스펨 우편의 폭주로 인한 대표성 왜곡의 문제도 낳는다(House of Commons Information Committee, 2002: 9). 국회의원을 상대로 적극적인 로비활동을 펴거나 압력을 행사하고자 하는 시민사회운동단체나 로비스트가 의도적으로 규격화된 문서를 여러 회원의 이름으로 집중 살포하게 되고, 이로 인해 인터넷이 마비되는 것은 물론이고 정교한 지역주민의 의사를 포착하기 어렵게 만들 위험성도 있다. 의도적인 캠페인 탓에 지역구민의 대표성이 왜곡되는 경우다.

그러나 이런 종류의 대표성 왜곡 문제에 대해서는 기술적인 차원과 논리적인 차원에서 대안을 제시하는 의견도 적지 않다. 먼저 기술적인 차원에서는 전자우편의 수신과정에서 미리 지정된 양식에 따라 스펨 우편이나 다른 지역구에 주소지를 둔 우편을 제거하거나 수신 우선순위를 낮추는 방법이 고안되어 있다. 선별 수신이 기술적으로 가능하기 때문에 전자 우편제도상의 대표성 왜곡은 전자우편 제도 자체의 본질 문제가 아니다. 논리적인 차원에서 이의를 제기하는 이들은 대표성의 개념 설정 여하에 따라 이 문제를 보는 시각이 다를 수도 있다는 의견을 제시한다. 국회의원은 자신의 지역구를 대표해야 하지만 동시에 나라 전체의 이익을 대표하는 존재이기도 하다는 것이다. 따라서 후자의 경우를 상정하면 아무 문제될 것이 없다는 주장이다. 만약 전자의 견해에 따르는 경우에는 NGO나 시민사회운동단체가 전자우편을 통해 펼치는 건전한 로비활동과 정치적 압력 행사에 대해서는 이를 어떻게 수용해야 하느냐의 문제도 야기된다. 그러나 이 경우에도 국회의원의 지역구민 대표자로서의 기능을 부정하는 것은 아니기 때문에 최소한 대 지역구와의 관계에서는 여전히 문제의 소지가 남아 있을 수밖에 없다. 따라서 이 문제는 제기되는 정책과제의 성격이 전국적 이해관계를 다루는 주제냐 아니면 특정 지역의 이해관계에 한정되는 것이냐 또는 장기적인 영향을 미치는 주제냐 아니면 단기적인 차원에서 논의되어야 할 주제냐에 따라 대표성 왜곡 여부가 평가되어야 한다. 전자의 경우는 문제될 것이 없으나 후자의 경우에는 문제가 있다는 의미다. 따라서 전자의 경우에는 오히려 보다 광범위하게 여러 사람의 의견을 청취하기 위한 수단으로 전자우편이 활용되어야 할 것이다(Ro'sen, 2001: 8).

이런 점들을 감안해 볼 때 전자우편의 대의과정에 대한 기여는 결국 그것이 어떤 시공간적인 조건이나 특성에 따라 조건지워지느냐에 의해 그의 기여나 한계가 구체화하는 성질을 지녔다고 말할 수 있다. 따라서 다양한 환경조건 속에서 이들이 왜 어떻게 활용되고 있는지를 점검하는 일은 이들을 이해하는 데 있어 필수적인 과제다. 시간과 공간의 조건이 부여된 상태에서 그의 유용성 여부를 검토, 판단해야지 선험적으로 규정될 성질의 것은 아니라는 의미다. 이런 관점에서 한국 국회의원의 전자우편 활용 실태를 조사, 분석해 보자는 것이다.

3. 국회의원 전자우편의 유권자 연계정도

전자우편을 통해 국회의원과 유권자가 서로 연계되는 정도가 얼마나 되는지를 알아보기 위해 먼저 국회의원이 외부로부터 수신하는 전자우편의 규모를 알아보았다. 이는 국회의원 사무실이 실제로 얼마나 전자우편 시대에 진입해 있는지를 측정해 볼 수 있는 지표 중 하나가 된다. 이런 문제의식을 가지고 매달 수신되는 전자우편의 수를 설문해 본 결과는 <표 1>에 나타나 있는 바와 같다. 국회의원이 한 달에 수신하는 전자우편은 모두 43,377 통으로 집계되었다. 그런데 173명의 국회의원이 전자우편을 활용한다고 밝혔음으로, 국회의원 1인당 한 달 평균 251통 정도가 수신되는 셈이다. 가장 많이 수신하는 의원은 한 달에 5270통을 수신했으며, 1000통 이상 수신하는 경우도 12명이었다. 그러나 50통 이하를 수신하는 경우가 57명이며, 국회의원 1인당 월 평균 251통을 수신한다는 것은 전자우편이 활발하게 이용되지 않고 있다는 의미다. 이는 국회가 아직 전자우편을 통해 유권자와 적극적으로 의사소통하거나 연계관계를 구축하기 이전 단계에 있음을 말한다. <표 13-1>에 의하면 한 달에 50통 이하 수신하는 국회의원이 26.8%(57명), 51통 이상 100통 이하 수신하는 국회의원이 19.6%(42명), 101통 이상 250통 이하 수신하는 국회의원이 9.4%(20명), 251통 이상 500통 이하 수신하는 국회의원이 15.5%(33명), 501통 이상 수신하는 국회의원이 9.9%(21명)로 나타났다.

〈표 13-1〉 전자우편의 수신 규모

수신규모 / 의원수	50통 이하	51통 이상 100통 이하	101통 이상 250통 이하	251통 이상 500통 이하	501통 이상	무응답	합계
의원	57	42	20	33	21	40	213
비율	26.8	19.6	9.4	15.5	9.9	18.8	100.0

이렇게 해서 수신된 전자 우편에 대해 국회의원 사무실이 얼마나 자주 답신하는지를 알아보면 국회의원과 지역구민간의 쌍방향적 연계관계가 어느 상태에 있는지를 알 수 있다고 보았다. 그 결과는 <표 13-2>에 나타나 있는 바와 같다. <표 13-2>에 의하면 전혀 답

신을 하지 않는 경우가 전체 의원의 3.3%(7명), 수신되는 전자우편의 25%정도에 대해 답신하는 경우가 29.1%(62%), 50% 정도 답신하는 경우가 25.4%(54명), 75%정도 답신하는 경우가 19.7%(42명), 거의 모든 수신 전자우편에 대해 답신하는 경우가 17.8%(38명), 무응답이 4.7%(10명)로 집계되었다. 따라서 50%정도 또는 그 이하의 비율로 답신하는 이들이 전체 응답 의원의 62.4%에 달하는 셈이다. 전자우편을 대 유권자와의 관계에서 주요 의사소통 수단으로 보고 이를 진지하게 다루는 정도가 그리 높지 않다.

〈표 13-2〉 전자우편의 답신 규모

답신규모 / 의원수	전혀 안함	25% 정도	50% 정도	75% 정도	모두	무응답	합계
의원	7	62	54	42	38	10	213
비율	3.3	29.1	25.4	19.7	17.8	4.7	100.0

그러나 수신된 전자우편의 평균 75% 이상에 대해 답신하는 의원은 전자우편을 매우 중요한 의사소통 수단으로 간주하고, 이를 통해 쌍방향적인 연계관계를 구축하려는 의지가 높은 경우다. 여기에서는 이들을 “쌍방향형 의사소통 국회의원”이라고 보고, 이들 쌍방향형 의사소통 국회의원을 당선 회수를 기준으로 분류해 본 결과는 <표 13-3>에 나타나 있는 바와 같다. <표 13-3>에 의하면 쌍방향형 의사소통 국회의원이 초선 의원 34명, 재선 의원 25명, 3선 의원 6명, 4선 의원 3명, 5선 이상 의원 4명, 무응답 4명으로써, 이를 각각의 당선회수별 설문 응답의원 수로 나누어 보면, 각각 38.2%,

37.9%, 31.6%, 50.0%, 33.3%, 30.8%가 된다. 따라서 수신된 전자우편에 대해 상대적으로 보다 많이 답신하는 일과 국회의원의 당선회수와는 크게 상관관계가 없는 셈이다.

〈표 13-3〉 당선회수별 쌍방향형 의사소통 국회의원 분포

의원 수 \ 당선회수별	초선	재선	3선	4선	5선 이상	무응답	합계
설문 응답 의원	89	66	19	14	12	13	213
쌍방향형 의원	34	25	6	7	4	4	80
비율	38.2	37.9	31.6	50.0	33.3	30.8	37.6

쌍방향형 의사소통 국회의원을 연령별로 분류해 본 결과는 <표 13-4>에 나타나 있는 바와 같다. <표 13-4>에 따르면 30대가 2명, 40대가 6명, 50대가 20명, 60대가 21명, 무응답자 5명으로 집계된다. 이는 연령별 설문 응답자와의 관계에서 볼 때, 각각 50.0%, 16.2%, 27.4%, 25.9%, 38.5%를 구성한다. 따라서 대체로 젊을수록 수신된 전자우편에 대한 답신 가능성이 크다고 하겠다.

〈표 13-4〉 연령별 쌍방향형 의사소통 국회의원 분포

의원 수 \ 연령별	30대	40대	50대	60대	70대 이상	무응답	합계
설문 응답 의원	4	37	73	81	5	13	213
쌍방향형 의원	2	21	23	28	2	4	80
비율	50.0	56.8	31.5	34.6	40.0	30.8	37.6

이를 다시 국회의원의 선출 방식을 기준으로 분류해 본 결과는 <표 13-5>에 나타나 있는 바와 같다. <표 13-5>에 의하면 수신된 전자우편에 대해 보다 많이 답신하는 의원은 지역구 출신 70명, 전국구 출신 8명, 무응답 2명으로 집계되었다. 이를 각각의 설문 응답자 수로 나누어 보면 40.7 %, 25.8%, 20.0%가 된다. 상대적으로 볼 때 지역구 출신 국회의원이 전국구 출신보다 훨씬 더 전자우편에 대한 답신율이 높았다. 이는 당연한 현상으로 여겨진다. 오히려 지역구를 갖고 있지 않은 전국구 출신 의원들로서는 답신율이 낮지 않다고 할 수 있는 데, 이는 직능단체나 전문가 집단 등과 같이 기능별 연계 요구가 있는 대상과의 관계 유지에 유의한 결과로 여겨진다.

〈표 13-5〉 선출방식별 쌍방향형 의사소통 국회의원 분포

선출방식별 / 의원 수	지역구	전국구	무응답	합계
설문 응답 의원	172	31	10	213
쌍방향형 의원	70	8	2	80
비율	40.7	25.8	20.0	37.6

따라서 젊은 지역구 출신 국회의원이 상대적으로 보다 더 적극적으로 수신된 전자우편에 답신하는 비율이 높고, 그 결과 전자우편을 통한 대 유권자 연계기능 구축에 보다 더 유의하는 경향이 있는 셈이다. 그러나 전체적으로 볼 때 아직 국회의원과 유권자가 전자우편을 통해 연계되는 정도는 매우 미진한 상태에 있다.

이는 전자우편이 국회의원과 유권자사이에서 발생하는 의사소통 총량에서 차지하는 비중 면에서 보더라도 확인된다. 이를 알아보기 위해, 실제로 국회의원이 지역구민과 접촉하는 데 있어 가장 크게 의존하는 의사소통 수단이 무엇인지를 설문해 보았다. 그 결과는 <표 13-6>에 나타나 있는 바와 같다. <표 13-6>에 의하면 전화를 하거나 직접 대면하는 방식을 통해 지역구민과 접촉하는 경우가 대부분이고, 전자우편은 전체 의사소통의 10%에도 이르지 못했다. 아직 전자우편이 국회의원과 유권자 사이에서 핵심적인 의사소통 수단으로 자리 잡기 이전 단계에 있음을 확인해 주는 셈이다.

〈표 13-6〉 지역주민과의 의사소통 수단

수단 의원 수	직접 대면	편지	전화	팩스	전자 우편	무응답	합계
의원	67	10	104	6	17	9	213
비율	31.5	4.7	48.8	2.8	8.0	4.2	100.0

4. 국회의원 전자우편의 지역구 연계역할

전자우편이 유권자와의 관계에서 체계적인 대의기능을 담보하기 위해서는 그 전자우편이 자신의 지역구민으로부터 발신되는 것인지를 확인할 수 있어야 한다. 이는 대표성 원리에 기초한 의회민주주의의 철학적 준거율이 주문하는 과제다. 따라서 전자우편이 자신의 지역구민으로부터 발신된 것인지를 확인할 수 있는 장치를 전자 우편 시스템에 장착하고 있는지 여부를 설문해 보았다. 조사 결과는 <표 13-7>에 나타나 있는 바와 같다. <표 13-7>에 의하면 지역구민으로부터 발신되는 것인지를 확인하는 장치를 마련해 두고 있는 경우는 전체의 6.6%(14명)에 지나지 않고 설치하지 않은 경우가 85.4%(182명), 무응답이 8.0%(17명) 이었다. 절대 다수가 지역구민으로부터 발신되는 전자우편인지의 여부를 확인해야 한다는 필요성 자체를 인식하기 이전 단계에 있는 셈이다.

〈표 13-7〉 발신지 확인 장치 보유 여부

확인장치 / 의원 수	있음	없음	무응답	합계
의원	14	182	17	213
비율	6.6	85.4	8.0	100.0

그럼에도 수신되는 전자우편의 내용으로 판단할 때, 지역구민이 보낸 것으로 판단되는 전자우편이 실제로 얼마나 되는지를 설문해 본 결과는 <표 13-8>에 나타나 있는 바와 같다. <표 13-8>에 의하면 수신되는 전자우편 중 지역구에서 오는 것이 전혀 없다고 밝힌 경우는 1.4%(3명), 25% 정도가 된다고 보는 경우는 49.8%(106명), 50% 정도 된다고 보는 경우는 16.9%(36명), 75%정도 된다고 보는 경우는 2.8%(6명), 거의 모두가 지역구에서 온다고 보는 경우는 없었다. 무응답자는 29.1%(62명)이었다. 무응답자가 많은 것은 응답자 중 전국구 의원이 포함되어 있기 때문일 것으로 추측된다. 전체 국

회의원의 절반 정도가 자신이 수신하는 전자우편의 25.0% 정도만 자신의 지역구에서 발신된다고 보는 셈이다.

〈표 13-8〉 지역구 발신 전자우편의 비율

답신규모 / 의원 수	전혀 없음	25% 정도	50% 정도	75% 정도	거의 모두	무응답	합계
의원	3	106	36	6	0	62	213
비율	1.4	49.8	16.9	2.8	0.0	29.1	100.0

<표 13-8>에 나타나 있는 바와 같이, 수신된 전자우편의 평균 50.0% 이상이 지역구에서 발신되는 것으로 평가되는 경우는 전자우편이 지역구민의 입법과정에 대한 대의 수단으로서 제법 제 역할을 수행하는 경우라고 볼 수 있다. 여기에서는 이들을 "전달형 지역구 국회의원"이라고 보고자 한다. 이들 전달형 지역구 국회의원을 당선 회수를 기준으로 분류해 본 결과는 <표 13-9>에 나타나 있는 바와 같다. <표 13-9>에 의하면 전달형 지역구 국회 의원은 초선 의원 18명, 재선 의원 8명, 3선 의원 5명, 4선 의원 3명, 5선 이상 의원 4명, 무응답 4명으로 구성된다. 이를 각각의 당선회수별 설문 응답의원 수로 나누어 보면, 각각 20.2%, 12.1%, 26.3%, 21.4%, 33.3%, 30.8%가 된다. 따라서 대체로 선수가 올라갈수록 지역구민에게서 발신되는 전자우편의 비율이 상대적으로 높아지는 관계에 있다고 하겠다.

〈표 13-9〉 당선회수별 전달형 지역구 국회의원 분포

당선회수별 / 의원 수	초선	재선	3선	4선	5선 이상	무응답	합계
설문 응답 의원	89	66	19	14	12	13	213
전달형 의원	18	8	5	3	4	4	42
비율	20.2	12.1	26.3	21.4	33.3	30.8	19.7

지역구민으로부터 발신되는 전자우편의 비율이 상대적으로 높은 전달형 지역구 국회의원을 연령별로 분류해 본 결과는 <표 13-10>에 나타나 있는 바와 같다. <표 13-10>에 따르면 30대가 1명, 40대가 8명, 50대가 12명, 60대가 17명, 무응답자 4명으로 집계된다. 이는 연령별 설문 응답자와의 관계에서 볼 때, 각각 25.0%, 21.6%, 16.4%, 21.0%, 30.8%를 구성한다. 따라서 대체로 젊을수록 수신된 전자우편 중 지역구 발신 전자우편이 차지하는 비율이 상대적으로 높아지는 경향을 보이는 셈이다.

이를 다시 국회의원의 선출 방식을 기준으로 분류해 본 결과는 <표 13-11>에 나타나 있는 바와 같다. <표 13-11>에 의하면 수신된 전자우편 중 지역구민이 보낸 전자우편의 구성 비율이 높은 전

〈표 13-10〉 연령별 전달형 지역구 국회의원 분포

연령별 / 의원 수	30대	40대	50대	60대	70대 이상	무응답	합계
설문 응답 의원	4	37	73	81	5	13	213
전달형 의원	1	8	12	17	0	4	42
비율	25.0	21.6	16.4	21.0	0.0	30.8	19.7

달형 지역구 국회의원으로 지역구 출신 39명, 전국구 출신 0명, 무응답 3명이 집계되었다. 이를 각각의 설문 응답자 수로 나누어 보면 22.3 %, 0.0%, 30.0%가 된다. 당연히 지역구 출신이 전부이겠지만, 전달형 지역구 국회의원이 전체 지역구 출신 의원의 22.3%에 지나지 않는다는 사실에 주목하게 된다.

〈표 13-11〉 선출방식별 전달형 지역구 국회의원 분포

선출방식별 / 의원 수	지역구	전국구	무응답	합계
설문 응답 의원	172	31	10	213
전달형 의원	39	0	3	42
비율	22.3	0.0	30.0	19.7

따라서 당선 회수가 높으면서도 젊은 국회의원의 경우가 수신되는 전자우편 중 지역구민에게서 오는 전자우편의 구성 비율이 상대적으로 높을 가능성이 큰 셈이다. 그러나 지역구 출신의원 전체에서 전달형 지역구 국회의원이 차지하는 비율은 매우 낮아서 지역구 출신의원이 지역구민으로부터 전자우편을 수신하는 규모 자체가 매우 작을 것이라는 점을 시사해 준다.

5. 국회의원 전자우편의 정책적 연계실태

전자우편을 통한 지역구민과의 연계체제가 입법과정에 대한 지역주민의 정책적 의지를 반영하는 창구로 활용되기 위해서는 그런 지역구민의 의견을 체계적으로 정리해서 구분하는 노력이 전제되어야 한다. 따라서 수신되는 전자우편을 정책주제별로 구분하는 장치가 마련되어 있는지의 여부를 설문해 본 결과는 <표 13-12>에 나타나 있는 바와 같다. <표 13-12>에 의하면 정책주제별 분류 장치가 마련되어 있는 경우는 전체 전자우편 활용 의원의 10.8%(23명)이고 그렇지 않은 경우가 85.4%(182명)이다. 따라서 국회는 아직 전자우편을 통한 정책 전달 내지는 투입 기능 수행을 중시하고 이를 주목하는 단계 이전에 있다고 하겠다.

〈표 13-12〉 정책주제별 분류 장치 보유 여부

장치여부 / 의원 수	있음	없음	무응답	합계
의원	23	182	8	213
비율	10.8	85.4	3.8	100.0

그럼에도 실제로 수신되는 전자우편이 대체로 어느 분야의 것인지를 알아보기 위해 이를 정책과제의 성격별로 분류해보도록 설문한 결과는 <표 13-13>에 나타나 있는 바와 같다. <표 13-13>에 의하면 정치분야가 39.4%(84명), 경제 분야가 16.0%(34명), 사회 분야가 20.2%(43명), 문화 분야가 1.9%(4명), 기타가 11.3%(24명), 무응답

이 11.3%(24명)였다. 정치 분야와 사회 분야가 대종을 이루는 셈이다. 그 중에서도 정치분야에 대한 전자우편이 다른 분야의 것을 두 배 이상 상회한다. 이는 일반시민의 입법과정에 대한 참여나 관심이 생활주변의 정책과제에 대한 의견을 구하거나 결집하는 단계로 진입하기 이전 상태에 머물러 있으며, 아직도 공정한 참여의 원리나 정치과정의 경기규칙 같이 참여 자체의 제도화와 관련된 과제에 관심의 초점이 머물러 있음을 시사한다.

〈표 13-13〉 수신 내용의 분야별 분류

수신종류 / 의원 수	정치	경제	사회	문화	기타	무응답	합계
의원	84	34	43	4	24	24	213
비율	39.4	16.0	20.2	1,9	11.3	11.3	100.1

그런데 정치분야는 다른 분야의 정책과제를 심의하거나 조정, 통제하는 과정에서 야기되는 규칙이나 시스템의 문제를 다룬다는 점에서 보다 근본적인 과제에 대한 문제의식을 필요로 한다. 반면에 경제, 사회, 문화, 기타의 영역에서 제기되는 과제는 생활주변의 이해관계를 조정하거나 개선하자는 데에 일차적인 목표를 둔다. 따라서 전자를 기본적인 제도나 시스템 관련 과제라고 한다면 후자는 생활주변의 일상적인 삶과 관련된 실천적 과제라고 할 수 있다. 여기에서는 후자의 문제에 유의하는 전자우편을 보다 많이 수신하는 국회의원을 "생활과제 수신형 국회의원"이라고 보고자 한다. 생활과제 수신형 국회의원을 당선 회수를 기준으로 분류해 본 결과는

<표 13-14>에 나타나 있는 바와 같다. <표 13-14>에 의하면 생활과제 수신형 국회의원은 초선 의원 52명, 재선 의원 28명, 3선 의원 7명, 4선 의원 5명, 5선 이상 의원 4명, 무응답 9명으로서, 당선회수별 설문 응답의원 수로 나누어 보면, 각각 58.4%, 42.4%, 36.8%, 35.7%, 33.3%, 69.2%를 구성한다. 따라서 선수가 올라갈수록 지역구민 발신 전자우편의 내용이 생활과제 관련일 가능성이 커지는 셈이다.

〈표 13-14〉 당선회수별 생활과제 수신형 국회의원 분포

당선회수별 / 의원 수	초선	재선	3선	4선	5선 이상	무응답	합계
설문 응답 의원	89	66	19	14	12	13	213
생활과제 수신형 의원	52	28	7	5	4	9	105
비율	58.4	42.4	36.8	35.7	33.3	69.2	49.3

생활과제 수신형 국회의원을 연령별로 분류해 본 결과는 <표 13-15>에 나타나 있는 바와 같다. <표 13-15>에 따르면 30대가 1명, 40대가 17명, 50대가 37명, 60대가 31명, 70대 이상이 1명, 무응답자가 4명으로 집계된다. 이는 연령별 설문 응답자와의 관계에서 볼 때, 각각 25.0%, 45.9%, 50.7%, 38.3%, 20.0%, 61.5%를 구성한다. 따라서 대체로 국회의원의 연령과 생활과제 관련 전자우편을 수신하는 현상과는 직접적인 상관관계가 없는 셈이다.

이를 다시 국회의원 선출 방식을 기준으로 분류해 본 결과는 <표 13-16>에 나타나 있는 바와 같다. <표 13-16>에 의하면 수신된 전자우편 중 생활과제 관련 전자우편의 구성 비율이 높은 국회

〈표 13-15〉 연령별 생활과제 수신형 국회의원 분포

의원 수 \ 연령별	30대	40대	50대	60대	70대 이상	무응답	합계
설문 응답 의원	4	37	73	81	5	13	213
생활과제 수신형 의원	1	17	37	31	1	8	105
비율	25.0	45.9	50.7	38.3	20.0	61.5	49.3

의원으로 지역구 출신 89명, 전국구 출신 9명, 무응답 7명이 집계되었다. 이를 각각의 설문 응답자 수로 나누어 보면 51.7%, 29.0%, 73.0%가 된다. 지역구 출신이 전국구 출신보다 훨씬 더 많이 생활과제 관련 전자우편을 수신하는 것으로 밝혀졌다. 이는 매우 자연스러운 결과다.

〈표 13-16〉 선출방식별 생활과제 수신형 국회의원 분포

의원 수 \ 선출방식별	지역구	전국구	무응답	합계
설문 응답의원	172	31	10	213
생활과제 수신형 의원	89	9	7	105
비율	51.7	29.0	70.0	49.3

따라서 당선 회수가 높은 지역구 출신 국회의원일수록 생활관련 과제를 다루는 전자우편의 수신 비율이 상대적으로 높다는 사실을 알 수 있다.

그러나 아무리 활발하게 생활관련 과제를 다루는 전자우편을 수신하더라도 그 내용이 정책개발 의지를 내포한 것이어야 보다 더 입법과정의 활성화에 기여하게 될 것은 두 말할 필요도 없다. 바로

이런 문제의식을 가지고, 수신되는 전자우편이 어떤 성격의 것인지를 설문해 보았다. 그 결과인 <표 13-17>에 의하면 유치한 내용의 것이 12.7%(27명), 일상적인 안부가 13.1%(28명), 단순한 논평이 43.7%(93명), 전문적인 조언이 10.3%(22명), 법안 제시가 8.5%(18명)로 집계되었다. 그러니까 정책과정과 무관하게 유치한 내용을 담고 있거나 단순히 안부 인사를 건네는 정도의 것이 수신된 전자우편의 4분1을 넘는다는 뜻이다. 그러나 정책적인 선호를 밝히는 논평이나 언급 따위가 전체의 절반 정도를 차지하고 있으며 여기에 전문적인 조언이나 법안 내용을 제시하는 경우까지를 합하면 60%정도가 입법과정과 유관된 정보를 담고 있는 셈이다.

〈표 13-17〉 수신 내용의 성격

의원 수 \ 수신내용	유치한 내용	일상적인 안부	단순한 논평	전문적인 조언	법안의 제시	무응답	합계
의원	27	28	93	22	18	25	213
비율	12.7	13.1	43.7	10.3	8.5	11.7	100.0

따라서 국회의 경우 정책관련 정보를 보다 적극적으로 전자우편을 통해 관리하려는 의지가 아직은 저급한 단계에 있으며, 그나마 실제 정책의지를 가지고 유권자로부터 투입되는 정보의 절반 정도만 생활관련 정책 과제를 다루고 있고, 그중에서도 진지한 정책의지를 동반하는 경우는 그의 절반 정도에 그친다. 또한 생활관련 정책 의지의 전달은 주로 선수가 높은 지역구 국회의원을 중심으로 이루어지고 있음도 알 수 있었다.

6. 결론

한국의 경우 전자우편이 국회의원과 유권자 사이를 연계시켜주는 정치적 거버넌스의 통로로 평가되기에는 아직 이른 단계에 있음을 알았다. 무엇보다도 국회의원이 수신하는 전자우편의 총량 자체가 절대적으로 부족한 실정이다. 거의 모든 국회의원이 전자우편 주소를 가지고 있고 또 이를 공개하고 있으면서도 한달 평균 한 사람의 국회의원이 수신하는 전자우편의 총량은 251통에 지나지 않는다. 더욱이 수신되는 전자우편의 총량 자체가 적음에도 이에 대해 답신하는 비율도 매우 낮았다. 수신되는 전자우편의 4분의 1 정도만 답신하는 경우가 전체의 3분의 1에 이르고 있으며, 4분의 3 이상 답신하는 의원은 약 40% 정도다. 무엇보다도 전자우편을 통한 의사소통이 국회의원과 유권자 사이에서 일어나는 전체 의사소통 총량의 8%에 지나지 않았다.

보다 더 심각한 것은 그나마 전달되는 전자우편이 입법과정의 실질적인 내용의 개선이나 변화에 기여할 것이라는 기대를 갖기 어렵다는 데에 있다. 대의제의 원리에 따라 국회의원은 각자가 자신이 선출된 지역구의 이해를 반영하는 일에 최우선적인 목표를 두고 입법활동에 임해야 하고, 그렇기 때문에 수신되는 전자우편이 자신의 지역구에서 발신된 것인지의 여부를 확인하는 일은 전자우편이 대의민주주의의 활성화에 기여하기 위한 최소한의 요건에 해당된다. 그러나 이런 전자우편의 발신지 구분 장치를 두고 있는 경우는 전체 전자우편을 활용하고 있는 국회의원의 6.6%에 지나지 않았다. 아직 전자우편을 대의정치의 철학적 원리의 관점에서 이해하고 접근하기 이전 단계에 있는 셈이다. 실제로 현재 수신되고 있는 전자우편의 25% 이하만이 지역구로부터 발신되었다고 평가되는 경우가 전체 국회의원의 절반을 넘었다. 지역구민의 이해관계를 대변하거나 지역구 관련 정보의 전달 장치로서 전자우편이 수행하는 역할이 아주 미미한 셈이다. 이는 수신되는 전자우편을 정책주제별로 분류하는 과정에서도 같다. 전자우편을 통해 수신되는 내용을 입법과정에 보다 효율적으로 반영하기 위해서는 수신되는 우편을 정책주제별로 구분하는 장치를 두어 이를 체계적으로 정리하는 일이 필수적으로 요청된다. 그러나 이런 장치를 두고 있는 경우는 전체의 10.8%에 지나지 않았다. 수신되는 전자우편의 내용을 입법과정에 체계적으로 반영하려는 의지가 매우 낮은 수준에 있다는 의미다.

이런 전자우편에 대한 인식과 관리 태도가 개선된다고 하더라도 수신되는 전자우편의 내용 자체가 입법과정에 반영될만한 의미와 가치를 지닌 것이어야 할 것은 두말할 나위도 없다. 그러나 국회의 경우 수신되는 전자우편의 60%만이 유의미한 내용으로 평가되고 있으며 나머지 40%정도는 전혀 대의과정에 도움이 되지 않는 정보로 평가된다. 그 중에서도 40%정도는 정치문제에 관한 것이고 나머지 60% 정도가 생활주변의 일상적 과제를 다룬 것이었다.

따라서 국회의원과 유권자 사이에서 이루어지는 전자우편의 활용실태는 우선 상징적, 외형적 차원에서 전자우편 제도가 도입되고 확산되는 현상과는 달리 이의 실질적인 운용과 대 국회 투입 기능 사이에는 매우 큰 격차가 노정되어 있음을 알 수 있다. 외형과 실질, 제도와 운영, 상징과 실제 사이의 괴리가 너무 크다는 말이다. 이는 전자우편을 민주주의의 철학적 원리나 대의과정의 실질적 필요와 수요라는 관점에서 이해하고 접근하는 것이 아니라 일종의 시대적 유행이나 단순히 관리차원의 수요에 부응하는 과정에서 설치하게 되었거나 운영하는 데에서 비롯되는 결과로 추측된다. 전자우편이 입법과정의 일상적 현상의 일부로 자리 잡거나 정치적 거버넌스를 형성하는 수단 가운데 하나로 이해되기 이전 단계에 머물러 있다는 말이다. 아니 전자우편의 민주적 용도에 대한 인식이 실체화하기 이전 단계라고 해야 보다 더 정확한 설명이 된다.

이를 다른 한편에서 보면 전자우편이라는 정보기술 장치에 다양한 효용성이 내장되어 있다고 하더라도 이를 민주주의의 철학적 원리에 따라 활용하려는 사회적 여건이나 환경이 조성되지 않는다면 전자우편이 정치적 거버넌스나 나아가 민주주의의 활성화에 기여하기는 어려울 것이라는 점을 시사한다. 그렇기 때문에 전자우편을 단순히 제도 차원에서 도입하는 일에 그치고 말 것이 아니라 이를 보다 민주주의의 철학적 원리에서 이해하고 활용하도록 하는 문제에 대한 사회적인 논의와 재교육 과정이 병행되어야 한다는 점을 시사한다.

그런데 전자우편을 통해 국회의원과 유권자 간의 연계기능이 비교적 원활히 수행되는 경우는 대체로 당선회수가 높은 지역구 출신의 젊은 국회의원이었다. 이는 인터넷 활용에 대한 젊은 세대의 가치관과 대의과정에서 제기되는 현실적 수요를 반영하는 결과로 해석 된다. 그런 만큼 전자우편의 연계 기능을 제고하기 위해서는 전자우편에 대한 국회의원의 인식을 개선하는 것은 물론이고 대의과정의 실질화를 통해 전자우편에 대한 실체적인 수요를 높이는 일도 시급한 과제다.

문제 제기

1. 전자우편이 대의과정에 미치는 긍정적 영향은 무엇인가?
2. 전자우편이 대의과정에 미치는 부정적 영향은 무엇인가?
3. 국회의 경우 전자우편이 정치적 거버넌스의 한 수단으로 정착하기 위해 필요한 과제에는 어떤 것들이 있는가?

참고문헌

박재창. (2003).「한국전자의회론」. 서울: 한울 아카데미.

Allan, Richard. (2000). IT Implications for MPs in Hansard Society. *E-Guide for Parliamentarians: How to Be an Online Representative.* London, UK: Parliament.

Coleman, Stephen, Taylor, John and de Donk, Wim van. (eds). (1999). *Parliament in the Age of the Internet.* Oxford: Oxford University Press.

Congress Online Project. (2002). Congress Online: Assessing and Improving Capital Hill Web Sites. <http/www.congressionalonlineproject.org/focusgroups.html>

Hansard Society. (2002). Technology: Enhancing Representative Democracy in the UK?. <http://www.hansard-society.org.uk/Technology.pdf>

House of Commons Information Committee. (2002). Digital Technology: Working for Parliament and the Public. <www.publications.parliament.uk/pa/cm/ cminform.htm>

Ro"sen, Tommy. (2001). E-Democracy in Practice: Swedish Experiences of a New Political Tool. <http://www.svekom.se/skvad/E-Democracy-en.pdf>

van Dijk. (2000). Models of Democracy and Concepts of Communication. In Hacker Kenneth L. and Jan van Dijk. (eds). *Digital Democracy: Issues of Theory and Practice.* London: Sage Publications

Wired Magazine. (1997). The Digital Citizen. *Wired.* December.

제6부

한국의 환류 거버넌스

제14장 INGO 거버넌스의 책무성 평가

제15장 대항 관료제와 전문 옴부즈만

제14장 |

INGO 거버넌스의 책무성 평가

1. 서론

한국 YMCA 전국연맹이 회원으로 가입하고 있는 아시아 태평양 YMCA 연맹(APAY: Asia and Pacific Alliance of YMCAs)은 국제 NGO(INGO: International NGO) 가운데 하나다. 이런 INGO는 태생적으로 비효율적이라거나 책무성 구현에 취약하다는 평가를 받아왔다. 본래 NGO 자체가 기업의 주주나 정부의 유권자처럼 해당 기관의 업무 수행에 대해 직접적인 이해관계를 갖고 감시하거나 평가하는 적극적인 이해당사자를 갖고 있지 않을 뿐만 아니라, 그 가운데에서도 특히 INGO는 재정자원 제공자가 속해 있는 사회공동체로부터 직접 관리되지 않고, 그렇다고 해서 그 자원을 토대로 다양한 공익활동을 펼치는 서비스 제공 대상 지역사회로부터 감독받거나 통제되는 것도 아니기 때문이다. APAY가 아시아 태평양 지역의 다양한 지역사회를 상대로 여러 활동을 펼치지만 해당 지역사회로부터 직접 허락을 받거나 평가받으며 활동하는 것은 아니다.[1] 회원국 YMCA가 제공하는 분담금이 주요 재원이지만 그렇다고 해서 회원국 정부의 직접적인 통제를 받는 것도 아니다.

특히 INGO 사무국이 등록된 국가의 감독을 강화하는 경우 INGO 설립의 본래 목적인 다양한 나라의 지역사회에 대한 공헌이나 공익성의 신장 내지는 선한 목적의 구현에 지장을 받게 된다. 일국주의의 시각으로 이를 뛰어 넘어야 하는 사해동포주의 과제를 다루는 결과가 되기 때문이다. 관료제에 의한 통제는 미리 정해진 획일적인 준거에 따라 INGO를 감독하게 되고, 이는 개별 사례의 특성이나 중장기적인 사회적 효익의 측정을 외면하는 결과를 가져오며, 무엇보다도 중요한 것은 현안에 대한 맥락적 이해와 평가를 어렵게 한다. 관료 중심의 기계적인 평가는 그의 본래적인 속성상 현안중심의 단기적 시관을 따를 수밖에 없다.

그럼에도 불구하고 1990년대 이후 INGO에 대한 지구촌의 수요는 폭발적으로 증대하고 있고[2] YMCA의 경우에도 국제지역 현안

---

1) 베트남, 라오스, 중국 같은 일부 국가들이 APAY의 자국내 활동과 관련하여 허가제를 도입하고 있으나 이는 개별 NGO 거버넌스의 책무성 구현과 관련한 행정관리 차원의 것이라기보다는 정치적, 이념적, 권력적 동기에 따른 경우가 대부분이다.

2) 르몽드디플로마티크·권지현(2008)에 따르면 INGO 종사자 수가 1993년부터 2003년 사이에 50% 증가했고, 1993년 1만 2,947개였던 INGO 사무국 수가 2003년에는 1만 7,942개로 증가했다.

이나 지구촌의 과제를 다루는 일에 대한 수요가 확장일로에 있다. 여기에는 다양한 원인이 작용한 탓이겠지만 그 가운데에서도 지구화 시대의 도래와 그에 따른 개별 국민국가의 "정부 실패"가 공적 과제의 수행에 대한 대안 모색 수요를 급격히 신장시킨 데에 영향 받은 바 크다. 특히 개발협력 분야에서의 정부 실패가 확인되면서 그에 대한 대안으로 시민사회가 나서야 한다는 인식은 INGO에 대한 기대와 수요를 한껏 거양하는 핵심 요인이 되었다. 이와 함께 INGO가 비효율적이라거나 자기 책무를 다하지 못한다는 부정적인 평가는 INGO가 지구촌에서 차지하는 비중의 증가를 달가워하지 않는 정부, 다국적 기업, 국제기구 등이 주도하는 의도적인 폄하라거나(Hudson, 2000) 책무성 평가의 준거가 잘못된 탓(Tilt, 2007: 2)이라는 생각도 INGO 발흥을 간접 지원하는 논거가 되었다.

그러나 APAY의 경우, APAY가 주어진 재정자원을 효과적으로 사용한다거나 아시아 태평양 지역 사회의 당면 현안 해결에 가시적인 성과를 낸다는 평가는 흔치 않다. 오히려 APAY가 현상유지에 급급하고 지금 같은 양식으로 운영되는 경우 과연 APAY의 설립 취지에 합당한 것인지에 대한 의문이 지속적으로 제기되고 있다. 무엇보다도 APAY의 존립 이유에 대한 회원국 YMCA의 동의와 지지가 예전만 같지 못하다. 따라서 APAY의 거버넌스 운영 실제를 보다 체계적으로 점검해 보고 그의 개혁 과제가 무엇인지를 검토해 본다는 일은 늦었지만 시급한 과제다.

이는 결과적으로 거버넌스에 대한 기존 연구가 거버넌스 내부의 업무전개양식, 특히 그에 대한 평가를 통한 환류 작업을 등한시해 왔다는 점에서 이를 시정하는 데 필요한 기초정보를 제공하게 될 것이다. 기존 연구가 대부분 거시적 관점에 기초한 것이었다는 점에서는 미시적으로 기관운영을 평가한다는 점에서 기존 연구의 결함을 보완하는 의미도 지닌다.

2. NGO 거버넌스의 구조적 특성

1) NGO의 다양성과 다원성

오늘날 NGO 만큼 인구에 회자되는 용어도 많지 않다. 그러나 NGO가 무어냐고 물으면 대답하기 쉽지 않다. 가장 큰 이유는 개념적인 경계 설정이 쉽지 않기 때문이다. 한 사회를 국가, 시장, 시민사회로 구분하는 경우 NGO는 시민사회 영역에 속한다. 그렇기 때문에 사적 성격을 지닌다. 그러나 단순히 사적인 관계 망으로 끝나는 것이 아니라 하나의 정형화된 조직 그러니까 공식화 되어 있어야 한다. 그런 점에서 공적 영역과 사적 영역의 중간지대에 있는 셈이다. 수익창출 자체를 외면하는 것은 아니지만 얻어진 수익을 단체 구성원이 개인 이익으로 배분하자는 것이 아니라는 점에서는 비영리적이다. 바로 이점에서 영리를 추구하는 시장 영역의 기업과 크게 대비된다. 무엇보다 중요한 것은 구성원의 자발적 참여에 의해 조직된다는 점이다. 그렇기 때문에 회원 간의 동등 참여와 참여 기회의 개방성을 특징으로 한다. 누구든 조직의 목적에 동의하면 제한 없이 언제나 회원으로 가입할 수 있어야 하고, 또 원할 경우 자유롭게 조직으로부터 탈퇴할 수 있어야 한다. 내부 민주주의 구현이 관건이라는 뜻이다. 바로 이점 때문에 종교단체를 NGO로 볼 수 있느냐에 대해서는 양론이 대립하고 있다. 예컨대 교회는 예수님을 믿는 신자만을 회원으로 한정한다는 점에서 회원권의 개방성이 제한되어 있고, 그렇기 때문에 NGO라고 할 수 없다는 주장과 예수님을 섬기는 이들의 공동체라는 점에서 공동의 목적을 같이 하는 이들의 자발적 참여 조직이고, 그렇기 때문에 NGO라고 규정하지 않을 이유가 없다는 견해가 대립하고 있다. 가장 본질적인 특징은 공익지향적이라는 점에 있다. 로터리 클럽이나 키와니스 클럽 같이 회원 자신의 유익이나 친목을 위한 조직을 NGO라고 하지 않는 이유다. 같은 이치로 노동조합과 정당을 NGO 범주에 넣을 수 있느냐에 대해서도 양론이 대립하고 있다. 노동조합은 조합원의 자기 이익 신장과 보호를 위한 자발적 결사체인 만큼 공적 유익 증대를 위한 조직이라고 볼 수 없고, 그렇기 때문에 NGO가 아니라는 견해와 그렇더라도 노동조합이 단순히 조합원의 권익 보호에만 나서는 것이 아니라 자본과의 관계에서 권력적 균형을 유지함으로서 자본의 횡포를 막고 시장의 조절자 역할을 수행한다는 점에서 공익지향적이며, 그런 만큼 NGO에 해당된다는 의견이 병치되어 있다. 정당의 경우도 정당을 집권하기 위한 개인적이고 권력적인 동기를 지닌 이들의 사적 결사체라는 점에서 NGO라고 볼 수 있지만, 오늘날에 와서는 국가기구의 하나로 공적 유익을 위해 활동하는 기관 가운데 하나로 편입되었다는 점에서 NGO로 분류할 수 없다는 의견이 대립하고 있다.

사실 NGO를 비정부조직이라거나 또는 비영리조직(NPO)이라고 부르는 것 자체가 NGO나 NPO의 속성을 직접 한정하거나 특정짓는 것이 아니라는 점에서 그의 본질적 특성이 불분명하고, 그런 만큼 NGO나 NPO가 포괄하는 단체의 경계가 매우 불명확하다는 사실을 웅변한다. 비정부조직은 시민사회 영역에 속하면서 정부 범주에 속하지 않는 것 모두를 포괄하는 개념일 뿐 그것 자체가 어떤 특성을 지니는 조직이냐에 대해서는 직접적으로 규정하기를 회피하는 셈이다. 비영리조직의 경우도 같다. 영리를 지향하는 조직이 아니면 시민사회 내부의 어떤 것이라도 이 범주에 속한다는 생각에 다름 아니기 때문이다. 문제는 NGO의 개념적인 범주가 이렇듯 포괄적이고 비특정적이다 보니까 NGO로 분류되는 조직의 규모, 역할, 성질 등이 실로 다양하고 그런 만큼 하나의 단일 집단으로 간주하고 다루기가 쉽지 않다는 점에 있다.

여기에 더 해 맥락적 조건이 부여되는 경우 문제는 더 복잡해진다. 균형이론의 관점에서 보면 NGO는 국가의 비효율을 보완하기 위한 대안적 장치로서 국가를 대신해 보다 효율적으로 공적 서비스를 전달한다는 점에서 국가 기능의 보완자 또는 균형성 제고 장치에 해당된다. 그러나 갈등이론의 관점에서 보면, 국가는 다원적 의사결정과정에서 사회 기득권 세력에 의해 장악되면서 소수자, 사회 열등세력의 목소리를 외면하는 경향이 있어 이들의 목소리를 대행하고자 하는 것이 NGO라고 이해된다. 바로 이점에서는 국가를 견제하고 대항하는 장치로 인식된다. 같은 이치로 NGO가 민주정 하에서는 정부보다 덜 반응적이고 그런 만큼 덜 효율적인 기구로 평가된다. 정부가 선거를 통해 구성되기 때문에 유권자의 직접적인 통제 하에 놓여 있는 데 반해 NGO는 그렇지 않기 때문이다. 그러나 비민주정 아래에서는 NGO가 주의주창 기능을 수행한다는 점에서 정부의 비민주성에 저항하거나 시정을 요구하는 보루로 작용하는 등 시민 요구에 보다 더 반응적이라는 평가를 받는다(Tilt, 2007: 7). 이렇듯 NGO가 그가 놓여있는 사회 맥락에 따라 상이한 기능적 존재로 인식된다는 사실은 NGO를 하나의 보편적 특성을 지니는 단일 집단으로 간주하고 접근하기가 쉽지 않다는 뜻에 다름 아니다.

집단의 경계가 이렇듯 정교하게 특정되어 있지 않고 서로 상치되는 기능 범주를 포괄할 만큼 광범위하다는 사실은 NGO의 이해관계자들이 실로 다양하고 다원적이라는 사실을 웅변하는 것에 다름 아니다. 이렇듯 복잡한 NGO의 이해관계자 사이에서는 갈등 관계를 형성할 가능성이 매우 높아진다. 이런 갈등적인 기댓값에 대응해야 하는 NGO 거버넌스가 결코 순률적(eurythmic)일 수 없을 것은 당연한 이치다.

2) NGO 거버넌스의 한계

이를 보다 체계적으로 조명하기 위해서는 NGO 거버넌스의 구조적 특성을 분석적으로 검토해야 한다. 그런데 NGO 거버넌스는 NGO가 자신이 약속하거나 선언한 목적 가치를 달성해 나가는 일종의 기관운영 메카니즘에 해당된다. 오늘날에는 이를 통상적으로 거버넌스라고 부르지만 언제나 그랬던 것은 아니다. 가장 고전적으로는 정부조직을 상대로 거번먼트(government)라고 불렀다. 따라서 거번먼트는 주로 국가를 운영하는 기관 또는 그 체제를 말한다. 이를 과정론적인 관점에서 접근하면 거버닝(governing)으로 이해된다. 거버닝은 거번먼트를 운영해 나가는 과정 또는 통치 작용을 뜻하는 셈이다. 여기에 반해 거버넌스는 거버닝이 이루어지는 행위의 체계를 총칭하는 것으로 여겨진다. 최근에는 더 구체화 하여 고전적인 거번먼트가 의존하던 계서적인 의사결정 체제로부터 벗어나 국가 이외의 활동자들이 참여하는 수평적인 의사결정 체제 내지는 개방적인 네트워크를 통한 국정관리양식을 뜻하게 되었다. 협력적 거버넌스를 말한다(Fasenfest, 2010: 771-774).

여기에서 더 나아가 거버넌스라는 용어를 보다 보편적인 의미로 사용하여 국가 영역을 벗어난 시장이나 시민사회의 네트워크형 조직 관리양식까지도 지칭하게 되었다. 그러나 국가, 시장, 시민사회는 각기 자기 영역 고유의 특성을 지니는 만큼 국가 영역의 정부 거버넌스(government governance), 시장 영역의 기업 거버넌스(corporate governance), 시민사회 영역의 NGO 거버넌스(NGO governance)는 서로 다른 특징과 한계를 지닌다.

그런데 부라운과 무어(Brwon & Moore, 2001: 11-15)에 따르면 NGO 거버넌스가 소기의 목적 가치를 구현하기 위해서는 "전략적 삼각구도(strategic triangle)"가 필요하다는 것이다. 이때의 전략적 삼각구도는 성취하고자 하는 가치(value), 이를 성취하는 과정에서 필요로 하는 정치사회적 지원과 정통성(support and legitimacy), 이들을 조합해서 구체화시키는 운영능력(operational capacity)을 말한다. 이를 일반화 해 보면 어느 조직에서건 가치의 문제는 윤리 도덕 차원, 지지와 정통성 문제는 정치 사회 차원, 운영능력의 문제는 행정 관리 차원에서 다루는 과제인 만큼, 거버넌스가 소기의 목적을 달성하기 위해서는 그의 윤리 도덕 차원, 정치 사회 차원, 행정 관리 차원이 전략적으로 잘 상호작용해야 한다는 뜻으로 이해된다.

이 가운데 행정 관리 차원에 주목하는 뮬먼(Meuleman, 2008: 45-65)은 모든 거버넌스 내부에는 서로 다른 3개의 이념형 모형–계서형 모형, 시장형 모형, 네크워크 모형–이 내재되어 공존한다고 보았다. 먼저 계서형 모형은 거버넌스를 합리주의와 실증주의의 관점에서 접근하면서 공공선을 구현하고자 하는 것으로 이해된다. 기계론적 관점에서 권위의 계서에 따라 상위 계서자가 하위 계서자를 상명하달식으로 지휘 명령하거나 감독하는 상벌체계에 의해 관리된다. 이때 관리자는 법규에 따라 사무를 처리하며 지도력은 지휘 명령하고 통제하는 가운데 발현된다. 시장형 모형은 공공선택이론이나 합리적 선택이론에 따라 활동하며 경제성 제일주의를 지향한다. 가격을 매개로 협상과 조정을 통해 물질적 유익의 극대화를 지향하며 마치 분수가 뿜어져 나오는 것처럼 끊임없는 변용성을 통해 당면하는 문제를 해결해 나간다. 관리자는 능률성을 극대화 하고자 하며 지도력은 자신의 권위를 고위 관리자에게 위임하거나 기관 운영을 지원, 조장하는 가운데 발휘된다. 네트워크 모형은 사회구성주의 관점에서 접근하며 사회적 평등주의를 지향하는 특성을 지녔다. 신뢰와 상호주의에 기초하며 학습과 설득을 통해 불확실성을 극복하고자 한다. 이는 마치 두뇌가 상황변화에 대처해 나가는 것과 유사하다. 관리자는 공적 가치의 창조에 주력하며 지도력은 주로 기관 업무 현장에 있는 하위 관리자와의 상호작용을 통해 조언하거나 지원하는 양식으로 발현된다.

그런데 정부 거버넌스, 기업 거버넌스, NGO 거버넌스는 각기 국가, 시장, 시민사회에 토대를 두는 만큼 존재구속적으로 서로 다른 특징을 지닌다. 따라서 각각의 거버넌스에 이념형 모형이 모두 내포되어 있다고 하더라도 그것들의 구성 비율이 서로 같을 수는 없다. 각각의 영역별 특성에 따라 정부 거버넌스에서는 계서형 모형이, 기업 거버넌스에서는 시장형 모형이, NGO 거버넌스에서는 네트워크 모형이 대종을 이루는 이유다.

그러나 성공적인 거버넌스가 되기 위해 이 가운데 어느 쪽에 강조점을 두어야 하느냐에 대해서는 시대환경의 변화에 따라 부침을 거듭해 왔다. 먼저 정부 거버넌스의 경우에는 2차 세계대전 이후 두 번의 중심 축 이동이 있었다(Mayntz, 2003: 2). 고전적인 정부 거버넌스의 경우 행정 관리 차원에 주목하면서 계서형 모형을 강조했으나 1960대 이후 발흥하기 시작한 신자유주의의 광풍이 불면서 계서형 모형에서 시장형 모형으로 운영관리 양식상의 강조점을 이동한 것이 첫 번째 변화였다. 이에 따라 한때 신국정관리(NPM: New Public Management) 양식으로서의 거버넌스가 대종을 이루었다. 그러나 1980년대 이후 정보사회 도래와 지구화 열풍이 지구촌을 휩쓸면서 네트워크 모형으로의 이동이 있었다. 이로 인해 점차 정치

사회 차원의 비중이 강화되는 변화를 겪었다. 사회적 지지와 정치적 정당성의 중요성에 눈뜨면서 NGO 등과의 협력적 거버넌스 구축을 주문하기 시작한 탓이다.

기업 거버넌스의 경우에는 그의 본래적인 특성상 시장형 모형을 중심축으로 삼는 행정 관리 차원의 비중이 월등히 높다. 운영능력을 중시한다는 뜻이다. 다만 정보사회 도래와 지구화 시대의 등장 이후 정치 사회 차원과 윤리 도덕 차원에 대한 비중을 한층 강화하는 변화가 일고 있다. 기업의 사회책임이나 사회적 기업의 등장과 함께 사회환경책무성(SEA: Social Environmental Accountability)과 사회적 생산성을 강조하는 현상 등에서 드러나 있다. 그러나 상대적으로 볼 때 여전히 이들 요소에 대한 비중은 그리 높지 않다.

반면에 NGO 거버넌스는 그의 등장 자체가 정보사회와 지구화 시대의 산물이라는 특성을 지녔다. NGO는 국가와 시민사회의 중간지대에 놓여 있다는 점에서 행정 관리 차원과 정치 사회 차원 모두에 주목하지 않을 수 없다. 그러나 행정 관리 차원의 경우 국가처럼 절대적인 강제력을 지니거나 견고한 관리 수요에 대응해야 하는 것도 아니기 때문에 계서형 모형 보다는 시장형 모형과 네트워크형 모형에 대한 친화력이 크다. 정치 사회 차원에서 보면 공익지향적이어야 한다는 점에서 네트워크 모형과 친화적이지 않을 수 없다. 기관운영 양식 자체가 시민참여를 전제로 하는 거버넌스 체제인 만큼 시민사회 내지는 사업수혜자 참여의 수요가 크기 때문이다. 특히 정부 거버넌스가 네트워크 모형에 기초한 협력적 거버넌스로 전환해야 한다는 주장이 제기되면서부터는 정부 거버넌스의 협력적 파트너로 활동해야 하는 수요가 확대되었다. 정치 사회 차원의 요구에 반응해야 할 과제가 배가된 것이다. 그런데 NGO가 그의 존립 이유 가운데 하나를 공공선의 제고에 둔다는 점에서는 윤리 도덕 차원의 과제를 일종의 존재구속적 자기 책무 가운데 하나로 삼는다. 가치 지향성을 자체 거버넌스의 핵심적인 특질로 삼는다는 뜻이다. 이렇게 놓고 보면 NGO 거버넌스는 기업 거버넌스와 정부 거버넌스 그리고 NGO 자체 거버넌스의 요소를 모두 포괄한다는 특성을 지녔다.

NGO 거버넌스의 이런 특징은 행정 관리 차원, 정치 사회 차원, 윤리 도덕 차원이 서로 상승 작용하면서 긍정적 효과를 확장할 수도 있지만, 이들 사이의 충돌로 인해 운영상의 갈등과 모순을 야기할 가능성도 적지 않다. 내재적 모순을 안고 있다는 뜻이다. 그런데 그런 NGO가 거버넌스를 통해 이해관계자들이 지닌 다양한 기댓값에 부응하기 위해 필요한 최소한의 것 또는 그 과정을 통해 궁극적으로 달성하려는 구체적인 성과 달성 책임을 책무성이라고 한다면, 이런 갈등과 모순은 NGO의 책무성 구현과정에 그대로 투사되어 나타나지 않을 수 없다.

3. NGO 책무성의 구조적 모순과 INGO

1) NGO 책무성의 갈등구조

NGO 책무성은 크게 보아 광의의 개념과 협의의 개념으로 나누어 볼 수 있다. 광의의 개념은 흔히 어떤 NGO가 달성하려는 궁극적인 목적 가치 내지 그에 따른 관련 이해당사자들의 기댓값에 부응하려는 실천적 반응성 정도를 말한다. 이를 부라운과 무어(Brwon & Moore, 2001: 11-15)의 관점에서 보면 전략적 삼각구도가 달성하고자 하는 목표 값인 셈이다. 반면에 협의의 개념은 NGO의 행정 관리 차원에서 달성하고자 하는 목표 값이라는 점에서 뮬먼(Meuleman, 2008: 45-65)이 말하는 바 3개의 이념형 모형–계서형 모형, 시장형 모형, 네트워크 모형–이 구현하려는 목표 값인 셈이다. 따라서 협의의 책무성은 광의의 책무성을 형성하는 주요 구성요소 가운데 하나다.

그런데 행정 관리 차원에서 재정자원 제공자, 회원, 사무관리인, 이사 같이 거버넌스의 관리자에 해당하는 이들이 달성하려는 목적 가치는 공정성, 투명성, 경제성 등으로 요약해 볼 수 있다. 행정관리론이 지향하는 일반 가치이기 때문이다. 이를 달성하기 위해서는 대개 회계 타당성, 합법성, 협의의 책무성 등에 주목한다. 이는 법률적 구속성에 부응하는 정도를 기관 운영능력을 결정하는 최소한의 요건으로 보는 까닭이다. 정치 사회 차원을 통해 사업 수행 지역의 주민, 사회적 약자, 사회 공동체 구성원, 지구촌 같이 주로 거버넌스 수혜자들이 지향하는 것은 평등성, 참여성, 통합성 등 이다. 이를 달성하기 위해 대개 대표성, 책임성, 대응성 등에 주목한다. 이는 정치 사회적 반응성 정도에 따라 사회적 지지와 정치적 정통성의 확보 정도가 결정되기 때문이다. 나아가 거버넌스의 이해관계자들이 윤리 도덕 차원에서 성취하려는 것은 정의, 평화, 생명 등이다. 이를 달성하기 위해 대개 윤리성, 도덕성, 영성(spirituality) 등에 주목한다. 이는 성찰적 분별성 정도에 따라 NGO가 지향하는 궁극적인 목적 가치의 실체가 결정된다고 보기 때문이다.

부언하면 거버넌스의 목적 가치를 달성하기 위한 수단적 방편의 타당성 정도는 1) 행정 관리 차원의 법률적 구속성 정도, 2) 정치 사회 차원의 정치적 반응성 정도 그리고 3) 윤리 도덕 차원의 성찰적 분별성 정도에 따라 결정된다고 할 수 있다. 그런데 행정 관리 차원, 정치 사회 차원, 윤리 도덕 차원이 모두 NGO의 구성 요소별 한 단면을 말하는 것일 뿐만 아니라 이들이 보다 구체적이고 실천적인 것에서부터 보다 형성적이고 관념적인 것을 향해 나열되어 서로 연동된다는 점에서 보면, 이들 모두는 일종의 편광적 관계(prismatic network)을 구성한다. 이에 따라 가장 법률적 구속이 강한 것에서부터 정치적 판단과 선택 같이 정치적 반응이 큰 것 그리고 나아가서는 성찰적 분별이 고도화 되는 것을 향해 늘어놓을 경우, 회계타당성(accounting), 합법성(legality), 협의의 책무성(accountability), 대표성(representation), 책임성(responsibility), 대응성(responsiveness), 윤리성, 도덕성, 영성의 순서로 정열해 볼 수 있다.

이 가운데 회계타당성은 법률이 정한 책임 가운데 재정자원 관리에 관한 준법성 정도를 뜻하기 때문에 가장 협소한 개념의 책무성에 해당된다. 합법성은 법률 준수 여부를 기준으로 판단한다. 그런데 이때 법률이 사회적 합의의 결과물이라는 점에서는 사회적 책임성의 최소한에 해당된다. 여기에서 더 나아가 법률이 정한 범위 내에서 정치 사회적 책임성에 반응하는 정도를 협의의 책무성이라고 말할 수 있을 것이다. 그러니까 협의의 책무성은 주로 법적, 제도적 차원의 책임성 내지는 그에 대한 기댓값인 셈이다.

따라서 이들은 주로 회계 기준, 법률과 규칙, 문서 등을 구체적인 책무성 평가 기준으로 삼는다. 이는 여하히 주어진 자원을 잘 활용하여 여러 형태의 자원 공여자가 보내는 기댓값에 부응할 것인가의 문제에 유의하고자 한다는 점에서 체르니(Cernea, 1998)의 기능적 책무성(functional accountability)에 해당된다. 이를 위해 주로 인력이나 재정 자원 관리의 효율성, 기관의 규범이나 규율성 정도, 일상적 사무나 정책의 집행 문제를 다루어 기관 내부의 업무수행실적에 주목한다는 점에서는 **내재적 책무성**이라고도 말할 수 있다.

그런데 이런 내재적 책무성이 의존하는 법률적 울타리를 벗어나는 경우 정치 사회 차원의 순응성 문제가 제기되고, 이 차원에서 가장 제도화 수준이 높은 것이 바로 대표성이다. 얼마나 체계적으로 정치 사회 요구에 부응하는가의 관점에서 다룬 결과다. 그러나 대표성은 단지 사회공동체 구성원의 요구에 부응하기 위한 기계적인 대응 장치에 지나지 않는다고 보는 경우 보다 실질적인 의미의 정치 사회적 반응성을 요구하게 되고, 이를 (정치적) 책임성(responsibility)이라고 규정해 볼 수 있다. 그러나 이는 결국 그

사회공동체의 요구에 부응하고자 하는 정도를 말하는 것이기 때문에 보다 폭 넓은 관점에서 보면 사회적 요구에 대한 대응성(responsiveness)에 기초한다는 뜻이 된다. 이들 모두는 결과적으로 NGO와 그를 에워싸고 있는 외부 환경과의 관계에서 야기되는 과제들에 주목하는 것이라는 점에서 **외재적 책무성**이라고 정리해 볼 수 있다.

따라서 외재적 책무성은 NGO 외부의 이해관계자가 추구하는 기댓값과 연동되어 있다는 뜻이다. 그러나 그런 책무성이 인류 공통의 궁극적인 목적 가치 구현 문제와 연계되어 있다는 점에서 보면 윤리 도덕 차원을 포괄한다. 윤리 도덕 차원이 인간 내면의 자기 성찰 과정을 통해 정련되는 것이라는 점에서 보면 요구되는 성찰적 분별력의 타율적 강제성 정도에 따라 윤리성, 도덕성, 영성으로 구분할 수 있다. 이때 도덕성은 개인의 양심과 관련하며 타율적 강제성이 없는 반면 윤리성은 사회 체제와 연동하며 타율성을 지닌다. 도덕적이지 않다고 처벌 받지 않지만 변호사 윤리 위반에서 보듯 윤리적이지 않을 경우 처벌 받을 수 있다. 반면에 영성은 가장 정련된 형태의 도덕률이다. 따라서 사회적, 법적 구속성이 강한 정도에 따라 윤리성, 도덕성, 영성 순으로 구분해 정렬해 볼 수 있다.

따라서 외재적 책무성은 NGO가 관계를 맺고 있는 기관 외부의 다양한 요소들 예컨대 지역사회, 사회공동체, 가난한 사람, 사회경제적 약자, 열등세력 같은 거버넌스 수혜자 집단의 기댓값; 다른 NGO 집단의 존경이나 신뢰 같은 동류집단의 평판도; 나아가서는 국제법, 국제 레짐이나 국제포럼 등에 드러나 있는 지구공동체 전체의 요구; 단체의 설립목적, 정책지향점, 추구하는 목적가치 등에 내포되어 있는 도덕적 기준 등에 여하히 반응하고 또 성과를 낼 것이냐에 주목한다는 뜻이다. 결국 여하히 NGO가 지향하는 비전, 가치, 전략을 외부 환경에 영향을 미치고 상호작용하여 성과를 낼 것인가의 문제에 유의하는 셈이다. 바로 이점에서는 전략적 책무성(strategic accountability)이라고 말할 수 있다(Leat, 1988). 지금까지의 논의를 정리해 보면 아래의 <표 14-1>과 같다.

〈표 14-1〉 NGO (광의의) 책무성의 구성 요소

<table>
<tr><th>NGO의 구성차원 / 거버넌스의 구성요소</th><th colspan="3">행정 관리 차원</th><th colspan="3">정치 사회 차원</th><th colspan="3">윤리 도덕 차원</th></tr>
<tr><td>전략자산</td><td colspan="3">운영능력</td><td colspan="3">지지와 정통성</td><td colspan="3">가치</td></tr>
<tr><td>목적가치</td><td colspan="3">공정성, 투명성, 경제성</td><td colspan="3">평등성, 참여성, 통합성</td><td colspan="3">정의, 평화, 생명</td></tr>
<tr><td>가치준거</td><td colspan="3">법률적 구속</td><td colspan="3">정치적 반응</td><td colspan="3">성찰적 분별</td></tr>
<tr><td>수단가치</td><td>회계 타당성</td><td>합법성</td><td>(협의의) 책무성</td><td>대표성</td><td>(정치적) 책임성</td><td>대응성</td><td>윤리성</td><td>도덕성</td><td>영성</td></tr>
<tr><td>운영차원</td><td colspan="3">기능적 책무성</td><td colspan="6">전략적 책무성</td></tr>
<tr><td>기관차원</td><td colspan="3">내재적 책무성</td><td colspan="6">외재적 책무성</td></tr>
</table>

문제는 내재적 책무성과 외재적 책무성이 언제나 상합하는 것이 아니라는 데 있다. NGO 거버넌스가 내재적 책무성 구현에 주목하는 경우 회계기준이나 법률과 규칙의 준수에 치중하면서 오히려 NGO가 대외적으로 선언하고 약속한 외재적 책무성 구현으로

부터 멀어지게 될 위험성이 적지 않다. 형식주의에 매몰되어 실질적인 성과 축적을 외면하기 때문이다. 정치 사회 차원이나 윤리 도덕 차원의 과제는 중장기적인 회임기간을 필요로 하는 데 행정 관리 차원의 과제는 단기적 시관을 요청하는 것도 문제다. 재정자원 제공자는 흔히 자신이 제공한 자금이 얼마나 경제적으로 효과성 있게 사용되었는지에 일차적인 관심을 갖기 마련이지만 이를 위해서는 성과측정이 전제되어야 한다. 그러나 정치 사회 차원이나 윤리 도덕 차원의 성과는 구체적이고 가시적인 척도를 통해 측정하기가 쉽지 않다. 반면에 회계상의 척도는 계량화하기가 용이하고 이를 토대로 회계 기준에 합당하냐를 따지는 준법성 척도는 관리하기가 편리하다. 바로 이점에서 행정 관리 차원의 척도를 선호하는 경향이 커지게 된다. 그러나 이런 식의 거버넌스에 대한 통제만으로는 NGO가 지향하는 기관 소명을 담보하기가 쉽지 않다. 그렇다고 해서 이런 재정 관리나 경제적인 차원의 평가가 만족스럽지 못할 경우 재정자원 제공자가 더 이상 재정지원을 계속하지 않을 가능성이 커진다. 따라서 행정 관리 차원의 단기적, 기계적 책무성 확보 문제를 외면할 수도 없다.

정부가 NGO 거버넌스의 책무성 확보에 나서는 경우, 문제는 더 심각해진다. 정부로서는 다양한 NGO를 상대로 보편적, 일반적 기준에 따라 책무성 확보에 나서지 않을 수 없기 때문에 NGO 각자의 개별적 특성을 고려하기 쉽지 않다. 정부의 간여가 오히려 NGO의 효율적인 자기 책무성 확보를 저해할 수도 있다는 말이다. 정부의 획일적 기준에 맞추다 보면 자신의 본래 목적을 훼손하게 될 가능성이 커진다. 이점은 특히 다양한 NGO들이 단순히 대상 사회를 상대로 서비스를 제공하는 것 이외에도 주의주창 운동을 통해 정부 활동에 대한 감시자 내지는 견제자의 역할을 수행한다는 점에서 이해관계 충돌을 불러오면서 권력적 갈등을 빚는다는 점에서 문제가 적지 않다. 정부 기준에 맞추다 보면 다양한 이해관계자의 개별적 요구를 외면하게 된다. 보다 중요한 것은 대부분의 경우 정부의 그런 평가 척도의 개발과정에 대한 NGO의 참여 기회가 보장되지 않는다는 점이다. 정부에 의한 NGO 거버넌스의 책무성 확보 노력이 겉돌게 되는 이유 가운데 하나다. 그렇다고 해서 NGO의 자율적인 통제에 두는 경우, NGO의 도덕적 해이가 도를 넘는다는 비판이 적지 않다. NGO를 자체 통제에만 맡기는 경우 그의 효율적인 운영과 그에 따른 책무성 구현을 기대하기가 쉽지 않다는 말이다. 정부가 지향하는 행정 관리 차원과 NGO가 주목하는 정치 사회 차원 간에 충돌이 빚어진다는 것에 다름 아니다.

이런 모순은 정치 사회 차원과 윤리 도덕 차원 사이에서도 발견된다. 정치 사회 차원에서 NGO가 정부 거버넌스의 파트너로 참여하는 경우 해당 사회의 여론을 균형 있게 반영해야 하지만 어떤 사회의 정치 사회적인 합의가 늘 공공선이나 도덕적 가치와 병행하는 것은 아니다. NGO는 기관 성격에 따라 사회의 일부분을 대상으로 그들만의 유익을 위해 노력하는 것이 가능하고 또 그렇기 때문에 다양한 NGO가 활동하는 것이지만 그런 노력이 자칫 사회전체의 유익이나 윤리적 척도와 충돌할 가능성도 적지 않다. NGO는 사회 전체를 대상으로 활동해야 하는 정부와는 근본적인 성질을 달리해 역할 수행에 나서는 존재이기 때문이다.

2) INGO 책무성의 구조적 모순

INGO는 NGO의 한 유형인 까닭에 INGO의 거버넌스에서는 NGO 거버넌스의 이런 일반적인 모순과 한계를 승계하는 것 외에 국제관계를 다루는 데에서 오는 갈등 과제가 추가되거나 강화된다. 먼저, 다루는 지역의 광역성으로 인해 이해관계자가 추가되면서 보다 더 다양한 이해관계자의 기댓값에 부응해야 하는 과제에 직면한다. 예를 들어 INGO 거버넌스가 윤리 도덕 차원에서 선한 목적을 위해 일한다고 하지만 그 선한 것에 대한 이해관계자들의 견해가 보다 더 다양해질 가능성이 커진다. 그렇기 때문에 이들 모두를 포괄하는 가치 척도를 개발하고 실행하기가 쉽지 않고, 그것들 사이의 충돌과 갈등이 심할 경우 이를 통합해야 하는 어려운 문제에 봉착한다. 특히 규모가 큰 INGO의 경우, 다양한 목표와 사업을 운영하기 마련이고 그렇기 때문에 설립취지문이나 목적문이 있다고 하더라도 현장에 적용하기에는 너무 추상적이고 포괄적인 것이 보통이어서 이를 해석하고 적용하는 과정에서 실로 다양한 인식의 틀이 개입하게 되고 그것들 사이에서 서로 경쟁적, 갈등적 관계가 형성된다. INGO의 경우 정치 사회 차원과 윤리 도덕 차원의 갈등관계가 한층 더 심화된다는 뜻이다.

이런 INGO 거버넌스의 초국성은 INGO의 책무성 관리를 위해 INGO의 사무국이 설치되어 있는 나라의 정부가 간여하는 경우 그런 정부의 권한은 일국주의의 경계 범위 내에 한정되는 것이기 때문에 INGO 거버넌스를 관리하는 데에는 처음부터 한계가 있을 뿐만 아니라 관리의 안목이나 척도 자체가 다른 나라 현실이나 맥락적 특성을 반영하기도 쉽지 않다는 문제를 낳는다. 그러나 INGO는 주권 개념을 초월하는 운동 단체이기 때문에 어떤 한 나라의 상황이나 과제에 몰입해야 할 이유가 없고 특정 국가의 차원이 아니라 그것들을 포괄하는 국제지역 내지는 지구촌 전체의 차원에서 이해하고 접근해야 한다. 문제를 보는 시각상의 차이와 충돌이 불가피하다는 뜻이다. 같은 이유로 INGO 거버넌스는 국가 간의 경계를 넘어 활동하는 만큼 대개의 경우 그의 권한과 책임에 대한 내용을 명확하게 규정하기가 쉽지 않다. 이는 매우 모호하거나 불분명하고 때로는 내용상 충돌적인 목적문을 갖게 되는 이유 가운데 하나다. 행정 관리 차원과 정치 사회 차원의 갈등 심화를 말하는 것에 다름 아니다.

나아가 정치 사회 차원의 핵심 과제 가운데 하나는 대표성, 책임성, 대응성 같은 민주적 책무성(democratic accountability)을 확보하는 일이다. 그런데 민주적 책무성은 다양한 양식의 자원 보유 그러니까 정치적 힘의 크기에 상관없이 협력적 거버넌스의 본래 취지에 따라 INGO가 활동하는 지역사회의 구성원이 INGO 거버넌스에 대해 그의 책무성을 물을 수 있어야 한다는 뜻이다. 그러나 이를 INGO에서 구현하기란 쉽지 않다. 이를 위해서는 지역사회 구성원이 INGO 활동과정에 참여할 수 있는 기회를 보장해야 한다. 그렇지만 INGO의 경우에는 지리적인 이격성과 국가 간의 경계를 넘는 초국성으로 인해 이를 구현하기가 쉽지 않다. 그럼에도 불구하고 민주적 책무성은 INGO가 궁극적으로 해당 지역사회 내지는 그 지역 주민을 위해 일하려 한다는 점에서 그를 구현하는 과정의 실용주의적 필요성과 민주적 가치의 고양 그리고 협력적 거버넌스의 기관 특성에 비추어 결코 외면할 수 없는 과제다. 정치 사회 차원의 요구와 이를 구현하는 행정 관리 차원의 갈등관계가 심화된다는 뜻이다.

지역주민이 INGO의 거버넌스에 참여할 때 INGO 관련 정보의 공유, INGO의 활동에 대한 맥락적 이해의 증진, 지역주민의 학습과 공감대 증가, 나아가 INGO 활동의 정착과 제도화에 기여하게 될 것은 췌언을 요하지 않는다. INGO 활동가의 지역사회에 대한 이해력과 정보력을 신장시킬 것도 물론이다. 나아가 지역주민이 참여할 때 중간 매개자의 횡포나 지대추구 현상을 미연에 방지할 수 있고 만성적인 부패를 혁파할 수도 있다. 미처 지역사회를 잘못 이해한 데에서 오는 오해나 기득권의 확대 재생산에 기여하게 되는 일 또는 의도하지 않게 역기능을 불러오는 일 등을 회피할 수도 있게 된다. 지역주민의 참여 자체가 언론 자유의 확대, 활성적인 시민사회의 구축, 투명사회의 구현에 기여하게 될 것도 물론이다 (Szporluk, 2009: 343).

또한 INGO는 활동의 광역성으로 인해 거버넌스 운영과정에서 재정자원이 차지하는 비중이 크고 그렇기 때문에 남반부 INGO의 재정을 지원하는 북반부 INGO에 대한 의존도가 심화되며, 그 결과 양자 사이에 일종의 후원자-고객 관계를 구축할 가능성이 크다.

이런 “기울어진 운동장“ 관계는 북반부 INGO 중심의 일방주의를 낳고, 이는 다시 남반부 INGO의 북반부 INGO에 대한 의존성을 확대, 재생산하는 문제를 낳는다. 이로 인해 남반부 INGO 거버넌스의 독립성, 신뢰성에 대한 의문을 제기하게 된다. 남반부 INGO 거버넌스의 경우 이사회 구성, 회계 기준, 관리 체계 개발, 보수 체계, 인사 관리 양식 등과 관련한 행정 관리 차원의 기관능력 개발이 독자적으로 이루어지지 못하고 대외 의존성이 심화되면서 운영 효율성을 담보하기 어렵게 된다. INGO 간의 평등성 구현이 구조적으로 위협받는다는 뜻이다. 정치 사회 차원과 행정 관리 차원의 이해충돌을 말하는 것에 다름 아니다.

이런 문제를 극복한다고 하더라도 INGO가 지향하는 목적 가치를 추구하는 지구 레짐 자체가 상대적으로 광대하고 대규모여서 개별 INGO가 자체 거버넌스를 통해 구체적인 성과를 내기에는 근본적인 한계가 있다. 지구공동체 전체의 관점에서 보면 해당 INGO의 활동은 지극히 작은 부분에 지나지 않기 때문이다. 따라서 특정 INGO만의 노력으로 그가 추구하는 선한 목적을 구현하기가 쉽지 않고, 그런 기관의 운영성과 내지 거버넌스 성패를 측정하기도 쉽지 않다. 윤리 도덕 차원과 정치 사회 차원의 내재율이 상충할 수 있음을 뜻한다.

4. INGO 거버넌스의 책무성 구현

INGO 거버넌스가 책무성을 확보해 나가는 과정은 그가 그를 에워싸고 있는 내외의 환경과 여하히 조응하고 대처해 나가느냐에 따라 구체화 되는 만큼 이를 행정 관리 차원에서 보면 결국 도구적 장치의 도입과 운영 전략의 수립으로 집약된다.

1) 도구적 장치의 도입

먼저 도구적 장치 도입은 어떤 제도의 채택을 통해 INGO 거버넌스의 책무성 구현을 보다 용이하게 하자는 것에 다름 아니다. 먼저 내재적 책무성 고양을 위해서는 흔히 연차 보고서, 회계 감사, 성과 측정, 분기별 보고, 외부 평가, 내부 감사, 기획 및 개발 계획 수립을 위한 논리적 프레임 분석 기법(logical framework analysis) 등 주로 성과 측정을 위한 제도 도입에 주목한다. INGO의 여러 역할– 서비스 전달, 주의주창, 자체능력 개발 –가운데 서비스 전달 기능에 초점을 맞춘 결과다. 이는 서비스 전달이 비교적 다른 기능보다 과학적, 객관적 양식에 의한 성과 측정이 용이하기 때문이다.

그런데 이를 거버넌스 운영 차원에서 보면 운영 관련 정보를 보다 경제적으로 공정하게 개발해서 공개를 촉진하자는 것에 다름 아닌 일이다. 거버넌스 운영과정에 대한 공정성, 경제성, 투명성을 높이자는 것이다. 그러나 이런 장치의 운영 실제에서는 그런 장치들의 도입 과정에 평가나 분석 대상자가 체계적으로 참여하는 기회를 부여하지 않거나, 설사 참여제도가 도입된다고 하더라도 누가, 누구의 눈으로 해석하고 다루느냐에 따라 평가 결과가 달라지는 문제를 낳는다. 운영과정에 대한 이해당사자들의 평등한 참여와 그를 통한 정치 사회적인 통합성 증진 문제와 충돌한다는 의미다.

예를 들어 개발도상국 보건위생 수준 제고를 위해 어떤 INGO에 재정 자원을 지원한 곳에서는 이런 도구적 장치의 도입을 통해 병원 침대 수, 사용된 주사바늘 개수, 투약된 약품 총량 등에 대한 보고를 받아 지원 사업의 성공 여부를 판단하고자 하기 마련이다. 계량하기 쉽고 그렇기 때문에 객관적 진단이 용이하기 때문이다. 그러나 한 사회의 보건 위생 수준이 높아진다는 것은 그 사회의 구조나 행태에 위생 친화적 변화가 일어난다는 것이지 단순히 그런 변화를 지원하기 위한 물리적 기반이 달라진다는 의미는 아니다. 따라서 사회 구조나 행태 변화 여부를 알아보아야 하고 이는 INGO 외부의 이해관계자들에게 물어 정치 사회 차원의 동의를 구해야 하는 일이다. 그러나 이는 재정 자원 제공자의 우선적인 관심사가 아닌 경우가 대부분이다. 정치 사회 차원의 변화를 분석, 평가하기 위해서는 상대적으로 많은 시간과 비용 지출이 불가피하고 분석 결과를 객관화 하는 일도 쉽지 않기 때문이다. 이런 추가적인 비용 발생은 특히 소규모 INGO의 경우 수용하기 어려운 부담으로 작용할 가능성도 크다. 따라서 사실상 재정자원 기부자나 정부가 선호하는 평가 척도를 우선하는 가운데 INGO 설립 목적과는 유리되는 기준이나 척도를 통해 INGO 거버넌스의 성과 측정에 나서게 될 가능성이 커진다.

이 경우 보다 더 중요한 것은 맥락적 접근시각을 배제하는 결과를 낳기 쉽다는 점이다. 이를 극복하기 위해서는 분권적 시각 내지는 정치 사회 차원의 이해 관계자들에 대한 반응성이 확보되어야 한다. 예컨대 재정 자원 제공자 자신도 사실은 어느 곳에서인가 그의 내재적 책무성 성취에 대한 압력과 기대를 받고 있다는 점을 이해할 필요가 있다. 이런 점을 감안하여 대응하면 보다 더 맥락적인 평가가 가능해질 것이기 때문이다. 그런데 이를 위해서는 재정 자원 제공자가 자신의 내재적 책무성 확보 과정에서 겪는 고충과 한계에 대한 정보를 공유하는 일이 중요하게 된다. INGO가 관련 이해관계자들과 책무성 확보 문제와 관련해 효과적으로 의사소통할 수 있는 전략을 개발해야 하는 이유다. 이를 위해서는 도구적 장치의 도입 단계에서부터 INGO의 이해당사자들 간에 의견을 교환하고 조율할 수 있는 기회를 부여하는 것도 또 다른 차원의 과제다. 숙의와 담론 내지는 투명성이 책무성 확보 전략의 중요 구성요소 가운데 하나라는 뜻이다. 이는 정보 공유를 통해 하나의 통일적 관점이나 이해관계를 구축하자는 것임으로 분권으로 인한 파편적 관점을 협력적으로 통합해 나가자는 것에 다름 아닌 일이기도 하다.

이런 대응성 내지는 책임성을 높이기 위해서는 INGO가 세상을 바꾸려는 것처럼 자기 자신을 개혁해 나가려는 의지와 지혜가 지속적으로 전제되어 있어야 한다. 그렇지 않을 경우 행정 관리 차원에 주목하면서 단기적 시관에 의존해 중장기적 관점을 외면하게 되고, 정치 사회 차원에서도 이해관계자 사이의 우선순위를 설정하지 않아 갈등이나 충돌을 효율적으로 조정하기가 어렵게 될 가능성이 크기 때문이다. INGO를 마치 기업처럼 다루는 결과가 된다는 의미다. 이점을 감안하여 정부나 전문 인증기관을 통해 기관 운영 거버넌스의 신뢰성을 객관적으로 담보하는 INGO 인증 제도를 도입하자는 제안도 있지만, 그럴 경우에는 인증서 발급과정의 관료화 문제가 발생하고 그 과정이 너무 복잡하거나 과다 비용 지출이 불가피하다는 문제가 유발된다. 인증된 INGO가 언제나 책무성 확보에 성공적일 것이라는 보장도 없다.

반면에 외재적 책무성을 확보하기 위해서는, 먼저 참여성을 높이기 위해 고충처리 기구 설치, 이해관계자에 의한 이의 신청 창구 도입, 옴부즈만 제도 도입을, 그리고 공개성 내지는 투명성을 높이기 위해서는 관리 책임자로부터 독립되어 있는 강력한 이사제도 운영, 이해충돌 방지 제도 운영, 내부 고발자 보호 제도 채택, 등을 생각해 볼 수 있다. INGO 내외부 이해관계자 사이에서 제기되는 갈등이나 충돌을 최소화해 기관 운영의 비효율을 극복하자는 것에 다름 아니다. 그러나 이런 장치들은 이를 통해 INGO 행정 관리 차원의 갈등이나 비효율이 줄고 그 결과 운영 효율성이나 경제성이 높아진다고 하더라도 그것이 바로 INGO 윤리 도덕 차원의 목적 가치 달성을 의미하는 것은 아니라는 근본적인 한계에 직면한다. 사업집행효율성과 INGO의 존립 이유인 정의, 평화, 생명 같은 목적 가치의 성취 문제는 전혀 다른 차원의 과제이기 때문이다.

2) 운영 전략의 수립

이런 문제의식은 과정 통제를 통한 운영 전략 수립에 주목하도록 하는 결과를 낳는다. 이때 내재적 책무성이 외재적 책무성과 충돌하지 않도록 하기 위해서는 정치 사회 차원과 윤리 도덕 차원에 주목하면서 다양한 이해관계자의 참여를 촉진, 조장하게 된다. 이를 위해 목적문의 해석과정에 대한 다양한 이해관계자의 간여와 학습을 독려하는 것이 보통이다. 총회 제도의 운영을 통해서는 회원 의견을 수렴해서 정책을 평가하고 우선순위를 작성하거나 측정 대안을 모색하고자 한다.

외재적 책무성과 관련해서는 우선 분권적 시각을 도입해서 맥락적 접근 내지는 상황 조응적 대응 전략을 강조하게 된다. 예컨대 다루는 과제의 성격에 따라 차별적 운영전략을 도입하는 것이다. 서비스 전달의 경우에는 행정 관리 차원의 수요가 큰 만큼 기업 거버넌스와 유사한 접근전략을 채택하고, 주의주창의 경우에는 정치사회 차원에 주목하면서 정부 거버넌스적인 접근전략을, 그리고 자체 기관능력의 제고를 위한 과제에 대해선 윤리 도덕 차원에서 자체적으로 가치교육이나 훈련 사업을 강조한다. 이는 각각의 차원이 지향하는 우선적인 가치 준거--합법성, 책임성, 도덕성, 등--가 서로 다른 만큼 다양한 이해관계요인을 종합적으로 고려하여 어디에 주력할 것인지를 전략적으로 결정해야 한다는 의미다(Brown & Moore, 2001: 6-7). 그러나 궁극적으로는 INGO가 활동하는 개별 지역사회 요구에 주목해서 현장의 요구에 부응하는 거버넌스 운영 전략을 채택해야 할 것도 물론이다.

또한 협력성 내지는 통합성 확보 차원에서는 네트워크 구축이나 연대활동을 강조한다. 특히 INGO의 경우 여러 나라의 INGO와 연대하고 협력하는 것이 기관의 존재구속적 과제인 만큼 이를 위해 노력하는 것이 거버넌스 책무성 확보의 관건이 된다. 이를 위해 필요한 것으로는 흔히 어떻게 관련 정보를 역동적으로 공유할 것이며, 누가 주요 정책을 주도하고, 어떻게 자원을 투명하게 배분할 것인가 같은 정보 공개와 공유 문제에 유의해야 한다. 이를 위해 연대와 협력 네트워크에 참여하는 이들 간의 관계를 사전에 명확하게 정리해 두는 일이 중요하다.

이런 점을 감안해 보면 내재적 책무성은 외재적 책무성의 전 단계 내지는 그것을 위한 전제적 조건의 성격을 지닌다. 그러나 문제는 내재적 책무성을 확보한다고 하더라도 외재적 책무성 성취가 그리 간단하지 않다는 데 있다. 내재적 책무성은 외재적 책무성 확보의 필요조건일지는 모르지만 충분조건은 아니라는 뜻이다. 이렇듯 INGO의 외재적 책무성 구현이 쉽지 않은 이유는 INGO의 본질적 특성상 외재적 책무성 구현을 위해 필요한 기관 외부 구성인자들과의 직접적인 접촉과 접근이 쉽지 않고, 초국성과 광역성으로 인해 업무집행과정이 용이하지 않기 때문이다(Jordan, 2005: 15). INGO는 일반적으로 일국주의 내부에서 이루어지는 민주적 통제의 외부에서 활동하기 때문에 외재적 책무성 확보가 쉽지 않다는 의미다. 이를 정리하면 아래의 <표 14-2>와 같다.

〈표 14-2〉 INGO 거버넌스의 책무성 구현 수단

구현 수단 \ 책무성 차원	내재적 책무성	외재적 책무성
도구적 장치	투명성(연차보고, 회계감사, 성과측정기법),	투명성(이해충돌방지제도, 내부고발자제도), 참여성(이사제도, 고충처리기구, 이의신청창구, 옴부즈만),
운영 전략	참여성(목적문 작성과 업데이트, 총회제도 운영),	평등성(맥락적 접근, 상황조응전략), 통합성(네트워크구축, 연대활동, 가치교육),

5. APAY 거버넌스의 책무성 평가

1) 내재적 책무성 구현

APAY는 행정 관리 차원의 성과평가를 위해 연례 보고서 제도와 회계감사제도를 도입해 운영하고 있다. 그러나 성과측정을 위해 세련된 기법을 개발하거나 채택하지 않고 있으며 사실상 이런 문제를 논의하기 이전 단계에 있다. 이로 인해 보고서 내용이 추상적이고, 주관적이며, 인상주의적이고, 비분석적이며 주먹구구식이라는 한계를 벗어나지 못한다. 주로 사무총장이 두 명의 행정서기의 도움을 받아 연례 보고서를 작성하지만 단순 사실의 나열 이상의 평가가 이루어지지 않는다. 사업의 영향성 평가를 위해 체계적이고 객관적인 지표를 개발해야 하지만 이에 필요한 지식 자체가 축적되어 있지 않다.

운영이사회(board)가 회장 1인, 부회장 4인, 재무이사, 청년이사, 여성이사 등을 포함하는 자원봉사자 12인으로 구성, 운영되지만 간헐적으로 모이거나 스카이프를 통해 전화 회의로 대체하는 것이 보통이다. 사무총장이 이사로 참여하지는 않지만 당연직 옵저버로 모든 회의에 참석하여 사실상 회의록을 작성하고 제한 없이 토론에 참여한다. 운영이사회에 의한 관리자 통제가 실질적으로 제한되어 있다는 뜻이다.

1년에 한번 개최되는 이사회(executive committee meeting)에 운영사무에 대한 연례 보고서가 제출되지만 의례적이고 형식화 되어 있어 이사회 참가자들의 진지한 토론을 유도하기에는 태부족이다. 회계감사도 형식화 되어 있기는 마찬가지다. 재무이사의 감사와 재정위원회의 검토를 받도록 되어 있지만 회의 전에 미리 자료가 전달되지 않고 있어 심도 깊은 분석검토를 진행하기 어렵고 다만 현장에서 제출된 자료를 형식적으로 논의한 후 통과시키고 있다. 보고되는 자료도 단순히 항목별 수입, 지출 총액을 나열하는 수준이어서 사실상 재무 회계의 건전성 여부를 따져보기는 쉽지 않다. 특히 특별기금은 연례회계 보고에서 제외되고 있어 사실상 운영내용이 공개되지 않는 결과가 된다. 외부 회계사의 감사를 받도록 되어 있지만 이는 단순히 APAY가 등록되어 있는 홍콩행정청의 행정관리 요구에 조응하기 위한 것 이상의 의미를 두기 어렵다. 운영 실태에 대한 기초 정보의 생산 및 공개가 제대로 이루어지지 않는다는 뜻이다.

운영전략 면에서는 YMCA 운동 목적문이 마련되어 있지만 이는 세계YMCA운동의 일반적인 원칙과 지향점을 선언한 것일 뿐 APAY가 관할하는 아시아 태평양지역 사회 요구를 반영한 구체적이고 체계적이며 독자적인 자체 목적문을 갖고 있지는 않다. 4년에 한번 총회를 열지만 27개 회원국의 이사장, 사무총장, 청년대표가 참석하게 되어 있어 사무총장을 제외하고는 처음 총회에 참석하는 경우가 대부분이다. 이사장과 청년대표는 자원 봉사자일 뿐만 아니라 임기가 보통 2년이기 때문이다. 이로 인해 총회의 기관계속성 유지가 위협 받고 있으며 실질적으로 행정관리 차원의 감독자 역할을 수행하기가 쉽지 않다. 회원국의 실질적인 참여가 이뤄지지 않는다는 얘기다.

재정자원 확보나 사업성공에 필요한 사회적인 신뢰와 신인도 확장을 위해 적극적으로 브랜드를 관리하거나 위기관리체계를 구축해서 운영해야 하지만 이런 준비 태세가 갖추어져 있지 않고, SNS 등을 통해 적극적으로 대외관계를 개척하려는 노력도 충실하지 않다. APAY를 소개하는 웹사이트를 열고 있을 뿐 쌍방향 소통을 위한 창구나 쟁점별 포럼을 여는 일은 많지 않다. 무엇보다도 지역별 시청년회와 직접 소통하는 장치가 제도적으로 봉쇄되어 있다. 가장 본질적인 문제는 인력자원 규모 자체가 작을 뿐만 아니라 재정자원 확충을 위한 체계적인 노력이 경주되는 것도 아니어서 기관운영의 기본적인 토대 자체가 취약하다는 점이다. 다만 각국의 중견간사를 모아 상급직무교육(Advanced Studies Program) 사업을 매년 실시하고 있어 운동의 지도력 확보와 인적자원 개발에 유의하고자 한다. 최근에는 사무총장 연수회를 조직 운영하기도 한다. 그러나 참여자가 소수이고 매년 감소 추세에 있다는 점이 문제다.

2) 외재적 책무성 구현

APAY는 4년에 한번 APAY 지도자 4년 계획 원탁회의(Leaders' Quadrennial Roundtable)를 개최해 4개년 비전을 정립하고 구체적인 활동 목표를 정한다. 2015년 12월에 개최된 회의에서는 청년 역량 강화, 사회적 타당성 제고, 기관 역동성 신장에 활동 목표를 두었다. 청년 역량 강화를 위해서는 지도력 개발, 사업 기획 및 집행과정에 대한 청년참여 공간 확장, 참여 유인 요소 강화, 세계 YMCA 청년역량 강화 사업 지원에 주력하고자 했다. 사회적 타당성 제고를 위해서는 대안관광운동, 기후변화대응운동, 환경보존운동, 지구시민운동, 양성평등운동, 이종교간 협력운동, 자연재난대응운동, 사회적 기업 및 경제 확산운동을 주요사업과제로 선정했다. 이를 위해 청년지도력 교육, 대안관광지도자 훈련, 기후변화 교육, 환경보호 교육, 지구시민 교육, 자연재해대응 지도력 훈련, 사회적 기업 개발 교육 등을 펼친다. 운동 목표 달성을 위한 주요 수단으로 교육과 훈련을 채택하고 있는 셈이다.

그러나 이런 목적 달성을 위해 필요로 하는 운동체 내외의 기구들 사이에 네트워크 체제를 구축하는 일에는 매우 취약하다. 우선 세계YMCA 연맹의 일원이면서도 다른 지역 YMCA연맹과의 수평적 연대가 제도화 되어 있지 않다. 이는 기독사회운동을 펼치는 에큐메니컬 공동체(ecumanical community)의 다른 기구나 교회와의 관계에서도 같다. 이점은 정책 과제 중심의 분야별 유사 단체와의 협력관계에서도 같다. 운동의 성과를 확장하기 위해서는 유사 활동을 전개하는 다른 INGO와 협력적 공조체제를 구축해야 하지만 이를 위한 노력이 크게 부족하다. 예컨대 환경운동, 여성운동, 청소년운동, 지구시민교육운동, 대안관광운동 등의 전개과정에서 유사 활동을 수행하는 YMCA 외부 기관과 정기적인 모임이나 정보교류 체계 구축 내지는 연대활동 등이 필요하지만 이런 외부 단체나 기관과 네트워크를 구축하는 일에 대한 절박한 인식이 부족하다.

이점은 각국 정부나 기업과 협력적 공조체제를 구축하는 데에서도 같다. 다양한 형태의 외부 재정자원 지원 단체나 재단과의 관계도 개척되어 있지 않기는 마찬가지다. 다만 이종교간 협력 포럼(ICF: Interfaith Cooperation Forum)을 통해 YMCA가 지향하는 기독교가 아닌 다른 종교를 믿는 이들과 사이에서 발생하는 갈등과 분쟁을 사전적, 사후적으로 극복해 나가는 네트워크 체제를 아시아 기독교 협의회(CCA: Christian Conference of Asia)와 공동으로 구축해 운영하고 있다. 이를 통해 다종교에 노출되어 있는 청소년들이 수개월 동안 합숙하면서 다른 종교에 대한 이해력과 해득력을 높인 후 자신의 지역사회로 돌아가 이종교 간의 갈등극복을 위한 지역사회 운동에 헌신하도록 안내한다. 내부적으로는 APAY 내외의 YMCA들과 운동성 강화를 위해 다양한 주제를 중심으로 간헐적으로 임시조직인 지원협력구릅(PSG: Partners Support Group)을 구성해 운영한다. 예를 들어 라오스 YMCA 개척을 위해 미국 YMCA, 호주 YMCA, 일본 YMCA, 한국 YMCA 같은 APAY 내외의 YMCA와

PSG를 구축해 연대활동을 펴는 경우다.

다만 회원국의 사회문화적 특성을 고려한 맥락적 접근은 운영이사회 구성에 있어 부회장 4인을 하위 지역 단위인 동북아, 서남아, 동남아, 태평양 권역별로 배분하거나 운동의 전략적 기초로 개별국가 YMCA의 사회문화적 특성을 고려하자는 데에서 들어난다. 이는 지구 차원에서 YMCA 운동의 기본 전략을 제시한 캄팔라 원칙에서 명확히 밝혀져 있다. 그러나 APAY 운영에 대한 개별지역이나 개인의 고충 또는 민원의 제기가 가능하도록 제도적인 창구를 열어놓지는 않았다. 이점은 시급히 시정되어야 할 과제 가운데 하나다. 이해충돌의 방지나 내부고발자 보호 등에 대한 제도적인 배려가 없는 점도 문제다. 대표성 내지는 대응성이 부족하다는 뜻이다.

특히 YMCA가 기독교의 신앙적 가치를 사회운동에 접목시키려 한다는 점에서는 이를 어떻게 자신의 윤리 도덕 차원과 정치 사회 차원 나아가서는 행정 관리 차원과 연동시킬 것인가가 APAY 존립문제와 직결되어 있는 과제다. 예를 들어 YMCA운동의 회원 자격을 기독교인으로 한정할 것인가의 문제와 관련하여 주목되는 과제다. YMCA가 예수 그리스도의 가르침을 이 땅에 구현하기 위한 기독운동단체이기는 하지만 그렇다고 해서 회원 자격을 기독교인으로 한정하는 것은 에큐메니칼리즘에 반하는 것일 뿐만 아니라 YMCA가 개교회를 지향하는 것은 아니라는 점과 상충하기 때문이다. 회원 자격에 대한 폐쇄주의적인 접근이 내부민주주의 문제와 연동되면서 APAY가 과연 INGO인가와 같은 본질 문제를 야기할 수도 있다. 대부분의 국가에서 이종교인의 YMCA 가입을 허용하고 있지만 복음주의 관점에서 YMCA를 이해하는 이들에게는 여전히 수용하기 어려운 과제로 남아 있다. 그러나 이런 문제를 정식으로 제기하고 다루기 위한 갈등관리기구는 마련되어 있지 않다. 보다 더 중요한 것은 이런 기독성을 정치 사회 차원과 행정 관리 차원에 체계적으로 반영하기 위한 노력이 크지 않다는 점이다. 이사회에 목적과 사업 위원회가 설치되어 있고 최근에는 현대 기독교 지도자 회의(Conference on Contemporary Christian Leadership)를 개최하는 등 운동의 기독성 강화를 위해 노력하고 있다. 그러나 운영전반에 이런 기독성을 어떻게 접목시킬 것인가를 다루는 보다 적극적이고 체계적인 논의는 부족하다. 영성을 기관의 가장 큰 특징으로 삼으면서 실제로는 영성에 대한 체계적인 배려가 충분치 않다는 뜻이다.

6. 결론

INGO인 APAY는 우선 내재적 책무성 구현 과정의 기능적 실체가 매우 취약하다는 문제를 지녔다. 이는 근본적으로 행정 관리 차원이 저발전 상태에 있는 데에서 생기는 과제다. 이사회나 운영이사회에 의한 관리자 통제가 사실상 형식화 되어 있다. 관리 운영 전반에 대한 체계적인 정보의 생산과 수집 및 공유 체계가 저발전 상태에 있기 때문이다. 총회의 경우에도 같다. 회원국 대표의 참여가 사실상 형식화, 의전화 되어 있다. 이들 기구를 통해 사무총장을 비롯한 사업 집행 실무자에 대한 실질적인 관리통제가 제대로 이루어지지 못한다. 외재적 책무성 구현을 위해 필요한 대내외적인 네트워크 체제 구축이나 연대활동이 취약하고 이의신청이나 이해충돌방지 내지는 내부고발제도도 개발되어 있지 않다. 참여의 통로가 매우 취약하다는 뜻이다. 내재적 책무성 확보를 위한 운영전략상의 대응도 취약하기는 마찬가지이다.

여기에 더해 APAY의 구성 자체가 각국 YMCA의 대표자들로 이루어지는 만큼 아시아 태평양 지역사회의 구성원 입장에서 보면, 각각의 지역사회에서 활동하는 지역 YMCA 대표가 모여 각국의 국가 수준에서 YMCA 연맹이 결성되고, 그 대표들이 모여 APAY를 구성한다. 그런 점에서 APAY의 정치 사회 차원은 아시아 태평양 지역사회의 일반주민과 연계하는 일이 구조적으로 매우 취약한 상태에 있다. 그럼에도 불구하고 내외의 기관들과 네트워크를 구축하거나 연대활동을 전개하는 일이 저개발 상태에 있다는 사실은 APAY가 지역사회에 대한 침투력이나 사회문제 해결에 있어 효율적이지 못할 것이라는 합리적 의심에 이르게 한다. 이렇듯 운영과정에 대한 회원의 직접적인 참여가 제한되는 경우 APAY가 자기 역할을 효율적으로 수행하기 위해 아시아 태평양 지역사회로부터 신뢰와 지지가 확대 담보되도록 노력해야 하지만, 이를 위한 체계적인 브랜드 관리나 자기 혁신 노력은 활발하지 않다. 외재적 책무성 확보를 위한 도구적 장치나 운영전략 모두가 취약하다는 뜻이다.

그런데 우리가 일반적으로 INGO의 책무성 구현여부를 평가하고 감시, 감독하는 이유는 단순히 불필요한 비용지출을 개선하거나 재정건전성을 확보하는 것 같은 행정 관리 차원을 개선하자는 데에만 있지 않다. 그 과정에서 기관 차원의 학습효과를 촉발하고 관련 이해관계자의 요구나 기댓값에 대한 반응력을 제고하여 기관 존립의 목적 가치 구현에 기여하자는 데 궁극적인 목적이 있다. 나아가 지구시민사회 내부에서 INGO가 차지하는 역할 위상을 강화하고 정부실패나 시장실패가 일상화 하는 시대에 사회발전을 위한 대안 개발에 나서자는 동기도 실려 있다. 이점은 특히 아직 지구시민사회의 발전 정도가 매우 취약하고, 그렇다고 해서 지구정부가 구축되어 있는 것도 아닌 상태에서 INGO가 운영되고 있어 그의 거버넌스 운영 실체에 대한 의구심이 항상적이라는 사실을 반영한 결과이기도 하다(Mayntz, 2003: 3).

기독운동단체로서의 APAY는 다른 INGO에 비해 윤리 도덕 차원의 목적 가치를 보다 더 강조해서 운영전반에 반영해야 하지만 운영 실제는 그렇지 않다. 이를 위해서는 책무성 평가에 있어 매우 유연하고 다차원적인 잣대가 필요하지만 재무 회계 기준 이상의 것이 사실상 개발되어 있지 않다. 보다 중요한 것은 이런 경직된 잣대로는 자체 개혁이나 변화를 위해 노력할 수 있는 기회 공간을 사실상 박탈하는 결과가 된다는 점이다. 실험 정신을 가지고 혁신적으로 유연하게 주변 변화에 대응해 나가고자 하는 의욕을 처음부터 차단하는 결과가 되기 때문이다.

이런 APAY의 경험을 토대로 INGO 일반의 거버넌스 성과평가 문제를 조망해 보면, 거버넌스 책무성 구현을 위해 기계적인 평가에 나서는 경우에는 자신이 지향해야 할 목적 가치와 수단 가치 사이에 일종의 도치 현상이 생기면서 목적 변이나 굴절이 생길 위험성이 커진다. 이는 "왜 책무성을 담보하기 위한 도구적 장치나 운영 전략을 채택하는가"에 대한 근본적인 물음을 제기하고, 이에 대한 답을 구하려고 노력하지 않은 채 기계적으로 반응하고 관료적으로 대응하는 데서 생기는 문제 가운데 하나다. 책무성 구현 과제를 내재화 하지 않고 기계적으로 대응해서는 곤란한 일이다. 책무성에 대한 요구를 자신보다 힘이 세거나 권력적으로 상위에 있는 기관이 일방적으로 요구하거나 간여하는 일종의 권력 개입의 한 양식으로 인식하고 반응해서는 안 된다는 뜻이다.

어떤 유형의 책무성 담보 수단을 채택하든 그의 필요성과 의도에 대한 자신의 자각과 인식이 선행되지 않을 경우, 의도했던 성과를 이루기 어려울 것은 정한 이치나 같다. 그렇지 않을 경우 책무성 담보 수단의 채택을 둘러싼 INGO 내외의 정치적인 대응이나 정략적 왜곡을 면하기 쉽지 않다. 그런 점에서 보면 INGO의 책무성 제고에 대한 시대적인 요구와 주문의 실체를 제대로 파악하는 일이 중요하다. 이에 대응해 나가려면 INGO가 자신의 기능적 실체를 재인식할 수 있어야 한다.

INGO는 정부처럼 강제력을 지니거나, 기업처럼 재정자원이 풍족하거나, 의회처럼 대표성에서 비롯되는 정치적 힘을 가지고 운영되는 존재가 아니다. 오로지 유연성, 혁신성, 아이디어, 설득력, 목소리 내기 등과 같은 연성 권력을 통해 유지된다. 바로 이점에 대한 인식을 재확인해야 한다. 연성 권력을 통한 문제 해결 전략이야 말로 INGO의 책무성 확보를 위한 효율적 전략 대안 가운데 하나다.

바로 이점에서 INGO의 윤리 도덕 차원을 보다 강조해서 보고 또 이를 운영 전 과정에 확대, 반영하고자 하는 노력이 요구된다. 이는 INGO가 국가나 시장과 다른 점이고 다른 NGO와도 달라야 하는 점 가운데 하나다.

이렇게 볼 때 북반구 INGO의 자기 성찰은 INGO 일반의 책무성 구현을 위해 매우 중요한 과제가 된다. 북반부 INGO 편향적인 "기울어진 운동장"이 결코 권력적 의존성이나 관계 불평등성의 유발 요인으로 작동해서는 안 되는 일이기 때문이다. 그럼에도 불구하고 사실상 북반부 INGO의 권력적 주도성이 실제한다는 사실에 견주어 보면 문제해결의 단초를 여는 것은 당연히 이런 주도력을 지닌 북반부 INGO여야 한다는 결론에 이르게 된다. 북반부 INGO의 윤리적, 도덕적, 영적 성찰이 선행되기를 고대하는 이유다. 개별 INGO가 발휘하는 영향력이 지구 전체의 관련 레짐 차원에서 볼 때 매우 미약한 것에 지나지 않는다는 점에서는 공동의 목적가치를 지향하는 여러 관련 INGO 간의 네트워크를 확장, 운영하는 일이 필수적 과제로 제기된다. 개별 INGO 스스로가 자신을 주변과 유리되어 있는 독립된 존재 보다는 네크워크형 연결망의 일부로 인식하려는 자세 전환의 노력이 요청된다는 뜻이다.

문제 제기

1. NGO 거버넌스의 이념형 모형에는 어떤 것들이 있는가?
2. NGO의 3대 구성요소를 분별하라
3. NGO의 행정 관리적 차원이 지향하는 목적 가치에는 어떤 것들이 있는가?
4. NGO의 정치 사회적 차원이 지향하는 목적 가치에는 어떤 것들이 있는가?
5. NGO의 윤리 도덕적 차원이 지향하는 목적 가치에는 어떤 것들이 있는가?
6. 내재적 책무성의 평가 기준을 말하라
7. 외재적 책무성의 평가 기준을 말하라
8. INGO 거버넌스의 내재적 모순에 대해 말하라
9. INGO 거버넌스의 책무성 확보 전략에는 어떤 것들이 있는가?

참고문헌

르몽드디플로마티크 기획, 권지현 옮김. (2008). 「르몽드 세계사」. 서울: 휴마니스타.

Brown, L. David and Moore, Mark H. (2001). Accountability, Strategy, and International Non-Governmental Organizations. The Hauser Center for Nonprofit Organizations, The Kennedy School of Government, Harvard University. Working Paper No. 7.

Crack, Angela M. (2017). The Regulation of International NGOs: Assessing the Effectiveness of the INGO Accountability Charter. *Voluntas: International Journal of Voluntary and Notprofit Organizations,* 1-19.

Cernea, M. (1998). Nongovernmental Organizations and Local Development, World Bank Discussion Paper, Washington DC: World Bank.

Fasenfest, David. (2010). Government, Governing, and Governance. *Critical Sociology,* 36(6): 771-774.

Hudson, A. (2000). Making the Connection: Legitimacy Claims, Legitimacy Chains and Northern NGO's International Advocy. In D. Lewis and T. Wallace. (eds). *After the 'New*

Policy Agenda'? Non-Governmental Organizations and the Search for Development Alternatives. Broomfiled, CT: Kumarian Press.

Jordan, Lisa. (2005). Mechanisms for NGO Accountability. *GPPi Research Paper Series No.3.* Global Public Policy Institute. Berlin: Germany.

Leat, D. (1988). *Voluntary Organisations and Accountability*, London: National Council for Voluntary Organizations.

Mayntz, Renate. (2003). From Government to Governance: Political Steering in Modern Societies. International Summer Academy "From Government to Governance: The Case of Integrated Product Policy", Organised by the Institute for Ecological Economy Research (IOEW), Akademie Frankenwarte and the Federal Ministry for the Environment, Nature Conservation and Nuclear Safety. September 7-11. Wuerzburg, Germany.

Meuleman, Louis. (2008). *Public Management and the Metagovernance of Hierarchies, Networks and Markets: the Feasibility of Designing and Managing Governance Style Combinations.* Physica-Verlag Heidelberg.

Szporluk, Michael. (2009). A Framework for Understanding Accountability of International NGOs and Global Good Governance. *Indiana Journal of Global Legal Studies*,

16(1): 39-361.

Tilt, Carol Ann. (2007). NGOs: Issues of Accountability. *School of Commerce Research Paper Series: 05-7*. Flinders University. Adelaide, Australia.

제15장 |

대항 관료제와 전문 옴부즈만

1. 서론

옴부즈만의 발흥이 실로 괄목할 만하다. 지리적으로는 범지구적으로 확산되고, 활동영역은 공적 부문에서 사적 부문으로까지 펴져나가고 있다. 옴부즈만 제도는 원래 스웨덴에서 시작되었지만, 이제는 더 이상 스웨덴만의 고유한 제도가 아니다. 전 세계 125개 UN 회원국 가운데 3분의 2 이상이 옴부즈만을 설치하고 있고 103개 옴부즈만이 세계옴부즈만협회(International Ombudsman Institute) 가맹 회원이 되어 있다(International Ombudsman Institute, 2007). 일단 옴부즈만 제도를 도입한 나라 가운데 이를 폐지한 나라는 아직 없으며(정순교, 2005: 19), 지금도 계속 채택하는 나라가 증가하는 추세에 있다.

그 뿐만이 아니다. 옴부즈만은 또 자신의 본래 모습을 적지 않게 변모시켜 왔다. 지금의 스웨덴 옴부즈만이 다른 나라 옴부즈만보다 오히려 더 독특한 점을 많이 가지고 있다는 사실은 매우 특기할 만한 일이다. 그것은 스웨덴식 옴부즈만 제도보다는 덴마크식 옴부즈만 제도를 각 나라의 법체계와 정치, 문화 환경에 맞게 다소 변형시켜 받아들이고 발전시켜 왔기 때문이다. 그러나 그 가운데에서도 가장 두드러진 변화는 국민의 기본권 보장이나 권리 구제에 주목하던 옴브즈만이 이제는 다양한 유형의 갈등 조정과 기관혁신 분야에도 강조점을 두기 시작했다는 점이다.

이렇듯 옴부즈만이 그의 양적 규모를 확장하고 기능적 비중을 강화하는 현상은 한국에 있어서도 예외가 아니다. '경제자유구역의지정및운영에관한법률'이 '외국인 투자 옴부즈만'을 설치하고 있고, '산업집적활성화및공장설립에관한법률'이 '공장설립 옴부즈만'을 규정하게 되었다. 법무부의 교정시민 옴부즈만이나 관세청의 관세 옴부즈만 같이 정부부처가 자체 규정을 통해 설치한 사례도 적지 않다. 자치단체 가운데는 부천시가 조례로 옴부즈만을 설치, 운영하고 있으며, 서울시가 청렴계약 옴부즈만을 운영하고 있다. 옴부즈만이라는 용어를 직접 사용한 것은 아니지만 국민고충처리위원회는 한국의 국가 옴부즈만으로 간주된다. 국가인권위원회, 한국소비자원, 사학분쟁조정위원회, 공정거래위원회, 정보통신위원회,

등도 그의 기능상 옴부즈만에 해당된다.[1)]

그 가운데에서도 국민고충처리위원회는 2005년 관계법 개정을 통해 대통령 직속 기관으로 위상을 높였을 뿐만 아니라 관할범위를 확장하고 심지어 외국에 체류중인 해외교포마저 서비스의 대상으로 삼았다. “참여마당신문고” 는 온라인상의 시민참여를 통해 실시간 민원상담이 가능하도록 했으며, 그 이용도가 지구촌 전역에서 가장 앞서게 되었다. “정부민원 안내 콜센터”는 일반시민이 전화를 통해 민원을 상담하고 서비스를 받게 함으로서 민원인의 접근성과 편의성을 획기적으로 개선했다는 평가를 받았다.

이렇게 참여정부가 국민고충처리위원회를 활성화하고자 한데에는 실로 다양한 요인이 작용한 탓이겠지만, 그 가운데에서도 정치권의 무력함과 사법과정의 폐쇄성에 대한 절망감이 크게 영향을 미쳤을 것이라는 점은 쉽게 상상해 볼 수 있다. 그러니까 정부의 대국민 책임성 확보 장치들이 제 역할을 다하지 못한다는 현실인식이 이를 대체하거나 보완할 특단의 대책이 필요하다는 판단에 이르게 했고, 그 결과가 국민고충처리위원회의 기능강화로 나타났다는 말이다. 다양한 통로를 통해 국민과 직접 대화하고 의사소통하는 거버넌스의 확립이 필요하다고 절감하는 과정에서 국민고충처리위원회의 중요성을 재인식하게 되었을 것이다. 이는 참여정부가 정부과정에 대한 시민참여를 정권 이데올로기 차원에서 강조한 사실에 의해 확인된다.

---

1) 2008년 2월 이명박 정부가 출범하면서 국민고충처리위원회, 국가청렴위원회, 국무총리행정심판위원회를 국민권익위원회로 흡수, 통합, 개편한 바 있다.

무엇보다도 대부분의 거버넌스 관련 논의들이 정부의 정책과정 가운데 투입자원 확보에 치중하거나 거기에서 조금 더 나간다고 하더라도 전환단계에서의 시민참여 문제를 다루는 반면, 환류단계에 대해서는 상대적으로 소홀했다는 점을 환기해 볼 때, 국민고충처리위원회의 기능적 중요성을 강조한 것은 매우 시의적절한 정책적 선택이었던 셈이다. 옴부즈만으로서의 국민고충처리위원회는 정부정책과정의 환류단계에 주목하는 거버넌스의 한 양식으로 파악되기 때문이다.[2] 그러나 국민고충처리위원회가 참여정부의 이런 개혁수요를 반영한 결과물이라고 보기에는 미흡한 점이 적지 않았던 것도 사실이다.

무엇보다도 옴부즈만과 일반 행정민원종합처리기관을 준별하는 인식의 틀이 미처 명료하게 정립되지도 않은 가운데 국민고충처리위원회를 출범시킨 데에서 오는 문제가 적지 않았다. 옴부즈만이 무엇인가에 대한 체계적인 논의가 선행하기도 전에 민원처리전담기구로 국민고충처리위원회를 구성하고 막연히 이를 국가 옴부즈만으로 동일시한 데에서 오는 결과다. 국민고충처리위원회 구성 이전부터 종합민원행정을 다루던 관행과 질서가 큰 저항이나 문제의식 없이 그대로 국민고충처리위원회의 운영양식이나 구성원리로 수용, 전이된 결과, 옴부즈만의 철학적 가치나 운영원리와 배치되는 요소들이 적지 않게 자리 잡았다.

---

2) 김상묵 외(2004)는 정책과정을 의제설정, 정책형성, 정책집행, 정책평가의 4단계로 나누고 옴부즈만을 이 가운데 정책평가 단계에서 이루어지는 능동적 시민참여의 한 양식이라고 평가한 바 있다.

이런 기관 정체성 확립과 관련된 과제 외에도 국민고충처리위원회가 당면한 문제는 적지 않았다. 정체성 확립문제와 연동되어 있는 것이기는 하지만 옴부즈만으로서의 기관능력 강화문제도 국민고충처리위원회가 당면한 최우선적 과제 가운데 하나였다. 분야별 전문지식의 부족이나 전략적 집중이 결여된 데에서 오는 민원해결능력 부실 문제에 대해서는 자체 평가를 통해서도 이미 지적된 바 있었다. 보다 민원이 빈발하는 영역이나 권리구제에 대한 사회적인 수요가 큰 곳에 대해서는 전략적으로 접근할 필요가 있으며, 이를 위해서는 전문 옴부즈만 제도 도입을 통해 기능 보완에 나서야 한다는 것이었다. 그 가운데에서도 군사 및 경찰분야에 대해서는 매우 시급한 대책이 수립되어야 한다고 보았다. 그 결과 2006년 12월 국민고충처리위원회는 군사 및 경찰 전담 옴부즈만을 위원회 내부에 별도로 설치하는 관계법 개정을 마무리 짓게 되었다.

그러나 지금과 같이 군사 및 경찰 옴부즈만 내지는 전문 옴부즈만 제도 도입의 당위성이나 논리적 토대에 대한 체계적인 논의가 충분치 못한 상황에서 이를 출범시키는 경우, 국민고충처리위원회는 또 다시 자신의 출범과정에서 발생한 과오를 반복하게 될 가능성이 적지 않다. 이럴 경우 국민의 기댓값에 보다 충실히 조응하기 어렵고, 그 결과 기대 상실에 따른 실망감이 국민고충처리위원회는 물론이고 국가권력 전반에 대한 불신으로 이어지게 될 위험성마저 있다. 그러니까 국민고충처리위원회의 기능적 좌표에 대한 재평가를 통해 개혁수요를 진단하고 그에 따라 전문 옴부즈만의 역할 정향을 정립 한 후, 이를 토대로 전문 옴부즈만의 설치전략 및 운영양식을 체계화해야 한다. 그렇지 않을 경우 국민고충처리위원회가 새로운 차원의 과제에 당면하게 될 것은 자명한 이치다.

이런 문제의식과 현실인식을 토대로 국민고충처리위원회가 왜 전문 옴부즈만 제도를 도입해야 하는가를 체계적으로 진단해 보고자 하는 데에 이 장(章)은 우선적인 목표를 두고 있다. 이를 위해서는 도대체 옴부즈만이 다른 민원처리기구나 갈등관리기구와 왜, 어떻게 다른지를 규명하는 일이 선결과제일 것이다. 이점은 특히 옴부즈만 자체가 자기 진화형 변용을 거듭하는 과정에 있다는 점을 감안해 볼 때 필수 과제로 이해된다. 옴부즈만 자체의 등장 배경과 이론적 특성에 대한 체계적이고 종합적인 논의가 선행되어야 하는 이유다.

2. 행정국가 실패와 대항 관료제

1) 관료제 내재적 한계와 모순

한 사회의 갈등적 대립관계를 중립적 관점에서 조정하고 통합 관리하기 위해서는 국가의 사회관계에 대한 개입이 불가피하다는 인식은 근대 산업사회의 도래와 함께 행정국가의 등장을 정당화 하는 주요 요인이 되었다. 그런데 이런 행정국가는 산업사회적 생산양식에 기초한 사회관계를 조응하는 데 있어, 가장 효율적인 국가 구성의 원리를 관료제에서 찾고자 했다. 소품종 대량생산체제가 요구하는 경제적 합리성(economic rationality)을 확보하기 위해서는 관료제가 가장 이상적이라고 본 것이다. 그러나 관료제는 그의 외부와의 관계를 다룬 이론의 틀이나 내부와의 관계에서 나타나는 운영실제에서 모두 치명적인 결함을 지닌다.

먼저 관료제 외부와의 관계 그러니까 시민과의 관계를 설정한 논리의 틀을 점검해 볼 때, 관료제는 기본적으로 시민을 참정의 주체로 존중하는 것이 아니라 일방적 향도나 관리의 대상으로 삼는다. 이런 시각상의 장애는 관료제가 그의 본질적인 특성을 계서제의 원리와 전문성의 원리에 두는 데에서부터 비롯된다.

계서제는 조직목표 달성을 위한 수단의 합리성 제고를 위해 지식과 정보를 조직의 상위 계층에 집중시키고자 한다. 또한 전문가가 전문가적인 식견이나 윤리의식에 따라 정책판단에 나서기 위해서는 그의 자율적 의사결정권을 보장해 주어야 한다. 이런 구조 하에서는 행정기구나 관료가 시민에 대해 우월적 지위를 가지면서 실질적으로 시민의 통제권 밖에서 활동하는 결과를 낳게 된다. 그 결과 아무리 관료제의 원리에 따라 질서정연하게 운영된다고 하더라도 행정국가의 운영 결과는 필연적으로 시민의 선호나 판단 내지는 의지를 외면하게 된다. 이로 인해 다양한 양식의 행정실패가 유발될 것은 물론이다. 행정행위가 시민이 생각하는 의미의 정의에 부합하지 않거나, 입법의도를 외면하고, 재량권을 남용하며, 시민에 대한 예의범절을 지키지 않고 거친 행동양식을 보이거나 위엄을 떨고 권위를 남용하는가 하면, 억압하고, 감시하며, 불공정한 정책을 입안하고, 특정정당을 편들거나, 법률을 지키지 않는 일들이 발생하게 되는 것이다(Ghottehrer & Hostina, 1998: 12).

보다 더 중요한 것은 관료제가 지향하는 목적가치가 능률성 내지는 과학적 합리성(scientific rationality)의 실현에 있다면 시민이 지향하는 목적가치는 민주성 내지는 정치적 합리성(political rationality)의 충족에 있다는 점이다. 따라서 기본적으로 지향하는 바가 서로 다르다. 관료제가 수단적 차원의 가치에 유의하는 것이라고 한다면 시민은 궁극적인 목적가치의 충족에 주목한다. 이와 관련한 능률성과 민주성은 서로 다른 성격의 것이어서 우연히 공유하는 영역이 있을 수는 있지만 기본적으로는 서로 다른 영역에서 구현되는 가치와 질서를 추구한다.

따라서 관료제에 의존하는 행정국가가 아무리 성공적으로 운영된다고 하더라도 그가 시민의 정치적 요구에 조응하기에는 본질적인 한계가 있을 수밖에 없다. 아니 행정국가의 관료제 운영이 성공적일수록 그만큼 더 과학적 합리성의 구현에 충실할 것임으로 오히려 정치적 합리성의 구현 그러니까 시민의 일상적인 선호나 소망이 반영될 가능성은 줄어들게 된다(de Castro, 1997: 1). 역으로 행정국가가 정치적 합리성 증대에 유의한다면 적어도 이론적으로는 더 이상 행정국가일 수가 없다. 행정국가는 그의 존립근거를 관료제의 원리에 두기 때문이다. 따라서 행정국가는 필연적으로 민원발생의 소지를 안고 출범하는 셈이다.

또한 행정국가는 대내적으로 관료제가 능률성 확보에 있어 가장 이상적인 조직구성 양식이라고 보고 이를 정당화 해 왔다. 그렇지만, 그의 운영 실제를 살펴보면 행정과정의 합목적성 달성에 역기능적인 요소를 동반하는 것이기도 하여서 비능률적인 결과를 불러오기도 한다. 이른바 관료제의 병리현상이 다양한 형태의 행정실패를 유발하기 때문이다. 관료로 하여금 전문가적인 판단과 식견에 따라 행정 과제를 다루도록 하기 위해서는 자율적 의사결정권을 인정해 주어야 하는데 이런 재량권이 오히려 관료로 하여금 사적, 부가적 가치를 추구하도록 허용하는 빌미가 된다거나, 그 결과 행정과정의 자의성, 불합리성, 불공정성, 차별성, 오류, 과실, 실수 등을 빈발하게 된다. 계서를 통한 상급자의 통제나 법규중심주의는 형식주의, 무사안일주의, 해태, 무력성, 몰인격성 등을 가져오고, 문서중심주의는 번문욕례와 함께 행정의 지체를 낳으며, 절차중심주의는 행정의 경직성, 획일성, 개별적 사례에 대한 외면 등을 불러온다(Ghottehrer & Hostina, 1998: 12).

그러니까 관료제에 기초한 현대 행정은 민원 발생을 본래적인 속성 가운데 하나로 삼는 셈이다. 그런데 제2차 세계대전 이후 등장하기 시작한 복지국가와 발전국가는 정부의 규모를 증대하고 사회관계에 대한 개입범위를 확대했으며 권한의 확장을 가져왔다(정순교, 2005: 3-7). 행정국가 현상의 심화와 더불어 관료제의 역할 강화를 가져온 것이다. 여기에 더해 행정행위의 종합적 성격이 강화되고 입법부에 의한 위임입법의 범위까지 확장되면서 관료제의 기능적 비대화는 사실상 시민의 통제권 밖으로까지 가속화 되었다. 증대된 관료의 권한과 함께 행정권의 오남용으로부터 시민을 보호해야 할 필요성이 현격히 증가하게 되었으며, 시민의 법적 지위를 보호하기 위해 추가적인 장치를 개발해야 한다는 공감대가 폭넓게 형성되기 시작했다(Ghottehrer & Hostina, 1998: 11).

2) 관료제 통제 장치의 무력성

그런데 원래 행정권의 오남용을 방지하기 위한 고전적인 공적 장치로는 입법부에 의한 대 행정부 통제기능과 사법부에 의한 권리구제 기능이 제도화 되어 있다. 그렇지만 대의구조와 사법적 심사의 무력화 현상은 이미 여러 곳에서 목격되어 왔다.

먼저, 대의기구가 시민의 의사를 결집한다고 하나 다수결의 원리에 의존하는 한 소수자의 의사가 외면되는 일은 불가피하고, 그런 만큼 소수자 의견이 대의과정에서 소외되는 일도 불가피해진다. 따라서 개인의 자유와 그가 소속되어 있는 사회공동체가 추구하는 이해관계 사이에서 갈등이 발생할 가능성은 얼마든지 있다(국민고충처리위원회, 2004: 27). 입법부는 조정과 타협을 기관운영의 기본원리로 삼고 있는 데, 정치사회적 비중이 높은 과제일수록 이해집단 간의 갈등과 대립의 골이 깊기 마련이며 그렇기 때문에 조정과 타협을 이루어내기가 쉽지 않다. 그 결과 갈등조정에 대한 사회적인 수요가 클수록 입법과정의 우선순위에서 밀려나 방치되거나 외면당하기 쉽고, 그렇기 때문에 입법부의 사회 갈등 관리자로서의 기능은 반감될 수밖에 없다(박재창, 2003: 178).

무엇보다도 정치적 대리인으로서의 국회의원이 선의성에 기초해 활동할 것이라는 가정적 전제가 지나치게 비현실적이라는 점도 지적되어야 마땅하다. 정치적 대리인은 행정적 대리인인 관료와 마찬가지로 자신의 사적, 부가적 가치를 우선적으로 추구하기 마련이며, 그렇기 때문에 대의과정이 시민의 일반의지를 반영할 것이라는 믿음은 규범적 논의와 경험적 사실을 혼동한 데에서 오는 대표적인 인식 오류 가운데 하나다. 더 나아가 비록 시민의 집합적 선호가 확인된다고 하더라도 그것이 공공선을 지향할 것이라는 보장은 없다. 단순히 사적 이해관계의 총화를 반영할 가능성도 얼마든지 있다는 뜻이다.

입법부의 기능적 동반자인 정당이 더 이상 제 기능을 수행하기 어렵게 되었다는 점도 문제다. 정당은 그 동안 그의 구조적 특성인 순차적, 점진적 갈등조정의 원리에 따라 운영되어 왔다. 어떤 이해충돌 관계가 발생하는 경우, 이를 우선 현장 지근거리에서 서로의 입장을 경청하고, 순차적으로 대화를 통해 서로 입장을 바꾸어나가도록 조정하는 과정을 밟아 왔던 것이다. 이는 정당의 정책 조율과정에서 확연히 드러난다. 그러나 정보사회가 도래하면서 바로 이런 조정과 타협에 필요한 시간적, 공간적 여백이 증발하게 되었다. 그 결과 이들이 개입할 수 있는 소지가 현격히 축소되는 결과를 낳았다. 이로 인해 대립적 이해관계가 일단 성립되는 경우에는 서로 입장을 조율하기 위한 기회가 원초적으로 박탈되는 가운데 정해진 입장과 견해만이 병치되는 현상이 일상화 하고 있다.

사법적 재결의 경우도 사정은 결코 다르지 않다. 법원이 행정과정에 미치는 영향력이 최소한의 것에 지나지 않기 때문이다(Nachmias & Rosenbloom, 1980: 56). 대의기구에 의한 통제가 무력화 하면서 사법적 재결에 의한 권리구제 요구가 폭증하게 되었고 그 결과 과중

한 업무가 사법심사과정에 부가되었으며, 이로 인해 민원처리가 지체되고 있다. 그렇지 않아도 사법적 재결이 사후 통제에 지나지 않는다는 평가를 듣는 마당에 업무처리가 지체되면서 자기소임을 다하지 못하게 된 것이다. 행정의 왜곡이 장기간 방치되는 결과를 낳고 있다. 사법적 판단을 받아보려면 큰 비용이 들어 사실상 일반시민의 권리구제 수단으로서는 접근성이 결여되는 결과를 가져오고 있다는 점도 문제다. 사법적 대리인이라고 하면 가장 객관적이고 중립적인 입장에서 사법적 평결을 내려줄 것으로 기대했지만, 사법적 대리인의 경우도 정치적 대리인이나 행정적 대리인과 마찬가지로 자신의 부가적 가치 추구를 최우선적인 과제로 삼는다는 점도 사법부에 의한 대 행정부 통제가 무력화 하게 되는 또 다른 차원의 이유다. 무엇보다도 국가권력이나 고위공직자의 정치적 압력으로부터 자유로운 가운데 사법적 판단에 나선다는 것에 대한 사회적인 신뢰가 부족하다는 점이 일반시민으로 하여금 사법부에 대한 통제를 외면하게 되는 또 다른 원인 가운데 하나다.

정치적 대리인 체제나 사법적 대리인 체제를 통해 행정적 대리인 체제의 모순을 시정하거나 예방하려는 시도는 이렇게 처음부터 구조적 모순을 안고 출범한 셈이다. 그러나 그렇다고 해서 행정적 대리인 체제의 요체인 관료제를 동원하는 경우에는 동의반복적 자기모순에 빠지게 된다. 관료제의 구조적 한계를 극복하기 위해 구조적 한계를 지니고 있는 관료제에 의존하려는 것이 되기 때문이다. 실제로 관료제적인 행정민원처리기관으로 당해 행정기관에 의한 재심제도, 행정소청, 행정재판, 고위행정관료를 통한 비공식적인 조정 등 다양한 방식과 통로가 개척되었지만 모두가 부적절한 것으로 확인되었다(Matsunaga, 1999: 2).

따라서 행정적 대리인 체제, 정치적 대리인 체제, 사법적 대리인 체제 모두의 운영양식으로부터 자유로운 제3의 대안을 모색하게 될 것은 너무나도 당연한 일이다. 그런데 이 모든 장치들이 관료제의 내재적 한계와 모순을 시정하고자 하는 것이라는 점에서 볼 때, 제3의 대안 모색은 결국 대항 관료제(counter bureaucracy)를 구하고자 하는 것이 된다. 이런 문제의식과 현실인식을 토대로 고안된 것이 바로 옴부즈만 제도다. 그럼으로 옴부즈만은 그의 본질을 관료제의 속성을 초극하고자 하는 데 두는 셈이다.

그렇기 때문에 관료제가 지향하는 공식적인 절차나 법규에 의존하기 보다는 비공식적인 협의와 화해를 통해 유연한 조정에 이르기를 선호하며, 관료제처럼 국가 이성의 절대성이나 무결점성을 인정하지도 않는다. 국가의 행정작용도 초이성적 판단의 결과가 아닐 수 있으며 그렇기 때문에 당연히 오류를 범할 수 있고, 그런 만큼 조정과 타협을 통해 보완되어야 한다고 본다. 전문가적인 식견이 몰입하기 쉬운 할거주의적 관점의 위험성을 경고하면서 보다 종합적이고 총체적인 관점에서 문제를 재인식하려는 것이기도 하다. 무엇보다도 기왕의 행정작용을 새로운 행정작용을 통해 대체하거나 번복하자는 것이 아니며 다만 그의 문제점을 보완하거나 수정하자는 것이다.

보다 더 중요한 것은 정부와 시민 가운데 어느 한편을 지지하거나 지원하려는 것이 아니라는 점에 있다. 원래 행정관료가 시민과의 관계에서 일방적이고 우월적인 지위를 누려왔고, 그점이 행정민원을 유발하는 주요요인 가운데 하나가 되었다는 사실을 감안해서 오히려 양자 간의 균형관계 정립에 유의하려는 것이다. 정부와 시민 사이에서 일종의 균형자(balancer) 역할을 자임하려는 것이며, 고위 행정관료의 억압적 권위나 맞상대에서 오는 긴장감에서 벗어나 상호 존중적이고 쌍방향적인 의사소통이 가능하도록 양자 간의 관계를 수평적으로 재구성하자는 것이다. 그리하여 양자 간의 의사소통과 정보교환을 혁신적으로 촉진하고 그 결과 양자 간의 오해나 이해의 부족에서 오는 갈등과 불편을 해소하자는 것이기도 하다(Chambers, 2001: 2). 그런 점에서 옴부즈만은 국가 행정작용의 환류과정에서 거버넌스를 유지하고자 하는 균형자인 셈이다.

이점은 특히 정보사회가 도래하면서 사회의 정보유통구조에 혁명적인 변화가 나타나게 되고, 그 결과 정부와 시민사회 간의 지식이나 정보의 격차가 급속히 줄어들게 되었다는 사실에 의해 보다 더 정당화 되고 있다. 행정국가가 상정한 것과 같이 정부가 전문성을 독점하던 시대는 더 이상 유지되기 어렵게 된 것이다. 이로 인해 정부에 의한 정책결정의 독점권이 무너지고 정부와 시민이 공동으로 기획하고 집행하는 공생적 관계를 형성하지 않으면 안 되는 시대에 들어섰다. 언필칭 포스트 모던니즘의 시대는 정부와 시민이 국정운영의 동반자적 지위를 공유해야 하며, 그 결과 시민은 이제 공공재의 생산자이면서 동시에 소비자인 프로슈머(prosumer)의 지위에 서게 되었다. 시민은 더 이상 정부에 의해 일방적으로 관리되는 수동적 존재가 아니며 평등한 지위에서 서로 의견을 교환하는 가운데 정책의 공동제안자가 되어야 하는 것이다.

그러나 정작 이런 협의제 민주주의(collaborative democracy) 하에서 정부와 시민이 어떤 양식으로 상호작용하는 것이 가장 이상적인가 또는 거버넌스의 도입취지에 가장 부합하는가 하는 문제에 대해서는 아직 진지한 논의가 없다. 이런 문제의식의 결여가 거버넌스의 도입 필요성을 절감하면서도 정책과정의 운영실제에서는 여전히 행정국가 시대의 관행이나 관성에 따라 행동하도록 강요하는 결과를 낳고 있으며, 그렇기 때문에 불필요한 행정민원과 국민고충을 양산하는 원인이 되고 있다. 이런 관점에서 보면 정부와 시민이 동등한 지위에서 행정과정에 참여하지 않는 데에서 오는 행정민원은 당연히 양자 간의 동등 참여나 공동 숙의를 통해 해결해야 마땅하며, 그렇기 때문에 그럴 수 있는 여건과 환경을 조성해 주는 일이 필요해진다. 이런 관점에서 새롭게 부각되는 것이 바로 옴부즈만 제도다. 옴부즈만을 국가 정책과정의 환류단계에서 목격하는 거버넌스로 이해해야 하는 이유다.

3. 대항 관료제로서의 옴부즈만

옴부즈만이 관료제의 구조적인 결함 내지는 한계를 비관료제적인 양식을 통해 보완하거나 해소하고자 한다는 점에서 대항 관료제를 지향하는 것이라고 한다면, 당연히 탈관료제적인 속성을 지녀야 한다. 옴부즈만이 권고성, 공정성, 독립성, 신속성, 접근성, 기밀성, 신뢰성, 종국성, 유연성, 도덕성 등을 기관 속성으로 삼아야 하는 이유다. 이는 모두 관료제의 본질적 속성에 대한 변증법적 대척점에서 발견되는 특징이기 때문이다. 이는 다시 관료제의 일반원리 가운데 민원발생의 유인요소가 된다고 생각되는 것들을 소극적으로 배제함으로서(American Bar Association, 2004: 4), 관료제의 한계를 극복하자는 것이기도 하다.

1) 권고성

옴부즈만은 민원의 해결을 위해 비권력적인 양식, 즉 권고적 조언에 의존하고자 한다. 관료제적인 문제해결 양식에 따라 구속력 있는 명령권을 행사하거나 새로운 행정행위를 형성하는 경우에는 새로운 형태의 관료제적인 의사결정이 되면서 옴부즈만을 매우 강력한 관료기구로 전환시키게 되고, 그 결과 관료제 내재적인 결함과 모순을 재현하게 되기 때문이다. 민원을 해결하기 위해 새로운 양식의 민원을 유발하게 된다고 보는 것이다. 민원 발생소지를 근절하지 못하게 된다는 뜻이다. 이럴 경우 옴부즈만은 존재구속적 자기모순에 빠지게 된다. 그렇기 때문에 옴부즈만이 겨냥하는 것은 기왕의 행정행위를 취소하거나 형성하자는 것이 아니다. 다만 민원을 공정하고도 심도 깊게 조사하여 무엇이 진실인지를 밝혀내고, 그 결과를 공개하거나 공개할 것이라고 압박함으로서 민원 당사자들이 조정과 타협에 이를 수 있도록 보충적 조치를 취하자는 것이다.

만일 취소나 변경과 같이 강제적이고 권력적인 방법을 동원하는 경우에는 옴부즈만이 최종적이고 종국적인 문제해결기구가 될 수 없다. 그렇지만 이렇게 권고나 화해와 같이 비권력적인 방법을 씀으로서 당사자 간의 이해와 타협에 의해 문제가 해결되도록 하는 경우에는 당면과제에 대한 근본적인 동의를 구하는 것이 되기 때문에 종국적으로 문제를 종결짓는 결과를 얻게 된다. 그러니까 옴부즈만을 비권력 기관화시킴으로써 권력기관으로서의 관료제를 최종적으로 감시하는 '최후의 감시기관'화 하자는 의도다. 만일, 옴부즈만이 권력기관화 하는 경우에는 이를 감시하기 위해 제2의 권력기관이 있어야 할 것이고, 이 제2의 권력기관을 감시하기 위해서는 제3의 감시기관이 필요하기 때문이다. 따라서 권력기관의 감시에는 더 이상 감시가 필요 없는 비권력형 기관이 필요한 법이다(Ayeni, 2000: 96). 왜냐하면 비권력형 기관은 권력이 없기 때문에 더 이상 부패하거나 왜곡될 위험이 없고, 그렇기 때문에 이를 감시해야 할 필요성도 더 이상은 없어지는 까닭이다(정순교, 2005: 15-16).

또한, 옴부즈만이 강제적인 구속력을 발동할 수 있도록 하는 경우에는 그에 상응하는 대응조치로서 옴부즈만에 대한 소청권도 인정하지 않을 수 없으며, 그럴 경우 옴부즈만도 사법소추의 대상이 되지 않을 수 없다. 그렇게 되면 옴부즈만의 활동에 대한 사법적 통제가 가능해지고 그렇기 때문에 기능적 독립성을 헤치는 결과를 가져오게 된다. 이럴 경우 옴부즈만의 중립성과 공정성에 대한 사회적인 신뢰를 확보하기 어렵게 되며, 그렇기 때문에 권고적 양식을 통해 민원해결에 나서기가 어렵게 된다. 또한 옴부즈만이 사법적 소추의 대상이 되는 경우에는 사법적 재결로부터 자기 보호를 위해 나서지 않을 수 없으며, 그렇기 때문에 옴부즈만 활동을 위해 배정된 재정자원을 법원의 재결로부터 자신을 보호하기 위해 쓰는 문제에도 봉착하게 된다(Ghottehrer & Hostina, 1998: 8-10).

이런 맥락에서 볼 때, 옴부즈만이 민원해결에 있어 권고에 의존해야 하는 또 다른 이유 가운데 하나는 3권 분립의 정신에 충실하기 위한 것이다. 만일 옴부즈만이 행정부의 행정행위를 취소하거나 변경할 수 있게 한다면, 옴부즈만이 판사의 역할을 수행하는 셈이 되고 이는 사법부와 행정부의 권한 모두를 침해하는 결과가 된다. 특히 옴부즈만이 행정부에 설치되어 있으면서 기능적으로 독립되어 있지 않을 경우에는, 굳이 권고라는 형태를 취할 필요 없이 취소나 변경, 시정명령 등의 조치를 취하는 것이 보다 더 효과적이고 또한 논리적이라고 생각하기 쉬운 데, 이는 기왕의 행정 조치를 부정하고 새로운 지침을 내놓는 것이 되기 때문에 사법적 재결의 성격을 동반하게 된다(정순교, 2005: 15-16). 더 이상 행정행위가 아니라는 의미다. 이는 옴부즈만의 기능적 한계범위 밖의 일이다.

또한 이렇게 행정부의 행정행위 특히 재량적 행정행위에 대해 취소나 변경 같은 강제적인 해결 수단을 동원하도록 하는 경우에는, 그 효력이 그 처분과 관련된 모든 행정행위에 미쳐 관련 행정행위를 모두 중지하거나 중단하게 되며, 이는 행정부의 업무 지속성에 중대한 지장을 초래하게 될 위험성을 내포한다. 반면에 권고는 당해 사안에 대해서만 부분적인 합의에 이르자는 것임으로 행정의 계속성에 영향을 주지 않으면서도 행정기관에게 자신의 행정행위에 대해 재검토할 수 있는 기회를 마련해 줄 수 있게 된다. 그런 의미에서 권고는 민원을 보다 신속하고 간편하며 안전하게 처리하기 위한 간이 권익구제절차를 모색한 결과인 셈이다. 그러니까 옴부즈만은 모든 사실을 감안하여 최후적이고 최종적인 결정을 내리자는 것이 아니라 해당 행정기관을 구속하지 않으면서도 쉽고 안전하게 접근해서 신속하고 저렴한 비용으로 해당 민원을 해결하자는 것이다(Ayeni, 2000: 99-100).

이미 정보사회에서는 국가와 시민사회, 정부와 일반시민 간의 관계가 거버넌스 체제로 전환하고 있고, 그렇기 때문에 행정국가시대처럼 정부의 우월성이나 전문성을 더 이상 유지하기 어렵다는 점도 옴부즈만이 민원문제 해결에 권고적인 접근전략을 채택해야 하는 또 다른 이유다. 즉, 공적 부문의 옴부즈만은 그의 지위가 법률로 규정되기 때문에 넓은 의미에서 볼 때 국가기구 가운데 하나이고, 그렇기 때문에 거버넌스적 양식에 의해 운영되어야 한다. 이 경우 정부나 시민에 대해 수평적 관계에서 접근해야 할 것은 물론이다. 관료권의 우월성을 더 이상 인정하기 어렵다면 양자 간의 공조는 필수적 과제이며, 그럴 경우 일방적, 강제적, 위압적 주문이 아닌 권고적 설득과 그에 대한 자발적인 수용의 양식을 취해야 할 것은 자연스러운 귀결이다.

2) 공정성

옴부즈만이 권고적 양식을 통해 민원을 해결하고자 한다면 그의 권위에 대한 시민사회나 행정관료의 수용이 전제되어야 할 것은 필수적인 과제다. 그렇지 않을 경우 비관료제적인 문제해결 양식, 그러니까 법적 강제력이 아닌 자발적 수용을 기대하는 가운데 민원 관련 당사자들을 중재하는 것과 같은 비권력적인 분쟁해결 수단을 활용하기가 어렵게 된다. 그런데 이렇게 옴부즈만의 권위가 승인되기 위해서는 정부와 시민 사이에서 어느 한 쪽으로도 치우치지 않는 일종의 균형자 역할을 수행할 수 있어야 한다. 공정성과 중립성이 유지되어야 한다는 의미다. 그렇지 않으면 일반시민으로부터는 정부기관의 하나로 치부될 가능성이 있고, 행정관료나 정부기관으로부터는 또 하나의 시민사회운동단체로 치부될 것이기 때문이다. 옴부즈만이 정부를 편드는 경우에는 자기 자신이 자기를 평가하는 결과가 되며, 이는 자기가 자신을 평가하는 것은 정의에 어긋난다는 법원과도 어긋나게 된다(정순교, 2005: 12-13).

그런데 이런 공정성 유지를 위해서는 기본적으로 선입견으로부터 자유로워야 하며 이해관계에 구속되지 않아야 한다. 예컨대 파당성은 정치적 중립성에 대한 의심을 촉발하는 한 원인이 되며 바로 이런 선입견에서 벗어나기 위해서는 당연히 일체의 정치활동에 간여하지 않는 것은 물론이고 어떤 형태로든 외부로부터 재정지원을 받는 일도 없어야 한다(Hill, 1997: 7). 따라서 옴부즈만은 그가 개인으로서는 특정 정당을 지지하고 투표하더라도 이를 공개적으로 표명하거나 특정 정당이나 정치인을 지지하는 것처럼 보이는 행동은 삼가야 한다. 자신이 어떤 정책을 지지하거나 선호한다고 해서 이를 적극적으로 지지하거나 관철하려고 해서도 안 되며 그런 입장 자체를 취해서는 곤란하다.

또한 관련 당사자들과 “이해충돌(conflicts of interests)”이 일어나는 경우 공정성을 유지하는 일이 어려울 뿐만 아니라 공정성을 유지하기 어려울 것이라고 생각되는 정황 자체가 공정성 훼손의 개연성을 촉발하게 된다(USOA, 2003: 5). 그렇기 때문에 옴부즈만으로서는 어떤 형태로든 사전에 이해관계를 맺고 있는 상대로부터 민원이 제기되는 경우에는 이를 공개하고 스스로 제척하도록 해야 마땅한 일이다(Ghottehrer & Hostina, 1998: 5; USOA, 2003: 8). 따라서 이해충돌을 유발할 개연성이 있거나 있어 보이는 직위를 겸직해서도 안 된다. 옴부즈만의 관할 범위 내에 있는 기관과 관련되거나 계약관계에 있어 영향을 미치게 되는 직위도 외면해야 마땅하다.

또한 옴부즈만은 민원인과 관련 행정관료 가운데 어느 누구를 비호하거나 배척하자는 것이 아니므로 민원관련 대상기관이나 행정관료에 대한 사실조사를 취합하거나 평가하고 이를 공표하기 전에는, 관련 기관이나 관료에게 의견진술기회를 부여하여 선입견이나 과오 및 실수로 인해 편향된 결과가 도출되지 않도록 업무수행상의 균형성을 유지해야 한다. 이렇게 될 경우 민원관련 조사결과를 공표하기 전에 관련 당사자로 하여금 자기변호의 기회를 부여하는 것이 되기 때문에 결과적으로는 조사결과의 정교성, 타당성, 수용성 정도를 높이게 된다. 따라서 관련자의 의견진술이 있기 전까지는 관련 조사내용을 대외비로 다루어야 할 것은 물론이다.

옴부즈만이 원래 행정과정의 공정성이나 타당성 정도를 높이려는 복적가치를 지니고 등장한 제3의 장치라면, 옴부즈만 자체의 운영도 바로 이런 원리와 원칙을 따라야 할 것이며, 그런 점에서도 공정성 유지는 중시되어야 마땅하다. 옴부즈만은 일의 성격에 따라 민원인의 의견을 존중하는 조사결과를 내놓게 될 수도 있고, 자신이 제안한 의견을 따르도록 대상기관에게 재차 권고할 수도 있으며, 그런 행위가 민원인의 이해관계를 증진시키는 데에 기여하는 결과를 가져올 수도 있는 노릇이기는 하지만, 옴부즈만이 민원인의 이해관계를 직접 증진시키려는 대래인의 위치에 서서는 안 된다. 옴부즈만은 기본적으로 어느 누구의 이해관계를 지지하거나 지원하는 대변인과 같은 존재가 아니다. 선입견 없이 실체적 진실을 밝히고 그를 통해 중립적인 판단에 이르자는 것이며, 그 결과 좋은 행정이나 좋은 정부(good government)를 구현해 보자는 것이다(Ghottehrer & Hostina, 1998: 6-8).

따라서 옴부즈만은 그의 본질상 기본적으로 중립성을 견지해야 하는 기관이기는 하지만 그렇다고 해서 아무런 가치판단도 해서는 안 된다거나 어떤 목적가치를 주창해서도 안 된다는 의미는 결코 아니다. 오히려 바로 그런 가치 판단을 통해 옳고 그름과 좋음과 나쁨을 가릴 수 이어야 한다. 옴부즈만은 비록 어떤 행정행위가 합법적으로 이루어졌다고 하더라도 그것이 보다 넓은 의미의 정의에 부합하는지를 검토할 수 있어야 하며, 그렇기 때문에 그런 의미의 공정성 유무를 평가하고 심사하는 국가기관으로는 거의 유일무이한 존재라고도 말할 수 있다(Ghottehrer & Hostina, 1998: 8-10). 그리고 그런 판단의 결과 시정조치가 필요하다고 평가되는 과제에 대해서는 당연히 그런 의견을 표명하고 시정을 요구해야 하며, 그 결과 어떤 일방의 이익을 증대하거나 불이익을 촉발하게 될 수도 있는 법이다. 다만 그런 결론에 이르는 과정이 불편부당하고 중립적인 양식에 의해 진행되어야 한다는 의미다(American Bar Association, 2004: 14).

3) 독립성

그런데 옴부즈만이 시민과 행정관료 내지는 행정관서와의 사이에서 공정성과 중립성을 견지하기 위해서는 이들로부터의 독립성을 유지하는 일이 관건이다. 옴부즈만은 행정기관으로부터 뿐만 아니라 민원인으로부터도 독립해야 하며, 그렇기 때문에 시민을 위해 일하기는 하지만(citizen-centered) 결코 시민의 후견인(citizen advocate)이 되어서는 안 되는 것이다(Hill, 1976: 44). 그러나 무엇보다도 중요한 것은 조사대상인 행정관료나 행정기관으로부터 간섭받지 않는 가운데 주어진 임무를 수행함으로서 독립성을 유지하는 일이다. 이는 옴부즈만의 가장 기본적인 구성요소 가운데 하나에 해당된다(Gregory, 1998: 85). 그렇기 때문에 대부분의 옴부즈만 관련 법은 옴부즈만의 독립성 보장을 그의 주된 내용으로 삼는다(정순교, 2005: 13).

이런 맥락에서 옴부즈만의 설치 근거를 헌법이나 법률에 명시적으로 규정하고자 하는 것은 관련 규정의 개폐를 어렵게 함으로서 기관 계속성이나 안정성을 확보하고 이를 통해 기관폐쇄나 기능제한에 대한 두려움 없이 본연의 임무에 충실할 수 있도록 하고자 하기 때문이다. 관련 법규의 개폐권을 지니고 있는 조사 대상 기관으로부터 실질적인 독립성을 보장받자는 것이다. 이는 고전적인 입법부형 옴부즈만이 의회에 소속되거나 의회의 대리인 역할을 수행하도록 한 데에서도 발견된다. 행정관료나 행정기관을 조사대상으로 하는 만큼 행정부로부터 독립해야 하며, 이를 위해서는 행정부와 대칭적 관계에 있는 입법부에 소속하게 하는 것이 효율적이라고 보았던 것이다(American Bar Association, 2004: 13).

그러나 입법부에 소속시키는 경우에는 의회나 의회 지도자가 주창하는 정책과제에 영합하거나 그런 이미지를 일반시민에게 전달할 위험성이 있다. 따라서 입법부의 통제나 관리로부터도 독립해야 한다(Gregory, 1998: 86; Hill, 1997: 7)는 문제에 당면하게 된다. 옴부즈만이 다른 민원처리제도와 다른 점은 바로 이렇게 조사할 권리를 가지고 있는 기관으로부터도 독립해야 한다는 점이다(Gregory, 1998: 86). 아니 조사주도기관으로부터의 독립이야 말로 옴부즈만의 가장 본질적인 기관속성이라고 해야 할 것이다. 그렇기 때문에 입법부나 행정부로부터 간섭받지 않는 가운데 업무를 수행해야 한다는 점을 명백히 하고 간섭배제의 원칙을 구체적인 양식으로 규정하는 법률을 제정해야 한다. 이는 대부분의 옴부즈만이 채택하고 있는 독립성 확보 장치 가운데 하나다(National Democratic Institution, 2005: 13).

이런 생각은 옴부즈만의 신분을 임명권자로부터도 보호해야 한다는 판단에 이르게 한다. 옴부즈만의 임용, 재임용, 해임 등을 법률로 규정해서 임용권자가 자신의 편의에 따라 손쉽게 인사조치할 수 없도록 신분보호장치를 강구하자는 것이다. 임명권자에 의한 정치적 임용을 배제하기 위해 의회 구성원 3분의 2 이상의 찬성을 얻어야 한다고 규정하는 경우도 의회 구성원의 3분의 2 이상으로부터 지지를 얻기 위해서는 정파적 연고를 떠나 여러 정당으로부터 광범위한 존경을 받아야 할 것이고, 그럴 경우에는 파당적 구속으로부터 벗어나 보다 독립성을 유지하기가 유리해질 것이라고 보기 때문이다. 3분의 2 이상의 찬성을 얻기 위해서는 의회를 구성하는 여러 정파 사이에서 비공식적인 협의와 조정을 거쳐야 하고, 그 과정에서 여러 정치집단이 모두 수용하고, 그렇기 때문에 어느 정파에도 경도되지 않는 대안 모색이 가능해 질 것이라고 보는 것이다 (Ghottehrer & Hostina, 1998: 1-2).

옴부즈만의 임기를 의원 내지는 임명권자의 임기와 같거나 길게 하는 재임 제도를 두고, 합리적이고 명문으로 규정되어 있는 사유가 아니고서는 임기 내에 해임할 수 없도록 하는 것도 정치적인 이유나 임명권자의 이해관계에 반한다고 해서 손쉽게 해임할 수 없도록 하자는 것이다(국민고충처리위원회, 2004: 10). 따라서 정신적, 신체적 장애로 인해 업무를 수행할 수 없는 경우 등과 같이 해임사유를 엄격하고 명백히 규정해 두어야 한다. 그리고 그렇지 않은 경우에는 함부로 해임할 수 없게 신분을 법률로 보장해 주어야 한다. 그래야 신분에 대한 위험을 느끼지 않는 가운데 자신의 신념과 전문성에 따라 업무를 수행할 수 있을 것이기 때문이다. 장관이나 판사와 같은 고위관료에 상당하는 보수를 보장하고 정액보수제를 채택함으로서 일종의 보복행위의 하나로 보수를 삭감하는 일이 없도록 하자는 것도 인사권자로부터 옴부즈만의 독립성을 확보하려는 다양한 장치 가운데 하나다(American Bar Association, 2004: 13).

보다 진정한 의미에서 옴부즈만의 기능적 독립성이 보장되기 위해서는 임무수행에 필요한 재정자원의 확보가 위협받지 않아야 한다(Hill, 1997: 8). 무엇보다도 조사대상 기관으로부터의 재정적 독립성 확보는 필요불가결적 요소다. 자신의 지원인력에 대한 독자적인 인사권과 관리권을 확보하는 일도 중요하다(USOA, 2003: 3). 그렇지 않을 경우에는 자신의 권한을 조력자에게 위임하거나 그 결과 조력을 받는 데 있어 장애가 생길 것이고, 그렇기 때문에 임무 수행과정에서의 자율성과 독자성이 위협받을 수 있을 것이기 때문이다. 같은 맥락에서 내부 규칙제정권을 보장해주는 문제도 관건이다. 옴부즈만 활동의 기능적인 독자성이 유지되기 위해서는 옴부즈만 기관 내부의 운영관리에 있어서도 독자적 자율성이 견지되어야 하기 때문이다.

사법적 제재로부터 옴부즈만을 보호하는 일도 중요하다. 합법적인 임무 수행에 대해서는 민사상의 책임이나 형사상의 소추로부터 벗어나게 하여 민원조사대상자의 예상할 수 있는 반발이나 공격으로부터 옴부즈만을 보호할 수 있어야 한다. 면책특권을 부여해야 아무런 두려움 없이 실체로서의 진실 확인에 몰두할 수 있을 것이며 그렇지 않을 경우 방어적인 업무수행양식을 취하게 될 것이고, 그 결과 독자적인 업무 수행에 지장을 초래하게 될 것이기 때문이다(USOA, 2003: 5). 형사상의 면책특권은 또 다른 형태의 정치적 통제로부터 옴부즈만을 보호하고자 하는 것이다. 이는 마치 검사나 판사로 하여금 독자적이고 자율적인 의사결정에 이르도록 하기 위하여 면책특권을 부여하는 것과 같다(National Democratic Institution, 2005: 10).

같은 맥락에서 옴부즈만에 의한 권고나 의사결정은 다른 기관이 시정하거나 압도할 수 없어야 한다. 만일 다른 기관이 옴부즈만의 결정을 시정하거나 압도할 수 있게 하는 경우에는 옴부즈만에 의한 결정 이후에 다른 결정이 뒤따르게 된다는 의미임으로 옴부즈만에 의한 결정이 일단의 행정절차 가운데 한 단계로 축소되는 결과를 빗게 된다. 이는 옴부즈만의 조사나 권고가 일상적인 행정절차로부터 벗어나 독립적이고 중립적인 양식에 의해 이루어진다는 점과 강제적 구속력을 동반하는 것이 아니라는 점을 감안해 볼 때 결코 있을 수 없는 일이다(USOA, 2003: 5). 옴부즈만에 의한 의사결정은 최종적이어야 한다는 점에서 볼 때도 당연히 독립적인 선택의 결과여야 한다.

이와 관련하여 옴부즈만의 관할범위에 관한 분쟁을 제외하고는 옴부즈만이 법원의 심사대상이 되지 않도록 해야 한다는 주장에도 유념할 필요가 있다(USOA, 2003: 4). 이는 특히 옴부즈만이 사법적 심사가 지니는 여러 문제점에 대한 대안의 하나로 고안되었다는 점을 상기해 볼 때 보다 더 설득력을 갖는다. 더 나아가 옴부즈만이 자신의 임무를 수행하는 과정에서 필요하다고 판단하는 경우에는 법원에 제소할 수 있는 권한을 부여하는 방안도 검토해 볼 필요가 있다. 증인출석요구권이나 자료제출요구권 등이 침해되는 경우 이를 보호할 수 있는 장치가 마련되지 않는다면 사실상 업무 수행에 적지 않은 지장을 받을 것이며 결과적으로 본인이 원하는 데로 옴부즈만 기능을 수행하기가 어렵게 될 수 있을 것이기 때문이다. 따라서 옴부즈만으로 하여금 자신만의 독자적인 법률고문을 둘 수 있도록 배려하는 방안도 검토해 볼만한 일이다(Ghottehrer & Hostina, 1998: 4-5).

4). 신속성

한편, '지연된 정의는 부인된 정의다(Justice delayed is justice denied) (Gregory, 1998:152)' 라는 말이 있지만 관료제의 가장 큰 병리현상 가운데 하나는 행정행위의 지체에 있다. 하물며 그런 지체에서 유발되는 민원해소를 담당해야 할 옴부즈만이 즉응적인 문제해결에 나서지 않는다면, 이는 자기 존재의 정당성을 부정하는 것이나 다름없다. 따라서 즉각적이면서도 신속하게 대응하도록 해야 하는 데, 이는 민원이 관료제의 병리현상으로 인해 유발되는 과제라는 점에서 볼 때 민원해소는 정부운영의 정상성을 회복하는 과정으로 이해되기 때문이다. 병이 들어 있다면 이를 하루라도 속히 치유하는 것이 타당할 것은 췌언을 요하지 않는다. 노르웨이의 전직 옴부즈만이 술회한 바와 같이, 시민이 그의 권리를 보장받는 것 못지않게 권리를 제때에 보장 받는 것이 중요하며, 이것이 결여된 옴부즈만은 다른 권익구제 제도와의 차별화에 곤란을 겪을 수밖에 없다(Fiflet, 1994: 125).

그런데 이 업무수행에서의 신속성 문제는 옴부즈만의 기능을 어디에 초점을 맞추어 인식하느냐에 따라 상이한 평가와 주문이 가능하다. 옴부즈만을 '시민의 도움자(citizen helper)'로 이해하고 민원 해결을 중재하거나 조정하는 데에 초점을 맞추는 경우에는 비공식적인 조정이나 협상을 통해서라도 문제를 신속히 처리해야 한다는 것이 당위이다. 그러나 옴부즈만을 '행정의 감시자(administrative auditor)'로 인식하고 행정 시스템의 결점이나 오류를 확인하고 시정하는 데에 그의 기능적 과제가 있다고 본다면 보다 공식적이고 체계적인 조사에 의존해야 할 것이며, 그런 만큼 보다 많은 시간을 필요로 하게 된다(Gregory, 1998: 153). 그러나 이는 상대적인 평가에 지나지 않으며, 옴부즈만의 기능을 어느 쪽에서 인식하든 옴부즈만이 그의 임무를 수행하는 데 있어 신속성을 유지하는 일은 가장 기본적이고 또 본질적인 과제 가운데 하나다(정순교, 2005: 17).

이로 인해 옴부즈만이 일종의 여과장치를 구축해야 한다는 의견이 당위성을 갖는 때도 있었다. 여러 민원 가운데 어떤 것이 보다 가치 있고 중요한 지를 가려내는 장치를 두어 민원접수단계에서부터 차등 대응이 가능하도록 해야 비용과 시간을 보다 효과적으로 배분할 수 있고, 그렇기 때문에 보다 중요한 사안에 대해서는 훨씬 더 신속하게 대응할 수 있게 된다는 것이었다. 이런 관점에서 프랑스와 영국에서는 국회의원을 통해서만 민원접수가 가능하도록 했었다. 이 경우에는 국회의원에 의해 완급이나 경중이 가려지고 그 결과 중요 민원에 대해서는 보다 신속하게 대응할 수 있게 된다는 것이었다. 특히 국회의원을 거치기 때문에 민원에 대한 행정부의 석명이 보다 신중해지고 나아가 고위 행정관료의 검토과정을 거치기 때문에 제기되는 민원에 대한 행정기관의 대응이 보다 신중하고 유연해지는 부수 효과도 수반된다는 것이었다(정순교, 2005: 17).

그러나 이런 여과과정은 옴부즈만의 민원현장에 대한 즉응적인 대처를 지연시키거나 훼손하는 한 원인이 되며, 나아가 옴부즈만의 독립성과 접근성을 저해하게 된다(Ghottehrer & Hostina, 1998: 5). 그렇기 때문에 모든 민원은 중개인을 거치거나 수수료를 청구하는 일 없이 직접 옴부즈만에게 제기되어야 하며, 민원 접수여부를 결정하는 권한은 오로지 옴부즈만에게만 부여되어야 한다는 주장이 타당성을 더하고 있다. 그렇지 않을 경우 결국 대리인 체제의 모순을 해결하기 위해 새로운 대리인 제도를 도입하는 것에 지나지 않는 일이 되기 때문이다. 따라서 옴부즈만의 이런 옴부즈만 활동과제 선별권은 절대적 권한으로 보장되어야 하며, 그렇기 때문에 사법적 판단의 대상이 되어서도 안 된다. 이는 모두가 민원인의 옴부즈만에 대한 직접적인 접근권 보장은 옴부즈만의 본질에 해당된다고 보기 때문이다. 이로 인해 프랑스와 영국에서도 최근에는 국회의원의 소개를 통해 민원을 옴부즈만에게 전달하던 관행을 시정해야 한다는 주장이 세를 더하고 있다(Ghottehrer & Hostina, 1998: 5).[3]

그런데 업무추진의 신속성과 관련한 보다 근본적인 과제 가운데 하나는 옴부즈만의 상시 운영체제가 유지되도록 해야 한다는 데에 있다. 그러니까 옴부즈만이 유고시에도 항상적으로 그의 기능이

3) 과거 영국의 경우 민원의 처리는 의원의 교유한 권한이며 의무라는 이유로 옴부즈만 설치를 반대하는 의견이 적지 않았으나, 결국 그의 유용성에 동의하면서 민원의 접수는 의원을 통해서만 가능하다는 선에서 타협점을 찾게 되었다. 그러나 이마저도 바뀌어 오늘날에는 국회의원의 소개 없이 민원의 접수가 가능하다.

수행될 수 있는 체제를 갖추어야 한다는 점이다. 이를 위해서는 옴부즈만이나 그의 조력자인 조사관 등에 결원이 생겼을 때에는 이를 조속히 충원하도록 하는 제도적인 장치를 갖출 필요가 있다. 그래야 일의 지체 없이 민원의 제기에 대해 즉응적으로 대처할 수 있는 체제를 항상적으로 유지할 수 있을 것이기 때문이다(Ghottehrer & Hostina, 1998: 5).

5) 접근성

시민권 행사의 대리기구로서 관료제가 지니는 또 다른 차원의 과제는 국가와 시민 사이를 격리하거나 양자 간의 의사소통을 지체하고 왜곡한다는 점이다. 따라서 옴부즈만이 또 다른 형태의 관료제 일부가 되지 않기 위해서는 자신이 민원현장으로 부터 격리되지 않도록 유의하는 일일 것이다. 이를 위해서는 먼저 옴부즈만의 존재 자체를 널리 알려 가시성을 높여야 하며 즉각적인 접근성이 보장되어야 한다(Hill, 1997: 7). 가시성을 높이기 위한 홍보전략 가운데 하나로는 대상집단별 맞춤형 의사소통 장치를 상정해 볼 수 있다(Pettigrew, 2003: 8). 즉각적인 접근성 보장을 위해서는 옴부즈만과 민원인 사이에서 어떤 형태의 장애도 허용되어서는 안 되는 데, 그런 점에서 볼 때 장애인을 위해 옴부즈만 사무실의 시설물을 개선하거나 언어소통상의 불편을 해소해 주기 위해 통역 서비스를 제공하는 일 등은 가장 기본적인 조처 가운데 하나다(USOA, 2003: 9).

그런데 이런 접근성은 그의 성질과 내용에 따라 적극적 접근성과 소극적 접근성으로 구분해 볼 수 있다(Ghottehrer & Hostina, 1998: 10). 적극적 접근성은 해당 민원인으로부터의 문제제기가 없더라도 옴부즈만이 스스로 문제를 파악하고 규정하여 그의 해결에 나서는 의지와 권한이 보장되어야 한다는 의미다. 이에 대해서는 논란의 여지가 아주 없는 것은 아니다. 옴부즈만 스스로 문제를 제기하고 민원의 소재를 규정하는 경우에는 민원해소에 있어서도 대리인체제에 의존하는 결과가 되고, 이는 결과적으로 새로운 형식의 대리인을 승인하는 것에 다름이 아니기 때문이다. 그러나 옴부즈만이 행정과정의 민원발생 소지를 줄이자는 데에 목적을 두는 기관이라면 민원발생요소를 보다 적극적으로 발굴하여 제거함으로서 예방적 조치에 나서는 것이 훨씬 더 효율적이라는 주장도 타당성을 갖는다. 무엇보다도 민원인에 의한 문제제기가 행정기관이나 행정관료의 방해나 비협조로 인해 은폐되거나 원활하지 못하게 되는 상황에 대해서도 대응해야 한다는 점에서는 그의 당위성에 대해 이론을 제기하기 어렵다.

반면에 소극적 접근성은 일단 민원인이 어떤 문제를 옴부즈만에게 제기하고자 하는 경우에는 그 과정에 어떤 형태의 장애도 있어서는 안 되며 원활한 접촉이 가능하도록 해야 한다는 의미다. 이런 관점에서 미국의 하와이 주(州)에서는 민원을 문서로 제기하도록 규정하는 것도 서면중심주의로 인해 민원인에 의한 대 옴부즈만 가촉성을 저해하는 요인이 된다고 보아 구두나 전화 및 인터넷으로 신청할 수 있게 하고 있으며 그에 따르는 전화비용까지도 옴부즈만 사무실이 부담하도록 하고 있다.[4] 민원제기에 따르는 수수료 징수를 금지하거나 민원해소 과정에서 발생하는 비용을 민원인에게 부담지워서는 안 된다는 것도 같은 맥락에서 제기되는 과제다. 그럴 경우 재정자원의 확보능력 여부가 새로운 형태의 접근성 저해요인으로 작용하게 될 것이기 때문이다.

옴부즈만이 보다 성공적으로 자신의 임무를 다하기 위해서는 현지를 방문해서 실태를 파악하고 실체적 진실을 규명하는 일에 진력해야 한다는 주장도 그럴 경우 옴부즈만에 대한 민원인의 가촉성을 높이는 효과가 있다고 보기 때문이다. 그런데 옴부즈만과 민원인 간의 접촉성을 높이기 위해서는 민원인에 의한 대 옴부즈만 가촉성 정도를 높이는 것만으로는 충분하지 않다. 옴부즈만에 의한 대 민원인 가촉성도 보장되어야 한다. 그런 점에서 많은 옴부즈만이 무기명이나 제3자의 이름으로 제기되는 민원에 대해서는 이를 외면하도록 규정하는 경향이 있다. 그럴 경우 옴부즈만에 의한 민원인 상대 접촉권이 제한되는 결과를 가져올 수 있을 것이기 때문이다. 그러나 민원제기의 대상이나 영역에 대해서는 아무런 제한도 두지 않는다.[5] 증거에 따라 어느 곳이든 조사가 가능하도록 해

4) 스칸디나비아와 핀란드는 문서로 민원을 신청해야만 민원으로 성립된다고 보고 있으며, 뉴질랜드는 민원 신청비 2 달라를 납부하도록 하고 있다. 미국 하와이주의 경우에도 최근에 들어서면서부터는 경찰의 가혹행위 같은 행정관료의 오류나 실수를 고발하고자 하는 경우에는 이를 서면으로 제기하고 민원인이 서명하도록 요구하고 있다. 이는 모두 민원인에 의한 대 옴부즈만 가촉성 보다는 옴부즈만에 의한 대 민원인 가촉성 증대에 유의한 결과로 여겨진다.

5) 다만 민원인이 옴부즈만 이외의 보다 효과적인 문제 해결 대안을 갖고 있거나 옴부즈만의 임명권자가 민원의 대상자가 되는 경우에 대해서는 관할권을 인정하지 않는 것이 보통이다. 옴부즈만의 접근성을 보장하자는 것은 보다 효율적으로 민원을 해결하자는 데에 근본 취지가 있는 것인 만큼 오히려 그런

야 민원발생의 근저에 대한 접근성이 용이해지기 때문이다. 이런 관점에서 3권 분립의 전통이 취약한 곳에서는 심지어 사법부에 대해서도 옴부즈만이 관할권을 행사하여 조사하고 접촉할 수 있게 하자는 경향이 늘어나고 있다.

그러니까 행정부에 의한 작위와 부작위, 의사결정과 제안, 기관차원과 개인차원 등 거의 모든 형태의 민원과 고충에 대해 옴부즈만이 접촉할 수 있어야 한다는 것이다. 다만 사법적 재결에 대해서만큼은 관할 대상에서 제외하고자 하는 것이 보통인데, 이는 3권 분립의 원칙과 재판 독립의 원칙을 지키고자 하기 때문이다. 따라서 정부는 물론이고 유사정부기관에 대해서도 관할 대상으로 삼고자 한다. 이는 국고가 투입되는 곳은 모두 옴부즈만의 활동대상이라고 보기 때문이다. 심지어 과거 정부의 관할 영역이었지만 현재는 민영화 되어 있는 곳에 대해서도 조사권이 인정되어야 한다고 본다. 이 경우 정부가 재정지원을 약속한 계약 내용이 관할권 행사의 근거가 되는 것은 물론이다.

따라서 옴부즈만의 관할대상에는 그것이 행정권의 행사와 관련되는 한 사실상 제한이 없다고 할 수 있으나, 현실적으로는 그런 관할 대상에 대한 접근과정에서 발생하는 장애요인을 옴부즈만이 얼마나 효율적으로 돌파할 수 있느냐에 따라 그의 실질적인 활동 경계가 결정된다고 하겠다. 그렇기 때문에 이런 장애를 돌파하는 데 있어 결정적 관건이 된다고 할 수 있는 행정기관으로 하여금 옴부

관할권 충돌로 인해 새로운 행정 갈등이 발생하거나 옴부즈만 스스로가 민원인이 되는 현상은 옴부즈만의 기관설립 취지에 반한다고 보기 때문이다.

즈만에 협조하도록 의무를 지우고자 하는 것은 당연한 귀결이다. 이로 인해 옴부즈만에게는 문서접근권, 증인출석요구권, 증언요구권, 증언강제권 등이 허용된다.

6) 기밀성

그런데, 민원의 제기는 민원을 제기하는 사람에게 당해 행정기관이나 행정관료로 부터 다양한 형태의 위협이나 피해를 촉발할 가능성을 동반하는 일이다. 따라서 민원 제기 관련 정보를 비밀에 부치지 않을 경우에는 민원 제기의 동기 자체를 크게 위축시킬 위험성이 있다. 그러므로 보다 활발하게 민원이 제기될 수 있도록 하기 위해서는 관련 정보의 공개를 차단하고 기밀성을 지키는 일이 중요 과제 가운데 하나가 된다. 단순히 민원이 제기되었다는 사실이 공개되는 것만으로도 해당 행정관료나 민원인의 인격이 훼손되거나 인권이 보장되기 어려울 수도 있다. 따라서 법률에 의해 따로 규정된 경우를 제외하고는 옴부즈만이 그의 임무를 수행하는 과정에서 발생하는 정보를 증언하거나 기록물로 남기도록 강제하지 말아야 하며, 관련 정보를 공개할 것인가의 여부를 결정하는 권한은 절대적으로 옴부즈만에게 부여되어야 한다(American Bar Association, 2004: 15). 이는 관료제적인 행정운영 양식이 서면중심주의로 인해 다양한 폐해를 동반하고 민원유발의 요인 가운데 하나가 되었다는 점에서도 주목하게 되는 과제다.

따라서 민원의 성질상 기밀성의 유지가 곤란하다고 판단되는 경우에는 민원인의 동의를 얻어 공개해야 하며, 민원인이 관련 정보의 공개를 원치 않지만 민원의 처리과정에서 관련 정보의 공개가 불가피하다고 판단되는 경우에는 안건 자체를 접수하지 않는 것도 하나의 문제해결 방안이 될 수 있다(Ghottehrer & Hostina, 1998: 10). 그만큼 기밀성의 유지는 옴부즈만 기능 수행에 있어 핵심적 과제 가운데 하나인 것이다. 옴부즈만은 민원인으로 하여금 자신의 가장 사적인 문제를 마음 놓고 말할 수 있게 하는 장치이며, 그렇기 때문에 바로 이점이 옴부즈만을 다른 국가기관 그러니까 국회의원이나 판사 내지는 검사와 차별화 하는 핵심적 요인으로 평가되기도 한다(Kostelka, 1998: 4).

이는 특히 기관내부형 옴부즈만(organizational ombudsman)의 경우 매우 중요한 과제로 간주된다. 동일 조직 내부에 설치되는 만큼 민원관련 정보의 유출로 인한 피해가 상대적으로 보다 클 것이기 때문이다. 그러나 고전적인 옴부즈만(classical ombudsman)의 경우에도 기밀성의 유지는 당연히 옴부즈만 활동을 촉진하는 성과를 동반하지 않을 수 없다. 따라서 공적 분문의 업무수행 성격상 최소한의 기록유지가 불가피한 경우일지라도 기록 범위를 최소한으로 규정하고 일정 기한이 지나면 자동 폐기토록 하는 일몰법(sunset law)을 도입하거나 문서에 대한 접근권을 담당 옴부즈만으로 한정하는 등 다양한 장치를 통해 기밀성 유지에 애쓰고자 한다.

그러나 보다 적극적으로는 옴부즈만의 기밀유지권을 법률로 보호하는 일이다. 사법부의 영장청구로부터도 옴부즈만의 관련 정보 보호권을 인정하는 옴부즈만 기밀유지권과 관련 면책권을 법률로 규정할 필요가 있다는 의미다(USOA, 2003: 8). 성문법상 옴부즈만의 이런 권리를 명시하지 않는 경우에는 최소한 옴부즈만 운영관련 정책기조에라도 문서로 이를 밝혀둘 필요가 있다. 그리고 이를 광범위하게 공표하고 공지해서 여러 사람이 숙지할 수 있도록 해야 한다(American Bar Association, 2004: 15).

매우 예외적이기는 하지만 옴부즈만이 이런 기밀성을 견지하기 어려운 경우가 전혀 없는 것은 아니다. 무엇보다도 행정정보공개제도와의 충돌문제는 심각하다. 행정정보공개제도의 규정에 따라 공개가 금지되는 경우를 제외하고는 공개청구가 있을 경우 기밀성의 유지가 침해될 수밖에 없다. 최소한 공개 여부를 판단하기 위해 관련 업무담당자가 관련문서나 정보를 검토하는 일은 불가피하고 이 과정에서의 공개는 막기 어렵다. 검토의 결과 공개 대상에 해당된다는 판단이 나오는 경우에는 더 말할 나위도 없다. 정부 감사업무담당관이 관련 행정관료의 부패, 왜곡, 남용 등과 관련하여 관련 정보의 공개를 요구하는 경우에도 문제는 심각하다. 그렇지만 기본적으로는 이런 경우에도 옴부즈만에게는 기밀성 유지의 권한이 부여되어야 한다는 것이 중론이다(Meltzer, 1998: 604-605).

그러나 그렇다고 해서 공익 유지를 위해 필요하다고 판단되는 정보 공유마저도 차단되어야 하는 것은 아니다. 민원인의 진술을 통해 제3자의 안위가 위협받는다거나 사회적인 질서 유지가 크게 훼손될 가능성이 있는 정보의 경우에는 이를 당연히 관련자들과 공유할 수 있어야 할 것이다(American Bar Association, 2004: 15).

7) 신뢰성

옴부즈만은 그의 활동에 대한 사회적인 신뢰가 전제되어야 보다 효율적으로 자신의 책무를 다할 수 있다. 그런데 옴부즈만이 사회적인 신뢰를 확보하기 위해서는 민원인을 비롯한 관련 당사자들이 옴부즈만의 권위를 인정하고 수용해야 하며 옴부즈만으로서는 그들에 대해 책임을 다할 수 있어야 한다. 옴부즈만의 활동과정에 결함이나 부족함이 있을 경우 관련 당사자들이 옴부즈만의 조언이나 권고를 외면하게 될 것은 당연한 이치다. 그런데 이런 옴부즈만의 권위를 형성하는 요소에 대해서는 옴부즈만의 개인차원과 기관차원으로 나누어 생각해 볼 수 있다(Pettisgrew, 2003: 7).

먼저 개인차원에서 볼 때 옴부즈만은 법률, 행정, 정책 등을 다루는 데 필요한 전문가적인 식견과 판단력을 지녀야 한다. 성공적인 옴부즈만이 되는 데 필요한 자격 요건이 무엇인지를 일반화 하기는 어렵다. 왜냐하면 옴부즈만의 판단이나 권고가 관련 당사자들로부터 존경받고 수용되는 과정에는 실로 다양한 변수가 작용하고 있을 것이기 때문이다. 그러나 최소한 법률, 행정, 정책 따위를 분석하고 검토하는 데 필요한 능력을 갖추고 있어야 할 것만큼은 자명하다. 이점은 특히 제한적인 분야를 다루게 되어 있는 전문 옴부즈만의 경우보다 더 분명하다. 따라서 어떤 옴부즈만에게 특정 전문지식이 필요하다고 판단될 때에는 이를 법률로 명시할 필요가 있다. 옴부즈만이 휘하에 조력자를 두고 있는 경우에는 이를 관리하고 통솔할 수 있는 능력도 겸비해야 한다(USOA, 2003: 8-9).

그 뿐만이 아니다. 비공식적으로 활동하는 데 필요한 역량도 갖추고 있어야 한다. 옴부즈만의 핵심적 과제 가운데 하나인 민원관련 실체파악에 성공하기 위해서는 공식적인 조사 활동 외에도 다양한 양식의 비공식적인 노력도 요청된다. 정보를 제공하거나 스스로 문제를 제기하도록 조언하거나 촉진하고 중재하는 등 여러 형태의 조력을 제공해야 하는 것이다. 이 가운데 어떤 전략이나 접근방법을 채택할 것인가는 전적으로 옴부즈만 자신이 결정할 문제다. 모든 민원이 공식적이고 철저한 조사를 통해서만 해결되는 것은 아니다. 그렇게 할 수 있을 만큼 충분한 자원이 제공되는 것도 아니다. 그러나 그렇다고 해서 민원인에게 타당하고 합당한 조력을 제공하지 않을 경우에는 누구도 옴부즈만을 신뢰하거나 의존하려들지 않게 된다(USOA, 2003: 9).

기관차원에서 보면, 관련 당사자들이 수용하고 실행할 수 있는 대안을 권고하거나 제안하는 일에 초점을 맞추어 운영되어야 한다. 그렇지 않을 때의 문제는 심각하다. 옴부즈만은 기본적으로 자신의 견해나 입장을 견지하고 이를 관철하고자 할 것이 아니라 관련 당사자들을 지원하고 조장하며 촉진한다는 데에 초점을 맞추고 운영되어야 다른 행정기관과 차별성이 유지되며 그 결과 신뢰성을 확보할 수 있다(Chambers, 2001: 5).

기관 활동의 상시성 보장도 중요 요인 가운데 하나다. 옴부즈만은 언제나 활동 상태에 있고 그렇기 때문에 하시라도 조력을 받을 수 있다는 믿음이 형성되어 있어야 한다. 이를 위해서는 옴부즈만의 권한을 부옴부즈만이나 차석 옴부즈만 같은 대행자에게 위임할 수도 있어야 한다. 옴부즈만 부재시 그의 권한을 대행할 사람이 있어야 기관운영상의 공백이 사전에 차단될 수 있을 것이기 때문이다. 그러나 그렇다고 해서 권한 위임권 자체나 보고권 같은 것은 결코 위임할 수 있는 성질의 것이 아니다. 여하튼 이런 대리권이나 위임권으로 인해 언제나 옴부즈만이 작동하고 있다는 메시지를 전달함으로서 일반시민으로 하여금 옴부즈만에게 의존하고 기대려는 성향을 담보해야 한다.

그러나 이 과정에서 옴부즈만의 관할 범위를 분명히 하고 이를 일반시민에게 숙지시켜 불필요한 기대나 민원 신청이 이루어지지 않도록 해야 한다. 당연히 관할 범위 밖의 문제에 대해서는 관여할 수 없으며 그로 인해 불필요한 실망감을 안겨주어서는 안될 것이기 때문이다. 또한 옴부즈만은 그의 기본적인 존재이유가 행정부의 비능률이나 책임성 부재를 시정하자는 데에 있는 만큼 옴부즈만 자체가 능률적으로 운영되어야 하고 또 책임성 확보에 유의해야 할 것은 당연한 이치다(Hill, 1999: 5).

8) 종국성

옴부즈만에 의한 의사결정은 대개 사법적 심사의 대상에서 제외된다. 이는 옴부즈만의 관할범위에 관한 분쟁이나 기타 심각한 오류가 있는 경우를 제외하고는 옴부즈만의 결정에 대해 법원이 개입하지 않는다는 뜻이다. 이렇듯 관련 당사자들이 옴부즈만의 결정에 대해 불만을 토로하거나 수용하지 않을 수는 있어도, 옴부즈만이 취한 결정에 대해서는 옴부즈만이 아닌 누구도 이를 재심하거나 변경하거나 또는 수정을 요구할 수 없다. 이 점에서 옴부즈만에 의한 의사결정은 종국성(finality)을 지닌다(Ghottehrer & Hostina, 1998: 8-10). 옴부즈만의 존재이유 자체가 바로 이런 이해관계나 분쟁 속에서 최후적인 해결책을 모색하자는 데에 있기 때문이다.

이렇게 옴부즈만에게 종국적인 의사결정권을 부여하는 원인 가운데 하나는 국가의 행정작용 내지는 분쟁조정 기능이 지지부진하거나 반복되는 경우 의사결정의 적기를 노치거나 조정의 지체에서 오는 행정의 비효율과 국고의 낭비가 적지 않다고 보고 이를 극복하고자 하기 때문이다. 이를 통해 국민의 고충을 신속히 회복하자는 의도도 내포되어 있다. 따라서 종국성은 앞서 논의된 옴부즈만의 또 다른 속성인 신속성과도 연계되어 있는 셈이다.

같은 맥락에서 옴부즈만에 의한 의사결정 결과를 관련 이해당사자나 기관에 통보하는 과정에서도 이를 누구도 방해하거나 지체해서는 안 된다(Pettigrew, 2003: 8). 옴부즈만의 종국적 권위를 상정하는 경우 이를 압도하는 권위기관이란 따로 있을 수 없는 일이기 때문이다.

그 뿐만이 아니다. 옴부즈만은 자신의 결론에 이르기까지의 과정에서 누구로부터도 방해받지 않고 자유롭게 자신의 관점을 정립하고 선택하며 결론에 도달할 수 있는 권리를 지니며 그렇기 때문에 그에 의한 의사결정 결과는 당연히 외부의 힘에 의해 왜곡되거나 훼손되지 않은 것으로 간주된다. 그 결과 옴부즈만 자신만의 고결한 판단과 독자적 평가의 결과라는 정통성을 지니게 되고, 그렇기 때문에 존중해 마땅한 것으로 인식된다. 이점에서 옴부즈만의 또 다른 특성인 독립성과도 연동되어 있다.

그리고 그런 종국성이 관련 이해당사자들 사이의 이해와 정서적 수용을 전제하는 것이라는 점에서는 권고성과도 연동되어 있다. 일방적 지시나 강제력이 아닌 자발적 수용과 이해력에 기초하는 것이기 때문에 더 이상 재론의 여지가 없고 그렇기 때문에 종국적인 결론에 도달한 것으로 여겨진다는 의미다.

특히 옴부즈만이 도덕적, 윤리적 판단자로서 정의 구현의 책무를 지녔다고 보는 경우 당연히 정의에 입각한 결론은 하나일 수밖에 없으며, 그렇기 때문에 옴부즈만에 의한 결정은 재론될 수 없는 성질의 것이라는 추론이 가능하게 된다.

9) 유연성

옴부즈만은 그의 발흥과 전개과정에서 드러나는 바와 같이 환경적 조건에 따라 유연하게 조응하고 적응하는 변용성을 지녔다. 이는 고전적인 옴부즈만이 행정부형 옴부즈만 내지는 기관내부형 옴부즈만으로 확산, 변화하는 현상이나 공적 부문에서나 목격되던 옴부즈만이 사적 부문으로까지 확대되는 데에서도 알 수 있다. 그러나 이런 변용과 적응을 단지 모든 조직이나 기관이 환경변화에 따라 순응해 나가는 기관형성과정의 일부라고 보기보다는 옴부즈만의 내재적 속성 가운데 하나라고 보아야 하는 이유는 바로 이런 변화와 적응 현상이 기관 자체의 운영양식이나 성질의 변화에서도 나타나기 때문이다.

옴부즈만은 자체 기관형성의 초기 단계에서는 대체로 공식적인 절차나 조사양식에 의존하려는 경향이 높지만, 일단 제도가 공고화 되거나 활착화 한 연후에는 비공식적인 조정이나 절차에 의존하는 성향이 커진다. 캐나다 온타리오주의 옴부즈만 경우를 보더라도 옴부즈만 형성의 초기에는 주로 법원의 결정을 통해 갈등을 해결하거나 분쟁을 조정하려는 성향이 컸었지만 요즈음에는 전화나 기타 개인적인 접촉 등을 통해 비공식적으로 신속히 문제해결에 나서는 것이 보통이다(Pettigrew, 2003: 5).

옴부즈만에 의한 분쟁이나 갈등해결은 민원이 제기된 연후에 조치가 취해지는 것이 상례이지만 요즘에는 그런 민원이 발생하기 전에 미리 예방적 차원의 사전적 조치로서 문제발생 소지가 있는 부분이나 과제를 선정하여 그에 대해 적극적으로 조사하고 대응전략을 제시함으로서 문제발생의 소지를 근인적으로 차단하려는 경향도 나타나고 있다.

옴부즈만은 개별적인 민원해결에 대한 주문을 받고 이의 해결을 위해 노력하는 것이 보통이지만 최근에는 그런 개별적 사례보다는 보다 포괄적이고 총체적인 적용력을 갖는 시스템의 교정이나 개선에 주목하는 변화도 보이고 있다.

이와 같이 옴부즈만은 지속적으로 변화하는 속성을 지녔으며, 환경적 조건의 변화에 따라 자신을 적응시켜나가는 대응성을 보이고 있다.

10) 도덕성

옴부즈만이 그의 업무 수행과정에서 중립성과 불편부당성을 견지해야 한다는 말은 결코 무관심하거나 부정의(injustice)에 대해 관용적이어도 좋다는 의미가 아니다(Levine, 2005: 1). 행정정의의 구현이야 말로 옴부즈만이 추구해야 마땅한 여러 덕목 가운데 가장 으뜸가는 것이라고도 말할 수 있다. 국민고충의 해결 자체가 부적절한 행정행위를 시정하자는 것인데, 그 과정에서 부적절한 행정행위에 당면한 옴부즈만은 자신의 의지와 선택에 따라 다양한 결정을 하며 문제를 해결해 나가게 된다. 그런데 이때 옴부즈만이 의지하게 되는 궁극적인 판단의 준거는 자신의 선택이나 결정이 과연 정의로운 것인가의 여부일 수밖에 없다(Rowe & Gottehrer, 1997: 2). 이 점은 특히 옴부즈만이 적극적 조사권을 행사하거나 적극적 접근권을 행사하고자 하는 경우 매우 명료해진다. 단순히 수동적으로 민원인의 문제제기에 반응하는 것이 아니라 능동적으로 어떤 상황을 진단하고 평가하며 기관이나 사회에 문제를 제기하기 위해서는 무엇이 오류이고 무엇이 부적절한지를 판단하는 준거가 있어야 할 것이기 때문이다.

그런데 이때 정의로운 것이 도덕적이라고 한다면 도덕적이라는 언명에는 실로 다양한 의미가 함축된다. 민주정체 하에서는 당연히 사회공동체 구성원으로서 견지해야 하는 사회적 책임성, 공정성, 동료애 내지는 박애의 정신 따위가 도덕성의 실체일 것이다. 또는 어떤 세상을 살아가면서 체득하게 되는 합리성이나 직관 따위를 도덕성이라고도 말할 수 있을 것이다. 아니면 종교적, 사상적인 원류에 기초하는 실존적 책무일 수도 있다. 도덕성이 이렇게 다양하고 다원적인 의미를 함축한다는 것은 도덕성에는 인간이 본래 지니는 근원적인 덕목을 지칭하는 차원도 있지만 그가 살아온 사회문화적 환경에 의해 구속되거나 규정되는 성질의 것을 지칭하는 차원도 함축한다는 의미다.

따라서 옴부즈만이 도덕적이어야 한다는 것은 정파 간의 이해관계에서 초월해야 한다는 의미에서의 정치적 중립성 견지, 행정기관으로부터의 포획에서 벗어나야 한다는 의미에서의 자율성 유지, 특정 정책이나 주의를 주창하지 말라는 주문, 일체의 선입견이나 편견으로부터 벗어나 객관적으로 업무에 임해야 한다는 요구, 이해충돌에서 벗어나기 위해 스스로를 재척해야 한다는 주장, 자기의 결정에 대해 자신이 평가의 주체가 되어서는 안 된다는 의미의 중립성 내지는 불편부당성의 원리와 결코 충돌하지 않는다.

이렇게 놓고 볼 때, 행정정의의 구현을 위한 도덕성 회복 작업은 시대 상황의 변화에 조응하지 못한 데에서 오는 구태나 불일치를 시정하는 일이라고도 말할 수 있다. 그리고 그렇기 때문에 옴부즈만은 단순히 권리를 구제하거나 갈등을 해소하는 데에 끝나지 않고 행정과정의 개혁이나 쇄신을 겨냥하게 된다. 그리고 이런 제도개혁이나 쇄신이 개별사례가 아니라 그런 개별사례들이 상호연계되어 하나의 체계를 형성한다고 보는 보다 총체적이고 종합적인 차원에서 문제를 해결하고자 할 때 가능한 일이라는 점에서 보면 체계론적인 접근시각에 의존하는 것이라고도 말할 수 있다.

4. 옴부즈만과 국민고충처리위원회

바로 이런 옴부즈만의 하나로 고안된 것이 한국의 경우 국민고충처리위원회다. 따라서 국민고충처리위원회가 옴부즈만으로서의 속성과 구조적 특성을 견지해야 할 것은 이론의 여지가 없다. 그러나 국민고충처리위원회의 구성양식이나 운영절차가 옴부즈만의 구조적 특성을 잘 반영하고 있는지에 대해서는 이론의 여지가 없지 않다. 무엇보다도 기왕의 정부 민원처리담당기관과 차별화를 이루면서 옴부즈만이라고 하는 새로운 양식의 기관 개념 설정을 통해 국민고충처리위원회가 구성되고 또 운영되고 있는지에 대해서는 보다 체계적인 점검을 필요로 한다.

1) 구성양식

국민고충처리위원회가 옴부즈만으로서의 구조적 특성을 견지하는 데 있어 전혀 무력하다고 말하려는 것은 물론 아니다. 국민고충처리위원회는 행정부에 소속되어 있기 때문에 입법부에 소속되는 고전적인 형태의 옴부즈만에 비해 정치권의 부당한 압력이나 정파간의 대립으로 부터 벗어나 정치적 중립성 내지는 공정성을 유지하는 데 있어 상대적으로 유리한 입장에 있다. 이는 특히 한국의 정치과정이 국민의 이해관계를 대변하거나 조정하는 데 역진적인 성과를 낳을 뿐이라는 저간의 평가를 감안해 보면, 더욱 더 그 의의가 적지 않다. 이론적으로만 보면 국회에 소속되는 것이 그의 운영과정에서 독립성을 유지하기가 보다 유리하고 그렇기 때문에 공정성 유지에 훨씬 더 용이할 것이다. 그러나 현실적으로는 그럴 경우 정당을 매개로 하는 정치적 압력으로부터 벗어나기가 쉽지 않다. 국회가 국민고충처리위원회에 대한 최종 예산배정권을 쥐게 된다는 점에서 볼 때도 국회로부터의 압력이나 국회를 구성하는 정파 간의 이해관계로부터 벗어나 중립성을 유지하기란 쉬운 일이 아니다(Anderson, 1974: 4). 국회에 소속되는 경우에는 결과적으로 국회에 의한 행정부의 간여가 됨으로 3권 분립의 정신에 위배된다는 지적도 가능해진다.

그러나 행정부에 소속되어 있기 때문에 국회에 소속되는 경우보다 행정업무의 문제점을 조사하고 시정을 요구하는 데 있어 독립성을 견지하기가 어렵고 그렇기 때문에 중립적이고 공정한 업무 수행이 어려울 것이라는 지적도 가능하다. 그러나 국민고충처리위원회가 옴부즈만 기능을 수행하는 과정에서 필요로 하는 독립성은 보고대상으로부터의 독립성이 아니라 조사대상으로부터의 독립성이며, 그렇기 때문에 궁극적으로 행정수반에게 귀속되는 관계에 있다고 해서 그것이 업무수행상의 중립성 유지를 직접적으로 저해하는 것은 아니다.[6]

또한 국민고충처리위원회의 설치 동기가 고전적인 의미의 옴부즈만과는 달리 민원이 제기된 과제의 사실조사나 실태 파악 자체보

6) 일반적으로 행정수반은 옴부즈만에 의한 업무수행 대상에서 제외하는 것이 보통이다. 옴부즈만은 행정적 조치의 타당성 여부를 검증하는 데 초점을 맞추는 기관이라고 보는 까닭이다.

다는 민원으로 인한 갈등 해소에 보다 더 강조점을 두고자 한다는 점을 상기해 볼 때, 국회보다는 행정부에 소속하도록 하는 것이 보다 더 유리한 점도 적지 않다. 일반시민에게 있어 최대의 관심사는 어떤 방법으로든 당면하고 있는 민원을 해소하는 데에 있으며, 이는 행정부 외부로부터의 협조 요청이나 개입보다는 내부로부터의 협조나 협의를 통해 접근할 때 보다 용이하고 신속하게 처리될 수 있을 것이기 때문이다. 권고적 해결이나 간이 구제 등의 문제 해결 양식을 지향하는 경우에는 외부통제보다는 내부통제가 보다 더 유용하다는 뜻이다. 행정 수반으로서 대통령이 지니는 권위를 이용하여 문제해결에 나설 수 있기 때문에 보다 권고적 해결에 유리하고, 그렇기 때문에 보다 신속하고, 효과적으로 민원을 해소할 수 있다(Anderson, 1974: 4)는 점도 유의해 볼 일이다. 무엇보다도 행정의 계속성 유지에 지장을 주지 않으면서도 제기되는 민원 해결에 나서도록 유도하기 위해서는 우회적이고, 비공식적인 접근전략을 채택해야 하는 데, 이는 상대적으로 내부통제의 경우 보다 유리한 일이다. 민원처리 과정에서 필요한 정보를 찾는 데에서도 같은 행정부 소속 기관이 나설 때 보다 더 효율적일 것은 당연한 이치다. 맞춤형 접근전략을 개발하는 데에서도 내부기관에 의한 경우가 더 효율적이다.

국회 소속 옴부즈만에 의한 민원처리는 행정적 대리인의 과오를 정치적 대리인을 통해 해소하자는 것임으로 대리인을 통해 대리인의 문제를 해결하자는 것인데 이는 직접민주주의에 대한 수요가 증대하고 있는 작금의 시대적인 요구에 부합하지 않는다는 점도 감안할 필요가 있다. 반면에 국민고충처리위원회는 행정부 소속기관에 행정부를 상대로 하는 민원을 제기하자는 것임으로 대리인으로 인해 발생하는 문제를 해당 대리인에게 직접 제기해서 해결해 보자는 것으로 이해된다. 이는 결국 대리인과 시민 간의 관계에서 문제를 해결하자는 것이고, 그렇기 때문에 직접성의 정도를 상대적으로 높이게 된다.

국회 소속의 경우보다는 상대적으로 민원현장에 가까이 있기 때문에 적극적으로 분쟁대상자나 고충민원인을 찾아 나서려는 의지가 강하고 그렇기 때문에 민원인에 대한 "적극적인 접근성"이 상대적으로 강하다는 장점도 있다. 행정부에 소속되어 있기 때문에 정부의 행정 서비스와 관련하여 무엇이든지 불만족스러운 것이 있으면 거의 모든 분야에서 문제를 제기할 수 있고, 종합민원처리기관의 성격을 지니고 있어 보다 많은 인력과 예산을 투입하고 보다 범정부적 관점에서 민원 해결에 나설 수 있다는 점도 장처다. 통합민원치리기구(one stop service)이기 때문에 복합민원인의 경우에는 옴부즈만에 대한 접근성이 보다 더 용이하고 경제적이며, 행정부 소속이기 때문에 민원현장에 대한 직접적인 접근성이 상대적으로 높다는 점도 긍정적으로 평가되어야 마땅하다.

무엇보다도 국민고충처리위원회는 행정부 수장의 권위를 이용할 수 있기 때문에 민원이 잘 풀리지 않을 경우에는 최종적으로 행정명령을 발동할 수도 있고, 보다 직접적이고 명료한 조치로서 벌칙부가의 의지를 가시화 할 수도 있다(Anderson, 1974: 5). 신속한 문제해결 통로의 개척이 가능하다는 의미다. 물론 이는 옴부즈만의 본질에 비추어볼 때 예외적으로 인정되어야 할 편익이다. 그러나 보다 중요한 것은 국민고충처리위원회를 국회 소속 기관으로 했을 경우 한국의 정치 현실이 그의 원활하고 신속한 활동을 보장하기 어려울 것이라는 점이다. 정쟁으로 인해 활동이 지체되었을 가능성이 적지 않다. 국회가 교착상태에 빠지거나 정파 간 대립이 격화되는 경우 국회가 제 기능을 수행하기 어렵고 그 결과 국민고충처리위원회의 업무 수행도 천연되었을 것이기 때문이다.

국민고충처리위원회가 국회 소속이었다면 국회의 국정조사권이나 국정감사권 행사과정에서 드러나 있는 바와 같이 정략적 투쟁의 대행기구로 전락하면서 업무수행상의 공정성 유지가 어려웠을 가능성도 높다. 사실상 국회의 국정감사권이나 국정조사권과 그의 기능적 특성상 중복되는 성질이 적지 않다는 점도 문제다. 민원처리과정에서의 공정성 유지에 있어 그 기초가 되는 청렴성 유지도 정치부패가 만연되어 있다는 국회보다는 상대적으로 권력형 부패의 정도가 낮은 것으로 평가되는 행정부 소속일 때 상대적으로 유리하다.

국민고충처리위원회가 행정부 내부 통제장치의 하나로 작동하는 한 기밀성 유지에 있어서도 상대적으로 유리한 입장에 있는 것이 사실이다. 이점은 특히 국회에 소속되는 경우 국회의 기관 속성상 대화와 토론을 강조하게 되고 절차를 중시하면서 민원관련 정보의 대외 유출 가능성이 상대적으로 크기 때문이다.

2) 운영절차

그러나 아직 시정되어야 할 과제도 적지 않다. 무엇보다도 일반 옴부즈만의 형태를 취함으로서 분야별 과제에 대한 전문지식이 상대적으로 취약하거나 해당 행정기관의 전문성이나 관할권을 존중하는 나머지 많은 민원을 자체 해결하지 않고 외부 행정기관에 이첩하거나 이송하는 결과를 낳고 있다는 점은 국민고충처리위원회의 기관 존재의의 자체를 위협하는 일이다. 그리하여, 이송 및 이첩 민원이 전체 접수안건의 약 30%를 상회한다는 것은 문제다(지영림, 2006: 86). 옴부즈만은 권고를 통해 문제의 종국적인 해결을 지향하는 갈등조정기구이기 때문에 국민고충처리위원회에 일단 민원이 접수되면 자신이 해당 민원처리에 있어 종국적인 해결기관이라는 인식으로 임해야 옳다. 그럼에도 국민고충처리위원회가 접수된 민원을 종국적으로 해결하려들지 않고 다른 기관으로 이첩한다는 것은 옴부즈만에 대한 이해가 부족한 탓이거나 관료적 문제해결양식에 대한 관성에서 벗어나지 못한 때문인 것으로 여겨진다.

이행결과점검을 국민고충처리위원회의 주요역할 가운데 하나로 인식하는 것도 문제다. 옴부즈만은 민원해결 당사자들의 문제 해결대안 내지는 조정안에 대한 권고와 그런 권고에 대한 수용 및 순응을 전제로 활동하는 기관이기 때문에 논리적으로 볼 때 옴부즈만에게 있어 조정 결과의 이행 여부를 점검해야 할 이유는 없다. 권고를 통한 조정은 당연히 조정 결과의 승복을 통해 종결되거나 아니면 조정 결렬로 귀착되어야 하는 까닭이다. 이행여부 점검은 권고를 통한 조정이 당사자의 전인적이고 총체적인 수용이나 동의가 없이도 성립 가능하다는 점을 상정하는 데, 이는 옴부즈만이 지향하는 문제 해결 방식이 아니다.

그러나 권고에 의한 문제해결방안은 권고라는 행위의 본래 속성상 자신이 소속되어 있지 않은 기관에 대한 권유를 전제로 하는 것인 데, 행정부 소속 기관인 국민고충처리위원회가 행정부를 상대로 "권유한다"는 것은 논리적으로 맞지 않고, 따라서 권고적인 문제해결 방식에 충실하려면 행정부 외부 기관에 소속되어야 한다는 주장에도 경청해야 할 논거가 있다. 권고성을 견지하기 위해서는 기관 독립성의 유지가 관건이라고 본 결과다.

더욱이 국민고충처리위원회는 비록 정부의 일원적인 계서제로부터 벗어나 대통령으로부터 직접 지휘를 받는 위원회형 행정기관이라고 하지만 대통령을 매개로 하는 행정부의 우회적인 압력으로부터 자유로울 수가 없고, 특히 대통령 교체기나 대통령이 행정 수반으로서의 권위를 상실한 상태 또는 대통령의 개인적인 관심이나 배려가 부족한 경우에는 기관권위의 유지나 기관존립 자체가 위협받을 수도 있다(Anderson, 1974: 5). 그러니까 행정부로부터 독립되지 않는 옴부즈만이 과연 옴부즈만으로서의 역할을 제대로 수행할 수 있느냐고 하는 보다 본질적인 의문이 제기될 수 있다. 행정부 소속이기 때문에 진정한 의미의 옴부즈만 가치가 훼손될 수도 있다(정순교, 2005: 13). 독립성 보완에 대한 수요가 상존한다는 뜻이다.

국민고충처리위원회는 또한 종합민원행정기관의 양식을 취하고 있기 때문에 집권적 구조를 이루고 있고, 그렇기 때문에 다른 나라의 국가 옴부즈만에 비해 상대적으로 관료화의 정도가 높고, 그 결과 일반시민의 국민고충처리위원회에 대한 접근성이 훼손될 수 있다는 점도 문제다. 민원처리 기관과 일반시민 사이에 일종의 관료적 장애가 구축되는 결과가 되고 있으며, 그 결과 관료적 병폐를 극복하기 위한 장치가 스스로 관료적 병폐를 동반하는 모순이 발생할 개연성을 안고 있는 셈이다. 민원 빈발 현장에 파견소를 설치하는 것과 같이 현장밀착적 기관구성의 원리를 적용하고 있지 않기 때문에 민원 현장으로부터 일정 부분 격리되어 있고 그렇기 때문에 민원해결의 신속성이나 즉응성에서 제한을 받고 있는 것도 사실이다.

민원의 신청 및 접수, 대리인의 선정, 권고 및 조정, 처리결과의 통보, 등 민원처리의 전 과정이 문서로만 행해지도록 되어 있어 기록성의 유지나 책임소재의 명확화 등에서는 유리할지 모르지만 번문욕례나 서면주의에 따르는 형식주의, 접근성 훼손, 기밀성 유지의 실패 등을 결과한다는 점은 문제다. 이로 인해 신속성이 확보되기 어려울 것은 물론이다. 민원 처리에 대리인 제도를 둠으로서 민원처리과정이 관련 당사자 간의 직접적인 접촉을 방해하고 나아가 관료화 할 가능성을 배태하고 있다는 점도 문제다. 당연히 관련 당사자들 사이에서 신속하고 정교한 의사소통을 유지하기가 어렵게 되고, 나아가 관료제적인 문제해결 양식인 대리인 체제를 반복한다는 점도 지적되어야 할 한계다.

같은 맥락에서 합의제형 의사결정 양식을 택하고 있어 민원처리과정에서의 지체와 불필요한 관료적 절차를 추가하는 결과가 되고 있다. 이점은 옴부즈만이 그 본래 속성 가운데 하나를 신속한 민원처리에 두고 있다는 사실에 비추어 볼 때 옴부즈만으로서의 국민고충처리위원회가 지향해야 하는 본질적 특성에 역행한다고까지 말할 수 있다. 더욱이 대부분의 위원이 비상근이어서 지체 없이 회의를 개최하기가 어렵고 그렇기 때문에 안건 처리의 지연이 불가피해지고 있다. 합의제형 업무처리구조를 통해 안건 처리상의 신중성과 다양한 시각의 투입을 가능케 한다고 하지만 국민고충처리위원회가 국가 옴부즈만의 기능을 수행하고자 하는 것이라고 한다면 자신의 업무처리과정에서 필요로 하는 것은 바로 이런 신중성이나 민주성이 아니라 신속성과 과단성에 있다는 사실을 유념할 필요가 있다. 옴부즈만은 그것 자체가 새로운 행정조치를 취하자는 것이 아니라 이미 그런 신중성과 다양성에 대한 고려를 통해 이루어진 관료적 의사결정의 한계를 보충함으로서 돌파하자는 것이기 때문이다.

일종의 내부통제 양식을 취하는 것이기 때문에 민원 대상 기관이나 관료와 결탁하거나 동류집단 의식이 작용하면서 통제와 감시의 기능이 약화될 우려가 있다는 점도 문제다. 특히 인적 구성에서 처음부터 옴부즈만 업무에 대한 투철한 의지나 전문성을 갖춘 이들을 행정부 외부로부터 충원하기 보다는 행정부 내의 다른 부서로부터 차출해서 채용한 경우가 적지 않기 때문에 이런 우려의 실제 가능성은 배가된다. 업무수행 과정에서의 공정성이나 중립성이 훼손될 가능성이 적지 않다는 의미다. 특히 행정수반의 정치적 판단이나 선호에 순응하고 그 결과 독립성이나 불편부당성을 유지하기가 곤란할 것이라는 점은 주목해 볼만한 과제다(Anderson, 1974: 4). 바로 이런 행정부 내부 네트워크를 통해 민원관련 정보가 외부로 유출되거나 그로 인해 기밀성의 유지가 위협받을 수도 있다.

5. 전문 옴부즈만의 논거와 전략

이렇게 국민고충처리위원회의 구조적인 한계, 특히 독립성에 대한 의구심이 존재하는 한 시민의 국민고충처리위원회에 대한 신뢰를 담보하기 어렵고 독립행정기관으로서의 국민고충처리위원회에 대한 신뢰가 전제되지 않는 한 효율적인 업무 수행이 어려울 것은 당연한 이치다. 따라서 국회에 소속시키는 데에서 오는 기관 독립성 훼손 문제를 우려하여 현재와 같이 행정부 소속 기관화 하는 데에 대해 동의한다고 하더라도 여전히 지금과 같은 양식으로 행정부에 소속되어 있는 경우에는 기관 독립성 훼손 가능성에 대한 우려가 상존한다는 점을 상기해야 한다. 따라서 기관 독립성 유지를 위해 필요하다고 판단되는 보완적 장치들을 추가해야 하는 수요는 여전하다.

이런 수요에 조응하기 위해서는 실로 다양한 접근전략과 개선점을 구상해 볼 수 있겠지만 그 가운데에서도 국민고충처리위원회를 현재와 같이 일반 옴부즈만의 형태로만 유지하기 보다는 전문 옴부즈만 제도를 도입해서 보다 독립성 훼손의 가능성이 높은 분야에 대해서는 이를 적극적으로 보안해 나가는 전략은 매우 시의적

절하고 또 실용적 효과가 적지 않을 것으로 기대된다.

그런데 일반 옴부즈만에 대한 대칭적 개념으로는, 흔히 일반 행정가적인 소양이 아니라 전문가적인 식견과 지식을 지닌 전문가가 문제 해결에 나선다는 의미의 전문 옴부즈만(professional ombudsman), 상대적으로 제한된 범위의 분야별 과제만을 다룬다는 의미의 특수 옴부즈만(particular ombudsman), 특정의 주제를 강조해서 다룬다는 의미의 특별 옴부즈만(speciality ombudsman) 등의 의미가 병존하고 있다. 이 가운데 전문 옴부즈만은 옴부즈만의 본성 가운데 하나가 전문성의 원리로 인해 발생하는 시민경시 자세를 개선하자는 데에 있다는 점에서 볼 때 스스로 자기 모순적이라는 한계를 지닌다. 그러나 옴부즈만이 행정국가 자체를 부정하자는 것은 아니며 단지 전문성의 원리에서 파생되는 시민경시 태도를 시정하자는 데에 주목하려는 것이라는 점에서 볼 때는 행정국가의 윤리적 가치관 속에 살고 있는 대부분의 일반시민에게 전문가적인 식견과 경험을 토대로 업무를 다룬다는 것이 상당한 호소력을 지니는 것 또한 틀림없다. 특수 옴부즈만은 단순히 제한된 범위만을 다룬다는 점을 전달하는 것이기 때문에 가장 중립적이고 또 객관적이라고 할 수 있지만, 지나치게 객관화 한 결과 기관 속성 및 기능에 대한 전달력이 취약하다는 결정적인 약점을 지닌다. 특별 옴부즈만은 지나치게 기관의 정치적 역할을 강조함으로서 오히려 기관의 정당성 확보나 대 국민 호소력에 취약성을 지닌다.

그러나 이들은 모두 별개의 것이라기보다는 하나의 기관에 귀속되어 있는 다양한 속성 가운데 어느 하나를 강조해서 설명한 것에 지나지 않으며, 그렇기 때문에 상호 연계되어 있고 따라서 실제에 있어서는 이 가운데 어느 것 하나를 지칭해서 설명한다고 하더라도 결국은 이들 모두를 함축해서 전달하게 되어 있다. 여기에서는 정치적 동인에 매우 민감한 한국 사회의 특성을 감안하고, 이미 전문 옴부즈만이라는 용어가 보다 광범위하게 확산되어 있는 한국의 현실을 반영하여 전문 옴부즈만이라는 용어를 통해 이들 모두를 포괄해서 전달하고자 한다.

1) 도입논거

그런데 전문 옴부즈만은 특정분야에 대한 배타적 관할권을 가지고 그 분야에 대해서만 전념하여 관련 민원을 다루자는 것이기 때문에, 우선 행정부 소속의 일반 옴부즈만과는 달리 행정부의 관료적 계서로부터 벗어나 독자적인 활동영역을 확보할 수 있게 된다. 관련 분야를 지속적, 반복적으로 다루어 독자적인 전문성을 구축하게 되기 때문에 해당 분야에 대해서는 다른 일반 옴부즈만이 관여하기 어려운 환경이 조성되기도 한다. 국민고충처리위원회의 내부 계서로부터 독립하여 위원장에게 직접 책임지거나 지휘 받도록 하는 경우에는 국민고충처리위원회 내부의 관료적 통제로부터 벗어나 독립할 수도 있다는 의미다. 이럴 경우 일반 옴부즈만을 통해 민원을 해소할 때 보다 관료적 통제로부터 보다 더 벗어나 활동할 수 있게 된다.

관련분야에 한정하여 활동하자는 것이기 때문에 해당분야와 보다 밀착하여 옴부즈만 기구를 구성할 수 있고, 그렇기 때문에 해당 분야 민원인의 접근성이 개선될 뿐만 아니라 관련 정보의 수집이나 전문적인 판단력이 신장되며 그 결과 보다 창의적이고 효율적인 권고안 개발이나 권유도 가능하게 된다. 무엇보다도 행정 시스템의 오류개선을 위한 개혁 대안의 모색에 더욱더 선도적인 역할을 수행할 수 있게 된다. 일반 옴부즈만에 추가하여 부가적으로 전문 옴부즈만을 두는 것이기 때문에 민원인의 입장에서 보면 접근통로가 현재보다 훨씬 더 확장된다는 의미이고 따라서 민원 해소의 속도성이 개선된다는 의미이기도 하다.

무엇보다도 현장밀착적인 서비스가 가능하기 때문에 민원에 대해 보다 신속하게 조응하는 것은 물론이고 보다 정교하고 저렴하게 대응할 수 있다. 따라서 한국과 같이 사회구조의 역동성과 유동성이 큰 곳에서는 그로 인해 민원의 내용도 보다 가변적이고 유동적인 만큼 바로 이런 전문 옴부즈만을 통해 그런 변화에 보다 신속히 조응해야 한다는 수요에도 대응할 수 있다. 보다 협소하고 제한된 특정 분야나 집단을 대상으로 활동하는 것이기 때문에 보다 한정된 공동체 내부에서 문제가 제기되고 처리되며, 그렇기 때문에 다양한 과제를 보다 광범위한 영역에서 접근하고 다루는 일반 옴부즈만이 관여하는 경우보다 훨씬 더 기밀성의 유지에 있어서도 유리하다.

이렇게 전문 옴부즈만이 일반 옴부즈만에 비해 상대적으로 규모가 작거나 덜 관료적이라는 데에서 오는 장점은 적지 않다. 옴부즈만 자체가 보다 친밀하고 상호 긴밀하게 연대하거나 협력하는 체제로 구축되며 그 결과 동류의식이나 협동성이 높아지고 그렇기 때문에 보다 정교하고, 철저하며, 책임성 있게 활동할 수 있게 된다는 점도 장처다. 대규모 조직이 흔히 빠지게 되는 무임승차나 자체 관리 비용의 지출 그리고 운영상의 지체나 무책임성 따위를 극복하는 데서도 상대적으로 유리하다(Hilla, 1999: 4).

전문지식과 경험을 토대로 민원 해소에 나서자는 것이기 때문에 과학성과 객관성의 확보에 유리하고, 그렇기 때문에 업무처리상의 공정성 유지에도 효과적이다. 무엇보다도 한국 사회와 같이 급격히 사회정책과제의 고도기술성, 복잡성, 전문성이 증대하는 곳에서는 옴부즈만의 전문성 정도가 제고되어야 보다 효과적인 대응이 가능해진다.

요즈음 같이 혁신적인 정책대안의 채택이 빈발하는 때에는 과거의 관행이나 관성에 순치되어 있는 시민들이 새로운 대안에 순응하기가 쉽지 않고, 그렇기 때문에 개혁 조치에 반발하거나 저항하려 들기 쉽다. 이런 때 관련 분야에 한정해서 전문 옴부즈만을 도입한다면 새로운 개혁 조치에서 비롯되는 민원발생 소지를 최소화 하겠다는 정부의 의지를 시민사회에 천명하는 셈이 되고, 그 결과 시민의 반발을 완화하거나 정치적 완충을 유도하는 효과를 기대할 수도 있다(국민고충처리위원회, 2004: 14).

같은 맥락에서 기존의 일반 옴부즈만으로는 잘 해결되지 않던 분야에 대해 보다 적극적으로 민원해소에 나서겠다는 정부의 의지를 표명하고 또 효과적으로 대응할 수 있기 위해서도 전문 옴부즈만의 도입은 유용하다. 그리고 그렇기 때문에 그 분야에 대해서는 일종의 조장적 효과를 유발할 수도 있다. 사회적 관심과 이목을 강화하고 특정 과제를 사회적 쟁점으로 부각시키는 성과를 가져오기 때문이다. 이런 사회적 쟁점화를 통해 다양한 논의가 이루어지고 관련 정보가 확산되는 경우에는 정보의 공유와 이해의 확충이 이루어짐으로서 결과적으로는 교육 및 사회화 효과를 낳게도 된다 (Human Rights Ombudsman, 2000: 1). 해당분야에 대한 사회적 합의의 도출을 원활하게 하는 결과가 되는 것이다.

다만 이럴 경우 기존의 일반 옴부즈만과의 관할권 중복에서 오는 갈등이나 분쟁의 소지가 아주 없는 것은 아니다. 그렇지만 지금까지 전문 옴부즈만을 도입했던 다른 나라에서의 사례를 검토해 보면 점차 전문 옴부즈만의 영역이 확대되는 대신 일반 옴부즈만의 영역이 축소하는 경향이 커지고 있다는 점에서 볼 때, 이는 오히려 불가피한 선택지로 여겨진다(국민고충처리위원회, 2003: 16-17).

이런 관할권 문제를 전문 옴부즈만 내부에서만 본다면 전문 옴부즈만은 특정 대상 집단이나 영역만을 상대로 활동하자는 것이기 때문에 관할 영역의 경계가 분명하고 그렇기 때문에 관련 분야에 대해서만큼은 책임의 소재가 명백하게 된다. 그로 인해 보다 책임성 있는 민원대응체제의 구축이 가능케 된다. 이렇게 특정 대상 집단을 상대로 하는 활동이 활성화 되는 경우 그 대상 집단에 대한 권리구제나 갈등관리가 능률적으로 이루어질 것이고, 그 결과 옴부즈만 전체에 대한 사회적인 신뢰나 기대값이 증가하게 되는 것도 장처다(Human Rights Ombudsman, 2000: 2).

특히 국민고충처리위원회와 같이 처음 도입되는 단계에서 사회적인 기대값의 담보나 신뢰구축에 크게 성공하지 못한 경우에는 전문 옴부즈만의 도입을 계기로 시민과의 관계를 새롭게 정립하는 전환점으로 삼을 수도 있다. 사회구조의 분절화와 파편성이 심화되고 있다는 점에서 보면 일원적인 질서나 원리에 따라 운영되는 일반 옴부즈만보다는 전문 옴부즈만이 개별적이고 구체적인 요구에 대해 보다 더 세밀히 배려하고 조응할 수 있을 것이라는 점에서 보다 더 사회구조에 조응적인 대처 전략이라고 할 수 있다. 특히 한국은 사회구조의 파편화와 다층화가 심화되고 있는 만큼 특별히 민원구제에 취약하거나 민원이 빈발하는 대상이나 영역이 따로 생겨나기 마련이다. 바로 그런 취약집단이나 영역에 대한 특단의 조처를 가능케 한다는 점에서도 유용하다.

바로 이런 이유로 인해 전환기 사회의 구조적 특성 가운데 지체되거나 원활하게 진행되지 못한 부문들을 선별하여 그의 변화를 적극적으로 추동하고 지원, 조장하는 기능을 지니는 것이 전문 옴부즈만이라고도 말할 수 있다. 사회구조의 진행속도에 비해 천연하고 있는 행정관행이나 관성을 개선하여 보다 실제 사회의 수요에 부응할 수 있도록 변화를 촉진하고 그 업무가 성취되면서 스스로 존립해야 할 이유가 감소되는 자기소진형 기구이기도 한 셈이다.

무엇보다도 한국 사회에서 폭증하는 민주화에 대한 사회적 요구, 특히 참여에의 욕구를 수용할 수 있다는 점에서 주목된다. 전문 옴부즈만은 그의 구성 양식이나 전략에 따라 해당 분야의 민간 전문가나 시민의 참여가 가능하고 이를 통해 민원인과의 정서적인 연대나 공감대 형성을 보다 더 확장할 수 있게 된다. 전문 옴부즈만은 전문성을 통해 민주성을 강화하는 동기와 공간을 배태하는 셈이다.

2) 도입전략

그러나 그렇다고 해서 전문 옴부즈만을 무조건 지지하고 확장해서는 곤란한 점도 적지 않다. 전문 옴부즈만은 일반 옴부즈만에 추가해서 특정 집단이나 영역을 상대로 별도의 민원처리 기구를 두자는 것이기 때문에 그만큼 추가적인 국고지출을 필요로 한다. 기관운영비용이나 인력충원에 따른 지출이 추가될 뿐만 아니라 기존의 일반 옴부즈만 그러니까 국민고충처리위원회와의 업무 중복이나 충돌에서 오는 갈등으로 인해 유발되는 관리비용도 예견해 볼 수 있다. 이는 전문 옴부즈만 사이에서도 발생한다. 따라서 전문 옴부즈만을 도입하고자 할 때에는 그로 인해서 얻게 되는 이익과 지출하게 되는 비용을 교량하여 유리한 쪽으로 정책방향을 설정하는 안목이 필요하다(Human Rights Ombudsman, 2000: 2). 옴부즈만 활동의 민주성을 강조하다가 경제성이나 합리성을 외면하는 결과가 되어서는 곤란하다는 뜻이다.

특정분야에 대한 전략적 접근을 너무 강조한 결과 헌정질서를 침해하거나 정부구성의 원리를 뛰어넘어 활동하도록 해서도 곤란한 일이다. 전문 옴부즈만의 활동이 그의 특성상 아무리 특단의 대처나 접근전략을 요구하는 것이라고 하더라도 그것은 어디까지나 정부구성의 원리 내에서만 정당화 된다는 인식이 필요하다. 따라서 헌법이나 정부가 기왕에 구축해 놓은 법률에 저촉되지 않는 범위 내에서 구성해야 하며 바로 이점을 면밀히 따진 후 전문 옴부즈만의 활동영역과 관할범위를 설정하는 주의가 요청된다.

특정분야를 선정해서 집중하는 성질을 지녔기 때문에 어느 분야에 전문 옴부즈만을 먼저 도입할 것이냐의 과제도 제기된다. 이럴 경우 사회적 수요와 비중이 보다 큰 분야를 우선적으로 다루어야 할 것은 물론이다. 한국의 경우, 군사 및 경찰 분야에 대한 수요가 매우 큰 것은 주지의 사실이다. 두 기관의 속성상 외부 통제가 어렵고 상명하복의 질서가 체화되어 있어 개인의 권리 유린이나 훼손 가능성이 크고 그렇기 때문에 물리적 강제의 동원 기구로 전락하면서 내부통제의 무력화가 기관속성 수준에 이르렀다는 점은 주지하는 바와 같다.

6. 결론

전문 옴부즈만 제도의 도입은 이제 시대적 당위가 되었다. 특히 일반 옴부즈만의 역사가 오랜 나라일수록 전문 옴부즈만의 도입이 확산되는 추세에 있다. 이는 일반 옴부즈만이 그에 대한 기댓값 구현과정에서 미처 충족시키지 못하는 영역이 있음을 웅변하는 것이라고 하겠다. 부언하면 일반 옴부즈만이 관료제의 모순과 한계를 시정하고자 고안된 대항 관료제의 하나라고는 하지만 그것 자체 내부에도 모순과 한계가 있음을 뜻한다.

흔히 관료제에 대한 대안적 장치로는 수평적 조직이나 네트워크 등이 제시되고 있지만 이들이 수직적 조직으로서의 관료제에 대한 대안이 되지 못한다는 점은 이미 우리 모두가 잘 알고 있는 바와 같다. 수직적 계서제에 의존하는 관료제의 극단적인 모형이 전제주의 체제라고 한다면 그에 대한 변증법적 대안으로는 흔히 수평적 조직에 의존하는 네트워크 체제를 상정하기 마련이다. 그러나 수평적 조직의 극단적인 모형이 한 사회의 아노미 상태를 지칭한다는 점에서 볼 때 결코 수평적 조직은 수직적 조직에 대한 대안이 되지 못한다. 수직적 구조에 따른 문제점을 의식하면서도 수직적 구조에 대한 수요를 완전히 극복하기는 어려운 일이기 때문이다.

이런 성질의 구조적 모순은 관료제에 대한 대항 관료제의 하나로 등장한 옴부즈만에 있어서도 여전하다. 옴부즈만이 비관료제적인 운영양식을 통해 관료제적인 운영양식을 초월하고 그렇게 함으로서 관료제의 모순과 한계를 극복하고자 하는 것이라고는 하지만, 그 운영 실제에서 보면 관료제적인 요소를 모두 극복하자는 것은 아니다. 민원 해소과정에서의 접근성이나 기밀성을 보장하기 위해서는 관료제의 유산이라고 할 수 있는 문서중심주의를 초극해야 하지만, 그 과정의 공정성이나 책임성을 확보하기 위해서는 관료제의 출발점이라고 할 수 있는 기록성을 유지해야 한다. 접근성이나 효율성을 위해서는 민원관련 정보에 대한 기밀성의 유지가 관건이지만, 관련 정보의 공개 없이 공정하고 책임 있는 민원처리과정을 기대하기는 어렵다. 민원처리과정의 권고성을 견지하려면 업무수행상의 전문성이 전제되어야 한다. 그래야 관련 당사자의 이해관계를 모두 충족시킬 수 있는 창조적 대안 개발에 유리하고 그 결과 설득력이나 조정력을 높일 수 있을 것이다. 그러나 전문성이야말로 관료제의 핵심적 요소이고 따라서 옴부즈만이 극복해야 할 중심 과제이기도 하다.

이점은 일반 옴부즈만의 한계를 극복하기 위해 전문 옴부즈만 제도를 도입하고자 하는 데서도 발견된다. 보편성과 특수성, 일상성과 한정성, 일반성과 전문성 사이에는 이분법적 관계(dichotomy)가 아니라 연속체적인 관계(continuum)가 자리 잡고 있기 때문이다. 따라서 일반 옴부즈만의 한계와 모순을 보완하기 위해 전문 옴부즈만을 도입하고자 한다면 이는 당연히 일반 옴부즈만의 변증법적 대척점을 지향하는 것이기는 하지만, 그렇다고 해서 일반 옴부즈만의 속성을 완전히 극복할 수 있다거나 또는 그런 상태를 지향하자는 것은 아니라는 인식이 필요하다. 다만 그런 대척점을 지향함으로서 현존하는 과제를 보완하거나 보충하려는 것이라고 보아야 한다. 그렇기 때문에 옴부즈만을 보충성의 원리에 기초하는 기관이라고 하는 것이다. 그런데 이렇게 옴부즈만이 자기 모순적 성질을 동반하게 되는 또 다른 이유 가운데 하나는 옴부즈만의 개념 자체가 형성과정에 있기 때문이다. 과거의 전통적인 옴부즈만을 기본 모형으로 설정하는 이들은 오늘날의 다양한 옴부즈만을 사이비 옴부즈만(pseudo ombudsman) 내지는 유사 옴부즈만(quasi ombudsman)이라고 폄하하면서 옴부즈만의 진화 자체를 부정하려는 경향을 보인다. 그러나 옴부즈만 연구의 새로운 경향은 고전적인 옴부즈만을 스웨덴 사회라고 하는 한정된 환경의 역사문화적 소산이라고 보고, 오히려 그런 옴부즈만이 스웨덴에서 발현하게 된 권력적 동기에 유의해 이해하고자 한다.

이런 경향성은 옴부즈만을 특정성보다는 일반성의 원리에 따라 설명하고자 한 결과다. 그런데 이렇게 옴부즈만의 일반화를 강조하고자 하는 이들은 현존하는 옴부즈만 모두를 사회과학적 탐구의 대상으로 삼아야 하며 그 결과 언필칭 유사 옴부즈만이나 사이비 옴부즈만으로 분류되는 것들을 모두 포괄하는 가운데 옴부즈만의 개념 정립에 나서야 한다고 본다. 옴부즈만을 관료제의 내재적 한계를 보완하기 위한 장치라고 한다면, 그것이 공적 부문에 설치되어 있건 사적 부문에 설치되어 있건 간에, 또는 조사 대상 기관에 소속되어 있건 또는 그런 조직의 외부에 설치되어 있건 간에, 그런 목적과 동기를 추구하는 기관은 모두 옴부즈만이라는 이름으로 수용해야 마땅하며 오히려 이들 모두를 옴부즈만이라고 규정한 후 그들 사이를 관통하는 일반적 특성이 무엇인지를 추적, 조사하는 것이 문제 해결의 올바른 방법이라는 것이다. 이런 점에서 보면, 새로운 유형과 양식의 옴부즈만이 등장하면 할수록 옴부즈만의 개념은 자체 진화의 과정을 밟을 수밖에 없다. 옴부즈만이라는 이름으로 포괄해야 하는 범주가 필연적으로 확장될 것이기 때문이다.

이런 점에서 볼 때 옴부즈만은 자체 진화의 속성을 지니는 현재 진행형 기관이며, 그렇기 때문에 단정적으로 개념을 규정하고자 하는 경우 곤란을 겪게 될 것은 당연한 일이다. 그러나 그렇다고 해서 옴부즈만이 무엇이냐에 대해 모두가 수긍하는 핵심적 요소들이 전혀 없는 것은 아니다. 바로 이점을 통해 관료제와 대항 관료제의 구별이 가능하며, 일반 옴부즈만과 전문 옴부즈만의 구별이 가능하고, 일반 옴부즈만에 대한 보충적 장치로서 전문 옴부즈만이 도입되어야 하는 이유가 설명 가능해진다. 옴부즈만의 공통적 특성이 무엇이냐에 따라 그의 개념 범주가 달라지고 그에 따라 규범적이고 당위적인 기능이 규정되며, 그에 따라 강조해야 할 기능의 우선순위도 정해지는 까닭이다.

이렇게 놓고 보면, 옴부즈만을 정책과정의 환류단계에서 목격되는 거버넌스의 일종이라고 보려는 시각은 매우 유용하다. 현대 옴부즈만의 다양한 요소들을 모두 포괄하면서도 대항관료제적인 요소를 국가와 민원인 내지는 시민사회와의 관계에서 포착하고자 함으로서 옴부즈만의 핵심적 요소를 보편적으로 규정하고자 하기 때문이다. 이때의 옴부즈만은 행정과정에 대한 환류작업도 국가중심주의에서 벗어나 시민 또는 시민사회와의 상호작용 과정을 통해 양자 간의 대화와 자기성찰적 변환과정을 통해 구체화되어야 한다고 본다. 전문 옴부즈만 제도의 도입은 바로 이런 옴부즈만의 본질에 대한 보다 심도 깊은 이해를 토대로 진행되어야 하며, 그렇기 때문에 단순히 일반 옴부즈만의 속성에 대한 보충적 대안 이상의 의의를 추구하는 것이라는 인식이 있어야 하겠다. 전문 옴부즈만이란 일반 옴부즈만의 독자적, 자율적 판단력을 강화하자는 것이 아니라 민원인 내지는 시민사회와의 대화와 소통 능력을 보다 더 높이기 위한 특단의 정책수단 가운데 하나라는 점으로 이해하자는 것이다.

문제 제기

1. 옴부즈만의 현대적 기능은 무엇인가?
2. 왜 전문 옴부즈만 제도를 도입해야 하는가?
3. 국민고충처리위원회가 국가 옴부즈만으로 설립되는 과정에서 나타난 과오는 무엇인가?
4. 왜 관료제는 언제나 행정실패를 내재하는가?
5. 관료제의 행정권 남용 현상을 극복하기 위한 고전적 장치에는 어떤 것들이 있는가? 이들은 오늘날 왜 잘 작동하지 않는가?
6. 옴부즈만은 왜 국가 정책 환류과정의 거버넌스로 이해되는가?
7. 옴부즈만을 일종의 대항관료제로 이해하게 되는 이유는 무엇인가?
8. 대항관료제로서의 옴부즈만이 지녀야 하는 속성에 는 어떤 것들이 있는가?
9. 옴부즈만이 권고성을 유지해야 하는 이유는 무엇인가?
10. 옴부즈만이 공정성을 유지해야 하는 이유는 무엇인가?
11. 옴부즈만이 독립성을 유지해야 하는 이유는 무엇인가?
12. 옴부즈만이 신속성을 유지해야 하는 이유는 무엇인가?
13. 옴부즈만이 접근성을 유지해야 하는 이유는 무엇인가?
14. 옴부즈만이 기밀성을 유지해야 하는 이유는 무엇인가?
15. 옴부즈만이 신뢰성을 유지해야 하는 이유는 무엇인가?
16. 옴부즈만이 종국성을 유지해야 하는 이유는 무엇인가?
17. 옴부즈만이 유연성을 유지해야 하는 이유는 무엇인가?

18. 옴부즈만이 도덕성을 유지해야 하는 이유는 무엇인가?
19. 옴부즈만은 입법부에 소속되어야 하는가 아니면 행정부에 소속되어야 하는가?
20. 국민고충처리위원회가 당면했던 과제에는 어떤 것들이 있는가?
21. 전문 옴부즈만 제도를 도입하는 과정에서 유의해야 할 과제에는 어떤 것들이 있는가?
22. 옴부즈만의 내재적 자기 모순에는 어떤 것들이 있는가?

참고문헌

국민고충처리위원회. (2004).「옴부즈만제도 연구자료집--외국 전문옴부즈만 운영사 례연구」. 서울: 중앙인쇄사.

______. (2003).「선진옴부즈만제도 연구자료집--옴부즈만 제도의 세계적 동향」. 서울: 중앙인쇄사.

김상묵, 이창원, 한승환. (2004). 중앙정부 정책과정과 시민참여.「한국행정논집」, 16: 861-885.

박재창. (2003).「한국의회정치론」. 서울: 도서출판 오름.

정순교. (2005).「우리나라 옴부즈만 제도 개선방안」. 서울: 국민고충처리위원회

지영림. (2006). 국민고충처리위원회 현황과 민원처리 사례.「시민고충처리위원회 담당자 교육 및 워크숍 자료집」. 서울: 국민고충처리위원회.

American Bar Association. (2004). Standards for the Establishment and Operation of Ombuds Office. <http://www.abnet.org/adminilaw/approvedstandards.doc>

Anderson, Stanley. (1974). Comparing Classical and Executive Ombudsmen. In Alan J. Wyner. (ed). *Executive Ombudsmen in the United States.* Institute of Governmental Studies. SF: U. C. Berkely.

Ayeni, Victor O. (2000). The Changing Nature and Contemporary Role of National Ombudsman Institutions in the Commonwealth and Elsewhere: Lessons of Experiences. In the International Ombudsman Institute and Reif, Linda C. (eds). *The International Ombudsman Yearbook 4*. Leiden, the Netherlands: Brill.

Chambers, Gretta. (2001). The Transition of Government and Its Consequences on Citizens. <http://www.ombudsmanforum.ca/ documents/speeches/chambers_gretta_e.asp>

de Castro, R. Adolfo. (1997). Bureaucracy, Representative Government and the Ombudsman. <http://www.ombuds.uci.edu/JOURNALS/1992/ bureaucracy. html>

Fiflet, Arne. (1994). Historical Development and Essential Features of the Ombudsman Worldwide. *The Ombudsman Journal,* (12): 125.

Ghottehrer, Dean M. and Hostina, Michael. (1998). Essential Characteristics of a Classical Ombudsman. <http://www.usombudsman.org/documents/PDF/References/ Essential.PDF>

Gregory, Roy. (1998). Building an Ombudsman Scheme: Statutory Provisions and Operating Practices? In Reif, Linda C. (ed). *The International Ombudsman Anthology: Selected*

Writings from the International Ombudsman Institute. Hague: Kluwer Law International.

Hill, Larry B. (1999a). Institutionalizing Bureaucratic Monitoring Mechanism: The First Thirty Years of Hawaii Ombudsman, The Ombudsman's Values. <http://www.abanet.org/adminlaw/ombuds/hill9.html>

______. (1999). Institutionalizing Bureaucratic Monitoring Mechanism: The First Thirty Years of Hawaii Ombudsman, Americanizing Ombudsman. <http://www.abanet.org/adminlaw/ombuds/hill1.html>

______. (1977). American Ombudsman and Others: or, American Ombudsmen and 'Wanabe' Ombudsman. Address Delivered at the 1977 Spring Meeting of the American Bar Association Section of Administrative Law and Regulatory Practice. Hotel Washington, Washington DC. April 18.

______. (1976). The Model Ombudsman: Institutionalizing New Zealand's Democratic Experiment. NJ: Princeton University Press.

Human Rights Ombudsman. (2000). Annual Report 1999. Republic of Slovenia. <http://www.varuh-rs.si/index.php?id=302&L=6>

International Ombudsman Institute. (2007). <http://www.law.

ualberta.ca/centres/ioi/>

Kostelka, Peter. (1998). Austrian Ombudsman Board: Fostering Democracy by Mediation Between Citizens and the State. <http://members.aon.at/eoi/uk/varia40_uk.htm>

Levine, Gregory J. (2005). The Engaged Ombudsman--Morality and Activism in Attaining Administrative Justice. A Paper Presented in UBC's Law and Society Series, UBC Faculty of Law, February 23.

Matsunaga, Robin K. (1999). The Ombudsman. A Paper Presented at the National Conference of State Legislatures Leadership Staff Annual Training Seminar, New Orleans, Louisiana, September 10.

Meltzer, D. Leah. (1998). The Federal Workplace Ombuds. *Ohio State Journal on Dispute Resolution,* 13(2): 549-606.

Nachmias, David and Rosenbloom, David. (1980). *Bureaucratic Government.* NY: St. Martin's Press.

National Democratic Institute. (2005). The Role and Effectiveness of the Ombudsman Institution. <http://www.accessdemocracy.org/library/1904_gov_ombudsman_080105.pdf>

Pettigrfew, Launa. (2003). Building the Mosaic, Foundations of Ombudsman Law: a Note Delivered at the Forum of Canadian Ombudsman, March 30-April 2.

Rowe, Mary P. and Gottehrer, Dean M. (1997). Similarities and Difference between Public and Private Sector Ombudsman. <http://www.abnet.org/adminlaw/ombuds/g&rsimilar.html>

United States Ombudsman Association(USOA). (2000). Governmental Ombudsman Standards. <http://www.usombudsman.org/documents/PDF/Reference/USOA.STANDARDS.pdf>

일러두기

이 책은 저자의 다음 논문을 전제, 발췌, 수정, 보완하는 가운데 완성되었음을 밝힌다.

제1장: 행정학에서의 정치와 행정: 회고와 전망. (2008). 「한국행정학보」, 42(4): 95- 115.

제2장: 시민권과 지구시민사회: 지구 거버넌스의 유형별 한계. (2009). 「국제지역연구」, 12(4): 3-24. ; 지구시민권과 거버넌스. 박재창 편저. (2009). 「지구시민권과 지구 거버넌스」. 서울: 도서출판 오름.

제3장: 전환기 한국의 시민사회와 거버넌스. (2009). 한국NGO학회 춘계학술대회 기조연 설문(전북대학교, 전주. 2009.6.12); 전환기 한국의 시민사회와 거버넌스. (2009). 「국가와 시민」. 233-252. 서울: 이담북스.

제4장: 담론민주주의와 시민참여: 21세기 마을회의를 중심으로. (2008). 제41회 시민사회 포럼(삼성경제연구소, 2008.8.20)과 한국NGO학회·한국비영리학회 공동 주최 2008년도 추계학술대회 (서울대학교 교수회관, 2008.12.5) 발표 논문; 담론민주주의와 시민참여: 21세기 마을회의를 중심으로. (2009). 「시민사회와 NGO」, 7(1); 담론기획과 마을 회의. (2009). 「시민참여와 거버넌스」. 367-404. 서울: 도서출판 오름. ; 정책과

정과 시민참여. (2009). 박재창 편. 「위기의 한국시민사회」. 57-94. 서울: 도서출판 아르케.

제5장: 정책결정 및 조정 체계의 과제와 개선방안. (2002). 박동서 외(편), 「시민과 정부 개혁」. 73-103. 서울: 한울 아카데미.

제6장: 한국의 입법부와 행정부 관계: 60년의 회고와 전망. (2008). 한국행정학회· 한국 정치학회 공동 주최, 건국 60주년 기념 기획학술회의(대한출판문화회관, 2008.09.19) 발표 논문; 국회와 정부의 관계: 입법권, 재정권, 국정조사권을 중심으로. (2009). 「의정연구」, 15(1): 39-63.

제7장: 지방화 시대의 중앙정치와 지방자치의 역할. (1995). 「국책연구」, 35: 80-103. 여름.; 서문: 분권의 전략, 개혁의 경로. (2005). 박재창, 강명구, 젤리거(공편). 「분권과 개혁」. 서울: 도서출판 오름.

제8장: 협력적 거버넌스의 구축과 NGO의 정책과정 참여: 참여 정부를 중심으로. (2007). 「한국정책과학학회보」, 11(2): 222-250.

제9장: 한국 시민운동단체의 정책참여 유형. (2001). 「성곡논총」, 32: 519-556; 국가 유형과 NGO의 정책참여. (2002). 시민사회 포럼 중앙일보시민사회연구소 편. 「시민 사회와 시민운동」. 서울: 도서출판 아르케.

제10장: 한국 TNGO의 대외교류 결정요인 분석. (2006). 「한국정책과학학회보」, 10(3): 95-122.; 「지구시민사회와 한국 NGO」. (2005). 서울: 도서출판 오름.

제11장: 국회 입법과정의 개혁수요 진단: 대표성과 심의성을 중심으로. (2009). 국회입법 조사처.「헌정 61년, 국회발전 방향과 과제」(국회도서관 대강당, 2009.07.14) 발표 논문.; 국회 입법과정의 개혁수요: 대표성과 심의성을 중심으로. (2009).「국가정책연구」, 23(3): 5-38.

제12장: 강화형 의사소통과 국회의원 홈페이지. (2004).「대한정치학회보」, 12(1): 213-226.;「한국전자의회론」. (2003). 서울: 한울아카데미.

제13장: 국회의원과 유권자: 전자우편의 연계기능. (2004).「한국정책과학학회보」, 205-221.;「한국전자의회론」. (2003). 서울: 한울아카데미.

제15장: 군경 전문 옴부즈만의 역할 정립 방향과 과제. (2007). 국민고충처리위원회 군사 경찰분야 워크숍(악암홍염천관광호텔, 2007.02.13) 발표논문.

저자 소개

한국외국어대학교 석좌교수(현)

숙명여자대학교 명예교수(현)

숙명여자대학교 정법대학장

미국 뉴욕주립대학교 행정학 박사(의회행정 전공)

(사)한국미래정부연구회 이사장(현)

독일 자유베를린 대학교 훔볼트재단 연구교수

미국 버클리 대학교 정부학연구소 플브라이트 교수

일본 동지사 대학교 정책과학대학원 객원교수

태국 창마이 라찻팟 대학교 방문교수

미국 메릴랜드 대학교 방문교수

한국 행정학회 회장

한국 NGO학회 회장

한국 국제지역학회 회장

한국 정치행정연구회 회장

미국 정치학회 의회연구원

대통령 소속 지방이양추진위원회 (국무총리) 공동 위원장

국무총리실 시민사회발전위원회 위원

부패방지위원회 교육홍보정책자문위원장
국민고충처리위원회 명예 옴부즈만
KOICA 대표 청렴 옴부즈만

아시아 태평양 YMCA 연맹 회장
공선협 집행위원장
시민사회 포럼 대표
지방자치발전실천포럼 공동대표
민주시민교육거버넌스 대표

<주요저서>

[한국의 헌법개정](편저)(2018), [한국의 시대정신](2017), [한국의 국정개혁](2017), [한국YMCA운동의 전략 II](2017), [한국YMCA 운동의 진로 I](2016), [Global Alternative Tourism Network](ed.)(2015), [New Governance: Issues and Challenges](2015), [정치쇄신 4.0](2014), [거버넌스 시대의 국정개조](2012), [Responses to the Globalizing World](2012), [지방분권과 한국시민사회](편저)(2012), [Global Citizenship and Social Movements](ed.)(2011), [지구화 시대의 한국시민사회](편저)(2011), [한국의 거버넌스](2010), [한국민주주의와 시민사회](편저)(2010), [국가와 시민](2009), [위기의 한국시민사회](편저) (2009), [시민참여와 거버넌스](공저)(2009), [지구시민권과 지구 거버넌스](편저)(2009), [민주시민교육의 전략과 과제](공편)(2007), [지구시민사회와 한국 NGO]

(2006), [분권과 개혁](공편)(2005), [한국의회윤리론](2005), [한국의회개혁론](2004), [한국의회정치론](2003), [한국전자의회론](2003), [혼돈의 시대, 개혁의 논리](2001), [정부와 NGO](편저)(2000), [이렇게 바꿔야 나라가 산다](1998), [한국의회행정론](1995), [정보사회와 정치과정](편저)(1993), [오늘의 정치, 내일의 정치](1992), [까마귀 우는 곳에 백로가 가야한다](1991), [열린 세상, 막힌 정치](1991), [의회와 민중](1989), [Legislative Staff in Korea](1986) 외.

한국의 거버넌스

초판 인쇄 2018년 10월 12일
초판 발행 2018년 10월 30일

지은이 박재창
발행인 김인철
총괄 · 기획 가정준 Director, University Knowledge Press
편집장 신선호 Executive Knowledge Contents Creator
도서편집 박현정 Contents Creator
전자책편집 이리나 e-Contents Creator
재무관리 문수진 Managing Creator
사전 · 출판 정준희 Contents Creator
마케팅 파트장 백승이 Chief Marketing Creator
마케팅 이현진 Marketing Creator
발행처 한국외국어대학교 지식출판콘텐츠원
02450 서울특별시 동대문구 이문로 107
전화 02)2173-2493~7
팩스 02)2173-3363
홈페이지 http://press.hufs.ac.kr
전자우편 press@hufs.ac.kr
출판등록 제6-6호(1969. 4. 30)
디자인 · 편집 (주)이환디앤비 02)2254-4301
인쇄 · 제본 네오프린텍 02)718-3111

ISBN 979-11-5901-404-8 94340 정가 38,000원
ISBN 979-11-5901-244-0 (세트)

*잘못된 책은 교환하여 드립니다.

HUINE은 한국외국어대학교 지식출판콘텐츠원의 어학도서, 사회과학도서, 지역학 도서 Sub Brand이다. 한국외대의 영문명인 HUFS, 현명한 국제전문가 양성(International +Intelligent)의 의미를 담고 있으며, 휴인(携引)의 뜻인 '이끌다, 끌고 나가다'라는 의미처럼 출판계를 이끄는 리더로서, 혁신의 이미지를 담고 있다.

한 국 의
거버넌스